21世纪高等院校教材(环境类)

大气污染控制工程

吴忠标　主　编
金一中　副主编

科学出版社
北　京

内 容 简 介

本书系统介绍大气污染产生、控制及排放的原理和理论基础，重点论述大气污染控制的技术和装置以及有关设计计算问题，并结合工程应用进行了分析讨论。作者将脱硫、脱硝、有机废气治理与除尘放到同一层面上阐述，不仅解决了传统教材中层次不够清晰的弊端，也突出了大气污染控制的四大主要方面。本书内容力求学以致用，体现了理论性与实用性的高度统一。

本书主要作为高等学校环境科学及环境工程专业本科生、研究生教材，也可供机械、能源、化工、化学等领域研究所和设备制造厂的工程技术人员及环保管理人员使用。

图书在版编目(CIP)数据

大气污染控制工程/吴忠标主编. —北京：科学出版社，2002.7
(21 世纪高等院校教材·环境类)
ISBN 978-7-03-010163-1

Ⅰ. 大… Ⅱ. 吴… Ⅲ. 空气污染-污染防治-高等学校-教材 Ⅳ. X51

中国版本图书馆 CIP 数据核字(2002)第 008197 号

科 学 出 版 社 出版
北京东黄城根北街 16 号
邮政编码：100717
http://www.sciencep.com
北京虎彩文化传播有限公司 印刷
科学出版社发行 各地新华书店经销
*
2002 年 7 月第 一 版 开本：720×1000 1/16
2021 年 1 月第七次印刷 印张：32 1/2
字数：602 000

定价：69.00 元

(如有印装质量问题，我社负责调换)

前　　言

本书是根据教育部高等学校环境科学与工程教学指导委员会制定的基本教学要求，以浙江大学多年讲授“大气污染控制工程”的讲义和经验为基础，并参考和吸收了国外优秀教材和国内各校教材的精髓，为高等学校环境科学与工程类专业学生编写的一本教材。本书系统介绍了大气污染产生、控制及排放的原理和理论基础，重点论述了烟尘、二氧化硫、氮氧化物、其他废气等大气污染控制的常用技术和装置，并结合工程应用进行了分析讨论。

本书立足学以致用，力求做到层次分明、重点突出、概念清晰，并充分注意必要的系统性、完整性和实用性，使学生在学习过程中能理论联系实际，并逐步提高自身提出问题、分析问题和解决问题的能力。

使用本书作为教材，可根据不同专业的要求选择教学内容和确定学时，参考学时为80～100。本书可作为高等学校环境科学与工程类专业的教材，也可供环境、化工、机械、能源、化学等领域的工程技术人员及环境管理人员参考。

本书由浙江大学吴忠标任主编、金一中任副主编，参加编写的人员有：浙江大学吴忠标（第1,3,5章）、金一中（第4,7,8章）、官宝红（第2章、附录Ⅳ～Ⅷ）、李伟（第6章、附录Ⅰ～Ⅲ）、杨岳平（第9章）。

由于编者学术水平和经验所限，书中缺点和错误在所难免，敬请读者批评指正。

编　者

2001年11月于浙江大学求是园

目　　录

第1章　大气污染及控制概况

大气环境是指包围在地球周围的大气层，它为人们提供着生存、生活不可缺少的物质——空气。同时人们也通过生产和生活实践影响着周围大气的质量。人与大气环境之间的连续不断的物质和能量交换，决定了大气环境的重要地位。

自然状况下的大气由混合气体、水汽和悬浮颗粒物组成。除去水汽和悬浮颗粒物的大气称为干洁空气。干洁空气的主要成分是氮气(N_2)、氧气(O_2)和氩气(Ar)。按大气层容积计算，氮气占78.08%，氧气占20.95%，氩气占0.93%，三者共占大气总容积的99.96%。其他气体，如二氧化碳(CO_2)、氖气(Ne)、氦气(He)、氪气(Kr)、氢气(H_2)、臭氧(O_3)、氙气(Xe)等，仅占0.04%左右。干洁空气的组成见表1-1。

表1-1　干洁空气的组成

气体成分	体积分数/%	气体成分	体积分数/%
氮气(N_2)	78.09	氪气(Kr)	1.0×10^{-4}
氧气(O_2)	20.95	氢气(H_2)	0.5×10^{-4}
氩气(Ar)	0.93	一氧化二氮(N_2O)	0.5×10^{-4}
二氧化碳(CO_2)	0.03	氙气(Xe)	0.8×10^{-5}
氖气(Ne)	1.8×10^{-4}	臭氧(O_3)	0.2×10^{-5}
氦气(He)	5.2×10^{-4}	干洁空气	100

干洁空气的组成在从地面到85km高度的范围内是基本不变的，并且其物理性质基本稳定，可视为理想气体。干洁空气的平均相对分子质量为28.966，标准状态下(273.15K，101.325kPa)的密度为1.293kg/m^3。

大气中水汽的含量随着时间、地区以及气象条件的变化差异很大。例如在潮湿的热带地区，水汽的体积分数可以达4%，而在干旱的沙漠地带还不足0.01%。大气中的水汽含量虽然不大，但它却在云、雾、雨、霜、露等各种天气现象的演变中起着主要作用。

大气中的悬浮物是悬浮在大气中的固体、液体颗粒物质的总称。液体悬浮颗粒是指水汽凝结物，如水滴、云雾和冰晶等；而固体悬浮物则形形色色，如火山灰、风刮起的尘土等。大气悬浮物会降低大气的能见度。

1.1 大气污染及其影响

1.1.1 大气污染

1.1.1.1 大气污染的概念

通常,大气中的污染物质浓度较低,在大气环境自身能够承载的范围内,由于大气本身的自净作用是不会造成大气污染的。大气的自净作用指大气中的污染物由于自然过程,而从大气中除去或浓度降低的过程或现象。只有大气中的污染物质浓度超过大气中的自净容量时才会造成大气污染。

国际标准化组织(ISO)则认为:“大气污染,通常指由于人类活动和自然过程引起某些物质进入大气中,呈现出足够的浓度,达到了足够的时间,并因此而危害了人体的舒适、健康和福利或危害了环境。”这里所说的危害人体的舒适和健康,是包括了从影响人体正常的生活环境和生理机能到引起慢性疾病、急性病以至死亡这样一个范围;而所谓的福利,则认为是指与人类协调共存的生物、自然资源、财产以及器物等等。

目前,在国内大气污染和空气污染往往被当作同一词使用。“空气污染”常被理解为室内空气污染,即指厂房内部或其他劳动场所和活动场所的空气污染问题;而室外空气污染,即地区性空气污染则大多使用大气污染一词。亦有人将大气污染理解为这两种污染的总称。

1.1.1.2 造成大气污染的原因

总体上看,大气污染是由自然界所发生的自然灾害和人类活动所造成的。

自然界所发生的自然灾害包括火山爆发排出火山灰、二氧化硫、硫化氢,煤田和油田自然逸出煤气和天然气,腐烂的动植物尸体放出有害气体等。自然灾害所造成的污染多为暂时的、局部的。

平常所说的大气污染问题,多指人为因素引起的大气污染。这类污染通常延续时间长、范围广。其原因大致可分为三类:燃料燃烧、工业生产过程和交通运输。经济发展需消耗各种能源,其中化工燃料在燃烧过程中向大气释放大量的烟尘、硫、氮等物质。这些物质对人和物都可造成危害,尤其在人口密集的城市和工业区域,从而造成各种形式的大气污染。工业生产过程中排放的废气中含有种类繁多的大气污染物,表1-2和表1-3列出了各类企业及工业窑炉向大气排放的主要污染物质的情况。交通运输排放的废气中含有几百种不同的碳氢化合物,其中危害最大的是一氧化碳、碳氢化合物、氮氧化合物和铅的化合物。

表 1-2　各类工业企业向大气中排放的主要污染物质

工业部门	企业名称	排放的主要大气污染物质
电力	火力发电厂	烟尘、二氧化硫、氮氧化物、一氧化碳、苯
冶金	钢铁厂	烟尘、二氧化硫、一氧化碳、氧化铁尘、氧化钙尘、锰尘
	有色金属冶炼厂	粉尘(各种重金属:铅、锌、镉、铜等)、二氧化硫
	炼焦厂	烟尘、二氧化硫、一氧化碳、硫化氢、苯、酚、萘、烃类
化工	石油化工厂	二氧化硫、硫化氢、氰化物、氮氧化物、氯化物、烃类
	氮肥厂	烟尘、氮氧化物、一氧化碳、氨、硫酸气溶胶
	磷肥厂	烟尘、氰化物、硫酸气溶胶
	硫酸厂	二氧化硫、氮氧化物、砷、硫酸气溶胶
	氯碱厂	氯气、氯化气
	化学纤维厂	烟尘、硫化氢、氨、二硫化碳、甲醇、丙酮、二氯甲苯
	合成橡胶厂	丁间二烯、苯乙烯、异乙烯、异戊二烯、丙烯腈、二氯乙醚、乙硫醇、氯代甲烷
	农药厂	砷、汞、氯、农药
	水晶石厂	氟化氢
机械	机械加工厂	烟尘
轻工	造纸厂	烟尘、硫醇、硫化氢
	仪表厂	汞、氰化物
	冰晶石厂	烟尘、汞
建材	水泥厂	水泥尘、烟尘等

表 1-3　各种工业炉窑的粉尘排放情况

污染装置	烟尘类别	粉尘粒径/μm	粉尘含量/(g/m³)
水泥烧结窑	水泥尘	2～4	10～50
石灰窑	石灰尘	0.5～20	21
锌矿焙烧窑	氧化锌矾飘尘	0.1～10	1～8
炼铁高炉	矿粉、焦粉	0.1～10	7～85
镍铁熔矿炉	硅粉	0.02～0.5	2～10
熔铅炉	铅尘	0.08～10	2～6
炼钢平炉	氧化铁		2～14
废铁炼钢平炉	氧化铁、氧化锌		1～34
黄铁矿焙烧炉	矿尘		1～40
铝矾土煅烧炉	半烧铝粉尘		25～30
煤粉锅炉	飘尘		8～30
炭黑工厂	碳尘		0.5～2.5
煤干馏炉	煤焦油	1～10	5～40
硫酸厂	硫酸雾	5～85	0.6～0.8

大气污染的形成需要具备三个条件:一是大量的污染物排入大气中;二是由于当地不利的气象条件等影响,使这些污染物不能在大气中及时扩散稀释;三是由于污染物在大气中积累或变化,以及某些污染物的协同作用,使这些污染物的浓度达到危害的程度。在这三个条件中,起主要作用的是大气污染物。

1.1.1.3 大气污染源

根据不同的研究目的和污染源的特点,污染源的类型有四类划分方法。

(1) 按污染源存在形式划分

固定污染源　位置固定,如工厂的排烟或排气。

移动污染源　在移动过程中排放大量废气,如汽车等。

(2) 按污染物排放方式划分

点源　污染物通过烟囱排放。一般情况下排放量较大。

线源　移动污染源在一定街道上造成的污染。

面源　许多低矮烟囱集合起来而构成的一个区域性的污染源。

(3) 按污染排放时间划分

连续源　污染物连续排放,如化工厂的排气筒等。

间断源　污染物排放时断时续,如取暖锅炉的烟囱。

瞬时源　污染物排放时间短暂,如工厂的事故排放。

(4) 按污染物排放空间划分

高架源　在距地面一定高度处排放污染物,如高烟囱。

地面源　在地面上排放污染物,如煤炉、锅炉等。

(5) 按污染物产生的类型划分

工业污染源　主要是燃料燃烧排放的污染物,生产过程中的排气以及生产过程中排放的各类矿物和金属粉尘。

生活污染源　主要是家庭炉灶,取暖设备,城市垃圾在堆放过程中由于厌氧分解排放出二次污染物及垃圾焚烧过程中产生的废气等。

交通污染源　主要是汽车、飞机、火车和船舶等交通工具排放的尾气。

1.1.1.4 大气污染类型

大气污染类型主要取决于所用能源和污染物的化学反应特性,而气象条件也起着重要作用,如阳光、风、温度等。根据污染物的化学性质及其存在的大气环境状况进行分类如下:

(1) 还原型(煤炭型)污染

这类污染常发生在以使用煤炭为主,同时也使用石油的地区。其主要污染物为二氧化硫、一氧化碳和颗粒物。在低温、高湿度且风速很小的阴天,并伴有逆温的情况下,一次污染物易在低空积聚,生成还原性烟雾。伦敦烟雾事件是其典型代表,故这类污染又称为伦敦烟雾型。

(2) 氧化型(汽车尾气型)污染

这类污染多发生在以使用石油为燃料的地区,主要污染源是汽车排气、燃油锅炉以及石油化工企业,主要的一次污染物是一氧化碳、氮氧化物和碳氢化合物。在阳光照射下它们能起光化学反应,生成臭氧、醛类、过氧乙酰硝酸酯等二次污染物。这些物质具有极强的氧化性,对人的眼睛等黏膜有很强的刺激作用。洛杉矶光化学烟雾属于这类污染。

(3) 石油型

石油型污染的主要污染物来自汽车排放、石油冶炼及石油化工厂的排放,主要包括二氧化氮、烯烃、链烷、醇、羰基等碳氢化合物,以及它们在大气中形成的臭氧,各种自由基及其反应生成的一系列中间产物与最终产物。

(4) 混合型

此种污染类型包括以煤炭为燃料的污染源排放的污染物,以及从各类工厂企业排出的各种化学物质等。在混合型工业城市,如日本的横滨、川崎等地所发生的污染事件,就属于这种类型。

(5) 特殊型

特殊型污染是指有关工厂企业排放的特殊气体所造成的污染。这类污染常限于局部范围。如生产磷肥造成的氟污染、氯碱工厂周围形成的氯气污染等。

1.1.2　大气污染物

目前对环境和人类产生危害的大气污染物约有100种,其中影响范围广的污染物有颗粒物、二氧化硫、氮氧化物、碳氧化物、挥发性有机化合物等。

1.1.2.1　几种主要的大气污染物

(1) 颗粒物

颗粒物是指大气中除气体之外的物质,包括各种各样的固体、液体和气溶胶。其中有固体的灰尘、烟尘、烟雾,以及液体的云雾和雾滴,其粒径范围在0.1~200μm之间。按粒径的差异,可以分为降尘和飘尘两种。

降尘　指粒径大于10μm,在重力作用下可降落的颗粒状物质。它多产生于固体破碎、燃烧残余物的结块及研磨粉碎的细碎物质。自然界刮风及沙暴也可产生降尘。

飘尘　指粒径小于10μm的煤烟、烟气和雾等颗粒状物质。这些物质粒径小、质量轻，在大气中呈悬浮状态，且分布极广。柴油发动机排出的颗粒物直径几乎都小于 10μm。

颗粒物自污染源排放后，因空气动力条件的不同和气象条件的差异而发生不同程度的迁移。降尘在重力作用下很快降落到地面；而飘尘则可在大气中停留很久。颗粒物能作为水汽的凝结核，参与形成降水过程。

(2) 含硫化合物

大气中含硫化合物主要有二氧化硫和硫化氢，还有少量的亚硫酸和硫酸(盐)微粒。天然源产生的硫主要是细菌活动产生的硫化氢。人为源产生的硫排放的主要形式是二氧化硫，主要来自含硫煤和石油的燃烧、石油炼制以及有色金属冶炼和硫酸制造等。

二氧化硫是无色、具有刺激性气味的不可燃气体，是一种分布广、危害大的主要大气污染物。二氧化硫和飘尘具有协同作用，两者结合起来对人体的危害更大。二氧化硫在大气中极不稳定，在大气中最多只能存在 1～2 天，在相对湿度较大，以及有催化剂存在时，可发生催化氧化反应，生成三氧化硫，进而生成硫酸或硫酸盐，所以二氧化硫是产生酸雨的主要因素。硫酸盐可存留 1 周以上，所以能飘移至 1000km 以外，造成远离污染源以外的区域性污染。二氧化硫也可以在太阳紫外光的照射下，发生光化学反应，生成三氧化硫和硫酸雾，从而降低大气的能见度。

(3) 氮氧化物

氮氧化物(NO_x)种类很多，主要为一氧化氮和二氧化氮，另外还有一氧化二氮、三氧化二氮、四氧化二氮和五氧化二氮等多种化合物。

自然排放的氮氧化物，主要来自土壤和海洋中有机物的分解，属于自然界的氮循环过程。人为活动排放的氮氧化物大部分来自化石燃料的燃烧，如汽车、飞机、内燃机以及工业炉窑的燃烧，也有来自生产、使用硝酸的过程，如氮肥厂、有机中间体厂、有色及黑色金属冶炼厂等。

在高温燃烧条件下，氮氧化物主要以一氧化氮的形式存在，最初排放的氮氧化物中一氧化氮约占 95%。但是，一氧化氮在大气中很不稳定，极易与空气中的氧发生反应，生成二氧化氮，故大气中普遍以二氧化氮的形式存在。在湿度较大时，二氧化氮进一步与水反应生成硝酸；当有催化剂存在时，二氧化氮转化成硝酸的速度加快。特别是二氧化氮和二氧化硫同时存在时，可以相互催化，形成硝酸的速度更快。另外，飞行器在平流层中排放的氮氧化物，能与平流层内的臭氧发生反应，从而破坏臭氧层。

(4) 碳氧化物

碳氧化物主要有两种物质，即 CO 和 CO_2。CO 主要由含碳物质不完全燃烧产生的，天然排放较少。人为产生的 CO 约有 70% 来自机动车的尾气排放，在大多数城市地区,机动车排放的CO占总排放量的90%以上。CO是无色、无臭的有毒气体,其化学性质稳定,在大气中不易与其他物质发生反应,可以在大气中停留较长时间。在一定条件下,CO会转化成CO_2,然而转化速率很低。人为排放大量的CO不仅会对植物造成危害,还会与人体血液中的血红蛋白结合,生成羰络血红蛋白,影响人体血液对氧的吸收。

CO_2是大气中的“正常”成分,参与地球上的碳平衡,主要来自呼吸作用和化石燃料的燃烧。由于CO_2对地面长波辐射具有高度的吸收性能,而对太阳的短波辐射具有高度的透过性,因此大气中CO_2浓度的不断增高,会导致温室效应。

(5) 挥发性有机化合物

挥发性有机化合物指的是一系列有机化合物,其中包括碳氢化合物(烷烃、烯烃和芳烃)、含氧有机物(醇、醛、酮、酸、醚)以及含有卤素的有机物(例如甲基氯仿、三氯乙烯)。它们都是含碳的有机化合物,而且都极易挥发到大气中。挥发性有机物的排放源包括燃料的不完全燃烧,机动车辆燃料箱和气化器内未燃烧的汽油的蒸发,燃料向加油站输送、储存和分配过程中发生的泄漏等。另外,天然气管线的泄漏也增加挥发性有机化合物的排放。家庭来源包括油漆涂料和溶剂、消费品、黏合剂以及燃料的燃烧。

挥发性有机化合物能促进臭氧类光化学氧化剂的形成。在活泼的氧化物,如原子氧、臭氧、氢氧基等自由基的作用下,碳氢化合物将发生一系列链式反应,生成一系列的化合物,如醛、酮、烷、烯以及重要的中间产物——自由基。自由基可进一步促进NO向NO_2转化,并造成光化学烟雾的重要二次污染物——臭氧、醛、过氧乙酰硝酸酯(PAN)等。

1.1.2.2 一次污染物和二次污染物

从污染源排入大气中的污染物,在与大气混合过程中会发生种种物理、化学变化。按照形成过程的不同,可分为一次污染物和二次污染物,如表1-4所示。

表1-4 大气污染物的分类

项 目	一次污染物	二次污染物
含硫化合物	SO_2,H_2S	SO_3,H_2SO_4,MSO_4
含氮化合物	NO,NH_3	NO_2,HNO_3,MNO_3
碳氢化合物	$C_1 \sim C_5$化合物	醛,过氧乙酰硝酸酯
碳氧化合物	CO,CO_2	
卤素化合物	HF,HCl	

(1) 一次污染物

一次污染物是指从各类污染源排出的物质，包括直接从各种排放源进入大气的各种气体、蒸气和颗粒物，如前所述的 SO_2、氮氧化物、碳氧化物、碳氢化合物和颗粒物等都是主要的一次污染物。一次污染物又可分为反应物质和非反应物质两类：反应性污染物的性质不稳定，在大气中常与某些物质产生化学反应，或作为催化剂促进其他污染物产生化学反应，如 SO_2 和 NO_2 等；非反应性污染物的性质较为稳定，它不发生化学反应，或反应速率很慢，如 CO 等。

一次污染物在大气中的作用可分为以下几种：

① 气体污染物之间的化学反应(可在有催化剂或无催化剂作用下发生)，例如，常温下有催化剂存在时，硫化氢和二氧化硫气体污染物反应生成单质硫；

② 空气中粒状污染物与气体污染物的吸附作用，或粒状污染物表面上的化学物质与气体污染物之间的化学反应，例如，尘粒中的某些金属氧化物与二氧化硫直接反应，生成硫酸盐；

③ 气体污染物在气溶胶中的溶解作用；

④ 气体污染物在太阳光作用下的光化学反应。

(2) 二次污染物

由上述各种化学反应的结果生成的一系列新的污染物称为二次污染物。例如，大气中的碳氢化合物和氮氧化物等一次污染物，在阳光作用下发生光化学反应，生成臭氧、醛、酮、过氧乙酰硝酸酯等二次污染物。常见的二次污染物有臭氧、过氧乙酰硝酸酯(PAN)、硫酸及硫酸盐气溶胶、硝酸及硝酸盐气溶胶，以及一些活性中间产物，如过氧化氢基($HO_2\cdot$)、氢氧基($HO\cdot$)、过氧化氮基($NO_3\cdot$)和氧原子($O\cdot$)等。

二氧化硫在干燥空气中，其含量① 达 8×10^{-4}时，人还可以忍受。但在形成硫酸气溶胶后，其含量仅为 8×10^{-7}时，人即不可忍受。足见大气中的二次污染物对环境的危害很大。

光化学烟雾(photochemical smog)是特殊的混合物，主要是大气中的碳氢化合物和氮氧化物等一次污染物在阳光作用下发生光化学反应，生成的臭氧、醛、酮及 PAN 等二次污染物。光化学烟雾的形成是一个复杂的链式反应，它以二氧化氮光解生成的氧原子引发臭氧的生成，而碳氢化合物的存在又加速 NO 向 NO_2 转化，使臭氧浓度增大，进而形成一系列具有氧化性、刺激性的最终产物，如醛类、PAN、O_3 等。

---

① 本书中涉及的气体成分含量或浓度除特殊声明外，均为体积含量。

1.1.3 大气污染的危害

1.1.3.1 对人类健康的危害

大气污染物侵入人体主要有三种途径:表面接触、食入含污染物的食物和水以及吸入被污染的空气,其中第三条途径最严重。大气污染物对人体健康的危害主要表现为呼吸道系统疾病。

就其影响缓急,大气污染对人体健康的危害可分为急性和慢性两个方面:

(1) 急性影响

当大气出现严重污染时,会对人体产生急性影响,有时会造成急性中毒、甚至在短时间内死亡,有时会使原具有呼吸系统疾病和心脏病的患者病情恶化,进而加速其死亡。本世纪以来,曾发生多起著名的严重大气污染事件。世界上最早报道的是,1930年12月发生在比利时的马斯河谷事件造成急性呼吸道刺激性疾患,死亡逾60人,主要污染物为二氧化硫、氟化物、一氧化碳和微粒物质。在1952年12月英国伦敦烟雾事件中,在4天时间内就有4000人死亡,主要污染物为二氧化硫和烟尘。1954年美国洛杉矶光化学烟雾事件,造成75%的居民患眼疾病。1959年日本三重县四日市大气污染事件,造成哮喘病患者急增,并于1964年出现死亡现象。在1989年1月墨西哥城大气污染事件中,学校被迫放假,人们被告诫不可外出。

(2) 慢性影响

除了以上高浓度大气污染对人体健康的急性作用外,低浓度的大气污染对人体的长期作用及远期效应也不容忽视。它虽不如急性影响那样显而易见,但影响面广、受影响人数多。很多调查研究证明,主要以二氧化硫和飘尘为指标的大气污染与慢性呼吸道疾病有密切关系,疾病率随大气污染程度增加而增加。

下面介绍几种主要大气污染物对人体的危害:

(1) 粉尘

粉尘的危害,不仅取决于它的暴露浓度,还在很大程度上取决于它的组成成分、理化性质、粒径和生物活性等。

粉尘的成分和理化性质是危害人体的主要因素。有毒金属粉尘和非金属粉尘(铬、锰、镉、铅、汞、砷等)进入人体后,会引起中毒以至死亡。例如,吸入铬尘能引起鼻中隔溃疡和穿孔,肺癌发病率增加;吸入锰尘会引起中毒性肺炎。无毒性粉尘对人体亦有害。如含有游离二氧化硅的粉尘被吸入后,会在肺内沉积,引起纤维性病变,使肺组织逐渐硬化,严重损害呼吸功能,发生“矽肺”病。

粉尘的粒径大小对人体健康产生的危害主要表现在两个方面:① 粒径愈小,愈不容易沉降,长期漂浮在空气中容易被吸入体内,并且容易深入肺部。一般,粒径在 100μm 以上的尘粒会很快在大气中沉降；10μm 以上的尘粒可以滞留在呼吸道中；5～10μm 的尘粒大部分会在呼吸道内沉积，被分泌的黏液吸附，可以随痰排出；小于 5μm 的微粒能深入肺部，引起各种尘肺病。② 粒径愈小，粉尘比表面积愈大，物理、化学活性愈高，加剧了生理效应的发生和发展。此外，尘粒的表面可以吸附空气中的各种有害气体及其他污染物，而成为它们的载体，如可以承载强致癌物质苯并芘及细菌等。特别是，含有重金属的飘尘能促进大气中的各种化学反应，形成二次污染。

(2) 二氧化硫

SO_2 是一种无色的中等强度刺激性气体。低浓度 SO_2 的主要影响是造成呼吸道管腔缩小，呼吸加快，并每次呼吸量减少。浓度较高时，会出现喉头感觉异常，并出现咳嗽、喷嚏、咯痰、声哑、胸闷、呼吸困难、呼吸道红肿等症状，造成支气管炎、哮喘病，严重的可引起肺气肿，甚至死亡。一般认为，SO_2 在空气中的浓度超过 5×10^{-7}即对人体健康产生某种潜在性影响；$1\times10^{-6}\sim3\times10^{-6}$时多数人开始受到刺激；$10^{-5}$时刺激加剧，个别人还会出现严重的支气管痉挛等。对哮喘病人的实验研究一致表明，二氧化硫浓度稍高出环境空气质量标准就会使哮喘病加重。哮喘病人在二氧化硫浓度低达 2×10^{-7}(即 530μg/m^3)的情况时就会气短，尤其在锻炼的时候(健康的成年人在 10^{-6}即 2660μg/m^3 才会有类似的症状)。美国的研究表明，在二氧化硫和总悬浮物浓度较高的城市、地区，学龄儿童患慢性咳嗽、支气管炎和肺病的概率较高。

当大气中二氧化硫的浓度为 $5\times10^{-8}\sim10^{-6}$时，$SO_2$ 浓度和接触时间同患病及死亡率增加的关系，可由以下近似关系式估算出

$$c_{SO_2}\cdot t^{0.32}=0.5 \quad \text{患病率增加} \tag{1-1}$$

$$c_{SO_2}\cdot t^{0.38}=2.0 \quad \text{死亡率增加} \tag{1-2}$$

式中：c_{SO_2}——SO_2 的浓度，10^{-6}；t——接触时间，h。

(3) 氮氧化物

污染环境的氮氧化物(NO_x)主要是 NO 和 NO_2，其中 NO 约占 95%。NO 是无色、无刺激、不活泼的气体，在阳光照射下，并有 C_mH_n存在时，能被迅速氧化为 NO_2。NO_2 在阳光照射下，又会分解为 NO 和 O_2。所以大气中 NO 和 NO_2 以及 N_2O、N_2O_3、N_2O_5 等自成一个循环系统，并统称为 NO_x。NO 对生物的危害尚不很清楚，动物实验表明，其毒性仅为 NO_2 的 1/5。

NO_2 是棕红色气体，对呼吸器官有强烈的刺激作用，能引起急性哮喘病。NO_2 会伤害肺脏的最细气道。二氧化氮的急性接触可引起呼吸疾病(如咳嗽和咽喉痛)，如果再加上二氧化硫的影响则可加重支气管炎、哮喘病和肺气肿。实验研究

表明，当只有二氧化氮产生影响时，如果其浓度超过 3×10^{-7}(即 $575\mu g/m^3$)，就可能恶化慢性支气管炎和哮喘病患者的肺功能。二氧化氮损害气管内壁的黏膜纤毛系统，而这些纤毛是向口腔方向清除黏液和碎屑杂质的。二氧化氮影响的典型结果是纤毛驱动碎屑杂质的“拍动”率下降，即二氧化氮的影响可使哮喘病患者对其他环境因子所引起的症状更加敏感。

(4) 一氧化碳

CO是一种影响全身的毒物，因为它妨碍血红蛋白吸收氧气，恶化心血管疾病，影响神经导致心绞痛。一氧化碳经呼吸摄入后进入血液，并和血液中主管输送氧气的血红蛋白有很强的结合力，其结合力是氧与血红蛋白结合力的200～240倍。CO一旦被吸入就和血红蛋白结合起来，迅速形成羰络血红蛋白，妨碍氧气的补给，造成头晕、头痛、恶心、疲劳等氧气不足的症状，危害中枢神经系统，严重时可造成窒息、死亡。低浓度的羰络血红蛋白会给心绞痛患者带来麻烦；中等浓度的羰络血红蛋白会损害思维和感觉，引起头痛，慢化反射，降低身体的灵巧度，减弱运动能力以及引起困倦(造成不安睡眠的困倦)；高浓度的羰络血红蛋白可能造成死亡。

CO的危害不仅与CO的分压、体内羰络血红蛋白的饱和浓度有关，还与接触浓度、暴露时间、机体活动时的肺通气量和血容量等许多复杂因素有关。据亨德逊研究，CO的浓度(10^{-8})与暴露时间(小时)的乘积所发生症状之间的关系是：3——无影响；6——稍有影响；9——头痛恶心；15——危险。

(5) 臭氧

生成光化学烟雾时产生的臭氧(O_3)，有特殊臭味，在接触呼吸系统管道时会对其造成伤害，损伤敏感的肺部组织，削弱身体对细菌和病毒的抵抗力。由于它在水中的溶解度很低，与二氧化硫相比，它在鼻咽部被吸收的量很少，因此它能渗透得深得多，能进入肺的周围区域和最细小的空气通道。高浓度臭氧使哮喘患者病情恶化，削弱肺功能，增加呼吸道感染和住院病例。运动时甚至低浓度的臭氧也能够引起如咳嗽、窒息、气短、痰多、喉咙痒哑、作呕和肺部功能削弱等症状。O_3浓度在10^{-7}时，呼吸2h后，眼和呼吸器官会发干，有急性烧灼感、头痛、中枢神经发生障碍等症状；时间再长，思维会紊乱。长期接触臭氧的实验室小鼠出现了肺不可逆转的功能性和形态性变化，意味着肺的过早衰老。

(6) 含氟化合物

氟化氢有强烈的刺激和腐蚀作用，可通过呼吸道黏膜、皮肤和肠道吸收，对人体全身产生毒害作用。氟能与人体骨骼和血液中的钙结合，从而导致氟骨病。长期暴露在低浓度的氢氟酸蒸气中，可引起牙齿酸蚀症，使牙齿粗糙无光泽，易患牙龈炎。当空气中HF浓度为$0.03\sim0.06mg/m^3$时，儿童牙斑釉患病率明显增高。HF的慢性中毒可造成鼻黏膜溃疡、鼻中隔穿孔等疾病，还可引起肺纤维化。高浓度的氢氟酸能引起支气管炎和肺炎。四氟化硅同样刺激呼吸道黏膜。

氟利昂大量排放到大气中,到达平流层后经光分解产生氟原子,破坏臭氧层。据科学家预测,若地球平流层臭氧减少1%,则太阳紫外线的辐射量将增加2%,皮肤癌发病率将增加3%~5%,白内障患者将增加0.2%~1.6%。

(7) 多环芳烃(PAHs)

多环芳烃系指多环结构的碳氢化合物,其种类很多,如蒽、蒽、萤蒽、苯并(a)芘、苯并蒽、苯并萤蒽及晕苯等。这类物质大多数有致癌作用,其中苯并(a)芘是国际上公认的致癌能力很强的物质,并作为计量大气受PAHs污染的依据。

城市大气中的苯并(a)芘主要来自煤、油的不完全燃烧,以及机动车的排气。大气中的苯并(a)芘主要通过呼吸道侵入肺部,并引起肺癌。实测数据表明,肺癌与大气污染、苯并(a)芘含量的相关性是显著的。从世界范围来看,城市肺癌死亡率约比农村高两倍,有的城市高达九倍。

(8) 铅和其他有毒金属

微量金属多以颗粒物的形态存在。它们来自黑色和有色金属冶炼和加工、电池制造、垃圾焚烧、机动车辆、水泥和肥料生产以及化石燃料的燃烧。目前已知的砷、铬和镍都是致癌物质。金属能够损害心血管循环系统和肺部系统,引起皮肤病,影响中枢神经系统。具体来讲,砷能够引起肺癌和皮肤紊乱疾病;铍能够导致皮炎和溃疡;镉对肾有害;铬能够引起肺癌和胃肠癌;镍能够诱发呼吸系统疾病、生育缺陷和鼻癌及肺癌;铅能够引起肝肾损害以及影响神经系统。在曼谷,铅的过渡污染估计引起20~50万例高血压。有人声称,接触高浓度的铅,儿童到7岁时平均丧失4点以上的智商值。

1.1.3.2 对植物的危害

大气污染对植物的直接危害表现为三种情况:在高浓度污染物影响下产生急性危害,使植物叶表面产生伤斑(或称坏死斑),或者直接使植物叶面枯萎脱落;在低浓度污染物长期影响下产生慢性危害,使植物叶片褪色;在低浓度污染物影响下,产生所谓不可见危害,即植物外表不出现受害症状,但生理机能受到影响,造成生产量下降、品质变坏。此外,大气污染除对植物外型和生长发育产生以上直接影响外,还产生间接影响,主要表现为植物生长减弱、降低对病虫害的抵抗能力。

对植物生长危害较大的大气污染物主要有二氧化硫、氟化物、二氧化氮和臭氧等。

(1) 二氧化硫

二氧化硫对作物的危害多发生在生理功能旺盛的成熟叶片上,而未成熟的幼叶和生理功能活动衰老的老叶则不易受害。这是因为生理活动旺盛的成熟叶片气孔开得最开，而二氧化硫主要是通过气孔侵入的缘故。果树等双叶子植物，受害叶片多在叶脉间出现白色或褐色"烟斑"，逐渐枯萎造成早期落叶。单叶子植物的水稻，受到急性危害时，叶片萎蔫，首先变成淡绿色或灰绿色，有时叶面出现芝麻般白色斑点，随后整个叶片褪成白色；受慢性危害时，从叶尖沿着叶缘变成褐色，或在叶脉间出现擦伤般的长条状褐色斑纹。小麦受害时，叶子变成淡褐色；麦芒对二氧化硫最为敏感，很低浓度的二氧化硫就能使麦芒变成白色。

由于二氧化硫主要从气孔侵入植物，危害也主要从气孔周围的细胞开始，逐渐扩大到其他部分。受害的细胞叶绿体被破坏，组织脱水坏死，在形态上成为许多褐色的斑点。关于受害的机制有许多说法，有人认为二氧化硫从气孔侵入后与水形成亚硫酸，并进一步形成亚硫酸盐。在二氧化硫浓度较高时，亚硫酸盐便会在叶片中积累起来，破坏叶片的正常生理机能和叶肉组织，从而在叶片外表出现伤斑。

植物受害程度，与二氧化硫的浓度和作用时间有关。经验指出，当二氧化硫使植物开始受害的浓度和暴露时浓度为 $2\times10^{-8}\sim5\times10^{-7}$时，这种比例关系近似遵循下式

$$c_{SO_2}t^{0.39}=1 \tag{1-3}$$

式中：c_{SO_2}——二氧化硫浓度，10^{-6}；t——暴露时间，h。

大气中不同浓度的 SO_2 对植物的危害见表 1-5。

表 1-5 SO_2 对植物的影响

浓度/10^{-6}	影　响
0.15	连续暴露 72h，硬质小麦和大麦产量分别比对照少 42% 和 44%；在相同条件下春小麦产量无影响
0.2~0.3	短时间暴露一般植物无影响，但持续暴露 150h，则苜蓿、菠菜、萝卜等将死亡，针叶树常长期在此浓度下将减慢生产速度 10%~20%；当 $c_{SO_2}=0.3\times10^{-6}$时，近 3h 果树可出现受害症状
0.4	敏感性植物如苜蓿、荞麦等在数小时内出现受害症状，地衣苔藓几十小时内完全枯死
0.5	一般植物可能发生危害，番茄 6h 内受害，树木在 100h 以上受害
0.8~1	菠菜在 3h 内受害，树木在数十小时内受害，特别是针叶树，出现明显症状
3~5	许多植物在 5~15h 出现急性受害症状
6~7	某些抗性强的植物在 24h 内受害
10	许多植物可能出现急性危害
20	许多农作物、蔬菜发生严重急性危害，明显减产，树木大量落叶
30~50	接触 15~30min 可使各种树木严重受害，农作物、蔬菜等卷叶枯死
50~70	部分植物因受害特别严重，无法恢复生长，逐渐死亡
100 以上	各种植物在几小时内死亡

二氧化硫对植物的危害程度与植物所处环境有关，当 SO_2 浓度一定时，白天光照强、温度高、空气湿度大时受害重；反之受害轻。这是因为光照强、温度高、空气湿润使气孔充分开放，进入植物体的 SO_2 机会多，同时由于细胞的代谢活动旺盛产生的乙醛较多，因而受害较重。此外，危害程度还因植物所处的发育时期不同而有异，如小麦、水稻在开花前后受害较重，果树也在开花期最为敏感。

不同种类的作物对二氧化硫的抗性也不同。棉花、水稻、麦类、萝卜等抗性较弱，而洋葱、黄瓜、玉米则比较强。果树中的桃、葡萄、柿、梨、梅、枇杷、柑橘等，它们的抗性则顺序增强。

二氧化硫和氮氧化物形成的酸雨使得水体酸化，并可导致水生动植物死亡。另外，酸雨使土壤性质发生变化而使树木间接受到伤害，出现大规模的森林退化。

(2) 氟化氢

氟化氢的散失数量和分布范围不如 SO_2，但对植物的危害却比 SO_2 大得多，十亿分之几的氟化氢就可使敏感的植物受害，对作物的危害就其重要性而言仅次于 SO_2。

与二氧化硫不同，氟化氢对作物的危害主要发生在幼芽和幼叶阶段。另外，作物在遭受氟化氢危害时症状仅出现在叶尖和叶的边缘部分，受害部分几小时后绿色消失变成黄褐色，两三天后变成深褐色。

氟化氢大部分由气孔，一部分由水，侵入植物体进入导管。导管内形成氟化氢酸，并与叶片组织内呈溶胶状态的硅酸或钙质反应，生成氟硅化合物或氟化钙，积聚在叶尖、叶缘等局部地方。当其达到一定浓度时，就会干扰酶的作用，阻碍代谢机能，破坏叶绿体和原生质。叶片遭到破坏部分，由于失水而干燥变成黄褐色或深褐色。

水稻和麦类在受到氟化氢危害时，在新叶的尖端或叶缘，特别在抽穗前后的尖叶和穗的尖端由绿色变成灰绿色。当氟化氢浓度高时，被害部分可扩大到叶身的中央部分，叶片转为黄褐色，随即呈枯萎状态。当果树遭到氟化氢急性危害时，叶缘坏死，叶片脱落；慢性危害则叶片萎缩黄化。豆类不但在叶片上呈现出像稻麦一样的症状，并且在叶脉间还可看到斑点状受害症状。在江浙等养蚕地区，氟化氢的危害是相当可怕的，蚕在吃了被氟化氢污染的桑叶后，会出现大量死亡。在 1982 年和 1986 年杭嘉湖地区出现的两次大面积氟污染中，据统计分别损失了春蚕 2.5×10^6kg和 2.35×10^6kg，直接经济损失约 1000 万和 1300 万元人民币（当时价）。

与二氧化硫危害不同，氟化氢危害程度并不与浓度和时间的乘积成正比，而是时间起着主要作用，它的影响比浓度影响更大。即使在浓度不高的情况下，长时间接触也能造成危害，危害程度也与气象条件有关。白天光照强、温度高时，同化作用旺盛,气孔充分开放,吸收的氟化氢多,受害重;夜间情况相反。

对氟化氢抗性强的有棉花、番茄、茄子、黄瓜、洋葱、大豆、柑橘等,而玉米、甘薯、水稻、桃李等抗性较弱。

(3) 光化学烟雾

光化学烟雾中对植物有害的主要是臭氧、氮氧化物等。臭氧对植物的危害主要是从叶背气孔侵入,通过周边细胞、海绵细胞间隙,达到栅栏组织,使其首先受害,然后再侵害海绵细胞,形成透过叶片的坏死斑点。同时植物组织机能衰退,生长受阻,发芽和开花受到抑制,并发生早期落叶、落果现象。一般臭氧浓度达到10^{-7}时,便对植物产生危害。对臭氧敏感的植物有烟草、番茄、马铃薯、花生、大麦、小麦、苹果、葡萄等;具抗性的植物有胡椒、松柏等。臭氧对农业生产威胁很大,受害地区往往波及城市以外数十千米。

氮氧化物进入植物叶气孔后易被吸收产生危害,最初叶脉出现不规则的坏死,然后细胞破裂,逐步扩展到整个叶片。试验表明,在5×10^{-7}的NO_2浓度下持续35天柑橘发生落叶和萎黄;在2.5×10^{-7}下经过8个月,柑橘减产。

过氧乙酰硝酸酯(PAN)是光化学烟雾的剧毒成分。它在中午强光照射时反应强烈,夜间作用降低。PAN危害植物的症状表现为叶子背面气室周围海绵细胞或下表细胞原生质被破坏,使叶背面逐渐变成银灰色或古铜色,而叶子正面却无受害症状。对PAN敏感的植物有番茄和木本科植物;对PAN抗性强的植物有玉米、棉花等。

(4) 污染物的复合危害

大气污染对作物的危害,往往是两种以上气体污染物造成的。两种或多种污染物所造成的危害称复合危害。应该注意,某些污染物同时存在时,会产生协同作用。如二氧化硫与光化学氧化剂中主要成分臭氧同时存在时,在一定浓度范围内有增效作用;二氧化硫和二氧化氮共存时对各种蔬菜的危害有明显增效作用。但另外一些污染物如二氧化硫和硫化氢在一起时就没有明显的增效作用。还应注意污染物在粮食或蔬菜等食用作物体内可能残留,从而影响健康。

1.1.3.3 对器物的危害

大气污染物对金属制品、油漆涂料、皮革制品、纸制品、纺织品、橡胶制品和建筑材料等的损害也是严重的。这种损害包括玷污性损害和化学性损害两个方面。玷污性损害是尘、烟等粒子落在器物上面造成的,有的可以清扫冲洗除去,有的很难除去,如煤油中的焦油等。化学性损害是由于污染物的化学作用,使器物腐蚀变质。如SO_2及其生成的酸雾、酸滴等,能使金属表面产生严重的腐蚀,使纸制品、纺织品、皮革制品等腐蚀破碎,使金属涂料变质,降低其保护效果。涂料与SO_2、

H_2S 等接触，能化合成硫化铅，使白铁皮屋顶变成黑屋顶，使油画等美术作品失去艺术价值。光化学烟雾中的臭氧能使一般橡胶制品迅速老化脆裂。

某些大气污染物对物品的危害列于表 1-6。

表 1-6　某些大气污染物对物品的危害

	二氧化硫，三氧化硫	硫化氢	臭氧(氧化剂类)	粒状物
金属	铁腐蚀、铜腐蚀、镍表面腐蚀、一般的污染程度铝不腐蚀	银、铜腐蚀，并在表面生成金属硫化物		在酸性污染气体存在时腐蚀严重或粒状物自身吸附腐蚀性物质时所生成的腐蚀也是严重的
皮革	对皮革具有强亲和性，使皮革强度下降			
纸	非常容易变脆			
布	强度下降		染料褪色 纤维强度下降	污损
涂料		使含铅涂料变色		污损
橡胶类			脆裂、弹性下降	
建筑材料	使 $CaCO_3$ 类材料损坏			污损

1.1.4　大气污染的区域影响

1.1.4.1　全球性的不良影响

(1) 全球气候变暖

大气中的飘尘、烟雾和各种气态污染物增多，使大气变得混浊，能见度降低，太阳光直接辐射减少。此外大量的废热排出，地面长波辐射的变化，大气中的微粒形成水蒸气凝结核的作用等，也会使全球或局部地区大气的温度、湿度、雨量等发生变化。温室气体使得全球气候变暖。

世界各地气象部门的统计数字表明，20 世纪 70～80 年代以来，气温上升了 0.7℃左右，这是人类社会过去几千年、上万年所没有的现象。有人估计，按照现在化石燃料燃烧的增加速率，大气中的 CO_2 将在 50 年内加倍，这将使中纬度地面温度升高 2～3℃，极地温度升高 6～10℃。

CO_2 温室气体产生温室效应的机理，至今仍有争议。普遍认为，这与温室气体的物理性质有关。CO_2 等温室气体对来自太阳的短波辐射具有高度的透过性，而对地面长波辐射却具有高度的吸收性能。CO_2 的吸收带在 12.5～17.0μm 之间，其他温室气体的吸收带大多在 7～13μm 的红外大气窗口区内。CO_2 温室气体在大气中迅速增加，将地面反射的红外辐射大量截留在大气层内，使地球表面的能量平衡发生改变，导致大气层温度升高，气候变暖，形成温室效应。

氯氟烃(CFCs)和甲烷(CH_4)也是重要的温室气体，虽然它们的排放量比CO_2小，它们的吸热能力却分别是CO_2的20 000倍和20倍，对全球气候变暖的贡献较大。此外，对流层的O_3和N_2O也是很重要的温室效应气体。

表1-7列出了某些温室气体的现有浓度、增长率以及对温室效应增加的贡献的估算值。

表1-7　大气中温室气体的现有浓度、增长率和对温室效应增加的贡献

名　称	现有浓度$/10^{-6}$	估计年增长率$/10^{-2}$	估计对温室效应增加的贡献$/10^{-2}$
CO_2	350	0.4	56
平流层的臭氧	0.1～10	～0.5	
对流层的臭氧	0.02～0.1	0～0.7	
CH_4	1.7	1～2	11
CO	0.12	0.2	
N_2O	0.3	0.2	6
氟利昂CCl_3F	0.23×10^{-3}	5.0	24
氟利昂CCl_2F_2	0.4×10^{-3}	5.0	24

全球气候变暖导致的严重后果是海平面的不断升高。海平面的升高主要是由冰川融化和海水膨胀造成的。据统计，近百年来随着全球气候增暖0.6～0.7℃，全球海平面大约上升了10～15cm。科学家预测如果全球气候增暖3℃，海平面将平均上升80cm(各海域上升高度不同)。届时，将会对生活在沿海100km以内30多亿人口的生命构成威胁。

全球变暖也将引起世界温度带移动，大气会产生相应的运动，使降水情况发生变化。有人估计气候变化最明显特点是：大部分地区温度升高；全球降雨量明显增加；某些地方可能带来更频繁的干旱天气，如美国的中西部农场地带，可能由于蒸发迅速和风型改变而变得更加干燥；沿海岸的亚热带地区会出现更潮湿的季风；台风的强度增加；飓风更频繁、更强大，并向高纬度地区发展。

另外，全球气候的变化必然给生物圈造成多种冲击，生物群落的纬度分布和生物带都会发生相应的变化。部分植物、高等真菌物种可能会处于濒临灭绝和物种变异的境地，植物的变异也必然引起动物群落。专家预测，气候变暖会使森林火灾更为频繁和严重。

(2) 臭氧层破坏

臭氧是大气中的微量气体之一，主要集中在平流层中20～25km的高空，即大气的臭氧层。臭氧层对保护地球上的生命界和调节地球气候都发挥着极为重要的作用。太阳光谱中，能达到地球表面的有紫外光和可见光，其中紫外—B带的紫外光能被臭氧吸收。紫外线可以促进人类皮肤上合成维生素D的反应，这对骨组织的生成及保护起着有益的作用。但紫外—B带的紫外光的过度照射可以引起皮肤癌、免疫系统和眼的疾病，对动植物也有伤害。臭氧层能吸收99%以上的有害紫外辐射，保护地球上的生命。另外，臭氧吸收紫外线，使得平流层的温度升高，随着平流层的高度升高温度也升高，造成逆温现象。这种逆温现象与对流层的逆温现象一样，增加了大气的稳定度。但是这种臭氧层正在以惊人的速度遭受破坏。

20世纪70年代后期，美国人首先观察到南极上空的臭氧层出现了一个“空洞”。1979年英国科学家也发现了这一现象。1985年，美国“雨云—7号”气象卫星测到了这个“空洞”的面积与美国的领土面积相等。臭氧层破坏的现象逐步扩展，科学家们观测到1987年南极臭氧减少了一半；在北半球也观测到了臭氧层减少的现象，1991年欧洲上空的臭氧层减少了10%～20%。1995年12月7日，世界气象组织宣布，地球臭氧层破坏的规模达到创纪录的水平：南极臭氧洞面积为2500万平方千米，而且臭氧减少的现象比往年早了2个月出现；北极臭氧层损害也到了历史最坏的水平；同时臭氧层破坏在西伯利亚、美洲南部、英伦三岛上空也有发现。

臭氧层的破坏，将对地球上的生命系统构成极大的危害。首先由于臭氧层的破坏，大量紫外光辐射将达到地面而危害人类健康。据科学家预测，如果地球平流层臭氧减少1%，则太阳紫外线的辐射量增加2%，皮肤癌的发病率增加2%～5%，白内障患者将增加0.2%～1.6%。此外，紫外辐射增大，也会对动植物产生影响，危及生态平衡。臭氧层破坏还将导致地球气候出现异常，由此带来灾害。

1.1.4.2　区域性的不良影响

(1) 酸沉降

酸沉降包括酸雨、雪、雾和云蒸汽；干沉降指酸性颗粒物和气溶胶。它们都是在化石燃料燃烧过程中释放出大量 SO_2 和 NO_x 时形成的。酸雨是受到世界各国普遍关注和最具代表性的区域性酸沉降。

酸雨是指pH小于5.6的雨。因为大气中二氧化碳的存在，所以即使是清洁的雨雪等降水，也会因为二氧化碳溶于其中形成碳酸而呈弱酸型。空气中二氧化碳浓度平均在 3.16×10^{-4} 左右，此时雨水中饱和二氧化碳的pH值为5.6，故规定pH小于5.6为酸雨指标。

酸雨的危害主要是破坏森林生态系统，改变土壤性质和结构，破坏水生生态系统，腐蚀建筑物和损害人体的呼吸道系统和皮肤。例如，在欧洲15个国家中有700万平方千米的森林受到酸雨的影响，森林正在遭受死亡综合症的侵袭；在瑞典北部地区,因受酸雨影响,土壤酸化而使肥力减退,河湖酸化而影响水生生物的生长和繁衍。此外,酸雨渗入地下,会使地下水酸化。

(2) 地面臭氧

汽车排放大量的氮氧化物和挥发性有机化合物,且日益增加,使得环境中的臭氧水平也急剧增加。在欧洲,臭氧的年平均浓度以 1% ~2% 左右的速度增加。在一个世纪前,清洁地区的臭氧背景浓度约为 10^{-8}~2×10^{-8},今天为 2×10^{-8}~4×10^{-8}。近年来,在英国南部、比利时和荷兰,臭氧峰期小时浓度为 1.5×10^{-7},而在雅典和意大利北部为 2.75×10^{-7}~3×10^{-7}。墨西哥城更是因为臭氧污染而声誉极差,它在峰期小时浓度达到了 4×10^{-7}~6×10^{-7}。在欧洲和北美,夏季有多时、连续日出现高水平的地面臭氧,而且不仅限于城市地区。

地面臭氧能伤害多种树木和作物叶片中的细胞,干扰光合作用,造成营养浸出,最终导致植物生长减慢和直接的叶片伤害。受臭氧伤害的植物更容易遭受昆虫侵袭,根系也很容易腐烂。接触臭氧,加上酸雨和其他不利条件,是造成欧洲和北美等大面积森林衰退的主要原因。臭氧对农业生产能力造成的损失,在欧洲和北美更是常见,如美国当前的臭氧水平导致作物产量下降 5% ~10%。

臭氧对人体和动物的健康都产生严重影响,尤其是夏季逆温差天气造成大面积连续几天高浓度接触时,对健康的影响更为明显。

1.1.4.3 局部的不良影响

局部的气候影响主要指城市热岛效应,即城市大气的热污染。城市化改变了城市的地面组成和性质,由砖瓦、水泥、玻璃、石材及金属等人工构筑的表面代替了土壤、草地、森林等自然表面,改变了反射和辐射的性质,改变了近地面热交换和地面粗糙度,从而影响了大气的物理性质。城市气温高于周围地区,形成城市热岛。城市中心区暖流上升并从高层向四周扩散,市郊较冷空气则从低层吹向市区,构成局部环流,这样在一定程度上使污染物集中在此局部环流中,不易向更大范围扩散,污染物逐步积累,在城市上空形成一个污染物幕罩。

1.2 大气污染控制发展历程及趋势

大气污染治理工程是环境工程的一个重要组成部分,它的萌芽和发展经历了漫长的年代。1668 年英国学者加斯特洛发表了关于消烟机械方面的论文,提出避免煤烟危害应采取的技术措施。1809 年英国采用石灰乳脱除煤烟中的硫化氢。1849 年英国采用氧化铁法脱除硫化氢。1897 年日本建造了煤烟脱硫塔,烟气经石灰乳脱硫后经高烟囱排放。随着工业及交通事业的发展,第二次世界大战后,大工业地带增多,石油在能源结构中的比重上升,大气污染物种类越来越多,污染日益严重。20 世纪 60 年代以后废气治理工程有了较大的发展,除尘、脱硫、脱硝的实用技术在废气中发挥了应有的作用。我国的废气治理工程起步较晚,但发展迅速。自 1973 年开始起步到现在,大致经历了三个阶段。

(1) 起步阶段(1973~1981)

1973 年第一次全国环境保护会议后,从北京等大城市开始,开展了以锅炉和工业窑炉为控制对象的消烟除尘工作,并逐步推向全国。这个阶段的主要特点是主要抓单一污染源治理,从中央到各省、市都把消烟除尘作为保护大气的突破口,采用改进燃烧装置,安装除尘器等技术措施,控制烟尘、粉尘排放量及排烟的林格曼黑度。全国有 6 万台锅炉进行了改炉除尘,新建了一批烧结、转炉、水泥窑炉的除尘设施。1973 年国家颁布的第一个综合性排放标准《工业“三废”排放标准》虽然对电站燃煤排放的二氧化硫(SO_2)规定了排放标准,但电站的二氧化硫治理工程限于当时的技术经济水平难以实施。这一阶段除消烟除尘外,只是对污染严重的化工尾气进行了治理。如:对硝酸、氮肥厂及使用硝酸的工厂排放的氮氧化物采用选择性催化还原法和 30% NaOH 溶液吸收法等进行治理,有色金属冶炼厂对高浓度的二氧化硫进行综合利用(制硫酸),以及用吸附、吸收等技术方法治理氯化氢、氯乙烯尾气等等。

(2) 发展阶段(1982~1991)

1982 年 4 月 6 日正式颁布了《大气环境质量标准》(GB 3095—82)。该项标准分为三级,分别用于三类功能不同的地区。废气治理工程的主要目的在于改善大气环境质量,仅靠单个污染源治理不能满足环境质量的要求,分散的污染源治理必须与按功能区进行污染综合防治相结合。该项标准包括 6 种主要污染物,即总悬浮微粒(TSP)、飘尘(系指 10μm 以下的微粒,是一项参考标准)、二氧化硫(SO_2)、氮氧化物(NO_x)、一氧化碳(CO)、光化学氧化剂。这项标准的颁布与施行表明:要保持和改善大气环境质量,不能只停留在抓好消烟除尘的阶段,同时要治理 SO_2、NO_x和汽车尾气(NO_x,CO,挥发性有机化合物),以及治理污染严重的气态污染物,如氟与氟化氢、氯与氯化氢、硫化氢、苯和恶臭等。

同年 8 月在北京召开的第一次工业系统防治污染经验交流会进一步促进了我国废气治理工作。这次会议总结了我国十几年防治工业污染的经验,提出了 3 条防治工业污染的基本途径。它们是:结合工业结构调整,改善不合理布局;通过技术改造,最大限度地把“三废”达标排放;加强工业企业环境管理,落实企业环境责任制(纳入企业经济责任制)。

1982~1991 的 10 年间,由于政策、法规和各项环境标准逐步形成体系,指导思想更加明确,废气治理工作在已有经验的基础上取得了较大的进步和发展。

① 综合防治方面的发展

由单个污染源的治理(主要是净化处理、消烟除尘)转变为综合防治,贯彻“预防为主、防治结合,综合治理”的政策,是废气治理工程的一个特点。“预防为主、防治结合”是污染治理工程概念的一个新发展。1981年中国环境科学学会成立大会上,即已明确提出:环境工程学发展到20世纪80年代,污染治理概念不能只狭义地理解为排污口的治理(污染与净化),而应包括采用无废、少废技术和装备,节能降耗,减少污染物的排放,即防和治都属于污染治理的范畴。各地区和部门都开始重视通过技术改造在生产工艺过程中消除污染,主要做法是:更新设备,采用先进技术设备武装一些大中型企业;改革落后工艺,用无污染、低污染的工艺代替消耗高、污染重的工艺技术,减少污染物的排放;改变原料结构,使用无毒、或低毒原料代替剧毒原料等。

综合治理是指从大气环境功能区的整体着眼,将分散的污染源治理与集中控制污染相结合,合理利用自净能力与人为措施相结合,综合运用各种技术手段,正确处理防与治的辩证关系,使大气环境功能区的环境质量达到目标值。在发展阶段采用的技术措施有:推广型煤(加固硫剂),达到节煤并减少尘及 SO_2 排放的目的;集中供热、热电联产、淘汰分散的小锅炉,达到节煤、提高除尘效率、减少尘及 SO_2 排放的目的;改善能源结构,提高城市气化率也是减少大气污染物的重要手段。

② 单项治理技术的发展

在1982～1991年的10年中单项治理技术也有了比较大的发展,特别是在除尘技术、SO_2 治理技术、NO_x 治理技术、汽车尾气治理技术等方面更为显著。一方面引进、消化吸收国外的废气治理先进经验,另一方面也研究开发了不少适合国情的废气治理方法。

除尘技术　对耗能高、热效率低、污染重的锅炉和工业窑炉普遍进行了改造,减轻了燃煤对大气的污染。烟尘、工业粉尘的除尘技术与20世纪70年代相比有显著进步。此外,一些工业生产过程中产生的特殊粉尘的除尘技术也有较大发展。如电炉炼钢、转炉炼钢的除尘技术;有色金属冶炼的除尘技术;铅玻璃生产过程中所排的“铅尘”的除尘技术等。

二氧化硫治理技术　对于生活用煤排放的二氧化硫(SO_2),主要靠推广民用型煤加固硫剂、发展城市集中供热、提高城市气化率等技术措施削减 SO_2 排放量。对于电站锅炉、工业锅炉高烟囱排放的二氧化硫(低浓度 SO_2),我国从1982年起在技术攻关研究和技术引进两个方面都取得了较好的进展,如旋转喷雾干燥烟气脱硫技术、石灰石/石灰法烟气脱硫技术、工业型煤固硫技术等。

氮氧化物治理技术　主要是治理硝酸、氮肥生产和使用硝酸的工业生产所排放的氮氧化物。通过引进和研究开发,这方面的治理技术发展较快,如:选择性催化还原、非选择性催化还原、碱液吸收($NaOH$,Na_2CO_3 等)、分子筛吸附、“漂白”稀硝酸吸收等。

汽车尾气治理技术　1983 年 9 月我国颁布了第一个汽车污染物排放控制标准。考虑当时的技术经济条件,这个标准只控制怠速排放的一氧化氮和碳氢化合物,柴油车只控制自由加速时的排烟黑度。1983～1991 年引进和研究开发的汽车尾气治理技术包括机内净化和汽车尾气净化(机外),主要是利用催化净化法。特别值得一提的是研究开发了中国特有的稀土催化剂。

(3) 开拓阶段(1992～　)

1992 年 6 月联合国里约热内卢环境与发展大会后,实施可持续发展战略已成为世界各国的共识。1995 年全国人大八届四次会议通过的《国民经济和社会发展“九五”计划和 2010 年远景目标纲要》确定:实行两个具有全局意义的根本性转变,实施科教兴国战略和可持续发展战略,并提出了跨世纪的环境保护目标。自此,环境保护进入了一个新的阶段。

1996 年 7 月在北京召开的第四次全国环境保护会议制定了《国家环境保护“九五”计划和 2010 年远景目标》(以下简称《计划和目标》),其两个附件《“九五”期间全国主要污染物排放总量控制计划》(附件 1)和《中国跨世纪绿色工程规划》(附件 2),是实现跨世纪环境保护目标的两项重大举措。《计划和目标》所确定的控制污染和破坏的目标是:“到 2000 年,力争使环境污染和生态破坏加剧的趋势得到基本控制,部分城市和地区的环境质量有所改善”;“到 2010 年,基本改变生态环境恶化的状况,城乡环境质量有明显的改善”。为实现上述目标所规定的大气污染控制任务如下:

① 工业污染源废气治理——这是大气污染控制的第一个层次。各行业的工业污染源通过转变经济增长方式、推行清洁生产把污染物的排放量减少到最低限度,并积极进行废气治理。“九五”期间普遍要求控制的主要大气污染物是烟尘、二氧化硫和工业粉尘,并对 12 个重点行业提出了具体的计划指标。化学工业的目标为:逐步推行清洁生产,实行化学工业污染的生产全过程控制,最大限度地实现资源和“三废”的综合利用,有效削减化工生产污染物的产生量和排放量,使化学工业污染严重的状况得到基本控制。主要计划指标有:锅炉燃烧废气除尘率达到 95%,工艺废气处理率达到 80%,烟尘、二氧化硫、氮氧化物的排放量得到基本控制。对于其他重点行业,如有色金属工业、煤炭、电力、钢铁、建材、石油化工、轻工业、纺织及机械等的目标和主要计划指标,也都提出了具体要求。

② 城市大气污染防治——这是控制大气污染的第二个层次。大气环境质量指标及大气污染控制指标是:“九五”期间基本控制住城市环境污染加剧的趋势,部

分重点城市的环境质量有所改善。大气总悬浮微粒(TSP)年日均值,南方城市达到国家二级标准,北方城市争取达到三级标准。二氧化硫年日均值,南方城市(除高硫煤地区的城市)达到国家二级标准,其他城市达到三级标准。氮氧化物年日均值,100万人口以下的城市达到国家一级标准,100万人口以上的城市达到国家二级标准,200万人口以上的特大城市争取达到三级标准。汽车尾气排放达标率不低于70%。城市大气污染防治的重点领域是:继续建设和巩固烟尘控制区;实行优质燃料优先供民用的政策,加快城市供气和集中供热建设;推广使用型煤,禁止原煤散烧;严格控制烟尘污染;酸雨和二氧化硫污染严重的城市要加强对 SO_2 的治理;控制大气氮氧化物污染的发展。

③ 区域大气污染酸雨的控制——这是控制大气污染的第三个层次。"九五"期间控制酸雨是大气污染防治的重点。主要措施有:改善能源结构,优先发展水电;积极发展核电,大力开发新能源和再生能源;发展洁净煤技术,改变煤炭落后的使用方式;加快水电站和工业锅炉的脱硫步伐;努力控制降水酸度,遏制南方酸雨区向北方扩展。重点酸雨区(西南、华中、华南和华东)二氧化硫控制项目和30个重点城市的大气污染防治项目,已被列人"跨世纪绿色工程规划"。

④ 履行国际公约,保护全球大气环境——这是控制大气污染进行废气治理的第四个层次。为保护臭氧层,履行《关于消耗臭氧层物质的蒙特利尔议定书(修订本)》。根据国务院批准的《中国消耗臭氧层物质逐步淘汰方案》的要求,继续与有关国际组织密切合作,认真实施淘汰计划,按规定期限控制和禁止"消耗臭氧层物质"(ODS)的生产、进口和使用。从1995年开始,除特殊场合外,禁止使用哈龙类灭火器;1998年在气溶胶行业(除医药用氯氟烃驱雾剂外)淘汰ODS;2000年在泡沫塑料行业(除冰箱及硬质聚氨酯外)淘汰ODS。此外,积极开展有关温室气体排放的研究和活动,大力开展节能工作,提高能源利用效率,逐步改善能源结构,减少温室气体排放;采取多种措施减少农牧业的温室气体排放,回收利用工业 CO_2 废气;同时开展植树造林,扩大森林资源,增加对 CO_2 的吸收能力。

1.3　大气污染控制法律法规

1.3.1　各国大气污染控制法的发展史

大气污染控制的立法,大致可分为四个阶段,即18世纪中叶产业革命爆发以前;产业革命爆发到1952年伦敦烟雾事件发生;伦敦烟雾事件发生以后到20世纪60年代末;20世纪70年代至今。

第一阶段,即18世纪产业革命爆发以前,是大气污染控制立法的萌芽时期。有些国家的法律中开始出现一些零星的大气保护法律规范。例如前述的古巴比伦汉谟拉比法典关于禁止鞋匠住在城内，以免污染水源和空气的规定。1306年，英国国会颁布用煤禁令，禁止伦敦工匠和制造商在国会开会期间用煤。

第二阶段，即产业革命爆发到1952年伦敦烟雾事件发生，是大气污染控制立法开始兴盛的时期。随着蒸汽机、火车头、汽车的发明和广泛应用，工厂、大城市的兴起，大气的污染逐渐严重，大气污染控制的立法也开始引起注意，有些国家开始制定大气污染控制的单行法规。英国于1863年颁布了制碱法，后来又扩大为1906年的制碱等管理法。美国辛辛那提州于1881年颁布了烟尘控制法，1921年，全国28个人口超过20万的城市中，已有22个城市制订了类似的法律。法国于1917年制订《环境保护分类工厂法》，1948年制订了能源利用法。苏联于1940年颁布《部长会议关于防治大气污染和改善居民区卫生条件的措施的决议》。

但是，这一阶段各国都没有控制住大气污染的发展。震惊世界的八大公害事件中，有5起是大气污染事件，而4起发生在这个时期。比利时于1930年12月初发生马斯河谷烟雾事件，几千人呼吸道发病，约60人死亡。美国于1948年发生多诺拉烟雾事件，约6千人呼吸道发病，17人死亡。1949年发生洛杉矶烟雾事件，85岁以上老人中毒死亡的有4百人。英国于1952年发生伦敦烟雾事件。

第三阶段，即伦敦烟雾事件发生以后的1955年到1970年，这15年是大气污染控制立法的大发展时期。许多国家逐步提高了对大气污染危害的认识，颁布了比较严格和完整的大气污染控制特别法。

美国1955年颁布的《大气污染控制法》是第一个由联邦制订的控制大气污染的法律。随后，1963年《清洁空气法》确定了联邦、州、地方三级制；1965年颁布《机动车污染控制法》，规定1968年生产的新车要执行汽车排气的国家标准；1967年颁布的《大气质量法》，根据气象、地形和气候，将全国分成8个特区，加强对大气污染的控制；1970年颁布的《清洁空气法》，宣告了新的“环境十年”的开始。同时，环境管理职权由卫生教育福利部长移交给新建立的环境保护局官员，并首次规定了国家大气质量标准、固定源国家排放标准、现有工厂的实施标准。英国于1956年颁布《清洁空气法》，1968年进行修改制订了第二个法令。法国于1961年对《环境保护分类工厂法》作了补充规定，1963年对家庭取暖设备、燃料性能及使用条件作了规定，1963、1964、1969年又分别对汽车排气、工厂烟囱高度、各污染工业制定了法令。日本于1962年制定了《煤烟控制法》，1963年制订了《粉尘烟雾排放限制法》，1967年制订了《公害对策基本法》，1968年制订《大气污染防止法》，1970年作了修订。比利时、前联邦德国、波兰、意大利、荷兰也都制定了相应的法律法规。

第四阶段，即1971年以来，是大气污染控制立法的继续完备时期。许多国家大气污染的情况有很大好转，各国在过去立法的基础上，加以修订或增订，使大气污染控制的立法继续完备。

意大利于 1971 年制订《机动车辆管理法》。日本于 1971、1972、1974 年对《大气污染防止法》又作了三次修订。法国于 1976 年修订了《环境保护分类工厂法》。苏联于 1974 年批准施行《气体净化和粉尘回收装置运转情况国家监督条例》,1980 年 6 月 25 日正式通过了《苏维埃社会主义共和国联盟大气保护法》。联邦德国于 1974 年颁布《关于防止空气污染、噪声、震动及其他类似现象对环境造成有害影响的法律》,1976 年又加以修订。

近年来,大气污染控制的立法日益成为国际法的重要内容。东西欧国家于 1979 年 11 月签订了防止大气污染的公约。美国和加拿大于 1980 年签订了消除两国边境的"酸雨"和其他类型大气污染的协定。联合国于 1981 年 10 月 28 日至 11 月 6 日通过了《蒙得维的亚一期方案》,主要议题包括保护平流层的臭氧层、控制越境大气污染等;1985 年通过《保护臭氧层维也纳公约》;1988 年通过《关于消耗臭氧物质的蒙特利尔议定书》;1992 年联合国里约热内卢环境与发展大会提出了可持续发展战略;1993 年通过了《制定和定期审查 90 年代环境法方案》(《蒙得维的亚二期方案》)。

1.3.2　我国环境保护法体系

在 1989 年召开的第二次全国环境保护大会上,国务院正式宣布"环境保护是我国的一项基本国策",明确了环境保护在我国社会、经济发展中的地位,环境保护越来越受到全国各界的普遍关注。如何做好环境保护工作,由于各国经济发展水平的差异和社会制度的不同,采用的手段、措施各有差异。然而,加强环境法制建设,用法律的手段来保护环境则是共同的。

环境法体系是指为了保护和改善环境、防治污染和其他公害而建立的各种法律规范,以及由此形成的有机联系的统一整体。我国的环境保护法经过 20 多年的建设与实施,现已基本形成了一套完整的法律体系,如图 1－1 所示。

(1) 宪法中有关环境保护的规范

宪法第二十六条规定:"国家保护和改善生活环境和生态环境,防治污染和其他公害。国家鼓励植树造林,保护林木";第九条第二款规定:"国家保障自然资源的合理利用,保护珍贵的动物和植物,禁止任何组织或者个人用任何手段侵占或者破坏自然资源";第十条第五款规定:"一切使用土地的组织和个人必须合理地利用土地",宪法中明确规定"环境保护是我国的一项基本国策"等等。宪法中的这些规定是环境立法的依据和指导原则。

(2) 环境保护法

1979 年我国正式颁布了《中华人民共和国环境保护法》(试行)。1989 年根据我国环境保护事业发展的需要,对《中华人民共和国环境保护法》(试行)进行了修

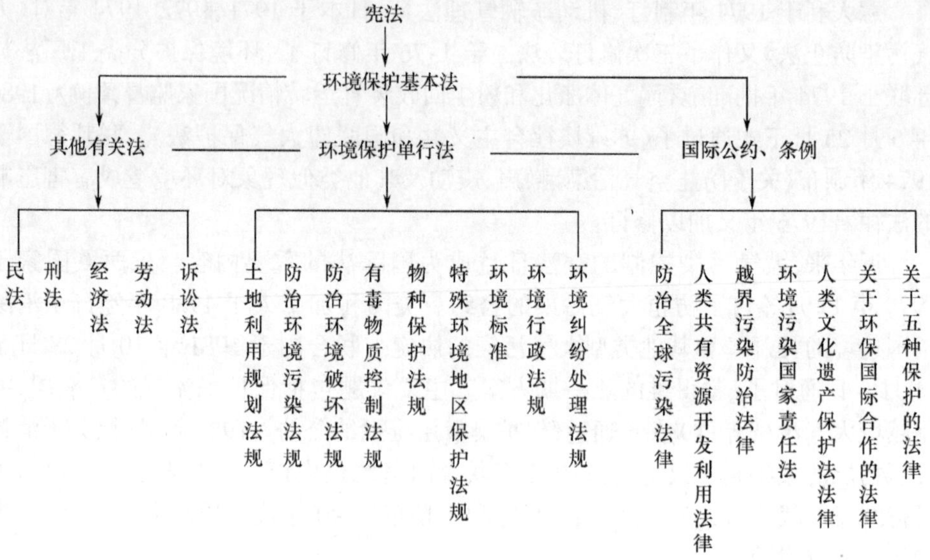

图 1-1　我国环境保护法体系

改,并于当年 12 月 26 日第七次全国人民代表大会常务委员会第十一次会议通过环境保护法,并从公布之日起实行。该法是我国有关环境保护的综合性法规,也是环境保护领域的基本法律,主要是规定了国家的环境政策、环境保护的方针、原则和措施,是制定其他环境保护单行法规的基本依据,是由全国人大常务委员会批准颁布。

(3) 环境保护单行法律

环境保护单行法律是污染防治领域和保护特定资源对象的单项法律。目前已经颁布的环境保护单行法包括《中华人民共和国大气污染防治法》、《中华人民共和国水污染防治法》、《中华人民共和国海洋环境保护法》、《中华人民共和国森林法》、《中华人民共和国土地管理法》、《中华人民共和国固体废弃物污染环境防治法》、《中华人民共和国环境噪声污染防治法》等等。这些法律属于防治环境污染、保护自然资源等方面的专门性法规。这些环境保护法律的颁布与修订完善,有力地保障和推动了我国环保事业的发展。

(4) 环境保护行政法规

这是由国务院制定的有关环境保护的法规,如国务院《关于环境保护工作的决定》、国务院《征收排污费暂行办法》、国务院《中华人民共和国海洋倾废管理条例》、《水污染防治法实施细则》、《大气污染法实施细则》等。

(5) 地方性环境法规

这是由各省、自治区、直辖市根据国家环境法规和地区的实际情况制定的综合性或单行环境法规，是对国家环境保护法律、法规的补充和完善，是以解决本地区某一特定的环境问题为目标的，具有较强的针对性和可操作性。如《吉林省环境保护条例》、《杭州西湖水域保护条例》等等。

(6) 环境保护标准

这是为了执行各种专门环境法而制定的技术规范。它是中国环境保护法体系中的一个重要组成部分，也是环境法制管理的基础和重要依据。我国环境保护标准包括环境质量标准、污染物排放标准、环保基础标准和环保方案标准。如已颁布的环境质量标准有《环境空气质量标准》、《地面水环境标准》、《城市区域环境噪声标准》等，污染物排放标准有《工业"三废"排放标准》、《污水综合排放标准》、《大气污染物综合排放标准》等。

(7) 环境保护部门规章

这是由国务院有关部门为加强环境保护工作而颁布的环境保护规范性文件，如国家环保局颁布的《城市环境综合整治定量考核实施办法》、《污染物排放申报登记规定》等。

此外，在我国其他法律(如民法、刑法、经济法)，以及在我国参加的国际条约，或由其他国家签订为我国承认的国际协定中有关环境保护的条款，也属我国环保法体系的组成部分。

1.3.3　我国大气污染控制的法律法规

我国《大气污染防治法》及其他一些大气污染防治法律法规的详细内容见附录，本节从总体上作一些简要介绍。

1.3.3.1　大气污染防治的一般法律规定

(1) 大气环境质量及其控制分级制度

《大气环境质量标准》，将大气质量分为三级：一级标准是要求不发生任何危害影响的空气质量，适用于国家级自然保护区、风景游览区、名胜古迹和疗养地等；二级标准是要求城市、乡村的动植物在长期和短期接触的情况下，不发生伤害的空气质量，适用于居民区、商业交通居民混合区、文化区、名胜古迹和广大农村等；三级标准是要求人群不发生急、慢性中毒和城市一般动植物(敏感者除外)正常生长的空气质量，适用于大气污染程度比较重的城镇和工业区，以及交通枢纽、干线等。该标准规定的污染物有总悬浮微粒、飘尘、二氧化硫、氮氧化物、一氧化碳、光化学氧化剂等六种，并分别规定了它们的浓度限值。

为保证大气环境质量，大气污染防治法律、法规要求根据大气环境质量等级和城市建设的总体规划，确定全国各城市大气环境质量的控制级别，定期公布环境保护重点城市的大气环境质量状况，并对改善大气环境提出时限要求。

(2) 城市大气环境质量控制区制度

为保证实现改善城市大气质量的要求，我国法律、法规规定，城市人民政府应根据国家确定的城市大气环境质量控制级别，划定城市大气环境质量控制区，根据城市功能分区，制定和实施达到大气环境质量标准的计划。地方人民政府可以根据当地大气环境质量状况和质量控制级别，确定对污染大气环境的主要污染物实行总量控制的区域。

(3) 特殊区域的特别保护

特殊区域是指风景名胜区、自然保护区和其他需要特别保护的区域。在这些区域内，不得建设污染环境的工业生产设施；已建成的，限期治理。在这些区域内建设其他设施，其大气污染物排放不得超过标准；对超标的，限期治理。

(4) "黑名单"制度

为减少污染的产生，国家实行禁止使用的严重污染大气环境的工艺和设备名录。凡名录上的设备，不得制造、销售和使用；名录所列的工艺，不得采用。国家对排放大气污染物严重的产品规定污染物排放标准；达不到标准要求的产品，不得制造、销售和进口。禁止采用严重污染大气环境的简易工艺炼制生产砷、汞、焦炭、硫磺、铅锌及国家规定的其他物质。

1.3.3.2 防治燃煤产生的大气污染

我国的大气污染，主要是煤烟型污染。因此，防治燃煤产生的粉尘、二氧化硫等大气污染便成为大气污染防治法律法规的重点内容，其主要规定有：

(1) 控制烟尘排放　锅炉产品标准中必须有烟尘排放标准的要求，达不到要求的，不得制造、销售和进口，新建工业窑炉和新安装的锅炉必须达标排放。

(2) 改进燃烧方式和改变燃料结构　法规要求采取措施，改进燃料结构，发展和利用煤气、液化石油气、天然气、沼气等燃气和太阳能、地热等无污染或少污染的清洁能源，推行动力用煤的洗选加工，推广固硫型煤的生产和使用，限制使用散煤或原煤散烧。

(3) 严格控制工业燃煤的二氧化硫排放　对燃煤电厂排放二氧化硫，要按规定的时限要求，实施总量控制和排污许可证制度。在酸雨控制区新、扩、改建火电厂，必须建设配套脱硫装置。

(4) 控制含尘及自燃物质的存放　在人口集中地区存放煤炭、煤矸石等易自燃物质和煤渣、煤灰、石灰等含尘物质，必须采取防燃、防尘、防扬散的污染控制措施。

(5) 禁止开采含放射性和砷等有毒有害物质超过规定标准的煤炭。

1.3.3.3 防治废气和粉尘污染

工业生产过程中排放的废气和烟尘，是造成大气污染的又一根源，必须予以控制。这方面的法律规定主要有：

(1) 严格限制向大气排放含有毒物质的废气和粉尘。确需排放的，须经过净化处理后达标排放。

(2) 工业生产中产生的可燃性气体应当回收利用。排放含硫气体的，应采取脱硫措施。

(3) 禁止在人口集中地区焚烧产生有毒有害气体和烟尘的物质。在城市人口集中地区进行市政和建筑施工的，必须采取防止扬尘的措施。

(4) 运输、装卸、贮存能够散发有毒、有害气体或粉尘的物质，必须采取密闭或其他防护措施。

(5) 排放含放射性物质的气体和气溶胶，必须符合放射防护规定。

1.3.3.4 防治恶臭污染

恶臭是能刺激人的感官引起不愉快或有害感觉的气味，也是大气污染的一种。为防治恶臭污染，《大气污染防治法》及其实施细则规定：

(1) 向大气排放恶臭气体的排污单位，必须采取措施防止周围居民区受到污染。

(2) 禁止在人口集中地区焚烧沥青、油毡、橡胶、塑料、皮革及其他产生有毒、有害气体和恶臭气体的物质。特殊情况下确需焚烧的，须报当地环保部门批准。

(3) 建筑施工熔化沥青使用固定熔化装置时，应采用密闭方式。

1.3.3.5 防治机动车船排气污染

随着经济发展，机动车船的需求量和拥有量逐年增加，机动车船排气造成的大气污染问题日益突出。特别是机动车排气，不仅给环境带来了巨大的负效应，也造成了能源的浪费。为此，我国法律规定：

(1) 机动车船向大气排放污染物不得超过规定的排放标准。对超标的，应当采取治理措施。

(2) 超标排污的汽车，不得制造、销售或进口。

(3) 机动车船生产、维修管理部门应将机动车排气污染防治纳入行业质量管理。

(4) 鼓励生产和消费使用清洁能源的机动车船，鼓励和支持生产、使用优质燃料油,采取措施减少燃料油中的有害物质对大气环境的污染。

1.4 大气环境标准

环境标准是控制污染、保护环境的各种标准的总称。它是国家根据人群健康、生态平衡和社会经济发展对环境结构、状态的要求,在综合考虑本国自然环境特征、科学技术水平和经济条件的基础上,对环境要素间的配比、布局和各环境要素的组成(特别是污染物质的容许含量)所规定的技术规范。环境标准是评价环境状况和其他一切环境保护工作的法定依据,也是推动环境科技进步的动力。

环境标准的作用包括三个方面:(1) 环境标准是环境政策目标的具体体现,是制定环境规划时提出环境目标的依据。给出的一系列环境保护指标,便于把环境保护工作纳入国民经济计划管理的轨道。(2) 环境标准是制定国家和地方各级环保法规的技术依据,是环保立法和执法时的具体尺度。它用条文和数量规定了环境质量及污染物的最高容许限度,具有法律效力。(3) 环境标准是现代环境管理的技术基础。

我国目前的环境标准体系可分为两类:国家环境标准和地方环境标准。国家环境标准包括环境质量标准、污染物排放标准、污染基础标准、环境方法标准、环境标准样品标准、环境仪器设备标准和污染报警系统。其中环境质量标准和污染物排放标准是环境标准的主体。地方环境标准包括环境质量标准和污染物排放标准。

大气环境标准主要有《环境空气质量标准》、《大气污染物综合排放标准》、《锅炉大气污染物排放标准》、《工业窑炉大气污染物排放标准》、《恶臭污染物排放标准》、《中华人民共和国环境保护标准的编制、出版、印刷标准》和《制定地方大气污染物排放标准的技术原则和方法》等。

(1) 环境空气质量标准(GB 3095—1996)

这是我国规定的各类地区大气中主要污染物的含量在一定时间内不允许超过的限值,是评价和控制管理大气污染的准绳。它规定了环境空气质量功能区的划分、标准分级,污染物项目、取值时间及浓度限值,采样与分析及数据统计的方法,具体见标准。

环境空气质量标准分为三级:

一级标准　为保护自然生态和人群健康,在长期接触情况下,不发生任何危害影响的空气质量要求。

二级标准　为保护人群健康和城市、乡村的动、植物,在长期和短期接触情况下,不发生伤害的空气质量要求。

三级标准　为保护人群不发生急、慢性中毒和城市一般动、植物(敏感者除外)正常生长的空气质量要求。

表 1-8 规定了各种污染物不允许超过的浓度限值。

表 1-8　各项污染物的浓度限值

污染物名称	取值时间	浓度限值			浓度单位
		一级标准	二级标准	三级标准	
二氧化硫 SO_2	年平均	0.02	0.06	0.10	mg/m^3(标准状态)
	日平均	0.05	0.15	0.25	
	1 小时平均	0.15	0.50	0.70	
总悬浮颗粒物 TSP	年平均	0.08	0.20	0.30	
	日平均	0.12	0.30	0.50	
可吸入颗粒物 PM_{10}	年平均	0.04	0.10	0.15	
	日平均	0.05	0.15	0.25	
二氧化氮 NO_2	年平均	0.04	0.08	0.08	
	日平均	0.08	0.12	0.12	
	1 小时平均	0.12	0.24	0.24	
一氧化碳 CO	日平均	4.00	4.00	6.00	
	1 小时平均	10.00	10.00	20.00	
臭氧 O_3	1 小时平均	0.16	0.20	0.20	
铅 Pb	季平均	1.50			$\mu g/m^3$(标准状态)
	年平均	1.00			
苯并[a]芘 B[a]P	日平均	0.01			
氟化物 F	日平均	7[1]			$\mu g/(dm^2 \cdot d)$
	1 小时平均	20[1]			
	月平均	1.8[2]		3.0[3]	
	植物生长季平均	1.2[2]		2.0[3]	

1) 适用于城市地区;
2) 适用于牧业区和以牧业为主的半农半牧区、蚕桑区;
3) 适用于农业和林业区。

空气环境质量标准的作用是:评价环境质量及污染状况;作为制定污染物排放标准的依据;分级、分区、分期管理大气环境的水准,即各个地区根据当地具体条件在不同时期执行不同级别的标准;便于因地制宜制定大气污染综合防治规划。

(2) 大气污染物排放标准

在《大气污染物综合排放标准》未出台以前,我国使用的一直是《工业“三废”排放试行标准》(GB J4—73)。其中废气部分规定了二氧化硫,二硫化碳、硫化氢、氟化物、氮氧化物、氯、氯化氢、一氧化碳、硫酸(雾)、铅、汞、铍化物、烟尘及生产性粉尘等 13 种大气污染物的排放指标。后来,依据《中华人民共和国大气污染防治法》第七条的规定制定了《大气污染物综合排放标准》。它是在原有《工业“三废”排放试行标准》(GB J4—73)废气部分和有关其他行业性国家大气污染物排放标准的基础上制定的。大气污染物综合排放标准在技术内容上与原有各标准有一定的继承关系,亦有相当大的修改和变化。《大气污染物综合排放标准》规定了33种大气污染物的排放限值,其指标体系为最高允许排放浓度、最高允许排放速率和无组织排放监控浓度限值,同时规定了标准执行中的各种要求。

在我国现有的国家大气污染物排放标准体系中,按照综合性排放标准与行业性排放标准不交叉执行的原则,锅炉执行《锅炉大气污染物排放标准》,工业炉窑执行《工业炉窑大气污染物排放标准》,火电厂执行《火电厂大气污染物排放标准》,炼焦炉执行《炼焦炉大气污染物排放标准》,水泥厂执行《水泥厂大气污染物排放标准》,恶臭物质排放执行《恶臭污染物排放标准》,汽车排放执行《汽车大气污染物排放标准》,摩托车排气执行《摩托车排气污染物排放标准》,其他大气污染物排放均执行大气污染物综合排放标准。

(3) 制定地方大气污染物排放标准的技术方法

《制定地方大气污染物排放标准的技术方法》(GB/T 13201—91),是在总结国内外经验的基础上,考虑到我国地区差异,国民经济发展水平和技术可行性等制定的。基本做法是以大气环境质量标准为控制目标,利用大气污染物扩散模式进行计算,综合当地的各种因素确定排放指标以及各污染物排放量的限定值。气态污染物分为总量控制区和非总量控制区。总量控制区是当地人民政府根据城镇规划经济发展与环境保护要求而决定对大气污染物实行总量控制的区域。总量控制区以外的区域称为非总量控制区,主要指广大农村以及工业化水平较低的边远荒僻地区。对大面积酸雨危害地区应尽量设置 SO_2 和 NO_x 排放总量控制区。各地方标准制定原则是从实际出发,总量控制区制定主要污染物排放可按以下方法计算。

① 燃烧产生的气态污染物年排放标准的制定方法　气态污染物系指各种燃烧设备燃烧各种矿物燃料产生的大气污染物,如飘尘、二氧化硫、氮氧化物和一氧化碳等。总量控制区内大气污染物排放总量限值计算如下

$$Q_{aki} = \frac{A_{ki} \cdot S_i}{\sqrt{S}} \tag{1-4}$$

$$Q_{ak} = \sum_{i=1}^{n} Q_{aki} \tag{1-5}$$

$$S = \sum_{i=1}^{n} S_i \tag{1-6}$$

$$A_{ki} = A \cdot c_{ki} \tag{1-7}$$

式中:Q_{ak}——总量控制区某种污染物允许排放总量限值,10^4t;

Q_{aki}——第 i 功能区某种污染物允许排放总量限值,10^4t;

n——功能区总数;

a——总量下标；

i——总量控制区内各功能分区的编号；

k——某种污染物下标；

S_i——第 i 功能区面积，km^2；

S——总量控制区总面积，km^2；

A_{ki}——第 i 功能区某种污染物排放总量控制系数，$10^4 t \cdot a^{-1} \cdot km^{-1}$，可按 GB/T 13201—91 的有关方法求取；

c_{ki}——GB 3095—1996 等国家和地方有关大气环境质量标准所规定的与第 i 功能区类别相应的年日平均质量浓度限值，mg/m^3(标准状态)；

A——地理区域性总量控制系数，$10^4 t \cdot a^{-1} \cdot km^{-1}$，参照表 1-9 数据选取。

表 1-9 我国各地区总量控制系数 A、低源分担率 α、点源控制系数 P

地区序号	省、市、自治区	A	α	P	
				总量控制区	非总量控制区
1	新疆、西藏、青海	7.0～8.4	0.15	100～150	100～200
2	黑龙江、吉林、辽宁、内蒙古(阴山以北)	5.6～7.0	0.25	120～180	120～240
3	北京、天津、河北、河南、山东	4.2～5.6	0.15	100～180	120～240
4	内蒙古(阴山以南)、山西、陕西(秦岭以北)、宁夏、甘肃(渭河以北)	3.5～4.9	0.20	100～150	100～200
5	上海、广东、广西、湖南、湖北、江苏、浙江、安徽、海南、台湾、福建、江西	3.5～4.9	0.25	50～100	50～150
6	云南、贵州、四川、甘肃(渭河以南)、陕西(秦岭以南)	2.8～4.2	0.15	50～75	50～100
7	静风区(年平均风速小于 1m/s)	1.4～2.8	0.25	40～80	40～90

《制定地方大气污染物排放标准的技术方法》GB/T 13201—91 中还给出了总量控制区内低架源(＜30m 的排气筒或无组织排放源)大气污染物年排放总量限值的计算式，点源污染物排放率值计算式和有关参数的计算。

② 总量控制区二氧化硫排放标准制定方法 二氧化硫排放率超过 14kg/h，排气筒高度超过 30m 时，二氧化硫年允许排放总量按式(1-4)、(1-5)、(1-6)和(1-7)计算。其中，c_{ki}按 GB 3095—1996 相应的日平均浓度标准限值作实施值，取相应等级的年日平均浓度标准限值作目标值。采暖期二氧化硫排放总量限值和低架源二氧化硫排放总量限值分别用下式计算

$$Q_{wai} = \alpha_s \cdot \frac{M}{12} \cdot Q_{ai} \tag{1-8}$$

$$Q_{wbi} = \alpha_b \cdot \frac{M}{12} \cdot Q_{bi} \tag{1-9}$$

式中：Q_{wai}——第 i 功能区采暖期二氧化硫允许排放总量，10^4t；

α_s——二氧化硫总量季节调整系数，$0.6<\alpha_s<1.5$，取 $\alpha_s=0.6$ 为目标值；

M——采暖月数；

Q_{ai}——第 i 功能区二氧化硫年允许排放总量，10^4t；

Q_{wbi}——第 i 功能区采暖期低架源二氧化硫允许排放总量，10^4t；

α_b——二氧化硫低架源季节调节系数，$0.6<\alpha_b<1.5$，取 $\alpha_b=0.6$ 为目标值；

Q_{bi}——第 i 功能区二氧化硫低架源年允许排放总量，10^4t。

其他如氮氧化物、一氧化碳和生产工艺过程中产生的气态污染物的排放标准制定方法，也有明确的公式和方法，不再详细介绍。

③ 烟尘排放标准的制定方法　烟尘系指火电厂烟尘、锅炉烟尘和生产性粉尘等。点源烟尘排放率计算式如下

$$Q_e = P_e \times H_e \times 10^{-6} \tag{1-10}$$

式中：Q_e——烟尘允许排放率，$t \cdot h^{-1}$；

P_e——烟尘排放控制系数，$t \cdot h^{-1} \cdot m^{-2}$，按所在行政区及功能区查表 1-10；

H_e——排气筒有效高度，m。

表 1-10　点源烟尘 P_e 值表

地区序号	一类功能区	二类功能区	三类功能区	地区序号	一类功能区	二类功能区	三类功能区
1	5	15～20	25～50	5	2.5	7.5～15	12.5～38
2	6	18～25	30～50	6	2.5	7.5～10	12.5～25
3	6	15～25	30～50	7	2	6～9	10～23
4	5	15～20	25～50				

注：摘自 GB/T 13201—91，地区序号同表 1-9。

1.5　大气污染控制技术概况

目前重要的大气污染物主要有烟尘、二氧化硫、氮氧化物、臭氧、二氧化碳、一氧化碳、铅、光化学烟雾以及氯氟烃、苯并[a]芘等各种有机有害气体。据调查资料表明，美国由于大气污染造成的农业损失每年达 20 亿美元，其中 90% 是由臭氧、二氧化硫和氮氧化物的复合污染引起的。欧洲的森林由于空气污染，预计 1991～2000 年损失将达 300 亿美元。

为了减少大气污染带来的巨大经济损失,各国在采取综合防治对策的同时,也投入大量的资金来研究和开发大气污染治理技术。

根据大气污染物的存在状态,其治理技术可概括为两大类:颗粒污染物控制技术和气态污染物控制技术。

1.5.1 颗粒污染物控制技术

颗粒污染物控制技术常称除尘技术,其方法和设备种类很多,各具不同的性能和特点。在治理颗粒污染物时要选择一种合适的除尘方法和设备,除需考虑当地大气环境质量、尘的排放标准、设备的除尘效率及有关经济技术指标外,还必须了解尘的特性,如粒径、粒度分布、形状、密度、比电阻、亲水性、黏性、可燃性、凝集特性以及含尘气体的化学成分、温度、压力、湿度、黏度等。这里只简单地概述除尘的基本方法、原理和特点,详细的内容在第3章除尘技术及装置中介绍。

1.5.1.1 机械式除尘器

机械式除尘器包括重力沉降室和旋风除尘器。

重力沉降是利用含尘气体中的颗粒受重力作用而自然沉降的原理,将颗粒污染物与气体分离的过程。通常在输送气体的管道中置入一段扩大部分,在此段扩大部分,气流由于截面的突然增大而减速,一定粒径的粒子即可从气流中沉淀下来。常用的设备为水平气流沉降室,有单层重力沉降室和多层重力沉降室两种类型。

重力沉降室是空气污染控制装置中最简单的一种,其主要优点是结构简单,造价低,便于维护管理,压力损失小,可处理高温气体;其主要缺点是沉降小颗粒的效率低,一般只能除去50μm以上的大颗粒,占地面积大。因此,重力沉降室主要用作高效除尘装置的初级除尘器。

旋风除尘是利用旋转的含尘气流所产生的离心力,将颗粒污染物从气体中分离出来的过程。含尘气体切向进入除尘器,在旋风除尘器内作连续旋转运动,颗粒获得较大的离心力,被抛到器壁上,碰撞跌落。尘粒沿器壁滑落到底部的灰斗内,而外旋气流在底部中心转而形成向上的反转流,后经排气管排出。

旋风除尘器具有结构简单、占地面积小、投资低、操作维修方便,压力损失中等、动力消耗不大,可用各种材料制造,能用于高温、高压及有腐蚀性气体,并可直接回收干颗粒物等优点,所以在工业上的应用已有一百多年的历史。旋风除尘器一般用来捕集5~15μm以上的颗粒物,除尘效率可达80%左右。旋风除尘器的主要缺点是对捕集小于5μm颗粒的效率不高,一般作预除尘用。

1.5.1.2 湿式除尘器

湿式除尘器是利用水形成液网、液膜或液滴与尘粒发生惯性碰撞、扩散效应、黏附、扩散漂移与热漂移、凝聚等作用，达到从废气中捕集、分离尘粒，并兼备吸收气态污染物的目的。其主要优点是：在除尘粒的同时还可去除某些气态污染物，除尘效率较高，投资比达到同样效率的其他除尘设备低，可以处理高温废气及黏性的尘粒和液滴，尤其适于处理高温、易燃、易爆气体。但存在的问题是能耗较大，废液和泥浆需要处理，金属设备易被腐蚀，在寒冷地区使用有可能发生冻结等。

湿式除尘设备式样很多，根据不同的除尘要求，可以选择不同类型的除尘器。目前国内常用的有水膜除尘器、喷淋塔、文丘里洗涤器、冲击式除尘器和旋流板塔等。净化的气体从湿式除尘器排出时，一般都带有水滴。为了去除这部分水滴，在湿式除尘器后都附有脱水装置。

1.5.1.3 电除尘器

电除尘器的原理是利用高压电场使浮游在气体中的粉尘颗粒荷电，并在电场的驱动下作定向运动，从而从气体中分离出来。驱使粉尘作定向运动的力是静电力——库仑力，这是电除尘器（常称静电除尘器）与其他除尘器的本质区别。

电除尘器具有独特的性能与特点：它几乎可以捕集一切细微粉尘及雾状液滴，其捕集粒径范围在 0.01～100μm，粉尘粒径大于 0.1μm 时，除尘效率可高达 99%以上；由于电除尘器是利用库仑力捕集粉尘的，所以风机仅仅担负运送烟气的任务，因而电除尘器的气流阻力很小，约 98～294Pa，即风机的动力损耗很少；尽管本身需要很高的运行电压，但是通过的电流却非常小，因此电除尘器所消耗的电功率亦很少，净化 $1000m^3/h$ 烟气大约耗电 0.1～3kW；此外，电除尘器适用范围广，从低温、低压至高温、高压，在很宽的范围内均能适用，尤其能耐高温，最高可达500℃。电除尘器主要用于处理大气量的废气，而且处理的气量越大，其经济效益越明显。

电除尘器的主要缺点是设备造价偏高，钢材消耗量较大，除尘效率受粉尘比电阻的影响很大（最适宜捕集比电阻为 $10^4 \sim 5\times10^{10}\ \Omega\cdot cm$ 的粉尘粒子），需要高压变电及整流设备。另外，电除尘器体积庞大，占地面积大。目前电除尘器在冶金、化工、水泥、建材、火力发电、纺织等工业部门得到广泛应用。

1.5.1.4 过滤式除尘器

过滤除尘器是利用多孔过滤介质分离捕集气体中固体或液体粒子的净化装置。因一次性投资比电除尘器少，运行费用又比高效湿式除尘器低，因而被人们所重视。

目前在除尘技术中应用的过滤式除尘器可分为内部过滤式和外部过滤式。

颗粒层除尘器属于内部过滤式,它是以一定厚度的固体颗粒床层作为过滤介质。这种除尘器的最大特点是:耐高温(可达 400℃)、耐腐蚀、滤材可以长期使用,除尘效率比较高,适用于冲天炉和一般工业炉窑。

袋式除尘器属于外部过滤式,即粉尘在滤料表面被截留。它的性能不受尘源的粉尘浓度、粒度和空气量度变化的影响,对于粒径为 0.5μm 的尘粒捕集效率可高达 98%~99%。近年来随着清灰技术和新型材料的发展,过滤式除尘器在冶金、水泥、陶瓷、化工、食品、机械制造等工业和燃煤锅炉烟气净化中得到广泛应用。目前国内使用的布袋除尘器中最长的达 12m,直径近 300mm,总面积近万平方米,每小时可处理百万立方米的废气。

无论是内部过滤式还是外部过滤式除尘器,其本身的滤料孔隙都是较大的,除尘效率较低。它们的除尘机理是依靠过滤器运行一段时间后形成的所谓粉尘初层作为主要过滤层,而其本身的滤料层相当于是粉尘初层的骨架。一旦粉尘初层形成,过滤器的除尘效率即刻剧增。

1.5.2 气态污染物控制技术

气态污染物种类繁多,特性各异,因此相应的治理技术很多,主要有吸收、吸附、催化、燃烧、冷凝、生物膜分离、电子束等,这里就前四种主要方法作简要介绍。

1.5.2.1 吸收法

吸收是利用气体混合物中不同组分在吸收剂中溶解度不同,或者与吸收剂发生选择性化学反应,从而将有害组分从气流中分离出来的过程。吸收过程的实质是物质由气相转移到液相的传质过程。该法具有捕集效率高、设备简单、一次性投资低等特点,因此,广泛地用于气态污染物的处理。例如含 H_2S、HF 和 NO_x 等污染物的废气,都可以采用吸收净化。

吸收分为物理吸收和化学吸收。

物理吸收比较简单,可以看成是单纯的物理溶解过程,如用水吸收氯化氢或二氧化碳等。此时吸收所能达到的限度决定于在吸收进行条件下的气液平衡关系,即气体在液体中的平衡浓度,吸收的速率取决于污染物从气相转移到液相的扩散速度。物理吸收适用于污染物成分单一,并且溶解度大的废气处理。

在大气污染控制过程中,一般废气量大、成分复杂、吸收组分浓度低,单靠物理吸收难以达到排放标准,因此大多采用化学吸收法。例如用碱液吸收 SO_2,此时吸收限度同时取决于气液平衡和液相反应的平衡条件,吸收的速率也取决于扩散速度和液相反应速度。化学吸收由于化学反应的存在,提高了吸收速度,并使吸收的程度更趋于完全。一般而言,化学吸收的效率高于物理吸收。

1.5.2.2 吸附法

气体混合物与适当的多孔性固体接触,利用固体表面存在的未平衡的分子引力或化学键力,把混合物中某一组分或某些组分吸留在固体表面上,这种分离气体混合物的过程称为气体吸附。作为工业上的一种分离过程,吸附已广泛地应用于化工、冶金、石油、食品、轻工及高纯气体的制备等工业部门。由于吸附剂具有高的选择性和高的分离效果,能脱除痕量物质,所以吸附净化法常用于其他方法难于分离的低浓度有害物质和排放标准要求严格的废气处理,例如用吸附法回收或净化废气中有机污染物。吸附净化法的优点是效率高,能回收有用组分,设备简单,操作方便,易于实现自动控制。但是一般吸附容量不高(约 40%),吸附剂机械强度、稳定性等方面有待提高。

根据固体表面吸附力的不同,吸附可分为物理吸附和化学吸附。物理吸附是由分子间的引力引起的,通常称为"范德华力"。由于物理吸附时不发生化学反应,故是一种可逆过程。化学吸附是固体表面与被吸附物质间的化学键力作用的结果,其实质是表面化学反应。与物理吸附相比,化学吸附的吸附热明显大于物理吸附热:化学吸附热与化学反应热相近,一般为几十千焦每摩尔;物理吸附热与气体的气化热相近,为几百焦每摩尔。化学吸附具有较高的选择性;物理吸附没有多大选择性。化学吸附总是单分子层或单原子层的,且不易解吸;物理吸附可以是单分子层,也可以是多分子层的,容易解吸。

1.5.2.3 催化法

催化法净化气态污染物是利用催化剂的催化作用,它是将废气中的有害物质转变为无害物质或转化为易于去除的物质的一种废气治理技术。催化法与吸收、吸附法不同,在应用催化法治理污染物的过程中,无需将污染物与主气流分离,便可直接将有害物转变为无害物。这不仅可避免产生二次污染,而且可简化操作过程。此外,由于所处理的气态污染物的初始浓度都很低,反应的热效应不大,一般可以不考虑催化床层的传热问题,从而大大简化了催化反应器的结构。由于上述优点,催化法净化气态污染物得到了广泛的推广和应用。例如,利用催化法使废气中的碳氢化合物转化为二氧化碳和水、氮氧化物转化成氮、二氧化硫转化成三氧化硫后加以回收利用,有机废气和臭气催化燃烧,以及汽车尾气的催化净化等。该法的缺点是催化剂价格较高,废气预热需要一定的能量。

1.5.2.4　燃烧法

燃烧法是通过热氧化作用将废气中的可燃有害成分转化为无害物质的方法，例如含烃废气在燃烧中被氧化成无害的 CO_2 和 H_2O。此外，燃烧法还可以消烟、除臭。燃烧法已广泛用于石油化工、有机化工、食品工业、涂料和油漆的生产、金属漆包线的生产、纸浆和造纸、动物饲养场、城市废物的干燥和焚烧处理等主要含有机污染物的废气治理。该法工艺简单、操作方便，可回收含烃废气的热能。但处理可燃组分含量低的废气时，需预热耗能，应注意热能回收。

燃烧可分为直接燃烧和热力燃烧。直接燃烧是把废气中的可燃有害组分当作燃料直接烧掉，适用于含可燃组分浓度高或有害组分燃烧时热值较高的废气。直接燃烧是由火焰燃烧，燃烧温度高（>1100℃），一般的窑、炉均可做直接燃烧的设备。热力燃烧是利用辅助燃料燃烧放出的热量将混合气体加热到一定温度，使可燃的有害物质进行高温分解变为无害物质。热力燃烧一般用于可燃组分含量较低的废气或燃烧热值低的废气治理。

习　题

1. 何谓大气污染？大气污染是如何形成的？
2. 简述大气污染的主要类型及特点。
3. 大气污染对人类有哪些危害？
4. 简述常用的颗粒污染物控制技术及其优缺点。
5. 简述常用的气态污染物控制技术及其优缺点。
6. 吸收法与吸附法的异同点？

第 2 章　大气污染控制基础

2.1　燃烧与大气污染

燃料及其利用对人类的生活和生产有着重要的作用。矿物燃料是工业、运输和民用系统的主要能源，随着时间的推移和科学技术的发展，矿物燃料的使用价值和相对地位也在发生变化。在工业革命之前的漫长历史时期，木材充当了人类的主要能源；20 世纪初期，煤炭取代了木材而成为主要的燃料；石油的发现和大规模开采极大地改变了能源的结构，以至于整个运输业都依赖石油；煤炭曾在电力生产中起过主导作用，经过几十年的衰落重又成为重要的燃料，而且从煤炭中得到的气体与液体燃料成为未来合成燃料的主要来源；天然气曾被人类遗弃，而今是一种公认的清洁能源。

大气中的主要污染物来自燃烧系统的各种排放物，即主要来自能源的广泛利用。煤和石油的需要量日益增多，它们在燃烧过程中排放出多种有害污染物，如二氧化硫(SO_2)、氮氧化物(NO_x)、一氧化碳(CO)、二氧化碳(CO_2)、烟尘以及一系列碳氢化合物(C_mH_n)。这些污染物排放量十分惊人，总数每年达六亿多吨，且集中在北半球。人类赖以生存的大气，已经受到严重的污染。

2.1.1　燃烧的基本概念

(1) 燃烧

燃烧是指一种物质起剧烈的氧化反应，同时发光发热的现象，例如煤在空气中燃烧。这里所指的燃烧仅指某些可燃质(如柴、炭、煤、油、煤气等)在较高的温度下与空气中的氧化合而发热发光的剧烈氧化反应。

(2) 燃料

用以产生热量或动力的可燃性物质，主要是含碳物质或碳氢化合物，如煤、焦炭、木柴、石油、天然气、发生炉煤气等。按其形态可分为固体、液体和气体三类，也可分人为的和天然的两大类。

天然的工业燃料都是由有机化合物构成的。从氧化时的发热率来看，碳(C)虽然次于氢(H)，但是 C 在这些燃料中量大且集中，因而成为重要的可燃质，其次是 H。硫(S)在氧化时发热量并不大，是劣质的可燃质，而且氧化后的产物对设备结构以及周围环境极其有害，一般被视为重要的大气污染物。

(3) 理论空气量、实际空气量与空气过剩系数

燃料的燃烧过程是氧化过程，必须有氧气参与，最方便的氧源是周围的空气。按照燃料中各可燃质氧化反应方程来计算燃料燃烧过程所需的空气量称为理论空气量，用 V^0 表示，其单位为 Nm^3 ① /kg。

由于空气与燃料不可能绝对均匀混合，为保证燃烧完全或适应燃烧过程的工艺要求，实际供给的空气量称为实际空气量。实际空气量用 V^k 表示，通常大于理论空气量，二者之比称为空气过剩系数，表示为：$\alpha = V^k/V^0$

(4) 温度在燃烧过程中的作用

燃烧时燃料与氧进行剧烈的化学反应，此反应必须在一定的温度下进行。这是因为温度越高，反应速度越快，反应也越完全，放出的能量也越多。为了保证燃料的稳定燃烧，在燃烧过程中必须保持足够高的温度，如果温度过低，则燃烧速度减慢，最终可导致灭火。另外，燃烧产物也随温度不同而异，所以一定的温度不仅是燃料燃烧的需要，也是控制某些有害燃烧产物的需要。

2.1.2　燃烧的基本理论

2.1.2.1　燃烧的化学反应机理

根据燃烧化学反应机理的复杂程度，可分成两类：简单反应，即化学反应的反应物经一步反应便可直接生成最终产物；复杂反应，即化学反应不是经过简单的一步完成，而需经过一些生成中间产物的中间反应步骤才能完成，其中每一中间反应则被称为基元反应，显然每一基元反应相当于生成中间产物的简单反应。

目前主要有两种有关简单反应机理的理论来解释燃烧反应，即活化分子碰撞理论与链锁反应理论。

(1) 活化分子碰撞理论

在简单反应中，反应物中某些具有能量比分子平均能量高的分子称为活化分子。这些活化分子发生碰撞时，由于配对电子的相斥以及二核之间的斥力而增高位能，同时分子内部原子间的相对振动也增大，当振动到足够大时，原来的原子间的链接断开而产生新的链接，生成新的产物。这些过程都需要能量，而这些能量的来源，正是由活化分子所提供。从动力学观点分析，燃烧反应过程可用下式表示

$$\text{反应物} \longrightarrow \text{活化分子} \longrightarrow \text{生成物} + \text{放热} \qquad (2-1)$$

从反应物到活化分子这一阶段是关键的一步，因为一旦形成活化分子，它具有高能状不稳定的络合状态，很快形成生成物，这时系统内能降低并放出热量。由此可见，活化能是提供燃烧反应过程的能量条件，也是由一般状态的初始反应物过渡

---

① Nm^3 指标准立方米，代表标准状态下的体积，本书以下同。

到最终产物的必要条件。也就是说,只有当参与反应的分子具有超过活化能的能量时,其碰撞才能使分子内部原子间相对振动增大,进而减弱原来原子间的链接,由此产生新的链接,形成新的产物。

(2) 链锁反应理论

活化分子碰撞理论在阐述温度对反应速度的影响时,能够正确地反应客观规律。但是,对于燃烧反应过程中的某些现象,就很难给出令人满意的解释。例如干燥的 CO 和 O_2 混合气体,即使在 700℃ 高温下也几乎不会发生反应。若在其中加入微量水蒸气,这一反应就能大大被加速,甚至着火燃烧。其反应式仍用$2CO + O_2 \longrightarrow 2CO_2$表示。这一过程不能用有效碰撞理论来解释,需要有新的理论来弥补不足,其中最易理解的是链锁反应理论。

链锁反应理论认为有很多化学反应并不是反应物进行一步反应就能完成,而需要经过若干中间基元反应才能完成。这些中间反应产生一些活性很高的活性产物(活性中心),它们与原始反应物进行化学反应,除产生最终生成物外,同时再生出若干活性中心,因此可以使化学反应得以继续。由于活性中心是一些很不稳定的自由原子、自由基,所以它与原始反应物进行反应所需的活化能,比原始反应物之间进行化学反应所需活化能低得多,化学反应速率大为提高。在这种化学反应中,活性中心起着一种中间链节的作用,故称为链锁反应。

链锁反应有不分支链锁反应与分支链锁反应两大类。当每一链锁反应基本环节完成后,再生出来的活性中心数与反应开始时活性中心数相同,则称此反应为不分支链锁反应;当每一链锁反应基本环节完成后,再生出来的活性中心数多于反应开始时的活性中心数,即活性中心增殖,则称此反应为分支链锁反应。显然分支链锁反应具有较高的化学反应速率。

实验证实,在均相燃烧过程中,水汽中 H_2O 分子首先离解为活性中心 H· 和自由基 HO·,这二个活性中心积极参与燃烧过程,反应机理如下

$$2CO + O_2 \longrightarrow 2CO_2 \qquad (2-2)$$

由于

$$H_2O \longrightarrow H\cdot + HO\cdot \qquad (2-3)$$

$$HO\cdot + CO \longrightarrow CO_2 + H\cdot \qquad (2-4)$$

$$H\cdot + O_2 \longrightarrow O + HO\cdot \qquad (2-5)$$

所得的 HO· 又能和 CO 反应,而 O 将使 H_2O 进一步离解

$$O + H_2O \longrightarrow 2OH\cdot \qquad (2-6)$$

这就说明了加入微量水汽后,因 H_2O 离解为 H· 和 HO·,参与了 CO 与 O_2 的中间反应,在反应过程中将有更多的 HO· 和 CO 化合,继而又有更多的 H_2O 离解,

进一步促使 CO 和 O_2 反应,如同锁链一样一环紧扣一环,加速了原来的反应。

2.1.2.2 着火理论

所谓着火,是指燃烧化学反应的反应速率在极短时间内由低速迅速增高到极高速率的过程,因此它具有爆炸式化学反应的特点。可燃混合气体着火的原因可能是由于化学反应本身引起的自燃,或外加的强制点燃。工业用的燃烧装置,尽管其特点和要求各不相同,但是它们的启动过程都要求可燃物迅速且可靠地着火,并稳定地燃烧。因此,着火是一切燃烧的准备阶段。燃料着火的方式通常分为自燃和点燃。

(1) 自燃

根据化学反应的机理,它又可分为热自燃与链锁自燃。热自燃(热力爆燃)是由于可燃混合气自身化学反应放出的热量大于向周围散失的热量,造成热量的积累,使温度不断升高,促使化学反应速率不断增加,从而很快达到极高的化学反应速率(热爆炸)所致。链锁自燃(链锁爆燃)是由于在分支链锁反应中,活性中心自行迅速增殖,并不需要高温从而达到极高的化学反应速率(链锁爆炸)所致。在实际的自燃过程中,热自燃与链锁自燃可能并存且相互促进,在低温时链锁反应放出的热量加热可燃物混合气,促使分子热活化,而热量的积累,不仅促使分子热活化,同时也加快了链锁反应中的每一个中间反应。因此对于自燃问题,一般认为在低温时,分支链锁爆炸反应起主导作用;在高温时,则热爆炸反应起主导作用。

(2) 点燃

点燃是依靠外热能量(电弧、电火花、炽热物体以及点火火焰等)强化局部可燃混合气化学反应,使反应速率急剧升高而达到爆炸式反应,并向周围未燃的可燃混合气传播的现象。点燃是各种燃烧装置中可燃混合气着火的方式。

2.1.3 燃料与燃烧方式

2.1.3.1 气体燃料的燃烧

气体燃料燃烧前必须与氧化剂混合,根据混合方式的不同分为预混合燃烧、扩散燃烧和部分预混合燃烧。

在可燃气体混合物中,如果产生一个火花,由于火花的直接作用和气体的化学反应会使混合物着火,于是产生了一个氧化反应的强烈发光局部中心,称为火焰中心;之后,火焰中心成为热量与化学活性粒子集中的源,并通过热流和化学反应把热量与活性粒子供给周围未燃的可燃气薄层。火焰通过该种方式,传播至整个可燃气体混合物。

当火焰通过分子间的传递从可燃气体的一层传播到下一层时,这种火焰称为层流火焰。层流火焰是最简单的火焰类型,常作为研究火焰的基础。

当火焰不仅取决于可燃混合气的性质和组成,还强烈地受到气流的紊流程度的影响,其传播速度比层流火焰的传播速度快得多,此时的火焰称为紊流火焰。

当燃料与氧化剂分别送入,边混合边燃烧时,燃烧进程不仅是一个化学动力学过程,而且是一个燃料与氧化剂混合的过程,此时的火焰称为扩散火焰。

紊流火焰与扩散火焰具有实际的工程应用意义,在此作进一步的说明。

(1) 紊流火焰

对于紊流火焰传播,一般以褶皱层流火焰的表面燃烧理论或微扩散的容积燃烧理论来解释。

① 褶皱层流火焰的表面燃烧理论

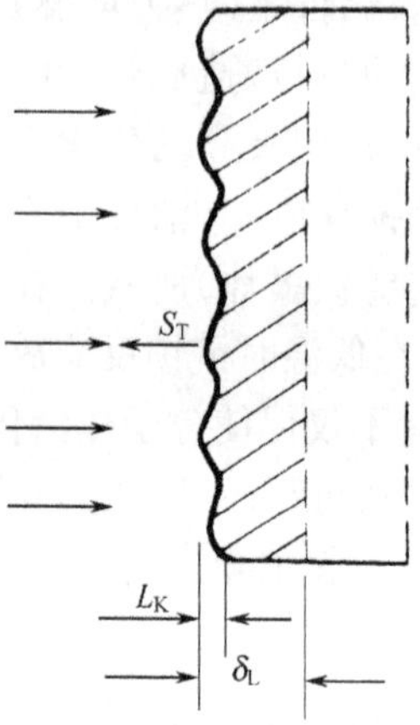

图 2-1　小尺度紊流燃烧模型图

该理论的出发点是:紊流过程不影响火焰锋面的基本结构、厚度以及传播速度。基于此,气流的脉动仅仅使连续的层流火焰锋面的表面产生褶皱,从而增大燃烧表面积,提高紊流燃烧速度。此理论还认为可燃混合气团仅在其表面上薄薄一层火焰的锋内进行燃烧,而其内部可燃混合气团成分没有改变。

按照紊流尺度的大小可将紊流分为小尺度紊流与大尺度紊流。若紊流尺度 L_K 小于层流火焰前锋宽度 δ_L,即 $L_K < \delta_L$,则为小尺度紊流;反之为大尺度紊流。在工程实际应用中,紊流火焰中的紊流尺度都很大(大于1mm,甚至几十毫米),因此都属于大尺度紊流。

对于小尺度紊流,燃烧模型如图 2-1 所示,火焰传播速度可表示为

$$S_T \approx S_L \sqrt{1 + \frac{L_K \sqrt{\bar{u}^2}}{\alpha_R}} \tag{2-7}$$

式中:S_T——紊流火焰传播速度,m/s;

S_L——层流火焰传播速度,m/s;

L_K——旋涡的尺度,m;

$\sqrt{\bar{u}^2}$——脉动速度,m/s;

α_R——分子导温系数,m^2/s。

大尺度紊流火焰传播速度的研究具有现实意义。谢尔金假设大尺度紊流时,弯曲变形的火焰锋面的面积由许多锥体表面积总和组成,如图 2-2 所示。最后得出谢尔金紊流火焰传播速度公式

$$S_T \approx S_L\sqrt{1+\left(\frac{2\sqrt{\bar{u}^2}}{S_L}\right)^2} \tag{2-8}$$

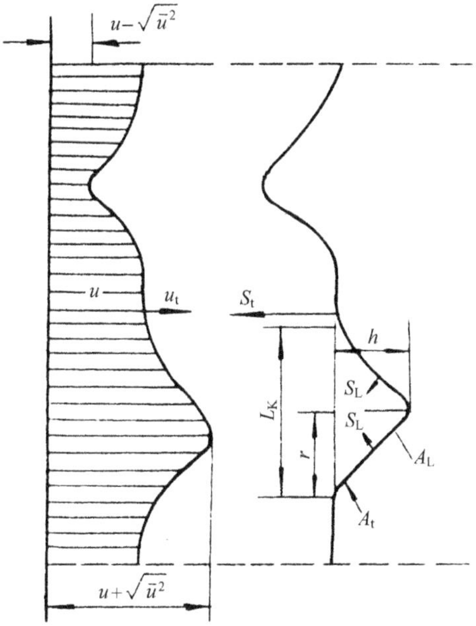

图 2-2　大尺度紊流燃烧模型图

达朗托夫(1956)对谢尔金的紊流火焰传播速度公式进行了修正。试验表明该修正式较为接近实际情况,其不同之处在于考虑了紊流度对气团燃烧时间的影响,修正式如下

$$S_T = S_L + \frac{\sqrt{2\bar{u}^2}\lambda}{\sqrt{\ln\left(1+\frac{\sqrt{\bar{u}^2}}{S_L}\right)}} \tag{2-9}$$

式中,λ 为经验常数,一般接近于 1。

以上公式表明,紊流火焰传播速度主要决定于层流火焰传播速度和气流脉动速度。

② 微扩散的容积燃烧理论

由索莫菲尔德与谢琴科夫在 20 世纪 50 年代提出的微扩散的容积燃烧理论认为:紊流火焰的传播速度增大不是由于火焰前锋面面积的增加,而是由于紊流中热传递和质量(即活化中心)扩散等紊流迁移性质的加强,加速了火焰中的化学反应,加大了燃烧区的宽度。该理论在某些试验中得到证实。

(2) 扩散火焰

燃烧过程的进展不仅要考虑燃烧氧化的化学动力学过程，而且还要考虑燃料与氧化剂混合的过程。

根据燃烧过程进展条件的不同，燃烧过程一般可分为化学动力燃烧和扩散燃烧。如果燃料与空气的混合速度大于燃烧速度，则这种燃烧过程称为化学动力燃烧；如果化学反应速度（燃烧速度）大于混合速度，则此燃烧过程称为扩散燃烧。

在燃烧领域内，虽然气体扩散燃烧较预混合可燃气体燃烧有着更广泛的实际使用，但是很少受到注意和研究，原因是火焰传播等基本特性参数难于测定。

2.1.3.2　液体燃料的燃烧

液体燃料燃烧时，一般不发生液相反应，它往往是先蒸发成为燃料蒸气，然后和气态氧化剂混合。液体蒸发率取决于它和周围气体之间的接触表面积、表面处和表面附近的蒸气浓度差以及传质系数，故液体燃料燃烧通常是雾化成油滴后再进行。

(1) 油滴的燃烧过程

液体燃料经雾化，被破碎成各种大小颗粒的油滴，置于高温含氧介质中，将产生下列变化：

① 油滴蒸发　油滴在高温介质中受热后，表面开始蒸发。一般油的沸点都低于200℃，故其蒸发多在较低温度下开始。

② 油滴热解和裂化　液体燃料都是由碳氢化合物组成的，它们在高温下成为油蒸气，以分子状态与氧分子接触并发生燃烧反应。但若与氧接触之前便达到高温，则会因受热而分解。油的蒸气热解以后会产生固态碳和氢气。燃油炉所见到的黑烟，便是火焰或烟气中含油热解而产生的“烟粒”。另外，尚未来得及蒸发的油粒本身，如果剧烈受热而达到较高温度，液体状态的油也发生裂化。裂化的结果是产生一些较轻分子，并呈气态从油粒中飞溅出来；剩下的较重的分子可能呈固态，即焦粒或沥青。重油烧嘴的“结焦”现象便是裂化的结果。

③ 着火燃烧　油滴蒸发成气态后与氧分子接触并达到着火温度时，便开始剧烈燃烧反应，示于图2-3。在高温介质中，油滴表面先气化，形成的蒸气直接在油滴附近被点燃，油滴周围出现一层球形高温燃烧区，即火焰的焰锋面。在焰锋面上，温度最高。焰锋面上所释放的热量，又向油滴传去，使油滴继续受热、蒸发。因此，油滴燃烧存在着两个互相依存的过程，即一方面，油的蒸发为燃烧反应提供反应物，另一方面，燃烧反应为油的蒸发提供热量。在稳定状态下，蒸发速度和燃烧速度相等。但是，当油的蒸气与氧的混合燃烧过程非常强烈时，只要有油蒸气存在，便能立即烧掉，那么整个燃烧过程的速度就取决于油的蒸发速度；相反，如果蒸发很快而油蒸气的燃烧很慢，则整个过程的速度取决于油蒸气的均相燃烧。所以，

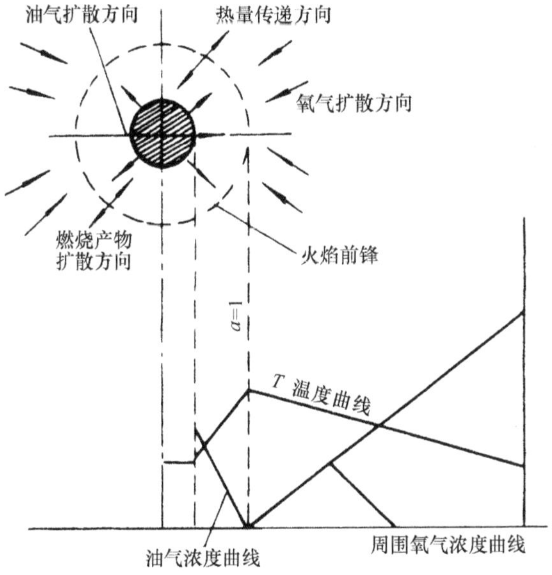

图2-3　油滴的燃烧示意图

液体燃料的燃烧不仅包括均相燃烧过程，还包括对油滴表面的传热和传质过程。

(2) 油雾的燃烧

油雾由许多粒径不等的油滴组成，油滴在相互靠近的条件下燃烧。一方面，油滴间的扩散燃烧锋面相互传热，同时又相互妨碍氧化剂向锋面的扩散。拉博斯基和罗斯纳将单油滴的准稳态燃烧模型推广到油雾燃烧条件下。根据油雾中油滴之间的距离及其相互影响关系，分为单油滴燃烧、初态油滴群燃烧和整体油滴群燃烧。图2-4为十二烷油雾的燃烧。

油雾燃烧过程复杂，至今未建立统一的燃烧模型，但有以下一些共同特征：

① 在工业和航空设备中的油雾燃烧，火焰传播主要是借助于油滴的不断着火。若能显著地稀释油滴，即扩大油滴间距、减小油滴尺寸、强化混合、改善单个油滴的燃烧过程，则可以加快燃烧速度。

② 油雾燃烧的稳定燃烧范围比可燃混合气的更为宽广。在气体燃料与空气的紊流预混气流中加入少量液滴，可以明显加快燃烧速度、扩大稳定燃烧范围的浓度下限。这对于工业燃烧具有实用价值。

(3) 乳化油的燃烧

燃料油乳化后燃烧，既节约了燃料，又强化了燃烧过程，是一种较常用的燃烧方法。一般采用机械法、气动法或超声波法使水分散在油中，形成油包水型乳化液。

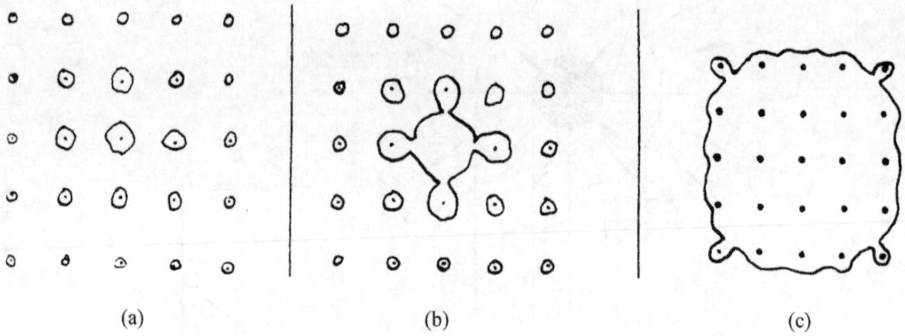

图 2-4　将火焰位置作为颗粒分散度的函数的叠加结果

(a) 油滴间相距很远时;(b) 初态油滴群燃烧;(c) 整体油滴群燃烧

有两种理论对乳化油燃烧过程做出了较好的解释:

① 微爆理论　油包水型乳化油在燃烧时,当液滴表面的油尚未蒸发完全而温度在急剧增高,其包含的水滴升温至沸点以上,水蒸气压力超过油壳表面张力和环境压力之和时,水蒸气突然逸出,使液滴产生爆炸并碎裂为更小的液滴。爆炸相当于一种良好的雾化,有利于加速燃烧速度。

② 水煤气反应理论　实践发现,乳化油燃烧时烟气中油烟含量减少,燃烧室中的积碳减少,NO_x产生量减少。这种现象难以用"微爆"理论解释,而可以从化学动力学角度,以水煤气反应理论解释。碳氢燃料在燃烧过程中会因热解而生成积碳,水蒸气可以和碳在高温下进行水煤气反应

$$C + H_2O \longrightarrow CO + H_2 \tag{2-10}$$

$$H_2 + M \longrightarrow 2H\cdot + M \tag{2-11}$$

$$H\cdot + H_2O \longrightarrow HO\cdot + H_2 \tag{2-12}$$

$$O + H_2O \longrightarrow HO\cdot + HO\cdot \tag{2-13}$$

$$O + H_2 \longrightarrow HO\cdot + H\cdot \tag{2-14}$$

$$\cdot H + O_2 \longrightarrow HO\cdot + O \tag{2-15}$$

$$CO + HO\cdot \longrightarrow CO_2 + H\cdot \tag{2-16}$$

在乳化油燃烧时,应注意如下问题:乳化油燃烧一般采用油燃烧器,应该考虑到燃料乳化之后的黏度已经提高,因此必须提高燃料的温度、调节操作常数;燃料乳化后,燃料的雾化以及与空气的混合性能得以改善,因此可以适当降低空气的消耗量,此举有利于节能。

2.1.3.3 固体燃料的燃烧

固体燃料主要指煤。以下以煤为例阐述燃烧过程与理论。

(1) 单个煤粒的燃烧

煤粒的燃烧过程由于包含着挥发物的燃烧,使其变得比碳粒的燃烧更为复杂。

单个煤粒的燃烧如图 2-5 所示,煤粒在高温介质中,首先被加热、干燥,然后开始析出挥发物。如果介质中有足够高的温度,同时存在氧气,则挥发物就会在煤粒周围着火燃烧,形成光亮的火焰。当挥发物基本上燃烧完毕,火焰逐渐缩小。在此过程中,氧气消耗于挥发物的燃烧,不能到达焦炭的表面,因此焦炭还是阴暗的,焦炭中的温度也不超过 600～700℃。当挥发物基本分解以后,焦炭表面局部开始燃烧、发亮,以后扩展到整个表面。焦炭的温度也逐渐上升,当上升到某一个数值后就几乎保持不变,这时在碳粒周围只有极短的蓝色火焰,它主要由一氧化碳燃烧所形成的。在焦炭的燃烧阶段,仍有部分挥发物,但是对燃烧过程起主要作用的是碳。焦炭烧完,残留灰分。

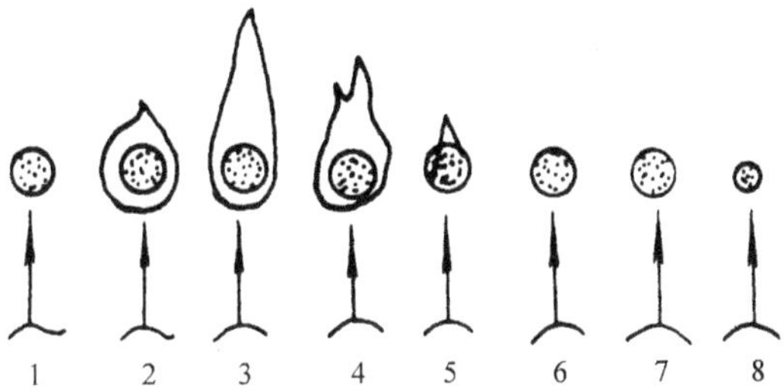

图 2-5 单个煤粒的燃烧过程

图 2-6 是褐煤在燃烧时的质量和温度随时间的变化情况。至挥发分基本燃烧完毕为止,所需的时间只占煤粒燃烧所需时间的 1/10 左右,而焦炭的燃烧占了全部燃烧时间的 9/10。

(2) 煤的燃烧阶段特征

一般认为包括三个阶段,即挥发物燃烧阶段、焦炭燃烧阶段和燃尽阶段,但有时仅指前两个阶段。

① 挥发分燃烧阶段

煤在受热逸出挥发物的同时就开始氧化,只是氧化的速度较慢,既无火焰又无光亮。当析出的挥发物达到一定浓度与温度时,马上着火燃烧,发光发热。在此过程中,煤的结构逐渐变成近于石墨的由很多微小晶粒所组成的集合物,叫焦炭。在这些微小晶粒的外围有一层火焰,可将焦炭加热至赤红,为其燃烧创造了高温条件。所以通常把挥发物着火温度粗略地看作为煤的着火温度。

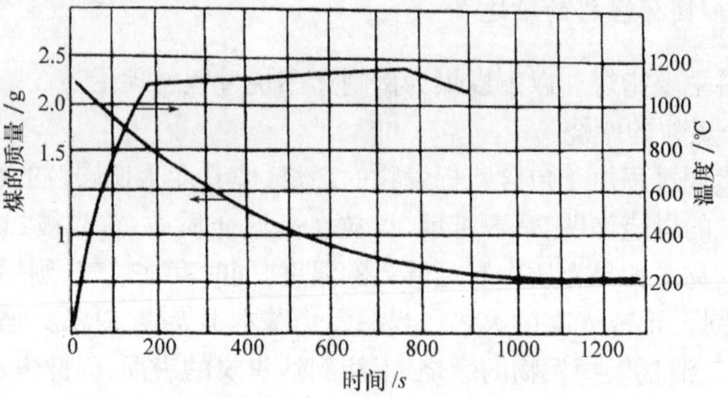

图 2-6　褐煤在燃烧时的质量和温度随时间的变化情况

挥发物是煤的重要特性，对炉子结构、燃烧难易等均有重大影响。挥发物多的煤，着火温度较低，如泥煤在 200～250℃、褐煤在 350～400℃就着火燃烧。反之，着火温度较高，如烟煤在 400～500℃、无烟煤在 600～700℃方可着火燃烧。挥发物量高的煤，不但着火容易，而且燃烧也较完全。这是因为一旦挥发物从煤中逸出，燃煤晶粒之间形成间隙，有利于空气的进入，并与空气的接触面积大为增加，加速了氧化过程，使燃烧更加完全。

② 焦炭燃烧阶段

焦炭是固体燃料的主要可燃物质。在挥发物燃烧的后期，焦炭晶粒已被加热至高温，随着挥发物的减少，燃烧边界层变薄，氧气得以达到碳粒表面而氧化燃烧。焦炭燃烧不仅需要较长时间，而且还不易被燃烧完全。可是它燃烧得好坏，直接决定着固体燃料热损失的大小。因此，为使这一阶段燃烧完全以及提高燃烧速度，必须采用适当措施。如维持着火区有较高的温度、煤在燃烧炉中应有足够的停留时间、提供充足的且又适量的空气，以及保证空气与燃料有良好的混合等，从而提高它的热效率。

③ 燃烬阶段

即灰渣形成阶段。实际上在焦炭燃烧开始，煤中不可燃的矿物质——灰，随即形成，给焦炭外面披上一层薄薄的“外衣”。随着焦炭的继续燃烧，灰衣渐渐增厚，最终因高温而变软或熔化，将焦炭紧裹，使之不能很好地与空气接触，导致燃烬阶段进行得十分缓慢，甚至造成固体不完全燃烧，增大热损失。因此对于高灰分、低熔点的煤，为减少固体不完全燃烧的热损失，宜适当延长灰渣在炉内的停留时间，让其在较高的温度条件下燃烧，还配合操作中拨火等技术，击破灰衣，平整炉中煤层，使灰渣中的可燃物质烧透烧尽。

(3) 燃烧方式

根据固体燃料在炉内的状态,分为层燃式(固定床)、流化床(沸腾式)和悬浮式(粉煤炉)三种。

① 层燃式燃烧

将燃料块置于固定的或移动的炉箅上,空气通过箅孔穿过燃料层并使其燃烧,生成的高温烟气进入炉膛。根据燃料和空气供给方法的不同,层燃式燃烧又可分为逆流式、顺流式和交叉式三种,示于图 2－7。

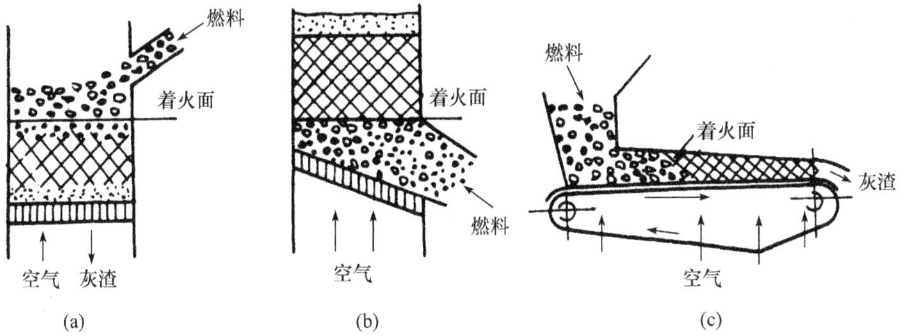

图 2－7　层燃式燃烧

(a) 逆流式燃烧;(b) 顺流式燃烧;(c) 交叉式燃烧

层燃式燃烧时,固体燃料靠自身重力彼此堆积成致密的料层。为保持燃料在炉箅上稳定,煤块的质量必须大于气流作用在煤块上的动压冲力。若气流速度太大,有可能使煤块失去稳定性而被气流带走,造成不完全燃烧。

为了能在单位炉箅上燃烧更多的燃料,首先必须提高气流速度,因此也必须保证有一定直径的煤块。另一方面,煤块越小,其反应面积越大,燃烧反应越强烈。所以应当同时考虑上述两方面因素,确定一个合适的块度。例如,烧烟煤时,煤块最佳尺寸约为 20～30mm,这样大小的煤块既可保证稳定性,又可保证有足够的反应面积。

层燃式燃烧主要的优点是:能获得最大的热密度,即在单位体积的燃烧室内,同时存在于炉膛中的燃料量最大;在防止燃料粉末飞失的条件下,可以较大地增加鼓风;对燃料供给与鼓风之间的偏离敏感性差,从而具有比较稳定的燃烧过程,而且炉子尺寸越大和燃料量越多时性能越稳定。

层燃式燃烧在小型和中型动力装置中占有重要地位。但从近代动力事业的发展来看,已不能满足要求,不能适用于大型动力装置,并且难以完全实现机械化和自动化。

② 流化床燃烧

流化床燃烧是利用空气使煤在流化状态下完成传热、传质和燃烧反应。其燃烧过程是:用较高速度把空气从下面吹入比较细的燃料粒子层中,当鼓风达到某一临界速度时,粒子层的全部颗粒就失去了稳定性,在燃料层中部的颗粒向上飘浮,靠近炉膛的颗粒向下降落,整个粒子层就好像液体沸腾那样,产生强烈的相对运动,故也叫做沸腾式燃烧。图 2-8 所示为流化床燃烧时的情况。

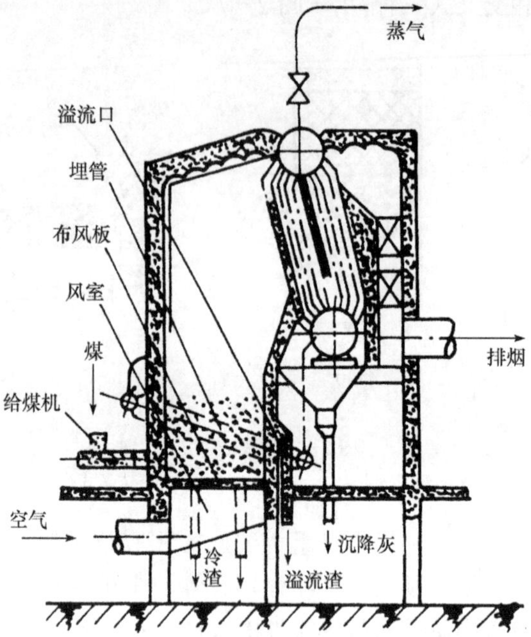

图 2-8 流化床燃烧炉示意图

流化床燃烧的优点主要有:

a. 流化床的料层温度一般控制在 850～1050℃,运行时,流化层的高度为 1.0～1.5m,其中新加入的燃料仅占 5%,因此整个料层相当于一个大"蓄热池"。燃料进入流化料层后,就和几十倍以上的灼热颗粒混合,因此能很快升温并着火燃烧。即使对于多灰、多水、低挥发的劣质燃料,也能维持稳定的燃烧,解决了劣质煤的利用问题,为大量的煤灰石的利用找到了出路,对我国煤炭资源的合理利用具有重要意义。

b. 流化床燃烧可以在单位面积的炉箅上获得很大的热负荷。

c. 由于颗粒混合比较好,使燃料层沿层高的温度分布比较均匀,这为气化过程中 CO_2 的吸热还原反应提供了有利的条件。

d. 燃料颗粒不断地在流体动力作用下混合,互相碰撞,有利于破坏颗粒的外层灰壳、阻碍燃料的黏结和结渣、减少熔渣产生的故障。

e. 流化床燃烧可实现低温燃烧，减少氮氧化物的发生量，有利于控制大气污染。

流化床燃烧也存在一些不足之处：

a. 工况不稳定时，灰分和未燃颗粒等与气体一起大量流出，造成不完全燃烧损失。因此需要将带出的未燃的细料用除尘器捕集下来并使其返回到燃烧室中继续使用。

b. 增加了单位体积内的燃烧空隙体积，这等于降低了单位体积内的燃料反应面积，使燃料与气化区拉长，这样在气化时就增加了煤气发生炉中一氧化碳的燃烧，使煤气质量降低。

③ 悬浮式燃烧

悬浮式燃烧是将固体燃料先磨成细粉，然后随空气流在炉膛内呈悬浮状态进行燃烧。悬浮式有直流燃烧和涡流燃烧两种型式。直流燃烧的燃烧设备为粉煤炉，采用粉状燃料；涡流燃烧的燃烧设备为旋风炉。图 2-9 左为直流燃烧，即所谓火炬式；右为涡流燃烧，即所谓旋风式。

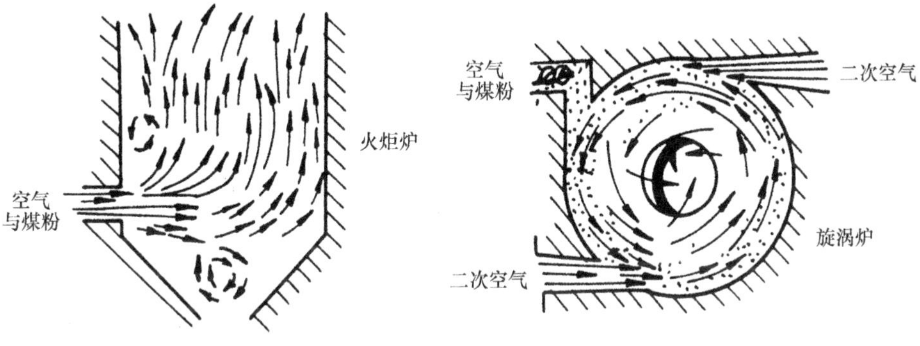

图 2-9　悬浮式燃烧

直流燃烧与层燃式相比，最大优点是可以大量使用劣质煤和煤屑，甚至还可以掺用一部分无烟煤和焦炭屑。用层燃式燃烧发热量较低和灰分含量较高的劣质煤时，炉温只能达到 1100℃；改用直流燃烧法时，炉温可达到 1300℃。

用来输送煤粉的空气称一次空气，一般占全部所需空气量的 15%～20%（视煤粉挥发分的产率而定），其余的空气称二次空气，从另外管道单独送至炉内。采用直流燃烧法时，二次空气可以允许预热到较高温度，因而有利于回收余热和节约燃料。

直流燃烧法的优点是：容易调节炉温，并可以实现炉温自动控制；有利于减轻体力劳动强度和改善劳动条件。采用直流燃烧法，最好使用挥发分高的煤，可以借助挥发分燃烧时放出的热量来促进炭粒的燃烧，有利于提高燃烧速度和燃烧程度，一般希望挥发分大于20%。此外，还要注意控制原煤的含水量，最好把水分降到1%～2%。

直流燃烧法最大的缺点是烟气中含有大量的飞灰，造成换热器严重积灰和引风机的磨损，而且污染环境。所以后来出现一种新的燃烧方式——旋风燃烧。

旋风燃烧是利用旋风分离器的工作原理，使燃料空气流沿燃烧室内壁的切线方向作高速旋转运动，在离心力作用下，燃料颗粒和空气得以紧密接触并迅速完成燃烧反应。在这种燃烧方式下，不仅改善了燃料和空气的混合，而且延长了燃料在燃烧室中的停留时间，因此可以降低空气过剩系数，并可燃烧粗煤粉或碎煤粒。旋风燃烧方法突出的优点是燃烧强度大，它的容积热强度可达 $1.25\times10^7\sim2.51\times10^7$ kJ/m^3，而且由于燃烧温度高，可以使渣熔化成液体排出，从而解决了由于烟气飞灰所带来的一系列问题。

2.1.3.4 影响燃烧过程的因素

(1) 燃料种类和性质

燃料中所含的水分、挥发物、灰量及其可熔性燃料的发热量、燃料的黏结性和热稳定性等都会影响燃烧过程。

水分含量多，不仅使燃料中可燃元素减少，而且还会在燃烧过程中蒸发，吸收气化潜热，使燃料的发热量降低。因此水分多的燃料导致炉内温度降低、着火困难，影响燃烧速度，不易达到完全燃烧。水分还会增加烟气体积，从而增加烟气从锅炉中带走的热量，降低了锅炉效率。

燃料在燃烧时，挥发物首先析出，和空气混合并着火，形成光亮的火焰。此时，空气中的氧气消耗于挥发物的燃烧，不能达到焦炭的表面，即挥发物阻碍了焦炭的燃烧。另一方面，挥发物在煤粒附近燃烧，将焦炭加热，一旦挥发物燃尽便导致焦炭剧烈燃烧，因此挥发物又起到了促进焦炭燃烧的作用。

灰分是燃料中的杂质，不仅增加了燃料的重量，使开采、运输和煤粉制备费用增加，而且在炉内熔化时还会黏附在炉壁和炉箅上，引起结渣，破坏炉膛的正常工作。

燃料的发热量与燃料中所含碳的多少有关。碳的含量越多，则燃料的发热量越大，炉内的温度越高，有利于燃料的加热、干燥以及析出挥发物，从而也就有利于燃料的燃烧，使燃烧过程稳定。反之，就会影响燃烧过程的稳定性。

如果燃料易黏结，层燃炉中燃料层构造的均匀性以及相应的透气均匀性就会受到破坏，从而导致燃烧和气化过程的破坏。

燃料的热稳定性对于炉内燃烧或气化过程有一定影响。热稳定性差的燃料入炉后，因受热而分裂成小块和细粒，增加了料层阻力，影响料层透气性，降低氧化剂扩散速度，增加带出物损失，从而降低燃烧或气化的速度及效率。

(2) 化学反应速度及氧气向燃料反应表面的扩散速度

碳的燃烧过程在固体燃料的燃烧过程中起着决定性的作用。影响碳燃烧速度的因素除化学反应速度本身以外，还有反应气体中的氧气转移到固体燃料反应表面的速度，即氧气向燃料表面的扩散速度。

化学反应速度与燃料的温度有关。燃料的温度越高，化学反应的速度就越快，从而碳的燃烧速度就越快，燃烧过程也就越剧烈。

氧气向燃料表面扩散的速度与很多因素有关，主要有碳粒的形状、气体的速度、气体中氧气的浓度和扩散系数等。扩散速度越大，碳的燃烧速度就越快，燃烧过程也就越剧烈。

在稳定情况下，扩散到碳表面的氧气量等于燃烧用去的氧气量。实际上，扩散速度和反应速度之间的差别可以很大。当其中一个速度远远小于另一个时，燃烧速度决定于速度较小的一个，整个燃烧过程的发展受到它的阻碍。因此，为了提高燃烧速度应同时提高炉内温度和气流速度，并使氧化剂和燃料充分均匀地混合。

2.1.4 燃烧与大气污染物

大气污染物按其存在状态，可以分为气溶胶污染物和气态污染物两大类。气溶胶态污染物有粉尘、烟、飞灰、黑烟和雾等几种；气态污染物有氮氧化物、硫氧化物、碳氧化物和卤素化合物等。大气污染物主要来自三个方面：燃料燃烧过程，工业生产过程和交通运输过程。

根据我国对烟尘、SO_x、NO_x 和 CO 四种污染物来源的统计分析，燃料燃烧生成的大气污染物约占全部污染物的 70%，工业生产生成的约占 20%，交通运输过程生成的约占 10%。由此可见，燃料燃烧是大气污染物的主要来源。燃料燃烧中形成的污染物简单介绍如下：

① 烟尘 指煤等固体燃料在燃烧过程中由烟囱排出的烟气中所含的烟、烟黑、灰分、粒状浮游物质的混合物。烟尘是燃烧的必然产物。燃烧过程中出现黑烟现象，主要是由于燃料不完全燃烧产生的，而不完全燃烧源于空气供应量不足、空气与燃料混合不均匀或燃烧反应时间不够等原因。燃烧产生的烟尘量主要决定于燃料种类、燃烧方式，以及燃烧过程的组织情况。燃煤粒度越细，产生的飞灰就越多。煤的性质不同，产生的烟尘量也不一样，如燃烧含挥发性物质较多的煤，燃烧时随挥发物析出的煤本身也就微细化了，而细的煤颗粒伴随气流一起飞扬，烟尘量也就增加了。反之，若煤的黏结性比较好，细的煤粒不易从炉膛中飞出，烟尘量就可能少些。

② 硫氧化物　燃料中的硫以有机硫和无机硫两种形式存在。前者以各种有机硫化合物存在，分布均匀；后者以黄铁矿（FeS_2）及硫酸盐类（$CaSO_4 \cdot 2H_2O$ 和 $FeSO_4$ 等）的形式存在于矿物杂质中。实验测定燃料的含硫量，一般指总的含硫量，即有机硫、硫化铁、硫酸盐类所含的硫的总和。硫酸盐类所含的硫，属于灰分中的硫，这种硫实际上不参与燃料的燃烧；有机硫及 FeS_2 的硫，属于挥发性硫，它在燃烧过程中受热分解，在温度达 750℃ 时，90％以上的硫转化为气态硫，它与氧化合生成 SO_2。燃烧所形成的 SO_2 既可存在于大气中，也可经过一系列的化学反应形成硫酸烟雾，它们对环境空气质量都产生严重的影响。按影响范围，可分为局部地区影响和远程地区影响。在污染严重时，局部地区影响是明显的，它能使植物难以生存、建筑物和材料受到腐蚀、人体健康受到影响，特别是呼吸道疾病显著增加。远程地区影响的典型情况是产生酸雨，它的影响范围可达数百万米，造成自然水源的供水酸化、土壤冲刷加速、植被损坏以及建筑物腐蚀。

③ 氮氧化物　燃料中均含有氮元素，煤中含氮量一般为1％～2％。燃烧过程中氮氧化物（NO_x）来源于空气和燃料中含有的氮。NO_x 是非常有害的污染物，在空气中含量很少时也会引起呼吸道疾病，腐蚀设备，以及影响大气的能见度。燃烧过程中产生的 NO_2 的量与多种因素有关，与温度的关系尤为密切，即温度越高，浓度也越高。

④ 碳氧化物　CO 和 CO_2 是各类大气污染物中发生量最大的，主要来自燃料燃烧和机动车排气。CO 是一种窒息性气体，排入大气后，由于大气的扩散稀释作用和氧化作用，一般不会造成危害。但在城市冬季采暖季节或在交通繁忙的十字路口，当大气扩散条件不好时，CO 的浓度有可能达到危害环境的水平。CO_2 虽然属于无毒气体，但是当其在大气中的浓度过高时，氧气含量就相对减少，对人体健康产生不良影响。地球上 CO_2 浓度的增加，是产生温室效应的主要原因。

对各种污染物更详细的介绍参见第一章。

2.2 燃烧过程与污染控制

2.2.1 CO 与 CO_2 的生成与控制

2.2.1.1 燃烧过程中 CO 与 CO_2 的生成

煤或其他燃料燃烧时释放热能的主要化学反应是 C 与 O_2 的直接反应

$$C + O_2 \longrightarrow CO_2 + Q \tag{2-17}$$

$$2C + O_2 \longrightarrow 2CO + Q \tag{2-18}$$

同时，所生成的 CO_2 还可能与 C 发生还原反应，即

$$C + CO_2 \longrightarrow 2CO + Q \tag{2-19}$$

由 O_2 或 CO_2 直接与C反应生成的CO,还可能在微量水蒸气催化下再和氧发生反应,即

$$2CO + O_2 \longrightarrow 2CO_2 + Q \tag{2-20}$$

式(2-17)~(2-20)在燃烧过程中是同时、交叉地进行的,是碳燃烧过程中最基本的化学反应。

煤燃烧时除了发生上述基本反应以外,还可能在干燥过程、挥发物的析出和挥发物的燃烧过程中发生其他反应。如当干燥出来的水分较多或因挥发物中含氢元素较多导致燃烧后形成水蒸气含量较多时,会发生下列反应

$$C + 2H_2O \longrightarrow CO_2 + 2H_2 \tag{2-21}$$

$$C + H_2O \longrightarrow CO + H_2 \tag{2-22}$$

$$2C + 3H_2O \longrightarrow 3H_2 + CO + CO_2 \tag{2-23}$$

$$C + 2H_2 \longrightarrow CH_4 \tag{2-24}$$

在这些反应中,哪一反应为主,应视具体条件而定。例如,常压、高温条件下,CH_4 很容易受热分解为 H_2 和C,所以燃烧炉中很少存在 CH_4,而在加压煤气发生炉中就有1.8%左右的 CH_4 生成。

在固体表面的催化作用下,H_2O 还容易同CO、CO_2 发生下列反应

$$CO + H_2O \longrightarrow CO_2 + H_2 \tag{2-25}$$

$$2CO + 2H_2 \longrightarrow CO_2 + CH_4 \tag{2-26}$$

$$CO + 3H_2 \longrightarrow H_2O + CH_4 \tag{2-27}$$

$$CO_2 + 4H_2 \longrightarrow 2H_2O + CH_4 \tag{2-28}$$

$$2CO \longrightarrow CO_2 + C \tag{2-29}$$

反应中生成的H·、H_3C·、O·等自由基还会起积极的作用。当煤在干燥和挥发物燃烧后,气体中所含水蒸气及氢不多时,上述这些反应的影响就不很大。

对于C与 O_2 的反应机理,一般认为是由于 O_2 溶解入碳的晶格结构的表面部分或由于化学吸附在晶格界面上,首先形成了C、O络合物,然后因受热分解或与其他分子碰撞,开裂成为 CO_2、CO气体。

2.2.1.2 控制CO生成的燃烧技术

CO是由含碳燃料氧化而产生的一种中间产物。不管CO与 CO_2 的生成反应多么复杂,CO转化为 CO_2 的反应几乎都可以归于一个基本反应,即

$$CO + HO\cdot \longrightarrow CO_2 + H\cdot \tag{2-30}$$

可以认为,燃料中的碳最初是生成CO的。因而控制CO的方法应集中在如何使

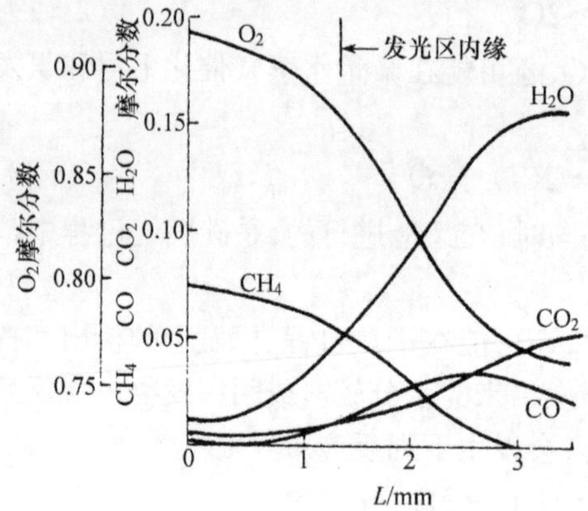

图 2-10　预混层流碳氢火焰的浓度场
（弗里斯特罗姆和威斯廷伯格，1965）

其再氧化这个问题上来。

图 2-10 是甲烷燃烧时的组分浓度场。从图中可以知道，CO 是燃烧的中间产物，并且在甲烷刚好完全燃烧之前有最大浓度。如果在火焰温度下，有充分的氧气，而且燃烧停留时间足够，那么 CO 的浓度就会在反应之后降至很低的程度。这也是燃烧过程中控制 CO 生成的方法。

2.2.2　烟尘的生成与控制

2.2.2.1　燃烧过程中烟尘的生成

（1）气体燃料燃烧的烟尘

气体燃料在燃烧过程中所生成的主要成分为碳的粒子，而这些碳粒子通常都是积炭。它们在工业过程中能起到有利和有害两方面作用。在燃气轮机中，这些粒子的存在可能严重地影响透平叶片的寿命；然而在许多工业燃烧炉中，碳粒的存在加强了辐射传热，因而明显地增加了这些燃气的换热效率。对于后一点值得我们更详细地去研究。

大多数的火焰是发光的，并且这种发光是由于碳粒子的出现以及这些碳粒子在燃气高温下强烈辐射所产生的。这些凝聚相粒子的辐射率比燃烧气态产物更高，因此显著地增加了辐射换热。实际上，某些系统可能接近黑体状态，当有碳粒生成时，大多数火焰呈黄色，按惯例这种黄色是由于电磁光谱黄色区的普朗克辐射曲线出现峰值所产生的。因此，在从燃气向表面的传热率比较大的工业燃气炉中，为了确保碳粒子的存在，使系统在富燃料条件下工作是有利的。在许多情况下，为了满足环境保护的限制要求，这些碳粒子可能会在后期与多余空气燃烧。实际上由于这时所生成的很小粒子在离开火焰区之前已被氧化，因此某些发光火焰并不积炭。

关于火焰的碳烟生成机理，虽有很多人作过实验研究和理论探讨，但诸多问题至今未明。从气态烃到有 100Å 以上的碳微粒出现的过程，一般认为经历三个阶段，如图 2-11 所示。第一阶段，从低分子量不饱和烃中产生碳烟核，通过化学反应实现高分子化和高次构造化，即成核阶段；第二阶段，碳烟核主要经过液化和凝聚这样的物理过程，长成碳烟微粒，即成长阶段；第三阶段，形成碳烟。因此，要阐明碳烟的生成机理，关键是先弄清在产生碳烟核的第一阶段中，从热分解生成的低分子不饱和烃到有碳烟核产生期间生成的、在碳烟核的成长过程中起着主要作用的中间物质。关于此中间物质,迄今为止已有三种假说:第一种为多环芳香烃(PAHs)中间体说;第二种为乙炔中间体说;第三种为烃离子中间体说。这里不作详细介绍。

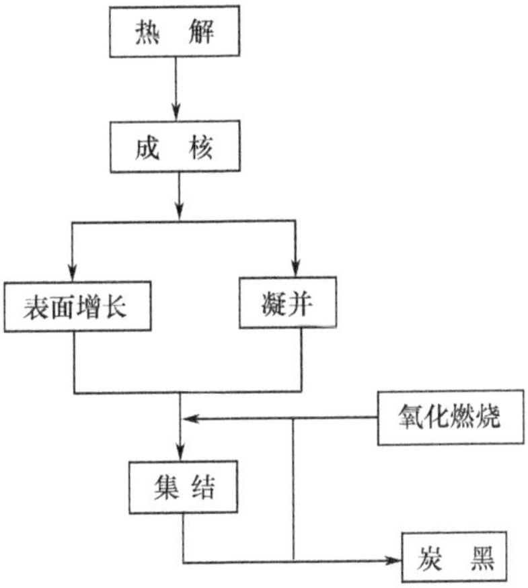

图 2-11　碳烟的生成过程

(2) 液体燃料燃烧的烟尘

多数情况,液体燃料燃烧不仅生成如同气体燃料燃烧生成的积炭,而且还含有由液态烃燃料本身生成的碳粒,这是液滴不完全燃烧所致。

假如液态燃料雾化不好,油滴过大,油滴燃尽所需时间延长,油滴来不及燃尽就随烟气排出,产生不完全燃烧。由于挥发分大都已蒸发、气化,所以不完全燃烧的残存油滴中含炭的比例大,生成的烟尘是炭形烟尘。

未燃油滴若附于温度较低的炉壁或管道上,温度升高就会继续燃烧;温度低,则会结焦黏着,到一定大小会剥离,从而在排烟中以烟尘形式排出。

未燃油滴若剧烈受热而达到较高温度,往往来不及蒸发就产生裂化。裂化的结果是轻的分子由油滴中分离出来,以气态参加燃烧,余下的较重的分子可能呈固态的焦炭或沥青。在工业生产过程中,燃油的"结焦"现象就是裂化的结果,由于焦炭和沥青的生成,亦易生成炭形烟尘。

(3) 固体燃料燃烧的烟尘

一般而言,工业生产中的固体燃料主要是煤。决定煤燃烧过程性能的是残留下来的固体部分,即碳的表面速率决定煤的燃烧性能。试验已经证实,靠近碳表面的燃烧产物是 CO,它扩散离开表面,并与氧反应生成 CO_2,然后 CO_2 在两个方向上——向着表面和离开表面扩散。当 CO_2 达到碳表面时,发生如下反应

$$CO_2 + C \longrightarrow 2CO \tag{2-31}$$

实际上到达碳表面的氧气很少,碳主要消耗在使 CO_2 还原成 CO,如果燃烧条件非常理想,煤可以完全燃烧,即被完全氧化为 CO_2 等气体,余下灰分。如果燃烧不够理想,甚至很差,则煤在高温下发生热解作用,极易形成多环化合物,即形成黑烟。黑烟中主要含有苯、芘、蒽、苯并芘等。燃烧装置不同,燃烧条件不同,产生这些多环芳烃的数量有很大差异,以手烧炉最差,以链条炉格抛煤机燃烧效果最佳。

煤的种类和质量与黑烟的产生关系很大。易于燃烧又不易出现黑烟的燃料顺序为:无烟煤、焦炭、褐煤、低挥发分烟煤、高挥发分烟煤。即烟煤最易形成黑烟。

2.2.2.2　控制烟尘生成的燃烧技术

通过改进燃烧方式合理调节燃烧过程,可以使烟气中的可燃物基本燃尽。这样既可减少炭黑对空气的污染,又可节约燃料。控制燃烧过程中产生烟尘的最重要措施可以分为三类:改善燃料与空气的混合,即改善燃烧室内的传质效果;维持足够高的燃烧温度与足够长的燃烧时间;加入抑制积炭生成的添加剂。

(1) 改进燃烧过程

锅炉中的燃烧器大都属于紊流扩散型,存在空气分配的不均匀性,在空气供给不足的区域会产生大量的烟尘。因而从减少烟尘生成量来看,做到燃料与空气的最佳混合是最重要的。图 2－12 是一台 9t/h 的燃油锅炉的旋流强度与烟尘浓度的关系。当旋流强度为 0.84 时,烟尘的生成量最小,而当旋流强度偏离 0.84 左右都会导致烟尘生成量的增加。所以,旋流强度 0.84 左右是燃料与空气混合工况最佳点。

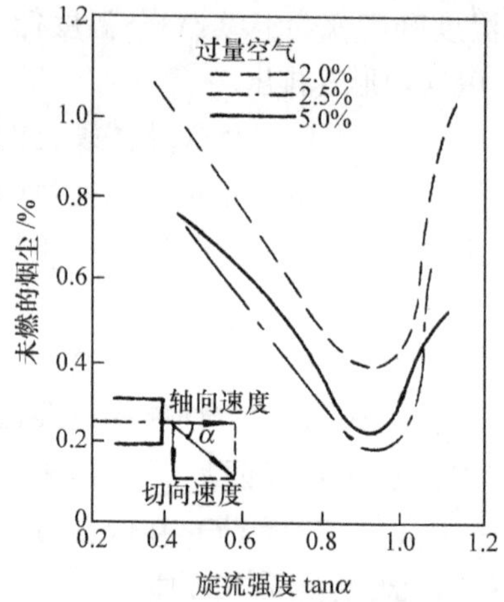

图 2－12　旋流强度与烟尘浓度的关系

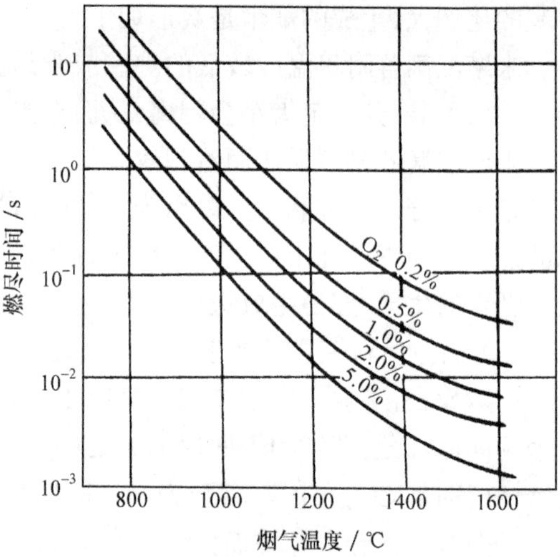

图 2－13　炭黑燃烧 95%所需的时间

测定试验炉中炭黑燃烧掉 95%的时间,如图 2－13 所示。当氧气浓度大于 1%时,燃尽时间大约为 0.1s。这说明,为了减少烟尘生成量,有必要维持一定的氧气浓度与燃烧时间。

(2) 特殊燃烧方法

① 烟尘再燃烧法

烟气在高温状态下与空气适当地接触再燃烧的方法称为烟尘再燃烧法。

假设碳与氧的反应为一次反应，则烟尘量可以用下式计算

$$dM/dt = -K \cdot m \cdot S \cdot M \cdot V_{O_2} \tag{2-32}$$

式中：dM/dt——单位时间内烟尘生成量，$kg/(m^3 \cdot s)$；

M——单位体积烟气中的烟尘质量，kg/m^3；

t——燃烧时间，s；

K——氧的燃烧反应速率常数，m/s；

m——燃烧反应中与单位体积氧化合的碳的质量，kg/m^3；

S——烟尘的比表面积，m^2/kg；

V_{O_2}——单位体积烟气中氧的体积，m^3/m^3。

其中 K 为

$$K = 8.1 \times 10^4 \exp(-37/RT) \tag{2-33}$$

式中：R——理想气体常量，1.987kcal/(kmol·K)；

T——燃烧温度，K。

根据式(2-32)计算得的烟尘生成量，通过再燃烧去除95%所需的停留时间如图2-14所示。温度低时，所需的停留时间长；温度从800℃上升到1300℃，则停留时间降至原来的1%。同时也说明，燃烧温度足够高的话，二次空气燃烧就没有必要了。

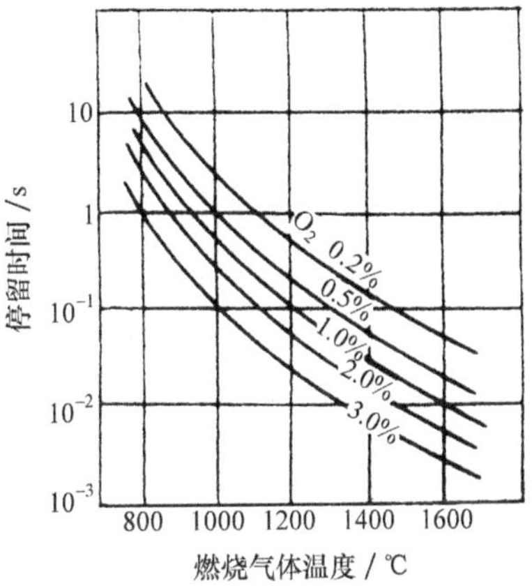

图2-14　烟尘再燃烧的必要停留时间

② 加入添加剂燃烧法

抑制烟尘生成量的燃烧添加剂有Ba、Mn、Ni、Ca、Mg等金属添加剂和水、乙醇、硫氢化物等液体添加剂。金属添加剂的作用是控制脱氢，使微小碳粒带上正电而相互排斥，促进氧化反应，阻止碳粒凝集。液态化合物添加剂有两方面的作用。其一，可以增加HO·、HO_2·自由基等活性中心，提高反应速度，改善燃烧性能；其二，液态添加剂的沸点低，可以造成“微爆”，改善了传质与传热效果，促进了燃烧。

2.2.3　硫氧化物的生成与控制

2.2.3.1　燃烧过程中硫氧化物的生成

(1) 燃料中的硫

煤中的含硫量一般为0.5%～5%，以有机硫和黄铁矿硫形式存在的硫在燃烧

过程中全部参加反应，氧化为 SO_2；而硫酸盐硫则不参与燃烧，往往有一部分留在底灰中，另一部分以飞灰形式排出。

液体燃料的硫种类很多，以有机化合物的形式存在于燃料中，也有游离硫、硫化氢等形式。原油的含硫量因产地而异，一般为 0.5%～2%，重油的含硫量较高，一般为原油含硫量的 1.5 倍。

气体燃料中硫以气态硫化氢的形式存在，天然气中含硫量一般小于 1%。

(2) SO_2 的生成

燃料中的硫在燃烧过程中与氧气反应，主要产物是 SO_2 和 SO_3。但 SO_3 的浓度相当低，即使在贫燃料的状态下，生成的 SO_3 也只占 SO_2 生成量的百分之几；在富燃料状态下，除了 SO_2 外，还有一些其他的硫氧化物，如一氧化硫(SO)及其二聚物 $(SO)_2$，还有少量氧化二硫(S_2O)。由于它们化学反应能力强，所以仅在各种氧化反应中以中间体形式出现。

燃料燃烧时，如果空气过剩系数低于 1.0，有机硫将分解，分解产物除 SO_2 外，还有 S、H_2S、SO 等；当空气过剩系数高于 1.0 时，将全部燃烧生成 SO_2。在完全燃烧条件下，生成 SO_2 的同时，约有 0.5%～2.0% 的 SO_2 将进一步氧化而生成 SO_3。

在煤粉炉和燃油炉中，目前还不能用改进燃烧技术的方法控制 SO_2 生成量，因而 SO_2 的生成量将正比于燃料中的含硫量。含硫量为 1.5% 的重油，排烟中的浓度约为 10^{-3}；煤通常含硫量为 0.5%～5.0%，故其 SO_2 生成量可达 $3.65\times10^{-4}\sim3.65\times10^{-3}$。图 2-15 是含硫量与 SO_2 生成量的关系。

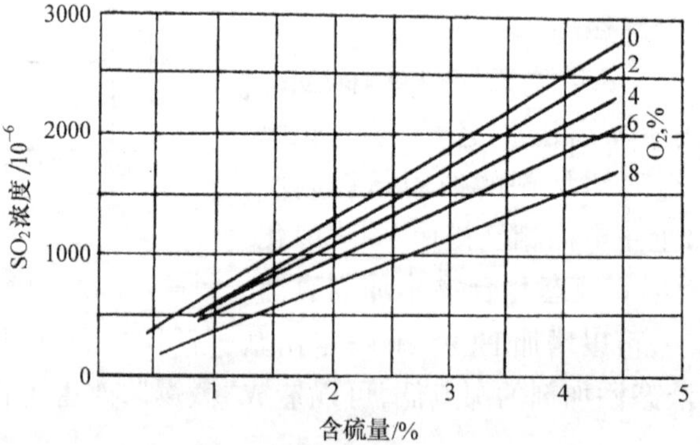

图 2-15　含硫量和 SO_2 生成量的关系

燃料中的可燃硫，在完全燃烧时，反应式如下

$$S + O_2 \longrightarrow SO_2 + Q \tag{2-34}$$

在标准状态下，$Q = 70\,860 J/mol$。

燃料中的硫经上式反应全部生成SO_2，SO_2中的一部分与O_2反应生成SO_3。

SO_2生成量还可按理论计算式获得

$$V_{SO_2}=0.7\times\frac{w_S\cdot B}{100}\times\frac{273+t}{273} \tag{2-35}$$

式中：V_{SO_2}——由所计算的燃烧装置排出的SO_2的体积数，m^3/h；

w_S——所用燃料中硫的质量分数，%；

t——排烟温度，℃；

B——单位时间消耗的燃料量，kg/h。

$$G_{SO_2}=2\times\frac{w_S\cdot B}{100} \tag{2-36}$$

式中，G_{SO_2}指由所计算的燃烧装置排出的SO_2质量，kg/h。

(3) SO_3的生成

当有过剩氧存在时，SO_2会继续氧化为SO_3。SO_2氧化是通过与离解的氧原子结合而生成的，即

$$O_2 \rightleftharpoons O+O \tag{2-37}$$

$$SO_2+O \rightleftharpoons SO_3 \tag{2-38}$$

单位时间内SO_2的生成量与O的浓度成正比。

在锅炉中的一般燃烧条件下，SO_2向SO_3的转变率为1%～5%。对含硫量为2%的重油，烟气中的三氧化硫浓度为$2\times10^{-5}\sim6\times10^{-5}$。数据表明，实际锅炉中，$SO_3$并不是由$SO_2$和氧分子直接反应生成的。那么锅炉中三氧化硫是怎样形成的呢？对于这个问题，有以下两种解释。

① 火焰中生成的原子氧参加反应

氧分子在高温下首先离解生成氧原子O，氧原子O再与SO_2反应生成SO_3，即

$$O_2 \rightleftharpoons O+O \tag{2-39}$$

$$SO_2+O \underset{K_-}{\overset{K_+}{\rightleftharpoons}} SO_3 \tag{2-40}$$

式中：K_+——正向反应速度常数；K_-——逆向反应速度常数。

从上面反应式可见，空气过剩系数越大，温度越高，反应时间越长，SO_3的生成量就越多。但计算表明：在炉膛的温度下，热分解反应生成的氧原子浓度很低，所能生成的SO_3的浓度远远低于锅炉烟气中SO_3的实际浓度。Giaubitz研究氧气浓度的影响时发现，在火焰结束后的下游区域内，即使继续增加氧气的浓度，SO_3的浓度也不再变化。因而可以断定，SO_3的生成量主要决定于在火焰中生成的原子氧的浓度。对氧原子来源的解释，一般有两种说法：一是高温条件下，氧分子会离

解；二是其他含氧物质，如 CO_2，也会热分解生成原子氧。总之，火焰温度越高，火焰中原子氧的浓度就越大，SO_3 生成量增加。

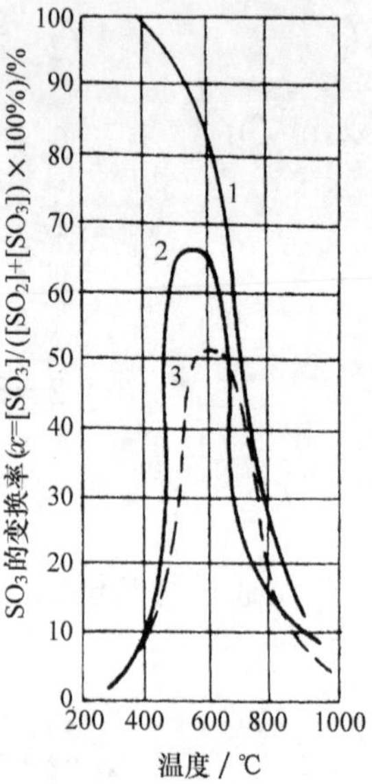

图 2-16　氧化膜对 SO_3 转化率的影响

1-平衡值；2-V_2O_5；3-Fe_2O_3

SO_3 的浓度和火焰末端的温度有关，火焰末端的温度越低，烟气中 SO_3 的浓度越高，因此希望缩短火焰长度。SO_3 的生成反应是可逆反应，然而，锅炉燃烧时，远没有达到平衡状态。火焰末端温度低，SO_3 生成量增高，实质上是由火焰拖长使烟气停留时间增大造成的。即停留时间越长，SO_3 的生成量就越多。总之，不希望火焰中心温度过高，也不希望火焰拖得很长，以防 SO_3 生成量过大。

② 对流受热面上的积灰和氧化膜的催化作用

锅炉运行时，烟气离开炉膛流经对流受热面时，温度虽然降低，SO_3 的浓度反而增加，这是因为积灰和氧化膜具有催化作用的结果。

图 2-16 是 Fe_2O_3 和 V_2O_5 的催化作用的实验结果。由图可知，金属氧化膜的催化作用与温度有关。氧化铁的催化作用，在 590℃ 附近最大；V_2O_5 的催化作用在 540℃ 附近出现最大值。而且，V_2O_5 的催化作用比 Fe_2O_3 还要强。SO_2 在温度为 130～820℃ 条件下，与 V_2O_5 接触时发生如下反应

$$2SO_2 + O_2 + V_2O_4 \longrightarrow 2VOSO_4 \qquad (2-41)$$

$$2VOSO_4 \longrightarrow V_2O_5 + SO_3 + SO_2 \qquad (2-42)$$

其他一些物质，如氧化硅、氧化铝、氧化钠等，对氧化 SO_2 都具有一定的催化作用。

近年来，关于对流受热面催化作用的进一步研究证明，烟气流过尾部对流受热面烟道后，SO_3 的浓度比炉膛出口处有明显增加。而且，随着对流受热面上的积灰增多，低温腐蚀加重。当消除了积灰后，腐蚀才减轻。

可见，对流受热面管壁上的氧化膜和积灰，都是 SO_2 向 SO_3 转变的催化剂。只有在一定的温度范围内，它们才具有较为明显的催化作用，如图 2-16 所示，这一温度范围正好是过热器或再热器所处的温度区。特别是燃烧含钒较多的重油时，因过热器积灰中含有 V_2O_5，其催化作用就更加明显。就锅炉本身而言，其直接后果是尾部受热面发生腐蚀现象。

综上所述，影响 SO_3 生成量的主要因素有：燃料中的含硫量越多，SO_2 和 SO_3 的生成量越多；空气过剩系数越大，SO_3 的生成量越多；火焰中心温度越高，生成的 SO_3 也越多；烟气停留时间越长，SO_3 生成量就越多。

(4) 硫酸的生成

燃料燃烧生成的水,以水蒸气状态存在于烟气中,一般只占烟气质量的百分之几。这些水蒸气和烟气中的 SO_3 结合,生成硫酸蒸气。其反应式如下

$$SO_3 + H_2O \rightleftharpoons H_2SO_4 \tag{2-43}$$

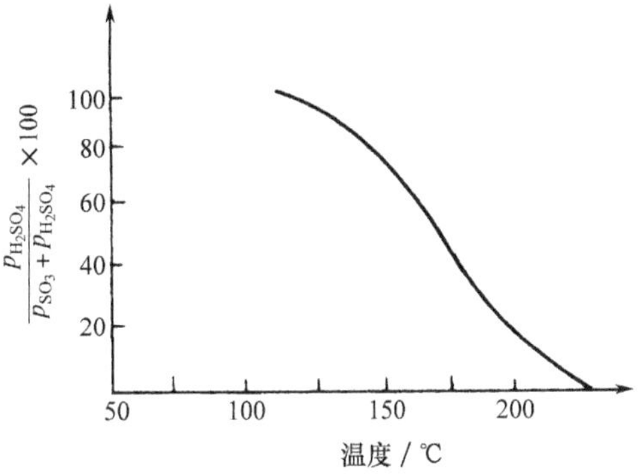

图 2-17　H_2SO_4 的转变率与温度的关系

这个反应,有一个化学平衡问题。温度越低,硫酸蒸气的平衡份额越高,SO_3 转变为硫酸蒸气的份额与温度的关系示于图 2-17。由图可知,当温度高于 200～250℃时,烟气中即使有 SO_3,其转变为硫酸蒸气的份额也很小。通常,烟气在锅炉空气预热器中被冷却时,SO_3 与烟气中的水蒸气反应而产生硫酸蒸气。这一反应从 200℃左右开始进行。当烟气温度降低到 110℃时,这一反应基本上完成,即几乎全部 SO_3 都和水蒸气结合成硫酸蒸气。当温度进一步降低时,硫酸蒸气就会凝结成硫酸滴。如果硫酸蒸气凝结在锅炉尾部受热面上,将引起低温腐蚀,并产生硫酸尘;如排入大气中再凝结时,将生成硫酸雾,就是白烟现象。

当凝结成分的分压高于饱和压力时,就要产生凝结。此时,烟气中含有的飞灰粒子正好为硫酸蒸气的凝结提供了良好条件。硫酸蒸气分压和温度的关系如下式

$$\log(x \cdot p) = 19.77 - 9.366/T \tag{2-44}$$

式中:p——硫酸蒸气分压,atm;x——烟气中水蒸气的摩尔分率。

研究证明,凝结过程的一个很重要特点是凝结下来的硫酸的浓度比烟气中的硫酸浓度高得多。例如,硫酸蒸气浓度为 10%时,在 190℃左右将结露,酸露中的硫酸浓度高达 90%以上。

2.2.3.2　控制硫氧化物生成的燃烧技术

(1) 低氧燃烧

20 世纪 50 年代后半期,欧洲各国开始大量烧油。由于燃油中硫的含量较高,

造成低温受热面严重腐蚀和堵灰，从而开始了低氧燃烧的研究工作。60 年代初，低氧燃烧已被认为是解决低温腐蚀的有效手段。现在，低氧燃烧技术被美国、西欧各国普遍用于燃油锅炉中，一般控制空气过剩系数在 2%～3%以下。

燃料中的硫在燃烧过程中和空气中的氧化合生成 SO_2，部分 SO_2 进一步氧化生成 SO_3，与烟气中的水结合将产生硫酸 H_2SO_4，从而带来低温腐蚀和酸性尘问题。影响三氧化硫生成量的因素，除燃料的含硫量外，主要与烟气中氧的浓度有关。如前所述，降低剩余氧的浓度，可使 SO_3 的转变率下降。因此，低氧燃烧能够有效地控制由于硫燃烧引起的危害。

采用低氧燃烧时，应考虑如下问题：

① 选用性能良好的雾化器，使雾化良好，增大油的表面积；

② 选用性能良好的调风器，以获得需要的空气动力工况，并保证燃料与空气混合良好，达到完全燃烧。特别是解决碳的燃尽问题，往往是低氧燃烧的关键；

③ 选用合适的配风系统，保证各燃烧器空气分配均匀；

④ 当锅炉负荷变化时，为保证燃料与空气之间的比例，对自动调节设备提出了更高的要求。

低氧燃烧时，烟气中的 SO_3 浓度降低，因而雪片也很少。当过剩氧气浓度约为 1.5%左右，SO_3 浓度低于 10^{-5}～2×10^{-5}时，就可有效防止雪片产生。

(2) 流化床燃烧脱硫

流化床燃烧是一种低温燃烧过程，所使用煤的粒径一般在 10mm 以下，大部分是 0.2～3mm。燃烧脱硫使用的脱硫剂通常为石灰石和白云石。将石灰石粉碎成粒径为 2mm 左右，与煤同时加入炉内，在 850～1050℃下燃烧，石灰石受热分解析出 CO_2，形成多孔的氧化钙，进而与 SO_2 作用，生成硫酸盐，达到固硫目的。此部分内容将在第五章中详细讨论。

2.2.4 NO_x 的生成与控制

已知的氮氧化物种类较多，但在燃烧过程中生成的氮氧化物几乎全部是 NO 和 NO_2，合称为 NO_x。根据 NO_x 在燃烧过程形成的原因，可以分为如下几类：

(1) 热机理型 NO_x　燃烧所用空气中的氮在高温下氧化而成。

(2) 瞬时机理型 NO_x　碳化氢燃料在过浓燃烧时产生。通常这种类型的 NO_x 对温度的依赖性很小，其生成量相对于其他两种 NO_x 要少得多。

(3) 燃料型 NO_x　燃料中含有的氮化物在燃烧过程中氧化而成。

2.2.4.1 燃烧过程中 NO_x 的生成

(1) 热机理型 NO_x

炉膛中所生成的 NO_x 主要是 NO，所以排入大气的也以 NO 为主。NO 在排向大气的流动过程中才逐渐被氧化成 NO_2。

当温度较高时(高于 1500～1750℃)，NO_x 的浓度达到了很大的数值，而且主要是 NO，反应按下列形式进行

$$N_2 + O \longrightarrow NO + N \tag{2-45}$$

$$N + O_2 \longrightarrow NO + O \tag{2-46}$$

可以根据如下的依利多维奇公式估算 NO_2 浓度

$$c_{NO_2} = K\sqrt{c_{O_2}c_{N_2}}\exp\left(-\frac{21\,500}{RT}\right) \tag{2-47}$$

式中：c_{NO_2}，c_{O_2}和 c_{N_2}分别为 NO_2，O_2 和 N_2 的浓度，g/m^3；系数 K 在 0.023～0.069 之间。

该式说明，温度越高，生成的 NO_x 浓度也越高。

NO 的化学平衡浓度、燃烧温度与当量比的关系如图 2-18 所示。燃烧温度、燃烧停留时间、NO 生成量与其化学平衡浓度的关系如图 2-19 所示。由于在锅炉的燃烧温度下，NO 生成反应尚未达到化学平衡，在其他条件相同的情况下，NO 的生成量将随着烟气在高温区内的停留时间的延长而增大。根据图 2-18 与图 2-19，可以计算 NO 的生成量。

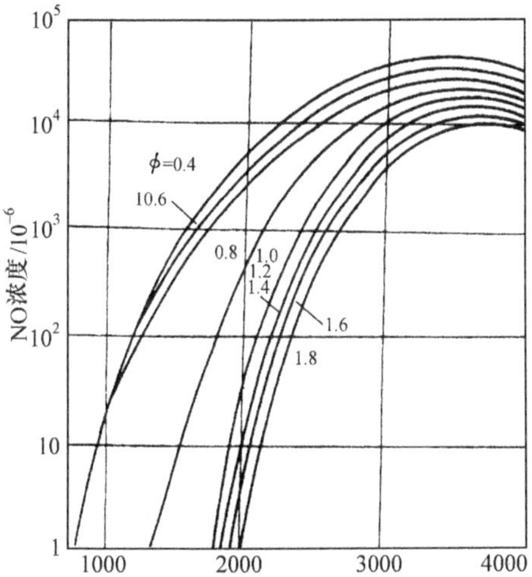

图 2-18　NO 化学平衡浓度与温度、当量比的关系

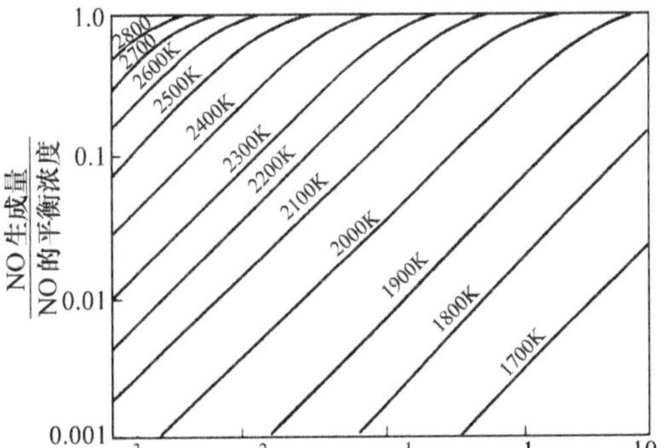

图 2-19　NO 化学平衡浓度、NO 生成量与燃烧温度停留时间的关系

过量空气与氧气的浓度对 NO 的生成量有影响，氧气浓度越高，NO 的生成量相应越高。上述表明，控制高温型 NO 生成量的燃烧方法有：使燃烧在远离理论空

气比的条件下进行，缩短在高温区的停留时间，降低氧气浓度，降低燃烧温度。

(2) 燃料型 NO

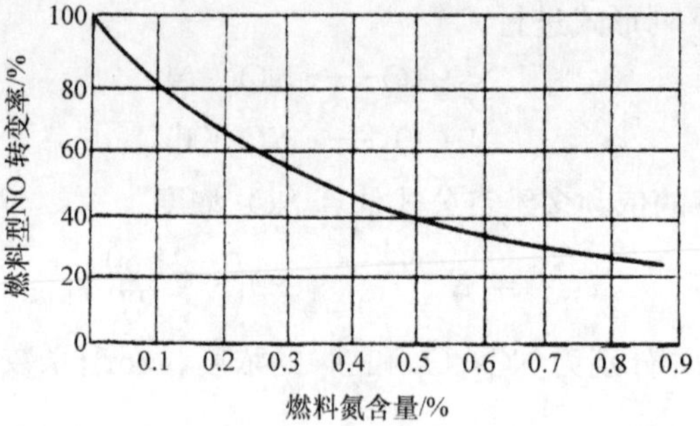

图 2-20 燃料的转变率与含氮量的关系

燃烧过程中，燃料中的氮只能部分转化为 NO。实际转化量与理论上的完全转化量之比为燃料氮向燃料型 NO 转化的转变率。转变率与含氮化合物种类无关，但是与燃料含氮率有关。Esso 的实验结果(图 2-20)表明，燃料含氮量增大导致转变率下降。下式可表示燃料型 NO 转变率与燃料含氮量 x_N 的关系

$$\eta = 100(1 - 4.58x_N + 9.5x_N^2 - 6.67x_N^3)\% \tag{2-48}$$

事实上，普通燃烧条件下，燃油锅炉中的转变率为 32%～40%；粉煤炉中的情况较为复杂，一般为 20%～25%，不会超过 32%。

燃料型 NO 还与空气过剩系数有关。Turner 等人得到了燃料型 NO 与空气过剩系数的关系式

$$x_{NO} = 160(x_N)^{3/4}(1 + 1/1.1^4)/(1 + 1/\alpha^4) \tag{2-49}$$

式中，α 为空气过剩系数。

随着 α 的降低，燃料型 NO 的生成量随之降低，这是因为 N 与 C、H 在燃烧过程中竞争氧气的能力较弱。

燃料型 NO_x 受温度的影响很小，原因是燃料中的 N 的分解温度低于现有燃烧设备中的燃烧温度。有些资料认为，N 向 NO 转变的温度为 700℃ ± 100℃。一旦温度大于 900℃，转变率就急剧下降，即燃料型 NO 具有中温特性。

据以上分析，控制燃料型 NO 的方法有：采用含氮量低的燃料；采用过浓燃烧，即 $\alpha<1$；扩散燃烧时，抑制空气与燃料的混合。

2.2.4.2 控制 NO_x 生成的燃烧技术

(1) 低氧燃烧法

低氧燃烧能够降低 SO_2 的生成，也能降低 NO_x 的生成。通常情况下，炉内的

空气过剩系数为1.10～1.40。NO_x生成量将随供给空气增多而上升。当空气过剩系数α为1.03～1.07时，使O_2的浓度降低，NO_x产生得就少些。这是因为氧气与燃料完全燃烧，空气中的氮与燃料中的氮竞争不到氧气，从而不利于NO_x生成。对固体燃料而言，实施比较困难，但对气体和液体燃料来说，是一项很好的措施。

图2-21是NO_x和烟气中氧的浓度的关系。氧气浓度降低，特别是氧气浓度低于1%时，NO_x的浓度呈急剧下降的趋势。但要注意的是，空气过剩系数低时，由于空气不足会导致烟尘浓度增大。

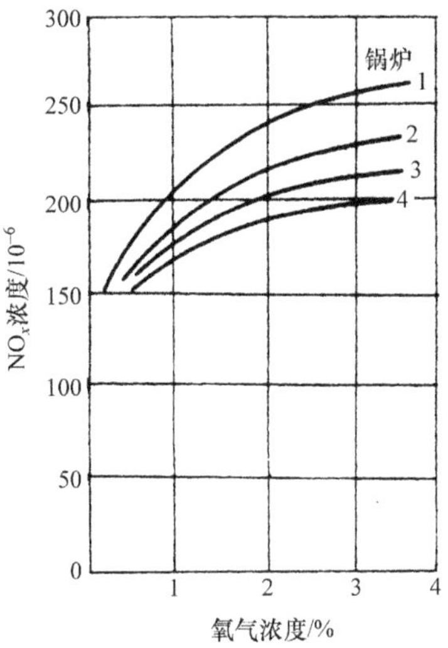

图2-21　NO_x和烟气中氧浓度的关系

(2) 烟气再循环燃烧

烟气再循环燃烧法是采用较多的控制高温型NO_x的有效方法，可以用于大型锅炉。实验证明，采用烟气再循环燃烧法，当再循环烟气的温度为343℃时，烟气中NO_2浓度从$0.48\times10^{-3}g/m^3$减少为$0.24\times10^{-3}g/m^3$，即减少了一半。烟气再循环系统如图2-22所示，温度较低的烟气通过再循环风机与空气混合后进入锅炉。

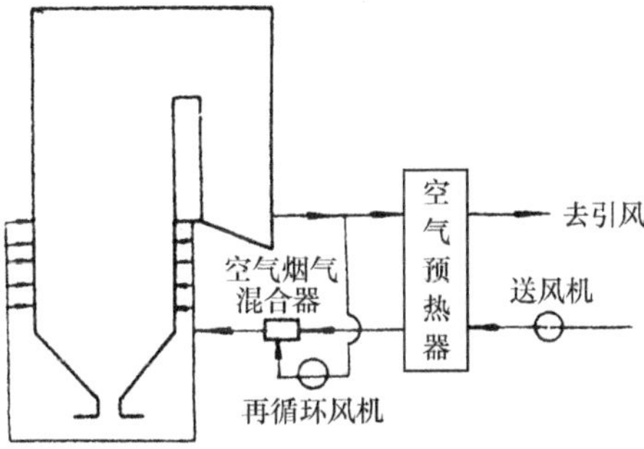

图2-22　烟气再循环系统

(3) 喷水法

喷水法是指向火焰中喷射水或水蒸气，以降低最高温度带的火焰温度，进而降低NO生成量的方法。因此，喷射时液滴不能太小，而且应有一定的末速度，以便进入火焰最高温度带。对于液体燃料，首先要将燃料雾化，水蒸气与雾化的燃料及氧化剂混合进入燃烧室。

(4) 低 NO_x 的燃烧器

低 NO_x 的燃烧器都是通过降低燃烧火焰温度或燃料过浓燃烧(低氧技术)来抑制 NO_x 生成的。按照功能分,有二级燃烧器(如图 2－23 所示)、燃气自身再循环燃烧器(如图 2－24 所示)、过浓燃烧器、喷水或乳化燃烧器等,还有各种功能组合的燃烧器。下面简单介绍二级燃烧器与燃气自身再循环燃烧器。

二级燃烧器通过其独特的设计,在反应器内部把燃烧所需的空气分为两部分。视具体情况,第一级空气供给量占空气的总供给量的比例为 20%～70%。由于氧气供给不足,从而抑制了火焰温度,降低了 NO_x 生成。第二级空气从空气喷孔供给次级燃烧使用,达到完全燃烧的目的。采用了这种燃烧器,不必对燃烧室作大幅度的改造。

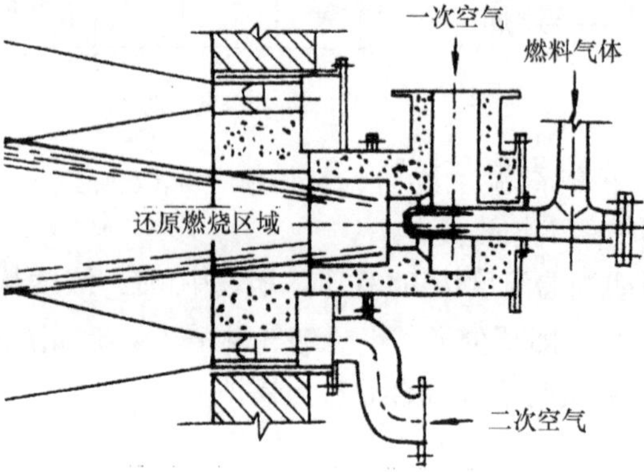

图 2－23　二级燃烧低 NO_x 燃烧器

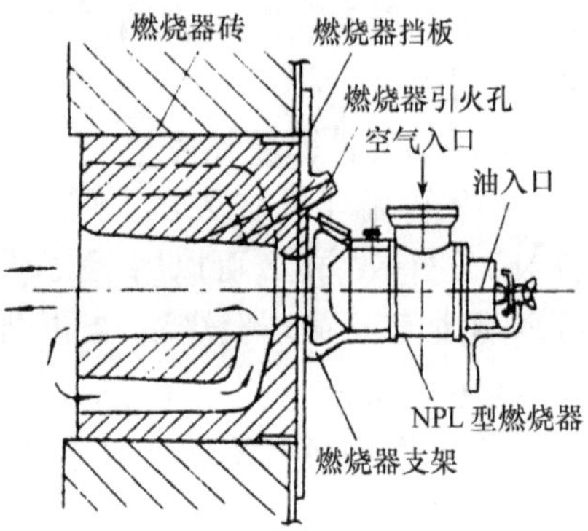

图 2－24　燃气再循环低 NO_x 燃烧器

燃气自身再循环燃烧器的工作原理是:利用燃烧器喷射燃气的动量,把燃烧室内的燃气吸入燃烧器的内部进行循环,从而降低了火焰温度和氧的浓度,达到抑制 NO_x 生成的目的。

除了以上控制 NO_x 生成的燃烧技术之外,还有以下一些方法可供选择:

① 二级燃烧,即把供给燃烧室的空气量减少到理论空气量以下时,燃烧在过浓条件下进行。多余的空气通过专门的喷嘴送入炉内,与过浓燃烧的烟气混合,完成整个燃烧过程。

② 降低热风温度,使炉膛温度降低。但这一方法可能会恶化燃烧过程,导致燃烧不完全。

③ 降低燃烧室的热强度,迫使炉膛温度下降。但这样会提高燃烧系统的造价。

④ 采用双面露光的水冷壁，以增加炉膛的水冷程度。

⑤ 选择好的燃烧设备，并将它们布置在合适的位置上。

⑥ 对液体燃料可采用乳化油燃烧技术。

一些控制 NO_x 的燃烧技术将在第六章中详细讨论。

2.2.5　碳氢化合物的生成与控制

在燃烧温度低于 450℃ 的均相燃烧过程中，汽油中的简单碳氢化合物(C_mH_n)，先有少数 RH(指甲烷基 CH_3、乙烷基 C_2H_5、丙烷基 C_3H_7 等烷烃自由基)与氧分子反应生成自由基，之后发生链锁反应。反应式如下

$$RH + O_2 \longrightarrow R\cdot + HO_2\cdot \tag{2-50}$$

$$R\cdot + O_2 \longrightarrow RO_2\cdot \tag{2-51}$$

$$RO_2\cdot + RH \longrightarrow ROOH + R\cdot \tag{2-52}$$

$RO_2\cdot$称过氧自由基。这样 RH 与 O_2 分子在燃烧过程中不断被消耗，成为燃烧过程中的基本链锁反应。

汽油在高温(>450℃)不完全燃烧过程中，部分大分子碳氢化合物，在热力作用下，氢原子脱离碳原子而被分离出来。同时碳与碳之间的键断开，裂化成较小的不稳定自由基团。这些自由基团又在热力作用下化合成为较大的相当稳定的烟黑。它们均为多环芳香族和稠环烷烃，大多具有致癌作用，这些污染物已在被汽车污染了的大气中被发现和证实。

影响汽车排气污染物浓度的因素太多，而且这些因素的影响又和其他条件有关，需要综合考虑。

① 空燃比　空燃比对排气成分的浓度影响如图 2－25 所示。CO 的浓度主要决定于空燃比，其最佳空燃比在 18 左右。但是考虑到其他污染物浓度的影响，空燃比应为 14～15。

② 点火时间　点火时间对 C_mH_n浓度影响很大，推迟点火时间，使燃烧速度减慢、排气温度升高，从而加速未燃 C_mH_n的氧化反应，可使 C_mH_n的浓度下降。在混合气体偏稀、排气口附近的热损失较少时，C_mH_n削减的效果最为显著。在汽车减速时，由于燃烧不稳定，容易断火，若此时推迟点火，使断火的可能性增大，C_mH_n的浓度反而会增高。

③ 其他影响因素　残余气体的增多使燃烧温度下降，导致 C_mH_n浓度增加。排气管温度约在 550～600℃时，从燃烧室排出的 CO、C_mH_n还会和 O_2 发生反应，使 CO、C_mH_n的浓度下降。另外，冷却水的温度、汽车运行情况(如怠速、加速、减速)均对排气中的 CO、C_mH_n的浓度有影响。总之，它取决于机车的性能、驾驶技

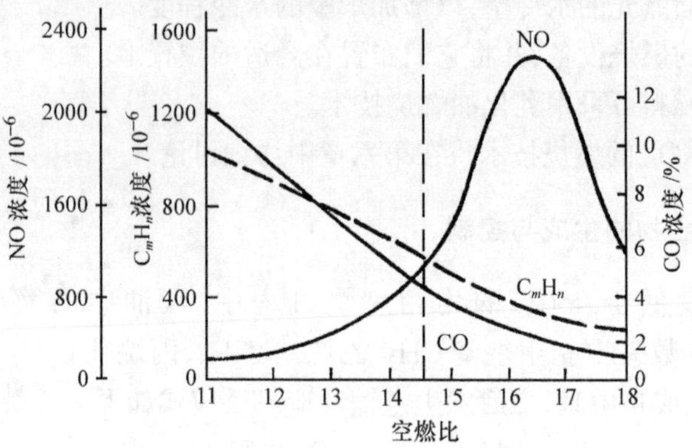

图 2-25 空燃比与 CO、C_mH_n、NO 浓度的关系

术、控制运行等因素。

2.3 大气污染控制基础数据计算

燃料分为固体、液体与气体燃料。优质的烟煤、原油和天然气虽然是优质的燃料，但更是冶金和化工的宝贵资源，一般不在工业与电站锅炉中使用。我国是煤炭资源十分丰富的国家，煤炭是我国工业锅炉与电站锅炉最为主要的燃料。有关大气污染控制基础数据的计算也以煤炭燃烧为主。

燃烧产物计算的依据是物料衡算，即

$$\sum F - \sum D = A \tag{2-53}$$

式中：F 为进料量；D 为出料量；A 为积累量。

对于连续燃烧过程，积累量 $A=0$，则上式可改写为

$$\sum F = \sum D \tag{2-54}$$

在该式运用之前，必须确定范围及基准。一般范围可以依据某设备、工段、车间等而异。计算基准，即从哪个量出发来计算物料量，可用年产量、季产量、月产量、日产量、时产量等为基准，这主要由实际生产工艺的指标来决定。

2.3.1 煤

2.3.1.1 煤的成分

煤是在长期的地质历史时期中形成的有机燃料，是一种高分子碳氢化合物，主要成分有：碳(C)、氢(H)、硫(S)、灰分(A)和水分(W)。

(1) 碳(C)

碳是煤中的主要可燃元素,一般占煤成分的20%～70%(指应用基,下同),包括挥发分(CH_4、C_2H_2、CO等)和固定碳(挥发分除外的纯碳)。纯碳不易着火,所以含碳量越高的煤其着火燃尽也越困难。1kg碳完全燃烧时放出约32700kJ的热量,不完全燃烧时放出约9270kJ的热量。

(2) 氢(H)

煤中含氢约3%～5%,均以化合态形式存在。氢的发热量约为纯碳发热量的3.7倍,1kg氢完全燃烧放出热量120370kJ。含氢量高的煤易着火。

(3) 氧(O)

氧是煤中的不可燃元素。氧与碳、氢结合,使煤中的可燃碳及可燃氢的含量减少,从而降低煤的发热量。煤中氧的含量变化很大,无烟煤中仅为1%～2%,而在形成历史短的泥炭中含量可达40%。

(4) 氮(N)

煤中的氮含量仅有0.5%～2.5%。

(5) 硫(S)

有机硫和黄铁矿硫可以燃烧并放出热量,称为可燃硫(S_r)或挥发硫;硫酸盐硫为不可燃烧硫(S_{ly})。我国煤的硫酸盐硫含量较低,所以常用全硫代替可燃硫作燃烧计算。1kg硫完全燃烧仅放出9050kJ的热量。我国动力煤的含硫量大多小于1%～1.5%,部分贫煤、无烟煤和劣质烟煤的含硫量在3%～5%之间,个别煤种含硫量高达8%～10%。

(6) 灰分(A)

灰分是煤中的不可燃烧杂质。煤中的灰分含量相差很大,一般为5%～45%;石煤与煤矸石中的灰分达到60%～70%。煤中灰分增加,可燃物质相应减少,产生如下不利影响:降低了煤的发热量;增加了煤的着火难度;降低了煤的燃尽程度;使燃烧室受热面上积灰严重,甚至生成大块熔渣,削弱了传热效果;灰粒磨损燃烧室金属,有可能堵塞低温受热面的通道。

(7) 水分(W)

煤中的水分包括外在水分(W_w)和内在水分(W_n),是不可燃组分,含量变化大,从百分之几到40%～50%。外在水分是指在(20±1)℃、相对湿度(65±5)%的空气中自然风干时失去的水分;内在水分是指总水分减去外在水分之后的水分。

煤中水分的增加会产生如下影响:降低了炉内的燃烧温度,对煤的着火与燃尽不利;增大了烟气的容积,从而增大了排烟的热损失;易使锅炉尾部发生低温腐蚀及堵灰。

2.3.1.2 煤的基准换算

煤中的成分一般用质量百分数表示，通常有四种基准。

(1) 应用基

在煤的燃烧计算时采用。包括水分与灰分的煤作为100%的成分，即煤的实际应用成分。表达式为

$$[C^y]+[H^y]+[O^y]+[N^y]+[S^y]+[A^y]+[W^y]=100\% \quad (2-55)$$

式中，$[C^y]$，$[H^y]$，…为煤中各成分的应用基的质量百分含量。

(2) 分析基

在实验室内作煤样分析时采用。指去除外在水分的煤作为100%的成分。表达式为

$$[C^f]+[H^f]+[C^f]+[N^f]+[S^f]+[A^f]+[W^f]=100\% \quad (2-56)$$

式中，$[C^f]$，$[H^f]$，…为煤中各成分的分析基的质量百分含量。

(3) 干燥基

失去水分的煤作为100%的成分。表达式为

$$[C^g]+[H^g]+[O^g]+[N^g]+[S^g]+[A^g]=100\% \quad (2-57)$$

式中，$[C^g]$，$[H^g]$，…为煤中各成分的分析基的质量百分含量。

干燥基成分不受水分的影响，此时的$[A^g]$反映的灰分更准确。

(4) 可燃基

失去水分、去掉灰分的煤作为100%的成分。由于可燃基成分不受水分与灰分含量的影响，因此可以更准确地表示煤的燃烧实质，常用以表示煤的挥发分的含量。表达式如下

$$[C^r]+[H^r]+[O^r]+[N^r]+[S^r]=100\% \quad (2-58)$$

煤的成分及其基准的关系如图2-26所示。

例2-1 有一种煤的可燃基成分为$[C^r]$、$[H^r]$、$[O^r]$、$[N^r]$、$[S^r]$，求其应用基的成分组成。

[解] 煤的应用基表达式为

$$[C^y]+[H^y]+[O^y]+[N^y]+[S^y]+[A^y]+[W^y]=100\%$$

即

$$[C^y]+[H^y]+[O^y]+[N^y]+[S^y]=1-[A^y]-[W^y]$$

对比可燃基的表达式

$$[C^r]+[H^r]+[O^r]+[N^r]+[S^r]=100\%$$

可以得到

$$[C^y]/[C^r]=1-[A^y]-[W^y]$$

$$[H^y]/[H^r]=1-[A^y]-[W^y]$$

…　　…

由此得到应用基的组成为

$$[C^y]=[C^r](1-[A^y]-[W^y])$$
$$[H^y]=[H^r](1-[A^y]-[W^y])$$
$$\cdots \quad \cdots$$

$(1-[A^y]-[W^y])$即为可燃基向应用基的转换系数。

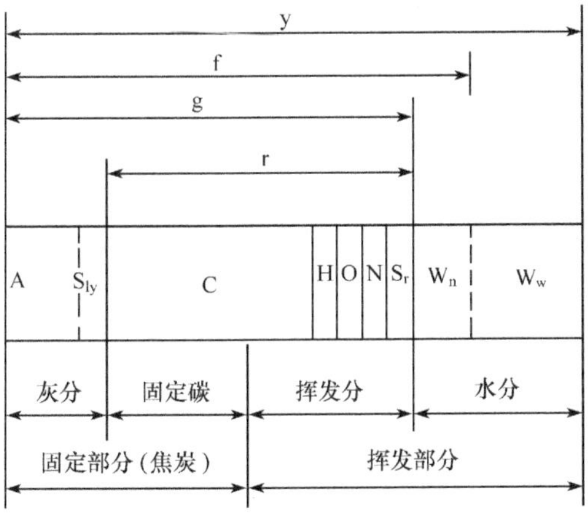

图 2-26　煤的成分及其基准组成关系

各种基准之间可以相互换算，换算系数列于表 2-1。需要说明的是，水分的换算公式如下

$$[W^y]=[W_w]+[W^f](1-[W_w]) \tag{2-59}$$

我国各种煤的部分煤质分析结果列于表 2-2。

表 2-1　煤基准之间的换算系数

已知的	换算的			
	应用基	分析基	干燥基	可燃基
应用基	1	$(1-[W^f])/(1-[W^y])$	$1/(1-[W^f])$	$1/(1-[A^y]-[W^y])$
分析基	$(1-[W^y])/(1-[W^f])$	1	$1/(1-[W^f])$	$1/(1-[A^f]-[W^f])$
干燥基	$1-[W^f]$	$1-[W^f]$	1	$1/(1-[A^g])$
可燃基	$1-[A^y]-[W^y]$	$1-[A^f]-[W^f]$	$1-[A^g]$	1

工业锅炉用煤主要根据可燃基挥发分(V^r)、应用基水分(W^y)、应用基灰分(A^y)和应用基低位发热量(Q_{dw}^y)分为若干类。表 2-3 是我国工业锅炉用煤的分类。

表 2-2　我国各种煤的煤质分析结果

煤种	产地	$[W^y]$/%	$[A^g]$/%	可燃基元素					$[V^r]$/%	$[W^f]$/%
				$[C^r]$/%	$[H^r]$/%	$[O^r]$/%	$[N^r]$/%	$[S^r]$/%		
无烟煤	山西阳泉	5.0	26.0	91.7	3.8	2.2	1.3	1.3	9.0	1.0
	北京京西	4.0	24.0	94.0	1.4	3.7	0.6	0.3	5.5	0.8
烟煤	安徽淮南	6.92	22.8	81.4	5.6	10.6	1.48	0.92	38.52	
	鹤岗	5.5	24.0	83.1	5.7	10.0	0.8	0.4	36.0	1.6
贫煤	河南鹤壁	8.0	17.0	89.4	4.3	4.3	1.6	0.4	15.5	0.9
	湖南芙蓉	6.5	26.0	87.6	3.44	2.16	1.36	5.41	13.28	0.65
褐煤	辽宁平庄	24.0	28.0	72.0	4.9	20.4	1.0	1.7	44.0	10.0
	云南皂角	45.0	24.9	70.0	5.9	20.9	1.82	1.31	56.11	13.47
油页岩	广东茂名	16.5	80	57.07	9.64	16.9	2.15	14.24	80.6	

表 2-3　工业锅炉用煤的分类

煤的种类		$[V^r]$/%	$[W^r]$/%	$[A^y]$/%	Q_{dw}^y/(kJ/kg)
烟煤	Ⅰ类	≥20	7～15	<40	>11 000～15 500
	Ⅱ类	≥20	7～15	>25,<40	>15 500～19 700
	Ⅲ类	≥20	10～20	<45	>19 700
贫煤		<20,>10	<10	<30	≥18 800
无烟煤	Ⅰ类	5～10	<10	>25	15 000～21 000
	Ⅱ类	<5	<10	<25	>21 000
	Ⅲ类	5～10	<10	<25	>21 000
褐煤		>40	>20	>30	8 400～1 500
煤矸石				>50	6 300～11 000
石煤	Ⅰ类			>50	<5 500
	Ⅱ类			>50	5 500～8 400
	Ⅲ类			>50	>8 400
页岩			10～20	>60	<6 300

2.3.2　液体燃料与气体燃料

原油是优良的液体燃料,但很少用作锅炉燃料。原油在常压和一定温度下分馏,分离出汽油、煤油和柴油等轻质油类,剩下的残留物就是重油或渣油。重油再经过减压蒸馏,分离出重柴油和蜡油,残余物为减压重油。工业锅炉与电厂锅炉所使用的液体燃料，通常是重油或减压重油。重油的成分如表 2－4 所示。

表 2－4　重油的成分

组分	碳	氢	硫	氧	氮	[W^y]	[A^y]	Q^y_{dw}/(kJ/kg)
含量/%	81～87	11～14	1～2	1～2	1～2	≤4	<1	37 700～44 000

气体燃料可分为天然气与人工气体燃料。天然气是从地下开采出来的可燃气体，根据来源又可分为由气田开采而来的气田天然气，以及在油田中随石油一同开采出来的油田天然气。

表 2－5 为我国天然气的主要特征。天然气中各种碳氢化合物的含量高达 90% 以上，因而是一种发热量很高的优质燃料（Q^y_{dw}35 000～39 000kJ/Nm^3）。气田天然气主要成分为 CH_4，油田天然气成分除 CH_4 外，还含有较多的烷族重碳氢化合物。

表 2－5　天然气的主要特征

名称	产地	气体体积分数/%										ρ /(kg/m^3)	Q^y_{dw} /(kJ/Nm^3)
		CH_4	C_2H_6	C_3H_8	C_4H_{10}	C_5H_{12}	C_mH_n	H_2	H_2S	CO_2	N_2		
气田煤气	四川自流井	90	6.5	—	—	—	—	—	—	0.5	3.0	0.6～0.64	37 700
气田煤气	四川	97.2	0.7	0.2	—	—	—	0.1	0.1	1.0	0.7	—	—
油田煤气	四川南充	88.59	6.06	2.02	1.54	—	0.06	0.07	—	0.2	1.46	0.816 6	39 300

人工气体燃料的种类繁多，根据获得方法的不同可分为液化石油气、高炉煤气、转炉煤气、焦炉煤气、发生炉煤气、地下气化煤气以及人工沼气等等。除液化石油气外，其他人工煤气的发热量均较低，属于低发热量煤气。几种常见的人工气体燃料的主要特性见表 2－6。

表 2－6　常见的人工气体燃料特性

名称	气体体积分数/%								ρ/(kg/Nm^3)	Q^y_{dw}/(kJ/Nm^3)
	CH_4	H_2	CO	C_mH_n	O_2	CO_2	N_2	H_2S		
焦炉煤气	22.5	57.5	6.8	1.9	0.8	2.3	7.8	0.4	0.483	16 600
发生炉煤气	2.3	13.5	26.5	0.3	0.2	5.0	51.9	0.3	1.122	5 870
高炉煤气	0.3	2.7	28.0			10.2	58.5	0.3	1.296	4 000
地下气化煤气	1.8	11.1	18.4		0.2	10.3	57.6	0.6		4 300

2.3.3 燃烧所需空气量的计算

1kg 燃料完全燃烧时所需的最小空气量(剩余氧气为 0 或 $\alpha=1$)称为理论空气量,它等于燃料中各可燃元素完全燃烧所需空气量的总和减去燃料自身所含氧量的折算量。燃料中的可燃元素有碳(C)、氢(H)、硫(S),它们燃烧时所需的空气量可通过燃烧化学方程式求得。

假设空气与氧气皆为理想气体,即标准状态下的容积为 22.4m^3/kmol。

(1) 碳燃烧时所需氧气量

燃烧方程式如下

$$C + O_2 \longrightarrow CO_2 \tag{2-60}$$

若燃料中含碳量为[C^y](kg/kg),则 1kg 燃料中碳燃烧所需的氧气量(m^3/kg)为

$$\frac{22.4}{12} \times [C^y] = 1.886[C^y] \tag{2-61}$$

(2) 氢燃烧时所需氧气量

燃烧方程式如下

$$2H_2 + O_2 \longrightarrow 2H_2O \tag{2-62}$$

若燃料中含氢量为[H^y](kg/kg),则 1kg 燃料中氢燃烧所需的氧气量(m^3/kg)为

$$\frac{22.4}{4 \times 1.008} \times [H^y] = 5.55[H^y] \tag{2-63}$$

(3) 硫燃烧时所需氧气量

燃烧方程式如下

$$S + O_2 \longrightarrow SO_2 \tag{2-64}$$

若燃料中含碳量为[S^y](kg/kg),则 1kg 燃料中硫燃烧所需的氧气量(m^3/kg)为

$$\frac{22.4}{32} \times [S^y] = 0.7[S^y] \tag{2-65}$$

(4) 燃料中氧的当量

若燃料中含氧量为[O^y](kg/kg),则 1kg 燃料中氧的含量(m^3/kg)为

$$\frac{22.4}{32} \times [O^y] = 0.7[O^y] \tag{2-66}$$

因此,燃烧 1kg 燃料所需的氧气量即为

$$1.886[C^y] + 0.55[H^y] + 0.7[S^y] - 0.7[O^y] \tag{2-67}$$

这样,燃烧 1kg 燃料所需的空气量 V^0(m^3/kg)为

$$V^0 = \frac{1}{0.21}(1.886[C^y] + 5.55[H^y] + 0.7[S^y] - 0.7[O^y])$$
$$= 8.89[C^y] + 3.33[S^y] + 26.5[H^y] - 3.33[O^y] \quad (2-68)$$

若以质量来表示,则理论空气量为

$$L^0 = 1.293V^0 \quad (2-69)$$

应该注意的是上述计算不包含水蒸气,即为干空气的量。

在实际燃烧过程中,燃烧设备与燃烧方式都难以保证燃料与空气的彻底混合和完全反应。因而为使燃料尽可能燃烧完全,必须供给比理论空气量更多的空气,这部分空气称为过量空气量。所谓的实际空气量,即为燃烧 1kg 燃料所需的理论空气量加上过量空气量。而实际空气量与理论空气量之比被称为空气过剩系数

$$\frac{V^k}{V^0} = \alpha \quad (2-70)$$

另外,根据各种燃料的理论空气量与发热量的比值接近常数这一特征,出现了一些计算理论空气量的经验公式:

① 贫煤与无烟煤($[V^r] < 15\%$,$[V^r]$为可燃基挥发分)

$$V^0 = 0.241 \times \frac{Q_{dw}^y}{1000} + 0.61 \quad (2-71)$$

② 烟煤($[V^r] > 15\%$)

$$V^0 = 0.253 \times \frac{Q_{dw}^y}{1000} + 0.278 \quad (2-72)$$

③ 劣质烟煤($Q_{dw}^y < 12\,500$kJ/kg)

$$V^0 = 0.241 \times \frac{Q_{dw}^y}{1000} + 0.455 \quad (2-73)$$

④ 液体燃料

$$V^0 = 0.263 \times \frac{Q_{dw}^y}{1000} \quad (2-74)$$

2.3.4　燃烧产生烟气量的计算

在供给理论空气量时,燃料完全燃烧后所产生的烟气量,称为理论烟气量,此时空气过剩系数 $\alpha = 1$。为了使燃烧尽可能完全,燃烧一般是在过量空气条件下进行的($\alpha > 1$)。因而理论烟气量、过量空气量与随同过量空气带入的水蒸气量之和构成了实际烟气量。

(1) 理论烟气量的计算

燃料完全燃烧后,可燃元素 C、S、H 分别氧化为 CO_2、SO_2、H_2O。当 $\alpha = 1$ 时,空气中的 O_2 燃烧反应完毕,惰性气体 N_2 转为烟气的组分。所以,理论烟气量

(V_y^0)由 V_{CO_2}、V_{SO_2}与理论水蒸气量 $V_{H_2O}^0$以及理论空气量中的氮气量 $V_{N_2}^0$所组成。

① 燃料含碳率为[C^y](kg/kg),根据式(2-60),1kg 燃料完全燃烧产生的 CO_2 为

$$\frac{22.4}{12}\times[C^y]=1.886[C^y] \qquad (2-75)$$

② 燃料含硫率为[S^y](kg/kg),根据式(2-64),1kg 燃料完全燃烧产生的 SO_2 为

$$\frac{22.4}{32}\times[S^y]=0.7[S^y] \qquad (2-76)$$

若以 V_{RO_2}表示 V_{CO_2}、V_{SO_2}之和,则

$$V_{RO_2}=V_{CO_2}+V_{SO_2}=1.866([C^y]+0.375[S^y]) \qquad (2-77)$$

③ 理论氮气量 $V_{N_2}^0$

理论氮气量有两个来源:燃料中的氮与理论空气中的氮。即

$$V_{N_2}^0=\frac{22.4}{28}\times[N^y]+0.79V^0$$
$$=0.8\times[N^y]+0.79V^0 \qquad (2-78)$$

④ 理论水蒸气量 $V_{H_2O}^0$

理论水蒸气量有四个来源,分别如下:

a. 燃料的水分

若燃料的水分含率为[W^y](kg/kg),则燃料中水蒸气的量为

$$\frac{22.4}{18}\times[W^y]=1.24[W^y] \qquad (2-79)$$

b. 燃料中氢燃烧

根据式(2-62),产生的水蒸气量为

$$\frac{2\times22.4}{4\times1.008}\times[H^y]=11.1[H^y] \qquad (2-80)$$

c. 理论空气带入

设干空气的密度为1.293kg/m³,水蒸气密度18/22.4=0.804kg/m³,1kg 干空气中含水蒸气为 d g/kg。一般取 $d=10$g/kg,则理论空气量 V^0 带入的水蒸气容积为

$$1.293\times(d/1000)\times V^0/0.804=0.0161V^0 \qquad (2-81)$$

因此,理论水蒸气的容积为

$$V_{H_2O}^0=1.24[W^y]+1.11[H^y]+0.0161V^0 \qquad (2-82)$$

d. 当采用蒸汽雾化重油燃烧时,蒸汽消耗率为 G_{wh},则随同重油喷入的水蒸

气为

$$\frac{22.4}{18} \times G_{wh} = 1.24G_{wh} \tag{2-83}$$

所以采用蒸汽雾化，重油燃烧的理论蒸汽量为

$$V^0_{H_2O} = 1.24[W^y] + 1.11[H^y] + 0.0161V^0 + 1.24G_{wh} \tag{2-84}$$

(2) 实际烟气量的计算

为使燃料尽可能燃烧完全，供给的空气量应大于理论空气量，即 $\alpha > 1$。因此，实际烟气量(V_y)等于理论烟气量(V^0_y)、过量空气量($(\alpha-1)V^0$)与随同过量空气带入的水蒸气量($V_{H_2O} - V^0_{H_2O}$)之和。现在将烟气量计算的关系示于图 2-27。

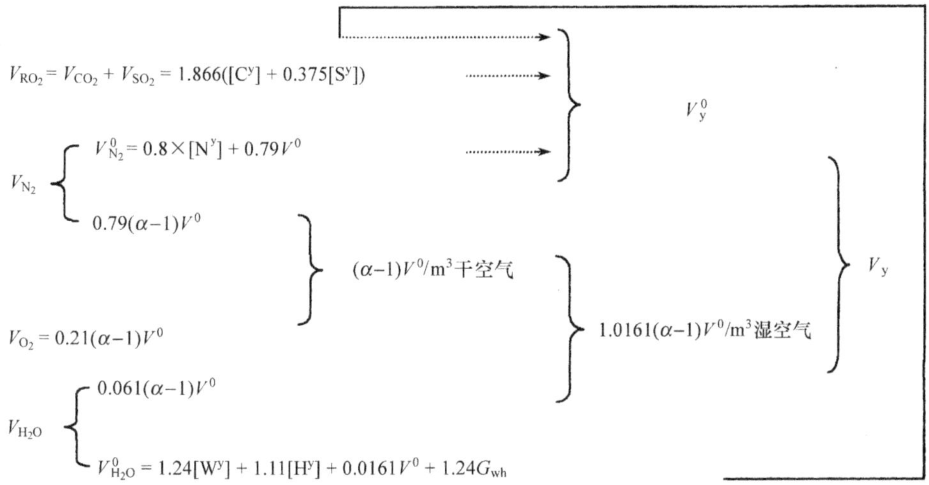

图 2-27　实际烟气量计算的关系

实际燃烧过程中，由于影响因素众多，燃料不可能完全燃烧，烟气中还含有一些不完全燃烧产物，如 CO、CH_4。因此，常用烟气分析仪测定烟气中各组分的容积百分含量，据此计算干烟气量(V_{gy})，再用计算的方法求出实际水蒸气量(V_{H_2O})，然后得到实际烟气量。干烟气量可按下式计算

$$V_{gy} = V_{RO_2} + V_{N_2} + V_{O_2} = V_{RO_2} + V^0_{N_2} + (\alpha - 1)V^0 \tag{2-85}$$

不完全燃烧的产物有：CO_2、SO_2、CO、H_2 和 C_mH_n，后二者含量甚微，可以忽略。组分占干烟气量的容积百分含量计算如下

$$\phi_{RO_2} = (V_{CO_2} + V_{SO_2})/V_{gy} = V_{RO_2}/V_{gy} \tag{2-86}$$

$$\phi_{CO} = V_{CO}/V_{gy} \tag{2-87}$$

上述两式相加，得到

$$V_{gy} = (V_{RO_2} + V_{CO})/(\phi_{RO_2} + \phi_{CO}) \tag{2-88}$$

由于烟气中的 CO_2、CO 所含的 C 均来自燃料中的 C，并且从 C 的燃烧反应方程可知，无论产物是 CO_2 还是 CO_2、CO 俱全，它们的总容积是相同的。根据式(2-77)，有

$$V_{RO_2} + V_{CO} = 1.866([C^y] + 0.375[S^y]) \tag{2-89}$$

由式(2-88)与(2-89)可以得到不完全燃烧时干烟气量的计算式

$$V_{gy} = 1.866([C^y] + 0.375[S^y])/(\phi_{RO_2} + \phi_{CO}) \tag{2-90}$$

表 2-7 为气体燃料单一组分燃烧的计算表，表 2-8 为固体或液体燃料的可燃元素的燃烧计算表，表 2-9 为一些燃料燃烧时所需理论空气量的概略值。

表 2-7 气体燃料的单一组分燃烧计算表

燃料气体		燃烧方程	$1Nm^3$ 的燃料				
			所需空气量/Nm^3		生成烟气量/Nm^3		
名称	分子式		O_2	N_2	CO_2	H_2O	SO_2
氢	H_2	$2H_2 + O_2 \longrightarrow 2H_2O$	0.5	1.88	—	1	—
一氧化碳	CO	$2CO + O_2 \longrightarrow CO_2$	0.5	1.88	1	—	—
甲烷	CH_4	$CH_4 + 2O_2 \longrightarrow CO_2 + 2H_2O$	2	7.52	1	2	—
乙烯	C_2H_4	$C_2H_4 + 3O_2 \longrightarrow 2CO_2 + 2H_2O$	3	11.28	2	2	—
乙炔	C_2H_2	$2C_2H_2 + 5O_2 \longrightarrow 4CO_2 + 2H_2O$	2.5	9.40	2	1	—
苯蒸气	C_6H_6	$2C_6H_6 + 15O_2 \longrightarrow 12CO_2 + 6H_2O$	7.5	28.20	6	3	—
碳氢化合物	C_mH_n	$C_mH_n + (m + n/4)O_2 \longrightarrow mCO_2 + (n/2)H_2O$	$m + n/4$	$3.76(m + n/4)$	m	$n/2$	—
硫化氢	H_2S	$2H_2S + 3O_2 \longrightarrow 2SO_2 + 2H_2O$	1.5	2.82	—	2	2

表 2-8 固体、液体燃料的可燃元素燃烧计算

可燃元素	燃烧反应计量方程式	1kg 可燃元素							
		燃烧生成物		需氧量		带入氮量		烟气	
		符号	生成量	符号	需氧量	符号	带入量	符号	生成量
碳(C)	$C + O_2 \longrightarrow CO_2$	SO_2	3.667/1.867	O_2	2.667/1.867	N_2	8.78/7.02	CO_2 和 N_2	12.45/8.89
	$C + 1/2O_2 \longrightarrow CO$	CO	2.333/1.867	O_2	1.333/0.933	N_2	4.39/3.51	CO 和 N_2	6.72/5.38
氢(H)	$H_2 + 1/2O_2 \longrightarrow H_2O$	H_2O	9/11.2	O_2	8/5.6	N_2	26.34/21.07	H_2O 和 N_2	35.34/32.27
硫(S)	$S + O_2 \longrightarrow SO_2$	SO_2	2/0.7	O_2	1/0.7	N_2	3.29/2.68	SO_2 和 N_2	5.29/3.33

注：符号“/”之前为以 kg 计的数量，符号“/”之后为以 Nm^3 计的数量。

表 2-9　燃料燃烧时所需理论空气量的概算值

气体燃料	V^0/(Nm^3 空气/Nm^3 燃料)	固、液体燃料	V^0/(Nm^3 空气/kg 燃料)
天然气	8.0～9.5	燃料油	10～13
石油气	4.5～11.0	烟煤	7.5～8.5
煤气	4.5～5.5	无烟煤	9.0～10.0
发生炉煤气	0.9～1.2	焦炭	8.5
高炉煤气	0.7	木炭	8.9

2.3.5　烟气中 CO 含量的计算

当用奥氏烟气分析仪测定烟气中组分含量时，其中 RO_2、O_2 的含量能够准确测得，但是 CO 的含量不易测准，主要原因是 CO 含量往往很低、CO 吸收液不够稳定而且吸收缓慢。当忽略烟气中的 H_2 与 CH_4（燃煤时可作此忽略），不完全燃烧时的燃烧产物组成可表示为

$$[RO_2]+[O_2]+[CO]+[N_2]=100\% \tag{2-91}$$

此时只要求得烟气中的 N_2，就可以通过该式求得 CO 含量。

N_2 来源于燃料

$$[N_2^r]=V_{N_2}^r/V_{gy}=(22.4/28)\times([N^y]/V_{gy})=0.8([N^y]/V_{gy}) \tag{2-92}$$

与实际供给的空气

$$[N_2^k]=V_{N_2}^k/V_{gy}=(79/21)\times(V_{O_2}^k/V_{gy})=3.76(V_{O_2}^k/V_{gy}) \tag{2-93}$$

即

$$[N_2]=[N_2^r]+[N_2^k] \tag{2-94}$$

现以 $V_{O_2}^{RO_2}$、$V_{O_2}^{CO}$、$V_{O_2}^{H_2O}$ 分别表示生成 RO_2、CO、H_2O 所消耗的氧气体积，以 V_{O_2}、$V_{O_2}^r$ 表示烟气中剩余氧与燃料中氧的体积，则实际供给空气中的氧的体积为

$$V_{O_2}^k=V_{O_2}^{RO_2}+V_{O_2}^{CO}+V_{O_2}^{H_2O}+V_{O_2}-V_{O_2}^r \tag{2-95}$$

完全燃烧时，即生成物为 CO_2 和 SO_2，燃烧前所需氧气体积与燃烧后生成物的体积相同。不完全燃烧时，生成物为 CO，燃烧所需空气量减半。即

$$V_{O_2}^{RO_2}=V_{RO_2},\ V_{O_2}^{CO}=0.5V_{CO} \tag{2-96}$$

由氢的燃烧化学反应方程式可知

$$V_{O_2}^{H_2O}=(22.4/4)\times[H^y] \tag{2-97}$$

燃料中氧的体积为

$$V_{O_2}^r=(22.4/32)\times[O^y] \tag{2-98}$$

将式(2-96)~(2-98)代入式(2-95),得到

$$V_{O_2}^{k} = V_{RO_2} + 0.5V_{CO} + V_{O_2} + (22.4/32) \times (8[H^y] - [O^y]) \quad (2-99)$$

将式(2-99)代入式(2-93),得到

$$[N_2^k] = 3.76[V_{RO_2} + 0.5V_{CO} + V_{O_2} + (22.4/32) \times (8[H^y] - [O^y])]/V_{gy} \quad (2-100)$$

将式(2-92)、(2-94)和(2-100)代入式(2-91),并结合式(2-90),得到

$$21\% = [RO_2] + [O_2] + 0.605[CO] + 2.35([RO_2] + [CO])\Big([H^y] - ([O^y]/8) + 0.038[N^y]\Big)/([C^y] + 0.375[S^y]) \quad (2-101)$$

令 $\beta = 2.35\Big([H^y] - ([O^y]/8) + 0.038[N^y]\Big)/([C^y] + 0.375[S^y])$,便可以得到

$$[CO] = \frac{0.21 - [O_2] - (1+\beta)[RO_2]}{0.605 + \beta} \quad (2-102)$$

上式即为不完全燃烧方程,β 为燃烧特性系数,只与燃料的可燃组分有关,而与燃料的水分、灰分无关,也不随元素的基准变化而变化,即对于一定的燃料,具有一定的值。

2.3.6 SO_2 的排放浓度与脱硫效率的计算

由 SO_2 的生成机理可知,煤在燃烧过程中其可燃硫成分全部转化为 SO_2。由于可燃硫占煤中的绝大部分,因此可以根据含硫量估算出煤燃烧中 SO_2 的生成量。煤中的硫在燃烧以后生成两倍于煤中硫总量的 SO_2,因此煤中每1%的硫含量就会在烟气中生成浓度约为 $2000mg/Nm^3$ 的 SO_2(此时 SO_2 浓度系折算到干燥基氧的体积浓度为6%时的浓度),如图2-28所示。

图2-28中横坐标为烟气中 SO_2 的原始生成浓度,纵坐标为达到不同排放要求必须将烟气中 SO_2 浓度减少的百分数,即脱硫效率。当煤中的含硫量为2%时,烟气中 SO_2 的原始生成浓度为 $4000mg/Nm^3$。如果 SO_2 排放标准是 $400mg/Nm^3$,则在烟气排放进入大气之前要求达到的脱硫效率就是90%。

但是,即使不采用任何脱硫措施,烟气中 SO_2 的排放浓度也低于其原始生成浓度。这是因为在煤的灰分中含有金属氧化物,其灰分中 CaO 占20%,Na_2O 的含量为1%~9%,还含有 MgO、Fe_2O_3 等碱性物质,它们与烟气中的 SO_2 发生以下化学反应

$$CaO + SO_2 + \frac{1}{2}O_2 \longrightarrow CaSO_4 \quad (2-103)$$

因此煤的灰分具有一定的脱硫作用。对于煤粉炉,飞灰的脱硫作用取决于灰的碱度,可以用下式表示

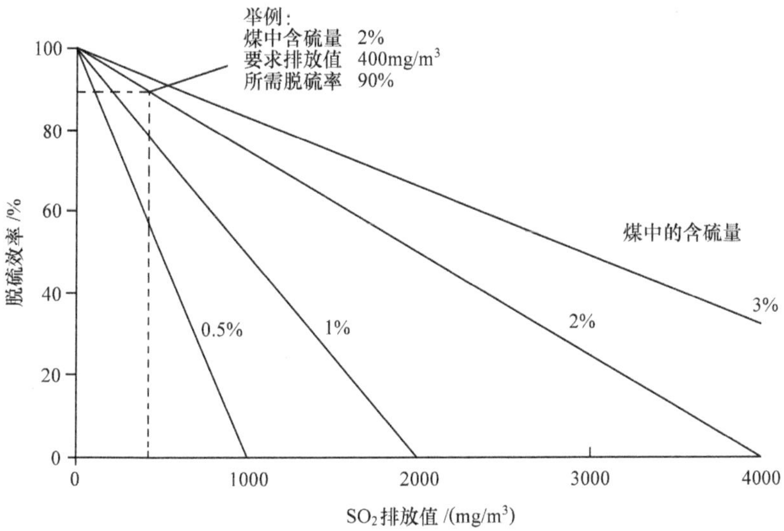

图 2-28 煤中含硫量与 SO_2 的原始生成浓度及脱硫效率关系图

$$\phi = 63 + 34.5 \times (0.99)^{A_j} \tag{2-104}$$

式中:ϕ——烟气中 SO_2 的排放系数,等于在燃烧过程中不采取其他脱硫措施时排放出的 SO_2 浓度与原始生成的 SO_2 浓度之比;

A_j——煤灰的碱度,可以按下式计算

$$A_j = 0.1 \times \alpha_{fh}[A^{zs}](7[CaO] + 3.5[MgO] + [Fe_2O_3]) \tag{2-105}$$

$$[A^{zs}] = [A^y]/Q_{dw}^y \times 1000$$

式中:α_{fh}——煤灰分中飞灰所占的份额,一般取 0.85;

[CaO]、[MgO]、[Fe_2O_3]——灰中氧化钙、氧化镁、氧化铁的质量分数;

[A^{zs}]——煤的折算含灰量,g/MJ;

[A^y]——应用基灰分百分含量;

Q_{dw}^y——煤的应用基低位发热量,MJ/kg。

根据上式,只要知道煤的成分、含硫量、发热量以及灰分中的碱性组分含量,就可以计算锅炉在不采用脱硫措施时烟气中排放的 SO_2 浓度。一般来说煤每 1MJ 发热量所产生的干烟气体积在 $\alpha = 1.40$ 时为 0.3678Nm^3/MJ,这个估计值在 ±5% 以内。相应于每 1MJ 发热量的含硫量成为折算含硫量[S^{zs}]

$$[S^{zs}] = \frac{[S^r]}{Q_{dw}^y} \times 1000(g/MJ) \tag{2-106}$$

如果考虑到煤灰的自脱硫作用,即排放系数 ϕ,则可得 $\alpha = 1.40$ 时排放烟气中

SO_2 的浓度为

$$c_{SO_2} = \frac{2 \times [S^{zs}] \times 10^3 \times \phi}{0.3678} = 5438 \times \phi \cdot [S^{zs}](mg/m^3) \qquad (2-107)$$

由式(2－107)可见,煤粉炉烟气中 SO_2 的排放浓度 $c_{SO_2} \propto \phi S^{zs}$。科学地判断不同煤种 SO_2 的排放浓度,应该比较其折算含硫量,与煤的发热量联系起来。其原因是对于相同容量的燃煤锅炉,为了达到其所需的蒸发量,对不同发热量的煤种,需要输入锅炉的热量是一样的,但送入锅炉的煤量不同。此时,即使两种不同发热量的煤的应用基含硫量相同,但实际进入炉膛的硫量是不相同的,因此燃烧过程中实际生成的 SO_2 及烟气中排放的 SO_2 值均不相同。

如果燃煤锅炉的 SO_2 允许排放浓度为 $c^*_{SO_2}$,则可以计算满足环境保护要求所需达到的脱硫效率 η_{SO_2}

$$\eta_{SO_2} = \frac{c_{SO_2} - c^*_{SO_2}}{c_{SO_2}} \times 100\% \qquad (2-108)$$

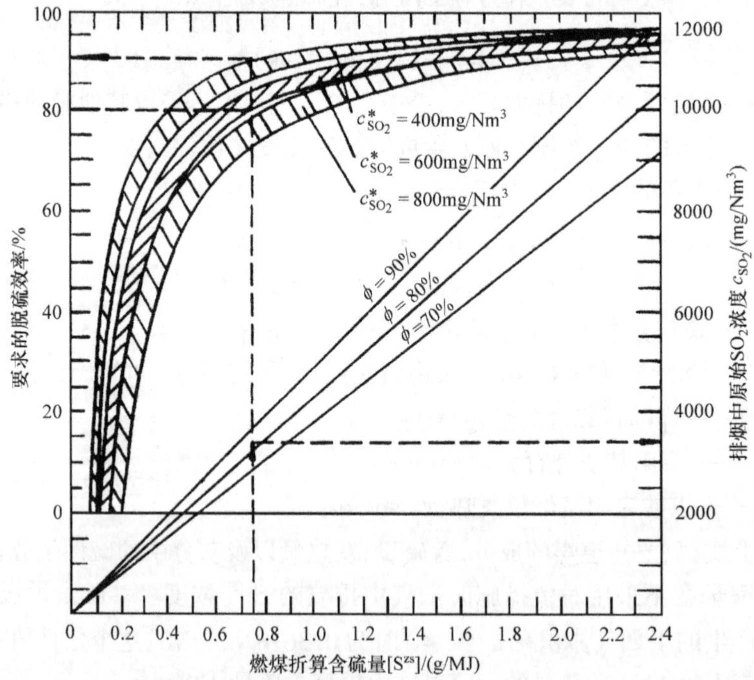

图 2－29　煤的折算含硫量在不同的排放系数下与排烟中原始 SO_2 生成浓度及要求的脱硫效率的关系

根据式(2-107)、(2-108)、$c_{SO_2}^*$和所要求达到的 $\eta_{SO_2}=f([S^{zs}])$的变化范围带,就可以作出 ϕ 不同时的$c_{SO_2}=f([S^{zs}])$,见图 2-29。

图 2-29 反映了 ϕ 分别为 70%、80%、90% 时和 $c_{SO_2}^*$ 分别为 400mg/Nm^3、600mg/Nm^3 和 800mg/Nm^3 时,$[S^{zs}]$和 $c_{SO_2}^*$ 及 η_{SO_2} 的关系,其中,$\eta_{SO_2}=f([S^{zs}])$。η_{SO_2}变化范围区带各自的低限 η_{SO_2}值都相应于 $\phi=70\%$时的数值,高限 η_{SO_2}值则相应于 $\phi=90\%$时的数值。

例 2-2　燃煤的折算含硫量为 0.75g/MJ,$\phi=85.8\%$,求不脱硫时烟气中 SO_2 浓度,及不同排放要求时所必须达到的脱硫率。

[解]　利用图 2-29,可以查出在不采用脱硫措施时排烟中原始 SO_2 浓度为 3500mg/Nm^3。如果 SO_2 的 $c_{SO_2}^*=600$mg/Nm^3,则要求 η_{SO_2} 为 80%;如果 $c_{SO_2}^*$ 为 400mg/Nm^3,则要求 η_{SO_2} 达到 90%。

符 号 说 明

A——灰分

B——燃料消耗速率,kg/h

c——浓度,g/m^3

G——污染物质量排放速率;kg/h

L——空气量,kg/kg

L_K——紊流尺度

M——烟尘质量浓度,kg/m^3

P——压力,Pa

Q_{dw}——低位发热量,kJ/kg 或 kJ/Nm^3

Q——反应热,J/mol

R——理想气体常量,kcal/(kmol·K)

S——烟尘的比表面积,m^2/kg

S_L——层流火焰传播速度

S_T——紊流火焰传播速度

T——热力学温度,K

t——燃烧或排烟温度,℃

t——燃烧时间,s

$\bar{u}$——紊流脉动速度

V——挥发分

V——烟气体积,m^3

V^k——实际空气量,m^3/kg

V^0——理论空气量,m^3/kg

W——水分

x——摩尔分率

α——空气过剩系数

α_R——分子导温系数

β——燃烧特性系数

γ——脱硫剂的用量(钙硫比)

δ_L——火焰前锋宽度

η——脱除率或转化率,%

λ——达朗托夫经验常数

ρ——密度,kg/m^3

ϕ——排放系数

习　题

1. 试从生成机理出发,探讨燃烧过程中控制 NO_x 和 SO_x 的方法。
2. 已知无烟煤的可燃机组成为:$[C^r]=90.0\%$,$[H^r]=2.0\%$,$[O^r]=4.0\%$,$[S^r]=2.5\%$,$[N^r]=1.5\%$;干燥基灰分为 $[A^g]=20.0\%$;应用基水分 $[W^y]=3.0\%$。试计算无烟煤的干燥基与应用基的组成。
3. 已知烟煤组成为:$[C^r]=80.67\%$,$[H^r]=4.85\%$,$[N^r]=0.80\%$,$[S^r]=0.58\%$,$[O^r]=13.1\%$,$[A^r]=10.92\%$,$[W^r]=3.2\%$。试计算燃料燃烧所需的理论空气量、生成的理论烟气量、烟气组成。
4. 某重油的组成为:$[C]=87.3\%$,$[H]=9.5\%$,$[S]=1.7\%$,$[H_2O]=0.5\%$,$[A]=0.10\%$。试计算燃烧1kg 重油所需的理论空气量。

第 3 章　除尘技术及装置

3.1　除尘技术基础

除尘技术就是应用除尘装置捕集分离废气中的固态或液态颗粒物。通常可按粒径大小分为三类：

尘粒　在气相介质中大于 75μm 的颗粒物；

粉尘　煤、矿石等固体物料的运输、筛分、破碎、碾磨、加料、卸料或风吹等机械过程中发生的颗粒物，粉尘粒径较大，一般大于 1μm，小于 75μm；

超微粉尘　在气相介质中小于 1μm 的固体颗粒物。

3.1.1　粉尘的物理性质

3.1.1.1　密度

粉尘密度是指单位体积粉尘的质量，单位为 kg/m^3。粉尘密度分为真密度和堆积密度。若定义中所指的单位体积不包括粉尘颗粒体内部的空隙，则称为真密度，以符号 ρ_p 表示；若定义中所指的单位体积包括颗粒内部的空隙和颗粒之间的空隙则称为堆积密度，以符号 ρ_b 表示。堆积密度与真密度之间可用下式换算

$$\rho_b = (1 - \varepsilon) \times \rho_p \tag{3-1}$$

式中，ε 为空隙率，指粉尘粒子的空隙体积与堆积粉尘的总体积之比。对于一定种类的粉尘，ρ_p 是定值，ρ_b 则随 ε 变化而变化。ε 与粉尘种类、粒径及充填方式等因素有关。粉尘愈细，吸附的空气愈多，ε 值愈大；充填过程加压或进行震动，ε 值减小。表 3－1 列出了工业常见粉尘的真密度和堆积密度。

3.1.1.2　比表面积

粉尘比表面积是指单位体积（或质量）粉尘具有的表面积，单位为 m^2/m^3 或 m^2/kg。若已知粉尘的表面积平均粒径 $\bar{d}_s = (\sum nd_p^2/\sum n)^{1/2}$，体积平均粒径 $\bar{d}_v = (\sum nd_p^3/\sum n)^{1/3}$，比表面积形状系数 a（对于球形粒子 $a = 6$），则以体积为基准定义的比表面积为

$$S_v = \frac{a\sum nd_p^2}{\sum nd_p^3} \tag{3-2}$$

表 3-1　常见工业粉尘的真密度和堆积密度

粉尘种类	真密度 /(g/cm³)	堆积密度 /(g/cm³)	粉尘种类	真密度 /(g/cm³)	堆积密度 /(g/cm³)
滑石粉	2.75	0.56～0.71	硅酸盐水泥尘(0.7～91μm)	3.12	1.50
炭黑烟尘	1.85	0.04	造型黏土尘	2.47	0.72～0.8
硅沙粉尘(105μm)	2.63	1.55	矿石烧结尘	3.8～4.2	1.5～2.6
硅沙粉尘(30μm)	2.63	1.45	氧化铜粉尘(0.9～42μm)	6.4	2.60
硅沙粉尘(8μm)	2.63	1.15	锅炉渣尘	2.1	0.60
硅沙粉尘(0.5～72μm)	2.63	1.26	转炉烟尘	5.0	0.7
细煤粉炉飞灰	2.15	1.20	铜精炼尘	4～5	0.2
飞灰(0.7～5.6μm)	2.20	1.07	石墨尘	2	0.3
电炉冶炼尘	4.50	0.6～1.5	铸沙尘	2.7	1.0
化铁炉尘	2.0	0.8	造纸黑液炉尘	3.1	0.13
黄铜熔化炉尘	4～8	0.25～1.2	水泥原料尘	2.76	0.29
锌精炼尘	5	0.5	水泥干燥尘	3.0	0.6
铅精炼尘	6		重油铅炉烟尘	1.98	0.2
铅二次精炼尘	3.0	0.3			

以质量为基准定义的比表面积为

$$S_w = \frac{a}{\rho_p(\sum nd_p^3 / \sum nd_p^2)} \tag{3-3}$$

粉尘粒子越细，比表面积越大。细小粒子常表现出显著的物理和化学特性，如氧化、溶解、蒸发、吸附、催化以及生理效应等都因细小粒子比表面积大而被加速。有些粉尘的爆炸性和毒性随粒子的粒径减小而增加。

3.1.1.3　粉尘的浸润性

(1) 粉尘的含水率

粉尘中一般含有一定的水分，包括附着于表面上的和包含在凹坑处及细孔中的自由水分，以及紧紧结合在内部的结合水分。化学结合的水分，如结晶水等是作为粒子的组成部分，不属于水分的范围。干燥操作可以除去自由水和部分结晶水，其余部分作为平衡水分残留，其数量随干燥条件而变化。

若粉尘的含水量为 m_W(g)，干粉尘质量为 m_d(g)，则粉尘的含水率 w(%)定义为

$$w = \frac{m_W}{m_W + m_d} \times 100\% \tag{3-4}$$

测定含水率的方法要根据粉尘种类和测定目的来选择。最基本的方法是在恒温烘箱中(105℃下)干燥称重的方法，此外还有蒸馏法、化学反应法和电测法等。工业测定的水分，是指总水分与平衡水分之差。

(2) 粉尘的润湿性

粉尘的润湿性是指尘粒能否与液体相互附着或附着难易的性质。当尘粒与液体接触时，如果能扩大接触面而相互附着，就是能润湿；若接触面趋于缩小而不能附着，则是不能润湿。根据粉尘能被水润湿的程度，一般分为易被水润湿的亲水性粉尘和难被水润湿的疏水性粉尘。当然，这种分类是相对的，因为粉尘的润湿性不仅与粉尘的粒径、生成条件、温度、压力、含水率、表面粗糙度及荷电性等有关，还与液体的表面张力、对尘粒的黏着力及相对于尘粒的运动速度等有关。如气溶胶中小于 5μm 特别是 1μm 的尘粒，很难被水润湿。这是由于细尘粒和水滴表面皆存在着一层气膜，只是在两者之间以较高相对速度运动时，才能冲破气膜，相互附着凝并。此外，粉尘的润湿性还随着温度的升高而减小，随压力升高而增大，随液体表面张力减小而增强。

在除尘技术中，各种湿式洗涤器的除尘机制，主要是靠粉尘被水的润湿作用，因此粉尘的润湿性是选用除尘设备的主要依据之一。对于润湿性好的亲水性粉尘(中等亲水、强亲水)，可选用湿式除尘器。对于某些润湿性差(即润湿速度过慢)的疏水性粉尘，在采用湿式除尘器时，为了加速液体对粉尘的润湿，往往加入某些润湿剂(如皂角素等)，以减少固液之间的表面张力，增加粉尘的亲水性。

3.1.1.4　粉尘的荷电性及导电性

(1) 粉尘的荷电性

粉尘在其产生和运动过程中，由于碰撞、摩擦和放射线照射、电晕放电及接触带电体等原因，总是带有一定的电荷。粉尘荷电后，将改变粉尘的某些物理性质，如凝结性、附着性以及在气体中的稳定性等，对人的危害也同时增加。粉尘的荷电量随温度升高、比表面积增大及含水率减小而增大，并与其化学成分有关。表3-2为常见的几种粉尘的荷电量。

表 3-2 几种粉尘的荷电量

粉尘种类	粉尘荷电极性分布/%			比电荷/(C/g)	
	正	负	中性	正	负
飞灰	31	26	43	6.3×10^{-6}	7.0×10^{-6}
石膏尘	41	50	9	5.3×10^{-10}	5.3×10^{-10}
熔铜炉尘	40	50	10	6.7×10^{-11}	1.3×10^{-10}
铅尘	25	25	5	1.0×10^{-12}	1.0×10^{-12}
油烟	0	0	100	0	0

(2) 粉尘的比电阻

粉尘的导电性以电阻率表示,单位是Ω·cm。粉尘的导电机制有两种,这取决于粉尘和气体的温度、成分。在高温(约高于200℃)情况下,粉尘导电主要靠粉尘自身的电子和离子进行的所谓容积导电;在低温(约低于100℃)情况下,则主要靠尘粒表面吸附的水分和化学膜进行的所谓表面导电。因此,粉尘的电阻率与测定时的条件有关,仅是一种可以互相比较的表观电阻率,并简称比电阻,其定义式为

$$\rho = \frac{V}{j \cdot \delta} \tag{3-5}$$

式中:ρ——粉尘的比电阻,Ω·cm;

V——施加在粉尘上的电压,V;

j——通过粉尘层的电流密度,A/cm^2;

δ——粉尘层的厚度,cm。

粉尘比电阻对电除尘器工作有着很大的影响,最适宜的电除尘器捕集的比电阻为$10^4 \sim 5\times10^{10}$Ω·cm。表3-3列出了一些粉尘的比电阻。

表 3-3 一些粉尘的比电阻

粉尘种类	温度/℃	含水量/%	比电阻/Ω·cm
铜焙烧炉烟尘(1)	143	22	2×10^{9}
铜焙烧炉烟尘(2)	249	22	1×10^{8}
铅烧结机烟尘(1)	143	10	1×10^{12}
铅烧结机烟尘(2)	52	9	2×10^{10}
铅烧结机烟尘(3)	40	7.5	1×10^{8}
含锌渣烟化炉烟尘(1)	204	1.3	4×10^{9}
含锌渣烟化炉烟尘(2)	149	1.3	2×10^{10}
炼铁烧结机尾粉尘(1)	100		3.8×10^{11}

续表

粉尘种类	温度/℃	含水量/%	比电阻/Ω·cm
炼铁烧结机尾粉尘(2)	100		8×10^{11}
炼铁烧结机尾粉尘(3)	60		1.3×10^{10}
钢厂平炉粉尘(1)	121		3×10^{11}
钢厂平炉粉尘(2)	66		3×10^{9}
炼铁高炉粉尘			$(2.2\sim3.4)\times10^{8}$
水泥(1)	66		7×10^{8}
水泥(2)	121		7×10^{10}
水泥(3)	177		2×10^{11}
水泥窑粉尘(1)	244		1×10^{10}
水泥窑粉尘(2)	171	5	2×10^{10}
电厂锅炉飞灰(1)	121		1×10^{8}
电厂锅炉飞灰(2)	182		5×10^{8}
电厂锅炉飞灰(3)	149		8×10^{10}
碱液回收锅炉芒硝粉尘	130		2×10^{11}
铝电解槽粉尘	77	1～2	1×10^{9}
氧化镁粉尘	180		3×10^{12}
石膏回转窑粉尘	149	31	7×10^{9}
白云石粉尘	150		4×10^{12}
黏土粉尘	140		2×10^{12}

3.1.1.5　粉尘的黏附性

粉尘附着在固体表面上，或粉尘彼此相互附着的现象称为黏附，后者也称自黏。附着的强度，也就是克服附着现象所需要的力(垂直作用在尘粒的重心上)称为黏附力。

在气态介质中产生的力主要由范德华力、静电引力和毛细黏附力等。影响粉尘黏附性的因素很多，现象也很复杂。一般情况下，粉尘的粒径小、形状不规则、表面粗糙、含水率高、润湿性好和荷电量大时，易于产生黏附现象。粉尘黏附现象还与周围介质性质有关，例如在液体中粉尘的黏附要比在气体中弱得多；在粗糙的或遮盖有可溶性和黏性物质的固体表面上，黏附力要大大提高；在高速气流中运动的尘粒不易在壁上黏附。

有些除尘器的捕集机制依赖于粉尘在固体表面的黏附。但在含尘气流管道或气流净化设备中，又要防止粉尘在壁面上的黏附，以免堵塞管道或设备。

3.1.1.6 粉尘的安息角与滑动角

粉尘自漏斗连续落到水平板上，堆积成圆锥体。圆锥体的母线同水平面的夹角称为粉尘的安息角，也叫休止角、堆积角等。

滑动角是指光滑平面倾斜时粉尘开始滑动的倾斜角。安息角与滑动角表达同样的性质。它们是评价粉尘流动特性的一个重要指标。安息角小的粉尘，其流动性好；安息角大的粉尘，流动性差。

影响安息角和滑动角的因素有：粉尘粒径、含水率、粒子形状、粒子表面光滑程度、粉尘黏性等。对同一粉尘，粉尘粒径大，含水率低，球性系数接近于1，黏附性小，安息角小。表3-4为几种常见的工业粉尘的安息角。

表3-4 几种粉尘的安息角

粉尘名称	静安息角/度	动安息角/度	粉尘名称	静安息角/度	动安息角/度
白云石		35	无烟煤粉	37～45	30
黏土		40	飞灰	15～20	
高炉灰		25	生石灰	45～50	25
烧结混合料		35～40	水泥	40～45	35
烟煤粉	35～45				

粉尘的安息角和滑动角是设计除尘器灰斗（或粉料仓）锥度、除尘管路或输灰管路倾斜度的重要依据。

3.1.1.7 爆炸性

在封闭空间内可燃性悬浮物的燃烧在一定的浓度范围内会导致化学爆炸，这一浓度称为爆炸极限。能够引起爆炸的最高浓度叫做爆炸上限，最低浓度叫做爆炸下限。粉尘浓度在超出爆炸极限范围时，均无爆炸危险。

影响粉尘爆炸性的因素很多，如粉尘的分散度、湿度、是否含有惰性颗粒以及是否有挥发性可燃气体排出等。粉尘的分散度对爆炸性有很大的影响，大颗粒的粉尘不可能发生爆炸，粉尘分散度高时，燃烧爆炸温度降低；湿度大会促进微细粉尘的凝并，减少粉尘的总表面积，还能吸收热量；惰性颗粒会降低粉尘的爆炸性，还能阻碍火焰的蔓延；挥发性可燃气体的散发会提高粉尘的爆炸性。

对于有爆炸和火灾危险的粉尘，在进行通风除尘设计时必须给予充分的注意，采取必要的净化系统的防爆措施。

3.1.2　粉尘粒径及粒径分布

粉尘的粒径大小及其分布，对除尘器的除尘机理和性能有很大影响，是粉尘污染物控制的主要基础参数。

3.1.2.1　粉尘粒径

如果粉尘粒子是大小均匀的球体，则可用直径作为粒子的代表性尺寸，即为粒径。但在实际中，不仅粒子的大小不同，而且形状也各种各样，则需按一定方法确定一个表示粒子大小的最佳代表性尺寸，作为粒子的粒径。一般是将粒径分为代表单个粒子大小的单一粒径和代表有各种不同大小的粒子组成的粒子群的平均粒径。粒径的单位一般以微米(μm)表示。

(1) 单一粒径

粒子的几何形状一般是不规则的。粒径的测定和定义方法不同，所以粒径值也不同。球形颗粒是用直径来表示其大小的，对于非球形颗粒一般用投影径、几何当量径和物理当量径三种方法来定义粒径。

① 投影径——指颗粒在显微镜下观察到的粒径，有四种表示方法：

长径　在颗粒平面投影中，选择相对两边两根平行线间的最大距离定为颗粒的长径，如图 3-1(a)。

短径　与长径相垂直的距离定为该颗粒的短径，如图 3-1(a)。

定向粒径 d_F　指各粒子在平面投影图上同一方向上的最大投影距离，如图 3-1(b)，也称费雷特(Feret)粒径。

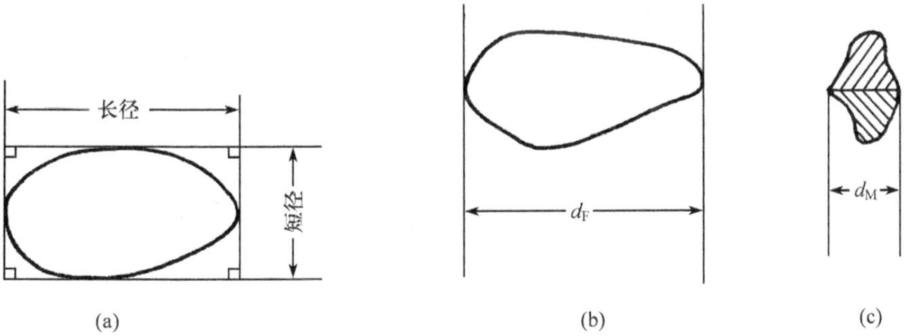

图 3-1　颗粒投影径表示法

(a) 长、短径；(b) 定向径；(c) 定向面积等分径

定向面积等分径 d_M　指各粒子在平面投影图上按同一方向将粒子投影面积二等分的直线长度，如图 3-1(c)，也称马丁(Martin)粒径。

② 几何当量径——取颗粒的某一几何量(面积、体积等)相同时的球形颗粒的直径，一般也有四种表示方法：

等投影面积径 d_A　与颗粒投影面积相同的某一圆面积的直径，即

$$d_A = \left(\frac{4A_p}{\pi}\right)^{1/2} \tag{3-6}$$

式中，A_p 为颗粒的投影面积，m^2。

等体积径 d_V　与颗粒体积相同的某一球形颗粒的直径，即

$$d_V = \left(\frac{6V_p}{\pi}\right)^{1/3} \tag{3-7}$$

式中，V_p 为颗粒的体积，m^3。

等表面积径 d_S　与颗粒的某一外表面积相同的某一圆球的直径，即

$$d_S = \left(\frac{S_p}{\pi}\right)^{1/2} \tag{3-8}$$

式中，S_p 为颗粒的外表面积，m^2。

体积表面积平均径　与颗粒具有相同体积/表面积的某一圆球的直径，即

$$d_e = \frac{6V_p}{S_p} \tag{3-9}$$

③ 物理当量径——取与颗粒的某一物理量相同时的球形颗粒的直径，有如下表示方法：

空气动力直径 d_a　指与被测粒子在空气中的终端沉降速度相同、密度为 1g/cm^3的球的直径，其单位用 $\mu\text{m}(\text{g/cm}^3)^{1/2} = \mu\text{mA}$ 代表。

沉降直径(斯托克斯直径) d_{st}　指与被测粒子的密度相同、沉降速度相同的球的直径。在粒子雷诺数 Re 较小时，按斯托克斯(Stokes)定律得到沉降速度直径的定义式为

$$d_{st} = \sqrt{\frac{18\mu u_p}{(\rho_p - \rho)g}} \tag{3-10}$$

式中：μ——流体的黏度，Pa·s；

u_p——粒子在重力场中的终末沉降速度，m/s；

ρ——流体的密度，kg/m^3；

ρ_p——粒子的真密度，kg/m^3。

另外还有筛分粒径，它以颗粒能通过最小的筛孔的宽度定为颗粒的粒径，其分离粒径的范围是 20μm～12mm。

综上所述，粒径的测定和定义方法不同，所得粒径数值不同，应用场合也不同。所以在选取粒径测定方法时，除需要考虑方法本身的精度、操作难度及费用等因素外，还应特别注意测定的目的和应用场合。在给出或应用粒径分析结果时，应说明或了解所用的测定方法。

(2) 平均粒径

为了能简明地表示粒子群的某一物理特性，往往需要按照应用目的求出代表粒子群特性的粒径的平均值，即所谓平均粒径。安德列耶夫对平均粒径所作的定义是：对于一个由粒径大小不同的粒子组成的实际粒子群，以及一个由均匀的球形（或正立方体）粒子组成的假想粒子群，如果它们具有相同的某一物理性质的话，则称此球形粒子的直径（或正立方体的边长）为实际粒子群的平均粒径。现由求长度平均粒径的例子加以说明，如图 3-2 所示。

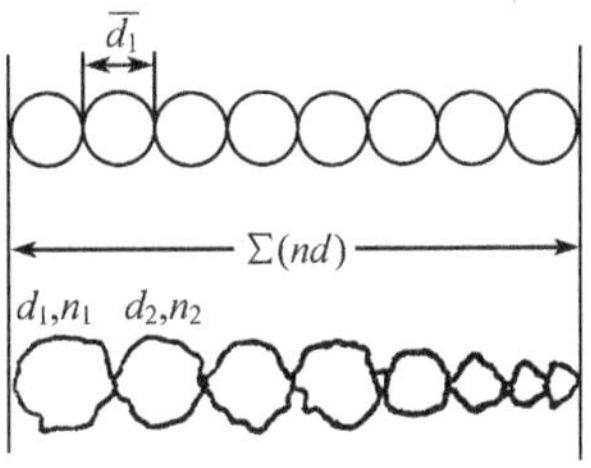

图 3-2 关于粒子群的长度

设有一群实际粒子群，其中粒径为 d_1 的有 n_1 个、粒径为 d_2 的有 n_2 个、粒径为 d_3 的有 n_3 个……，则该粒子群的全长为

$$n_1d_1 + n_2d_2 + n_3d_3 + \cdots = \sum(nd) \tag{3-11}$$

另有一群粒径均一的球形粒子组成的全长与实际粒子群的全长相等，即

$$\bar{d}_1\sum n = \sum(nd) \tag{3-12}$$

这样便可得到该实际粒子群的长度平均粒径（或算术平均粒径），即

$$\bar{d}_1 = \frac{\sum nd}{\sum n} \tag{3-13}$$

表 3-5 列出了平均粒径的各种计算公式。

若将同一粉尘试样按上表所列方法计算平均粒径，则有

$$\bar{d}_g < \bar{d}_l < \bar{d}_s < \bar{d}_v < \bar{d}_{sl} < \bar{d}_{vs} < \bar{d}_m \tag{3-14}$$

表 3-5 平均粒径的计算公式

名称	计算公式	物理意义
几何平均径	$\bar{d}_{g}=(d_1 d_2 \cdots d_n)^{1/n}$	单一粒径的几何平均值
长度平均粒径	$\bar{d}_{l}=\sum(nd)\Big/\sum n$	粒子群长度与粒子个数比值
表面积平均径	$\bar{d}_{s}=(\sum nd^2\Big/\sum n)^{1/2}$	总表面积与总个数之比的平方根
体积平均径	$\bar{d}_{v}=(\sum nd^3\Big/\sum n)^{1/3}$	与粒子总个数和总体积相等的均一球径
面积长度平均径	$\bar{d}_{sl}=\sum nd^2\Big/\sum nd$	表面积总和除以直径总和
体面积平均径	$\bar{d}_{vs}=\sum nd^3\Big/\sum nd^2$	粒子的总体积除以总表面积
质量平均径	$\bar{d}_{m}=\sum nd^4\Big/\sum nd^3$	与粒子总个数和总质量相等的均一球径
中位径	d_{c50}	筛上累计分布为 50%时的粒径
众径	d_{d}	粒径分布中频度最高的粒径

3.1.2.2 粒径分布

粒径分布是指某一粒子群中不同粒径粒子所占的比例,亦称为粒子的分散度。以粒子个数所占的比例表示时称为个数分布;以粒子表面积表示时称为表面积分布;以粒子质量表示时称为质量分布。

(1) 粒径分布的表示方法

粒径分布的表示方法有表格法、图形法和函数法。粒径分布有以下几种:

① 相对频数(或频率)分布 $\Delta D(\%)$ 指粒径由 d_p 至 $d_p+\Delta d_p$ 之间的粉尘质量 Δm 占粉尘试样总质量 m_0 的百分数,即

$$\Delta D=\frac{\Delta m}{m_0}\times 100\% \tag{3-15}$$

且有

$$\sum \Delta D=100\% \tag{3-16}$$

② 频度分布 $f(\%/\mu m)$ 指粒径组成距为 1μm 时的相对频数分布,即 $\Delta d_p=$ 1μm 时粉尘质量占粉尘试样总质量的百分数,所以

$$f=\frac{\Delta D}{\Delta d_p}\times 100\% \tag{3-17}$$

频度的微分定义式为

$$f=\frac{dD}{dd_p} \tag{3-18}$$

它表示粒径为 d_p 的粉尘质量占粉尘试样总质量的百分数。

③ 筛上累计分布 R(%)　指大于某一粒径 d_p 的所有粉尘质量占粉尘试样总质量的百分数,即

$$R = \sum_{d_p}^{d_{max}} \Delta D = \sum_{d_p}^{d_{max}} f \cdot \Delta d_p \tag{3-19}$$

反之,将小于粒径 d_p 的所有粉尘质量占粉尘试样总质量的百分数 D(%)称为筛下累计分布,则

$$D = \sum_{d_{min}}^{d_p} \Delta D = \sum_{d_{min}}^{d_p} f \cdot \Delta d_p \tag{3-20}$$

D 与 R 的关系为

$$D = 1 - R \tag{3-21}$$

$R=D=50\%$ 时所对应的直径称为中位径 d_{50}。

有 15g 粉尘试样粒径分布的测定值及计算结果见表 3-6 和图 3-3。

表 3-6　粒径分布的测定及计算表

粒径范围 /μm	0～3.5	3.5～5.5	5.5～7.5	7.5～10.75	10.75～19	19～27	27～43
Δd_p/μm	3.5	2	2	3.25	8.25	8	16
Δm/g	1.5	1.35	3.0	4.2	2.85	1.2	0.9
ΔD/%	10	9	20	28	19	8	6
f/(%/μm)	2.86	4.5	10	8.62	2.3	1	0.38
R/%	100	90	81	61	33	14	6

注:粉尘试样质量 $m_0=15$g

图 3-3 中各斜线表示的每一个小直方块的面积代表相应组距的相对频数($\Delta D=f\cdot\Delta d_p$)。当 $\Delta d_p\rightarrow 0$ 时,可得到一条光滑的频度分布曲线(图中虚线)。根据表中数据和公式(3-19)可得到累计筛上分布曲线。图中拐点处对应的粒径称为众径,即为频度分布达到最大值时的粒径 d_d。

在除尘技术中,由于使用筛上累计分布 R 比使用频度分布 f 更为方便,在粉尘标准中多采用 R 表示粒径分布。

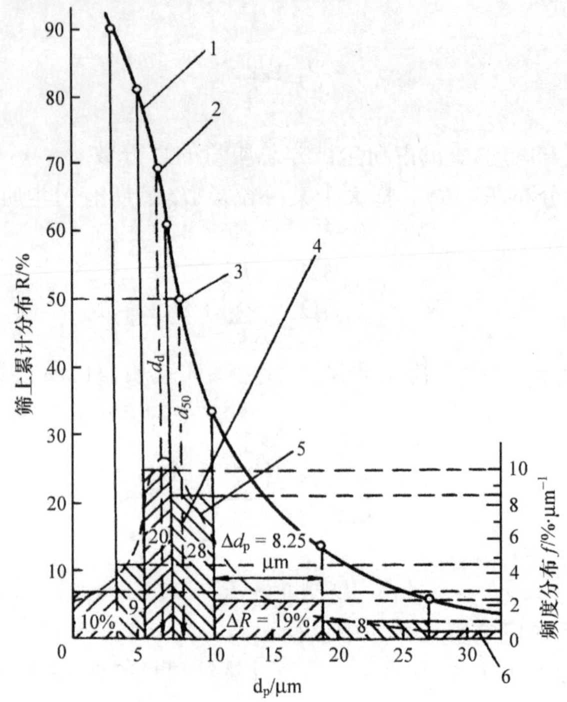

图 3-3　粒径的频率密度和累计频率分布

1-筛上累计频率分布曲线 $R = \int_{d_p}^{d_{max}} f \mathrm{d}d_p$；2-拐点(众径)；3-中位径；4-各小直方块面积为频数分布 $\Delta D\%$，$(\Delta D/\Delta d_p)\times\Delta d_p = \Delta D$(高×底=面积)($f$)；5-频度曲线 $f=\frac{\mathrm{d}D}{\mathrm{d}d_p}$

(2) 分布函数

根据某一函数来表示粒径分布是方便的。目前已经提出多种筛上累计分布 R 表达式，常用的分布函数有正态分布、对数正态分布及罗辛-拉姆勒(R-R)分布等。

① 正态分布(高斯分布)

正态分布的频率密度函数为

$$f(d_p) = \frac{100}{\sigma\sqrt{2\pi}}\exp\left[-\frac{(d_p-\bar{d}_p)^2}{2\sigma^2}\right] \tag{3-22}$$

式中：$\bar{d}_p$ ——粉尘的平均粒径，m；σ ——标准偏差，其定义式为

$$\sigma^2 = \frac{\sum(d_p-\bar{d}_p)^2}{N-1} \tag{3-23}$$

式中，N 为粉尘粒子的总个数。

$\bar{d}_p$和 σ 为正态分布函数 $f(d_p)$ 的两特征数，$\bar{d}_p$、σ 一定，函数 $f(d_p)$ 即确定。对正态分布来说，平均粒径 $\bar{d}_p$ 可以由中位径 d_{50} 或众径 d_d 或算术平均直径 $\bar{d}_1$ 表示，且有 $\bar{d}_p = d_{50} = d_d = \bar{d}_1$。标准偏差 σ 是衡量 d_p 的测定值与均值 $\bar{d}_p$ 偏差的尺度。故 σ 值越大，曲线就展布得越宽越平坦，$f(d_p)$ 越小。以上特征从图 3-4 所示的两种粒径的正态分布曲线可以看出。

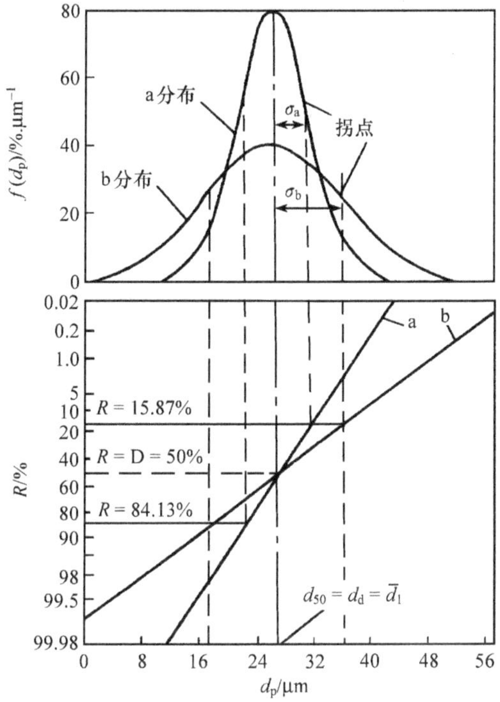

图 3-4　正态分布曲线及特征数的估计

从图 3-4 可以看出，正态分布的频度分布曲线为关于均值对称的钟形曲线，筛上（或筛下）累计分布曲线在概率坐标图中为一直线。所以利用概率坐标纸表示正态分布曲线和求取特征数 d_{50}、σ 值非常简便，标准差为

$$\sigma = 1/2(d_p[R = 15.87\%] - d_p[R = 84.13\%]) \tag{3-24}$$

或

$$\sigma = d_{50} - d_p[R = 84.13\%] = d_p[R = 15.87\%] - d_{50} \tag{3-25}$$

② 对数正态分布

粉尘粒径分布曲线像正态分布那样成对称的钟形曲线是很少的，大部分是非对称的，并且多半像图 3-5 上图曲线那样向细粒子方向偏移。如果横坐标用对数

坐标代替,就可以将其转化为近似正态分布曲线的对称钟形曲线,如图 3 - 5 下图所示,称为对数正态分布曲线。

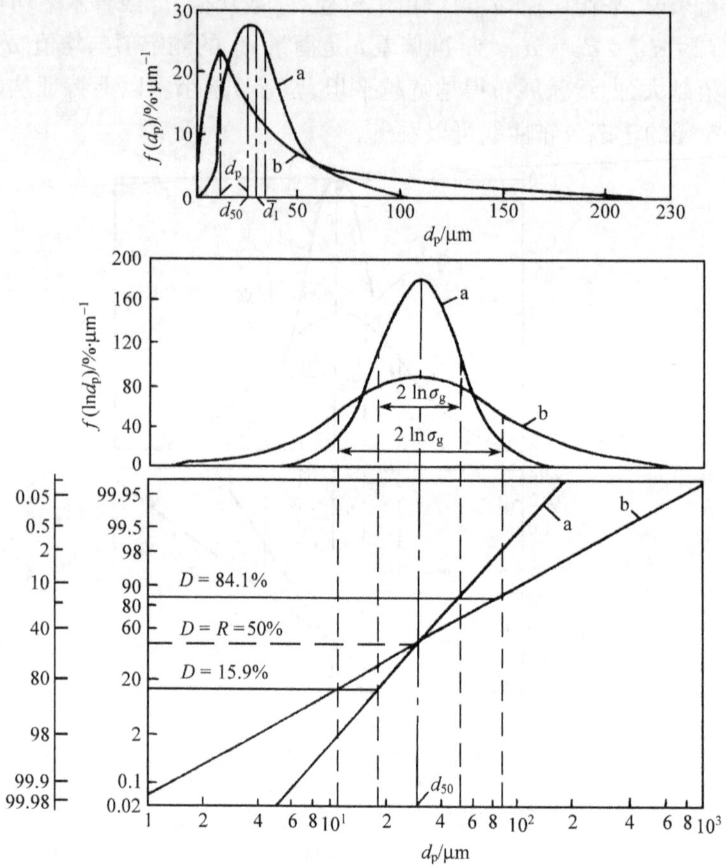

图 3 - 5 对数正态分布曲线及特征数的估计

对数正态分布函数为

$$f(\ln d_p)=\frac{100}{\ln\sigma_g\sqrt{2\pi}}\exp\left[-\frac{(\ln d_p-\ln\bar{d}_g)^2}{2(\ln\sigma_g)^2}\right] \tag{3-26}$$

式中: $\bar{d}_g$ 是几何平均粒径,并等于中位径 d_{50}; σ_g 是几何标准差,有

$$\sigma_g=\left[\frac{d_p(R=15.87\%)}{d_p(R=84.13\%)}\right]^{1/2} \tag{3-27}$$

对数正态分布有个特点,就是如果某种粉尘的粒径分布遵从对数正态分布的

话，则以质量、个数和表面积表示的粒径分布，皆遵从对数正态分布。且对同一粒子群而言，这三种分布的几何标准差 σ_g 相同，在对数概率纸上代表这三种分布的直线互相平行。所以，如果在线图上有了一种分布的直线，就可以确定另外两种分布的直线，只要确定一个在直线上的点就行了。三种分布中位径的换算式为

$$d_{50}=d'_{50}\exp(3\ln^2\sigma_g) \tag{3-28}$$

$$d_{50}=d''_{50}\exp(0.5\ln^2\sigma_g) \tag{3-29}$$

式中，d_{50}，d'_{50} 和 d''_{50} 分别是以粒子的质量、个数和表面积表示的对数正态分布的中位径。

此外，利用粒子个数表示的对数正态分布的特征数 d'_{50} 和 σ_g，还可以计算出各种平均粒径等参数，比如

长度平均粒径　$$\bar{d}_1=d'_{50}\exp(0.5\ln^2\sigma_g) \tag{3-30}$$

表面积平均粒径　$$\bar{d}_s=d'_{50}\exp(\ln^2\sigma_g) \tag{3-31}$$

体积平均粒径　$$\bar{d}_v=d'_{50}\exp(1.5\ln^2\sigma_g) \tag{3-32}$$

体面积平均粒径　$$\bar{d}_{vs}=d'_{50}\exp(2.5\ln^2\sigma_g) \tag{3-33}$$

例 3-1　某粉煤燃烧产生的飞灰的粒径分布遵从对数正态分布，当以质量表示其粒径分布时，中位径为 21.5μm，$d_p(D=15.87\%)=9.8\mu m$。试确定以个数表示时，对数正态分布函数的特征值和算术平均粒径。

[解]　对数正态分布函数的特征数是中位径和几何标准差。由图 3-5(图中横坐标是对数坐标)得

$$\ln\sigma_g=\ln d_{50}-\ln d_p(D=15.87\%)$$

所以

$$\sigma_g=\frac{d_g}{d_p(D=15.87\%)}=\frac{21.5}{9.8}=2.19$$

由于对数正态分布以个数和质量表示的几何标准差相等，故 $\sigma_g=2.19$ 即为以个数表示的几何标准差。

由式(3-28)得以个数表示的中位径

$$d'_{50}=\frac{21.5}{\exp(3\ln^2 2.19)}=3.4(\mu m)$$

由式(3-30)得出的算术平均粒径

$$\bar{d}_1=3.40\exp(0.5\ln^2 2.19)=4.62(\mu m)$$

③ 罗辛-拉姆勒分布(R-R 分布)

尽管对数正态分布在解析上比较方便，可广泛使用，但对破碎、研磨、筛分过程中产生的细粒子及分布很广的各种粉尘，常有不吻合的情况。在这种情况下，罗辛(Rosin)和拉姆勒(Rammler)于 1933 年建议采用一种适应范围更广的函数。后来被称为罗辛-拉姆勒分布，或简称 R-R 分布，其表达式的一种形式为

$$R(d_p)=100\exp(-\beta d_p^n) \tag{3-34}$$

或者 $$R(d_p)=100\times10^{-\beta' d_p^n} \tag{3-35}$$

式中：n——分布指数；β,β'——分布系数，并有 $\beta=(\ln10)\beta'=2.302\beta'$。

对式(3-35)两端取两次对数可得

$$\lg\left(\lg\frac{100}{R}\right)=\lg\beta'+n\lg d_p \tag{3-36}$$

若以 $\lg d_p$ 为横坐标，以 $\lg\left(\lg\frac{100}{R}\right)$ 为纵坐标作图，则式(3-36)为一条直线。直线的斜率为指数 n，在纵坐标上的截距为 $d_p=1\mu m$ 时的 $\lg\beta'$ 值，即

$$\beta'=\lg\left[\frac{100}{R(d_p=1)}\right] \tag{3-37}$$

若将中位径 $d_{50}(R=50\%)$ 代入式(3-34)可求得

$$\beta=\frac{\ln2}{d_{50}^n}=\frac{0.693}{d_{50}^n} \tag{3-38}$$

再将 β 值代入式(3-34)中，便得到一个常用的 R-R 分布表达式

$$R(d_p)=100\exp\left[-0.693\left(\frac{d_p}{d_{50}}\right)^n\right] \tag{3-39}$$

在 R-R 坐标纸上标绘的粒径累计分布曲线为直线，并能方便地求出特征数 n、β' 和 d_{50} 等。

例 3-2 已知炼钢电弧炉吹氧期产生的烟尘遵从 R-R 分布，中位径为 0.22μm，分布指数 $n=0.50$，试确定小于 1μm 的烟尘所占的比例。

[解] 由式(3-39)得到小于 1μm 的烟尘所占的百分数为

$$D=100-R=100-100\exp\left[-0.693\left(\frac{1}{0.22}\right)^{0.50}\right]=87.6\%$$

3.1.3 除尘装置的性质

3.1.3.1 除尘装置的效率

除尘装置的捕集效率是代表装置捕集粉尘效果的重要技术指标，有以下几种表示方法。

(1) 总捕集效率

除尘装置的总捕集效率是指在同一时间内，除尘装置除去的污染物量与进入装置的污染物量的百分比。总捕集效率实际上反映的是除尘装置净化程度的平均值，也称为平均捕集效率，通常用 η_T 表示，如图 3-6 所示。

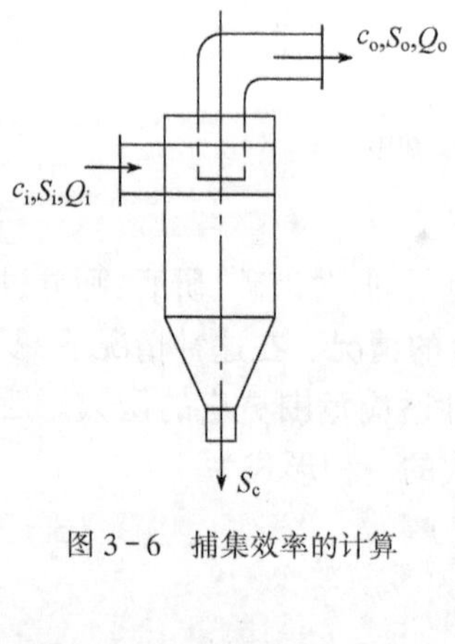

图 3-6 捕集效率的计算

假设净化装置的入口气体流量为 Q_i(m³/s)，

污染物浓度为 c_i(g/m^3)，污染物流入量为 S_i(g/s)；净化装置的出口对应量为 Q_o(m^3/s)，c_o(g/m^3)和 S_o(g/s)。若净化装置捕集的污染物的量为 S_c(g/s)，则有

$$S_i = S_o + S_c \tag{3-40}$$

故总捕集效率为

$$\eta_T = \frac{S_c}{S_i} \times 100\% = \left(1 - \frac{S_o}{S_i}\right) \times 100\% \tag{3-41}$$

又由于 $S = Qc$，所以总捕集效率也可表示为

$$\eta_T = \left(1 - \frac{c_o Q_o}{c_i Q_i}\right) \times 100\% \tag{3-42}$$

由于 Q_o，Q_i，c_o 和 c_i 与净化装置工作状态的温度、压力和湿度等物理状态参数有关，所以常换算成标况下含尘气体流量及浓度 Q_{oN}，Q_{iN}，c_{oN}和 c_{iN}，此时总捕集效率为

$$\eta_T = \left(1 - \frac{c_{oN} Q_{oN}}{c_{iN} Q_{iN}}\right) \times 100\% \tag{3-43}$$

当净化装置严密不漏风且含尘气体浓度不太高时，$Q_{oN} = Q_{iN}$，则式(3-43)可简化为

$$\eta_T = \left(1 - \frac{c_{oN}}{c_{iN}}\right) \times 100\% \tag{3-44}$$

在实际净化装置上经常漏风，若以 k 表示漏风系数，则总捕集效率为

$$\eta_T = \left(1 - \frac{c_{oN}}{c_{iN}} k\right) \times 100\% \tag{3-45}$$

当使用一个除尘器达不到除尘要求时，可采用多个除尘器串联起来，形成多级除尘装置，其总捕集效率为

$$\eta_T = [1 - (1 - \eta_1)(1 - \eta_2)\cdots(1 - \eta_n)] \times 100\% \tag{3-46}$$

式中，η_1，η_2，…，η_n 分别为第1,2,…,n 个除尘器的除尘效率。

除尘器的净化性能也可以用未被捕集的污染物量占进入除尘器的污染物量的百分数来表示，并称之为通过率 P。

$$P = \frac{S_o}{S_i} \times 100\% = \frac{c_{oN} Q_{oN}}{c_{iN} Q_{iN}} \times 100\% = 1 - \eta_T \tag{3-47}$$

通过率的大小可用来评价除尘装置效果的好坏，它是反映排入大气污染物量的概念。根据通过率容易计算排入大气中的总污染物的量。

(2) 分级捕集效率

为了进一步表示除尘器的分离性能，常采用分级捕集效率的概念。所谓分级

捕集效率，是指除尘器对某一粒径或某一粒径范围的尘粒的去除效率。如图3-6所示，假设进入除尘器粒径为Δd_p范围内的粉尘流量为ΔS_i(g/s)，则粒径为Δd_p范围内的颗粒的分级效率为η_d(%)。其数学表达式为

$$\eta_d=\frac{\Delta S_c}{\Delta S_i}\times 100\% \tag{3-48}$$

同理，若以ΔS_o(g/s)表示在Δd_p范围内的出口粉尘流量，则粒径为Δd_p范围内的颗粒的分级通过率为

$$P_d=\frac{\Delta S_o}{\Delta S_i}\times 100\%=\frac{\Delta S_i-\Delta S_c}{\Delta S_i}\times 100\%=1-\eta_d \tag{3-49}$$

若供给除尘器中粒径幅Δd_{pi}内粉尘的相对频数为ΔD_i，则可得出除尘器总效率和分级效率的关系式，即

$$\eta_T=\sum_{i=1}^{n}\eta_{di}\cdot\Delta D_{di} \tag{3-50}$$

式中，n为粉尘粒径分组组数。

3.1.3.2 除尘装置的压力损失

除尘装置的压力损失又称压力降、阻力损失或阻力降，是表示含尘气体通过除尘装置所消耗能量大小的一个主要指标，一般用Δp表示。压力损失大的除尘装置，在工作时能量消耗大，运转费用也高，并直接关系到所需要的烟囱高度和在烟气净化流程中是否需要安装引风机等。

除尘装置的压力降大小，不仅取决于设备的结构型式，还与流体速度有关。除尘装置的压力降可用以下公式表示

$$\Delta p=\zeta\frac{\rho_g v^2}{2} \tag{3-51}$$

式中：ζ——除尘装置的压力降(阻力)系数，它与除尘器的型式、尺寸和含尘气体的运动状态有关，可根据试验和经验公式来确定；

v——含尘气体进入除尘器时的流速，m/s；

ρ_g——含尘气体的密度，kg/m^3。

需要计算除尘装置的压力降时，可根据选用的装置型式及工况，直接查阅有关文献所给出的公式进行计算。

3.1.3.3 除尘装置的分类及其性能比较

常用的除尘装置有机械式除尘器、湿式除尘器、过滤式除尘器和电除尘器。机械式除尘器是利用重力、惯性力和离心力的作用使粉尘与气流分离沉降的装置，包

括重力沉降室、惯性除尘器和旋风除尘器等。湿式除尘器是利用液滴或液膜洗涤含尘气流，使粉尘与气流分离沉降的装置，它既可用于气体除尘，也可用于气体吸收。过滤式除尘器是使含尘气流通过织物或多孔的填料层进行过滤分离的装置。而电除尘器是利用高压电场使尘粒荷电，在库仑力作用下使粉尘和气流分离沉降的装置。

以上是按除尘器的除尘机制分类的，实际中还有干式、湿式除尘器和低效、中效、高效除尘器之分等。电除尘器、袋式除尘器和高能文丘里除尘器是目前国内外应用较广的三种高效除尘器；重力沉降室和惯性除尘器属于低效除尘器，一般只作多级除尘的初级除尘；旋风除尘器和其他湿式除尘器一般属于中效除尘器。

各种除尘器的基本性能比较见表 3-7 和表 3-8。

表 3-7　除尘设备的分类及基本性能

类　别	除尘器型式	阻力/Pa	除尘效率/%	初投资	运行费用
机械式除尘器	重力除尘器	50～150	40～60	少	少
	惯性除尘器	100～500	50～70	少	少
	旋风除尘器	400～1 300	70～92	少	中
	多管旋风除尘器	800～1 500	80～95	中	中
湿式除尘器	喷淋洗涤器	100～300	75～95	中	中
	文丘里除尘器	5 000～20 000	90～98	少	高
	自激式除尘器	800～2 000	85～98	中	较高
	水膜除尘器	500～1 500	85～98	中	较高
过滤式除尘器	袋式除尘器	800～2 000	85～99.9	较高	较高
	颗粒层除尘器	800～2 000	85～99	较高	较高
电除尘器	干式电除尘器	100～200	85～99	高	少
	湿式电除尘器	125～500	90～98	高	少

表 3-8　各种除尘器对不同粒径粉尘的除尘效率

除尘器	除尘效率			除尘器	除尘效率		
	50μm	5μm	1μm		50μm	5μm	1μm
惯性除尘器	95	26	3	干式电除尘器	>99	99	86
中效旋风除尘器	94	27	8	湿式电除尘器	>99	98	92
高效旋风除尘器	96	73	27	中能文丘里除尘器	约 100	>99	97
冲击式湿式除尘器	98	85	38	高能文丘里除尘器	约 100	>99	98
自激式除尘器	约 100	93	40	振打袋式除尘器	>99	>99	99
喷淋洗涤器	99	94	55	反吹袋式除尘器	约 100	>99	99

3.2 机械式除尘器

机械式除尘器是利用重力、惯性力、离心力等方法来去除尘粒的除尘器,包括重力沉降室、惯性除尘器和旋风除尘器等类型。这种除尘器构造简单、投资少、动力消耗低,除尘效率一般在40%~90%之间,是国内常用的一种除尘设备。机械式除尘器由于除尘效率低,一般只作预除尘器使用。

3.2.1 重力沉降室

重力沉降室是利用重力作用使粉尘自然沉降的一种最简单的除尘装置。这种装置具有构造简单、造价低、耗能小、便于维护管理的特点,而且可以处理高温气体,处理最高烟气温度一般为350~550℃,其阻力一般为50~150Pa 。重力沉降室体积较大,除尘效率较低,一般为40%~60%,且只能去除大于40~50μm的大颗粒,故一般作为预除尘器使用。

3.2.1.1 重力沉降室的构造和除尘原理

重力沉降室可分为水平气流沉降室和垂直气流沉降室两种。

(1) 水平气流沉降室

水平气流沉降室如图3-7所示。当含尘气流从入口管道进入比管道横截面积大得多的沉降室时候,由于横截面积的扩大,气体的流速大大降低,在流速降低的一段时间内,较大的尘粒在沉降室内有足够的时间因重力作用而沉降下来,并进入灰斗中,净化气体从沉降室的另一端排出。

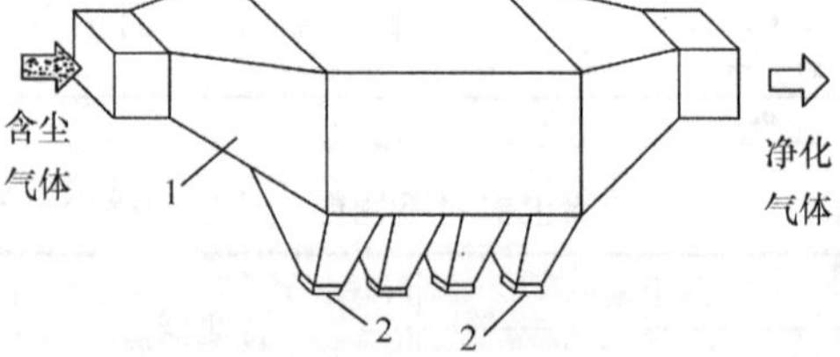

图3-7 水平气流沉降室

1-沉降室;2-灰斗

(2) 垂直气流沉降室

垂直气流沉降室如图3-8所示。当含尘气流从管道进入沉降室后,由于横截面积的扩大，气体的流速降低，其中沉降速度大于气体速度的尘粒就沉降下来。

常见的垂直气流沉降室有三种结构型式。这三种沉降室都可以直接安装在烟囱顶部，多用于小型冲天炉或锅炉的除尘。图 3-8(a)为屋顶式沉降室。捕集下来的粉尘堆积在烟气进入管伞型挡板周围的底板上，待一定时间进行清扫后，粉尘返回冲天炉中，因此它需要定期停止排尘运转以清除积尘。图 3-8(b)为扩大烟管式沉降室。在烟囱顶部用大直径的可耐火材料作沉降室，沉降室的直径一般比烟囱大 2～3 倍，气体进入沉降室的流速为烟囱中气体流速的 1/4～1/9，当烟囱中气体流速为 1.5～2.0 m/s 时，沉降室可去除 200～400μm 的尘粒，所捕集的粉尘随时通过侧面降尘管落到灰斗中。图 3-8(c)是带有锥型导流器的扩大烟管式沉降室。(b)和(c)两种沉降室分别设置了反射板和反射锥体，以提高其除尘效率。图 3-9 为(c)类沉降室的分级效率与粒径关系曲线图。

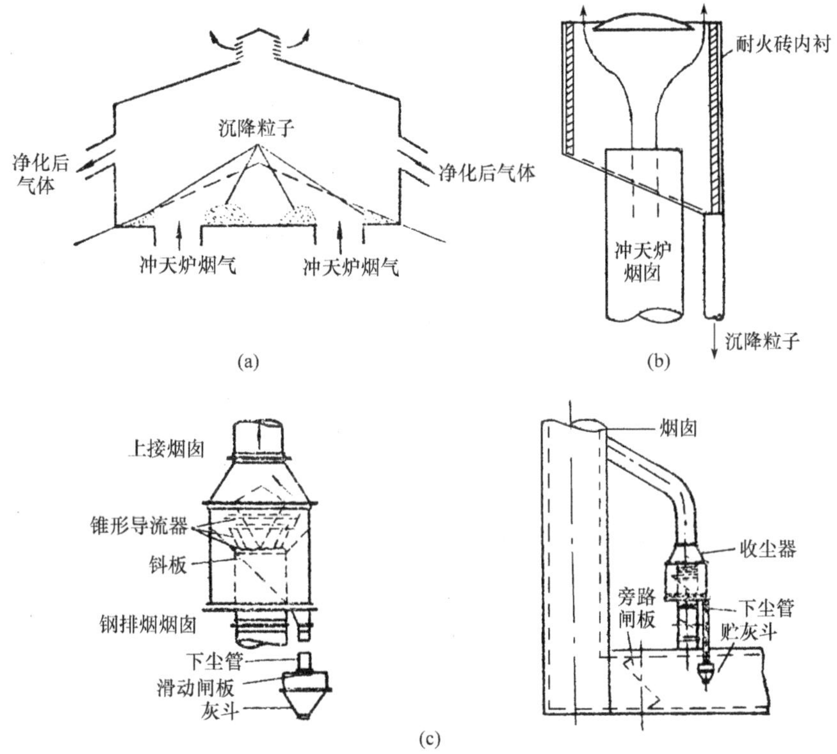

图 3-8 垂直气流沉降室

(a) 屋顶式沉降室；(b) 扩大烟管式沉降室；(c) 带有锥型导流器的扩大烟管式沉降室

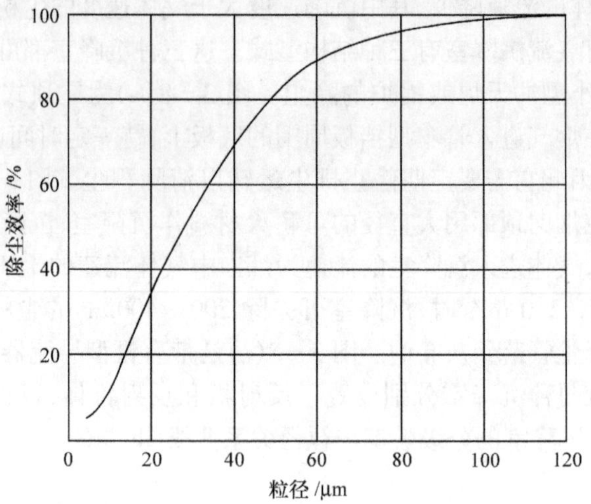

图 3-9 带有锥型导流器的扩大烟管式沉降室分级效率与粒径关系曲线图

3.2.1.2 水平气流沉降室的设计计算

计算以如下假设为基础：通过沉降室断面的水平气流速度分布是均匀的，并呈层流状态；在沉降室入口断面上粉尘分布是均匀的；在气流流动方向上，尘粒和气流具有同一速度。

烟气通过沉降室的时间为 t，沉降室的长度为 L，烟气流速为 v，则有

$$t = L/v \tag{3-52}$$

尘粒沉降到沉降室底部的时间为 t_0，沉降室的高度为 H，尘粒沉降速度为 u_p，则有

$$t_0 = H/u_p \tag{3-53}$$

要使粒径为 d_p(m)的尘粒在沉降室中全部沉降下来，必须保证 $t \geqslant t_0$，即

$$L/v \geqslant H/u_p \tag{3-54}$$

故有

$$L \geqslant Hv/u_p \tag{3-55}$$

不同粒径尘粒的沉降速度可按斯托克斯公式计算求得

$$u_p = \frac{d_p^2(\rho_p - \rho_g)g}{18\mu_g} \tag{3-56}$$

式中：u_p——尘粒（终端）沉降速度，m/s；d_p——尘粒的直径，m；

ρ_p——尘粒的密度，kg/m^3；ρ_g——气体的密度，kg/m^3；

g——重力加速度，$9.81 m/s^2$；μ_g——气体的黏度，Pa·s。

沉降室内气体流速 v 一般为0.2～2m/s。沉降室的高度 H(m)应根据实际需要而定,由(3-55)式可求得沉降室的最小长度。由(3-54)和(3-55)式也可以看出,H 越大,尘粒沉降时间越长,沉降室的长度 L 也必须加长,因此沉降室的高度 H 应尽可能小一些。

沉降室的宽度 B 取决于处理气体流量 Q(m^3/s)

$$B = Q/Hv \tag{3-57}$$

在沉降室结构尺寸和气体流速 v(或流量 Q)确定后,能全部沉降在沉降室内尘粒的最小粒径 d_{min}(m)就可按下式求得

$$d_{min}=\sqrt{\frac{18\mu_g Hv}{(\rho_p-\rho_g)gL}} \tag{3-58}$$

因为 $\rho_p \gg \rho_g$,故上式可简化为

$$d_{min}=\sqrt{\frac{18\mu_g Hv}{\rho_p gL}} \tag{3-59}$$

这种沉降室对各种不同粒径尘粒 d_i(m)的分级除尘效率 η_i 按以下公式求得

$$\eta_i = \frac{d_i^2(\rho_p-\rho_g)gL}{18\mu_g Hv} \tag{3-60}$$

式中:d_i——尘粒粒径,m;η_i——对粒径为 d_i 的尘粒的去除效率。

由式(3-60)可见,要提高沉降室的捕集效率,可从三个方面入手:降低室内气体流速 v;降低沉降室高度 H;增加沉降室长度 L。

表3-9　某些粉尘在沉降室中允许的最高气流速度

粉尘种类	粒子的密度/(kg/m³)	平均粒径/μm	允许的最高气流速度/(m/s)
铝屑尘	2 720	335	4.3
石棉尘	2 200	261	5.0
熔化炉排出的非金属粉尘	3 020	117	5.6
氧化铅粉尘	8 260	14.7	7.6
石灰石粉尘	2 780	71	6.4
淀粉粉尘	1 270	64	1.75
钢屑尘	6 850	96	4.7
木屑尘	1 180	1 370	4.0
锯末	—	1 400	6.6
飞灰	1 500～1 600	—	—
煤	2 200～2 300	—	—

在设计沉降室时,需综合考虑技术经济性和现场情况选定适宜的结构尺寸和工作参数。如选定气体流速时,还应考虑到已沉降的粉尘不再被气流重新卷起造成二次飞扬,气体流速通常不大于 3m/s 为宜。表 3-9 给出某些粉尘在沉降室中允许的最高气流速度。

为提高除尘效率,可降低沉降室的高度,在沉降室中装许多水平隔板,形成一层层气流通道,就是多层沉降室,如图 3-10 所示。

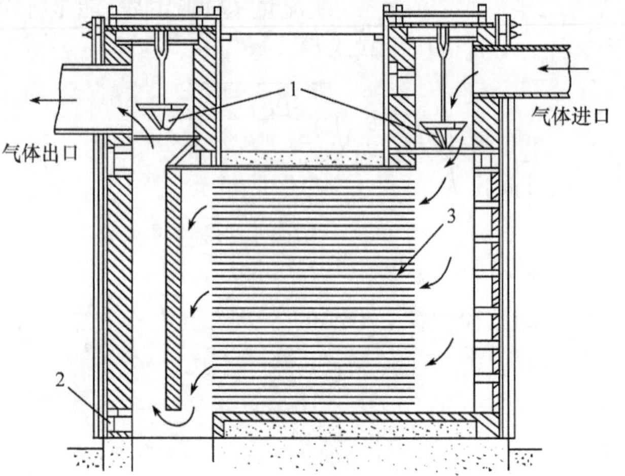

图 3-10　多层沉降室

1-锥形阀;2-清灰孔;3-隔板

如果用 n 块隔板将高度为 H 的沉降室分为 $n+1$ 个通道,则每个通道就是一个单层沉降室,其高度为 $H/(n+1)$,此时沉降室的分级效率为

$$\eta_i = \frac{d_i^2(\rho_p - \rho_g)gL}{18\mu_g Hv}(n+1) \tag{3-61}$$

可捕集的最小粒径为

$$d_{\min} = \sqrt{\frac{18\mu_g Hv}{(\rho_p - \rho_g)gL(n+1)}} \tag{3-62}$$

由上分析得知,多层沉降室的分级效率是单层沉降室效率的$(n+1)$倍,而能捕集的最小粒径是单层沉降室的$\sqrt{1/(n+1)}$。

沉降室分层越多,除尘效果就越好,但必须使各层隔板间气流分布均匀。同时,分层越多,清理积灰也越困难。

例 3-3　设计一个锅炉烟气重力沉降室,要求能去除 $d_p \geqslant 30\mu m$ 的烟尘。已知烟气量 $Q=2800m^3/h$,烟气温度 $t_s=150℃$,烟气真密度 $\rho_p=2100kg/m^3$(忽略气体密度),烟气黏度 $\mu_g=2.4$

$\times 10^{-5}$Pa·s。

［解］　由式(3－56)得

$$u_p=\frac{d_p^2(\rho_p-\rho_g)g}{18\mu_g}=\frac{d_p^2\rho_p g}{18\mu_g}=\frac{(30\times10^{-6})^2\times2100\times9.81}{18\times24\times10^{-5}}=0.0428(\text{m/s})$$

取沉降室内流速 v 为 0.25m/s,沉降室高度 H 为 1.5m,则沉降室的长度

$$L=Hv/u_p=1.5\times0.25/0.0428=8.8(\text{m})$$

由于沉降室的长度过长,可采用三层水平隔板,即四层沉降室,取每层高 $\Delta H=0.4$m,总高调整为 1.6m,则此时所需沉降室的长度为

$$L=\Delta Hv/u_p=0.4\times0.25/0.0428=2.34(\text{m})$$

若取沉降室长度 $L=2.5$m,则沉降室宽度为

$$B=Q/\Delta H(n+1)v=\frac{2800}{3600\times0.4(3+1)\times0.25}=2.0(\text{m})$$

因此,沉降室的尺寸为 $L\times B\times H=2.5\times2.0\times1.6(\text{m}^3)$,其能捕集的最小粒径为

$$d_{\min}=\sqrt{\frac{18\mu_g Hv}{(\rho_p-\rho_g)gL(n+1)}}=\sqrt{\frac{18\times2.5\times10^{-5}\times1.6\times0.25}{2100\times9.81\times2.5\times(3+1)}}=2.86\times10^{-5}(\text{m})$$

也即 28.6μm,小于 30μm,满足要求。

由于设置了三层隔板,每层气量应为 $Q/4$,用 q 表示,则

$$q=Q/4=2800/4=700(\text{m}^3/\text{h})$$

3.2.2　惯性除尘器

惯性除尘器是使含尘气体冲击在挡板上,气流急剧地改变方向,借助粉尘粒子的惯性作用使其与气流分离并被捕集的一种装置。对惯性除尘器,若气体在管道内流速为 10m/s,而在其扩大部分的流速为 1m/s,则对 25～30μm 以上的尘粒,除尘效率一般可达 65%～85%。总的来讲,惯性除尘器的除尘效率一般为 50%～70%,阻力一般为 100～500Pa。由于惯性除尘器的除尘效率较低,一般只作为预除尘器用。

惯性除尘器可用于处理高温含尘气体,能直接安装在风道上。含尘气体在冲击或方向转变前的速度越高,方向转变的曲率半径越小时,其除尘效率越高,但阻力也随之增大。为了提高效率,可以在挡板上淋水,形成水膜,这就是湿式惯性除尘器。

3.2.2.1　惯性除尘器除尘机理及结构

图 3－11 是惯性除尘器的分离机理示意图。

含尘气体以速度 v_1 垂直冲击到 B_1 挡板上,惯性力大、粒径也较大的粗颗粒 d_1 与挡板碰撞后速度变为零(假设不发生反弹),由于重力作用而沉降首先被分离

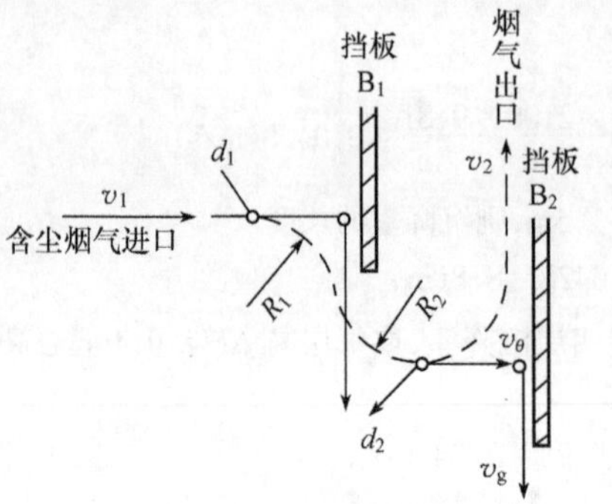

图 3-11 惯性除尘器的分离机理

出来。被气流带走的尘粒 $d_2(d_2<d_1)$以曲率半径 R_1 绕过 B_1 挡板,由于 B_2 挡板的作用使气流方向发生改变,借助于离心力的作用碰撞到 B_2 挡板,也因重力而被分离下来。如设该点的气流旋转半径为 R_2,切向速度为 v_θ,则尘粒 d_2 所受的离心力与 $d_2^3 v_\theta^2/R_2$ 成正比。显然,惯性除尘器除借助惯性力外,还利用了离心力和重力的作用。

惯性除尘器的构造主要有两种型式:一是以含尘气体中的粒子冲击挡板来收集粉尘粒子的冲击式结构;二是通过改变含尘气流流动方向收集较细粒子的反转式结构。图 3-12 为冲击式惯性除尘器结构示意图。其中图(a)为单级冲击式惯性除尘器,图(b)为多级冲击式惯性除尘器,在这两种型式惯性除尘器中,沿气流运动方向上,设置一级或多级隔板,使气体中的尘粒冲撞隔板而被分离。图(c)为迷宫型(带有喷嘴)惯性除尘器,这种除尘器中装有喷嘴,以增加气体的冲撞次数,增大除尘效率。

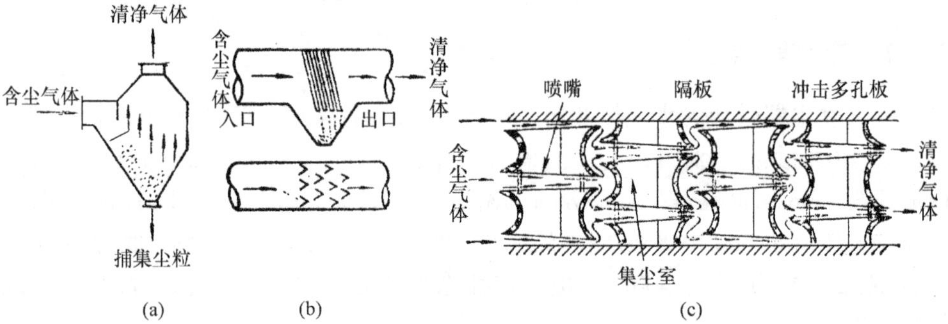

图 3-12 冲击式惯性除尘器
(a) 单级型;(b) 多级型;(c) 迷宫型

图 3-13 为常见的三种反转式惯性除尘器。其中图(a)为弯管型,图(b)为百叶窗型,图(c)为多层隔板塔型。弯管型、百叶窗型反转式惯性除尘器和冲击式惯性除尘器一样,都适于安装在烟道上使用。塔型除尘装置主要用于烟雾分离,它能捕集几微米粒径的雾滴。为了进一步提高捕集更细小雾滴的捕集效率,可在净化气体出口端,塔的顶部装设一层填料层。由于填料层的材质、形状及高度不同,压力损失也不同,通常压力损失为 1000Pa 左右。在没有装填料层的隔板塔中,空塔速度为 1~2m/s 时,压力损失为 200~300Pa。

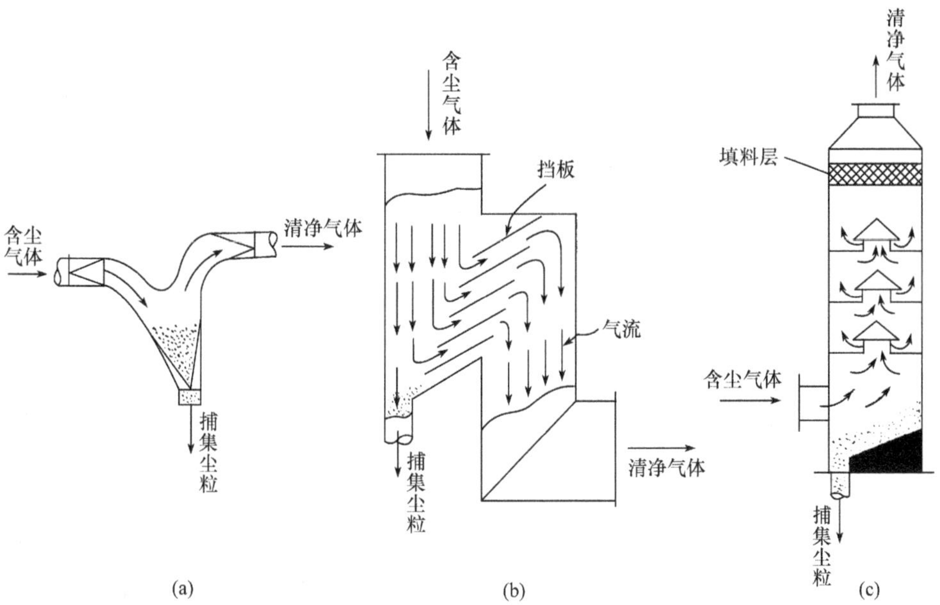

图 3 - 13　反转式惯性除尘器结构示意图

(a) 弯管型;(b) 百叶窗型;(c) 多层隔板塔型

对于冲击式除尘器,冲击挡板的气流速度愈大,流出装置的净化气体的气流速度愈低,粉尘的携带量就越小,捕集效率就愈高;对于反转式除尘器,气流转换方向的曲率半径愈小,就愈能分离细小尘粒。惯性除尘器一般多用于高效除尘器的前级除尘处理,用它先除去较粗的尘粒或炽热状态的粒子。这类除尘装置通常可除去粒径 20～30μm 的尘粒,而图 3 - 13(c)迷宫型除尘器可除去 10μm 左右的微粒。气流速度及其压力损失随除尘器的型式不同而不同。

3.2.3　旋风除尘器

旋风除尘器是使含尘气体作旋转运动,利用离心力作用将尘粒从气流中分离并捕集下来的装置。它历史悠久,应用广泛,型式繁多,结构简单,没有运动部件,造价便宜,维护管理方便,除尘效率一般达 85%左右,高效的旋风除尘器除尘效率可达 90%左右。

3.2.3.1　旋风除尘器的构造及工作原理

图 3 - 14 是切向入口旋风除尘器的构造图。含尘气体进入除尘器后,由于离心力的作用,尘粒沿圆筒壁旋转下降,净化的气体通过排气管排出,分离下来的尘

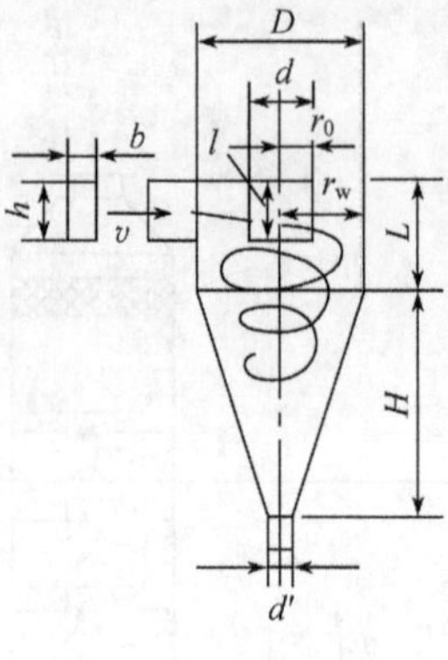

图 3-14　切向入口旋风除尘器

粒则通过排尘口进入下部的卸尘装置。

旋风除尘器有单管、多管和组合式三类。按入口流向可分为切向入口和轴向入口两种。按入口位置可分为上入口和下入口两种。这类除尘器一般为干式的,如同时喷淋液体则为湿式旋风除尘器。工业上应用更多的是按含尘气流导入方式分类的。图 3-15 为旋风除尘器的几种型式。表 3-10 为几种旋风除尘器的标准尺寸,其中直入型和蜗壳型是以筒体直径 D 为基准的,拉波尔和井伊谷冈一的定型旋风除尘器则以排气管 d 为基准。

切向进入式又分为直入型和蜗壳型,前者是入口管外壁与筒体相切,后者是入口管内壁与筒体相切,入口管

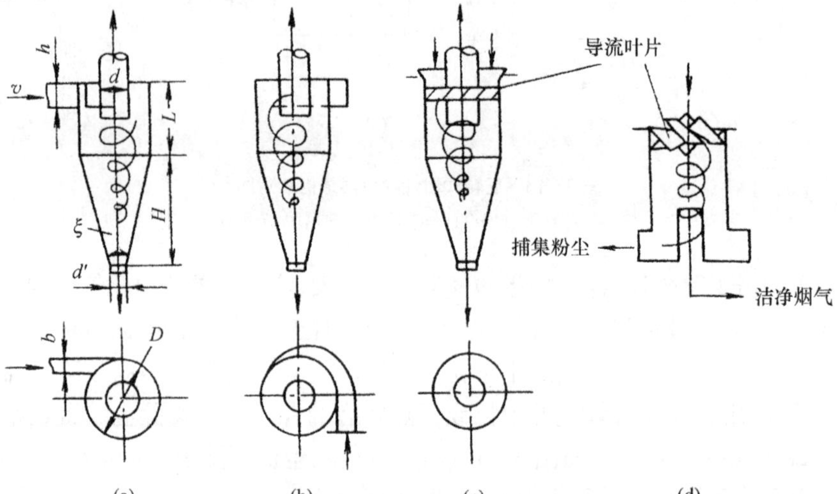

图 3-15　旋风除尘器的几种型式

(a) 直入型;(b) 蜗壳型;(c) 逆转型;(d) 正交型

外壁采用渐开线型式,渐开角有 180°,270°和 360°等。直入型进口设计与制造方便,且性能稳定。蜗壳型入口增大进口面积容易,并因入口有一环状空间,使入口气流距筒体外壁更近。这样,既缩短了尘粒向筒壁的沉降距离,又可减少入口气流与内旋流间的相互干扰,对提高除尘效率有利,但却使除尘器体积增大。切向进入式旋风除尘器的压力损失约为 1000Pa 左右,其中蜗壳型比直入型要小一些。

表 3-10　几种旋风除尘器的标准尺寸

名称	直入型	蜗壳型	拉波尔型	井伊谷冈一型
排气管直径 d	$D/2$	$D/2$	d	d
筒体直径 D	D	D	$(2\sim3)d$	$2.5d$
筒体长度 L	D	D	$4d$	$2.5d$
锥体长度 H	$2D$	$2D$	$4d$	$5d$
入口管宽度 b	$D/5$	$D/5$	$\leqslant(D-d)/2$	$0.5D$
入口管高度 h	$3b$	$2b$	$\leqslant(D-d)/2$	$1.75d$
排气管插入长度 l	$L>l>h$	$L>l>h$	$(1/4\sim1/2)d+h$	$2.5d$
粉尘出口管径 d'	$d>d'>0.6d$	$d>d'>0.6d$	$(0.7\sim1)d$	$(0.63\sim1)d$

轴向进入式是利用固定的导流叶轮使气流旋转，导流叶轮有花瓣式、螺旋式等各种型式。与切向进入式相比，在相同压力损失下，能处理约3倍的气体量，其气流分配均匀。因此，主要用其组成多管旋风除尘器，并用于处理大气量的场合。按气流出口不同，轴向进入式又分为逆转型和正交型，前者压力损失约800～1000Pa，效率与切向进入式无显著差别；后者效率约400～500Pa，效率较低。正交型组成多管除尘器时安装面积小，容易配置，但应注意积灰和内部压力不平衡而引起的效率降低。

3.2.3.2　旋风除尘器的设计计算

(1) 压力损失计算

旋风除尘器的压力损失与其结构形式和运行条件等有关，理论上计算是困难的，且只能是近似的，主要依靠试验确定。通常，旋风除尘器的压力损失控制在500～2000Pa。

用压力损失系数(阻力系数)ξ表示旋风除尘器的压力损失计算式为

$$\Delta p = \xi \frac{\rho_g v^2}{2} \tag{3-63}$$

式中：Δp——旋风除尘器的压力损失，Pa；

v——旋风除尘器的进口气流速度，m/s；

ρ_g——旋风除尘器的进口气体密度，kg/m^3；

ξ——旋风除尘器的压力损失系数，(无因次)。

井伊谷冈一提出了ξ的计算公式如下

$$\xi = K\left(\frac{bh}{d^2}\right)\left(\frac{D}{L+H}\right)^{0.5} \tag{3-64}$$

式中:K 为常数,20~40,近似取 30;其他参数意义见图 3 - 14。

阻力系数 ξ 可看成除了进口气流动压以外所有因素对 Δp 的综合影响。对于一定结构的旋风除尘器,阻力系数为一常数,一般由实验测定。表 3 - 11 列出了国内已经开发的主要系列型号的旋风除尘器压力损失系数值。

表 3 - 11 旋风除尘器压力损失系数值

型号	进口气速 v_i/(m/s)	压力损失 Δp/Pa	压力损失系数 ξ	型号	进口气速 v_i/(m/s)	压力损失 Δp/Pa	压力损失系数 ξ
XCX	26	1 450	3.6	XDF	18	790	4.1
XNX	26	1 460	3.6	双级涡旋	20	950	4.0
XZD	21	1 400	5.3	XSW	32	1 530	2.5
XLK	18	2 100	10.8	SPW	27.6	1 300	2.8
XND	21	1 470	5.6	XLT/A	16	1 030	6.5
XP	18	1 450	7.5	XLT	16	810	5.1
XXD	22	1 470	5.1	涡旋型	16	1 700	10.7
XLP/A	16	1 240	8.0	CZT	15.23	1 250	8.0
XLP/B	16	880	5.7	新 CZT	14.3	1 130	9.2

另外,当气体的温度、湿度和压力变化较大时,需要对旋风除尘器的压力损失进行校正。

(2) 旋风除尘器的分离性能

旋风除尘器的分离性能是研究除尘效率的基础。旋风除尘器的效率与颗粒的直径有关,直径越大,效率越高。当直径大到某一值时,除尘效率可达 100%,此时的颗粒直径称为临界直径 d_{c100};同样除尘效率为 50%时的颗粒直径称为分割直径 d_{c50}。分割直径越小,表明除尘器的分离性能越好。在评价旋风除尘器的分离性能时,往往多采用分割直径。

① 拉波尔经验表达式 拉波尔(Lapple)根据转圈理论,考虑气流有效旋转圈数 N_e,提出了一个分割直径的经验表达式,即

$$d_{c50}=\left[\frac{9\mu_g b}{2\pi(\rho_p-\rho_g)N_e v}\right]^{1/2} \tag{3-65}$$

此式适用于切线、螺旋和蜗壳式入口旋风除尘器。对于标准的旋风除尘器,外旋流的有效圈数 N_e 为 5~10 圈。若无足够资料时,可按下式近似计算

$$N_e=\frac{L+H/2}{h} \tag{3-66}$$

式中各参数的意义见图 3－14 所示。

例 3－4　某旋风除尘器进口宽度为 $b=0.21\text{m}$，气流在旋风器内旋转 4 圈，入口气速为 15m/s，$\rho_p=1700\text{kg/m}^3$，$T=350\text{K}$，载气为空气，试计算旋风器的分割粒径 d_{c50}。

[解]　忽略空气的密度 ρ_g，并从有关手册中查得空气在 350K 时的黏度 $\mu_g=2.08\times10^{-5}\text{Pa·s}$，则由式(3－65)得

$$d_{c50}=\left[\frac{9\mu_g b}{2\pi(\rho_p-\rho_g)N_e v}\right]^{1/2}=\left[\frac{9\times2.08\times10^{-5}\times0.12}{2\pi\times1700\times4\times15}\right]^{0.5}=5.92\times10^{-6}(\text{m})$$

即 5.92μm。

② 根据假想圆筒理论求 d_{c50}　在旋风除尘器内的分离沉降，主要取决于尘粒所受离心力和径向气流的摩擦阻力，重力和尘粒间的摩擦力影响较小，可以忽略不计。由于在内外涡旋交界面附近气流的切向速度 v_θ 最大，所以尘粒所受的离心力也最大。如图 3－16所示，在以虚线表示的半径为 r_2 的假想圆筒面上，粒径为 d_p 的尘粒所受到的离心力 F_C 最大，所受的阻力 F_D 也最大。当 $F_C=F_D$ 时，颗粒受力平衡。理论上颗粒将在半径为 r_2 的圆周上不停地旋转，但实际上气流处于紊乱状态，颗粒受力有时 $F_C>F_D$，有时 $F_C<F_D$。若将该过程看成一个随机过程，作为时间的平均值，则有 $F_C=F_D$。因而从概率统计的观点可以认为，粒子群中某一粒径为 d_c 的颗粒有 50％可能移向器壁被捕集，有 50％的颗粒进入内旋流随上升的气流从出口管排走。因此，在 $F_C=F_D$ 时，对粒径为 d_c 的粒子群的捕集效率为 50％。根据定义，这种粒径称为分割粒径 d_{c50}。

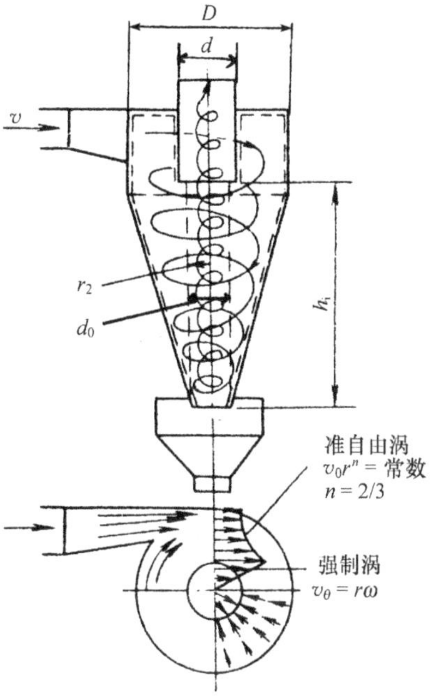

图 3－16　旋风除尘器的流场

一般认为，进入旋风除尘器的气体流量 Q 的 80％(外旋流)是通过高度为 h_i 的假想圆筒界面进入内旋流的，假想圆筒的直径 $d_0(d_0=2r_2)$ 约等于出口管径 d 的 60％～70％。在这些假想的条件下，木村典树提出了计算 $r_\omega(r_\omega=D/2)$ 处的切向速度 $v_{\theta\omega}$ 的经验式

$$v_{\theta\omega}=3.47\frac{\sqrt{A}}{D}v\qquad\left(0.17<\frac{\sqrt{A}}{D}<0.41\right)\tag{3-67}$$

可以导出旋风除尘器的临界粒径 d_{c50} 的计算式

$$d_{c50}=\left[\frac{0.596(0.7)^{2n}\mu_g}{\pi\rho_g v h_i}\right]^{0.5}\frac{d^n}{D^{n-1}} \tag{3-68}$$

式中，n 为速度指数，可按亚历山大所推荐的公式计算

$$n=1-(1-0.669D^{0.14})(T/283)^{0.3} \tag{3-69}$$

式中：T——旋风除尘器内含尘气体的平均温度，K；

D——旋风除尘器外筒直径，m；

A——旋风除尘器切向进口断面积，m^2；

v——旋风除尘器的入口气体速度，m/s。

池森龟鹤取 $v_{\theta\omega}=v, n=0.5$，得到

$$d_{c50}=\left[\frac{5.03\mu_g A}{\pi\rho_p v h_i}\left(\frac{d}{D}\right)\right]^{0.5} \tag{3-70}$$

例 3-5 用 XLP/B-7.0 型旋风除尘器净化 20℃ 的含尘气体，除尘器的进口速度为 $v=15.2$m/s，粉尘的真密度为 $\rho_p=2000$kg/m³，求该旋风除尘器的分割粒径 d_{c50}。由 XLP/B 型旋风除尘器国家标准图纸知，该除尘器的有关参数如下：$D=0.7$m，$d=0.42$m，$h=0.42$m，$b=0.21$m，$A=0.0882$m²，$h_i=2.81$m。

[解] 外旋流速度分布指数 n 由式(3-69)计算

$$n=1-(1-0.669D^{0.14})(T/283)^{0.3}=1-(1-0.669\times0.7^{0.14})(293/283)^{0.3}=0.633$$

未指明载气性质，近似按空气处理，20℃时空气的黏度 $\mu_g=1.815\times10^{-5}$Pa·s，由式(3-68)得

$$d_{c50}=\left[\frac{0.596(0.7)^{2n}\mu_g}{\pi\rho_g v h_i}\right]^{0.5}\frac{d^n}{D^{n-1}}=\left[\frac{0.596\times0.7^{2\times0.633}\times1.815\times10^{-5}}{\pi\times2000\times15.2\times2.81}\right]^{0.5}\frac{0.42^{0.633}}{0.7^{0.633-1}}$$

$$=2.63\times10^{-6}(\text{m})$$

若按式(3-70)计算，则得

$$d_{c50}=\left[\frac{5.03\mu_g A}{\pi\rho_p v h_i}\left(\frac{d}{D}\right)\right]^{0.5}=\left[\frac{5.03\times1.815\times10^{-5}\times0.0882\times0.42}{\pi\times2000\times15.2\times2.81\times0.7}\right]^{0.5}=4.24\times10^{-6}(\text{m})$$

可见，按式(3-70)的计算结果比按式(3-68)的结果大 60%，原因在于两式的推导条件不同。

(3) 旋风除尘器的效率计算

计算除尘器的除尘效率有多种方法，不同方法的计算值常常会差别很大。比较多种计算结果和试验数据，一般认为莱斯(Leith D.)和里基特(Licht W.)等人的计算式较为实用，并经过果需(Koch)和里基特(Licht W.)修正后有

$$\eta_i=1-\exp\left\{-2\left[\frac{G\tau_i Q(1+n)}{D^3}\right]^{\frac{1}{2n+2}}\right\} \tag{3-71}$$

式中：η_i——对一定粒径尘粒的去除效率，%；

G——除尘器的构造因子，对于拉波尔一般旋风除尘器为 402.9；

τ_i—— 一定大小粒径的尘粒进入除尘器流体的非稳定时间,s;

Q——除尘器进口的实际流量,m^3/s;

n——除尘器中涡旋流的速度指数,按(3-69)式计算;

D——筒体直径,m。

其中,τ_i 计算式为

$$\tau_i = \frac{d_p \rho_p Cu}{18\mu_g} \tag{3-72}$$

式中:d_p——尘粒的粒径,m;

ρ_p——尘粒的密度,kg/m^3;

μ_g——气体的黏度,Pa·s;

Cu——肯宁汉(Cunningham)修正系数,其值为

$$Cu = 1 + 2\frac{\lambda}{d_p'}\left[1.257 + 0.40\exp\left(-\frac{0.55d_p'}{\lambda}\right)\right] \tag{3-73}$$

式中:d_p'——尘粒的粒径,μm;

$\lambda = \dfrac{\mu_g}{0.499\rho_g \bar{u}}$,$\bar{u}$ 为气体分子的平均速度,m/s,有

$\bar{u} = \sqrt{\dfrac{8RT}{\pi M}}$,$M$ 为气体分子的相对分子质量。

293K 和 1.013×10^5Pa 时空气的 Cu 值见表 3-12。则除尘器的总效率为

$$\eta = \sum m_i \eta_i \tag{3-74}$$

表 3-12 肯宁汉修正系数(在 293K,1.013×10^5Pa 空气中)

d_p/μm	Cu	d_p/μm	Cu	d_p/μm	Cu	d_p/μm	Cu
0.001	216.0	0.01	21.37	0.1	2.674	1.0	1.164
0.002	107.8	0.02	10.70	0.2	1.822	2.0	1.082
0.003	71.74	0.03	7.277	0.3	1.547	3.0	1.055
0.004	53.72	0.04	5.533	0.4	1.410	4.0	1.041
0.005	42.92	0.05	4.543	0.5	1.328	5.0	1.033
0.006	35.73	0.06	3.900	0.6	1.274	6.0	1.027
0.007	30.59	0.07	3.451	0.7	1.235	7.0	1.023
0.008	26.75	0.08	3.122	0.8	1.205	8.0	1.020
0.009	23.76	0.09	2.871	0.9	1.182	9.0	1.018

式中：m_i——某一粒径尘粒所占比例；

η_i——对一定粒径尘粒的去除效率，%。

实际应用中，也可先计算 d_{c50}，再根据已知的粉尘粒径分布得到含尘气体中某一实际的粉尘粒径 d_p，算出 d_p/d_{c50} 之值。依照此值可在图 3-17 中查得旋风除尘器对粒径为 d_p 尘粒的分级效率 η_i，然后按照(3-74)式求得总的除尘效率。

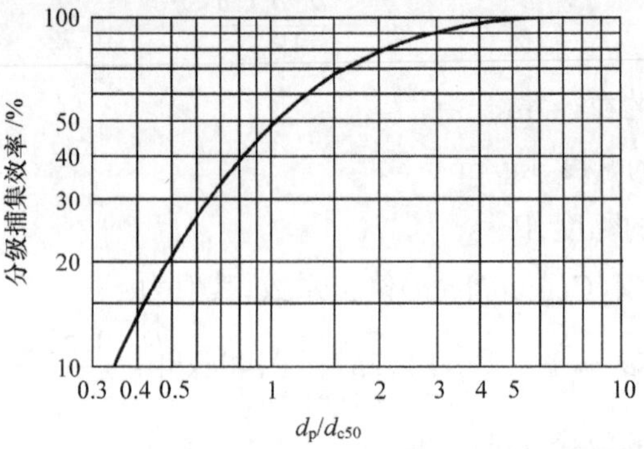

图 3-17　分级捕集效率与 d_p/d_{c50} 的关系

3.2.3.3　旋风除尘器的选择设计

(1) 收集设计资料

① 处理气体量；

② 气体性质　种类、成分、温度、湿度、密度、黏度、压力、露点、毒性、腐蚀性及燃烧爆炸性等；

③ 粉尘性质　种类、成分、粒径分布、浓度、密度、比电阻、含水率、润湿性、吸湿性、黏附性及燃烧爆炸性；

④ 净化要求　净化效率、压力损失、废气排放标准及环境质量标准等；

⑤ 装置的经济性　包括装置占地面积在内的设备费和运行费，以及安装费、设备使用寿命和回收综合利用情况等。

(2) 除尘器型式的选择

选择除尘器，一般有两种方法：计算法和经验法。

① 计算法的选择步骤大致是：

a. 由初含尘浓度 c_i 和要求的出口浓度 c_o（按排放标准或预定的值），按式(3-75)计算要求达到的除尘效率 η'

$$\eta' = \left(1 - \frac{c_o Q_o}{c_i Q_i}\right) \times 100\% \tag{3-75}$$

式中：Q_i——除尘器入口的气体流量，m^3/s；

Q_o——除尘器出口的气体流量，m^3/s。

b. 选择确定旋风除尘器结构型式，并根据选定的除尘器的分级效率 η_i 和净化粉尘的粒径分布 m_i 按式(3-74)计算出能达到的总除尘效率 η。若 $\eta \geqslant \eta'$，说明选定的型式能满足设计要求，否则需要重新选定高性能的除尘器或改变运行参数。

c. 确定除尘器规格(即除尘器的尺寸，选法见后)。如果选定的规格大于实验除尘器(即已知 η_i)的规格，则需计算出相似放大后的除尘效率 η''。若仍能满足 $\eta'' \geqslant \eta'$，则说明选定的除尘器形式和规格皆符合净化要求。否则需重复步骤 b、c，进行二次计算。

d. 查得的压损系数 ξ 和确定的入口速度 v 按式(3-63)计算运行条件下的压力损失 Δp。

实际上由于分级效率 η_i 和粉尘粒径分布数据非常缺乏，相似放大的计算方法还不成熟，所以现在大多采用经验法来选择除尘器的型式和规格。

② 经验法的选择步骤大致是：

a. 计算要求的除尘效率 η'(方法同前)。

b. 选定除尘器的结构型式，根据该型除尘器的 $\eta \sim v$ 和 $\Delta p \sim v$ 实验曲线，要求达到的除尘效率 η' 和压损 Δp，确定入口速度 v。

c. 根据处理气体流量 Q 和入口速度 v，计算出所需除尘器的入口面积 A_i。

d. 由旋风除尘器类型系数 $K = A/D$ 求出除尘器筒体直径 D。这样，便可从国家标准图、产品样本或手册中查到该型除尘器的规格。

一般的标准图、样本或手册往往给出了某一入口速度下的处理气体量，这时则可免去步骤 c 和 d，直接查得所需的除尘器规格。

如果选取的除尘器筒径 D 过大，为避免除尘器效率降低，可选取几个小型的除尘器并联使用。

e. 计算运行条件下的压力损失。

3.2.3.4 常用旋风除尘器的结构特点

旋风除尘器的种类繁多，有 100 多种，多根据其结构特点来命名。如 XLP/A 旋风除尘器，X 代表旋风除尘器，L 代表立式布置，P 代表旁路式，A 表示是 A 型除尘器。其规格以圆筒直径 D 的分米数表示。根据除尘器在除尘系统中的安装位置不同，分为两种：X 型为吸入式(即除尘器安装在通风机前)，Y 为压入式(即除尘器安装在通风机后)。为了使用中联接上的方便，又在 X 型和 Y 型中各设有 S 型和 N 型两种。进口气流顺时针方向旋转(俯视图)的为右旋 S 型，逆时针方向旋转的为左旋 N 型。如 XLT/A－5.0XN，代表 XLT/A 型旋风除尘器，圆筒直径 D＝5.0dm，吸入式的逆时针旋转。

(1) XCX 型旋风除尘器

XCX 型旋风除尘器适用于冶金、电力、机械制造、矿山、石油、建材等部门净化含尘气体或物料回收，但不适用处理含黏结性粉尘的空气。根据气体在除尘器内的旋转方向不同，进口方向分为顺时针方向旋转的右旋(S)和逆时针方向旋转的左旋(N)两种，其结构如图 3－18 所示。它具有长锥体结构，在排气管内设有弧形减阻器，可降低其阻力系数。该除尘器由于是 270°蜗壳入口结构，并具有倾斜底板，入口面积小(K＝0.058)，锥体长，阻力系数较低，装减阻器时 ζ＝2.8，无减阻器时 ζ＝3.48，对粉尘负荷变化的适应性强，因此除尘效率较高，一般可达 90%。主要缺点是体积大，耗钢量大。入口速度范围是 18～28m/s。这类除尘器有 14 个规格，直径在 ϕ200～1500mm 之间，每级间距为 100mm，单管处理气量为 150～5700m^3/h。其组合型式有 ϕ800mm 四管、ϕ1000mm 四管和 ϕ1300mm 四管三种规格。使用时可根据需要不设减阻器。

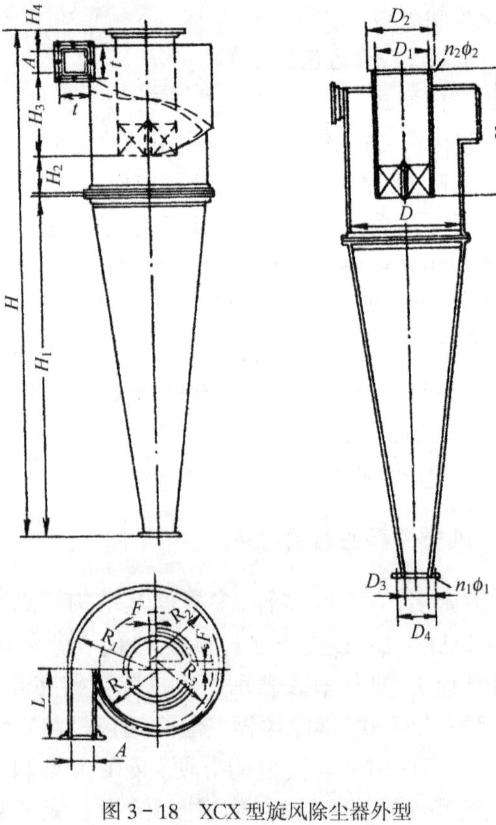

图 3－18　XCX 型旋风除尘器外型

(2) XLK(CLK)型扩散式旋风除尘器

XLK 型旋风除尘器的结构如图 3－19 所示。其结构特点是 180°蜗壳形入口($K=0.26$),锥体为倒置的,锥体下部有圆锥反射屏。当外漩涡旋转到底部时,靠反射屏的作用使绝大部分气流转变为内漩涡。虽然外漩涡在向下旋转过程中切向速度因旋转半径增大而减小,但因回流区较大,因此压力损失较大。被分离下来的尘粒随小部分气流从反射屏四周的缝隙落入灰斗,这一小部分旋转气流由反设屏中心孔上升时,由于反射屏的挡灰作用,避免了灰箱中粉尘再次被带走,这样便提高了除尘效率。这类除尘器直径在 ϕ150～700mm 之间,共有 10 种规格。进口气速选择范围以 10～16m/s 为宜,单个处理含尘气量在 210～9200m^3/h。其除尘效率随着直径的增大而下降,在压力降 1000Pa 左右时,筒径 ϕ 为 200 时约为 95%,ϕ 为 700 时约为 90%。钢板厚度一般为 3～5mm,排料装置多采用翻板式排料阀。

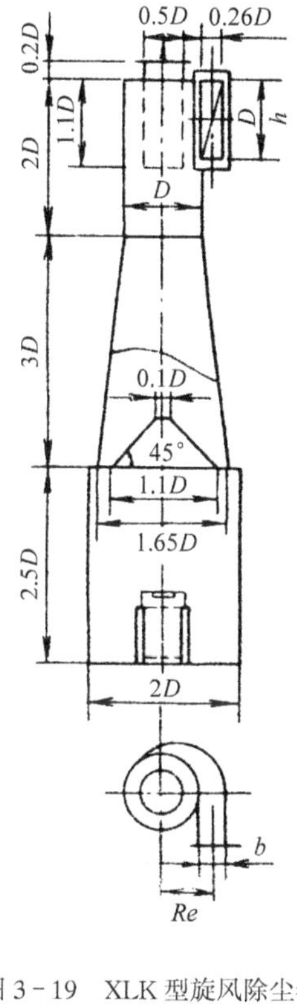

图 3－19　XLK 型旋风除尘器

$h=\sqrt{3.85A}$; $b=\sqrt{A/13.85}$; $Re=\dfrac{1}{2}(D+b)$

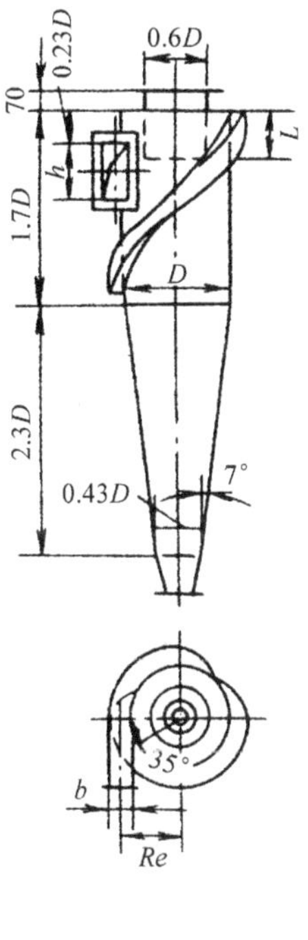

图 3－20　XLP/B 型旋风除尘器

$L=0.28D+0.3h$; $h=\sqrt{2A}$; $b=\sqrt{A/2}$; $Re=\left(\dfrac{D}{2}+\delta\right)\cos35°+\dfrac{b}{2}$; $b=0.3D$; δ 为钢板厚度

(3) XLP 型旋风除尘器

XLP 型旋风除尘器的结构特点是进气管上缘距定盖有一定距离,180°蜗壳入口($K=0.175$),排气管插入深度距进口上缘1/3处,筒体上带有旁路分离室。根据出风口连接方式分为X型(吸出式)和Y型(压入式),压力损失系数分别为5.8和4.8。它适用于清除工业废气(非潮湿的)中含有非纤维及非黏性灰尘,可以去除5μm以上的粉尘,具有结构简单、操作方便、耐高温、设备费用低和阻力小且除尘效率高的特点。它有XLP/A(呈半螺旋形)和XLP/B(呈全螺旋形)两种型式,XLP/B型除尘效率略高于XLP/A型,XLP/B型旋风除尘器如图3-20所示。这种除尘器有XLP-3.0~XLP-10.6型7种规格,进口气速12~17m/s。

(4) XLT/A型旋风除尘器

XLT/A型旋风除尘器结构如图3-21所示。其特点是气流进口管与水平面呈15°角,并带有螺旋形导向顶盖,以避免向上的气流碰到顶盖时形成上部涡旋,其筒体和锥体较长,效率一般可达80%~90%,但阻力也较大。

XLT/A型旋风除尘器的进口气速12~18m/s;压力损失系数:X型(带有出口蜗壳)$\zeta=6.5$,Y型$\zeta=5.5$。它适用于干的非纤维性粉尘和烟尘的中效净化。这种除尘器有XLT/A-1.5~XLT/A-8.0型的14种规格,还设有双筒、四筒和六筒等几种并联组合型式。

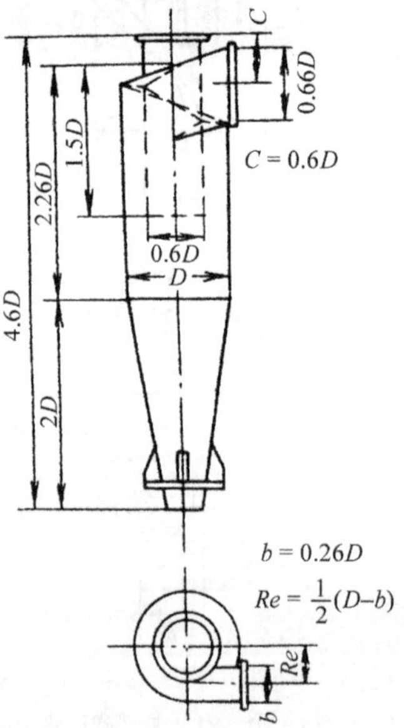

图3-21　XLT/A型旋风除尘器

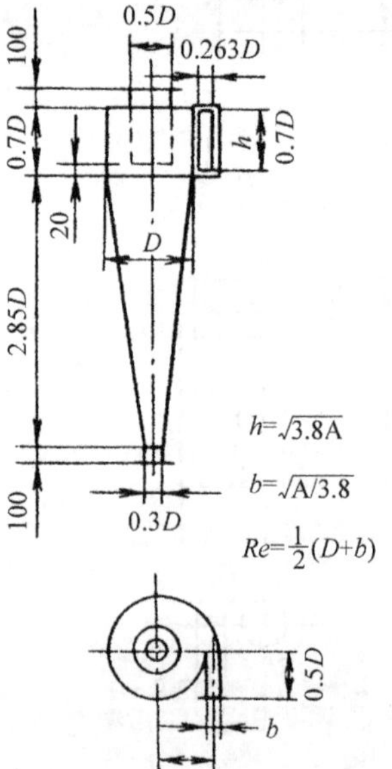

图3-22　XZT型旋风除尘器

(5) XZT型旋风除尘器

XZT型旋风除尘器结构外形如图3-22所示。其特点是:180°蜗壳,$K=$

0.184；锥体较长，约为 2.85D，故又称为长锥体旋风除尘器；筒体较短，为 0.7D；压力损失与 XLK 型接近，$\zeta=10.7$；除尘效率比 XLP 和 XLK 型都高约 6%。入口气速 10～16m/s，共有 XZT－3.9～XZT－9.0 六种规格，处理气量 790～5700m^3/h。

（6）组合式多管旋风除尘器

为了提高除尘效率或增加处理气量，常将多个旋风除尘器串联或者并联起来使用。串联的目的是为了提高除尘效率，而并联的目的是为了增大处理气量。

① 串联式旋风除尘器组合

图 3－23 为不同锥体长度的三级串联式旋风除尘器组。第一级锥体较短，净化粗尘；第二、三级锥体依次加长，净化较细的粉尘。处理气量取决于第一级的处理气量，总压力损失等于各级除尘器及其连接的压力损失之和，并乘以系数 1.1～1.2。

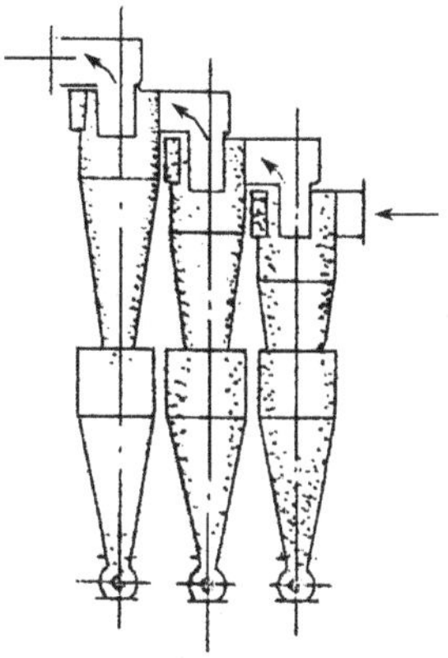

图 3－23　三级串联式旋风除尘器

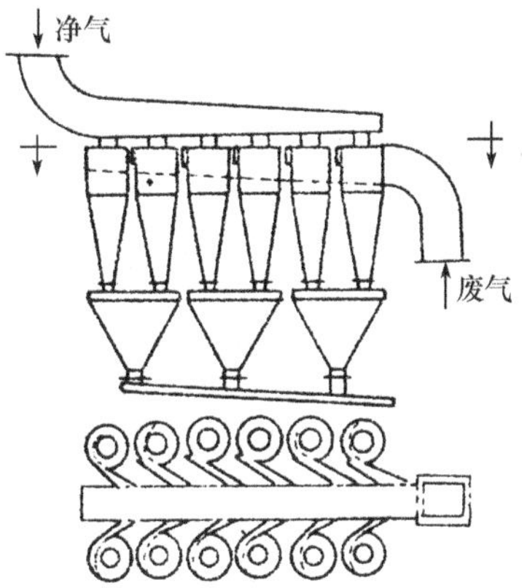

图 3－24　并联式旋风除尘器

② 并联式旋风除尘器组合

并联式旋风除尘器是为了增加处理气体量。在处理气量相同的情况下，以小直径的旋风除尘器代替大直径的旋风除尘器，可以提高净化效率。为了便于组合且均匀分配气量，通常采用相同直径的旋风除尘器并联。

图 3－24 为 12 筒并联式旋风除尘器组，特点是布置紧凑，风量分配均匀，实际应用效果好。并联除尘器的压力损失为单体压损的 1.1 倍，气量为各单体的气量之和。

并联组合的型式有：四管错列并联旋风除尘器组、立式多管除尘器、直流卧式多管除尘器等。与一般旋风除尘器相比，多管除尘器具有效率高、处理气量大及金属耗量大等特点，不如一般的旋风除尘器制造简单，运行可靠，所以仅仅在要求除尘效率高和处理气量大时才选用。我国定型生产的有 CLG 型多管除尘器,其筒体直径为 150mm 和 250mm 两种,并有 9、12 和 16 等共 16 种规格。

除此之外,还有将许多小型旋风除尘器(称为旋风子)组合在一个壳体内并联使用的多管旋风除尘器。它布置紧凑,外型尺寸小,处理气量更大,效率更高,允许处理的含尘浓度也较高。近年来在小型电厂锅炉(35t/h)烟气除尘中使用的陶瓷多管除尘器省钢、耐磨,防腐性能也好。

3.3 湿式除尘器

湿式除尘器是用水或其他液体与含尘废气相互接触,从而实现分离捕集粉尘粒子和吸收有害气体的装置。它主要是利用液网、液膜或液滴来去除废气中的尘粒,并兼备吸收有害气体的作用。湿式除尘器具有结构简单、耗用钢材少、投资低、运行安全等特点,已得到广泛应用。

与其他除尘器相比,湿式除尘器具有以下优点:(1)在耗用相同能耗的情况下,湿式除尘器的除尘效率比干式除尘器的除尘效率高;(2)可以处理高温、高湿、高比电阻、易燃和易爆的含尘气体;(3)在去除含尘气体中粉尘粒子的同时,还可以去除气体中的水蒸气及某些有毒有害的气态污染物,具有除尘、冷却和净化的作用。

其缺点有:(1)从湿式除尘器排除的沉渣需要处理,澄清的洗涤水应重复使用,否则会造成二次污染,浪费水资源;(2)净化含有腐蚀性的气态污染物时,洗涤水(或液体)具有一定的腐蚀性,金属设备容易被腐蚀;(3)不适于净化含有憎水性和水硬性粉尘的气体;(4)在寒冷地区使用湿式除尘器容易冻结;(5)能耗比较大。

3.3.1 湿式除尘器基础

3.3.1.1 湿式除尘器的分类

(1) 按不同能耗分类,可分为低能耗和高能耗两类。低能耗湿式除尘器的压力损失为 200~1500Pa,包括喷雾除尘器和水膜除尘器等,在一般运行条件下的耗水量(液气比)为 0.5~3.0L/m^3,对 10μm 以上粉尘的净化效率可达 90%~95%,低能耗湿式除尘器常用于焚烧炉、化肥制造和石灰窑的除尘,但主要用于废气治理。高能耗湿式除尘器的压力损失为 2500~9000Pa,净化效率可达 99.5%以上,如文丘里除尘器等,常用于燃煤电站、冶金和造纸等行业烟气除尘。

(2) 按净化机理的不同,可分为如图 3-25 所示的 7 种类型。根据不同的除尘要求,可以选择不同类型的除尘器。目前国内应用较为广泛的除尘器有:水膜除尘器、文丘里除尘器、喷淋除尘器、喷雾除尘器和板式塔除尘器等。表 3-13 为主要的湿式除尘器的性能和操作范围。

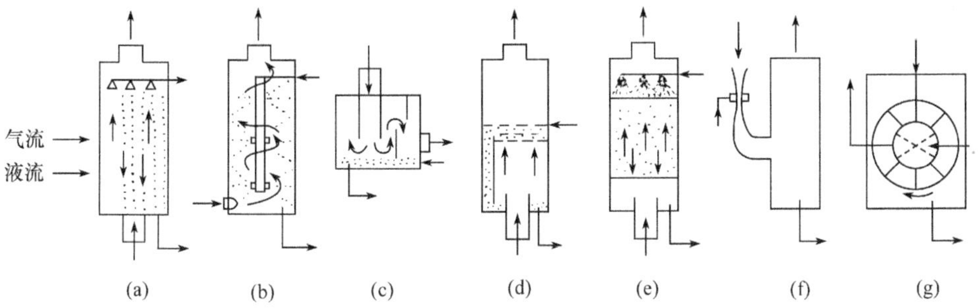

图 3 - 25　常见七种类型湿式除尘器工作示意图

(a) 重力喷雾除尘器;(b) 旋风水膜除尘器;(c) 贮水式冲击水浴除尘器;(d) 板式塔除尘器;(e) 填料塔除尘器;(f) 文丘里除尘器;(g) 机械动力洗涤除尘器

表 3 - 13　一些主要的湿式除尘器的性能和操作范围

除尘器名称	气体流速/(m/s)	液气比/(L/m^3)	压力损失/Pa	分割直径/μm
旋风水膜除尘器	15～45	0.5～1.5	500～1 500	1.0
文丘里除尘器	60～90	0.3～1.5	5 000～20 000	0.1
喷淋除尘器	0.1～2	2～3	100～300	3.0
自激喷雾除尘器	10～20	0.07～0.15	800～2 000	3.0
板式塔除尘器	1.5～4	1～3	600～1 500	1.0
填料塔除尘器	0.5～1	2～3	1 000～2 500	1.0
冲击式除尘器	10～20	10～50	0～150	0.2

湿式除尘器的净化气体排出时,一般都带有水滴,为了去除这部分水滴,常在湿式除尘器后附有脱水装置。

3.3.1.2　湿式除尘的原理

在湿式除尘器中,气体中的粉尘粒子是在气液两相接触过程中被捕集的。气液两相接触面的型式及大小,对除尘效率有重要的影响。表 3 - 14 列出了常见的湿式除尘器的主要接触表面及捕尘体的型式。

从湿式除尘器的理论基础上讲,其除尘机理涉及到气液两相间的接触表面,捕尘体形成的流体力学以及粉尘粒子在捕尘体上的沉降等,比较复杂。简单地讲,湿式除尘器的除尘机理主要是惯性碰撞和拦截作用,扩散、热泳和静电作用一般是次要的,只有捕集粒径很小的尘粒,才受到扩散等作用的影响。

表 3-14　常见的湿式除尘器的主要接触表面及捕尘体的型式

除尘器名称	气液两相接触表面型式	捕尘体型式
重力喷雾除尘器	液滴外表面	液滴
旋风水膜除尘器	液滴与液膜表面	液滴与液膜
贮水式冲击水浴除尘器	液滴与液膜表面	液滴与液膜
板式塔除尘器	气体射流与气泡表面	气体射流及气泡
填料塔除尘器	气体射流、气泡和液膜表面	气体射流、气泡及液膜
文丘里除尘器	液滴与液膜表面	液滴与液膜
机械动力洗涤除尘器	液滴与液膜表面	液滴与液膜

惯性碰撞作用可用斯托克斯准数(也叫惯性碰撞参数)描述,即

$$St = \frac{d_p^2 \rho_p u_r Cu}{9 \mu_g D_l} \qquad (3-76)$$

式中:d_p——粉尘粒径,m;

ρ_p—— 粉尘真密度,kg/m^3;

u_r——尘粒与液滴之间的相对运动速度,m/s;

Cu——肯宁汉修正系数,见(3-73)式;

μ_g——气体黏度,Pa·s;

D_l——液滴直径,m。

尘粒在液滴上的拦截作用可用拦截比来描述,即

$$K_R = \frac{d_p}{D_l} \qquad (3-77)$$

可见,惯性碰撞作用主要取决于尘粒质量及其与液滴之间的相对运动速度,拦截作用主要取决于尘粒的大小。两者都与液滴的大小有重要关系,一般液滴小时,惯性碰撞和拦截作用都增强。

3.3.1.3　湿式除尘器的除尘效率

影响湿式除尘器除尘效率的因素比较多,而且较为复杂,一般采用实验或经验公式计算。

(1) 根据湿式除尘器的能量消耗计算其除尘效率

实验和实践表明，湿式除尘器的除尘效率主要取决于除尘过程中所消耗的能量。一般说来，湿式除尘器对一特定粉尘粒子的除尘效率越高，其所消耗的能量也越大。湿式除尘器的总能量消耗 E_t 等于气体能量消耗 E_g 与加入液体能量消耗 E_l 之和，即

$$E_t = E_g + E_l = \frac{1}{3600}\left(\Delta p_g + \Delta p_l \frac{Q_l}{Q_g}\right) (\text{kWh/1000m}^3 \text{ 气体}) \quad (3-78)$$

式中：Δp_g——含尘气体通过湿式除尘器的压力损失，Pa；

Δp_l——在湿式除尘器中，加入液体的压力损失，Pa；

Q_l——进入湿式除尘器中洗涤液体的流量，m^3/s；

Q_g——进入湿式除尘器中含尘气体的流量，m^3/s。

湿式除尘器的总除尘效率是气液两相接触功率的函数，可用气相总传质单元数 N_{OG} 或湿式除尘器的总能量消耗 E_t 来表示，即

$$\eta = 1 - \exp(-N_{OG}) = 1 - \exp(-\alpha E_t^{\beta}) \quad (3-79)$$

式中，α 和 β 均为粉尘粒子分散度确定的常数，它取决于粉尘粒子的特性和除尘器的型式。

图 3-26 中关系曲线对应的粉尘类型及 α 和 β 值见表 3-15。

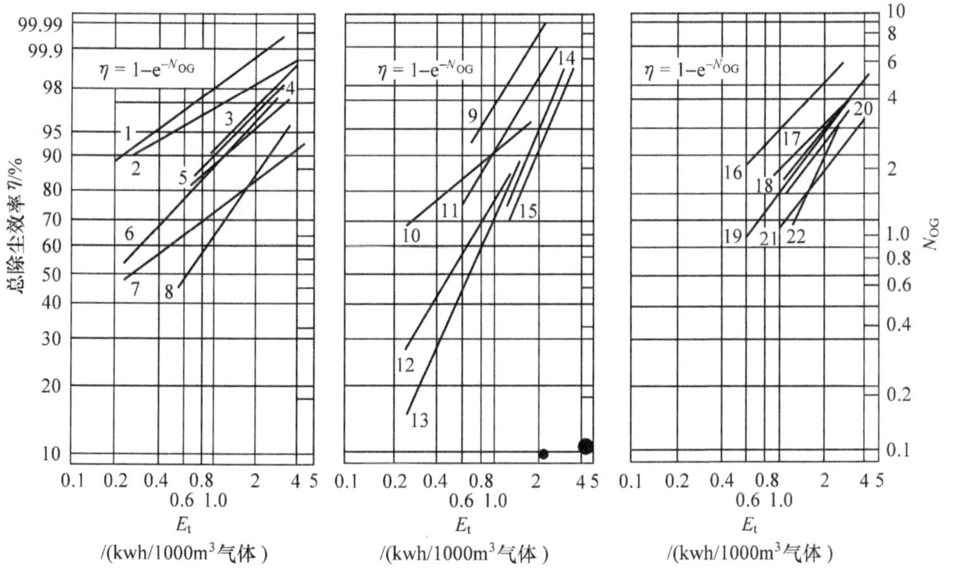

图 3-26　湿式除尘器的总效率与总能耗的关系

表 3-15　图 3-26 中关系曲线对应的粉尘类型及 α 和 β 值

No	粉尘或尘源的类型	α	β	No	粉尘或尘源的类型	α	β
1	L-D 转炉烟尘	4.450	0.466 3	9	石灰窑粉尘	3.567	1.052 9
2	滑石粉	3.626	0.350 6	10	黄铜熔炉排出氧化锌	2.180	0.531 7
3	磷酸雾	2.324	0.631 2	11	石灰窑排出的碱	2.200	1.229 5
4	化铁炉烟尘	2.255	0.621 0	12	硫酸铜气溶胶	1.350	1.067 9
5	炼钢平炉烟尘	2.000	0.568 8	13	肥皂生产排出的雾	1.169	1.414 6
6	滑石粉	2.000	0.656 6	14	吹氧平炉升华的烟尘	0.880	1.619 0
7	硅钢炉升华的粉尘	1.266	0.450 0	15	不吹氧平炉烟尘	0.795	1.594 0
8	鼓风炉烟尘	0.955	0.891 0				
No	黑液回收，各种洗涤液	α	β	No	黑液回收，各种洗涤液	α	β
16	冷水	2.880	0.669 4	20	45%和60%黑液	1.500	0.804 0
17	45%和60%黑液，蒸气处理	1.900	0.649 4	21	两级喷射，热黑液	1.056	0.862 8
18	45%黑液	1.640	0.775 7	22	60%黑液	0.840	1.428 0
19	循环热水	1.519	0.859 0				

(2) 应用卡尔弗特法推算湿式除尘器的除尘效率

卡尔弗特(Calvert)等人运用统一的方法研究了各类湿式除尘器除尘效率的推算公式。对于大多数净化粒径分布遵从对数正态分布的工业粉尘，在各种型式的湿式除尘器中的分级通过率可用下式表示

$$P_d = 1 - \eta_d = \exp(-Ad_{\mathrm{a}}^B) \tag{3-80}$$

式中：P_d——湿式除尘器对某一粒径的分级通过率，%；

η_d——湿式除尘器对某一粒径的分级除尘效率，%；

A,B——常数，随湿式除尘器的类型及粉尘粒子的粒径分布特性的不同而不同，对于填料塔和筛板塔湿式除尘器以及 $0.5 \leqslant St \leqslant 5$ 的文丘里除尘器，$B=2$，而对于旋风除尘器，$B \approx 0.67$；

d_{a}——粉尘粒子的空气动力直径，μm，因多数湿式除尘器是以惯性碰撞为主要捕尘机理，一般不宜用粉尘粒子的几何直径 d_{g} 来计算除尘效率，而应用空气动力直径 d_{a} 来计算。

$$d_{\mathrm{a}} = d_{\mathrm{g}}(\rho_{\mathrm{p}} Cu)^{1/2} \tag{3-81}$$

式中：d_{g}——粉尘粒子的几何直径，μm；

ρ_{p}——粉尘粒子的真密度，g/cm³；

Cu——肯宁汉修正系数，见式(3-73)。

对任何一种类型的湿式除尘器，总通过率均可用下式表示，即

$$P = \int_0^{m_0} \frac{P_d}{m_0} \mathrm{d}m \tag{3-82}$$

式中：P——湿式除尘器对粉尘粒子的总通过率，%；

m_0——粉尘式样的总质量，kg。

式(3－82)右项为某一粉尘粒子的质量分数与其通过率乘积的积分。

当气体中粉尘粒子的粒径分布为对数正态分布时，对式(3－80)和(3－82)联解可得出图 3－27 和图 3－28 的结果。图 3－27 表示不同参数 B 下，总通过率 P 与$(d_{ac}/d_g)^B$的关系；图 3－28 为参数 $B=2$ 时，P 与(d_{ac}/d_g)的关系曲线。若已知 d_{ac}、d_g、σ_g 和 B，即可用图 3－27 和图 3－28 确定该湿式除尘器的通过率。图中 σ_g 为粉尘粒子粒径分布的标准差，d_{c50}为该除尘器的分割直径(即除尘效率为 50% 时粉尘粒子的直径)，则空气动力分割粒径 d_{ac}与实际分割粒径 d_{c50}的关系为 $d_{ac} = d_{c50}(\rho_p Cu)^{1/2}$。

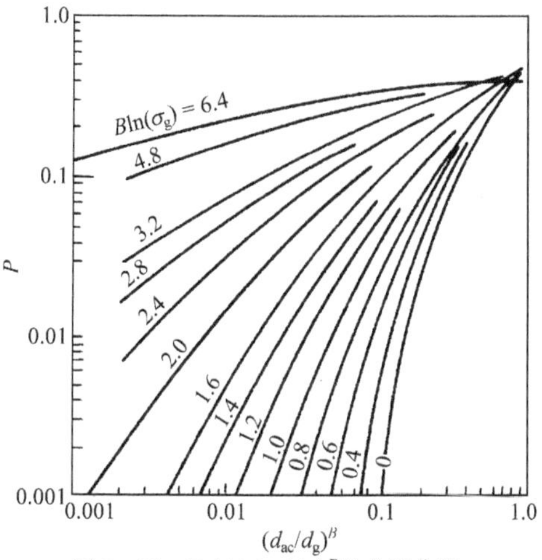

图 3－27　P 与$(d_{ac}/d_g)^B$的关系曲线

$(p = \exp(-Ad_a^B))$

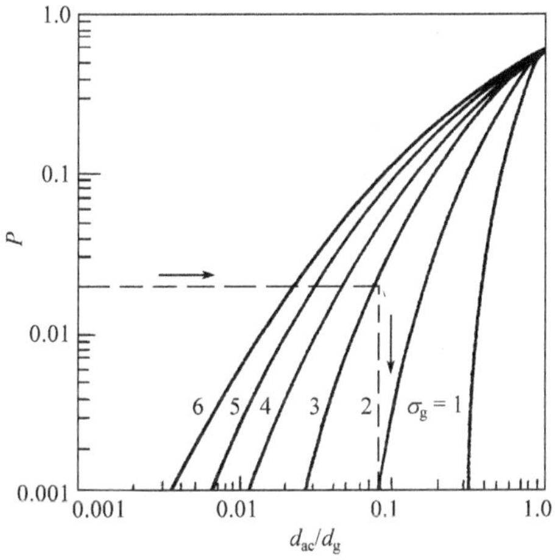

图 3－28　$B=2$ 时，P 与(d_{ac}/d_g)的关系曲线

$(p = \exp(-Ad_a^2))$

例 3－6　设粉尘的几何平均粒径 $d_g = d_{a50} = 10\mu m$(d_{a50}为空气动力中位径)，$\rho_p = 3000 kg/m^3$，几何标准差 $\sigma_g = 3$，要求通过率 $P = 2\%$。如果使用 $B=2$ 的填料塔、筛板塔或者文丘里洗涤器之类的湿式除尘器，在 293K 和 1atm 下求其分割粒径。

［**解**］　由图(3－28)查得 $P = 2\%$时 $d_{ac}/d_g = 0.09$，则

$$d_{ac} = 0.09 d_g = 0.09 \times 10 = 0.9(\mu m)$$

先不考虑肯宁汉修正系数，按 $d_{ac} = d_{c50}(\rho_p Cu)^{1/2}$计算得

$$d_{c50} = \frac{d_{ac}}{(\rho_p Cu)^{1/2}} = \frac{0.9}{\sqrt{3}} = 0.52(\mu m)$$

考虑肯宁汉修正系数以后，d_{c50}将小于0.52μm。估计 $d_{c50}=0.48\mu m$，带入(3-73)中得 $Cu=1.36$。则

则 $d_{c50}=\frac{d_{ac}}{(\rho_p Cu)^{1/2}}=\frac{0.9}{(3\times1.36)^{1/2}}=0.45(\mu m)$。

3.3.1.4 湿式除尘器的压降计算

湿式除尘器的压降一般表示为

$$\Delta p\approx\Delta p_i+\Delta p_o+\Delta p_p+\Delta p_g+\Delta p_y \tag{3-83}$$

式中：Δp——湿式除尘器的气体总压降，Pa；

Δp_i——湿式除尘器进口段的压降，Pa；

Δp_o——湿式除尘器出口段的压降，Pa；

Δp_p——含尘气体与洗涤液体接触区的压降，Pa；

Δp_g——气体分布板的压降，Pa；

Δp_y——挡板的压降，Pa。

以上的 Δp_i、Δp_o、Δp_g 和 Δp_y 可按化学工程手册中有关公式进行计算。

只有空心重力喷雾洗涤除尘器装有气流分布板，填料和板式塔一般不装气流分布板。因为在这些塔中填料层和气泡层都有一定的流体阻力，足以使气流分布均匀，因而不需设置气流分布板。

含尘气体与洗涤液体接触区的阻力与除尘器的结构型式和气液两相流体流动状态有关。两相流体的流动阻力可用气体连续相通过液体分散相所产生的压降来表示。此压力降不仅包括用于气相运动所产生的摩擦阻力，而且还包括必须传给气流一定的压头以补偿液流摩擦而产生的压力降。在两相流动接触区内的流体阻力可按下式计算

$$\Delta p_p=\xi_g\frac{\rho_g u_g}{2\varphi^2}+\xi_l\frac{\rho_l u_l}{2(1-\varphi)^2} \tag{3-84}$$

式中：ξ_g,ξ_l——分别为气体与液体的流体阻力系数；

u_g,u_l——分别为气体和液体的线速度，m/s；

φ——流区气体占有设备截面积的分数。

对某一种具体类型的湿式除尘器，其压降可用相关的近似公式计算。

3.3.2 水膜除尘器

水膜除尘器是利用水膜捕集尘粒的一种除尘设备，有立式、卧式、管式、中央喷水和同心圆旋风水膜以及斜棒式洗涤栅水膜除尘器等类型。

3.3.2.1　立式旋风水膜除尘器

(1) CLS 型旋风水膜除尘器

如图 3－29,CLS 型旋风水膜除尘器是在筒体的上部以环形方式安装一排喷嘴,喷雾沿切向喷向筒壁,使内壁形成一层很薄的不断下流的水膜。含尘气体由筒体下部切向导入,旋转上升,靠离心力作用甩向壁面的尘粒被水膜黏附,沿筒壁流下。粉尘粒子随沉渣水由除尘器底部排渣口排出,净化后的气体由筒体上部排出。这种除尘器净化效率一般可达 90% 以上,其入口最大允许浓度为 2g/m^3,处理大于此浓度的含尘气体时,应在其前设一预除尘器,以降低进气含尘浓度。此除尘器按规格不同设有 3～6 个喷嘴,喷水压力为 30～50kPa,液气比为 0.1～0.3L/m^3,压力损失为 500～750Pa。该除尘器的净化效率随气流入口速度增大而提高,入口速度范围一般为 15～22m/s;且随筒体直径减小、高度增加而提高,筒体高度一般不大于 5 倍筒体直径。

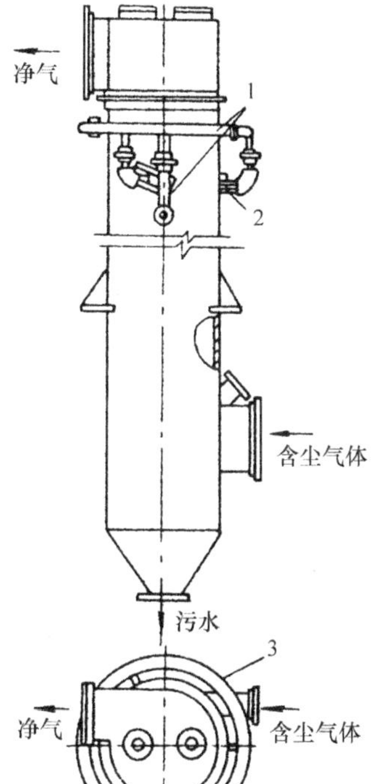

图 3－29　立式旋风水膜(CLS 型)除尘器

1－水管;2－喷嘴;3－水管

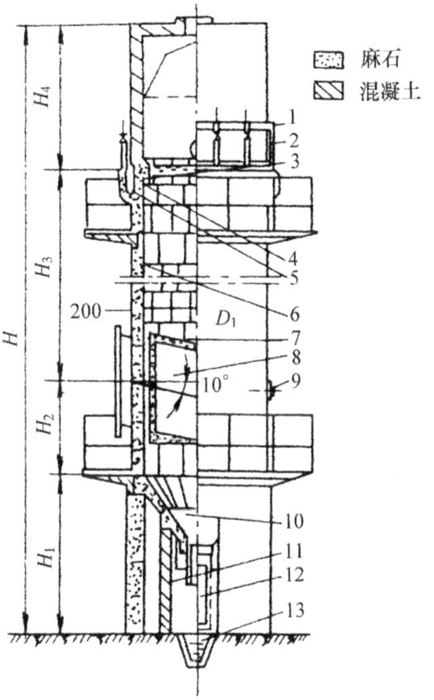

图 3－30　麻石水膜除尘器的结构图

1－环形集水管;2－扩散管;3－挡水堰;4－水越入区;5－溢水槽;6－筒体内壁;7－烟道进口;8－挡水槽;9－通灰孔;10－锥形灰斗;11－水封池;12－插板门;13－灰沟

(2) 麻石水膜除尘器

麻石水膜除尘器是立式旋风水膜除尘器的一种,它是用耐磨、耐腐蚀的麻石砌筑。其特点有:抗腐蚀性好,耐磨性好,经久耐用;不仅能净化抛煤机和燃煤炉烟气中的粉尘,而且还能净化煤粉炉和沸腾炉含尘浓度高的烟气;除尘效率高,一般可达90%左右;麻石可以就地取材,节省投资和钢材。存在的问题是:采用安装环形喷嘴形成筒壁水膜,喷嘴易被烟尘堵塞;液气比大,废水含有的酸需处理后才能排放;不适宜急冷急热的除尘过程,处理烟气温度不超过100℃为宜。

① 麻石水膜除尘器的构造和工作原理

图3-30为麻石水膜除尘器的结构图。它是由圆筒体(麻石砌筑)、环形喷嘴(或溢水槽)、水封锁气器、沉淀池等组成。含尘气体由圆筒下部烟道进口以16~23m/s的速度切向进入筒体,形成急剧上升的旋转气流,含尘气体中的尘粒在离心力的作用下被甩到筒壁,并被筒壁自上而下的水膜捕获后随水膜下流,经锥形灰斗、水封池排入排灰水沟,冲至沉淀池。净化后烟气从除尘器的出口排出,经排气管、烟道、吸风机后再由烟囱排入大气。

② 麻石水膜除尘器的性能与设计参数

除尘器入口的气流速度一般约采用18m/s,直径大于2m的除尘器可采用22m/s。除尘器筒体内气流上升速度取4.5~5.0m/s为宜,液气比为0.15~0.20L/m^3,阻力一般为600~1200Pa。对锅炉排尘的除尘效率一般为85%~90%。表3-16和表3-17分别列出了麻石水膜除尘器主要尺寸表和性能参数表。

表3-16 麻石水膜除尘器主要尺寸表(mm)

型号	烟气进口尺寸 $b \times h$	内径 D_1	总高 H	H_1	H_2	H_3	H_4
MCLS-1.30	430×800	1 300	10 030	2 650	—	—	—
MCLS-1.60	420×1 200	1 600	11 500	2 650	—	—	—
MCLS-1.75	420×1 300	1 750	12 780	2 500	1 375	7 475	1 307
MCLS-1.85	420×1 500	1 850	14 647	2 650	1 517	7 430	2 458
MCLS-2.50	700×2 000	2 500	18 083	3 200	2 000	—	—

图3-30是国内较早建造的麻石水膜除尘器结构图,后来作了如下改进:a.在图3-30所示的水膜除尘器主塔之后增加了副塔,烟气经二塔上部之间的水平烟道进入副塔,并从副塔下部经引风机和烟囱排放。副塔除了作为烟管外,还有一定的脱水作用。b.主塔直接在混凝土基础上砌筑,底部设有灰水出口和溢流堰

以实现水封，而不像图3－30那样下部设锥体、支撑和工作平台。主塔上部也为全麻石结构。c. 为了提高除尘效率，在主塔前增设卧式麻石文丘里洗涤器，将文丘里-水膜除尘器的总除尘效率提高到95%～97%。

表3－17　麻石水膜除尘器主要性能参数表

型号	烟气量/(m^3/h)				质量/t
	进口烟气速度/(m/s)				
	15	18	20	22	
MCLS－1.30	23 200	27 800	30 900	34 000	33.3
MCLS－1.60	27 200	32 600	36 300	39 500	41.5
MCLS－1.75	29 500	34 500	39 400	43 400	—
MCLS－1.85	37 800	45 300	50 400	55 600	47.3
MCLS－2.50	75 600	91 000	10 100	111 000	—
MCLS－3.10	104 000	125 000	138 700	—	—
MCLS－4.00	108 000	126 000	144 000	158 000	243.7
阻力/Pa	579	843	1 030	1 246	—

3.3.2.2　卧式旋风水膜除尘器

卧式旋风水膜除尘器是一种阻力不高而效率比较高的除尘器。其结构简单，操作维护方便，耗水量小，而且不易磨损，在机械、冶金等行业使用较多。

(1) 卧式旋风水膜除尘器的构造及工作原理

卧式旋风水膜除尘器由内筒、外壳、螺旋导流叶片、集尘水箱和排水设施等组成，如图3－31所示。内筒和外壳之间装螺旋导流叶片，螺旋导流叶片使内筒外壳的间隙呈一螺旋通道，筒体下部接灰浆斗。

含尘烟气由进口切向高速进入，经螺旋导流叶片的导流，在外壳与内筒之间的通道内作旋转运动前进。当烟气气流冲击到水箱内的水表面时，有部分较大粒径的粉尘粒子与水接触而沉降。与此同时，具有一定流速的烟气气流冲击水面以后，夹带部分水滴继续沿通道作旋转运动，致使外筒内壁和内筒外壁形成一层约3～5mm的水膜。随气流作旋转运动的粉尘粒子受离心力的作用，转向外筒内壁的水膜上而被水膜黏附。被捕获的尘粒在灰浆斗中靠重力作用而沉淀，并通过排灰浆阀定期排出。净化后的气体则通过堰板或经旋风脱水后排入大气。

卧式水膜除尘器的除尘效率与其结构尺寸有关，特别是与螺旋导流叶片的螺距、螺旋直径有关。导流叶片的螺旋直径和螺距越小，除尘效率越高，但其阻力损

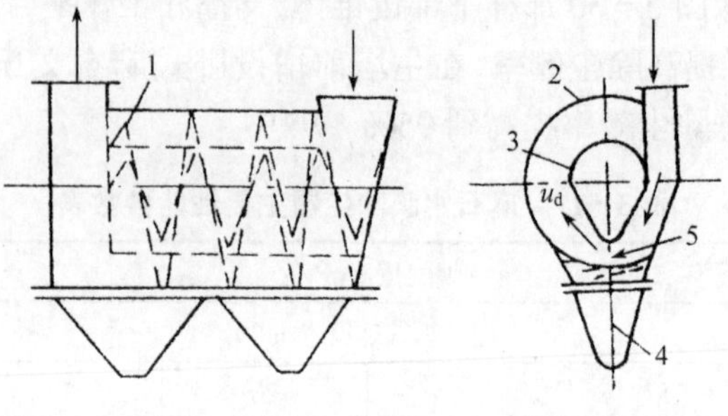

图 3-31 卧式旋风水膜除尘器示意图

1-螺旋导流片;2-外壳;3-内筒;4-水槽;5-通道高度

失也越大。实际运行表明这种卧式水膜除尘器的除尘效率可达 85%～92%。

(2) 卧式水膜除尘器的性能及特点

① 螺旋通道内断面烟气流速以 8～18m/s 为宜,除尘器的压力损失约为 300～1000Pa;

② 除尘器的横截面以倒梨形为佳,内筒与外壳直径比以 1∶3 为宜,三个螺旋圈应为等螺距;

③ 液气比一般为 0.06～0.15L/m^3,气体流量允许波动范围为 20%左右;

④ 在卧式水膜除尘器的筒底,水位高度应以 80～150mm 为宜,水平管道上应设泄水管,用于排出由于操作等原因而排出除尘器的水。

3.3.2.3 管式水膜除尘器

管式水膜除尘器是一种阻力较低、结构简单、除尘效率较高的除尘器。它一般以玻璃、竹、陶瓷水泥或其他防腐耐磨材料作为管材,也可用金属材料,但内壁应涂防腐层。

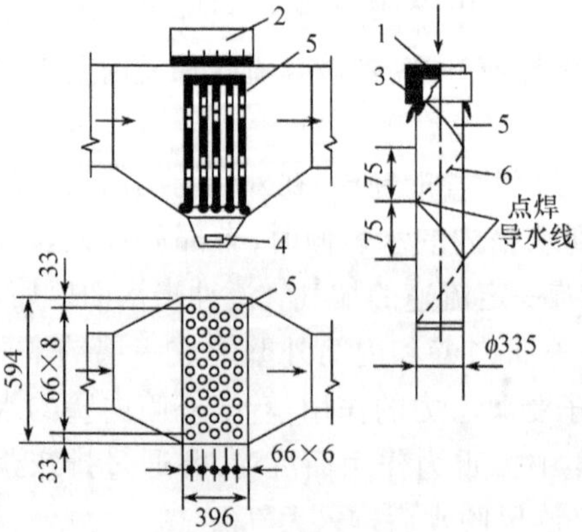

图 3-32 管式水膜除尘器示意图

1-进水孔;2-上水箱;3-出水;4-排水口;5-钢管;6-铅丝导水线

(1) 管式水膜除尘器的构造及工作原理

如图 3-32 所示,管式水膜除尘器一般由水箱、管束、排水沟和沉淀池等组成。除尘器顶部的上水箱中的水经控制调节,沿一根细管进入较粗的管内,并溢流而出,沿钢管的外表面均匀流下,形成良好的水膜。当含尘气体通过垂直交错布置的管束时,由于烟气不断改变流向,尘粒在惯性力的作用下被甩到管外壁而黏附于水膜上。随后，粉尘随水流入封式排水沟，并经排水口进入沉淀池沉淀。

(2) 管式水膜除尘器的性能特点

① 全系统阻力一般为300～500Pa，其中管束阻力为100～150Pa；

② 液气比较大，一般为$0.25L/m^3$，应尽量使水循环使用；

③ 除尘效率一般可达85%～90%；

④ 管束应交错布置，其单根长度以不超过2m为宜；

⑤ 处理自然引风的锅炉烟气，流速一般取3m/s，管束一般为4排，处理机械引风的锅炉烟气，流速可取5m/s。

3.3.3 文丘里除尘器

文丘里除尘器是一种高效湿式除尘器，含尘气体以高速通过喉管，水在喉管处注入并被高速气流雾化，尘粒与液(水)滴之相互碰撞使尘粒沉降。它结构简单，对0.5～5μm的尘粒除尘效率可达99%以上，但运转费用较高，常用于高温烟气降温和除尘，也可用于吸收气体污染物。早期设计的一种称为PA型文丘里除尘器如图3-33所示，现在经改进的文丘里除尘器的形式很多，应用也很广泛。其缺点是动力消耗比较大，阻力一般为1500～5000Pa，液气比一般为$0.7L/m^3$。

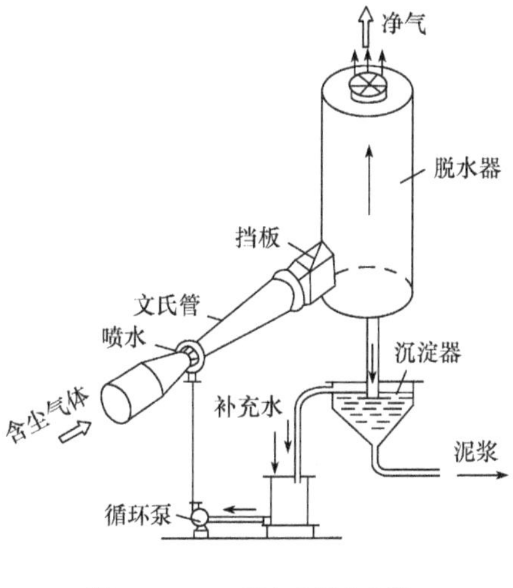

图3-33 PA型文丘里除尘器

3.3.3.1 文丘里除尘器的构造及工作原理

文丘里除尘器由文丘里管(简称文氏管)和脱水器两部分组成。文氏管由进气管、收缩管、喷嘴、喉管、扩散管、连接管组成。脱水器也叫除雾器，上端有排气管，用于排出净化后的气体；下端有排尘管道接沉淀池，用于排出泥浆。

文丘里除尘器的除尘过程可分为雾化、凝聚和脱水三个过程，前两个过程在文氏管内进行，后一个过程在脱水器内完成。含尘气体由进气管进入收缩管后流速增大，在喉管气体流速最高，气液相对流速很大。从喷嘴喷射出来的水滴，在高速气流(一般在50m/s以上)冲击下雾化，气体湿度达到饱和。尘粒表面附着的气膜被冲破，使尘粒被水湿润，尘粒与水滴，或尘粒与尘粒之间发生激烈的凝聚。在扩散管中，气流速度减小，压力回升，以尘粒为凝结核的作用加快，凝聚成较大的含尘水滴,更易于被捕集。粒径较大的含尘水滴进入脱水器后,在重力、离心力等作用下,尘粒与水分离,达到除尘的目的。

文氏管的结构型式是除尘效率高低的关键。文氏管结构型式有多种,如图3-34所示。

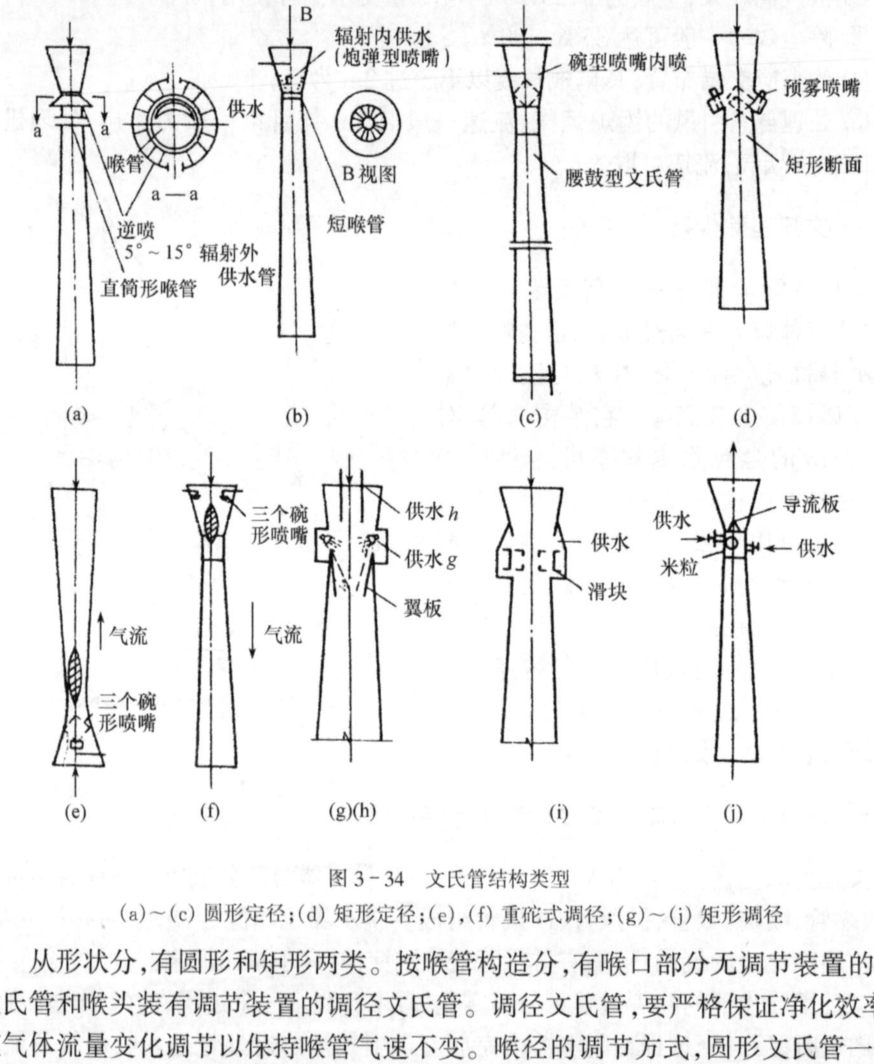

图3-34 文氏管结构类型

(a)~(c) 圆形定径;(d) 矩形定径;(e),(f) 重砣式调径;(g)~(j) 矩形调径

从形状分,有圆形和矩形两类。按喉管构造分,有喉口部分无调节装置的定径文氏管和喉头装有调节装置的调径文氏管。调径文氏管,要严格保证净化效率,需随气体流量变化调节以保持喉管气速不变。喉径的调节方式,圆形文氏管一般采用重砣式;矩形文氏管可采用翼板式、滑块式和米粒型(R-D型)。按水雾化方式分,有预雾化(用喷嘴喷成水滴)和不预雾化(借助高速气流使水雾化)两种方式。按供水方式分,有径向内喷,径向外喷、轴向喷雾和溢流供水四类。溢流供水是在收缩管顶部设逆流水箱,使溢流水沿收缩管壁流下形成均匀的水膜。这种溢流文

氏管，可以起到清除干湿界面上黏灰作用。各种供水方式皆以利于水的雾化并使水滴布满整个喉管断面为原则。

确定文氏管几何尺寸的基本原则是保证净化效率和减小流体阻力，包括收缩管、喉管和扩散管的直径和长度，收缩管和扩散管的扩张角等。文氏管进口管径 D_1，一般按与之相连的管道直径确定，流速一般取 15～22m/s。文氏管出口管径 D_2，一般按其后连接的脱水器要求的气速确定，一般选 18～22m/s。由于扩散管后面的直管道还具有凝聚和压力恢复作用，故最后设 1～2m 的直管段，再接脱水器。喉管直径 D_0 按喉管内气流速度 u_0 确定，其截面积与进口管截面积之比的典型值为 1:4。u_0 的选择要考虑粉尘、气体和液体（水）的物理化学性质，对除尘效率和阻力的要求等因素。在除尘中，一般取 $u_0=40\sim120$m/s；净化亚微米的尘粒可取 80～120m/s，甚至 150m/s；净化较粗尘粒时可取 60～90m/s，有些情况取 35m/s 也能满足。在气体吸收时，喉管内气速 u_0 一般取 20～30m/s。喉管长度 L_0 一般采用 $L_0=0.15\sim0.30D_0$，或取 200～350mm。收缩管的收缩角 θ_1 愈小，阻力愈小，一般采用 23°～30°。扩散管的扩散角 θ_2 一般取 6°～7°。当直径 D_1，D_2 和 D_0 及角度 θ_1 和 θ_2 确定之后，便可算出收缩管和扩散管的长度。

3.3.3.2 文丘里除尘器的设计与计算

文丘里除尘器的设计包括两个主要内容：确定净化气体量和文丘里管的主要尺寸。

(1) 净化气体量 Q 的确定

净化气体量可根据生产工艺物料平衡和燃烧装置的燃烧计算求得，也可采用直接测量的烟气量数据。对于 Q 量的设计计算均以文丘里管前的烟气性质和状态参数为准。为了简化设计计算，计算时可以不考虑其漏风系数、烟气温度的降低及烟气中水蒸气对烟气体积的影响。

(2) 文丘里管几何尺寸的确定

需要确定的几何尺寸有收缩管、喉管和扩张管的截面积、圆形管的直径或矩形管的高度和宽度以及收缩管和扩张管的张开角等。如图 3-35 所示。

① 收缩管

a. 进气端截面积

一般按与之相连的进气管道形状来计算，计算式为

$$F_1=\frac{Q_t}{3600u_1} \tag{3-85}$$

式中：F_1——收缩管进气端的截面积，m^2；

Q_t——温度为 t 时进口气流量，m^3/h；

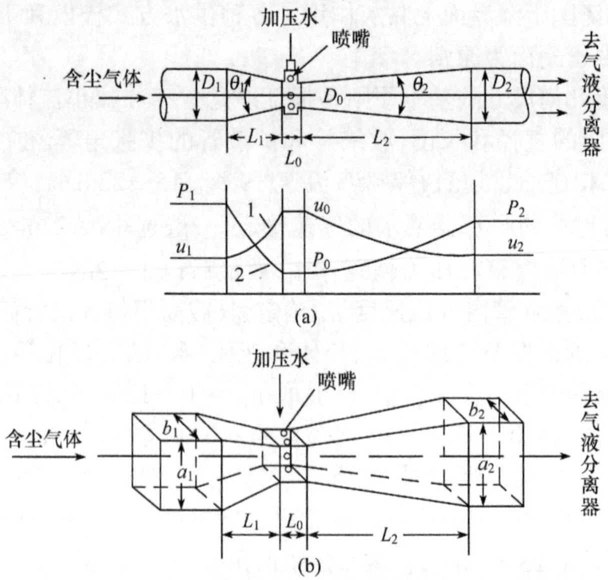

图 3-35 文丘里管除尘器的主要结构及形状

(a) 圆形截面文丘里管洗涤器;(b) 矩形截面文丘里管洗涤器

1-气流速度沿长度方向变化曲线;2-气流静压力沿长度方向变化曲线

u_1——收缩管进气端气体的速度,m/s,此速度与进气管内的气流速度相同,一般取 $u_1=15\sim22$m/s。

b. 圆形收缩管进气端的管直径

$$D_1 = 1.128\sqrt{F_1} \tag{3-86}$$

或者

$$D_1 = 0.0188\sqrt{\frac{Q_t}{u_1}} \tag{3-87}$$

式中,D_1 为圆形收缩管进气端的管直径,m。

c. 矩形截面收缩管进气端的高度和宽度

$$a_1 = \sqrt{(1.5\sim2.0)F_1} = (0.0204\sim0.0235)\sqrt{\frac{Q_t}{u_1}} \tag{3-88}$$

$$b_1 = \sqrt{\frac{F_1}{(1.5\sim2.0)}} = (0.0136\sim0.0118)\sqrt{\frac{Q_t}{u_1}} \tag{3-89}$$

式中,a_1 和 b_1 分别为矩形截面收缩管进气端的高度和宽度,m。一般有 $\frac{a_1}{b_1}=1.5\sim2.0$。

② 扩张管

a. 出气端的截面积

$$F_2=\frac{Q_t}{3600u_2} \tag{3-90}$$

式中：F_2——扩张管出气端的截面积，m^2；

u_2——扩张管出气端的气体流速 m/s，通常可取 18～22m/s。

b. 圆形扩张管出气端的管直径

$$D_2=1.128\sqrt{F_2} \tag{3-91}$$

或者

$$D_2=0.0188\sqrt{\frac{Q_t}{u_2}} \tag{3-92}$$

式中，D_2 为圆形扩张管出气端的管直径，m。一般情况下，$D_2\approx D_1$。

c. 矩形截面扩张管出口端高度与宽度

$$a_2=\sqrt{(1.5\sim2.0)F_2}=(0.0204\sim0.0235)\sqrt{\frac{Q_t}{u_2}} \tag{3-93}$$

$$b_2=\sqrt{\frac{F_2}{(1.5\sim2.0)}}=(0.0136\sim0.0118)\sqrt{\frac{Q_t}{u_2}} \tag{3-94}$$

式中，a_2 和 b_2 分别为矩形截面扩张管出气端的高度和宽度，m。一般有$\frac{a_2}{b_2}=1.5\sim2.0$。

③ 喉管

a. 喉管截面积计算式为

$$F_0=\frac{Q_t}{3600u_0} \tag{3-95}$$

式中：F_0——喉管的截面积，m^2；u_0——通过喉管的气流速度，m/s。

气流速度要根据该除尘器应用的具体条件来确定。用于降温，且除尘效率要求不高时，u_0 可取 40～60m/s。净化含亚微米粉尘粒子，且要求的除尘效率较高时，u_0 可取 80～120m/s，甚至 150m/s。

b. 圆形喉管直径的计算方法同前。一般有，$D_0\approx\frac{D_1}{2}$。

c. 对小型矩形文丘里管洗涤器的喉管高宽比仍可取$\frac{a_0}{b_0}=1.2\sim2.0$，但对于卧式通过大气量的喉管宽度 b_0 不应大于 600mm，而喉管的高度 a_0 不受限制。

④ 收缩角和扩张角

a. 收缩管的收缩角 θ_1 愈小，文丘里管除尘器的气流阻力愈小，通常取 θ_1 为 23°～30°。文丘里管除尘器用于气体降温时，θ_1 取 23°～25°，而用于除尘时，θ_1 取

23°～28°，最大可达 30°。

b. 扩张管的扩张角 θ_2 的取值通常与 u_2 有关，u_2 愈大，θ_2 应愈小。否则不仅增大阻力而且捕尘效率也将降低，一般 θ_2 取 6°～7°。

⑤ 收缩管和扩张管长度

a. 圆形收缩管和扩张管的长度计算式

$$L_1 = \frac{D_1 - D_0}{2}\text{ctg}\,\frac{\theta_1}{2} \tag{3-96}$$

$$L_2 = \frac{D_2 - D_0}{2}\text{ctg}\,\frac{\theta_2}{2} \tag{3-97}$$

式中：L_1——圆形收缩管的长度，m；L_2——圆形扩张管的长度，m。

b. 矩形文丘里管的收缩管长度 L_1，可按下式计算（取最大值作为收缩管的长度）

$$L_{1a} = \frac{a_1 - a_0}{2}\text{ctg}\,\frac{\theta_1}{2} \tag{3-98}$$

$$L_{1b} = \frac{b_1 - b_0}{2}\text{ctg}\,\frac{\theta_1}{2} \tag{3-99}$$

式中：L_{1a}——用收缩管进气端高度 a_1 和喉管高度 a_0 计算的收缩管长度，m；

L_{1b}——用收缩管进气端宽度 b_1 和喉管宽度 b_0 计算的收缩管长度，m。

矩形文丘里管扩张管的长度 L_2，取下列两式计算的最大值

$$L_{2a} = \frac{a_2 - a_0}{2}\text{ctg}\,\frac{\theta_2}{2} \tag{3-100}$$

$$L_{2b} = \frac{b_2 - b_0}{2}\text{ctg}\,\frac{\theta_2}{2} \tag{3-101}$$

式中：L_{2a}——用扩张管出口端高度 a_2 和喉管高度 a_0 计算的扩张管长度，m；

L_{2b}——用扩张管出口端宽度 b_2 和喉管宽度 b_0 计算的扩张管长度，m。

⑥ 喉管长度

在一般情况下，喉管长度取 $L_0 = 0.15 \sim 0.30 D_{0,\text{eq}}$（$D_{0,\text{eq}}$为喉管的当量直径）。喉管截面为圆形时，$D_{0,\text{eq}}$即为喉管的直径，$D_{0,\text{eq}} = D_0$；喉管截面为矩形时，喉管的当量直径按下式计算

$$D_{0,\text{eq}} = \frac{4F_0}{q} \tag{3-102}$$

式中：$D_{0,\text{eq}}$——喉管的当量直径，m；F_0——喉管的截面积，m^2；

q——喉管的周边长，m。

一般情况下，喉管长度在 200～350mm，最长不超过 500mm。

3.3.3.3　文氏管的压力损失

文氏管的压力损失是一个很重要的性能参数。影响压力损失的因素很多，如文氏管的结构型式尺寸，特别是喉管尺寸，各管道加工安装精度、喷雾方式和喷水压力、液气比、气速及气体流动动况等。所以在设计文氏管时要想准确推算它的压力损失是困难的。对于低能耗文丘里管除尘器，喉管气速一般为 40～60m/s，液气比为 0.15～0.60L/m³，其压力损失约为 600～5000Pa；对于高能耗文丘里管除尘器，喉管气速一般为 60～120m/s，液气比为 0.20～0.81L/m³，其压力损失约为 5000～20 000Pa。喉管气速增加，液气比加大，压力损失也会增大。对于已正常运行的文氏管可准确地测出某一操作状态下的压力损失。研究者依据喉管内气流速度和液气比等因素进行实验，给出的压力损失经验公式很多，都是在假定条件下得到的，具有一定局限性。目前应用比较多的公式有如下两种：

(1) 海思开斯(Hesketh)经验公式

$$\Delta p = 0.863\rho_g F_0^{0.133} u_0^2 (L/G)^{0.78} \tag{3-103}$$

式中：Δp——文丘里管压力损失，Pa；

ρ_g——含尘气体的密度，kg/m³；

F_0——喉管的截面积，m²；

u_0——通过喉管的气流速度，m/s；

L/G——液气比，L/m³。

(2) 木村典夫给出的径向喷雾时的压力损失公式

$$\Delta p = [0.42 + 0.79L/G + 0.36(L/G)^2]\frac{\rho_g u_0^2}{2} \tag{3-104}$$

或

$$\Delta p = \left[\frac{0.033}{\sqrt{R_{HT}}} + 3.0R_{HT}^{0.3}(L/G)\right]\frac{\rho_g u_0^2}{2} \tag{3-105}$$

式中：R_{HT}——喉管的水力半径，$R_{HT} = D_0/4$，m；

Δt——文丘里管的入口和出口气体的温度差，℃。

在处理高温气体(700～800℃)时，按上式计算的 Δp 应乘以温度修正系数 k

$$k = 3(\Delta t)^{-0.28} \tag{3-106}$$

3.3.3.4　文丘里除尘器的除尘效率

文丘里除尘器的除尘效率取决于文氏管的凝聚效率和脱水器的脱水效率。凝聚效率系指因惯性碰撞、拦截和凝聚等作用，使尘粒被水滴捕集的百分率。脱水效率是指尘粒与水分离的百分数。关于脱水效率的计算可参照有关除尘公式进行，

而文氏管的凝聚效率最接近实际的经验公式为

$$\eta_1 = 1 - \exp\left[\frac{2Q_1 u_0 \rho_1 D_1}{55 Q_g \mu_g} F(St, f)\right] \tag{3-107}$$

式中：η_1——文氏管的凝聚效率，%；

Q_1——液体流量，L/s；

u_0——通过喉管的气流速度，m/s；

ρ_1——液体(水)密度，kg/m^3；

D_1——液滴平均直径，μm；在20℃和1atm下，对于水-空气系统

$$D_L = 500/u_0 + 29(L/G)^{1.5} \tag{3-108}$$

Q_g——含尘气体流量，m^3/s；

μ_g——含尘气体黏度，Pa·s；

St——按喉管内气速 u_0 确定的斯托克斯准数

$$St = \frac{d_p^2 \rho_p u_0 Cu}{9 \mu_g D_1} \tag{3-109}$$

d_p——粉尘粒子的粒径，m；

$$F(St, f) = \frac{1}{St}\left[-0.7 - St \cdot f + 1.4\ln\left(\frac{St \cdot f + 0.7}{0.7}\right) + \left(\frac{0.49}{0.7 + St + f}\right)\right] \tag{3-110}$$

式中，f 为经验系数。疏水性粉尘 $f=0.25$；亲水性的飞灰 $f=0.4\sim0.5$；大型洗涤器 $f=0.5$。

卡尔弗特等人作了一系列简化后，提出的计算文丘里洗涤器通过率的公式为

$$P_{t0} = \exp\left(\frac{-6.1 \times 10^{-13} \rho_p \rho_1 d_p^2 f^2 \Delta p Cu}{\mu_g^2}\right) \tag{3-111}$$

式中：ρ_p——粉尘粒子的密度，kg/m^3；Cu——肯宁汉修正系数。

文丘里管除尘器除尘效率为

$$\eta = (1 - P_{t0}) \times 100\% \tag{3-112}$$

对于 $5\mu m$ 以下的粉尘粒子的去除效率，可按海思开斯公式计算

$$\eta = (1 - 4525.3 \Delta p^{-1.3}) \times 100\% \tag{3-113}$$

式中，Δp 为压降，Pa。

3.3.4 喷淋除尘器

喷淋除尘器是湿式除尘器中最简单的一种，它一般不用作单独除尘。当气体

需要除尘、降温或除尘兼去除其他有害气体时,使用这种设备。这类除尘器具有结构简单、压力损失小(一般小于250Pa)、操作稳定方便等特点,但净化效率低,耗水量及占地面积大。它对小于10μm的尘粒捕集效率较低,对大于10μm的尘粒捕集效率较好。该除尘器与高效除尘器,如文丘里除尘器联用,可起预净化、降温和加湿作用。

3.3.4.1　喷淋除尘器的构造及工作原理

根据喷淋除尘器内的气液流动方向不同,可将其分为顺流、逆流和错流三种型式。

最常用的是逆流喷淋除尘器,如图3-36所示。含尘气体从喷淋除尘器的下部进入,通过气流分布格栅,使气流均匀进入除尘器。液体通过喷嘴从上向下喷淋,喷嘴可以设在一个截面上,也可以分几层设在几个截面上。液滴通过与尘的碰撞、接触,捕获尘粒。净化的气体通过挡水板以去除气体带出的液滴。

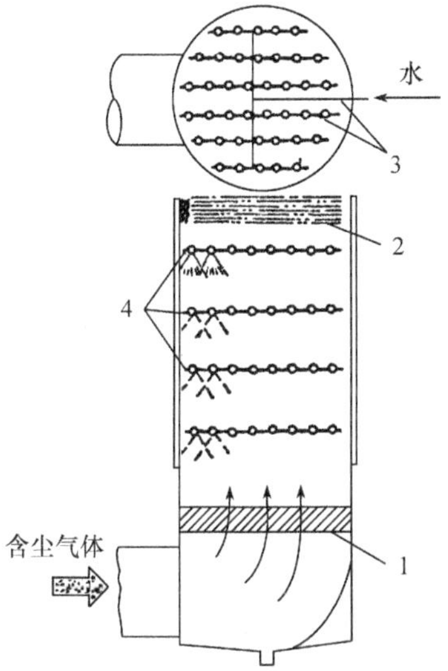

图3-36　逆流喷淋除尘器

1-气流分布格栅;2-挡水板;3-水管;4-喷嘴

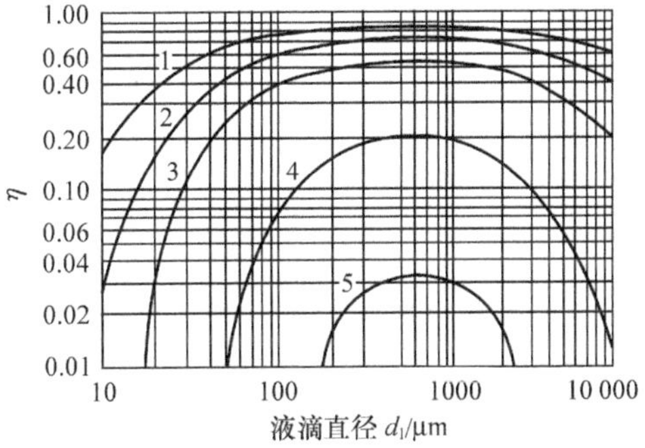

图3-37　喷淋除尘器中不同直径液滴对尘粒的去除率

1-10μm;2-7μm;3-5μm;4-3μm;5-2μm

3.3.4.2　喷淋除尘器的设计及计算

根据斯台尔曼(Starmand C.)的研究结果,液滴直径与碰撞捕集效率之间的关系如图3-37。从图中可以看出,当液滴直径为0.8mm左右时,对尘粒的去除率最高。

逆流喷淋除尘器的效率可以按卡费特(Calvert S.)等人推导的公式计算

$$\eta = 1 - \exp\left(-\frac{3Q_l\eta_I u_p H}{2Q_g D_l u_l}\right) \tag{3-114}$$

式中：Q_l——液体的喷淋量，m^3/s；

Q_g——进气量，m^3/s；

u_p——尘粒的沉降速度，m/s；

u_l——相对于除尘器壁面的液滴速度，m/s；

H——气液接触区的高度，m；

D_l——液滴的直径，m；

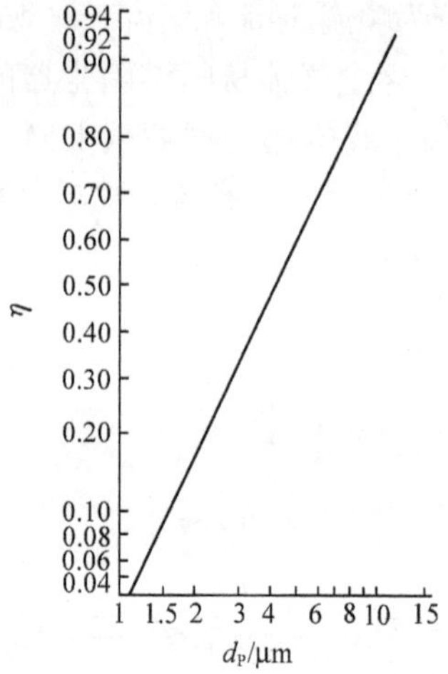

图 3-38 液滴捕获不同粒径尘粒的效率

η_I——液滴捕获尘粒的效率，当尘粒密度为 $2g/cm^3$，液滴直径为 0.2～1.2μm 时，其值见图3-38所示。

η_I 也可以用以下式进行估算

$$\eta_I = \frac{St^2}{(St + 0.35)^2} \tag{3-115}$$

或者，

$$\eta_I = 1 - 0.15St^{-1.24} \tag{3-116}$$

横向错流喷淋除尘器的效率可用下式计算

$$\eta \approx 1 - \exp\left(-\frac{3Q_l\eta_I H}{2Q_g D_l}\right) \tag{3-117}$$

实验表明：喷淋除尘器在设计时，一般进气流速取 0.6～1.2m/s；液气比取 0.4～1.35L/m^3；除尘器的阻力一般为 200～400Pa。此时，对于 10μm 以上的尘粒去除效率比较高，一般可达 90%左右。

3.3.5 自激喷雾除尘器

自激喷雾除尘器是将具有一定动能的含尘气体直接冲击到液体表(水)面上以形成雾滴，达到除尘目的。自激喷雾除尘器与喷淋除尘器和湿式旋风除尘器不同，后两者是喷雾水滴直接通过供水管，采用喷头或喷嘴等装置实现的，喷雾水滴的大小影响到除尘效果。而自激喷雾除尘器除尘效果与喷嘴喷雾不同，其优点是：高含尘浓度时能维持高的气流量，液气比小，一般低于 $0.3L/m^3$，压力损失范围为 500～4000Pa，净化效率一般可达 85%～95%。自激喷雾除尘器广泛应用于气体除尘上，常见的有冲击水浴式和冲激式两种。

3.3.5.1 冲击水浴除尘器

冲击水浴除尘器的结构很简单，如图 3-39 所示。它由挡水板，进、排气管，进、排水管，喷头和溢流管等组成。它的除尘过程可分为三个阶段：连续进气管的喷头是淹埋在器内的水室里，含尘气流经喷头高速喷出，冲击水面并急剧改变方向，气流中的大尘粒因惯性与水碰撞而被捕集，即冲击作用阶段；粒径较小的尘粒随气流以细流的方式穿过水层，激发出大量泡沫和水花，进一步使尘粒被捕集，达到二次净化之目的，为泡沫作用阶段；气流穿过泡沫层进入筒体内，受到激起的水花和雾滴的淋浴，得到了进一步净化，即淋浴作用阶段。

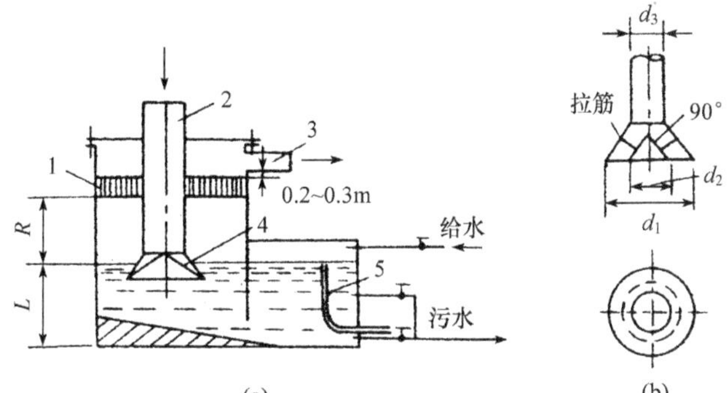

图 3－39　冲击水浴除尘器
(a) 除尘器；(b) 喷头
1－挡水板；2－进气管；3－排气管；4－喷头；5－溢流管

这种除尘器的除尘效率和压力损失与下列因素有关：喷头喷射的气流速度；喷头在水室的淹没深度；喷头与水面接触的周长 S 与气流量 Q 之比值 S/Q 等。在一般情况下，随着喷射速度，淹埋深度和比值 S/Q 的增大，除尘效率提高，压力损失也增大。当喷射速度和淹没深度到一定值后，除尘效率几乎不变，而压力损失急剧增大。因此，提高除尘效率的经济有效途径是改进喷头形式，增大 S/Q 比值。表 3－18 列出了对不同性质的粉尘应采用的最适宜的插入深度和冲击速度。关于喷头型式，圆管喷头最简单，但效果不好。冲击水浴除尘器喷头淹没深度为 0～30mm，喷射速度为 1.4～8m/s，除尘效率一般达 85%～95%，压力损失约为 1000～1500Pa。

表 3－18　净化不同性质粉尘最适宜的插入深度和气流冲击速度

粉尘性质	喷头插入深度/mm	气流冲击速度/(m/s)
密度大，颗粒粗	0～50 －30～0	10～40 10～14
密度小，颗粒细	－30～－50 －50～－100	8～10 5～8

注："＋"表示距水面的高度；"－"表示插入水层的深度。

这种结构的除尘器可因地制宜地用砖和混凝土砌筑，液气比一般为 0.1～0.3L/m^3，但除去细小粒子的效率不高，清理沉渣较困难。

3.3.5.2 冲激式除尘器

冲激式除尘器如图 3－40 所示。其结构主要部件有进气管、排气管、自动供水系统、"S"型精净化室、挡水板、溢流箱、泥浆机械耙等。含尘气体进入器内转弯向下冲击水面，粗尘粒由于惯性作用落入水中被水捕获，细尘粒随气流进入两叶片间的"S"型精净化室。由于高速气流冲击水面激起的水滴的碰撞及离心力的作用，使细尘粒被捕获。净化后的气体通过气液分离室和挡水板，去除水滴后排出。被捕集的粗、细尘粒在水中由于重力作用，沉积于器内底部形成泥浆，再由机械耙将泥浆耙出。这种除尘器随着入口含尘浓度增大，除尘效率有所提高。处理气量变化在±20％时，对除尘效率几乎没有影响。

我国生产的冲击式除尘器将通风机、洗涤除尘室、水位控制装置和清灰装置组合成一个整体，结构紧凑，占地小，便于安装和管理。对于一般的除尘系统，控制溢流堰水位高出上叶片底缘 50mm。通过 S 型通道的气流速度为 18～35m/s，效率可达 99％，压力损失为 1000～1600Pa。单位长度叶片的处理气量一般为 5000～7000m^3/(h·m)，处理大气量可采用双叶片的结构形式。

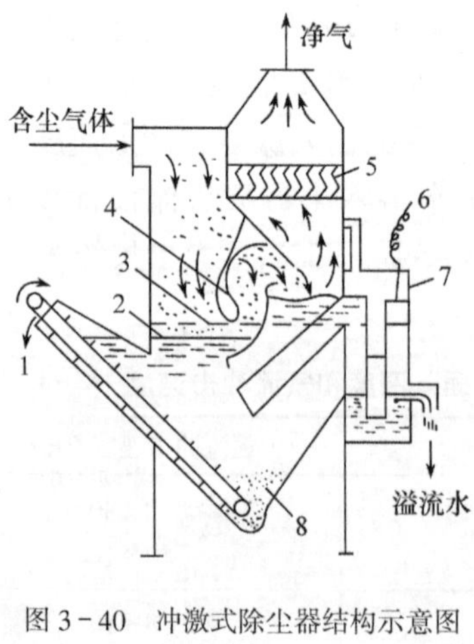

图 3－40 冲激式除尘器结构示意图

1－泥浆出口；2－运行水位；3－静水位；4－S形通道；5－挡水板；6－水位控制装置；7－溢流箱；8－泥浆

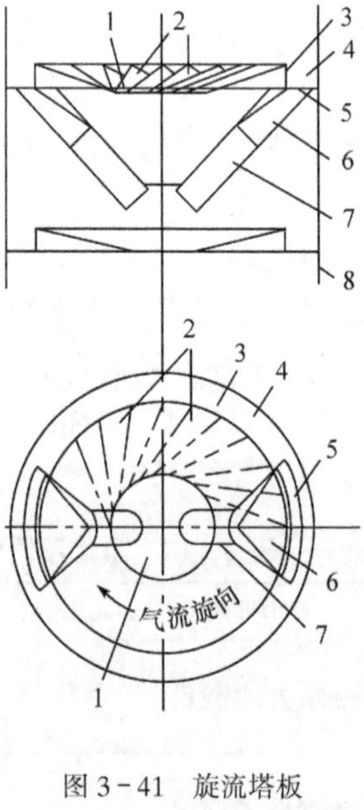

图 3－41 旋流塔板

1－盲板；2－旋流叶片；3－罩筒；4－集液槽；5－溢流口；6－异型接管；7－圆形溢流管；8－塔壁

3.3.6 板式塔除尘器

目前国内所用的塔板主要有旋流板塔等。板式塔除尘、传质效果均较好，用它们组成的洗涤塔既能除尘，又能脱硫，因此也称脱硫除尘器。由于被净化的气体中常含有 SO_2、NO_x、HCl 等腐蚀性气体，其塔体大多采用麻石制作，也有采用碳钢外壳内衬耐磨耐腐蚀材料的。

旋流板塔是浙江大学研制成功的一种喷射型塔板洗涤器，其塔板结构如图 3-41所示。塔板形状如固定的风车叶片，气流通过叶片时产生旋转和离心运动，液体通过中间盲板分配到各叶片，形成薄液层，与旋转向上的气流形成搅动，喷成细小液滴，甩向塔壁后。液滴受重力作用集流到集液槽，并通过降液管流到下一塔板的盲板区。主要除尘机制是尘粒与液滴的惯性碰撞、离心分离和液膜黏附等。其气液接触的传质过程适宜气相扩散控制的过程，如气液直接接触传热和快速反应吸收等。由于气液接触面积巨大，因而去除效率较高。

同时由于开孔率较大，允许高速气流通过，因此旋流板塔具有负荷较高、处理能力大、压降低、不易堵和操作弹性大等优点，应用范围广泛。对于除尘和除雾，其单板效率达 90% 以上，总除尘效率可达 99%。

3.4 电除尘器

电除尘器是利用静电力实现气体中的固体或液体粒子与气流分离的一种高效除尘装置，已广泛应用于冶金、化工、水泥、火电站以及轻工(如纺织)等行业。

与其他除尘机理相比，电除尘过程的分离力直接作用于粒子上，而不是作用于整个气流上。因此，它具有除尘效率高(可达 99% 以上)、能耗低(耗电 0.2～0.8kW·h/1000m^3 烟气)、气流阻力小(100～300Pa)、耐高温(可达 350℃)、处理烟气量大(可达 10^5～$10^6 m^3/h$)、可捕集亚微米级(0.1μm)粒子，及实现微机控制和远距离操作等优点。其主要缺点是一次性投资费用高，占地面积较大，除尘效率受粉尘比电阻等物理性质限制，不适宜直接净化高浓度含尘气体，此外对制造和安装质量要求很高，需要高压变电及整流控制设备。

3.4.1 电除尘原理

电除尘器的放电极(又称电晕极)和收尘极(又称集尘极)接于高压直流电，维持一个足以使气体电离的静电场。当含尘气体通过两极间非均匀电场时，在放电极周围强电场作用下发生电离，形成气体离子和电子并使粉尘粒子荷电。荷电后的粒子在电场力作用下向收尘极运动并在收尘极上沉积，从而达到粉尘和气体的分离。其除尘过程如图 3 - 42 所示。当收尘极上粉尘达到一定厚度时,借助于振打机构可使粉尘落入下部灰斗。电除尘器的工作原理涉及电晕放电、气体电离、粒子荷电、荷电粒子的迁移和捕集,以及清灰等过程。

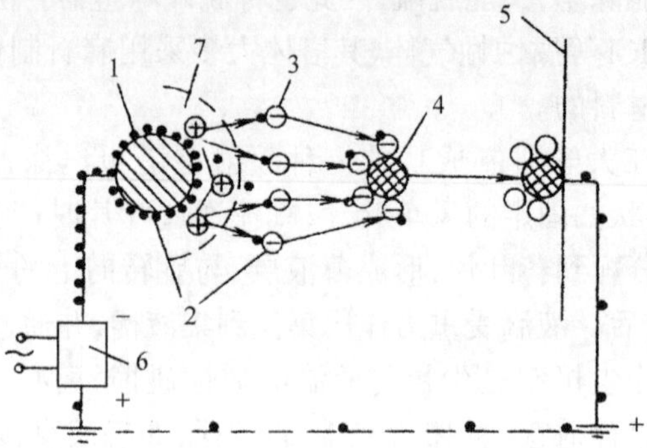

图 3 - 42　电除尘过程示意图

1 -电晕极;2 -电子;3 -离子;4 -粒子;5 -集尘极;6 -供电装置;7 -电晕区

3.4.1.1　电晕放电和气体电离

在电除尘器中,电晕极接电源负极,集尘极接电源正极。当两电极之间的电压达到一定值时,两电极间的气体将在电场作用下发生气体电离或电击穿,如电晕放电、辉光放电、火花放电及电弧放电等。

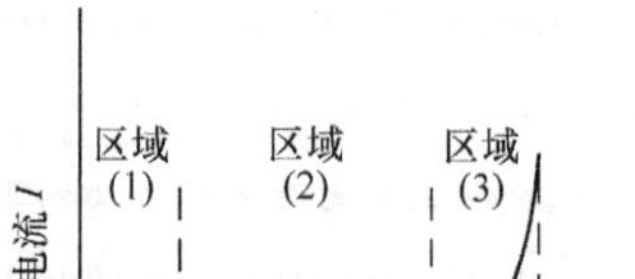

图 3 - 43　电极在电场中的放电特性

电极在电场中的放电特性如图 3 - 43 所示。随着电压的增加,电流变化分为三个不同的区域:区域(1)是随着电压的升高,空气粒子被加速的过程;区域(2)是空气粒子全部达到电极的饱和状态;当电压升高到 V_0,达到区域(3)时电晕极表面就出现青紫色光点,并发出嘶嘶声,大量电子从电晕极周围不断逸出,这种现象叫电晕放电。

电晕放电是一种不完全的电击穿,只是在放电极周围很薄的一气层中出现电击穿,两电极间的电流很小。随着电压逐渐升高,电场中电流也急剧增加,电晕放电也更加强烈。当电压达到 V_s 时,空气被击穿,电晕放电转为火花放电。此时极间会出现电弧,损坏设备,故在操作中应避免这种现象,而经常保持在电晕放电状态。

在电除尘器中,许多因素影响电晕的发生和电压与电晕电流之间的关系。皮

克(Peek)通过大量实验研究,得出空气中圆形极线上的起始电晕电场强度量 E_c 的经验公式

$$E_c = \pm 3 \times 10^6 f(\delta + 0.03\sqrt{\delta/a}) \tag{3-118}$$

δ 按下式计算

$$\delta = \frac{T_0}{T} \cdot \frac{p}{p_0} \tag{3-119}$$

式中:p——气体的压力,Pa;

p_0——标准大气压,1.013×10^5Pa;

T——气体温度,K;

T_0——通常状况下的气体温度,298K;

a——放电极半径,m;

f——放电极表面的粗糙度系数,清洁光滑的圆极线 $f=1$,实际可取 0.6~0.7。

式(3-118)适用于正、负电晕放电,正号表示正电晕,负号表示负电晕。

假设电晕线是无限长的均匀带电直线,两极间没有电流通过,为一静电场,则由高斯定律可得电场强度与电压的关系。管式电除尘器内任一点的电场强度可由下式计算

$$E_r = \frac{V}{r \cdot \ln(b/a)} \tag{3-120}$$

式中:r——除尘器内任一点距电晕中心的距离,m;

E_r——距电晕线中心距离 r 处的电场强度,V/m;

a, b——分别为电晕极和管式集尘电极半径,m;

V——电晕极和集尘极之间的电压,V。

将式(3-120)代入(3-118)可得到管式电除尘器起始电晕电压 V_c 的计算式

$$V_c = 3 \times 10^6 af(\delta + 0.03\sqrt{\delta/a})\ln\frac{b}{a} \tag{3-121}$$

由上式可见,电晕线越细,起始电晕电压越低,电晕放电就越容易。

同理,板式电除尘器的起始电晕电压可表示为

$$V_c = aE_c\ln\frac{d}{a} \tag{3-122}$$

式中 d 按下式计算

$$当\ b/c \leqslant 0.6\ 时, d = \frac{4b}{\pi} \tag{3-123}$$

$$当\ b/c \geqslant 2\ 时, d = \frac{c}{\pi e^{\pi b/2c}} \tag{3-124}$$

式中：a，b——分别为电晕极和管式集尘电极半径，m；

c——两个电晕极之间距离的一半，m。

式(3－121)和(3－122)是在假设电晕极和集尘极之间无电流通过的情况下得到的。电除尘器实际运行过程中，两极之间有电晕电流，因此由式(3－121)计算得到的起始电晕电压要比实际的操作电压低。

例 3－7 管式电除尘器的放电极电晕线半径 1.0mm，集尘极管式直径 200mm。除尘运行工况：压力为 1.0×10^5Pa，温度为 150℃。试求该管式电除尘器的起始电晕场强和起始电晕电压。

[解] 先求

$$\delta=\frac{T_0}{T}\cdot\frac{p}{p_0}=\frac{298\times1.0\times10^5}{423\times1.0133\times10^5}=0.695$$

由式(3－118)，当取 $f=0.7$ 时，求得起始电晕场强

$$E_c=3\times10^6 f(\delta+0.03\sqrt{\delta/a})=3\times10^6\times0.7\times(0.695+0.03\sqrt{0.695/0.001})$$
$$=3.12\times10^6(\text{V/m})$$

由式(3－120)得起始电晕电压为

$$V_c=3.12\times10^6\times0.001\times\ln(0.1/0.001)=14.4\times10^3(\text{V})$$

由于电晕极与集尘极之间产生的是非匀强电场，以电晕极附近的电场最高，所以空气的电离也只限于电晕极附近，如图 3－43 所示。

在电晕极上加的是负电压，产生的是负电晕；反之，则产生的是正电晕。因为产生负电晕的电压比正电晕的低，并且电晕电流大。所以，工业上用的电除尘器均采用负电晕放电型式，而用于空气调节的小型电除尘器多采用正电晕放电。

3.4.1.2 粒子荷电

粒子荷电有两种不同过程：一种是气体离子在电场力作用下作定向运动与粉尘粒子碰撞，使其荷电，称为电场荷电；另一种是气体离子作不规则热运动时与粉尘粒子碰撞使其荷电，称作扩散荷电。粒径大于 1μm 的颗粒，电场荷电占优势；粒径小于 0.2μm 的颗粒，扩散荷电占优势；粒径为 0.2～1μm 的颗粒，两种荷电都必须考虑。

(1) 电场荷电

电场荷电是离子在电场力作用下作定向运动与粒子相碰的结果。随着粉尘粒子荷电量的增加，粉尘粒子自身将产生局部电场，结果使附近的电力线向外偏转。于是单位时间运动到粒子上的离子越来越少，粒子上的电荷越来越趋于一个极限值，这个极限值称为饱和电荷。

单个球形颗粒的饱和荷电量表达式为

$$q_s=\frac{3\varepsilon\varepsilon_0\pi d_p^2E}{\varepsilon+2} \tag{3-125}$$

式中：q_s——粉尘粒子饱和电荷，C；

ε——粉尘粒子的相对介电常数，无量纲；

ε_0——真空介电常数，8.85×10^{-12}F/m；

E——电场强度，V/m；

d_p——颗粒粒径 m；

由上式可见，电场强度越高，颗粒越大，饱和荷电量越大。粒子的相对介电常数 ε 的变化范围为 1～∞，如硫磺约为 4.2，石膏约为 5，石英玻璃约为 5～10，金属氧化物为 12～18，纯水约为 81.5，变压器油约为 2，金属为∞。

粉尘粒子荷电量随时间变化的关系式可表示为

$$q_t = q_s \frac{1}{1 + \tau/t} \tag{3-126}$$

式中 τ 按下式计算

$$\tau = \frac{4\varepsilon_0}{eNK_i} \tag{3-127}$$

式中：t——粉尘粒子进入荷电区后的时间，s；

τ——荷电过程时间常数其物理意义为粒子荷电量达到饱和电荷一半所需时间，s；

N——荷电区离子浓度，即每立方米空间自由离子的个数，m^{-3}，在实际生产条件下（150～400℃）N 约为 $10^{14}\sim10^{15}m^{-3}$；

e——电子电量，$e=1.6\times10^{-19}$C；

K_i——离子迁移率，$m^2/(V\cdot s)$。

由（3-126）可得

$$t = \tau \frac{q_t/q_s}{1 - q_t/q_s} \tag{3-128}$$

在实际运行的电除尘器中，一般在 $t=0.1\sim1$s 内，荷电率 q_t/q_s 即可达到 99%；当 $q_t/q_s=0.5$ 时，$t=\tau$。

例 3-8　已知管式电除尘器的电晕电流 $i=0.3$mA/m，距离电晕线 $r=3.0$cm 处的电场强度 $E=2\times10^6$V/m。试计算粒子荷电时间常数 τ 以及荷电率达到 90% 时所需的荷电时间。

[解]　首先计算荷电时间常数。近似取离子的体电荷密度 $\rho_i=Ne$，因为

$$\rho_i = \frac{i}{2\pi rK_iE}$$

则

$$\tau = \frac{4\varepsilon_0}{NeK_i} = \frac{4\varepsilon_0}{\rho_iK_i} = \frac{4\varepsilon_0}{K_i}\cdot\frac{2\pi rK_iE}{i} = \frac{8\pi\varepsilon_0 rE}{i}$$

代入数值后得　$\tau=0.443$s

荷电率 $q_t/q_s=90\%$ 时所需荷电时间为

$$t = \tau \frac{q_t/q_s}{1 - q_t/q_s} = 0.0443 \frac{0.9}{1 - 0.9} = 0.40(\mathrm{s})$$

(2) 扩散荷电

扩散荷电是离子作不规则热运动和粒子相碰的结果,理论上不存在饱和荷电量。根据分子热运动理论,怀特导出的扩散荷电量计算公式为

$$q_p = \frac{2\pi\varepsilon_0 d_p kT}{e} \ln\left(1 + \frac{d_p \bar{u} e^2 Nt}{8\varepsilon_0 kT}\right) \tag{3-129}$$

式中:k——波尔兹曼常量,1.38×10^{-23}J/K;

T——气体温度,K;

$\bar{u}$——气体离子的算术平均速度,m/s,可按下式计算

$$\bar{u} = \left(\frac{8kT}{m\pi}\right)^{0.5} \tag{3-130}$$

其中,m 为离子质量,kg。

(3) 电场荷电和扩散荷电综合作用

对于粒径为 0.2～1μm 的颗粒,两种荷电机理获得的电荷数量级大致相同,荷电量可近似按两种机制荷电量迭加计算

$$q_t = q_s + q_p \tag{3-131}$$

3.4.1.3　荷电粒子的迁移和捕集

(1) 粒子驱进速度

电除尘器中的荷电粒子在静电力和空气阻力支配下所达到的终末电力沉降速度即为粒子驱进速度,计算式为

$$\omega = \frac{qECu}{3\pi\mu_g d_p} \tag{3-132}$$

式中:ω——荷电粉尘粒子在电场中的驱进速度,m/s;

q——粉尘粒子荷电量,C;

E——粉尘粒子所处位置的电场强度,V/m;

μ_g——气体黏度,Pa·s;

d_p——粉尘粒子的直径,m;

Cu—— 肯宁汉修正系数,这里可近似的估算为

$$Cu = 1 + \frac{1.7\times10^{-7}}{d_p} \tag{3-133}$$

可见,粒子的驱进速度与粒子的荷电量、粒径、电场强度及气体介质的黏度有关,其运动方向与电场力方向一致,即垂直指向集尘电极表面。

由于电场中各点的场强不同，粒子的荷电量也是近似值，此外，气流、粒子特性等影响也未考虑，所以按上式计算的驱进速度比实际驱进速度要大很多。

(2) 捕集效率

电除尘器的捕集效率与粒子性质、电场强度、气流速度、气体性质及除尘器结构等因素有关。从理论上严格地推导捕集效率方程式是困难的，必须作一定的假设。

在工业电除尘器中，气体流动多为紊流状态，这使得粉尘被捕集更为困难。只有尘粒进入库仑力能够起作用的层流边界层内，粉尘粒子才有可能被捕集。在集尘极附近的边界层中，由于摩擦使紊流减弱了。荷电的粉尘粒子沿气流方向运动的速度与气流速度 v 具有相同的数量级，而垂直于集尘极方向的速度，即粉尘粒子的驱进速度为 ω。因而在时间间隔 t 内，离集尘板为 $\omega\cdot t$ 的气流层内的粉尘粒子都能够沉降到长度为 L 的集尘极表面上，如图 3-44 所示。

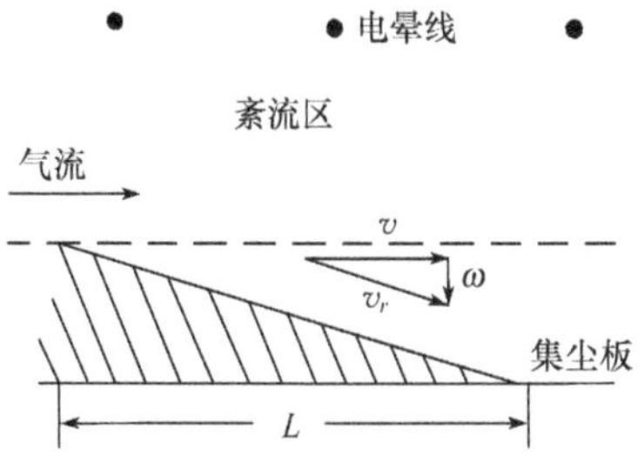

图 3-44 紊流状态下边界层中粉尘粒子的捕集过程

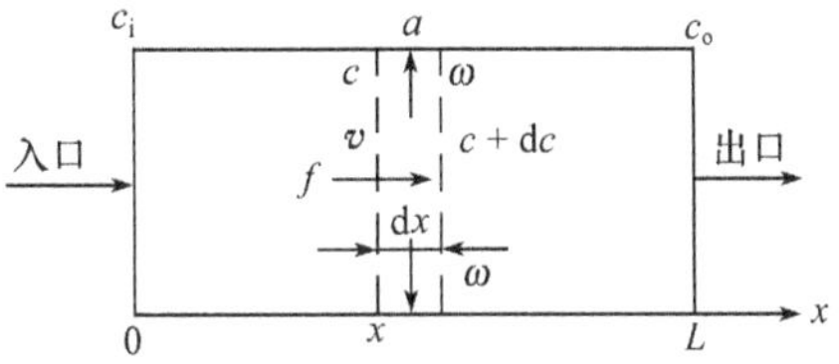

图 3-45 推导捕集效率方程式示意图

德意希(Deutsch)在 1922 年推导除尘效率与集尘极面积、气体流量和粉尘驱进速度之间的关系时做了如下基本假定：① 电除尘器中含尘气流为紊流状态，在垂直于集尘极表面的任一横断面上粒子浓度和气流分布均匀；② 粉尘粒子进入电除尘器后就认为完全荷电；③ 忽略电风、气流分布不均匀及被捕集粒子重新进入气流等影响。图 3-45 为推导捕集效率方程式示意图。

设含尘气流流向为 x 轴方向，气体和粉尘粒子以相同流速流过电场，气体流量为 $Q(m^3/s)$，进气含尘浓度为 $c_i(g/m^3)$，排气浓度 $c_o(g/m^3)$，流动方向上每单位长度集尘极板面积为 $a(m^2/m)$，总集尘面积为 $A(m^2)$，电场长度为 $L(m)$，流动方向上电除尘器的截面积为 $F(m^2)$，粉尘粒子的驱进速度为 $\omega(m/s)$。

在 dt 时间内于 dx 空间捕集的粉尘量为

$$dm = a(dx)\omega c(dt) = -F(dx)(dc) \tag{3-134}$$

将 $dx = v dt$ 代入上式，得

$$\frac{a\omega}{Fv}\mathrm{d}x = -\frac{\mathrm{d}c}{c} \tag{3-135}$$

对上式进行积分，得

$$\frac{a\omega}{Fv}\int_0^L \mathrm{d}x = -\int_{c_i}^{c_o}\frac{\mathrm{d}c}{c}$$

也即

$$\frac{a\omega L}{Fv} = -\ln\frac{c_o}{c_i} \tag{3-136}$$

将 $Fv = Q, aL = A$ 代入上式，得 $e^{-\frac{A}{Q}\omega} = \frac{c_o}{c_i}$，则

$$\eta = 1 - \frac{c_o}{c_i} = 1 - \exp\left(-\frac{A}{Q}\omega\right) \tag{3-137}$$

令 $f = \frac{A}{Q}$，则上式可改写为

$$\eta = 1 - \exp(-f\omega) \tag{3-138}$$

式中，f 为比收尘面积，即单位时间内净化单位体积烟气所需的收尘面积。

对于板式电除尘器，当电场长度为 L、电晕极与集尘极的距离为 b、气流速度为 v 时，捕集效率为

$$\eta = 1 - \exp\left(-\frac{L}{bv}\omega\right) \tag{3-139}$$

对于半径为 b 的圆管式电除尘器，捕集效率为

$$\eta = 1 - \exp\left(-\frac{2L}{bv}\omega\right) \tag{3-140}$$

尽管德意希在推导捕集效率方程中作了与实际运行有较大出入的假设，但该公式对电除尘器的发展有着极重要的价值，至今在除尘器性能分析和设计中仍被广泛采用。

德意希公式是在理想的情况下推导得出的，在实际中一般多应用有效驱进速度 ω_p 来计算，即以正在运行的电除尘器所测得的除尘效率、烟气量和已知的收尘板面积，经过(3-137) 式反算出 ω 值，称为有效驱进速度，并记为 ω_p。则捕集效率的表达式为

$$\eta = 1 - \frac{c_o}{c_i} = 1 - \exp\left(-\frac{A}{Q}\omega_p\right) \tag{3-141}$$

上式称为德意希-安德森方程。

在工业电除尘器中，有效驱进速度大致在0.02～0.2m/s 的范围。表3-19 列出了某些工业窑炉电除尘器的电场风速和有效驱进速度。

表 3-19　某些工业窑炉电除尘器的电场风速和有效驱进速度

<table>
<tr><th colspan="3">主要工业窑炉的电除尘器</th><th>电场风速/(m/s)</th><th>有效驱进速度/(cm/s)</th></tr>
<tr><td colspan="3">热电站锅炉飞灰</td><td>1.2~2.4</td><td>5.0~15</td></tr>
<tr><td colspan="3">纸浆和造纸工业黑液回收锅炉</td><td>0.9~1.8</td><td>6.0~10</td></tr>
<tr><td rowspan="5">钢铁工业</td><td colspan="2">烧结机</td><td>1.2~1.5</td><td>2.3~11.5</td></tr>
<tr><td colspan="2">高炉</td><td>2.7~3.6</td><td>9.7~11.3</td></tr>
<tr><td colspan="2">吹氧平炉</td><td>1.0~1.5</td><td>7.0~9.5</td></tr>
<tr><td colspan="2">碱性氧气顶吹转炉</td><td>1.0~1.5</td><td>7.0~9.0</td></tr>
<tr><td colspan="2">焦炭炉</td><td>0.6~1.2</td><td>6.7~16.1</td></tr>
<tr><td rowspan="6">水泥工业</td><td colspan="2">湿法窑</td><td>0.9~1.2</td><td>8.0~11.5</td></tr>
<tr><td colspan="2">立波尔窑</td><td>0.8~1.0</td><td>6.5~8.5</td></tr>
<tr><td rowspan="2">干法窑</td><td>增湿</td><td>0.7~1.0</td><td>6.0~12.0</td></tr>
<tr><td>不增湿</td><td>0.4~0.7</td><td>4.0~6.0</td></tr>
<tr><td colspan="2">烘干机</td><td>0.8~1.2</td><td>10~12</td></tr>
<tr><td colspan="2">熟料箅式内却机</td><td>1.0~1.2</td><td>11~13.5</td></tr>
<tr><td colspan="3">都市垃圾焚烧炉</td><td>1.1~1.4</td><td>4.0~12</td></tr>
<tr><td colspan="3">接触分解过程</td><td></td><td>3.0~11.8</td></tr>
<tr><td colspan="3">铝煅烧炉</td><td></td><td>8.2~12.4</td></tr>
<tr><td colspan="3">铜焙烧炉</td><td></td><td>3.6~4.2</td></tr>
<tr><td colspan="3">有色金属转炉</td><td>0.6</td><td>7.3</td></tr>
<tr><td colspan="3">冲天炉(灰口铁)</td><td>15</td><td>3.0~3.6</td></tr>
<tr><td colspan="3">硫酸雾</td><td>0.9~1.5</td><td>6.1~9.1</td></tr>
</table>

例 3-9　在气体压力为 101.325kPa,温度为 20℃条件下运行的管式电除尘器,圆筒形集尘极直径 $D=0.3\text{m}$,管长 $L=2.0\text{m}$,气体流量 $Q=0.075\text{m}^3/\text{s}$,若集尘极附近的平均场强 $E=100\text{kV/m}$,粒径为 1.0μm 的粉尘荷电量 $q=0.3\times10^{-15}\text{C}$。试计算粉尘的趋进速度和捕集效率。

[解]　(1) 计算粉尘的趋进速度

在给定的条件下空气的黏度系数 $\mu_g=1.82\times10^{-5}\text{Pa·s}$,肯宁汉系数 $Cu=1.17$,则按式(3-132)得

$$\omega=\frac{qECu}{3\pi\mu_g d_p}=\frac{0.3\times10^{-15}\times100\,000\times1.17}{3\pi\times1.82\times10^{-5}\times10^{-6}}=0.205(\text{m/s})$$

(2) 按(3-137)计算捕集效率

集尘极的表面积 $A=\pi DL=\pi\times0.3\times2.0=1.89(\text{m}^2)$,则除尘效率为

$$\eta=1-\exp\left(-\frac{A}{Q}\omega\right)=1-\exp\left(-\frac{1.89}{0.075}\times0.205\right)=0.994=99.4\%$$

3.4.1.4 被捕集粉尘的清除

电晕极和集尘极上都会有粉尘沉积,粉尘层厚度为几毫米,甚至几厘米。粉尘沉积在电晕极上会影响电晕电流的大小和均匀性。集尘极板上粉尘层较厚时,会导致火花电压降低,电晕电流减小。为了保持电晕极和集尘极表面清洁,应及时清除沉积的粉尘。

集尘极清灰方法有湿式和干式两种。湿式电除尘器中,集尘极板表面经常保持一层水膜,粉尘沉降在水膜上随水膜流下。湿法清灰的优点是无二次扬尘,同时可净化部分有害气体,如 SO_2、HF 等;主要缺点是腐蚀结垢问题较严重,污泥需要处理。干式电除尘器由机械撞击或电磁振打产生的振动力清灰。干式振打清灰需要合适的振打强度,振打强度太小难于清除积尘,太大可能引起二次扬尘。一般都在现场调试中选择合适的振打强度和振打频率。

3.4.2 电除尘器的分类及结构

3.4.2.1 电除尘器的分类

根据电除尘器的结构和气体流动方式等特点,电除尘器可作如下分类:

(1) 按集尘电极的型式分类

① 管式电除尘器　结构最简单的管式电除尘器为单管电除尘器,其结构如图 3-46(a)所示。这种管式电除尘器的集尘极为 ϕ150～300mm 的圆形金属管,管长为 3～5m,放电极极线(电晕线)用重锤悬吊在集尘极圆管中心。含尘气体由除尘器下部进入,净化后的气体由顶部排出。管式电除尘器的电场强度高且变化均匀,但清灰较困难,多用于净化含尘气量较小或含雾滴的气体。在工业上,为了净化气量较大含尘气体,常采用呈六角形蜂窝状或多圈同心圆管状排列的多管管式电除尘器。多管管式电除尘器的电晕线分别悬吊在每根单管的中心。

② 板式电除尘器　板式电除尘器由多块一定形状的钢板组合成集尘极,在两平行集尘极间均布放电极,如图 3-46(b)所示。两平行集尘极极板间距一般为 200～400mm,极板高度为 2～15m,极板总长可根据要求的除尘效率高低来确定。板式电除尘器的电场强度变化不均匀,清灰方便,制作安装较容易,可以根据工艺要求和净化程度设计成大小不同规格的电除尘器。

(2) 按含尘气流流动方式分类

① 立式电除尘器　立式电除尘器能使含尘气流在自下而上流动过程中完成净化过程。它具有捕集效率高、占地面积小等优点。一般来讲,管式电除尘器为立式电除尘器。

② 卧式电除尘器　卧式电除尘器含尘气流净化过程是在气流水平运动过程

中完成的。卧式电除尘器可设计成若干个电场供电，容易实现对不同粒径粉尘的分离，有利于提高总除尘效率。在处理烟气量较大时，比较容易保证气流沿电场断面均匀分布。此外，安装高度比立式电除尘器低，操作和维修比较方便，但占地面积比较大。一般工业上采用的电除尘器多采用卧式电除尘器。

(3) 按电极在除尘器内空间布置不同分类

① 单区电除尘器　单区电除尘器的集尘极和电晕极都装在同一区域内，含尘粒子荷电和捕集也在同一区域内完成，是当今应用最为广泛的一种电除尘器，如图 3-46 所示。

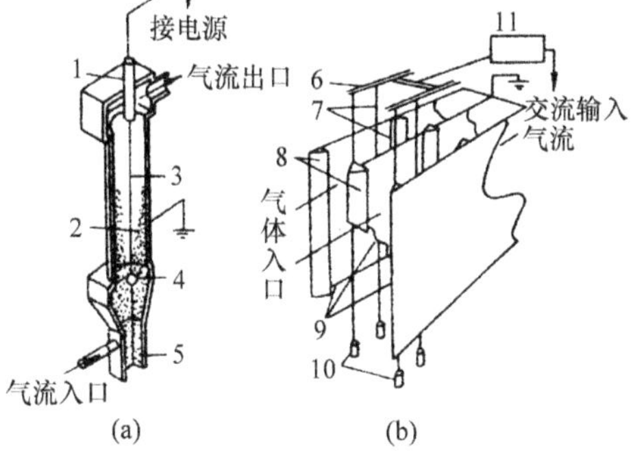

图 3-46　单区电除尘器示意图

(a) 管式；(b) 板式

1-绝缘瓶；2-集尘极表面上的粉尘；3,7-放电极；4-吊锤；5-捕集的粉尘；6-高压母线；8-挡板；9-收尘极板；10-重锤；11-高压电源

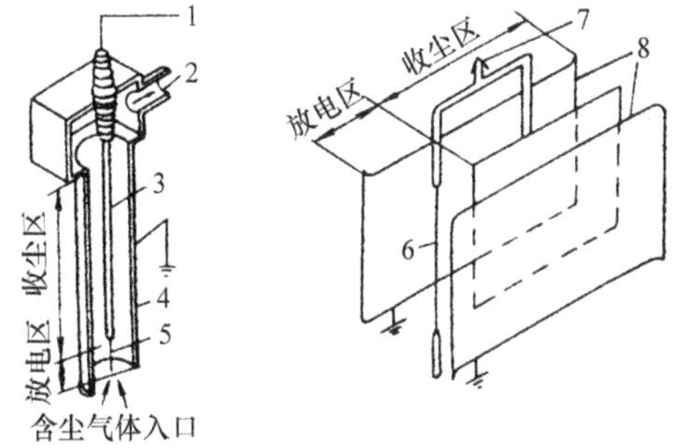

图 3-47　双区电除尘器示意图

1-连接高压电源；2-洁净气体出口；3-不放电的高压电极；4-收尘极；5-放电极；6-放电电极；7-连接高压电源；8-收尘极板

② 双区电除尘器　双区电除尘器的收尘极系统和电晕极系统分别装在两个不同区域内，前区安装电晕极称电晕区，粉尘粒子在前区荷电；后区安装集尘极称收尘区，荷电粉尘粒子在收尘区被捕集，见图 3-47。双区电除尘器主要用于空调净化方面。

(4) 按清灰方式分类

① 干式电除尘器　在干燥状态下，捕集干燥粉尘的，叫干式电除尘器。它采用机械振打、电磁振打和压缩空气等方法清除集尘极上的粉尘，有利于回收有经济价值的粉尘，但容易产生二次扬尘。

② 湿式电除尘器　用溢流或者喷雾等方法，使集尘极表面形成一层水膜，被捕集的粉尘黏附在水膜上一起流下来的方式，为湿式电除尘。它具有效率高、无二次扬尘等特点，但清灰水需要处理，而且容易腐蚀设备。

3.4.2.2 电除尘器的结构

电除尘器的型式多种多样，但都由电除尘器本体和高压直流电源两部分组成。

(1) 电除尘器本体结构

本体一般由电晕电极、集尘电极、清灰装置、气流分布装置、壳体和灰斗等所构成。

① 电晕电极

电晕电极包括电晕线、电晕极框架吊杆及支撑套管、电晕极振打装置等。电晕线是产生电晕放电的主要部件，其性能好坏直接影响除尘器的性能。电晕线的型式有光滑圆形线、星形线、螺旋形线、芒刺线、锯齿线、麻花线及蒺藜丝线等，如图3－48所示。其中，表面曲率大的起晕电压低，在相同电场强度下，能够获得较大的电晕电流；表面曲率小的，则电晕电流小，但能形成较强的电场。对电晕线的一般要求是：起晕电压低、电晕电流大、机械强度高、能维持准确的极距以及容易清灰等。

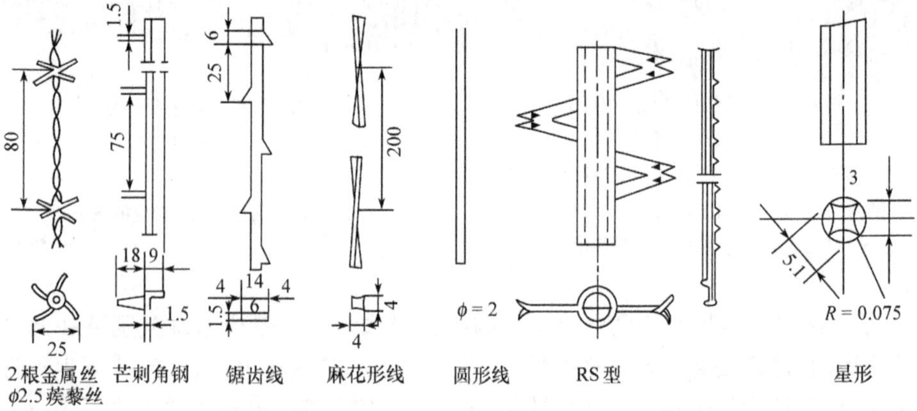

图3－48 电晕线的形式

电晕线的固定方式有重锤悬吊式和框架绷紧式两种，如图3－49。电晕线之间的距离大小对放电强度影响较大，极距太大会减弱放电强度，但极距过小会因屏蔽作用使放电强度降低。一般极间距为200～300mm左右，要视极线和极板型式及其尺寸等配置情况而定。

② 集尘电极

集尘电极的结构对粉尘的二次飞扬、金属消耗量和造价有很大影响。对集尘电极要求：易于粉尘在板面上沉积，避免二次扬尘，便于清灰，形状简单易于制作并

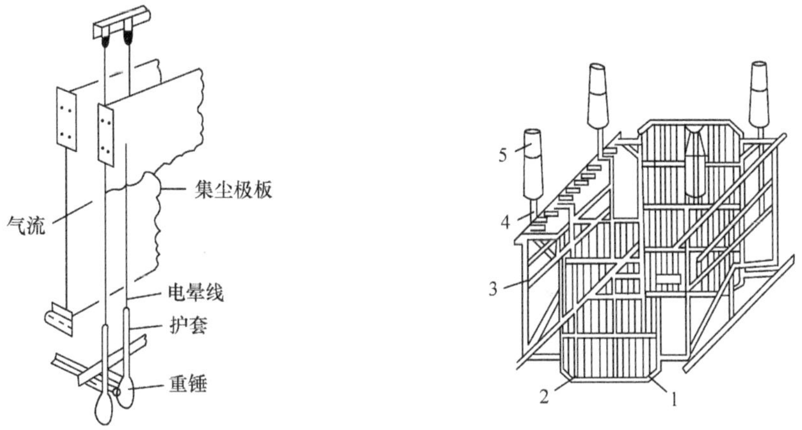

(a)　　(b)

图3-49　电晕线的两种固定方式

(a) 重锤悬吊张紧电晕极；(b) 框架绷紧电晕极

1-框架电晕极；2-电晕线；3-框架电晕线吊架；4-悬吊杆；5-绝缘套杆

有足够的刚度和强度。集尘极型式有板式、管式二大类，如图3-50。图3-51为常用的几种集尘极板尺寸。

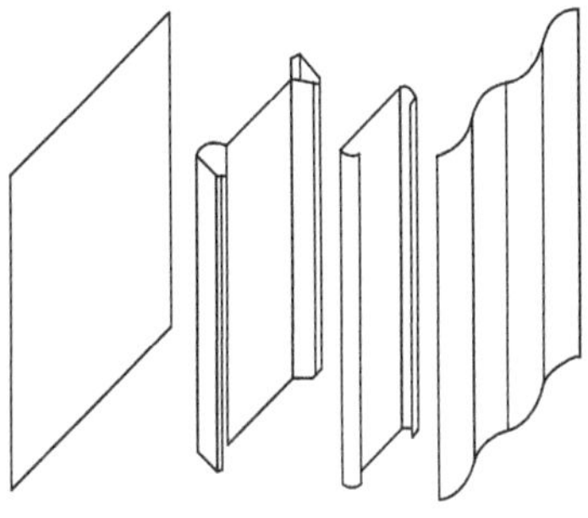

图3-50　各种集尘极型式

小型管式除尘器的集尘极为直径约15cm，长3m左右的圆管。大型的直径可达40cm，长6m。每台除尘器的集尘极数目少则几个，多则100个以上。板式电极形式很多，极板两侧通常设有沟槽和挡板，既能加强板的刚性，又能防止气流直接冲刷极板的表面，产生二次扬尘。

极板间距对电除尘器的电场性能和除尘效率影响较大。间距太小(200mm以下)电压升不高，间距太大又受供电设备允许电压的限制。采用60～72kV变压器时极板间距一般为200～350mm。近年来板式电除尘器一个引人注目的发展是宽间距超高压电除尘器(板间距可增大到400～1000mm)的设计。宽间距电除尘器制作、安装、维修等较方便，而且设备小，能量消耗也小。

③ 清灰装置

及时清除集尘极和电晕极上的积灰，是保证电除尘器高效运行的重要环节之一。电极清灰在湿式和干式电除尘器中是不同的。

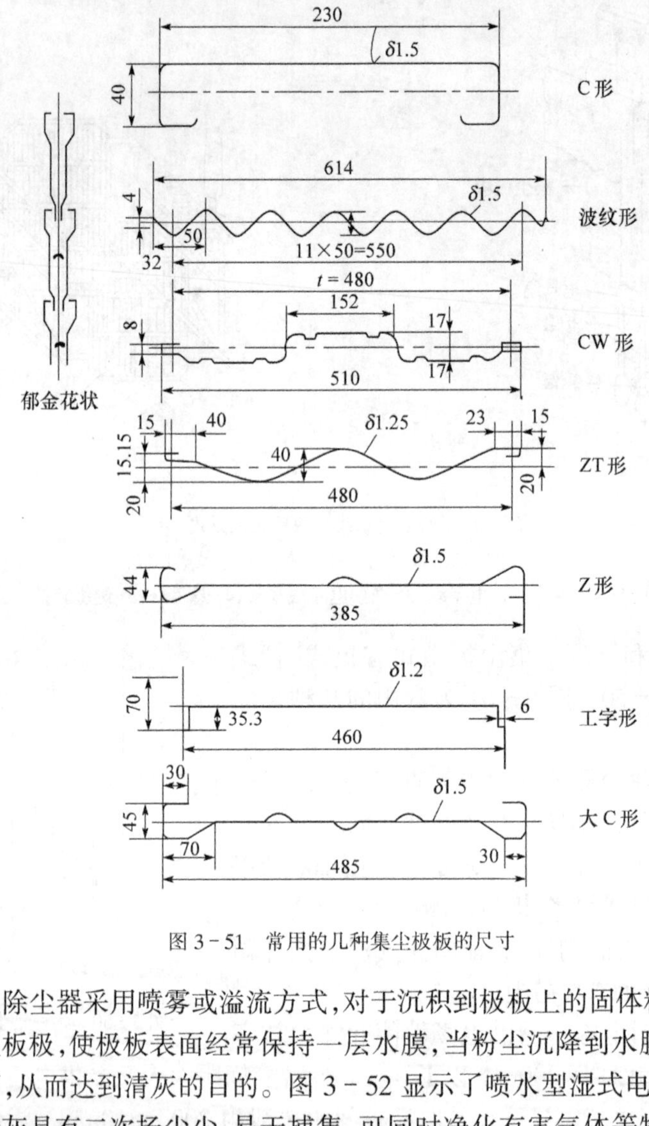

图 3-51　常用的几种集尘极板的尺寸

湿式电除尘器采用喷雾或溢流方式，对于沉积到极板上的固体粉尘，一般是用水冲洗集尘板极，使极板表面经常保持一层水膜，当粉尘沉降到水膜上时，便随水膜一起流下，从而达到清灰的目的。图 3-52 显示了喷水型湿式电除尘器清灰方式。湿式清灰具有二次扬尘少，易于捕集，可同时净化有害气体等特点；缺点是腐蚀、结垢和污泥处理等。

干式电除尘器的清灰方式有机械振打、电磁振打、刮板清灰及压缩空气振打等。如图 3-53(a)是机械振打清灰方式，是目前普遍采用的清灰方式。图 3-53(b)是移动刮板清灰方式，适宜于不易靠振打清灰的黏结性粉尘。

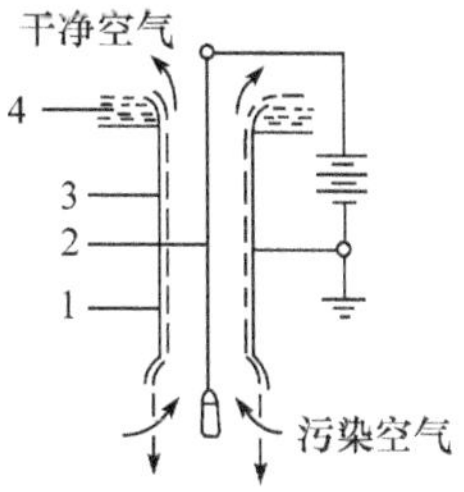

图3-52　喷水型湿式清灰方式
1-集尘极;2-电晕极;
3-水膜;4-溢流水

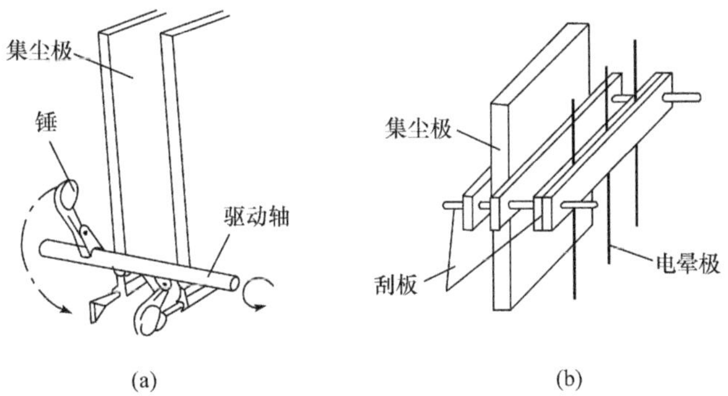

图3-53　干式清灰装置
(a) 机械振打清灰;(b) 刮板式清灰

④ 气流分布装置

电除尘器内气流分布的均匀性对除尘效率影响较大。对气流分布装置的要求是分布均匀性好、阻力损失小。为了减少涡流,保证气流分布均匀,在进出口处应设渐扩管和渐缩管。进口渐扩管应设2～3层气流分布板,最常见的气流分布板有百叶窗式、多孔板、分布格子、槽型钢式和栏杆型分布板等,参见图3-54。多孔板使用最为广泛,通常采用厚度为3～3.5mm钢板制作,孔径30～50mm,孔率约为25%～50%,需要通过试验确定。

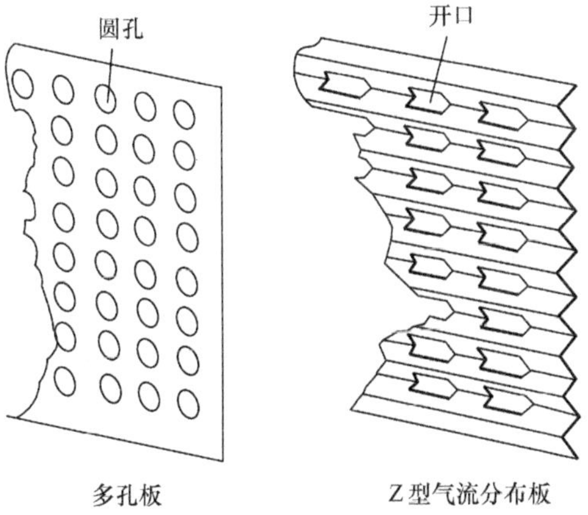

图3-54　气流分布装置

⑤ 外壳

除尘器外壳必须保证严密,尽量减小漏风。漏风量大,不但造成风机负荷增大,也会因电场风速的提高使除尘效率降低。此外,在处理高温烟气时,冷空气的渗入可能使局部烟气温度降至露点以下,导致除尘器构件积灰和腐蚀。

除尘器外壳材料,要根据处理烟气的性质和操作温度来选择。通常使用的材料有钢板、铅板(捕集硫酸雾)、钢筋混凝土及砖等。

(2) 电除尘器的供电

电除尘器只有在良好的供电情况下,才能获得高除尘效率。当电除尘器的供电电压升高到一定值时,电除尘器内将产生火花放电。通常电除尘器在接近火花放电的条件下运行,随着供电压的升高,电晕电流和电晕功率都急剧增大,有效驱进速度和除尘效率也迅速提高。因此,为了充分发挥电除尘器的作用,应配备能供给足够高压并具有足够功率的供电设备。

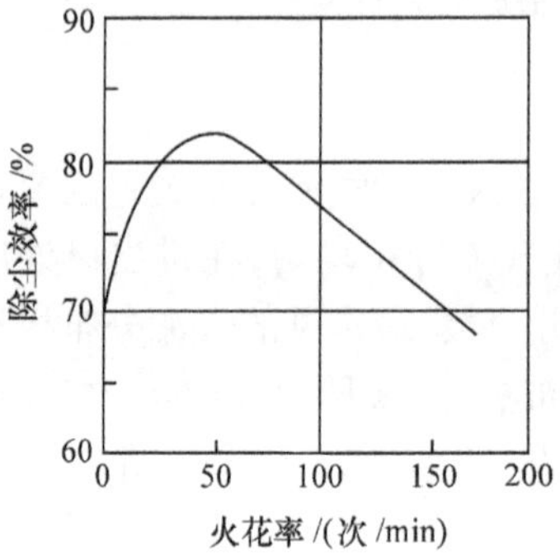

图 3-55　电除尘器某一电场的除尘效率与火花率的关系

为了提高电除尘器的效率,必须使供电压尽可能高。在发生火花放电的一瞬间,正、负极间电压下降,火花放电的扰动使极板上产生二次扬尘。大量现场运行经验表明,每一台电除尘器或每一个电场都有一最佳火花率(每分钟产生的火花次数称为火花率),一般为 50～100 次/分钟。这时电压升高所得到的收益恰好和火花造成的损失相抵消。电压再升高,则收益不足以抵消损失。一般说来,除尘器在最佳火花率下运行时,平均电压最高,除尘效率也最高。因此借助测量平均电压的仪表,就能方便地将电除尘器调整到最佳运行工况。图 3-55表示某电除尘器某一电场的除尘效率与火花率的关系。

电除尘器的供电通常是用 220V 或 380V 的工频交流电升压和整流后得到的单向高电压。若整流器后有滤波电容器,就可得到波纹很小的接近直流的平稳电压,否则得到波纹较大的脉动电压。试验结果表明,电除尘器采用脉动电压比较有利,直流电压的火花特性不能满足要求。脉动电压又有全波脉动电压和半波脉动电压两种。如图 3-56 所示为产生全波和半波脉动电压的高压硅整流器原理示意图。

高压供电装置输出的峰值电压为 70～100kV,电流为 100～2000mA。目前可控硅高压硅整流设备已得到广泛应用,它含有多重信号反馈回路,能将电压、电流限制在一定水平上,保证设备正常运行,且可以控制火花率,从而实现了自动控制。

为使电除尘器能在较高电压下运行,避免过大的火花损失,高压电源容量不能太大,必须分组供电。增加电除尘器供电机组数目,减少每个机组供电的电晕线

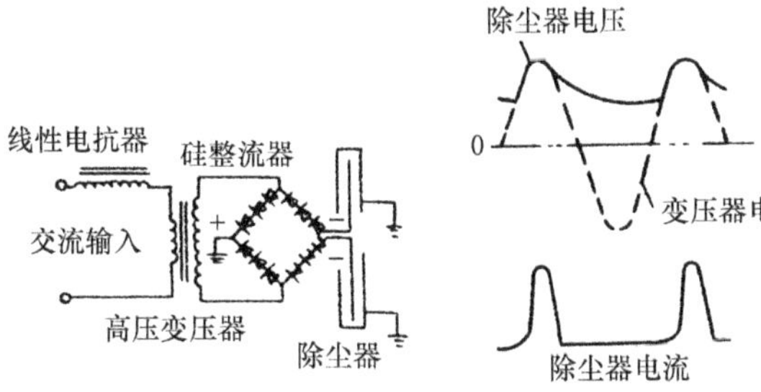

(a)

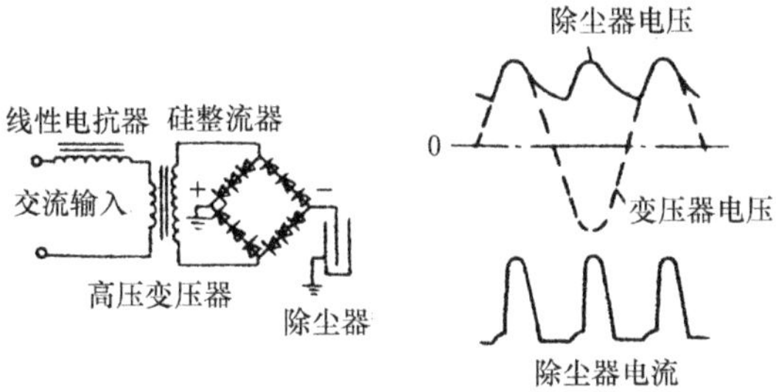

(b)

图3-56 产生全波(a)和半波(b)脉动电压的高压硅整流器原理图

数,能改善电除尘器的性能。但是增加供电机组数和电场分组数,必须增加投资。因此供电机组数的确定,应同时考虑保证除尘效率和减少投资两方面。一般情况下是每个电场采用一台供电机组。将一台电除尘器的电晕线顺气流方向供电称为串联分组,垂直于气流方向分组供电称为并联分组。大型电除尘器通常采用并联分组和串联分组相结合的分组方式。

3.4.3 电除尘器设计与选型

3.4.3.1 电除尘器设计计算

电除尘器的选择设计步骤为:(1) 确定或计算有效驱进速度 ω_p;(2) 根据给定的气体流量 Q 和要求的除尘效率 η,按式(3-142)计算所需的集尘板面积;(3) 在手册上查出与集尘面积 A 相当的电除尘器规格;(4) 验算气速 v,若 v 在所选的除尘器允许范围内,则符合要求,否则应重新选择。

对于平板式电除尘器,其设计计算主要是根据需要处理的含尘气体流量和净化要求,确定集尘面积、电场断面面积、电场长度、集尘极和电晕极的数量和尺寸等。

(1) 集尘极面积

$$A = \frac{Q}{\omega_p} \ln \frac{1}{1 - \eta} \tag{3-142}$$

式中：A——集尘极面积，m^2；

η——集尘效率；

Q——处理气量，m^3/s；

ω_p——粉尘的有效驱进速度，m/s，其值可参见表3-20。

表3-20 各种工业粉尘的有效驱进速度

粉尘种类	有效驱进速度/(m/s)	粉尘种类	有效驱进速度/(m/s)
粉煤炉飞灰	0.10～0.14	水泥尘(干法)	0.06～0.07
纸浆及造纸尘	0.08	水泥尘(湿法)	0.10～0.11
平炉烟尘	0.06	多层床焙烧炉烟尘	0.08
硫酸雾	0.06～0.08	红磷尘	0.03
悬浮焙烧烟尘	0.08	石膏尘	0.16～0.20
催化剂粉尘	0.08	二级高炉烟尘	0.125
冲天炉烟尘	0.03～0.04	氧化锌尘	0.04

在选择 ω_p 时，要考虑两个条件：① 电除尘器捕集较大尘粒的粉尘最有效。因此若采用较低的捕集效率就能满足要求时，可采用较高的 ω_p 值；若捕集较细的粉尘时，应采用较小的 ω_p 值。② 粉尘的比电阻高时，由于允许的电晕电流密度值减小，电场强度减弱，尘粒的荷电量减少，荷电时间长，因此应选用较小的 ω_p 值。

(2) 电场断面面积

$$A_c = \frac{Q}{v} \tag{3-143}$$

式中：A_c——电场断面面积，m^2；v——气体平均流速，m/s。

对于一定结构的电除尘器，当气体流速增加时，除尘效率降低，因此气体流速不宜过大。但如其过小，又会使除尘器体积增加，造价提高。板式电除尘器多选0.6～1.5m/s，一般取 $v=1.0$m/s。

(3) 集尘极与放电极的间距和排数

集尘极与放电极的间距对电除尘器的电气性能及除尘效率均有很大影响。如间距太小，由于振打引起的位移、加工安装的误差和积尘等对工作电压影响大。如间距太大，要求工作电压高，往往受到变压器、整流设备、绝缘材料允许电压等的限制。目前，一般集尘极的间距($2b$)采用200～300mm，即放电极与集尘极之间的距离(b)为100～150mm。

放电极与放电极之间的距离对放电强度也有很大影响。间距太大，会减弱放电强度；但电晕线太密，也会因屏蔽作用而使其放电强度降低。考虑与集尘极的间距相对应，放电极间距一般也采用200～300mm。

集尘极的排数可以根据电场断面宽度和集尘极的间距确定，即

$$n = (B/\Delta B) + 1 \tag{3-144}$$

式中：n——集尘极排数；B——电场断面宽度，m；

ΔB——集尘极板间距，m，$\Delta B = 2b$。

放电极的排数则为 $n-1$，通道数(每两块集尘极之间为一个通道)为 $n-1$。

(4) 电场长度

根据净化要求、有效驱进速度和气体流量，可以算出集尘极的总面积，再根据集尘极排数和电场高度算出必要的电场长度。在计算集尘板面积时，靠近电除尘器壳体壁面的集尘极，其集尘面积按单面计算，其余集尘极按双面计算。故电场长度的计算公式为

$$L = \frac{A}{2(n-1)H} \tag{3-145}$$

式中：L——电场长度，m；H——电场高度，m。

当确定有效驱进速度值有困难时，也可按照含尘气体在电场内的停留时间估算

$$L = vt \tag{3-146}$$

式中，t 为气体在电场内的停留时间，可取3～10s。

目前常用的单一电场长度是2～4m，过长会使构造庞大。如实际要求的电场长度超过4m，可设计成若干串联电场。

(5) 工作电压

根据实际经验，一般可按下式计算工作电压

$$U = 250\Delta B \tag{3-147}$$

式中，U 为工作电压，kV。

(6) 工作电流

工作电流可按下式计算：

$$I = Ai \tag{3-148}$$

式中：I——工作电流，A；i——集尘极电流密度，可取0.0005A/m^2。

以上介绍的是电除尘器的设计计算方法，并没有包括设计的全部内容。表3-21列出了电除尘器常用技术数据，表3-22列出了需要考虑的电除尘器辅助设计因素。

表 3-21 电除尘器常用技术数据

主要参数	符号	单位	一般范围
总除尘效率	η	%	95~99.99
有效驱进速度	ω_p	cm/s	3~30
电场风速	v	m/s	0.4~4.5
单位集尘板面积	A/Q	s/m	7.2~180
通道宽度	$2b$	m	0.15~0.40
单位电晕功率(按气体量)	P_c/Q	$W/(1\,000m^3 \cdot h^{-1})$	30~300
单位电晕功率(按集尘板面积)	P_c/A	W/m^2	3.2~32
电晕电流密度	i	mA/m	0.07~0.35
单位能量消耗(按气量)	P/A	$kJ/(1\,000m^3 \cdot h^{-1})$	180~3 600
粉尘在电场内停留时间	t	s	2~10
压力损失	Δp	Pa	200~500
电场数	N	个	1~5
电场断面积	A_c	m^2	3~200
气体温度	T	K	<673
电压	V	kV	50~70

表 3-22 电除尘器辅助设计因素

系统部件	考虑因素
电晕电极	支撑方式和方法
集尘电极	类型、尺寸、装配、机械性能和空气动力学性能
整流装置	额定功率、自动控制系统、总数、仪表和监测装置
电晕电极和集尘电极的振打机构	类型、尺寸、频率范围和强度调整、总数和排列
灰斗	几何形状、尺寸、容量、总数和位置
输灰系统	类型、能力、预防空气泄漏和粉尘反吹
高强度框架的支撑体绝缘器	类型、数目、可靠性
其他	壳体和灰斗的保温,电除尘器顶盖的防雨雪措施 便于电除尘器内部检查和维修的检修门 气体入口和出口管道的排列 需要的建筑和地基 获得均匀的低湍流气流分布的措施

例3-10 某钢铁厂 $90m^2$ 烧结机尾电除尘器的实测结果如下：电除尘器进口含尘浓度为 $c_i=26.8g/m^3$，出口含尘浓度为 $c_o=0.133g/m^3$，进口烟气流量为 $Q=16\times10^4m^3/h(44.4m^3/s)$。该除尘器采用Z型板极和星型电晕线，断面面积 $A_c=40m^2$，集尘极总面积 $A=1982m^2$（二个电场）。试参考以上数据设计另一新建 $130m^2$ 烧结机尾的电除尘器，要求除尘效率 $\eta=99.8\%$，工艺设计给出的总烟气量 $Q=25\times10^4m^3/h$（即 $70m^3/s$）。

［解］ (1)根据实测数据计算原电除尘器的除尘效率和有效趋进速度

由式(3-141) $\eta=1-\frac{c_o}{c_i}=1-\exp\left(-\frac{A}{Q}\omega_p\right)$ 得

$$\eta=1-\frac{c_o}{c_i}=1-\frac{0.133}{26.8}=0.995$$

而 $\frac{A}{Q}=\frac{1982}{44.4}=44.6(s/m)$，所以

$$\widetilde{\omega}_p=\frac{-\ln(1-\eta)}{A/Q}=\frac{-\ln(1-0.995)}{44.6}=0.119(m/s)$$

除尘器断面风速为

$$v=Q/A_c=44.4/40=1.11(m/s)$$

(2) 设计新的电除尘器

按要求的效率 $\eta=99.8\%$ 和有效趋进速度 $\widetilde{\omega}_p=0.119m/s$，求得

$$\frac{A}{Q}=\frac{-\ln(1-\eta)}{\widetilde{\omega}_p}=\frac{-\ln(1-0.998)}{0.119}=52.2(s/m)$$

则所需集尘极的总面积为

$$A=52.2Q=52.2\times70=3654(m^2)$$

若选取系列产品SHWB60时，则集尘极总面积为 $3743m^2$，其有效断面面积为 $63.3m^2$，此时电场风速为

$$v=Q/A_c=70/63.3=1.1(m)$$

3.4.3.2 电除尘器的选型

电除尘器的型式和工艺配置，要根据处理的含尘气体的性质及处理要求决定，其中粉尘比电阻是最重要的因素。

如果粉尘的比电阻适中（$10^5\sim10^{10}\Omega\cdot cm$），则采用普通干式除尘器。比电阻高的粉尘，宜采用特殊型电除尘器，如宽极距型电除尘器和高温电除尘器等，设计清灰装置，其振打加速度应大于普通型电除尘器。若仍然采用普通干式电除尘器，则应在含尘气体中加入适量的调理剂，如 NH_3、SO_2 或水分等，来降低粉尘的比电阻。对于低比电阻的粉尘，由于在电场中产生跳跃，一般的干式电除尘器难于捕集。但是由于电场的作用，粉尘通过电除尘器后凝聚成大的颗粒团，若在电除尘器后加一个旋风除尘器或过滤式除尘器，则可获得较好的除尘效果。

湿式电除尘器既能捕集比电阻高的粉尘，又能捕集比电阻低的粉尘，并且具有

很高的除尘效率。其缺点是会带来污水处理以及通风管道和除尘器本体的腐蚀问题,所以一般尽量不采用湿式电除尘器。常见的电除尘器选型可参见有关手册。

3.5　过滤式除尘器

过滤式除尘器也称过滤器,它是利用多孔过滤介质分离捕集气体中固体或液体粒子的净化装置,属于高效干式除尘装置。这种过滤器多用于工业原料气的精制、固体粉料的回收、特定空间内的通风和空调系统的空气净化以及去除工业排放尾气或烟尘中的粉尘粒子。

3.5.1　过滤式除尘器的分类、原理及性能

3.5.1.1　过滤式除尘器的分类

现在已经应用的过滤除尘器多种多样,可按不同的方法进行分类。

(1) 按滤料种类、结构和用途分类　可分为袋式除尘器、颗粒层除尘器和空气过滤器。采用织物等较薄材料做成滤袋,在表面过滤的,称为袋式除尘器。采用松散滤料,如玻璃纤维、金属绒、硅纱、焦炭等,在一定容器内组成过滤层,进行内部过滤的称为颗粒层过滤器。用滤纸、玻璃纤维膜或其他填充料做滤料,过滤空气,采空气样,或净化空调工程等,叫空气过滤器。

(2) 根据粉尘粒子在除尘器中被捕获的位置不同分类　可分为内部过滤和外部过滤两种型式。内部过滤是将松散多孔的滤料填充在框架或床层中作为滤料

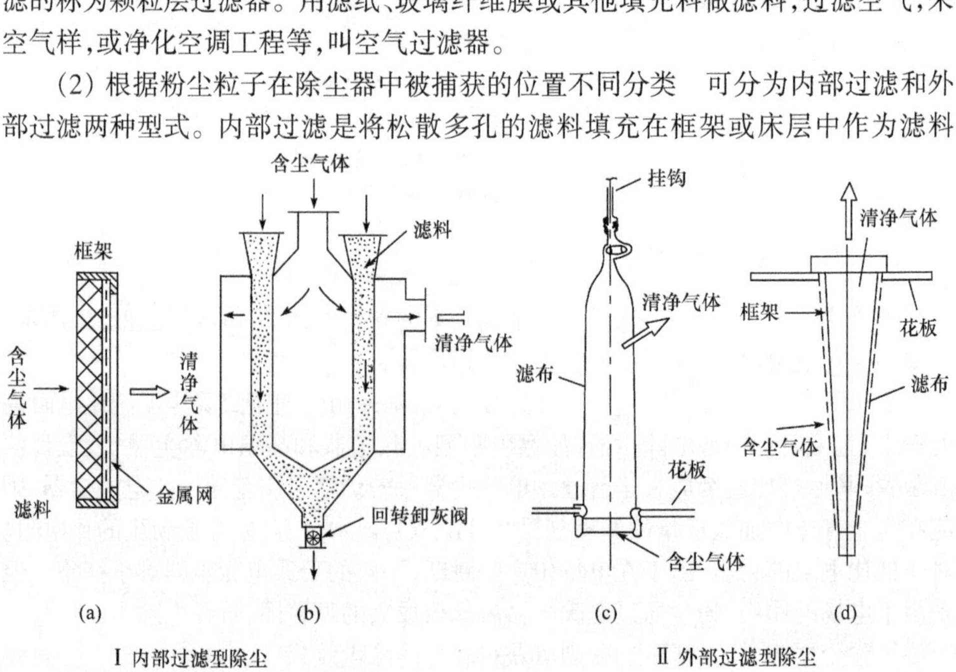

图 3-57　过滤除尘器的过滤方式

层，粉尘粒子是在滤层内部被捕集的，如图3-57中(a)和(b)所示。其中，(a)为框架过滤器，用于捕集低含尘浓度气体，多用于小型空气净化器；(b)为颗粒层过滤器，粉尘粒子被阻留在滤料中，捕尘后的滤料经清灰、再生后可重复使用，当采用高温滤料，可用于净化气量大、含尘浓度高的高温气体。外部过滤是以纤维布料、非纺织毛毡或滤纸等作为滤料，滤去含尘气体中的粉尘粒子，这些粉尘粒子是被阻挡在滤料的表面上，如图3-57中(c)和(d)所示。其中，(c)是含尘气体从滤袋内向滤袋外流动，粉尘粒子被阻留在滤袋内表面的装置；(d)为含尘气体从滤袋外向滤袋内流动，粉尘粒子被阻留在滤袋外表面的装置。外部过滤的典型型式是袋式除尘器。目前，它在冶金、水泥、陶瓷、化工、食品、机械制造等工业和燃煤锅炉烟气净化中得到广泛的应用。

3.5.1.2 过滤除尘原理

筛滤、惯性碰撞、拦截、扩散、重力和静电力等粉尘粒子的沉降机理是分析过滤除尘器滤尘机理的理论基础。过滤除尘器的滤尘过程比较复杂。一般来讲，粉尘粒子在捕集体上的沉降，并非只有一种沉降机理在起作用，而是多种沉降机理联合作用的结果。

根据不同粒径粉尘在流体中运动的不同力学特性，过滤除尘机理涉及到以下几个方面：

(1) 筛滤作用　过滤器的滤料网眼一般为5～50μm，当粉尘粒径大于网眼直径或粉尘沉积在滤料间的尘粒间空隙时，粉尘即被阻留下来。对于新的织物滤料，由于纤维间的空隙远大于粉尘粒径，所以筛滤作用很小，但当滤料表面沉积大量粉尘形成粉尘层后，筛滤作用显著增强。

(2) 惯性碰撞作用　一般粒径较大的粉尘主要依靠惯性碰撞作用捕集。当含尘气流接近滤料的纤维时，气流将绕过纤维。由于惯性作用，其中较大的粒子(大于1μm)偏离气流流线，继续沿着原来的运动方向前进，撞击到纤维上而被捕集。所有处于粉尘轨迹临界线内的大尘粒均可到达纤维表面而被捕集。这种惯性碰撞作用，随着粉尘粒径及气流流速的增大而增强。因此，提高通过滤料的气流流速，可提高惯性碰撞作用。

(3) 拦截作用　当含尘气流接近滤料纤维时，较细尘粒随气流一起绕流，若尘粒半径大于尘粒中心到纤维边缘的距离时，尘粒即因与纤维接触而被拦截。

(4) 扩散作用　对于小于1μm的尘粒，特别是小于0.2μm的亚微米粒子，在气体分子的撞击下脱离流线，像气体分子一样作布朗运动，如果在运动过程中和纤维接触，即可从气流中分离出来。这种作用即称为扩散作用，它随流速的降低、纤维和粉尘直径的减小而增强。

(5) 静电作用　许多纤维编织的滤料,当气流穿过时,由于摩擦会产生静电现象,同时粉尘在输送过程中也会由于摩擦和其他原因而带电,这样会在滤料和尘粒之间形成一个电位差,当粉尘随着气流趋向滤料时,由于库仑力作用促使粉尘和滤料纤维碰撞并增强滤料对粉尘的吸附力而被捕集,提高捕集效率。

(6) 重力沉降作用　当缓慢运动的含尘气流进入除尘器后,粒径和密度大的尘粒,可能因重力作用而自然沉降下来。表 3-23 为各种捕集机理作用的粒度范围。

表 3-23　各种捕集机理作用的粒度范围

序号	机理	粒度范围	风速增高对机理效率的影响
1	拦截	>1μm	降低
2	惯性碰撞	>1μm	增高
3	扩散	<0.01～0.5μm	降低
4	静电	<0.01～5μm	降低
5	筛滤	>过滤层微孔尺寸	降低

图 3-58　滤布的滤尘过程

一般来说,各种除尘机理并不是同时有效,而是一种或是几种联合起作用。而且,随着滤料的空隙、气流流速、粉尘粒径以及其他原因的变化,各种机理对不同滤料的过滤性能的影响也不同。实际上,新滤料在开始滤尘时,除尘效率很低。使用一段时间后,粗尘会在滤布表面形成一层粉尘初层。滤布的滤尘过程示意图见图 3-58。由于粉尘初层以及而后在其上逐渐堆积的粉尘层的滤尘作用,使滤料的过滤效率不断提高,但阻力也相应增强。在清灰时,不能破坏初层,否则效率会下降。粉尘初层的结构对袋式除尘器的效率、阻力和清灰的效果起着非常重要的作用。

3.5.1.3　过滤除尘器的性能

过滤除尘器的性能主要涉及过滤速度、除尘效率、过滤阻力和清灰方式等方面。

(1) 过滤速度

过滤速度是影响过滤除尘器性能的主要因素之一。过滤速度用下式计算

$$v = \frac{Q}{A} \tag{3-149}$$

式中：v——过滤速度(表观过滤气速)，m/s；Q——过滤除尘器的处理气量，m^3/s；

A——过滤除尘器滤料的过滤面积，m^2。

一般认为，气体通过过滤层的真实速度 v_p 为

$$v_p = \frac{v}{\varepsilon_p} \tag{3-150}$$

式中：v_p——气体通过过滤层的真实速度，m/s；

ε_p——粉尘层的平均空隙率，一般为 0.8～0.95。

在实际运行过程中，过滤速度是由滤料种类、粉尘粒径的大小、物理化学性质和清灰方式等确定的。过滤速度大，会使滤料两侧的压差增大，把已附在滤料上的细小粉尘挤压过去；过滤速度小，则会增大除尘器的体积，从而增加投资。表3－24列出了袋式除尘器的过滤速度设计参考值。

表 3－24　袋式除尘器的过滤速度设计参考值(单位 m/min)

粉尘种类	清灰方式		
	振打与逆气流联合	脉冲喷吹	反向吹风
滑石粉、煤、喷砂清理尘、飞灰、陶瓷烧制粉尘、炭黑、颜料、高岭土、石灰石、砂尘、锡土矿、水泥(来自冷却器)、搪瓷烧制	0.7～0.8	2.0～3.0	0.6～0.9
铁及铁合金的升华物，铸造尘、氧化铝、球磨机排出的水泥、碳化炉的升华物、石灰、刚玉、安福粉及其他肥料生产，塑料、淀粉	0.5～0.75	1.5～2.5	0.45～0.55
炭黑、氧化硅、锡锌的升华物以及其他在气体中由于冷凝和化学反应而形成的气溶胶、化妆粉、去污粉、奶粉、活性炭、水泥等	0.45～0.5	0.8～2.0	0.33～0.45
烟草、皮革粉、混合饲料，木材加工的粉尘，粗植物纤维(木麻、黄麻等)	0.9～2.0	2.5～6.6	
石棉、纤维尘、石膏、珠光石、橡胶生产粉尘、盐、面粉、研磨工艺中的粉尘	0.3～1.1	2.5～4.5	

(2) 除尘效率

对于正在运行的过滤除尘器，过滤效率为

$$\eta = 1 - \frac{c_o}{c_i} \tag{3-151}$$

式中：c_o——通过过滤器后的洁净气体含尘浓度，kg/m^3；

c_i——含尘气体的进口浓度，kg/m^3。

过滤除尘器的除尘效率关系式有两种：一种是经理论推导的除尘效率与孤立粉尘捕集体综合捕集效率的计算式；另一种是根据实验数据建立的半理论半经验的关系式。

① 理论公式

a. 当过滤器内填充的为圆柱形纤维捕尘体时，纤维层过滤除尘器的除尘效率与单一纤维捕尘体的综合捕尘效率关系式为

$$\eta = 1 - \exp\left[\frac{4(\varepsilon - 1)\delta}{\pi d_D \varepsilon}\eta_\Sigma\right] \tag{3-152}$$

式中：η——纤维层过滤除尘器的除尘效率；

ε——过滤层空隙率；

δ——过滤层厚度，m；

d_D——纤维直径，m；

η_Σ——单根纤维的综合捕尘效率。

b. 当过滤除尘器内所填充的为圆球形捕尘体（颗粒滤料）时，过滤除尘器的除尘效率与单个球形捕尘体的综合捕尘效率关系式为

$$\eta = 1 - \exp\left[\frac{1.5(\varepsilon - 1)\delta}{d_D \varepsilon}\eta_\Sigma\right] \tag{3-153}$$

式中：η——颗粒层过滤除尘器的除尘效率；

d_D——圆球形捕尘体（颗粒滤料）的直径，m；

η_Σ——单一圆球捕尘体的综合捕尘效率。

② 经验与半经验公式

a. 基尔什、斯捷奇金和富克思等人提出的纤维过滤器的除尘效率经验式为

$$\eta = 1 - \exp\left(\frac{-d_D \eta_\Sigma \Delta p}{v_g \mu_g F}\right) \tag{3-154}$$

式中：Δp——过滤除尘器的阻力，Pa；

v_g——粉尘粒子相对于捕尘体的速度，m/s；

μ_g——含尘气体黏度，Pa·s；

F——过滤除尘器结构不完善参数，可按下式计算

$$F = \frac{4\pi}{K_r} = 4\pi[-0.5\ln(1-\varepsilon) - 0.52 + 0.64(1-\varepsilon) + 1.43K_n\varepsilon]^{-1} \tag{3-155}$$

式中：K_r——气动因素；K_n——克努德森准数。

b. 兰格缪尔提出的颗粒层过滤器半经验效率计算式为

$$\eta = 1 - \exp\left[\frac{K(\varepsilon - 1)\delta\eta_{\Sigma}}{d_{D}}\right] \tag{3-156}$$

式中，K 为斯密特常数，通常取3.75。

通常，过滤除尘器的除尘效率超过99.5%。因此，在选择除尘器时，一般不需计算除尘效率。影响除尘效率的因素主要有：灰尘的性质，包括被过滤粉尘的粒径、惯性力、形状、静电荷、含湿量等，对于有外静电场的过滤除尘器，还要考虑粉尘的比电阻；织物性质，包括织物原料、纤维和纱线的粗细，织造和毡合方式，织物厚度，空隙率等；运行参数，包括过滤速度、阻力、气体温度、湿度、清灰频率和强度等；清灰方式，包括机械振打、反向气流、压缩空气脉冲和气环等。

(3) 过滤器的阻力计算

过滤器的阻力包括过滤器的结构阻力(即气流经过进口、出口和花板等)和过滤阻力两部分组成。对于袋式过滤器，滤袋的过滤阻力 Δp_f 是由清洁滤袋的阻力损失 Δp_0 和黏附粉尘层的阻力损失 Δp_d 两部分组成，即

$$\Delta p_f = \Delta p_0 + \Delta p_d = \xi_0\mu_g v + am_d\mu_g v = (\xi_0 + am_d)\mu_g v \tag{3-157}$$

式中：ξ_0——清洁滤料的阻力系数，m^{-1}；

a——粉尘层的平均比阻力，m/kg；

m_d——堆积粉尘负荷(单位面积的尘量)，kg/m^2，普通运行的堆积粉尘负荷范围一般为0.2～2.0kg/m^2；

μ_g——含尘气体黏度，Pa·s；

v——过滤速度，m/s。

其中，粉尘层的平均比阻力 a，可用柯日尼(Kozeny)公式计算

$$a = \frac{180(1-\varepsilon)}{\rho_p d_p^2 \varepsilon^3} \tag{3-158}$$

式中：ε——粉尘层的平均空隙率，对于一般表面过滤方式，取0.8～0.95；

ρ_p——粉尘的真密度，kg/m^3；

d_p——粉尘的平均粒径，μm。

堆积粉尘负荷(单位面积的尘量)m_d，可按下式计算

$$m_d = \frac{G_a}{A} \tag{3-159}$$

式中：G_a——滤料上黏附粉尘量，kg；A——过滤除尘器滤料的过滤面积，m^2。

因此，过滤除尘器的阻力为

$$\Delta p = \Delta p_c + \Delta p_f = \Delta p_c + \Delta p_0 + \Delta p_d \tag{3-160}$$

式中，Δp_c 为结构阻力损失，Pa。对袋式过滤器，其值一般为300～500Pa。

除尘器的过滤阻力直接反映了除尘器运行的经济性,这部分动力消耗为

$$N = KQ\Delta p \qquad (\text{kW}) \tag{3-161}$$

式中,K 为系数。

一般袋式除尘器的压力损失多控制在 800～1500Pa,当除尘器的阻力达到预定值时,就要加以清灰。入口浓度大时,清灰周期短,时间间隔短,由于清灰次数多,滤料寿命短。袋式除尘器正常工作时,压力损失与气体流量随时间的变化关系如图 3-59 所示。从图中可以看出,滤袋清灰后,并不能恢复到初始阻力值(图 3-59(b)1 处),而只能恢复到图 3-59(b)2 处。其差值称为粉尘层的残留阻力,也就是应该保护的粉尘初层的阻力。一般情况下残留阻力为 700～1000Pa。

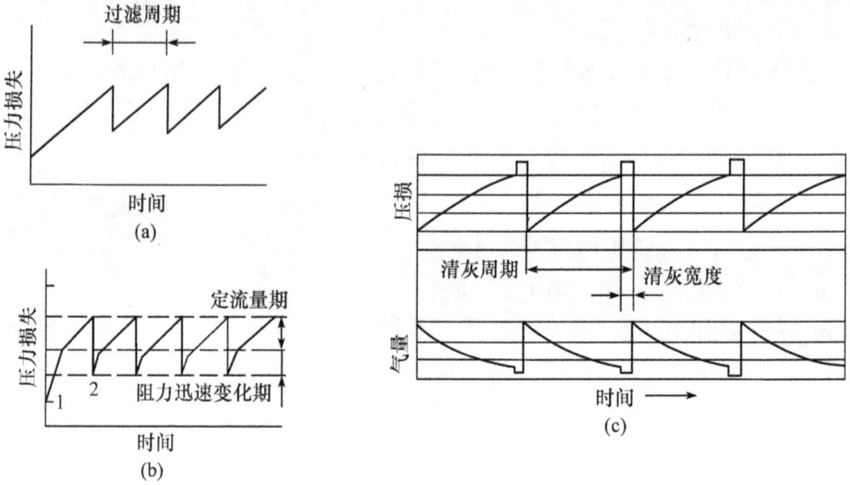

图 3-59　袋式除尘器的压力损失与气体流量的变化随时间的关系

(4) 清灰方式

过滤除尘器处理粉尘的浓度一般在 0.5～30g/m^3,滤料的堆积粉尘负荷一般为 0.2～0.3kg/m^2,除尘器的阻力损失控制在 1000～2000Pa 范围。若除尘器的结构阻力损失约 300Pa,则粉尘层的阻力损失控制范围为 700～1700Pa。新滤料经一段时间的运行,在滤料表面就形成了粉尘层,过滤阻力也随着粉尘层的加厚而增大。当除尘器的阻力损失达到预定值时,就必须停止过滤进行清灰以保证除尘器的正常运行。常见的清灰方式有机械振打、反向射流、低压反吹、大气反吹和脉冲反吹等。由于粉尘与滤料的黏附方式不同,清灰的难易程度也不同。一般是织物比毛毡滤料的清灰容易,粗粉尘比细尘容易清除。表 3-25 列出了各种清灰方式的比较。

表 3-25 各种清灰方式比较

清灰方式	清灰的均匀性	滤袋的磨耗	设备的耐用性	织物类型	过滤速度	装置费用	动力费	灰尘负荷	最大温度
机械振打	一般	一般	一般	织造的	一般	一般	低	一般	中
反向气流(分室)	好	低	好	织造的	一般	一般	中～低	一般	高
反向气流	一般	一般	好	织造的	一般	一般	中～低	一般	高
分隔室脉冲	好	低	好	毡合的,织造的	高	高	中	高	中
滤袋脉冲	一般	一般	好	毡合的,织造的	高	高	高	很高	中
反向射流	很好	一般	低	毡合的,织造的	很高	高	高	高	中
高频振动	好	一般	低	织造的	一般	一般	中～低	一般	中
声波	一般	低	低	织造的	一般	一般	中	—	高
手工	好	高	—	毡合的,织造的	一般	低	—	低	中

衡量清灰方式良好的标准是能够迅速均匀地除去数量恰当的沉积物,而不会因除去过多的灰尘影响下一个过滤周期开始时的捕集效率,不会损伤滤袋或需要过大的动力而造成运行费用增加,不会使清除下来的灰尘过于分散而重返滤料中。

3.5.2 袋式除尘器

袋式除尘器是含尘气体通过滤袋(简称布袋)滤去其中粉尘粒子的分离捕集装置,是一种干式高效过滤式除尘器。袋式除尘器主要优点有:(1) 对净化含微米或亚微米数量级的粉尘粒子的去除效率较高,一般可达99%,甚至可达99.9%以上;(2) 可以捕集多种干式粉尘,特别对高比电阻粉尘,比用电除尘器的净化效率高很多;(3) 含尘气体浓度在相当大的范围内变化对除尘效率和阻力影响不大;(4) 可设计制造出适应不同气量的含尘气体要求的袋式除尘器,处理烟气量可从每小时几立方米到几百万立方米;(5) 可作成小型的,安装在散尘设备上或散尘设备附近,也可安装在车上作成移动式袋式过滤器,适用于分散尘源的除尘;(6) 运行性能稳定可靠,没有污泥处理和腐蚀等问题,操作维护简单。

袋式除尘器的应用主要受滤料的耐温和耐腐蚀等性能影响。目前,通常应用的滤料可耐250℃左右高温。如采用特别滤料处理高温含尘烟气,将会增大投资费用。它不适于净化黏结和吸湿性强的含尘气体。净化烟尘时的温度不能低于露点温度,否则将会产生结露,堵塞布袋滤料的空隙。据初步统计,用袋式除尘器净化大于17 000m^3/h含尘烟气量所需的投资费用要比电除尘器高;而用其净化小于17 000m^3/h含尘烟气量时,投资费用比电除尘器省。

3.5.2.1 袋式除尘器的滤布

(1) 滤布的选择

对袋式除尘器,含尘气体是通过由滤布制成的滤袋来除去的,滤布的特性和质量直接影响袋式除尘器的性能,如除尘效率,压力损失,清灰周期等都与滤布性能有关。滤布应具备耐温、耐腐蚀、耐磨、捕尘效率高、阻力低、使用寿命长、成本低等特点。

因此,选择滤布必需考虑:① 滤布的容尘量要大,清灰后滤布上要保留一定量的容尘,以保证较高的滤尘效率;② 滤布网孔直径适中,透气性好,过滤阻力小;③ 滤布强度好、耐磨、耐温和耐腐蚀,使用寿命长;④ 吸湿性小,容易清除黏附在滤布上的尘粒;⑤ 制作工序简单、成本低。上述要求很难同时满足,可根据除尘要求的重点选择滤布。

(2) 滤布材质种类及特性

制作滤布的材质种类很多,可分为天然纤维、合成纤维和无机纤维。各种纤维滤布的性能见表 3-26。

表 3-26 各种纤维滤料的性能

品名	纤维种类	密度 /(kg/m^3)	直径 /μm	受拉强度 /(N/mm^{-2})	拉伸率 /%	耐酸碱性		耐温性		吸水率 /%	湿干状态强度比较 /%
						酸	碱	经常	最高		
棉	植物短纤维	1.47~1.6	10~20	343~751	5~10	差	良	60~85	100	16~22	110
麻	植物长纤维	—	16~50	343	—	—	—	80	—	—	—
蚕丝	动物长纤维	—	18	432	—	—	—	80~90	100	—	—
羊毛	动物短纤维	1.33	5~15	138~245	19~25	良	差	80~90	100	16~18	85
玻璃	矿物纤维(有机硅处理)	2.4~2.7	5~8	981~2 943	35	良	良	260	300	0	—
维纶	聚氟乙烯	1.39~1.44	—	—	12~25	良	良	40~50	65	0	100
尼龙	聚胺	1.13~1.15	—	503~842	10~42	冷良热差	良	75~85	95	4	90
腈纶	(纯)聚丙烯腈	1.14~1.17	—	294~638	15~30	良	可	125~135	150	2	90~95
	聚丙烯腈与聚胺混合聚合物	1.14~1.17	—	—	18~22	良	弱质可	110~130	140	1	90
涤纶	聚酯	1.38	—	—	40~55	良	良	140~160	170	0.4	93~97
泰弗纶	聚四氟乙烯	1.8	—	324	13	优	优	200~250		0	100
维纶	聚酸乙烯基Vinyl类	1.39~1.44	—	—	12~25	良	良	40~50	65	0	—

① 天然纤维滤布　这类滤布是由棉、毛、棉毛混纺和榨蚕丝做成的。棉纤维滤布价格低，适用于 60～85℃ 以下含尘气体，耐酯性差，对细尘过滤效率低，很少采用；毛纤维滤布（呢料）是由细羊毛织成的绒布，透气性好，阻力小，容尘量较大，滤尘效率高，易于清灰，耐酸比棉布好，而耐碱性不如棉布，宜用于低于 90℃ 气体除尘，造价高于棉布和合成纤维滤布；棉毛混纺滤布，经线用棉纯纱，纬线用毛线，织成单面绒布，使用条件近于棉布；榨蚕丝布（平绸）用榨蚕丝织成，布面平滑，透气性好，阻力小，容尘量小，滤过速度大时滤尘效率低，使用温度为 90℃ 以下，应用较少。

② 合成纤维滤布　这类滤布是随着石油工业的发展，用合成纤维做成的，目前使用最多的有：聚酰胺纤维（尼龙、锦纶），聚丙烯酯纤维（腈纶、锦纶），聚酯纤维（涤纶）等。这类滤布的使用性能各异，如尼龙宜在 80℃ 以下使用，耐磨性能好，耐碱不耐酸；腈纶耐温性好、耐磨性差、耐酸不耐碱；“208”工业涤纶布是国内性能较好的一种滤布，滤尘性能高、阻力较小、且易于清灰。合成纤维与棉毛可混纺，国产“尼毛特 2 号”和“尼棉特 4A”就属此类。

③ 无机纤维滤布　这类滤布是由玻璃纤维做成的，它经硅酮树脂等处理后可在 250℃ 长期使用，具有阻力小、化学稳定性好、不吸湿、易清灰、价格便宜等优点，但强度差、不耐磨、不宜净化含碘化氢气体，使用有一定的局限性。

(3) 滤料的结构

滤料的结构形式对其除尘性能有很大影响。

① 织物滤料

织物滤料的结构可分为编织物和非编织物。编织物的结构有平纹、斜纹和缎文三种，如图 3－60 所示。

图 3－60　织物编织的结构

平纹布是由经纬纱一上一下交错编织而成。由于纱织交织点很近，纱线互相压紧，织成的滤布致密，受力时不易产生变形和伸长。平纹布滤布净化效率高，但透气性差、阻力大、清灰难、易堵塞。

斜纹布是由两根以上经纬交织而成。织布中的纱线具有较大的迁移性，弹性大，机械强度略低于平纹织布，受力后比较容易错位。斜纹布表面不光滑，耐磨性好，净化效率和清灰效果都好，滤布不易堵塞，处理风量高，是织布滤料中最常用的一种。

缎纹布是由一根纬线与五根以上经线交织而成，其透气性和弹性都较好，织纹平坦。由于纱线具有迁移性，易于清灰。缎纹滤料强度低，净化效率比前两者低。

② 针刺毡滤料

针刺毡是纺布的一种，由于制作工艺不同，毡布较致密，阻力较大，容尘量小，但易于清灰，在工业上应用已较为普遍。现已生产的毛毡滤料有聚酰胺、聚丙烯聚酯等毛毡滤料。

3.5.2.2 袋式除尘器的结构型式

袋式除尘器的结构型式多种多样，按滤袋截面形状分为圆筒形和扁平形，按除尘器的进气口布置分为上进气和下进气，按含尘气流通过滤袋的方向分为内滤式和外滤式，按除尘器壳体是否密闭分为密闭式和敞开式，按清灰方式分为简易清灰式、机械振动清灰式、逆气流反吹清灰式、气环反吹清灰式、脉冲喷吹清灰式及联合清灰式等。

圆筒形滤袋结构简单，便于清灰，应用广泛，如图 3-61。其直径一般为 ϕ120～300mm，最大不超过 600mm；袋长一般为 2～3.5m，最长可达 10m 以上；袋长与直径之比一般取 10～25，最大可达 30～40，其取值与清灰方式有关。对于大中型袋式除尘器，一般都分成若干室，每室袋数少则 8～15 只，多则 200 只。每台除尘器的室数，少则 3～4 室，多则 16 室以上。扁平袋的断面有楔形、梯形和矩形等形状，如图 3-62。扁袋与筒袋相比，最大优点是单位体积内可多布置20％～40％的

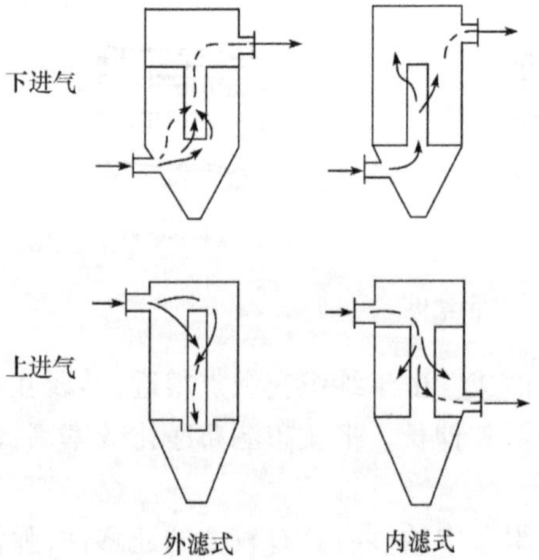

图 3-61 圆筒形袋式除尘器

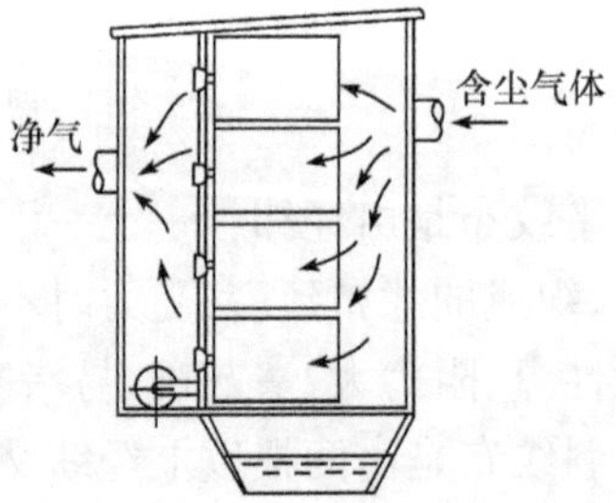

图 3-62 扁袋除尘器

过滤面积，占地面积小，结构紧凑，但清灰维修困难，应用较少。据有关资料报导，经研究改进后的扁袋，克服了上述不足，已有应用。

袋式除尘器分上进气和下进气，如图3-61所示。含尘气体从除尘器的上部进气时，在器内粉尘的沉降方向与气流方向一致，能在滤袋上形成较均匀的粉尘层，过滤性能好。但为了使配气均匀，需要上部进气配气室增设一块上花板，使除尘器高度增加，也提高了造价。上进气还会使灰斗滞积空气，增加了结露的可能性。同时，上花板易于积灰，滤袋安装调节也较复杂。采用下进气时，粗尘粒直接沉降于灰斗中，只有小于3μm的细尘接触滤袋，滤袋磨损小。但由于气流方向与尘粒沉降方向相反，清灰后会使细粉尘重新附积在滤袋表面，从而降低了清灰效率，增加了阻力。与上进气相比，下进气设计合理，结构简单，造价便宜因而使用较多。

在袋式除尘器中含尘气体进入滤袋内部，尘粒被阻留于滤袋内表面，净化气体通过滤袋逸出袋外，叫内滤式。其优点是滤袋无需设支撑骨架，不停车可进行内部检修。含尘气体从滤袋外部进入，尘粒被阻留在滤袋外表面，净化气体由袋内排出，叫外滤式。外滤式需在滤袋内装支撑骨架，滤袋易于磨损，维修较困难。下进气除尘器多为内滤式，外滤式要根据清灰方式来确定。

密闭式和敞开式滤袋除尘器根据与风机连接部位的不同而划分。除尘器设在风机的吸入段，为避免漏风，壳体必须严格密闭、保温。除尘器设在风机的压出段，处理的气体和粉尘对人体与物体无影响，除尘器可不密封，甚至可敞开，这样可节省投资。

袋式除尘器的效率、压力损失、滤速和滤袋寿命都与清灰方式有关。几种典型的清灰方式如图3-63所示。在实际操作中清灰可分为间歇清灰和连续清灰两种方式。间歇清灰把除尘器分成若干个过滤室，逐室切断气路依次清灰。如机械振

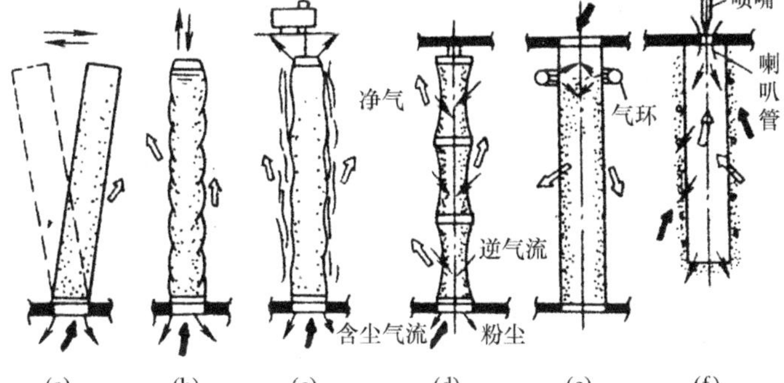

图3-63　典型清灰机理示意图

(a) 水平摆动；(b) 垂直抖动；(c) 扭曲振动；(d) 逆气流反吹式；(e) 气环反吹清灰式；(f) 脉冲喷吹式

动式和逆气流反吹式,它们在清灰过程中无粉尘外逸,可以获得较高的除尘效率。连续清灰不切断气路,连续不断地对滤袋的一部分进行清尘,如气环反吹和脉冲喷吹式,它们在清灰过程中压力损失稳定,适于处理高浓度含尘气体。

3.5.2.3　常用的袋式除尘器

(1) 机械振动清灰袋式除尘器

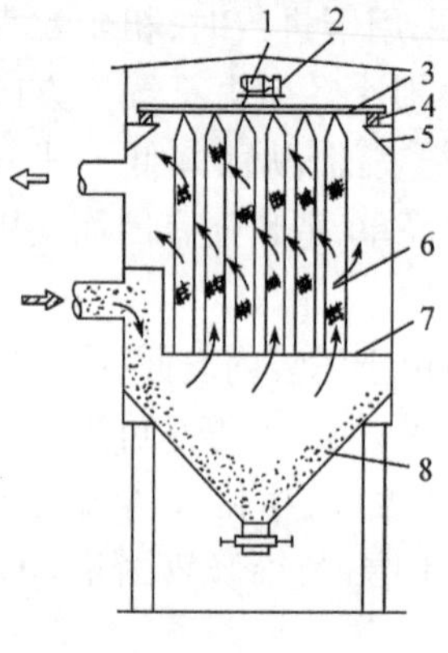

图 3-64　机械振动清灰袋式除尘器
1-电机;2-偏心轮;3-振动架;4-橡胶垫;5-支架;6-滤袋;7-花板;8-灰斗

这类除尘器采用机械运动装置使滤袋作周期性振动,进而使黏附在滤袋上的尘粒落入灰斗中。图 3-64 所示为利用偏心轮垂直振动清灰的袋式除尘器,其振动机构设计主要参数为频率(即每分钟振动次数)、振幅(滤袋顶部移动距离)和振动连续时间。对于某一种振动装置来讲,经过各主要参数的平衡,可以得到一个最佳的工作状态。

根据振动方式不同,可分为水平振动、垂直振动和扭曲振动三种形式,如图 3-63 所示。图中(a)为水平摆动,有顶部和中部振动两种;(b)为垂直抖动,它利用偏心轮装置振打滤袋框架或定期提升滤袋框架进行清灰;(c)为扭曲振动,它利用机械传动装置定期将滤袋扭转一定角度,使尘粒脱落。

机械振动清灰,能及时清除附着在滤袋上的尘粒,因此过滤负荷量比简易清灰要高,滤尘效果好,工作性能稳定。过滤速度一般采用 1.0～2.0m/min,压力损失为 800～1000Pa,但由于机械作用,滤袋损坏较快,检修和更换工作量大,近年来使用渐少。

(2) 脉冲喷吹袋式除尘器

它是一种周期地向滤袋内喷吹压缩空气来达到清除滤袋积灰的袋式除尘器,如图 3-65。其净化效率可达 99%以上,压力损失约为 1200～1500Pa,过滤负荷较高,滤布磨损较轻,使用寿命较长,运行安全可靠。但它需要高压气源作清灰动力,电力用量消耗较大,对高浓度,含湿量较大的含尘气体的净化效果较低。

这种除尘器按其脉冲喷吹方向对过滤气流的方向可分为逆喷式、顺喷式及对喷式三种;按其引射器不同,有环隙式;按其滤袋型式不同,又有扁袋式。尽管脉冲喷吹袋式除尘器有不同型式,但其喷吹原理和清灰系统却大致相同。

其喷吹原理为:当滤袋表面的粉尘负荷增加,达到一定阻力时,由脉冲控制仪发出指令,按顺序触发各控制阀,开启脉冲阀,使气包内的压缩空气从喷吹管各喷孔中以接近声速的速度喷出一次空气流,通过引射器诱导二次气流一起喷入滤袋,

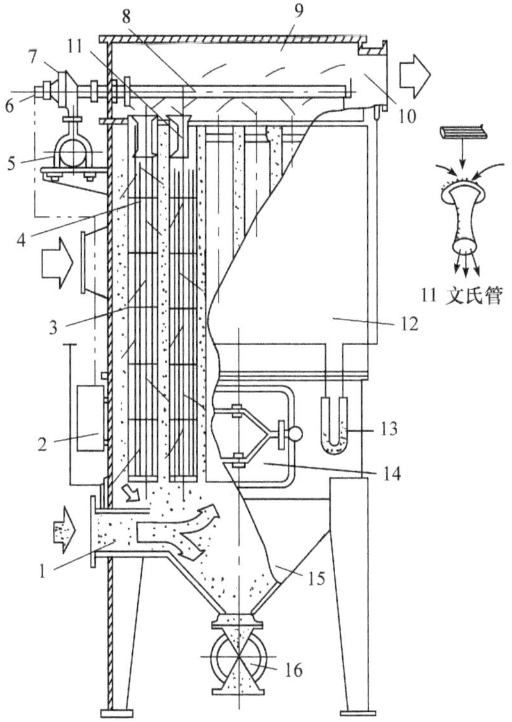

图3-65　脉冲喷吹袋式除尘器的结构

1-进气口；2-控制仪；3-滤袋；4-滤袋框架；
5-气包；6-排气阀；7-脉冲阀；8-喷吹管；
9-净气箱；10-净气出口；11-文氏管；12-除尘箱；
13-U形压力计；14-检修门；15-灰斗；16-卸灰阀

造成滤袋瞬间急剧膨胀和收缩，从而使附着在滤袋上的粉尘脱落。清灰过程中每清灰一次，称一个脉冲。脉冲宽度是喷吹一次所需的时间，约为0.1～0.2s。脉冲周期是全部滤袋完成一个清灰循环的时间，一般为60s左右。压缩空气的喷吹压力为500～700kPa。

脉冲喷吹系统由控制仪、控制阀、脉冲阀、喷吹管及压缩空气包等组成，如图3-66。脉冲控制仪目前常用的有电动控制仪、气动控制仪和机械控制仪等。与其配套使用的排气阀相应的有电磁阀、气动阀、机械阀。脉冲阀与排气阀（如图3-67）是脉冲控制仪的关键部件，在滤袋清灰过程中起着控制作用，实现全自动清灰。其控制参数有脉冲压力、频率、脉冲持续时间和清灰次序。

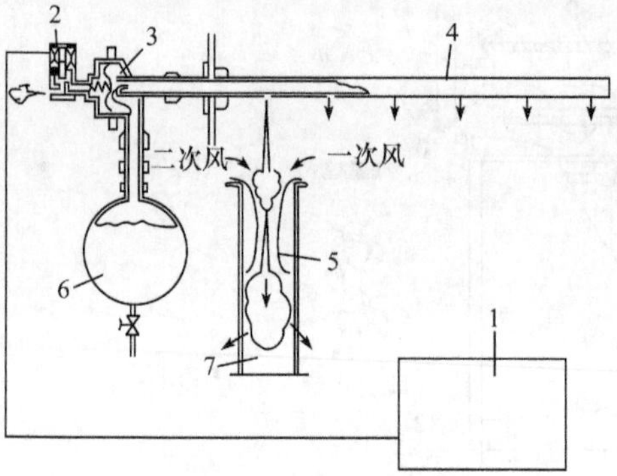

图 3-66　喷吹系统

1-脉冲控制仪；2-控制阀；3-脉冲阀；4-喷吹管；5-文氏管；6-气包；7-滤袋

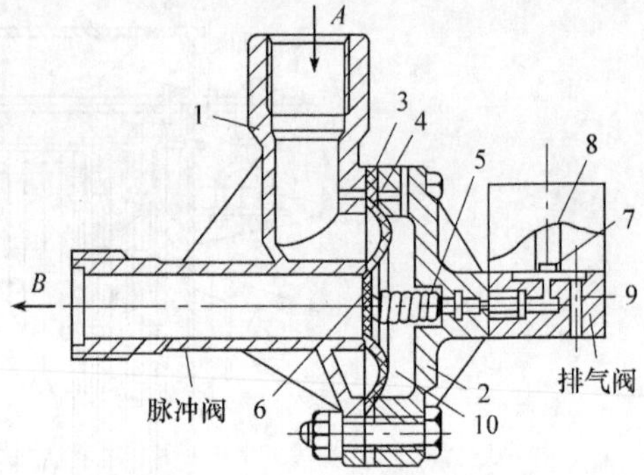

图 3-67　脉冲阀与排气阀的结构

1-阀体；2-阀盖；3-波纹膜片；4-节流孔；5-复位弹簧；6-喷吹口；7-活动挡；8-活动芯；9-通气孔；10-背压室

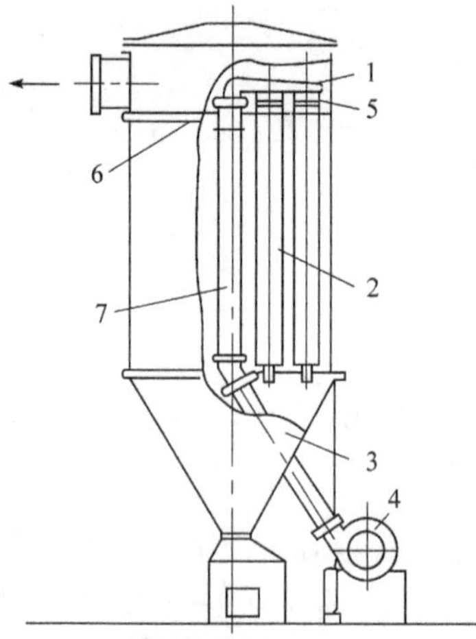

图 3-68　回转反吹扁袋除尘器

1-悬臂风管；2-滤袋；3-灰斗；4-反吹风机；5-反吹风口；6-花板；7-反吹风管

(3) 回转反吹扁袋除尘器

回转反吹扁袋除尘器结构如图 3-68 所示。除尘器采用圆筒外壳，梯形扁袋沿圆筒呈辐射状布置，反吹风管由轴心向上与悬臂管连接，悬臂管下面正对滤袋导口设有反吹风口，悬臂管由专用马达及减速机带动旋转（设计转速为 1～2r/min）。含尘气体切向进入过滤室上部，粒径大的尘粒和凝聚粉尘在离心力的作用下沿圆筒壁落入灰斗；粒径小的尘粒则弥散在袋间空隙，当含尘气穿过滤袋，尘粒被阻留附着在滤袋外表面。净化气经花板上滤袋导口进入净气室，由排气口排出，附着在滤袋外表面的尘粒，由反吹风机吹落。

回转反吹扁袋除尘器在相同过滤面积下滤袋占用的空间体积小，即提高了单位体积的过滤面积。扁形滤袋性能好，寿命长，清灰自动化且效果好，运行安全可靠，维修方便。该除尘器运行主要参数：风压约为 5kPa，反吹风量约为过滤风量的 5%～10%，每只滤袋的反吹时间约为 0.5s。对于黏性较大的细尘粒，过滤风速一般取 1～1.5m/min，而黏性小的粗尘粒，过滤风速可取 2～2.5m/min，净化效率一般可达到 99% 以上。

(4) 气环反吹袋式除尘器

气环反吹袋式除尘器是以高速气体通过气环反吹滤袋的方法达到清灰的目的。它适用于高浓度和较潮湿的粉尘，也能适应空气中含有水气的场合，但滤袋极易磨损。气环反吹袋式除尘器的规格有 QH-24 、36、48、72 等 4 种，其中 QH-24 和 QH-36 为单气环箱，QH-48 和 QH-72 为双气环箱。气环反吹袋式除尘器的结构及其清灰过程示意如图 3－69。气环箱紧套在滤袋外部，可作上下往复运动。气环箱内紧贴滤袋处开有一条环缝（即气环喷嘴），袋内表面沉积的粉尘被气环喷管喷射出的高压气流吹掉。清灰耗用的反吹空气量约为处理气量的 8%～10%，分压 3000～10 000Pa。当处理潮湿的粉尘时，反吹气需要加热到 40～60℃。这种除尘器的过滤风速较高，一般为 4～6m/min，压力损失为 1000～1200Pa。

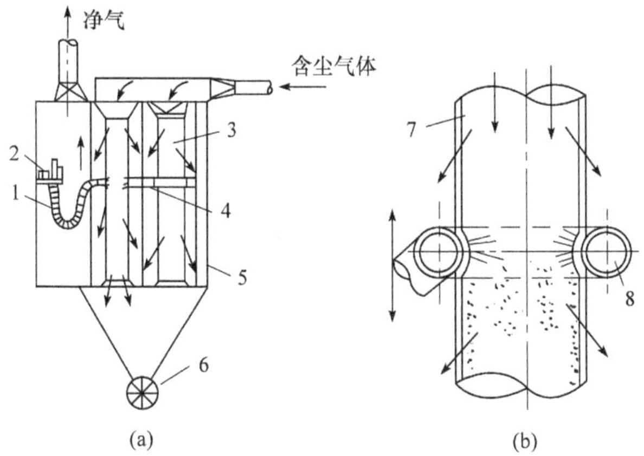

图 3－69　气环反吹袋式除尘器
(a) 除尘器结构图；(b) 反吹清灰过程
1－软管；2－反吹风机；3－滤袋；4－气环箱；5－外壳体；
6－卸灰阀；7－滤袋；8－气环

(5) 组合式清灰袋式除尘器

组合式清灰袋式除尘器是将两个或三个不同类型的除尘器有机地联接起来，以达到最佳净化效率。组合式除尘器的清灰时间约为 30～60s，时间间隔约为 3～8min，过滤风速一般取 2～3m/min，压力损失为 800～1000Pa，清灰效果好，净化效率约为 98%左右。

3.5.2.4　袋式除尘器的选择和设计

选择袋式除尘器应综合考虑除尘原理、结构形式、滤布性能、清灰方式等。选型步骤大致与旋风除尘器相同：首先收集有关设计资料，依据袋式除尘器特点和选用注意事项,计算有关参数,最后确定形式。

(1) 收集有关资料

资料包括净化气体特性、粉尘特性、净化指标、各种袋式除尘器的性能,特别是清灰方式等项内容。

(2) 选用袋式除尘器应注意的事项

① 主要用于控制粒径在 1μm 左右的微粒,当粒径超过 5μm 时,采用二级除尘。

② 不适用于净化油雾、水雾、黏结性强和湿度高的粉尘。

③ 根据滤布性能,选择相应的耐温、耐腐蚀、耐磨、抗爆等材质的滤布。

④ 清灰方式是选型的重要条件,它受粉尘黏性、过滤速度、空气阻力、压力损失、净化效率等因素制约。所以要依据主要制约因素,确定清灰方式,再依据清灰方式和清灰制度选定袋式除尘器。

⑤ 当入口含尘浓度过大时,宜设预除尘装置。

(3) 袋式除尘器选型的有关计算及设计内容

① 总过滤面积计算

$$A = \frac{Q}{60u_{\mathrm{f}}} \tag{3-162}$$

过滤风速取决于清灰方式。振动清灰:$u_{\mathrm{f}}=1.0\sim2.0$m/min;逆气流反吹清灰:$u_{\mathrm{f}}=2\sim3$m/min;气环反吹清灰:$u_{\mathrm{f}}=0.20\sim0.7$m/min;脉冲喷吹清灰:$u_{\mathrm{f}}=2\sim4$m/min。

② 依据处理风量 Q 和总过滤面积 A、压力损失和除尘效率等确定或计算如下项目:滤袋的尺寸——直径 d 和长度 L;每只滤袋面积 a($a=\pi dL$);滤袋数 n($n=A/a$)。

③ 袋式除尘器的设计内容

除过滤面积、滤袋面积及袋数外,还包括其他辅助设计内容。有壳体设计,包括除尘器箱体,进、排气风管型式,灰斗结构,检修孔及操作平台等;粉尘清灰机构的设计和清灰制度的确定;粉尘输送、回收及综合系统的设计等。

3.5.3 颗粒层除尘器

颗粒层除尘器是以硅砂、砾石、矿渣和焦炭等粒状颗粒物作为滤料,去除含尘气体中粉尘粒子的一种内滤式除尘装置。在除尘过程中,气体中的粉尘粒子是在惯性碰撞、拦截、布朗扩散、重力沉降和静电力等多种捕尘机理作用下捕集的,粉尘附着于颗粒滤料及尘粒表面上。颗粒层除尘器具有结构简单、维修方便、耐高温、耐腐蚀、效率高、可处理易燃易爆的含尘气体、并且可同时除去气体中 SO_2 等多种污染物等特点。颗粒层除尘器缺点在于过滤气速不能太高，在处理相同烟气气量时阻力高，过滤面积比布袋除尘器大等。

图3-70为单层耙式颗粒层除尘器。图中(a)为工作(过滤)状态。含尘气体从总管切线进入颗粒床层下部的旋风筒，粗颗粒在此被清除，而气流通过插入管进入到过滤室中，然后向下通过过滤层进行最终净化。净化后的气体由净气体室经阀门引入干净气体总管，分离出的粉尘由下部卸灰阀排出。图中(b)为清灰状态。当阻力达到给定值时，除尘器开始清灰。此时阀门将干净气体总管关闭，而打开反吹风风口，反吹气体气流先进入干净气体室，然后以相反的方向透过过滤床层。反吹风气流将颗粒上凝聚的粉尘剥落下来，并将其带走，通过插入管进入下部的旋风管中，粉尘在此沉降，气流返回到含尘气体总管，进入到同时并联的其他正在工作的颗粒层除尘器中净化。在反吹清灰过程中，电动机带动耙子转动。耙子的作用是打碎颗粒层中生成的气泡和尘饼，并使颗粒松动，有利于粉尘与颗粒分离，另一方面将床层表面耙松耙平，使在过滤时气流均匀通过过滤床层。

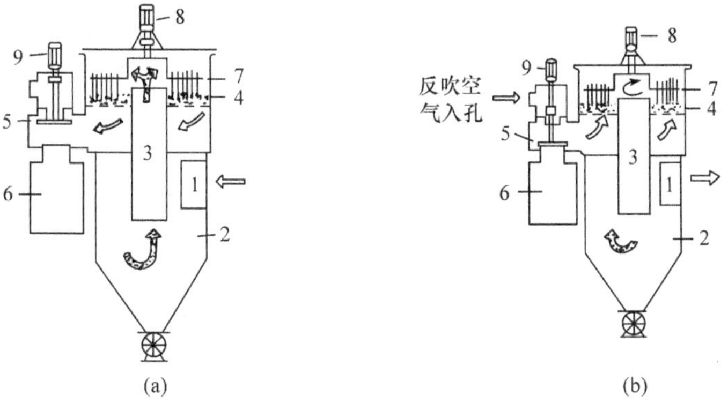

图3-70　单层耙式颗粒层除尘器

(a) 正常过滤状态；(b) 清灰状态

1-含尘气体入口；2-旋风筒；3-中心筒；4-颗粒填料床；5-切换阀；6-净气入口；7-梳耙；8-驱动电机；9-油缸

这种除尘器一般采用多筒结构，有3～20个筒，直径1.3～2.8m，排列成单行或者双行，用一根含尘气体总管、净气总管和反吹风总管连接起来。每个单管可连续运行1～4h，反吹清灰时只有50%～70%的粉尘从颗粒层中分离出来，并在旋风管中沉降，反吹风量约为总气量的3%～8%。处理高温、高含湿气体时，可用热气流反吹。比负荷一般2000～3000$m^3/(m^2\cdot h)$，含尘浓度高时采用1500$m^3/(m^2\cdot h)$。进口含尘浓度可允许高达20g/m^3，一般为5 g/m^3以下。砌筑约90%在旋风筒中被净化，效率可达95%以上，压力损失约1000～2000 Pa，能耐350℃的高温，短时间内可耐 450 ℃,若采用锅炉钢板制造,可耐 450～500℃的高温。为扩大烟气处理量,采用多台除尘器并联。为减少占地,可做成上下两层,下部共用一个旋风筒。

3.6　除尘器应用

除尘器的种类繁多,型式多样,各具不同的性能和优缺点。正确选择除尘器并进行科学的维护,是保证除尘器正常运行并保证应有的除尘效率的关键。

3.6.1　除尘器的选择

3.6.1.1　除尘器的选择因素

选择除尘器必须全面考虑有关因素,如除尘效率、压力损失、一次投资、维修管理、运行安全性等,其中最主要的是除尘效率。选择的除尘效率必须保证使设备装上除尘器后的排尘量和排放浓度达到当地环保部门的规定标准。因此,选择除尘器需考虑如下因素:

(1) 选择的除尘器需要达到的最低除尘效率或排放浓度必须满足排放标准规定的排放浓度。对于运行状况不稳定的系统,要注意烟气处理量变化对除尘效率和压力损失的影响。比如,旋风除尘器除尘效率和压力损失,随处理烟气量增加而增加,但大多数除尘器(如电除尘器)的除尘效率却随着烟气量的增加而下降。

(2) 粉尘的物理性质对除尘器性能具有较大的影响,这些物理性质包括入口的含尘浓度、尘的粒径分布、密度、比电阻、亲水性、温度、压力、黏性、毒性等。

含尘气体浓度较高时,在静电除尘器或袋式除尘器前应设置低阻力的预净化设备,以去除粗大尘粒。一般来讲,为减少喉管磨损和防止喷嘴堵塞,对文丘里、喷淋塔等湿式除尘器,入口含尘浓度在 $10g/m^3$ 为宜,袋式除尘器的入口含尘浓度在 $0.2～10g/m^3$ 为宜,静电除尘器入口含尘浓度在 $30g/m^3$ 为宜。

不同的除尘器对不同粒径粉尘的除尘效率是完全不同的。选择除尘器时还必须首先了解欲捕集粉尘的粒径分布,再根据除尘器的除尘分级效率和除尘要求选择适当的除尘器。表 3-27 列出了用典型粉尘对不同的除尘器进行试验后得出的分级效率,选择除尘器时可供参考。试验用的是二氧化硅粉尘,密度为 $2.7g/cm^3$,其粒径分布见图 3-71 所示。图 3-72 表示出了不同类型的除尘器可以捕集的大致粒径区间,可供选择除尘器时参考。

表 3-27　除尘器的分级效率

除尘器名称	全效率/%	不同粒径时的分级效率/%				
		0～5μm	5～10μm	10～20μm	20～44μm	>44μm
带挡板的沉降室	58.6	7.5	22	43	80	90
普通旋风除尘器	65.3	12	33	57	82	91
长锥体旋风除尘器	84.2	40	79	92	99.5	100
喷淋塔	94.5	72	96	98	100	100
电除尘器	97.0	90	94.5	97	99.5	100
文丘里除尘器	99.5	99	99.5	100	100	100
袋式除尘器	99.7	99.5	100	100	100	100

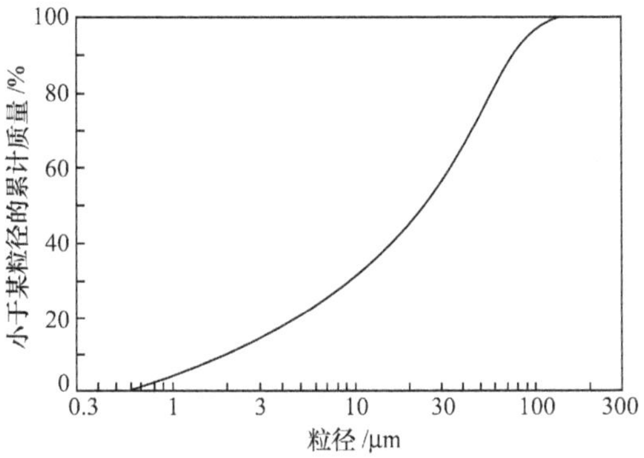

图 3-71　二氧化硅粉尘的粒径分布

对于高温、高湿气体不宜采用袋式除尘器。如果烟气中同时含有 SO_2、NO_x 等气体污染物，可以考虑采用湿式除尘器，但须注意腐蚀问题。表 3-28 列出了各种除尘器的耐湿性能。

表 3-28　各种除尘器的耐温性能

除尘器种类	旋风	袋式		静电		湿式洗涤器
		普通滤料	玻纤滤料	干式	湿式	
最高使用温度/℃	400	80～130	250	400	80	400
特别说明	用耐火材料内衬可提高耐温性，最高可达 1 000℃	耐温材料随滤料而异	经硅油、石墨和聚四氟乙烯处理的滤料可耐温 300℃	高温时粉尘比电阻易随温度变化	温度过高易使绝缘部分失效	入口内衬耐火材料在特高温下与冷水接触易裂损

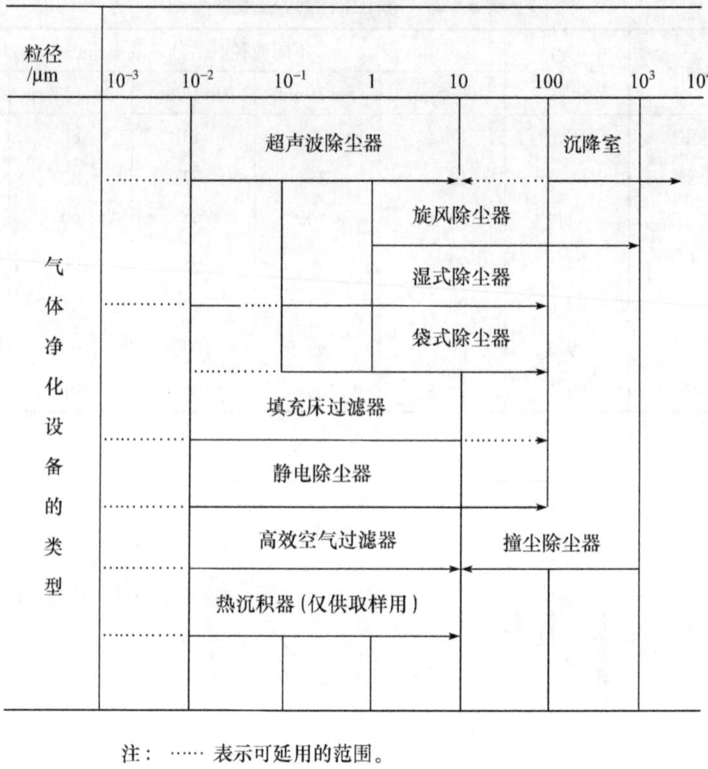

图 3 - 72　气体净化设备可能捕集的大致粒径

黏性大的粉尘容易黏结在除尘器表面，不宜采用干法除尘；比电阻过大或过小，不宜采用电除尘；纤维性或憎水性粉尘不宜采用湿法除尘。

(3) 选择除尘器时，还必须同时考虑捕集粉尘的处理问题。有些工厂工艺本身设有泥浆废水处理系统，或采用水力输送方式，在这种情况下可以考虑采用湿式除尘，把除尘系统的泥浆和废水纳入工艺系统。

(4) 选择除尘器还必须考虑除尘器的安装位置、占用空间的大小，除尘器及其配件的一次性投资（设备价格、设备安装和工程等），设备的运行能耗和维修费用等。表 3 - 29 列出了各种除尘器设备费耗钢量及能耗概略指标。

3.6.1.2　各类除尘器的选择

(1) 机械式除尘器

机械式除尘器造价比较低，维护管理方便，并耐高温，在必须回收干尘或含尘气体遇湿有腐蚀作用时更适宜用这类除尘器。它对 5μm 以下的微粒去除效率不高，

表3-29　各种除尘器设备费耗钢量及能耗概略指标

除尘器名称	所占空间体积 /(m^3/(1 000m^3/h))	除尘器设备费 (比值)	耗钢量 /(kg/(m^3/h))	能耗量 /(kJ/m^3)
重力沉降室	20～40	1.0		
旋风除尘器	约1.75	1.0～4.0	0.05～0.1	0.8～1.6
多管旋风除尘器	3.9	2.5～5.0	0.07～0.15	1.6～4.0
机械振打袋式除尘器	约7.1	2.5～8	0.1～0.25	
脉冲袋式除尘器	约4.5	4.25～6	0.1～0.20	3.0～4.5
回转反吹袋式除尘器	约2.5	约3.8		
喷淋洗涤器	约1.5	1.0～2.4	0.1～0.15	0.8
冲击式除尘器	0.7～1.2	3.0～6.0	0.15～0.3	
卧式旋风水膜除尘器	约1.7	3.0～6.0	0.03～0.1	0.8～4.5
泡沫除尘器			0.1～0.2	1.1～4.5
低能文丘里除尘器	约2.0	1.5～16	0.1～0.3	
高能文丘里除尘器	约2.0	1.5～16	0.1～0.3	8～35
干式静电除尘器	约10.5	6～25	0.7～2.5	0.3～1.0

当含尘浓度很高时,可作预处理除尘器。重力沉降室适宜尘粒粒径较大、要求除尘效率较低,又有足够场地的情况。惯性除尘器适宜排气量较小、要求除尘效率较低的情况,一般可直接装在风管上。旋风除尘器适宜要求除尘效率较低的情况,大量用于1～20t/h的锅炉烟尘处理。目前,机械式除尘器应用最多的是旋风除尘器,其主要应用的类别、型号和性能见表3-30,供设计选用。

(2) 湿式除尘器

湿式除尘器结构简单、投资低、除尘效率较高,能去除粒径很小的尘粒,并且在除尘的同时可去除一部分有害气体,如火电厂烟气脱硫除尘一体化多采用湿式除尘器。其缺点是用水量较大,废水和泥浆需二次处理,设备及构筑物易腐蚀。部分湿式除尘器的类型和性能见表3-31。

(3) 电除尘器

电除尘器适宜处理气量较大、要求除尘效率较高,又有一定维护管理水平的单位。它具有效率高、阻力小的优点,缺点是投资大、设备复杂、占地面积大,对操作、运行、维护管理水平要求较高。另外,对粉尘的比电阻要求较严格。常用的电除尘器及其特性见表3-32。

表 3-30　旋风除尘器分类及性能

分类	名称	规格	风量/(m^3/h)	阻力/Pa	备注
普通旋风除尘器	DF 型旋风除尘器	ϕ175～ϕ585	1 000～17 250		
	XCX 型旋风除尘器	ϕ200～ϕ1 300	150～9 840	550～1 670	
	XP 型旋风除尘器	ϕ200～ϕ1 000	370～14 630	880～2 160	
	XM 型旋风除尘器	ϕ1 200～ϕ3 820	1 915～27 710	160～350	
	XLG 型旋风除尘器	ϕ662～ϕ900	1 600～6 250	350～550	配锅炉用
	XZT 型长锥体旋风除尘器	ϕ390～ϕ900	790～5 700	750～1 470	
异形旋风除尘器	XLP/A,B 型旋风除尘器	ϕ300～ϕ3 000	750～104 980		
	XLK 型扩散式旋风除尘器	ϕ100～ϕ700	94～9 200	1 000	
	SG 型旋风除尘器	ϕ670～ϕ1 296	2 000～12 000		
	XZY 型消烟除尘器	0.05～1.0t	189～3 750	40.4～190	配锅炉用
	XNX 型旋风除尘器	ϕ400～ϕ1 200	600～8 380	550～1 670	
双旋风除尘器	XSW 型卧式双级涡旋除尘器	2～20t	600～60 000	500～600	配锅炉用
	涡旋式除尘器		1 170～45 000	670～1 460	
	CR 型双级涡旋除尘器	0.5～10t	2 200～30 000	550～950	配锅炉用
	XPX 型下排烟式旋风除尘器	1～5t	3 000～15 000		配锅炉用
	XS 型双旋风除尘器	1～20t	3 000～58 000	600～650	配锅炉用
组合式旋风除尘器	XLG 型多管除尘器	9～16t	1 910～9 980		
	XZZ 型旋风除尘器	ϕ350～ϕ1 200	900～60 000	430～870	
	XLT/A 型旋风除尘器	ϕ300～ϕ800	935～6 775		单管性能
	XWD 型卧式多管除尘器	4～20t	9 100～68 250	1 000	配锅炉用
	XD 型多管除尘器	0.5～35t	1 500～105 000	800～920	配锅炉用

表 3-31　湿式除尘器的类型及性能

名称	型式	风量/(m^3/h)	阻力/Pa	效率/%	耗水量/(kg/h)
泡沫除尘器		10 000～14 000	250～550	>90	250～3 000
卧式旋风水膜除尘器		1 200～33 000	750～1 250	>92	120～700
麻石水膜除尘器	MC	10 000～297 000	500～700	90	1 600～9 400
麻石水膜除尘器	WMC	10 500～312 000	1 000～1 500	95	3 500～47 000
可调喉口文氏管	YJ-W	13 000～70 000	10 000～12 000	>95	3 000～10 000

表 3-32 电除尘器类型及性能

名称	型式	风量/(m^3/h)	阻力/Pa	备注
立管式电除尘器	GL型	1 410～10 200	<200	
	GJX型	420～4 000		
管极式电除尘器	GD型	6 480～280 800	<300	
板极式电除尘器	SWB型	6 900～296 000	<300	除这儿种除尘器外，生产厂家和一些设计单位可按烟尘性质进行非标准设计
	GP型	130 000～1 152 000		
	WY型	1 500～587 000	< 250	
	SS型	70 000～260 000		
	ZH型	70 000～109 200	< 300	
	CDWY型	58 800～587 000	< 300	
	GJLC型	10 000～15 000	< 300	
	屋顶型	约3 000 000	< 50	
	圆筒型	30 000～60 000	< 500	
超高压尘源装置	CGJ型	开放尘源		可根据要求设计
小型静电净化机组	DC型	1 300～2 200		

(4) 过滤式除尘器

袋式除尘器适宜于要求除尘效率较高、排气量变化较大以及处理有回收价值的细小颗粒物的场合。但它投资较大，要求进气温度不超过滤袋材质所允许的温度，且气体温度在露点温度以上。黏性含尘气体进入除尘器时，含尘浓度超过尘粒爆炸下限的不宜采用袋式除尘器。各种袋式除尘器的基本性能见表3-33。

表 3-33 袋式除尘器的类型及性能

分类	型号	特点	过滤风速/(m/min)	处理风量/(m^3/h)	效率/%	阻力/kPa	标准代号
机械振动	LZH振动横插扁袋除尘器	低频振动	1.0～2.0	3 000～9 000	99.5	0.2～1.2	LDZ
	JBC系列袋式除尘器	高频振动	1.5～2.0	1 800～5 480	99	1.0	LGZ
	GP高温扁袋除尘器	分室振动	0.3～0.6	1 376～114 048	98～99.8	0.8～1.5	LFZ
分室反吹	DFC反吹袋式除尘器	分室二态反吹	0.6～1.0	1 620～31 440	> 99	1.5～2.0	LFEF
	GFC反吹袋式除尘器		0.6～1.0	1 800～84 000	> 99	1.5～2.0	
	LFSF反吹袋式除尘器	分室三态反吹	0.6～1.0	144 000～936 000	> 99	1.5～2.0	LFSF
	玻纤袋式除尘器	分室反吹	< 0.5	15 000～73 000	> 99	0.9～1.6	LFEF
喷嘴反吹	ZC型回转反吹袋式除尘器	回转反吹	1.0～2.5	2 280～170 700	99.2～99.75	0.8～1.6	LHF
	MW型脉动反吹扁袋除尘器	回转脉动反吹	1.0～2.5	3 390～118 650		0.8～1.5	LHMF
	HFCX/1型反吹扁袋除尘器	回转扁袋	1.0～2.0	1 800～120 000	> 99.4	0.8～2.0	
振动反吹	LPM型气振式袋式除尘器	气振式	1.2～2.0	6 900～314 000	99	1.4～1.8	
	ZX型袖袋式除尘器	低频振动反吹	1.0～1.5	3 000～15 750	99	0.7～0.9	LFZF
	GA型大气清灰袋式除尘器	高频振动反吹	1.0～2.0	6 424～49 920	99	0.8～1.2	LGZF
脉冲喷吹	LCPM低压喷吹脉冲除尘器	逆喷低压脉冲	1.0～3.0	2 800～92 100	99～99.5	0.6～1.2	LNDM
	LCM型脉冲袋式除尘器	逆喷高压脉冲	1.0～2.0	160 000～1 332 000	99～99.5	1.2～1.5	LNGM
	LSB-I/A顺喷袋式除尘器	顺喷低压脉冲	2.0～5.0	2 710～33 910	99.5	0.6～1.2	LSDM
	HMD型脉冲袋式除尘器	高压脉冲	1.5～1.8	900～6 600	99.5	0.6～1.2	
	LDB对喷脉冲袋式除尘器	对喷低压脉冲	1.0～3.0	4 000～47 500	99.5	< 1.2	LDDM

颗粒层除尘器适宜于处理高温含尘气体。它具有耐腐耐磨等特点,效率较高,可处理比电阻较高的尘。当气体温度和气量变化较大时,也能适应。缺点是体积较大、清灰装置较复杂,阻力较高。

3.6.2　除尘器的维护

除尘器及其附属设备常因磨损、腐蚀、堵塞等原因而引起设备穿孔、漏气或堵塞,致使除尘效率下降,甚至造成事故。

为使除尘器能长期保持良好的性能,必须定期或不定期地对除尘器及其附属设备进行检查和维护。这些维护包括:

(1) 机械式除尘器的维护

① 清除除尘器内各部分的黏附物和积灰,特别是狭缝部分;

② 修补磨损、腐蚀比较严重的部分;

③ 检查除尘器各部分的气密性,及时更换老化的密封垫料,并及时修补。

(2) 湿式除尘器的维护

湿式除尘器的维护主要针对堵塞、腐蚀和磨损等问题,其维护和检修的项目如下:

① 对设备内的淤积物和黏附物进行清除;

② 检查重点部位及洗涤器内部的磨损、腐蚀情况,并进行修补,如维修有困难应及时更换;

③ 对喷嘴进行检查和清洗,磨损严重的喷嘴应进行更换。

(3) 袋式除尘器的维护

袋式除尘器的维护重点是检查和修理其漏气的部位,其维护的项目有:

① 修补滤袋上的硅酮、石墨、聚四氟乙烯等耐磨和耐高温涂料损坏的部分,以保证其性能;

② 对已破损和黏附物无法打落下来的滤袋要及时更换;

③ 滤袋如果发生变形要及时进行修理和调整;

④ 清洗压缩空气的喷嘴和脉冲喷吹部分,并更换失灵的配管和阀门;

⑤ 检查清灰机构可动部分的磨损情况,对磨损严重的部件进行更换。

(4) 电除尘器的维护

电除尘器定期维护分为电、电控及仪表设备,其维护项目如下:

① 在除尘器停止运转前应通过振打、通水蒸气等方法去除电极上的烟尘和黏性物质,切断高压电源后对除尘器进行全面的清理;

② 检查并校正歪曲和松动的板,使其复位;

③ 检查支架、垫圈、电线以及绝缘部分,必要时进行修理和更换;

④ 检查振打装置及其传动和电器部分，如有异状应及时修复；

⑤ 检查烟气调湿装置，清洗喷嘴，对磨损严重的喷嘴进行更换。

(5)除尘器附属设备的维护

① 电动机、风机、水泵等设备要定期加润滑油、更换滚珠；

② 叶轮要定期清洗，设备内的积灰、结垢要定期清除；

③ 各种仪表要定期检查和校正；

④ 各种阀门要定期检查、维护，风管要定期清扫。

符 号 说 明

A, A_c——面积，m^2

a——粉尘层的平均比阻力，m/kg

B, b——宽度，m

c_i, c_o——进、出口粉尘浓度，kg/m^3

Cu——肯宁汉(Cunningham)修正系数

D——筛下累计分布，%

D——直径，m

ΔD——相对频数(或频率)分布，%

d_D——纤维直径，m

d_a——粉尘空气动力直径，m

d_{c50}——粉尘分割直径(或称临界粒径)，m

d_d——众径，m

d_p——粉尘的粒径，m

d_{st}——粉尘沉降直径(斯托克斯直径)，m

$\bar{d}_p$——粉尘的平均粒径，m

$\bar{d}_g$——几何平均径，m

$\bar{d}_l$——长度平均粒径，m

$\bar{d}_{sl}$——面积长度平均径，m

$\bar{d}_{vs}$——体面积平均径，m

$\bar{d}_m$——质量平均径，m

$\bar{d}_s$——表面积平均径，m

E——电场强度，kV/m

E_t——能耗，kW/m^3

e——电子电量，1.6×10^{-19}C

F——截面积，m^2

f——频度分布，%/μm

G_a——滤料上黏附粉尘量，kg

H, h——高度，m

I——工作电流，A

i——集尘极电流密度，A/m^2

j——通过粉尘层的电流密度，A/cm^2

K_R——拦截比

k——漏风系数

k——波尔兹曼常量，1.38×10^{-23}J/K

L, l——长度，m

L/G——液气比，L/m^3

M, m——质量，kg

m_d——堆积粉尘负荷(单位面积的尘量)，kg/m^2

m_W——粉尘的含水量，kg

m_d——干粉尘质量，kg

m_0——粉尘总质量，kg

N——荷电区离子浓度，m^{-3}

N_{OG}——气相总传质单元数

n——分布指数

P——通过率，%

$p, \Delta p, p_0$——压力、压力损失、标准大气压，Pa

Q_i, Q_o——进、出口气体流量，m^3/s

q——电荷，C

R——筛上累计分布，%

R, r——半径，m

S_i, S_o——进、出口粉尘流入量，kg/s；

S_V, S_W——粉尘的比表面积，m^2/m^3 或 m^2/kg；

T——热力学温度，K

t, t_0——时间，s

U——工作电压，kV

u_p——终端沉降速度,m/s

u——气体流速,m/s

V——电压,kV

v——速度,m/s

w——粉尘的含水率,%

α, β——粉尘粒子分散度确定的常数

β, β——分布系数

δ——厚度,m

ε——粉尘粒子的相对介电常数

ε_0——真空介电常数,8.85×10^{-12}F/m

η——效率,%

μ——黏度,Pa·s

ζ——除尘装置的阻力系数

ρ——粉尘的比电阻,Ω·cm

ρ——密度,kg/m^3

ρ_p——粉尘真密度,kg/m^3

ρ_b——粉尘堆积密度,kg/m^3

ρ_g——含尘气体的密度,kg/m^3

σ——标准偏差

τ——时间,s

ω——驱进速度,m/s

ω_p——有效驱进速度,m/s

习　题

1. 经测定某城市大气中飘尘的质量粒径分布遵从对数正态分布,其中中位径 $d_{50} = 5.7\mu$m。筛上累计分布 $R = 15.87\%$,粒径 $d_p(R = 15.87\%) = 9.0\mu$m。试确定以个数表示时对数正态分布函数的特征数和算术平均粒径。
2. 已知平炉炼钢(精炼)产生烟尘的中位径为 0.24μm,粒径分布指数 $n = 1.7$,试确定小于 0.5μm 和小于 0.1μm 两种粒径烟尘量占总烟尘量的百分数。
3. 已知某种粉尘的粒径分布如下表所示:

粒径间隔/μm	0～5	5～10	10～15	15～20	20～25	25～30	30～35	35～40	40～45	45～50	>50
质量/(Δm/g)	2.5	5.0	11	22	36	46	46	36	32	11	7.5

(1) 判断该种粉尘粒径分布属于哪一种形态分布。

(2) 计算出粉尘的频数分布、频度分布、筛上筛下累计分布,并给出粒径分布图。

(3) 将计算出的累计分布值绘制在概率坐标纸上,并确定该种粉尘粒径分布的特征数(平均粒径和标准差)。

4. 在某工厂对运行中的除尘器进行测定,测得除尘器进口和出口气流中粉尘的浓度分别是 3200mg/m^3 和 480mg/m^3。进、出口粉尘的粒径分布如下表所示:

粒径间隔/μm		0～5	5～10	10～20	20～40	>40
质量频数/(g/%)	进口	20	10	15	20	38
	出口	78	14	7.4	0.6	0

计算该除尘器的分级除尘效率及总除尘效率。

5. 试设计一台重力沉降室以净化石棉厂含石棉尘的气体。原始设计条件为:待净化的石棉尘气量 $Q = 8000$m^3/h,气体温度 $t = 30$℃,黏度 $\mu_g = 1.864 \times 10^{-5}$Pa·s,粉尘的真密度 $\rho_p = 2200$kg/m^3,在车间附近可

建造的重力沉降室用地为(5×2)m^2,空间不受限制。要求对 $d_p \geqslant 50\mu m$ 的石棉尘的净化效率达到 100%。(设计时沉降室内气体水平流速取 3m/s)

6. 某锅炉烟气排放量 $Q=3000m^3/h$，烟气温度 $t_s=150℃$，烟尘真密度 $\rho_p=2150kg/m^3$。(1) 设计一个重力沉降室，要求能全部去除 $d_p=35\mu m$ 以上的粉尘。已知：烟气黏度 $\mu_g=2.4\times10^{-5}Pa\cdot s$；重力沉降室内流体速度 $v=0.28m/s$；沉降室高度 $H=1.5m$，气体密度忽略不计。(2) 如果烟气粉尘试样测定结果如下，计算出所设计的重力沉降室的总除尘效率，已知粉尘试样总颗粒数为 3210 个。

粒径范围 $d_p/\mu m$	6～10	10～14	14～20	20～30	30～40	40～50	50～60	60～70	70～80
粒径组距 $\Delta d_p/\mu m$	4	4	6	10	1	10	10	10	10
平均粒径 $\bar{d}_p/\mu m$	8	12	17	25	35	45	55	65	75
粒子个数	9	74	270	48	645	667	600	345	120

7. 已知某旋风除尘器为直入型标准旋风除尘器，其进口宽度为 $b=0.21m$，入口气速为 16m/s，$\rho_p=2100kg/m^3$，$T=360K$，载气为空气。试计算旋风器的分割粒径 d_{c50}。

8. 某工厂拟选用一台 XLP/B 型旋风除尘器净化该厂含尘气体，气体温度 20℃，黏度 $\mu_g=1.81\times10^{-5}Pa\cdot s$，含尘气体流量 $Q=3600m^3/h$，允许压力损失 900Pa，粉尘真密度 $\rho_p=1150kg/m^3$，试设计这台除尘器的尺寸(参考图 3-20)。在该尺寸下，若处理气量加大到 4500 m^3/h，此时压力损失为多少？

9. 设粉尘的几何平均粒径 $d_g=d_{a50}=16\mu m$(d_{a50}为空气动力中位径)，$\rho_p=2000kg/m^3$，几何标准偏差 $\sigma_p=4$，要求总通过率为 3%。如果使用 $B=2$ 的填料塔、筛板塔或者文丘里洗涤器之类的湿式除尘器，在 293K 和 1.013×10^5Pa 状态下，求其分割粒径。

10. 根据惯性碰撞捕集粉尘原理，分析文丘里洗涤器捕集效率高的原因。

11. 已知气量 $Q=30\,000m^3/h$，设计一文丘里洗涤器，试确定其几何尺寸(收缩管、喉管和扩张管的截面积，圆形管的直径或矩形管的高度和宽度以及收缩管和扩张管的张开角等)，并计算其压力损失。

12. 水以液气比 L/G 为 $1.0L/m^3$ 的速率通过文丘里管的喉部，气体速度 $u_0=120m/s$，气体黏度 $\mu_g=2.0\times10^{-4}Pa\cdot s$，经验系数 $f=0.25$，粉尘真密度 $\rho_p=1500kg/m^3$，粉尘粒径 $d_p=10\mu m$。试求文丘里除尘器的压损、通过率和除尘效率。

13. 用文丘里洗涤器净化含尘烟气，若喉管的截面积为 $6.2\times10^{-4}m^2$，喉管气速为 80m/s，液气比为 $1.21L/m^3$，烟气的密度为 $1800kg/m^3$，烟气黏度为 $1.845\times10^{-5}Pa\cdot s$，烟尘密度为 $1800kg/m^3$，烟尘平均粒径为 $1.2\mu m$，经验系数 f 为 0.25。计算该文丘里管的压力损失和通过率。

14. 某锅炉排烟气量为 $250\,000m^3/h$，压力为 1.0×10^5Pa，温度为 510K，若用文丘里管洗涤器来净化该烟气，要求达到处理要求时压降为 1500Pa，试设计该文丘里管的尺寸。

15. 已知某厂正在运行的负电晕管式电除尘器的放电极电晕线半径 $a=1.5mm$，集尘极管式半径 $b=200mm$。除尘运行工况：压力为 1.0×10^5Pa，温度为 300℃。试求该管式电除尘器的起始电晕场强和起始电晕电压。

16. 近似计算电除尘器中粒径为 0.5 和 1.0μm 的尘粒在 0.1s、1.0s 和 10s 时的荷电。已知 $\varepsilon=5$，$E=3\times10^5V/m$，$T=300K$，$N=2\times10^{15}$个$/m^3$，$m=5.3\times10^{-26}kg$，$K_i=2.1\times10^{-4}$。

17. 在 1×10^5Pa 和 20℃ 下运行的管式电除尘器，集尘圆管直径 $D=0.25m$，长 $L=2.5m$，含尘气体流量 $Q=0.085m^3/s$，集尘极附近平均场强 $E=100kV/m$，粉尘平均粒径 $d_p=1.0\mu m$，粉尘荷电量为 $q=3\times10^{-16}C$，含尘气体黏度 $\mu_g=1.82\times10^{-5}Pa\cdot s$，试计算该除尘器对粉尘的去除效率。

18. 已知一电除尘器对 10μm 的粒子的理论捕集效率为 99%，试按德意希公式计算在相同工况条件下运行时，该电除尘器对 5μm 的理论捕集效率。

19. 单通道板式电除尘器的通道高 5m，长 6m，集尘板间距 300mm，实测气量为 6000m^3/h，入口含尘浓度为 9.3g/m^3，出口含尘浓度为 0.5208g/m^3。试计算气量增加到 9000m^3/h 时的效率。

20. 用板式电除尘器处理含尘气体，集尘极板的间距为 300mm。若处理气量为 6000m^3/h 时的除尘效率为 95.4%，入口含尘浓度为 9.0g/m^3，试计算：(1) 出口含尘气体浓度；(2) 有效驱进速度；(3) 若处理的气体量增加到 8600m^3/h 时的除尘效率。

21. 某冶炼厂电炉排气量为 1000m^3/h，该厂拟用电除尘器回收尾气中的氧化锌粉尘。试设计一台板式电除尘器，使其捕集粉尘效率为 92%。氧化锌粉尘的有效驱进速度取 4.0m/s。

22. 设计一个板式电除尘器处理石膏粉尘气体。已知处理气量 130 000m^3/h，入口含尘浓度 38.5g/m^3，出口含尘浓度要求降到 100mg/m^3。

23. 某锅炉安装两台电除尘器，每台处理量为 150 000m^3/h，集尘极面积为 1300m^2，除尘效率为 98%。(1) 计算有效趋进速度；(2) 若关闭一台，只用一台处理全部烟气，该除尘器的除尘效率为多少？

24. 用某过滤器处理常温常压下的含尘气体，已知过滤速度为 1.0m/min，清洁滤料的阻力系数为 $2\times10^7m^{-1}$，粉尘层平均比阻力 5×10^{10}m/kg，堆积粉尘负荷 0.2kg/m^2，黏度为 1.8×10^{-5} Pa·s。试求该过滤器的压力损失。

25. 用脉冲喷吹袋式除尘器净化常温气体，采用的涤纶滤布阻力系数为 $4.5\times10^7m^{-1}$，过滤风速为 2.5m/min，试计算除尘器的压力损失。

26. 某工厂拟用袋式除尘器净化含尘气体，若气量为 6.0m^3/s，袋长为 5m，直径为 200mm，分两个室，每室 3 排，每排 12 只滤袋。试计算该除尘器的过滤速度和过滤负荷。

27. 某工厂用涤纶绒布作滤袋的逆气流清灰袋式除尘器处理含尘气体，若含尘气体流量为 m^3/h(标态)，粉尘浓度为 5.6g/m^3，烟气性质近似空气，温度为 393K。试确定(1) 过滤速度；(2) 过滤负荷；(3) 除尘器压力损失；(4) 滤袋面积；(5) 滤袋尺寸及其个数；(6) 清灰方式。(袋式除尘器的压力损失不超过 1200Pa)

第 4 章　气态污染物处理技术基础

4.1　气体吸收

吸收是气体混合物中的一种或多种组分溶解于选定的液体吸收剂中(通常为水溶液),或者与吸收剂中的组分发生选择性化学反应,从而从气流中分离出来的过程。

能够用吸收法净化的气态污染物主要包括 SO_2、H_2S、HF、NH_3 和 NO_x 等无机类污染物。对于有机类污染物,也可用吸收法净化,但应用得较少,且多用于水溶性有机物的吸收净化。

用吸收法净化气态污染物,与化工生产中的吸收过程相比较具有处理气体量大、吸收组分浓度低及要求吸收效率和吸收速率较高等特点。所以,简单的物理吸收是难以满足要求的,多采用化学吸收过程,如用碱性溶液或浆液吸收燃烧烟气中低浓度 SO_2 的过程。另外,需要净化的气体成分往往比较复杂。例如,燃烧烟气中除含有 SO_2 外,还含有 NO_x、CO_2、CO 和烟尘等,会给吸收过程带来困难。多数情况下,吸收过程仅是将污染物由气相转入液相,还需对吸收液进一步处理,以避免造成二次污染。

4.1.1　吸收过程的气液平衡

在溶质 A 与溶剂接触、溶解的过程中,随着溶液中溶质浓度 c_A 逐渐增高,传质速率将逐渐减少,最后降低到零。这时 c_A 达到了该条件下的最大浓度 c_A^*,气液达到了相平衡,称为平衡溶解度,简称溶解度。

溶解度是系统的温度、总压和气相组成的函数。在总压为几个大气压的范围内,它对溶解度的影响可以忽略。温度对气体溶解度有较大影响,一般是温度升高,溶解度下降。当温度一定时,溶解度只是气相组成的函数,可写成

$$c_A^* = f(p_A) \tag{4-1}$$

式中,p_A 为组分 A 在气相中的分压。

若以组分 A 在液相中的浓度为自变量,则

$$p_A^* = F(c_A) \tag{4-2}$$

也可用曲线表示气液两相呈平衡时的组成,图 4-1 表示出几种常见气体在水中的溶解度。

由图可知:(1) 在相同温度和分压下,不同气体的溶解度有很大差别;(2) 对于稀溶液,平衡关系式可用通过原点的直线表示,即气液两相的浓度成正比,这一关系即为著名的亨利定律。平衡时溶液在气相的平衡分压 p^* 可表示为

$$p^* = Ex \tag{4-3}$$

式中:x——被吸收组分在液相中的摩尔分率;

E——亨利系数,单位与 p^* 相同,某些气体在水中不同温度下的亨利系数值请查阅其他有关手册。

根据道尔顿(Dalton)分压定律

$$p^* = p_t y^* \tag{4-4}$$

式中:p_t——气相总压;y^*——溶质在气相中的摩尔分率。

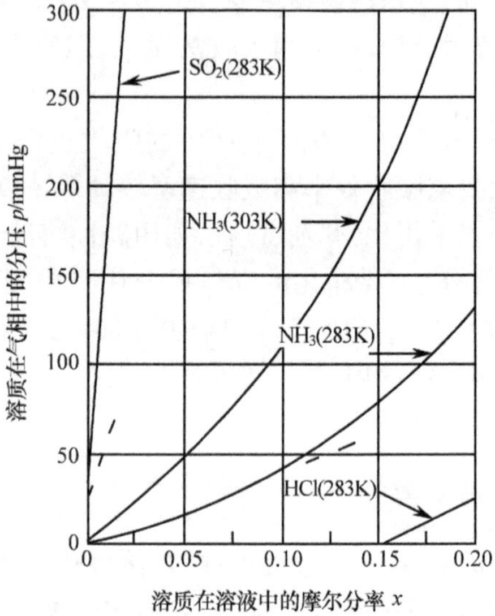

图 4-1　几种气体在水中的溶解度曲线

由式(4-3)和(4-4)得

$$y^* = \frac{E}{p_t}x = mx \tag{4-5}$$

式(4-5)是亨利定律最常用的形式之一,称为气液平衡关系式。m 为相平衡常数,无因次。

当溶质在溶液中的含量以浓度 c(kmol/m^3)表示时,亨利定律可以表示为另一种常用形式

$$p^* = c/H \tag{4-6}$$

或

$$c^* = Hp \tag{4-6a}$$

比例系数 H 愈大，表明同样分压下的溶解度愈大，因而称 H 为溶解度系数（单位为 kmol/(m^3·MPa) 或 kmol/(m^3·Pa)）。在亨利定律适用的范围内，H 是温度的函数，随温度升高而减小。H 的大小反映了气体溶解的难易程度，易溶气体 H 值大，难溶气体 H 值小。亨利定律只适用于难溶、较难溶的气体，对于易溶和较易溶的气体，只能用于液相浓度甚低的情况。

对于稀溶液，近似有

$$E = \frac{1}{H} \cdot \frac{\rho_0}{M_0} \tag{4-7}$$

式中：M_0——溶剂的摩尔质量，kg/kmol；

ρ_0——溶剂密度，kg/m^3。

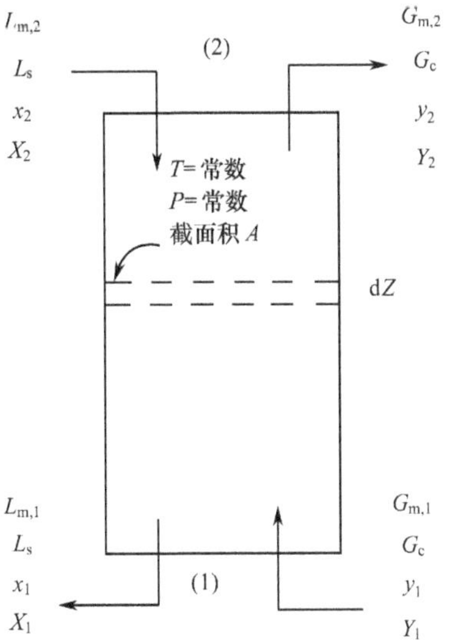

图 4-2　吸收塔的物料衡算

4.1.2　吸收塔的物料衡算和操作线方程

为了决定填料吸收塔的操作特性，必须对传质过程作出物料衡算。图 4-2 表示逆流操作填料吸收塔的物料进出流程图。图中 G_m 是总的气相流量（载气加污染物），kmol/m^2·s；$G_{c,m}$是载气的流量，kmol/m^2·s；L_m 是总的液相流量（溶剂加被吸收的污染物），kmol/m^2·s；$L_{s,m}$仅是溶剂的流量，kmol/m^2·s；x 是污染物在液相的摩尔分率；y 是污染物在气相的摩尔分率；X 是污染物在液相的摩尔比（其定义在下面叙述）；Y 是污染物在气相的摩尔比。需要说明的是，在这里使用了下标 m 与符号 G 和 L 一道表示这些流量是基于摩尔数的。若气体和液体流量是基于质量而不是摩尔数，则不用下标 m 了。

在吸收计算中常常认为惰性组分（载气）B 不进入液相，溶剂也没有显著的挥发现象，因而在塔的任何横截面上，气相中惰性组分 B 的摩尔流量和液相中溶剂 S 的摩尔流量都始终不变。若以 B 和 S 的量作为基准分别表示溶质在气、液两相中的浓度，会为吸收的计算带来方便。因此，常采用摩尔比 Y 和 X 分别表示气、液两相中的组成，其定义如下

$$X = \frac{\text{液相中溶质的摩尔数}}{\text{液相中溶剂的摩尔数}} = \frac{x}{1-x} \tag{4-8}$$

$$Y = \frac{\text{气相中溶质的摩尔数}}{\text{气相中惰性组分摩尔数}} = \frac{y}{1-y} \tag{4-9}$$

由上二式可知

$$x = \frac{X}{1 + X} \tag{4-10}$$

$$y = \frac{Y}{1 + Y} \tag{4-11}$$

对于逆流流动,根据物质守恒原理,污染物组分在塔顶和塔底的总质量流量为

$$G_{m,1}y_1 + L_{m,2}x_2 = G_{m,2}y_2 + L_{m,1}x_1 \tag{4-12}$$

或

$$G_{m,1}y_1 - G_{m,2}y_2 = L_{m,1}x_1 - L_{m,2}x_2 \tag{4-13}$$

因为总的气体流量(或液体流量)在塔顶和塔底是不同的,上面的方程式一般不能进一步简化。这个方程式在 x-y 图(图 4-3(a))上显现出曲线。因此载气和溶剂在写物料衡算式时比较方便,因为这两个量在整个塔内是常数。

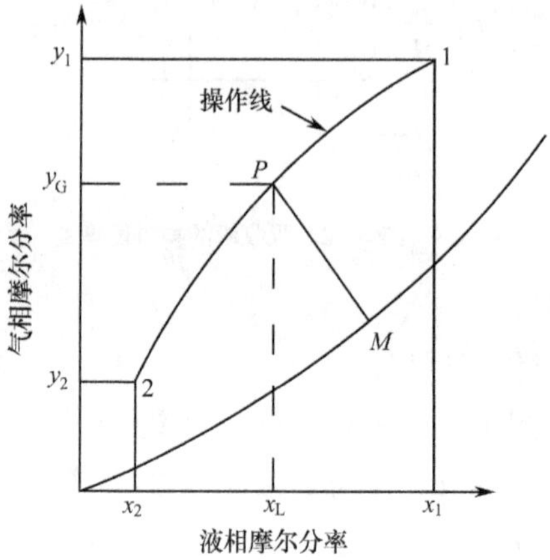

图 4-3(a) 在 x-y 图中的操作线和平衡线

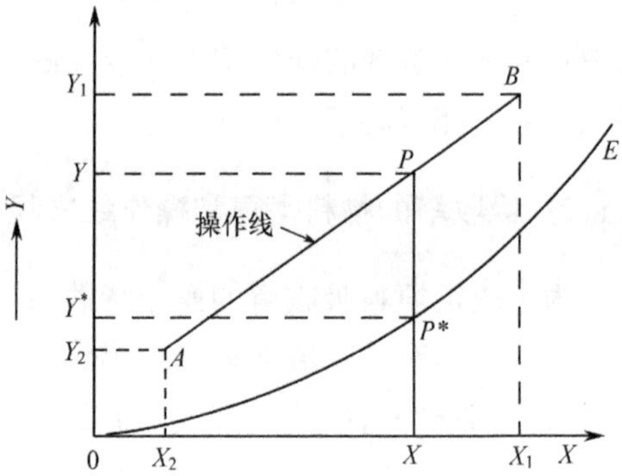

图 4-3(b) 在 X-Y 图中的操作线和平衡线

用 $G_c Y_i$ 代替 $G_i y_i$,用 $L_s X_i$ 代替 $L_i x_i$(这里 i 代表 1 或 2),就可以写出用摩尔比表示的物料平衡方程式

$$G_{c,m}(Y_2 - Y_1) = L_{s,m}(X_2 - X_1) \tag{4-14}$$

式(4-14)在 X-Y 坐标(图 4-3(b))上是直线方程,直线的斜率是 $L_{s,m}/G_{c,m}$。式(4-13)、(4-14)在 x-y 图和 X-Y 图上分别称做操作线。图 4-3 的(a)和(b)分别都划有平衡线和操作线,每个图中操作线上的 P 点代表组分 A 在塔内任意位置上的气相和液相浓度。图 4-3a 上操作线和平衡线之间的垂直距离是吸收塔内任意点上的传质推动力,M 点指明界面的组成。

正如图 4-3 所示,对于吸收过程而言,操作线总是在平衡线之上。对于逆流的解吸过程,操作线总是在平衡线的下面,推动力是从液相到气相。

4.1.3 吸收过程的传质

气液两相间的传质过程理论是近数十年来一直在研究的问题。已经提出的理论很多,包括溶质渗透模型和表面更新模型,但应用最广泛且较成熟的是所谓"双膜模型",亦称滞流膜模型。它不仅适用于物理吸收,也适用于气液相反应。图4-4为双膜模型的示意图,其基本论点如下:

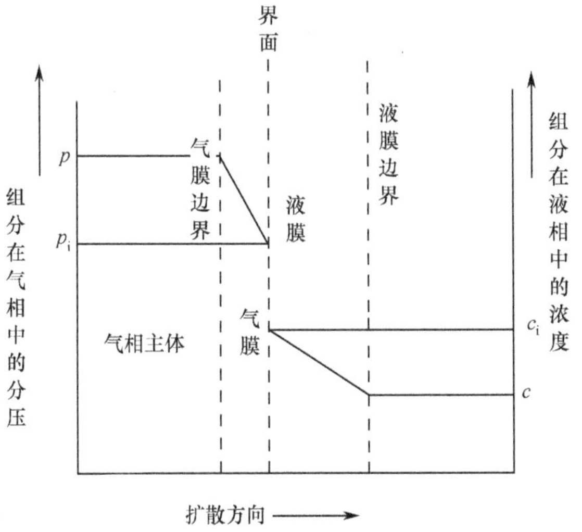

图4-4 用双膜模型表示的气液相界面附近的浓度分布

(1) 气液两相接触时存在一个相界面,在相界面两侧各存在着一层稳定的层流薄膜,分别称为气膜和液膜。即使气液两相的主体呈湍流时,这两层膜内仍呈层流。

(2) 被吸收组分从气相转入液相的过程依次分为五步:靠湍流扩散从气相主体到气膜表面;靠分子扩散通过气膜到达两相界面;在界面上被吸收组分从气相溶入液相;靠分子扩散从两相界面通过液膜;靠湍流扩散从液膜表面到液相主体。

(3) 在气液两相主体中,由于流体的充分湍流而不存在浓度梯度,即被吸收组分在两相主体中的扩散阻力忽略不计。

(4) 无论气液两相主体是否达到平衡,被吸收组分在相界面处两相间是平衡的,即认为相界面处没有任何传质阻力。

(5) 一般说来,两层膜的厚度均极薄,在膜中并没有吸收组分的积累,所以吸收过程可以看作是通过气液膜的稳定扩散。

通过以上假设,整个吸收过程的传质阻力就简化为仅有两层薄膜组成的扩散阻力。因此,气液两相的传质速率取决于通过气膜和液膜的分子扩散速率。其中气膜传质速率为

$$N_A = \frac{D_G}{Z_G RT}\left(\frac{p}{p_{BM}}\right)(p_A - p_{Ai}) = k_G(p_A - p_{Ai}) \tag{4-15}$$

式中:N_A——被吸收组分 A 的传质速率,$kmol/(m^2 \cdot s)$;

p_{BM}——惰性组分 B 在气膜层中的对数平均分压,Pa;

$$p_{BM} = \frac{p_{Bi} - p_B}{\ln \dfrac{p_{Bi}}{p_B}}$$

p_{Bi}, p_B——分别为惰性组分 B 在气液两相界面和气相主体的分压,Pa;

p_{Ai}, p_A——分别为被吸收组分 A 在气液两相界面和气相主体的分压,Pa;

p——系统的总压,Pa;

D_G——被吸收组分 A 在气相内的分子扩散系数,m^2/s;

Z_G——气膜层厚度,m;

k_G——气膜传质分系数,$kmol/(m^2 \cdot s \cdot Pa)$。

液膜传质速率

$$N_A = \frac{D_L}{Z_L}(c_{Ai} - c_A) = k_L(c_{Ai} - c_A) \tag{4-16}$$

式中:D_L——被吸收组分 A 在液相内的分子扩散系数,m^2/s;

Z_L——液膜层厚度,m;

c_{Ai}, c_A——分别为被吸收组分在气液两相界面和液相主体的浓度,$kmol/m^3$;

k_L——液膜传质分系数,m/s。

在气液相界面上

$$c_{Ai} = H \cdot p_{Ai} \tag{4-17}$$

因吸收组分 A 通过气膜的传质速率必等于通过液膜的传质速率,利用式(4-17),消去式(4-15)和(4-16)中的界面条件 c_{Ai} 和 p_{Ai},得稳定吸收过程的总传质速率方程式

$$N_A = K_G(p_A - p_A^*) = K_L(c_A^* - c_A) \tag{4-18}$$

若用 Δy 和 Δx 表示,式(4-18)可写成为

$$N_A = K_y(y_A - y_A^*) = K_y(y - y^*) = K_x(x_A^* - x_A) = K_x(x^* - x) \tag{4-19}$$

式中:p_A^*——与液相主体中被吸收组分浓度 c_A 相平衡的分压,Pa;

c_A^*——呈平衡的液相浓度，kmol/m³；

K_G, K_L——分别为组分 A 以气相分压差为推动力的总传质系数，kmol/(m²·s·Pa)和以液相浓度差为推动力的总传质系数，m/s，它们与分传质系数的关系分别为

$$\frac{1}{K_G} = \frac{1}{k_G} + \frac{1}{k_L H} \tag{4-20}$$

$$\frac{1}{K_L} = \frac{H}{k_G} + \frac{1}{k_L} \tag{4-20a}$$

K_y, K_x——分别为组分 A 以气相摩尔差为推动力的总传质系数，kmol/(m²·s·Δy)和以液相摩尔差为推动力的总传质系数，kmol/(m²·s·Δx)。

由式(4-20)和(4-20a)可知，气膜阻力和液膜阻力的大小取决于组分 A 的溶解度系数 H。对于易溶气体，H 很大，$K_G \approx k_G$，即总阻力近似等于气膜阻力，这种情况称为气膜控制。对于难溶气体，H 很小，$K_L \approx k_L$，即总阻力近似等于液膜阻力，这种情况称为液膜控制。对于中等溶解度的气体，气膜阻力与液膜阻力处于同一数量级，两者皆不能忽略。

4.1.4　吸收塔的计算

4.1.4.1　填料高度的计算

填料吸收塔所需要的高度是由气相和液相之间总的传质阻力、平均推动力和对传质有效的界面面积等因素决定的。前两项随着吸收塔的高度而改变，因此常用一些数学处理方法找出总传质效率的表示式。

在图 4-2 所表示吸收塔上的一微分高度 dZ，传质的总有效界面面积是 $A(a\mathrm{d}Z)$。这里 a 值是所用填料的函数，用来表示每单位体积填料的有效传质面积；A 是塔的横截面积。溶质组分在 dZ 高度的传质速率是 $N_A A(a\mathrm{d}Z)$。这个量也等于溶质通过 dZ 段从气相的损失量 $\mathrm{d}(AG_m Y)$，于是有

$$N_A A(a\mathrm{d}Z) = \mathrm{d}(AG_m Y) = \mathrm{d}\left(\frac{AG_m y}{1-y}\right)$$

这里，下标 A 代表溶质组分 A。再利用式(4-19)，则上面的表示式变为

$$K_y a(y - y^*)\mathrm{d}Z = \frac{G_{c,m}\mathrm{d}y}{1-y}$$

或

$$\mathrm{d}Z = \frac{G_{c,m}\mathrm{d}y}{K_y a(1-y)(y-y^*)} = \frac{G_{c,m}\mathrm{d}y}{K_G a p(1-y)(y-y^*)} \tag{4-21}$$

积分上式,可得到所需的填料层高度 Z。同样,如果利用液相总传质系数来计算,也存在类似的公式。

解式(4-21)的一种方法是根据中间工厂小规模设备的实验数据,考虑气相流量和液相流量可以决定总的 K_ya(或 K_Ga)。式(4-21)右侧剩下的部分从操作线和平衡线的特性可以积分出来。

用传质单元高度和传质单元数的概念可以对上面的方法作些修改,但这要先对式(4-21)做些改变。根据前面定义过的概念:惰性组分(载气)在塔内任意位置气流中的摩尔分率$(1-y)$,惰性组分在塔内任意位置与液相平衡的摩尔分率$(1-y^*)$,及总的推动力$(y-y^*)$,可在塔内任意位置上写出下式

$$y-y^*=(1-y^*)-(1-y)$$

$(1-y^*)$和$(1-y)$的对数平均值的定义为

$$(1-y)_{LM}\equiv\frac{(1-y^*)-(1-y)}{\ln[(1-y^*)/(1-y)]} \tag{4-22}$$

对式(4-21)的分子、分母同乘$(1-y)_{LM}$,结果得

$$dZ=\frac{G_{c,m}}{K_ya(1-y)_{LM}}\cdot\frac{(1-y)_{LM}dy}{(1-y)(y-y^*)} \tag{4-23}$$

虽然 $G_{c,m}$、K_ya 和$(1-y)_{LM}$是沿吸收塔而改变的,但大量的实验数据表明式(4-23)右边第一项相对来说是常数,对气体净化过程的低浓度废气来说尤其如此。这个常数叫做气相总传质单元高度 H_{OG},即

$$H_{OG}\equiv\frac{G_{c,m}}{K_ya(1-y)_{LM}} \tag{4-24}$$

则塔高为

$$Z=H_{OG}\int_{y_2}^{y_1}\frac{(1-y)_{LM}dy}{(1-y)(y-y^*)} \tag{4-25}$$

上式的积分项称为气相传质单元数 N_{OG},即

$$Z=H_{OG}N_{OG} \tag{4-26}$$

这样,填料层塔高的计算变为传质单元高度和传质单元数的乘积。因传质单元高度在计算时带有单位,传质单元数无因次故最后的单位为长度。

同理,对于液相传质单元,有

$$Z=\frac{L_{s,m}}{K_xa(1-x)_{LM}}\int_{x_2}^{x_1}\frac{(1-x)_{LM}dx}{(1-x)(x^*-x)} \tag{4-27}$$

用液相传质单元高度 H_{OL}和传质单元数 N_{OL}来表示,则有

$$Z=H_{OL}N_{OL} \tag{4-28}$$

当溶质气体组分在气相或液相中的浓度很低时,传质单元高度可以表示为

$$H_{OG}=G_{c,m}/K_ya \tag{4-29}$$

$$H_{OL} = G_{s,m}/K_x a \tag{4-29a}$$

4.1.4.2 传质单元数的计算

在填料吸收塔中,传质单元数的物理意义可用下面的方法来说明。当 y 值小的时候(对低浓度废气是可行的),$(1-y)\approx(1-y)_{LM}$,传质单元数的定义变为

$$N_{OG} \equiv \int_{y_2}^{y_1} \frac{(1-y)_{LM}\mathrm{d}y}{(1-y)(y-y^*)} \cong \int_{y_2}^{y_1} \frac{\mathrm{d}y}{y-y^*} \tag{4-30}$$

当上式分母项沿着塔的长度方向相对稳定时,其最后项的积分是

$$N_{OG} = \frac{\text{总的浓度变化}}{\text{平均推动力}}$$

作为近似值,总传质单元数是平均推动力$(y-y^*)$除气相总的浓度变化(y_1-y_2),它是吸收困难程度的量度。必须指出,N_{OG}是指气相总传质单元数,对于用液相总传质单元数 N_{OL},可用相应的方法来计算。

计算传质单元数的方法主要有三种:

(1) 解析法

对于平衡线为直线的情况,由亨利定律 $Y^* = mX$,可用解析法求传质单元数。仍以求气相总传质单元数为例,即

$$N_{OG} = \int_{Y_2}^{Y_1} \frac{\mathrm{d}Y}{Y-Y^*} = \int_{Y_2}^{Y1} \frac{\mathrm{d}Y}{Y-mX} \tag{4-31}$$

再由逆流操作吸收塔的物料衡算式(4-14)可知

$$X = X_2 + \frac{G_{c,m}}{L_{s,m}}(Y-Y_2) \tag{4-32}$$

代入式 4-31 得

$$N_{OG} = \int_{Y_2}^{Y_1} \frac{\mathrm{d}Y}{Y - m\left[X_2 + \frac{G_{c,m}}{L_{s,m}}(Y-Y_2)\right]}$$

令 $S = mG_{c,m}/L_{s,m}$(称为“解吸因数”)为平衡线斜率 m 与操作线斜率 $L_{c,m}/G_{s,m}$的比值,无因次。代入上式后得到

$$\begin{aligned} N_{OG} &= \int_{Y_2}^{Y_1} \frac{\mathrm{d}Y}{(1-S)Y + (SY_2 - mX_2)} \\ &= \frac{1}{1-S}\ln\frac{(1-S)Y_1 + (SY_2 - mX_2)}{(1-S)Y_2 + (SY_2 - mX_2)} \\ &= \frac{1}{1-S}\ln\frac{(1-S)(Y_1 - mX_2) + S(Y_2 - mX_2)}{Y_2 - mX_2} \end{aligned}$$

$$= \frac{1}{1-S}\ln\left[(1-S)\frac{Y_1-mX_2}{Y_2-mX_2}+S\right] \tag{4-33}$$

由式(4－33)可以看出，N_{OG}的数值取决于 S 与$(Y_1-mX_2)/(Y_2-mX_2)$这两个因素。当 S 值一定时，N_{OG}与$(Y_1-mX_2)/(Y_2-mX_2)$值之间有一一对应的关系。为了计算方便，在半对数坐标纸上以 S 为参数，按式(4－33)绘 $N_{OG}-(Y_1-mX_2)/(Y_2-mX_2)$的函数曲线，如图 4－5 所示。利用此图可由已知的$G_{c,m}$、Y_1、Y_2、$L_{s,m}$、X_2 及 m 值方便地查得N_{OG}的数值。

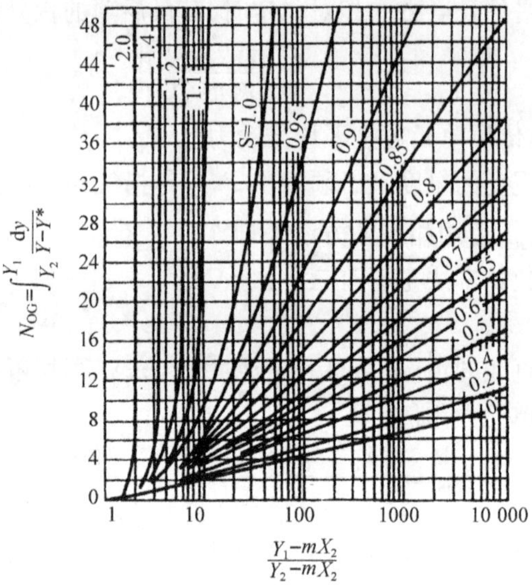

图 4－5 式(4－33)的图解

在图 4－5 中，横坐标值$(Y_1-mX_2)/(Y_2-mX_2)$的大小反映溶质吸收率的高低。在气、液相进口浓度一定的情况下，要求吸收率愈高，则 Y_2 值愈小，$(Y_1-mX_2)/(Y_2-mX_2)$的数值便愈大，对应于同一值的 N_{OG}值也愈大。

参数反映吸收推动力的大小，在气、液进口浓度及溶液吸收率已知的情况下，横坐标$(Y_1-mX_2)/(Y_2-mX_2)$之值便已确定。此时增大 S 值就意味着减小液气比，其结果是溶液出口浓度提高，而塔内吸收推动力变小，所以 N_{OG}值增大。反之，若参数 S 值减小，则 N_{OG}值变小。

在从混合气体中分离出溶质组分的吸收过程中，要获得最高的吸收率，必须使出塔气体与进塔液体趋于平衡，这就要求采用较大的液体量，使操作线斜率大于平衡线斜率(即 $S<1$)才有可能。反之，若要获得最浓的吸收液，必须力求使出塔液体与进塔气体趋于平衡，这就要求采用小的液体量，使操作线斜率小于平衡线斜率

(即 $S>1$)才有可能。在空气污染的控制中多着眼于提高污染物的吸收率,所以 S 值常小于 1。有时还采用液体循环的操作方式,以加大液气比,有效降低 S 值,但这样会丧失逆流操作的优越性。比较经济的数值是 $S=0.7\sim0.8$。

应用图 4-5 估算总的传质单元数比较方便,但须指出,只有在$((Y_1-mX_2)/(Y_2-mX_2))>20$ 及 $S\leqslant0.75$ 的范围内使用该图时,读数才较准确。用同样的方法对液相总传质单元数也可导出如下结果

$$N_{OL}=\frac{1}{1-A}=\ln\left[(1-A)\frac{Y_1-mX_2}{Y_2-mX_2}+A\right] \tag{4-34}$$

此式多用于解吸操作计算,式中 $A=L_{s,m}/mG_{c,m}$是解吸因数 S 的倒数,称为“吸收因数”。

对于低浓度气体,操作线和平衡线都为直线,也可用另一种方法求得。由于符合亨利定律,推动力 $\Delta y=y-y^*$、$\Delta y_i=y-y_i$ 或 $\Delta x=x^*-x$ 等,亦为 y 或 x 的直线函数。对 $\Delta y=y-y^*$ 来说,由于呈直线函数,故任一截面上 Δy 随 y 的变化率 $d(\Delta y)/dy$ 皆等于塔顶、塔底间的比值$(\Delta y_1-\Delta y_2)/(y_1-y_2)$,即

$$\frac{d(\Delta y)}{dy}=\frac{\Delta y_1-\Delta y_2}{y_1-y_2},\quad dy=\frac{y_1-y_2}{\Delta y_1-\Delta y_2}d(\Delta y) \tag{4-35}$$

式中:$\Delta y_2=y_2-y_2^*$——塔顶气相总推动力;

$\Delta y_1=y_1-y_1^*$——塔底气相总推动力。

于是

$$\int_{y_2}^{y_1}\frac{dy}{y-y^*}=\frac{y_1-y_2}{\Delta y_1-\Delta y_2}\int_{\Delta y_2}^{\Delta y_1}\frac{d(\Delta y)}{\Delta y}=\frac{y_1-y_2}{\Delta y_1-\Delta y_2}\ln\frac{\Delta y_1}{\Delta y_2}$$

令 $\Delta y_m=\dfrac{\Delta y_1-\Delta y_2}{\ln(\Delta y_1/\Delta y_2)}$代表塔顶、塔底推动力的对数平均值,则有

$$\int_{y_2}^{y_1}\frac{dy}{y-y^*}=\frac{y_1-y_2}{\Delta y_m}$$

(2) 梯级图解法

梯级图解法是一种决定传质数的简单方法,它的基础是下面的近似关系

$$N_{OG}\approx\int_{y_2}^{y_1}\frac{dy}{y-y^*}=\int_{Y_2}^{Y_1}\frac{dY}{Y-Y^*} \tag{4-36}$$

图 4-6 代表前面介绍过的 X-Y 图。平衡曲线 AB 很典型,不是直线;而操作线 CD 正如前面讨论过的是直线;操作线和平衡线之间的垂直距离代表浓度差,是发生吸收的推动力。当气膜阻力起控制作用时,联接操作线与平衡线垂直距离的中点做 EF 线;然后从 C 点开始,划水平线使 $CG=GH$,点 H 的位置可能在平衡线的左边或右边;从 H 点做垂直线向上与 CD 线交于 J 点,划 $JK=KL$;从 L 点再

划另一条垂直线向上交 CD 线于 M 点。梯级 CHJ 和 JLM 每一个都代表一个传质单元,用同样的几何方法做这些梯级直到 D 点或做一垂线在交点的右边通过为止。总的梯级和最后一个部分之和是总的传质单元数 N_{OG}。

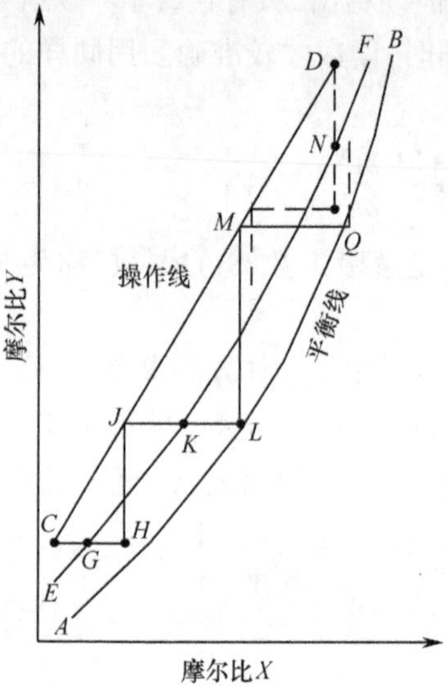

图 4-6 梯级图解法示意图

当液相阻力起控制作用时,开始也是划 EF 线;然后从操作线上的 D 点开始划垂直线 DQ,这样 $DN=NQ$;再从 Q 点向 CD 线划水平线。这样继续划,一直到操作线上的 C 点为止。同样总的梯级数代表所需要的传质单元数 N_{OL}。

(3) 图解积分法

图解积分法是根据定积分的几何意义引出的一种计算传质单元数的方法。该法常用于平衡线不是直线的情况。

从气相总传质单元数的表达式(4-31)可以看出,被积分函数 $1/(Y-Y^*)$ 中有 Y 和 Y^* 两个变量,但 Y^* 与 X 之间存在着平衡关系 $Y^*=f(X)$,任一截面上又存在着操作关系。所以只要 X-Y 图上有平衡线和操作线,便可由任何一个 Y 值求出相应的 $(Y-Y^*)$ 值(推动力),并可计算 $1/(Y-Y^*)$ 的数值。再在直角坐标系中将 $1/(Y-Y^*)$ 与 Y 的对应关系进行标绘,所得的曲线与 $Y=Y_1$、$Y=Y_2$ 及 $1/(Y-Y^*)=0$ 三条直线之间所包围的面积,便是积分 $\int_{Y_2}^{Y_1}\frac{\mathrm{d}Y}{Y-Y^*}=N_{OG}$ 的值。

用图解积分法求液相总传质单元数 N_{OL} 的方法和步骤与此相同。

4.1.4.3 传质单元高度的计算

传质单元高度可以从中间工厂的研究中得到,这需要小规模的中试设备尽可能与真实设备的条件相接近。在无法直接测量数据的情况下,用无因次关系式来揭示传质操作之间的相似性,从而可以估算传质单元高度 N_{OG}。首先,采用下面的关系

$$\frac{1}{K_y}=\frac{1}{k_y}+\frac{m}{k_x} \tag{4-37}$$

用一个相同的量来乘各项,式(4-37)可写成

$$\frac{G_m}{K_y a(1-y)_{Lm}}=\frac{G_m}{k_y a(1-y)_{Lm}}+\frac{mG_m}{L_m}\frac{L_m}{k_x a(1-x)_{Lm}}\frac{(1-x)_{Lm}}{(1-y)_{Lm}}$$

将上面公式右边两项与式(4-24)对照,发现与 H_{OG}相似,因此可以得出下面的公式

$$H_G = \frac{G_m}{k_y a(1-y)_{Lm}} \quad 和 \quad H_L = \frac{L_m}{k_x a(1-x)_{Lm}} \tag{4-38}$$

这里$(1-x)_{Lm}$与式(4-23)中引入的$(1-y)_{Lm}$有相同的数学意义。因此

$$H_{OG} = H_G + \left(\frac{mG_m}{L_m}\right)(H_L)\frac{(1-x)_{Lm}}{(1-y)_{Lm}} \tag{4-39}$$

对于稀溶液,可将式(4-39)简化为

$$H_{OG} = H_G + \left(\frac{mG_m}{L_m}\right)H_L \tag{4-40}$$

这个方程式可以用气相和液相的传质单元高度 H_G 和 H_L 来计算总的传质单元高度。

气相和液相传质单元高度,已经在很广的范围内通过实验数据校正过,H_G 和 H_L 的一般计算公式如下

$$H_G = \alpha(G')^m(L')^n\left(\frac{\mu_G}{\rho_G D_G}\right)^{0.5} \tag{4-41}$$

$$H_L = \beta(L'/\mu_L)^q\left(\frac{\mu_L}{\rho_L D_L}\right)^{0.5} \tag{4-42}$$

式中:H_G, H_L——分别为气、液相的分传质单元高度,m;

α, m, n, β, q——为由填料规格和操作范围所决定的常数,其值列在表4-1及表4-2中;

μ_G, μ_L——气相、液相的黏度,$N·s/m^2$ 或 Pa·s;

ρ_G, ρ_L——气相、液相的密度,kg/m^3;

D_G, D_L——溶质在气相、液相中的扩散系数,m^2/s。

表4-1　式(4-41)中的常数值

填料规格		适用范围		常数值		
		G'	L'	α	m	n
拉西环	25mm(1英寸)	0.27~0.81	0.68~6.1	0.557	0.32	-0.51
	38mm(1.5英寸)	0.27~0.95	2.03~6.1	0.689	0.38	-0.40
	50mm(2英寸)	0.27~1.09	0.68~6.1	0.894	0.41	-0.45
弧鞍	13mm(0.5英寸)	0.27~0.95	2.03~6.1	0.367	0.30	-0.24
	25mm(1英寸)	0.27~1.09	0.54~6.1	0.461	0.36	-0.40
	38mm(1.5英寸)	0.27~1.36	0.54~6.1	0.652	0.32	-0.45

表 4-2　式(4-42)中的常数值

填料规格		L'的范围	β	q
拉西环	25mm	0.54～20.3	2.35×10^{-3}	0.22
	38mm	0.54～20.3	2.61×10^{-3}	0.22
	50mm	0.54～20.3	2.93×10^{-3}	0.22
弧鞍	13mm	0.54～20.3	1.456×10^{-3}	0.28
	25mm	0.54～20.3	1.285×10^{-3}	0.28
	38mm	0.54～20.3	1.366×10^{-3}	0.28

4.1.4.4　最小设计液气比

参考图 4-7,在控制空气污染的吸收操作中,吸收塔底和塔顶的量值是 $G_{m,1}$、y_1(或 Y_1)、$G_{m,2}$、y_2(或 Y_2)和 x_2(或 X_2)。对于气相,进口流量和浓度是已知的,出口气体浓度必须符合某一种规定的污染物排放标准,也是已知的。对于液相,在污染物组分 A 的进口处,液相浓度是已知的,它或者是新鲜的不含污染物的溶剂,或者是在解吸塔内溶质(污染物)的浓度被减小到规定值以后循环使用的溶液。由式(4-14)可见,L_S 和 X_1(或 x_1)的值是不知道的,也就是说,是需要设计的。

设计 L_S 和 X_1 值,可以选择固定其中一个,然后通过式(4-14)求其他值。参看图 4-7(b),注意到 Y_2、X_2 和 Y_1 是已知的输入值。这样操作线的一端(在吸收塔的顶部 Y_2、X_2)是固定的,另一端必须在水平线 Y_1 的某处,即确定一个 X_1 值。在水平线上有无限多个 X_1 值,即有无限多条操作线。在无限多的值中现假设有三点:X_{1a}、X_{1b}、X_{1c}(见图 4-7(a))。注意从 $1a$ 到 $1b$ 到 $1c$,X_1 值逐渐增加。为了符合式(4-14),液态值 L_S 在同样的方向上必须逐渐减少。很明显,通过 X_{1c}的线代表最小的溶剂流量,在这里操作线与平衡线正切。如果线的斜率稍微小一点,则在塔部分的操作线将在平衡曲线下面,这种情况下将出现解吸,而不是吸收。因而通过(Y_1, Y_{1c})点的操作线在给定气体流量的条件下 L_S 是最小的吸收液(溶剂)流量。将此时得到的 L_S/G_C 称之为"最小液气比",用$(L_S/G_C)_{min}$来代表。

在最小液气比$(L_S/G_C)_{min}$时,即在操作线与平衡线的接触点,传质推动力为零。这样,设计流量必须大于最小流量。如果流量刚好比最小流量大一点,平均推动力仍然相当小,吸收塔将很高。另一方面,大的平均推动力是在消耗很大的液体流量下得到的,这意味着要大的溶剂循环量和大的能源消耗。但这样,塔的高度可以相对小一些。在这两种情况下,合理的选择是要从经济和其他条件来考虑。一般的操作原则是选择吸收塔的液气比为$(L_S/G_C)_{min}$的 1.2～1.6 倍。

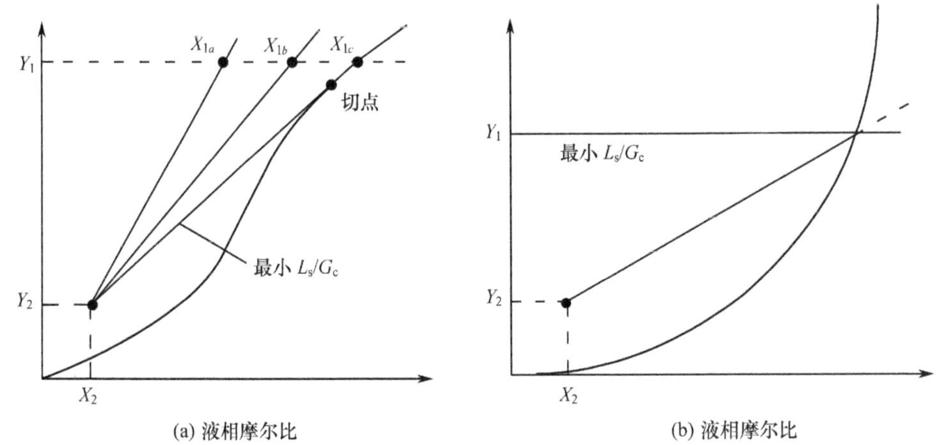

图 4－7　最小液气比的操作线图

例 4－1　在填料塔中用水吸收空气中所含的丙酮蒸气，丙酮初含量为 3%（体积分数），今需在塔中将其吸收掉 98%。已知混合气入塔流率为 $G_m = 0.02\text{kmol}/(\text{m}^2\cdot\text{s})$，操作温度 $T = 293$ K，总压 $p = 1.013\times10^{-5}$Pa。此时的平衡关系为 $y = 1.75x$，填料塔的体积总传质系数 $K_y = 0.016$ $\text{kmol}/(\text{m}^2\cdot\text{s}\cdot\Delta y)$。若出塔水中丙酮浓度为饱和浓度的 70%，求所需的水量及填料层高度。

［解］　塔底、顶的气、液组成为

$y_b = 0.03$，$Y_b = 0.03/0.97 = 0.0309$

$Y_a = (1-0.98)Y_b = 6.18\times10^{-4}$，$y_a = 6.18\times10^{-4}$

$x_a = 0$

$x_b = 0.7x_b^* = 0.7(y_b/1.75) = 0.012$

将以上组成数据代入物料衡算式(4－13)，由于丙酮含量很低，可认为塔顶、底的液体流量相等。于是可得

$$0.02(0.03-6.18\times10^{-4}) = L(0.012-0)$$

故

$$L = 0.049\text{kmol}/(\text{m}^2\cdot\text{s})$$

现分别应用两种方法计算填料层高度：

(1) 对数平均推动力计算

塔顶
$$\Delta y_a = y_a - mx_a = y_a = 6.18\times10^{-4}$$

塔底
$$\Delta y_b = y_b - mx_b = (300-210)\times10^{-4} = 90\times10^{-4}$$

平均
$$\Delta y_m = \frac{(90-6.18)\times10^{-4}}{\ln(90/6.18)} = 31.3\times10^{-4}$$

故有
$$h_0 = \frac{G}{K_y a}\frac{y_b - y_a}{\Delta y_m} = \frac{0.02}{0.016}\times\frac{(300-6.2)\times10^{-4}}{31.3\times10^{-4}} = 11.7(\text{m})$$

(2) 吸收因数法计算

液气比
$$\frac{L}{G} = \frac{y_b - y_a}{x_b - x_a} = \frac{294\times10^{-4}}{0.012} = 2.45$$

吸收因数 $$A=\frac{L}{mG}=\frac{2.45}{1.75}=1.40$$

脱吸因数 $$S=0.715$$

吸收要求 $$\frac{y_b-mx_a}{y_a-mx_a}=\frac{y_b}{y_a}=\frac{0.03}{6.18\times10^{-4}}=48.5$$

代入式(4-33)计算可得 $N_{OG}=9.39$;也可查图 4-5 得 $N_{OG}\approx9.5$

两者相差不大,故 $h_0=1.25\times9.39=11.7(\mathrm{m})$ 或 $h_0\approx1.25\times9.5=11.9(\mathrm{m})$

计算法与前面结果完全相同,而查图得到的结果差别也不大。

例 4-2 在填料塔中用水吸收空气中的低浓度 NH_3,操作温度可认为恒定 $T=293$ K,总压 $p=100$ kPa,亨利系数 $E=76.6$ kPa,填料为 50 mm 瓷拉西环。气体、液体的空塔质量流速分别为:$G'=0.5\ \mathrm{kg/(m^2\cdot s)}$;$L'=2\ \mathrm{kg/(m^2\cdot s)}$。计算传质单元高度 H_G、H_L 和 H_{OG}。

[解] (1) 首先找出算式中需要的物性数据

① 液体性质(按 293 K 决定)

$$\rho_L=1000\ \mathrm{kg/m^3},\ \mu_L=1.01\times10^{-3}\ \mathrm{Pa\cdot s}$$

查得 285 K 下,氨在水中的扩散系数为 $1.64\times10^{-9}\mathrm{m^2/s}$,水的黏度为 $1.24\times10^{-3}\ \mathrm{Pa\cdot s}$。由关系 $D_L\propto T/\mu_L$,得 293 K 下

$$D_L=1.64\times10^{-5}\left(\frac{293}{285}\right)\left(\frac{1.24}{1.01}\right)=2.07\times10^{-5}(\mathrm{cm^2/s})=2.07\times10^{-9}(\mathrm{m^2/s})$$

于是 $$\mu_L/(\rho_L D_L)=1.01\times10^{-3}/(10^3\times2.07\times10^{-9})=488$$

② 气体性质(按 293 K 空气决定)

$$\rho_G=1.2\ \mathrm{kg/m^3},\qquad \mu_G=1.8\times10^{-5}\ \mathrm{Pa\cdot s}$$

查得氨在空气中扩散系数为 $1.98\times10^{-5}\ \mathrm{m^2/s}$,应用关系式 $D_2=D_1\left(\frac{p_1}{p_2}\right)\left(\frac{T_2}{T_1}\right)^{1.75}$,换算到 293K 下

$$D_G=1.98\times10^{-5}\times(293/273)^{1.75}=2.24\times10^{-5}(\mathrm{m^2/s})$$

故 $$\mu_G/(\rho_G D_G)=1.8\times10^{-3}/(1.2\times2.24\times10^{-5})=0.67$$

(2) 计算传质单元高度

现气体和液体的流率都在式(4-41)和(4-42)适用的范围内。为计算气相传质单元高度 H_G,由表 4.1 查得对于 50 mm 拉西环:$\alpha=0.894$,$m=0.41$,$n=-0.45$。代入到式(4-41)中

$$H_G=0.894(0.5)^{0.41}(2)^{-0.41}(0.67)^{0.5}=0.894(0.753)(0.732)(0.819)=0.403\ (\mathrm{m})$$

同理,可算出液相传质单元高度

$$H_L=(2.93\times10^{-3})(2.0/1.01\times10^{-3})^{0.22}(488)^{0.5}=(2.93\times10^{-3})(5.31)(22.1)=0.344\ (\mathrm{m})$$

相平衡常数 $$m=E/p=76.6/100=0.766$$

吸收因数 $$A=\frac{(L'/18)}{m(G'/29)}=\frac{(2/18)}{0.766(0.5/29)}=8.41$$

故 $$H_{OG}=0.403+0.344/8.41=0.444\ (\mathrm{m})$$

4.1.5 伴有化学反应的吸收

4.1.5.1 化学吸收过程的传质速率表达式

从双膜模型出发比较物理吸收和化学吸收过程,对于气相一侧,两种情况相同,均可用物理吸收的传质速率方程即式(4-15)表示。对于气相界面的平衡关系,多数情况下仍采用亨利定律表示。但在液相一侧,物理吸收时的传质仅为扩散过程,化学吸收时则兼有扩散与化学反应两种过程,从而加大了液相传质分系数,进而使气相及液相传质总系数也相应改变。显然,液相反应速度不同对传质系数的影响亦不同。

液相中发生化学反应时,传质速率的表示有两种方法:如果选取与物理吸收相同的推动力($\Delta c_A = c_{Ai} - c_A$)则采用加大的液相传质分系数 k_L';如果选取与物理吸收相同的传质分系数 k_L,则采用增大的推动力($\Delta c_A + \delta$),即

$$N_A = k_L(\Delta c_A + \delta) \tag{4-43}$$

$$= k_L' \Delta c_A \tag{4-44}$$

式中,δ 表示在液相中进行化学反应时推动力的增大值。一般情况下,伴有化学反应吸收过程的吸收速率表达采用式(4-44),利用式(4-19)或(4-20)就可求得化学吸收过程的总传质系数。我们定义 $\alpha = k_L'/k_L$ 为伴有化学反应吸收过程的增强因子,其意义为吸收过程中因在液相发生化学反应而使液相传质分系数增加的倍数。于是,式(4-16)变为

$$N_A = \alpha k_L(c_{Ai} - c_A) \tag{4-45}$$

式中的 α 是随反应动力学的不同而变化的,因此要求算 α 并不容易。首先,必须知道伴有化学反应吸收过程的反应动力学类型,如瞬时反应、快速反应、中速反应或慢速反应等等。在这些反应中间,又有一级反应、拟一级反应、二级反应、拟二级反应或其他类型的反应等等。如何确定反应类型和求算反应速度常数不是本书的内容。我们仅介绍用常见的反应类型来设计计算吸收塔。

4.1.5.2 不同反应类型的增强因子表达式

对于给定的化学反应,根据双膜模型、表面更新模型或溶质渗透模型得出的增强因子表达式是相同的。而且,应用不同的理论分别计算得到的化学反应增强因子,在绝大多数情况下相差都不大,误差一般在 8% 以内,只在个别情况下达到 20%。基于这种情况,我们以最常见、且最简单的一种形式——双膜模型的表达式为例来进行介绍。

(1) 瞬时反应

对于不可逆瞬时反应

$$\text{A(溶质)} + b\text{B(反应物)} \longrightarrow \text{C(反应产物)} \tag{4-46}$$

其增强因子的表达式为

$$\alpha = 1 + rS \tag{4-47}$$

式中：$r = D_B/D$，称为扩散系数比；

$S = c_{BL}/bc_{Ai}$，称为计量浓度比；

D, D_B——分别为溶质A和反应物B在溶液中的扩散系数；

c_{Ai}——溶质A在相界面处的浓度，kmol/m^3；

c_{BL}——反应物B在液相主体中的浓度，kmol/m^3。

定义

$$c_{BL}^c = \frac{bk_G}{rk_L}p_G \tag{4-48}$$

为临界浓度。当反应物在液相主体中的浓度 $c_{BL} > c_{BL}^c$时，式(4-47)便不再合适，而应用 c_{BL}^c来代替 c_{BL}。

临界浓度表示了相界面积和液膜内的反应界面重叠，即液相完全无阻力的情况。当 $c_{BL} > c_{BL}^c$时，应用 c_{BL}^c来计算 S。

(2) 快速一级或拟一级反应

由于快速化学反应，液相主体溶质A的浓度可以忽略，即 $c_A = 0$。对于双膜模型，一级反应的增强系数为

$$\alpha = \frac{\gamma}{\text{th}\gamma} \tag{4-49}$$

其中 thγ 为双曲正切函数，参数 $\gamma = \sqrt{k_1 D/k_L^2}$。式中 k_L 为一级反应速度常数。当 $\gamma > 3$ 时，$\alpha \approx \gamma$。

对于渗透模型，有

$$\alpha = \sqrt{1 + \gamma^2} \tag{4-50}$$

当 $\gamma > 5$ 时，也有 $\alpha \approx \gamma$。此时，双膜模型和渗透模型的结果相同。

对于其他化学反应，增强因子的计算公式比较复杂，本书不再介绍，可参考有关气液传质-反应的教材或书籍。

4.1.5.3　伴有化学反应吸收设备的计算

当吸收过程伴有化学反应，则在许多情况下设备的设计计算显得更为简单。下面我们用常见的酸性气体吸收中遇到的瞬时反应为例来计算吸收塔。

(1) 填料吸收塔的计算

当化学反应速率很快时，液相溶质浓度为零。于是，式(4-23)可以简化为

$$dZ = \frac{G_m dy}{K_y a y} \tag{4-51}$$

积分得

$$Z = \frac{G_m}{K_a a}\int_{y_2}^{y_1}\frac{dy}{y} = H_{OG}\ln\frac{y_2}{y_1} \tag{4-52}$$

或者

$$Z = \frac{G_m}{K_G a p}\int_{p_2}^{p_1}\frac{dp}{p} = H_{OG}\ln\frac{p_2}{p_1} \tag{4-52a}$$

当 k_L 非常大，甚至 $Hk_L \gg k_G$ 时，属于完全气膜控制。此时，$K_G \approx k_G$，故有

$$Z = \frac{G_m}{k_G a p}\int_{p_2}^{p_1}\frac{dp}{p} = H_G\ln\frac{p_2}{p_1} \tag{4-53}$$

当 k_L 不是很大，或者说液膜阻力不能完全忽略时，则必须先分别计算 k_G、k_L 和 α，然后计算 Z。

(2) 板式吸收塔的计算

图4-8表示了一层塔板上的有关参数(塔板由下向上计数)。图中 y_n、y_{n+1}分别为进出第 $n+1$ 块塔板的气相组成；与其成相对平衡的气相组成分别为 y_n^*、y_{n+1}^*，E_{mv}为气相单板效率(也称为气相摩弗里单板效率)，由下式给出

$$E_{mv} = \frac{y_n - y_{n+1}}{y_n - y_{n+1}^*} \tag{4-54}$$

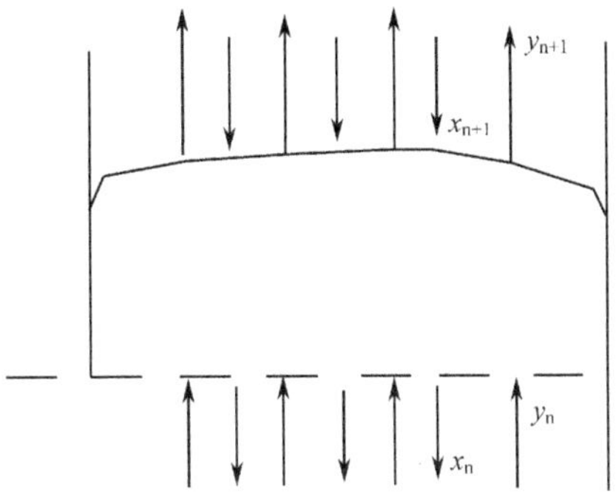

图4-8 塔板上传质分析示意

当已知塔板的气相单板效率，且是伴有快速化学反应的吸收($x=0$)，有 $y_{n+1}^* = mx_{n+1} = 0$。于是

$$E_{mv} = \frac{y_n - y_{n+1}}{y_n} = 1 - \frac{y_{n+1}}{y_n} \tag{4-55}$$

对于各层塔板，E_{mv}均相等，则有

$$\frac{y_{n+1}}{y_n} = 1 - E_{mv} \tag{4-56}$$

整理，可得

$$\frac{y_N}{y_{N+1}} \cdot \frac{y_{N+1}}{y_{N+2}} \cdots\cdots \frac{y_1}{y_b} = (1 - E_{mv})^N$$

若给定吸收率 η，$\eta = 1 - y_N/y_b$，故

$$\eta = 1 - \frac{y_N}{y_b} = 1 - (1 - E_{mv})^N \tag{4-57}$$

只要知道 η、E_{mv}，就可以求算 N，反之亦然。

例 4-3 若使用 1.2kmol/m³ 硫酸水溶液吸收例 4-2 中的含氨废气，氨气的进口浓度为 12.5g/m³，要求对废气的净化效率为 98% 以上。已知气相及液相传质系数分别为 $k_G = 3\times10^{-3}$kmol/(m²·s·MPa) 和 $k_L = 1\times10^{-4}$m/s，氨在水中的溶解度系数 $H = 7.3\times10^{-4}$ kmol/(m³·Pa)。求所需的填料高度 h。

[解] 由反应式 $H_2SO_4 + 2NH_3 \longrightarrow (NH_4)_2SO_4$ 可知 b=2

由物料衡算 $G'c_{A,b}98\%/(17\times1.2) = bL'(c_{B,a} - c_{B,b})$，可知 $c_{B,b} = 1.12$

硫酸与氨反应为瞬时反应（无机酸碱反应通常均为瞬时反应）。假定 $r = D_B/D \approx 1$（一般在 0.6～1.0 之间，取 1.0 是保守的），而 c_{Ai} 用 $c_{A,b}$ 代替（计算结果是保守的），则根据式(4-48)，有

$$c_{BL}^{c} = \frac{2\times3\times10^{-3}}{1\times1\times10^{-4}}\times\frac{12.5\times22.4}{17\times1000} = 0.988(\text{kmol/m}^3) < c_{B,b}$$

反应在界面上进行，液相阻力为零，故 $H_{OG} = H_G = 0.403$m

因为 $y^* = 0$ $p = 0.1013$MPa 所以 $h = H_G\int dy/y = 0.403\ln(y_b/y_a)$

又因为 $y_a/y_b = 1-\eta = 0.02$ 所以 $y_b/y_a = 50$

故 $$h = 0.403\times\ln50 = 1.58\ (\text{m})$$

若使用板式吸收塔，假定该板式塔的气相单板效率 $E_{mv} = (y_{n-1} - y_n)/y_{n-1} = 0.50$，则所需的塔板数为

$$0.98 = 1-(1-E_{mv})^N = 1-(1-0.50)^N = 1-0.50^N$$

得 $$N = \ln(1-0.98)/\ln50 = 5.6$$

从此题我们可以看出，对于化学吸收，计算方法可以大为简化。

4.1.6 解吸（脱吸）

作为气体混合物分离手段之一的气体吸收过程，一般由吸收和解吸两部分组成，对物理吸收尤其如此。以煤气净化过程为例，为了分离回收煤气中所含的苯类化合物，首先将含有苯的煤气在常温下送入吸收塔底部，洗油（吸收剂）由塔顶喷淋入吸收塔。在煤气与洗油接触过程中，煤气中的苯类蒸气溶于洗油，形成富油。从吸收塔顶出来的脱苯煤气可供应用，而吸收塔底出来的富油必须经过再生，即脱苯形成洗油后，才能够循环使用。因此，需要在解吸塔内进行与吸收相反的操作——解吸。

含苯的富油的解吸一般是用热解吸法：先将富油预热到一定温度后由解吸塔顶喷入，在塔底通入过热水蒸气；洗油中的苯在高温下逸出而被水蒸气带走；经冷凝分层将水除去可得到苯类液体。脱除苯类溶质后的洗油称为贫油，经冷却后可作为吸收剂再次送入吸收塔循环使用。由此可见，一个完整的物理吸收分离过程一般包括吸收和解吸两部分。

解吸是吸收的逆过程。解吸的方法有以下四种：

(1) 热解吸　这是最普通的解吸方法,解吸过程是用直接蒸气作为解吸剂或者间接蒸气加热。由于一般气体物质高温时在溶质中的溶解度小,因此解吸塔内在高于原来吸收塔的温度下,被吸收的溶质便从吸收液中释放出来。上面叙述过的从净化煤气的吸收液中分离出苯系物质,用的就是热解吸。

(2) 惰性气流解吸　利用惰性气体(一般是空气)在解吸塔中与吸收液逆流接触,一般使用的气量大,使吸收液中的溶质得以吹除出来,使溶剂得到再生。用惰性气体解吸一般是为了循环利用吸收剂。

(3) 减压解吸　这种解吸是最简单的方法之一。当吸收在加压下进行时,则吸收液进入解吸塔在常压下便可得到解吸;当吸收在常压下进行时,则解吸塔应在真空条件下操作。

(4) 化学解吸　在废气治理中,常采用化学吸收,溶质发生化学变化,产生新的物质存在于溶液中。为了恢复吸收剂的吸收能力和回收化工产品,常采用化学处理法。例如氨水液相催化法处理 H_2S 废气时,用含有苯二酚的氨水吸收 H_2S,生成 $NH_4\cdot HS$;然后将溶液送入再生塔(解吸塔),通入压缩空气,在对苯二酚的催化作用下,$NH_4\cdot HS$ 被氧化成元素硫,同时氨水得到再生重新用于吸收塔。又如氨—酸发处理低浓度 SO_2 时,氨与 SO_2 作用生成 NH_4HSO_3 和 $(NH_4)_2SO_3$,吸收液经硫酸处理后分解出 SO_2,可用于制造硫酸,同时得到副产品——硫酸铵。

有时热解吸和惰性气流解吸可联合使用。适用于吸收操作的设备也同样适用于解吸操作,前面关于吸收的理论与计算方法也适用于解吸。但在解吸过程中,溶质组分在液相中的实际浓度总是大于与气相成平衡的浓度,因而解吸过程的操作线总是位于平衡曲线的下方。也就是说,解吸过程的推动力应是吸收推动力的相反值。所以,只需将吸收速率式中的推动力(浓度差)的前后项调换,所得计算公式便可用于解吸。

例如:当平衡关系可用 $Y^* = mX$ 表达时,对于吸收过程,曾由

$$N_{OL} = \int_{X_2}^{X_1} \frac{dX}{X - X^*}$$

推得总传质单元数式(4-34)。对于解吸过程同样可以推得该式,即

$$N_{OL} = \frac{1}{1-A}\ln\left[(1-A)\frac{Y_1 - mX_2}{Y_2 - mX_2} + A\right] \tag{4-34}$$

式中,下标1,2仍分别代表塔底及塔顶两截面。但要注意,对于解吸过程塔底为稀端,而塔顶为浓端。实际计算中由于解吸的溶质量以 $L_{s,m}\cdot dX$ 表示较为方便,故该式较多用于解吸过程。在吸收计算中用来求 N_{OG} 的图4-5,只需将纵坐标改为 N_{OL},横坐标改为 $(Y_1 - mX_2)/(Y_2 - mX_2)$,参数改为 $L_{s,m}/mG_{c,m}$(即 A),便可用于求解吸收过程的液相总传质单元数 N_{OL}。

计算吸收过程理论板数(或总传质单元数)的梯形图解法,对于解吸过程也同样适用。

4.1.7 吸收设备选择的基本原则

前面我们介绍了气液两相间的传质理论,本节我们从气液两相吸收过程的简单方程式出发,探讨影响气体吸收的几个主要因素,从而进一步分析改进吸收效果的方法及切入点。

气液间的传质速率可写成如下形式

$$M_A = K_G A(p_A - p_A^*) \tag{4-58}$$

式中:M_A——气体吸收速度,$M_A = N_A A$, kmol/s;

A——两相间的有效传质面积,m^2。

显然,要加大吸收速率 M_A,可有以下几种途径:

(1) 加大传质推动力 $\Delta p(\Delta p = p_A - p_A^*)$

对于净化一定浓度的废气,其 p_A 是确定的,通常也是很小的,故为了加大传质推动力,惟一的方法是降低 p_A^*。对于物理吸收,由于 $p_A^* = c_A/H$, p_A^* 受到 c_A 的限制,又因再生时所需要的 c_A 应尽可能大,故 p_A^* 不可能太低。对于化学吸收,由于反应的存在,p_A 可以趋近于零,故传质推动力最大可以达到 $\Delta p = p_A$。

(2) 增加气相传质系数 K_G

由式(4-19),气相总传质系数 K_G 可以表示成气、液两相组分传质系数的函数

$$\frac{1}{K_G} = \frac{1}{k_G} + \frac{1}{k_L H} \tag{4-20}$$

通过改进气传质设备的结构特性、流动状态等,可以增大 k_L 和 k_G,增大的数量级最大可达 10 倍左右。此外,若伴有化学反应,$k'_L = \alpha k_L$。式中 α 为化学反应的增强因子,其范围在 $1.0 \sim 10^6$,主要是与反应的特征相关。

由于增强因子 α 可以达到很高,故对有化学反应的吸收过程,其阻力往往在气相(除非 H 很小,且 α 也不是特别大)。因此,通常选择气相连续型的气液传质设备(k_G 大)。

(3) 增加气液两相的有效传质面积 A

对于传质设备来说,气液两相的有效传质面积均用单位体积的有效传质面积来表示

$$\alpha = A/V \tag{4-59}$$

由于传质设备的不同,操作工况的不同,α 值变化范围可以从每立方米数百平方米至数万平方米,变化范围可达数千乃至数万倍。所以,从目前来看,吸收设备的选择正在向着如何增大气液相接触界面的目标着手。

有关吸收设备的特性，请参考气液传质设备方面的专著。

4.2　气体吸附

吸附应用于大气污染控制工程的一个实际例子就是低浓度废气体和蒸气从废气中通过并将其附着到多孔固体表面上而除去。选择合适的吸附剂及废气与吸附剂间的接触时间，可以达到很高的净化效率。此外，吸附过程也有可能提供被吸附物质(吸附质)的经济回收。气体吸附的工业应用有：臭气控制，苯、乙醛、三氯乙烯、氟利昂等挥发性有机蒸气的回收，以及工艺过程气流的干燥等。本章将着重介绍挥发性有机化合物(VOCs)在固定床吸附系统中的净化，最后对流化床吸附器作一简单的叙述。

在论述基本理论和吸附系统设计之前，我们先来看看典型的固定床活性炭吸附系统的构成和操作，见图 4－9。图中的系统，使用了两台水平安放的圆柱形吸附槽，槽内用筛网支撑着圆柱型的颗粒(活性)炭(吸附剂)床层，阀门将每个床层隔开。来自工艺生产过程的空气和蒸气的混合物(废气)进入主风机，并通过冷却器。废气需要冷却的理由在于单位质量活性炭所吸附的有机物(VOC)的量随温度的降低而增加。冷却后的气流向上通过吸附床层，在吸附层中，有机蒸气被除去，净化后的空气被排出或重新回到工艺过程中。通过出口烟道中的蒸气监测器检测废气中的气体浓度可用来检测床层的饱和度。当检测器表明最大允许的废气排放浓度已经超过(或穿透)时，废气流自动地被切换到已被再生和冷却后的空床层去。

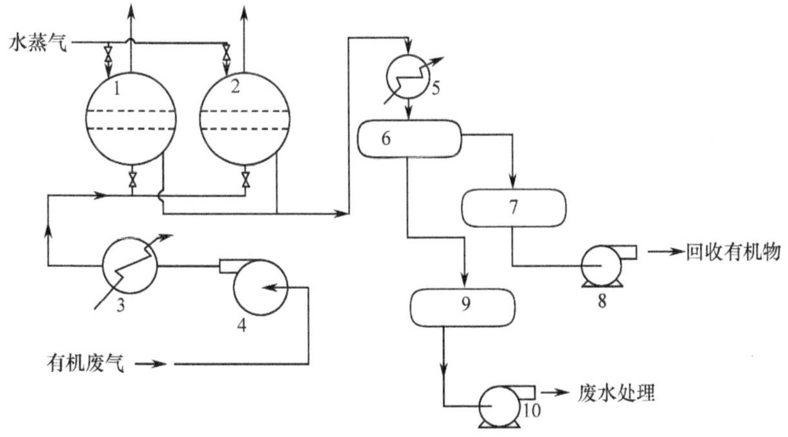

图 4－9　固定床活性炭吸附系统流程图

1，2－吸附器；3－冷却器；4－主风机；5－冷凝器；6－静止分层器；7－有机物贮槽；8－泵；9－废液贮槽；10－废液泵

饱和床层直接用通至床层顶部的低压水蒸气再生。被吸附的有机蒸气从活性炭上逸出,水蒸气和有机蒸气混合物被冷凝,并在分离器中被收集及初分离。若冷凝有机物在水中不溶解,则简单的静止分层便可以了。否则,需要用附加的分离方法,例如精馏。

4.2.1 吸附理论

4.2.1.1 物理和化学吸附

物理吸附和化学吸附为两种不同的吸附机理。物理吸附也称为范德华吸附,主要特征有:气体分子和固体间形成弱键,键能和液体分子间的引力相近;吸附是放热的,吸附热常常稍高于被吸附物的蒸发热;保持在气体分子与固体分子之间的力极易被其他热量和降低压力破坏,故加热和减压的方法能被用来再生(清洗)吸附剂。化学吸附的特征是:在吸附质与吸附剂之间具有化学键;吸附热与反应热近似地有相同的数量级;化学吸附极难可逆。SO_2 在活性炭上被氧化成 SO_3 即为化学吸附的一个例子。活性炭作为催化剂可与许多气体反应,在设计控制和回收系统时,必须考虑这个因素。除一些极特殊情况外,化学吸附后被吸附的物料是不容易再生的。

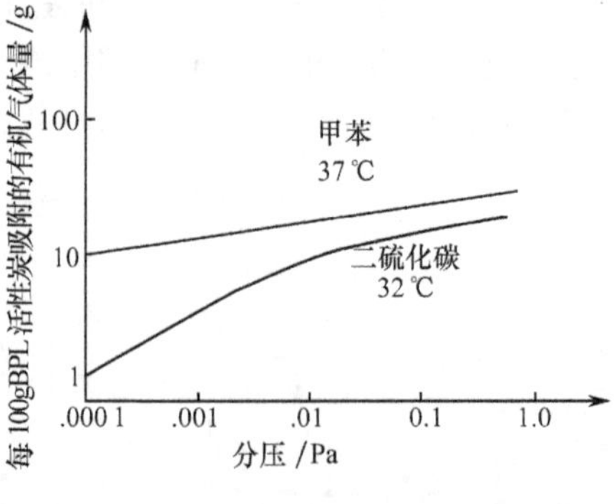

图 4-10 活性炭吸附等温线

4.2.1.2 吸附等温线

一般说来,吸附剂吸附特定吸附质的能力正比于吸附质的分子量,并反比于吸附质的蒸气压。吸附剂对某种特定气体或蒸气的吸附能力可用吸附等温线来表示,见图 4-10。等温线上的一点表示在一定温度和气体浓度下,达到平衡时,每单位质量吸附剂所吸附的吸附质的量。图 4-11 所示的等温线为典型的许多溶剂在活性炭上被吸附的曲线。

Langmuir 基于如下的假定推导吸附等温线方程:(1) 吸附相是单分子层的;(2) 达到平衡时,吸附速率与表面的脱附速率相同。因为气体分子(吸附质)被吸附剂吸附的速率正比于吸附质的气体分压,同时,吸附质和吸附剂表面的实际接触仅限制在还未被吸附质所占据的表面上,假定 f 为吸附剂表面上被气体分子已覆盖的表面积的分数,则吸附速率可写为

$$r_a = C_a p(1 - f) \tag{4-60}$$

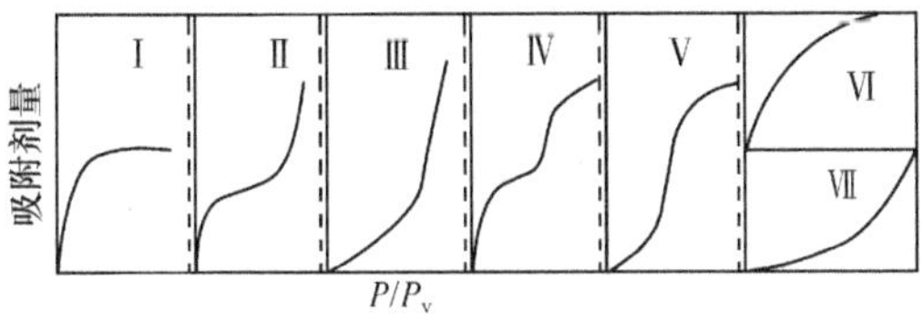

图4-11　各种不同类型的吸附等温线

式中：r_a——吸附速率；C_a——常数；p——气相中吸附质的分压，Pa。

同样，吸附质分子从吸附剂表面的逃逸速率正比于吸附剂表面被吸附质覆盖的表面分率。于是

$$r_d = C_d f \tag{4-61}$$

式中：r_d——吸附质从吸附剂表面的脱附速率；C_d——常数。

达到平衡时，吸附速率与脱附速率相等，$r_a = r_d$，则可得表面占据的分率 f 为

$$f = \frac{C_a p}{C_a p + C_d} \tag{4-62}$$

由于假定了吸附是单分子层的，故每单位吸附剂吸附的吸附质的量正比于表面覆盖的分率。于是有

$$a = C'_a f \tag{4-63}$$

式中：C'_a——常数；

a——单位质量的吸附剂吸附吸附质的量，kg吸附质/kg吸附剂。

联立解式(4-62)、(4-63)，可得：

$$a = \frac{(C_a C'_a / C_d) p}{(C_a / C_d) p + 1} = \frac{k_1 p}{k_2 p + 1} \tag{4-64}$$

式中，$k_1 = (C_a C'_a / C_d)$，$k_2 = C_a / C_d$，均为常数。

将式(4-64)整理，可转换成描述吸附平衡最常见的数学方程——Langmuir吸附等温线方程

$$\frac{p}{a} = \frac{1}{k_1} + \frac{k_2}{k_1} p \tag{4-65}$$

式(4-65)表示在直角坐标系中，以 p/a 为纵坐标、p 为横坐标作图，可得到一条直线。

在吸附质分压很低时，$k_2 p \ll 1$，式(4-65)近似为

$$a = k_1 p \tag{4-66}$$

当吸附质分压很高时，$k_2 p \gg 1$，式(4-65)近似为

$$a = \frac{k_1 p}{k_2 p} = \frac{k_1}{k_2} \tag{4-67}$$

而 p 的分压在狭窄的中间范围内时

$$a = kp^n \tag{4-68}$$

式中，k，n 均为常数，其中 n 在 0～1 范围内。

式(4-68)也称之为 Freudlich 方程。

4.2.1.3 吸附势

由于吸附剂不像吸收剂那样对于特定的溶质有着确定的溶解度(吸附平衡值)，而是不同的吸附剂有着不同的吸附平衡数据。即使都是活性炭，由于生产厂家的不同，其对同一溶质的吸附平衡值也不同。有时甚至于同一生产厂家的产品，因为生产日期不同，都有可能产生差距。因此，我们无法从一些已经测定得到的吸附平衡数据推广到其他任意的活性炭吸附平衡中去。Goldman 和 Polanyi(1923)使用吸附势的概念导出了温度对吸附剂容量影响的单一曲线。吸附势的定义为：一摩尔的(有机)蒸气在吸附温度 T 下从平衡分压 p 压缩到饱和蒸气压 p_{v} 时的自由能变化值。

$$\Delta G_{\mathrm{ads}} = RT\ln\left(\frac{p_{\mathrm{v}}}{p}\right) \tag{4-69}$$

式中：ΔG_{ads}——吸附自由能变化值，kcal/kmol；

T——吸附温度，K；

p_{v}——温度 T 下溶质的饱和蒸气压(与 p 的单位相同)。

杜比宁(Dubinin，1947)发现了相同的吸附剂在吸附性质相似的物质时，当吸附剂吸附量相同时，吸附势除上克摩尔体积近似为常数，即

$$\left[\frac{RT}{V'}\ln\left(\frac{p_{\mathrm{v}}}{p}\right)\right]_{\mathrm{i}} = \left[\frac{RT}{V'}\ln\left(\frac{p_{\mathrm{v}}}{p}\right)\right]_{\mathrm{j}} \tag{4-70}$$

式中：V'——比摩尔体积；

i，j——表示不同物质的下标符号。

将吸附势对碳氢化合物和还原态硫的气体化合物的吸附量作图可得到图 4-12的结果。图中逸度代替压力，可用于任何非理想的情况。但在废气治理中所遇到的情况，绝大多数都是常压，故用压力 p 和 p_{v} 来代替逸度 f 和 f_{v} 是可以适用于图 4-12 的曲线的。

将不同物质的比摩尔体积之比来表示吸附质与吸附剂的亲和力，用 β 表示

$$\beta = V'/V'_{\mathrm{ref}} \tag{4-71}$$

式中：β——吸附质与吸附剂之间的亲和力系数；

V'_{ref}——参考物质的比摩尔体积，一般为苯。

对于极性物质，其 β 不能用比摩尔体积之比来表示，而是与物质的偶极矩有

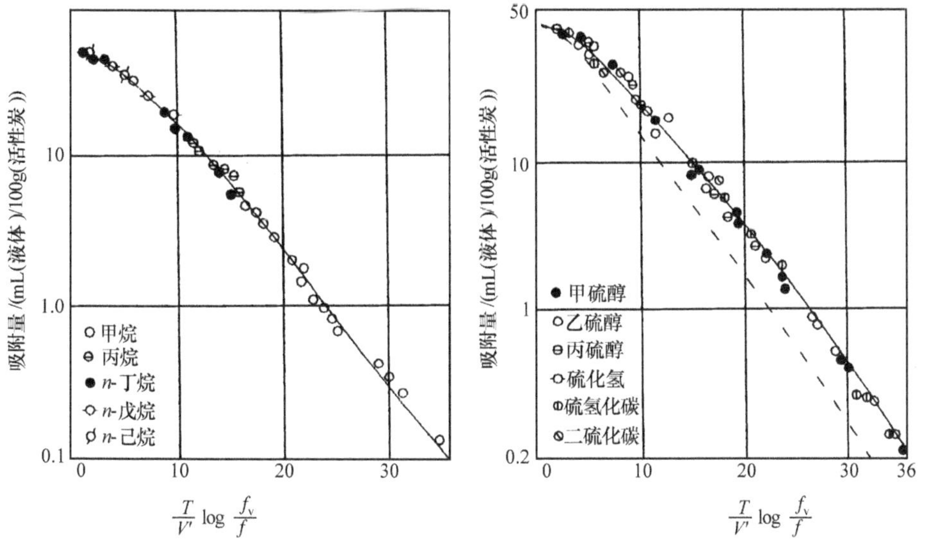

图 4－12　碳氢化合物和还原态硫化合物的吸附势曲线

关。通过亲和力系数,可以将吸附势推广到性质不同的物质之间去。对于一些特殊的物质,也可以通过实验测定 β 值。用活性炭吸附一些常见的物质时的亲和力系数值见表 4－3。

表 4－3　一些常见物质的亲和力系数值

序号	物质	β	序号	物质	β
1	苯	1.00	15	二氯甲烷	0.65
2	环己烷	1.04	16	氯乙烷	0.76
3	甲苯	1.25	17	四氟乙烯	0.59
4	丙烷	0.78	18	六氟丙烯	0.76
5	正丁烷	0.90	19	三氯硝基甲烷	1.28
6	正戊烷	1.12	20	乙醚	1.09
7	正己烷	1.35	21	丙酮	0.88
8	正庚烷	1.59	22	甲酸	0.61
9	甲醇	0.40	23	乙酸	0.97
10	乙醇	0.61	24	二硫化碳	0.70
11	氯甲烷	0.56	25	氨气	0.28
12	溴甲烷	0.57	26	氮气	0.33
13	氯仿	0.86	27	氪气	0.37
14	四氯化碳	1.05	28	氙气	0.50

而由式(4－69)及(4－70)可得

$$\frac{\Delta G_2}{\Delta G_1}=\frac{[RT\ln(p_v/p)]_2}{[RT\ln(p_v/p)]_1}=\frac{V'_2}{V'_1}=\beta_{21}=\frac{\beta_2}{\beta_1} \tag{4-72}$$

整理得

$$\ln p_2=\ln p_{v2}-\frac{\beta_2 T_2}{\beta_1 T_1}\ln\frac{p_{v1}}{p_1} \tag{4-73}$$

对于类似的体系，有 $W_1=W_2$(图 4－12)，且因为 $W=aV'$，故有

$$a_2=a_1 V'_1/V'_2$$

利用上述公式，采用亲和力系数，可以将吸附剂吸附一种吸附质的平衡数据，推广到吸附其他吸附质上去。具体应用见例 4－4。

4.2.1.4 吸附等温线的实验测定

吸附等温线的实验测定方法包括静态法和动态法。一种常用的方法是将一只装有少量(约数毫克)吸附剂的小吊篮放进常温和恒定吸附质分压的密闭玻璃柱中，吊篮用精密的弹簧挂起。用惰性气体(如氦气，有时用氮气)来稀释吸附质气体。随着吸附的进行，吊篮中吸附质的重量不断增加，弹簧被拉长。根据虎克定律，弹簧伸长的长度与吊篮中物质的重量成线性关系。连续地记录下吸附质的浓度和吊篮的重量，直到吊篮的重量不再增加时，吸附剂的饱和吸附容量达到。此法所提供的数据非常可靠，但消耗的时间太长。

吸附和脱附的速率(动力学)可以用气相色谱法测定。吸附剂放入色谱柱中，然后将吸附质脉冲打入载气中。等温线可以从色谱结果计算得到。

4.2.2 吸附剂的物理性质

用于净化空气污染物的吸附剂包括活性炭、铝、矾土和硅胶，其中活性炭是最常用的吸附剂。几种常见吸附剂的物理性质见表 4－4，不同活性炭的性质见表4－5。

表 4－4 几种吸附剂的物理性质

组分	内部空隙率/%	表面空隙率/%	堆积密度/(kg/m³)	比表面积/(m²/g)
酸处理黏土	30	40	560～880	100～300
活性氧化铝/活性铁矾土	30～40	40～50	720～880	200～300
硅酸铝分子筛	45～55	35	660～700	600～700
骨炭	50～55	18～20	640	100
炭	55～75	35～40	160～480	600～1 400
漂白土	50～55	40	480～640	130～250
氧化铁	22	37	1 440	20
氧化镁	75	45	400	200
硅胶	70	40	400	320

表 4-5 不同原料活性炭的性质

原料	碘值	分子数	CCl_4 值	丁烷体积/(mL/g)	应用
褐煤	550	490	34	0.23	液相
生煤	900/1 000	200/250	60	0.45	气/液相
石油酸性泥煤	1 150	180	59	0.46	气相
椰壳	1 350	185	63	0.49	气相
压烟煤	1 050	230	67	0.48	气相
木材	1 230	470	76	0.57	气/液相

4.2.2.1 活性炭

借助于特殊的处理过程,增加普通吸附剂材料的内、外表面积,这就是活化过程。任何的碳材料都可以生产活性炭,如椰子壳、骨头、木材、煤炭、石油焦炭及木质素等,但大部分的工业用活性炭均采用烟煤制造。

活性炭生产首先脱水,然后将碳质原材料进行碳化。活化是在一个受到控制的氧化步骤下完成,方法是:在氧化气体存在下加热碳质物料,除去全部挥发性物质,经药品(如 $ZnCl_2$ 等)或水蒸气活化,制成多孔性碳素结构的吸附剂。其孔径分布为:碳分子筛在 10Å 以下,活性焦碳在 20Å 以下,活性炭在 50Å 以下。依照不同的原料,一般经过加压成型、炭化、破碎和活化等几个工序制成。

测定活性炭气相特征的方法很多:四氯化碳值用来描述被 CCl_4 气流饱和吸附后,活性炭上吸附的 CCl_4 量($gCCl_4$/100g 碳);与此类似,碘值又是另一种表示吸附能力的方法(gI_2/100g 碳);还可通过等温数据和被单分子吸附质层所占据的平均面积来计算表面积;也有用正丁烷来快速测定活性炭多孔体积的方法。

为了减少吸附床层中的压降,可以采用粒状或柱状的活性炭。典型粒状活性炭的粒径约在 3～5mm,相当于泰勒标准筛目的 3～5 目左右。为了减少活性炭在床层中的磨损,避免因小微粒的生成而导致床层阻力的加大,应使用硬度大的活性炭。将活性炭放在 14 目的筛网上和钢球一起震动 30 分钟,筛网上保留下来活性炭的重量百分数即为硬度。在固定床活性炭吸附中,硬度至少要达到 50%才行。

4.2.2.2 其他吸附剂

(1) 活性氧化铝　通过在气流中将铝的三水化合物加热到 400℃ 而制得,其平均堆积密度从 720～880kg/m^3,比表面积为 300m^2/g。活性氧化铝用于吸附的主要用途是干燥气流,有时也在溶剂回收中应用。

(2) 硅胶　用于气流干燥的另一种主要吸附剂。它的制备过程是先用强酸洗涤硅酸钠，然后用水清洗除去过量的电解质，水洗后的固体再经干燥并加热活化。硅胶最终产品的平均微孔直径和表面积主要受最终干燥步骤的影响。三种主要类型硅胶的堆积密度在150～700kg/m^3，平均微孔直径在25～200Å。产品的密度越大，微孔直径就越小。

4.2.3 固定床吸附系统

4.2.3.1 穿透曲线以及它们与系统设计的关系

固定床吸附过程如图4－13所示。图中上半部分表示了固定床从最初的吸附到最终被吸附质穿透三个不同时期的状况；而下半部分的曲线则表述了吸附床层中流出气体浓度与吸附时间的函数关系，这条曲线称为穿透曲线。穿透曲线表示了活性炭吸附床层的动力学特性。

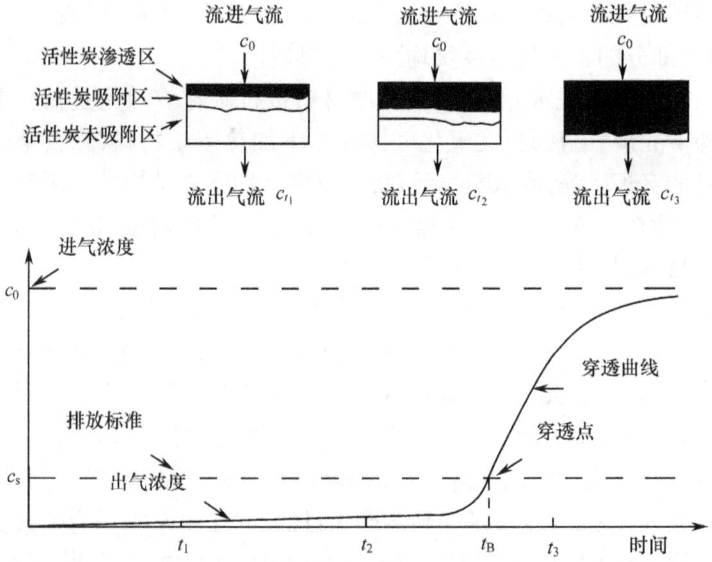

图4－13 吸附器内的变化与穿透曲线

活性炭吸附区(AZ)在吸附床中自上而下移动，在AZ区后的吸附已经被吸附质所饱和，而在AZ区之前，床层中并没有吸附质(至少在理论上是如此)。这一区域(AZ)的长度(或高度)是吸附质从气相向吸附剂传递速率的函数。AZ短(或浅)说明传递速率快，吸附剂的利用率高，这种现象表示为穿透曲线变化急剧；相反，则说明吸附剂的利用率低，穿透曲线变化缓慢。吸附区(AZ)的长度(或高度)决定了吸附器床层的最小长度(或高度)。

在实际应用中，吸附床层的处理能力很难超过由等温平衡线计算所得结果的 30%～40%。这说明吸附床层的处理容量有损失。这些损失的因素包括：(1) 传质速率的影响，因为 AZ 区前缘移出吸附器时床层已经被穿透，而实际上此时 AZ 区内的吸附剂还有吸附能力，这个损失的影响较大；(2) 因吸附放热而导致的吸附剂吸附容量的降低；(3) 气流中的水分占据了一部分吸附剂的表面，导致了吸附剂吸附容量的降低；(4) 再生后剩余的湿气占据了一部分表面而使吸附容量降低。要准确地预言这些损失是很困难的，在与工厂操作条件相近的情况下测定中试穿透曲线可以提高设计的准确性。现在已经有许多计算穿透曲线的方法，但所有的这些方法均需要等温线和传质速率的数据，而这些数据往往又不满足一些特定的条件。因此，基于中试数据或以往工业经验数据来进行设计还是主要的方法，本书也不再进行动力学计算方法的介绍。

4.2.3.2　床层压降

几种不同颗粒直径的柱状活性炭，在不同床层表观气速下，床层压降关系见图 4-14。固定床系统操作费用中的很大一部分是用于克服压降所需的风机能量消耗。最佳的床层气速随着床层深度的增加而增加，在正常的操作范围内，床层气速一般在 0.25～0.5m/s。

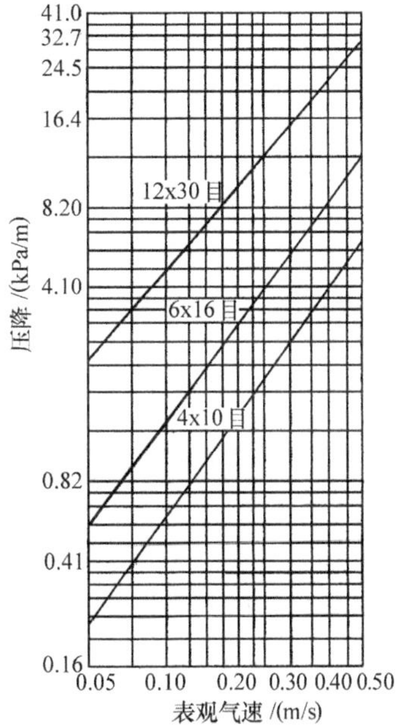

图 4-14　通过固定床活性炭床层的压降曲线

固定床床层的压力损失应实测。在缺乏实测数据的情况下，气流穿过固定床层的压降可由式 (4-74) 估算

$$\frac{\Delta p \varepsilon^3 d_p \rho_g}{D(1-\varepsilon)G^2} = \frac{150(1-\varepsilon)\mu}{d_p G} + 1.75 \qquad (4-74)$$

式中：Δp——压降，Pa；

ε——空隙率，m^3 空隙/m^3 吸附床；

d_p——吸附剂颗粒直径，m；

ρ_g——气体密度，kg/m^3；

G——气体表观质量通量，$kg/(m^2 \cdot s)$；

D——床深，m；

μ——气体黏度，$Pa \cdot s$。

4.2.3.3　吸附剂再生

吸附剂的再生可用下述三种方法：

(1) 用低压蒸气再生；

(2) 用高温惰性气体再生(若吸附剂不可燃，可用空气作为热惰性气体)；

(3) 将整个吸附器减压(通常也称之为变压吸附)。

方法(1)和(2)原理基本相同。然而，对大多数处理的溶剂废气来说，蒸气再生要比惰性气体再生更有效，除非再生溶剂与水会发生化学反应，或者生成的有机物与水混合物分离困难而导致水污染，而溶剂的价格也不高时才会采用惰性气体再生。变压吸附通常用在工艺废气具有一定压力的情况下，而对常规的常压处理废气往往是不经济的。

采用蒸气再生的固定床吸附系统，再生所需的蒸气量与活性炭的用量、吸附质的总量、脱除的难易程度，以及吸附器的结构等有关。再生蒸气的总消耗量 D 共包括了以下三个部分：

(1) 加热蒸气消耗量 D_1　用于加热整个系统(即活性炭、吸附器、保温材料、吸附质及水分等)到解吸温度，补偿散失到周围环境中的热量，以及解吸吸附质所需的蒸气统称为加热蒸气。一般来说，加热蒸气全部冷凝在吸附器中。

(2) 动力蒸气消耗量 D_2　用于将解吸的有机物质自活性炭表面上吹脱。动力蒸气不应在吸附器内冷凝。此蒸气消耗量一般用实验方法得到，与被吹脱的溶剂性质有关。在缺乏实验数据时，可取 2.5kg/kg 溶剂。

(3) 用以补偿活性炭被水润湿时的润湿热的蒸气消耗量 D_3　一般取饱和水蒸气在吸附器内压力下的冷凝热与该温度下活性炭吸附水蒸气的吸附热之差。

为了计算方便，往往采用经验数据。一般说来，再生 1kg 溶剂大约需要 4～10kg 的蒸气(与溶剂特性和活性炭上的吸附量有关)。

4.2.3.4　安全性考虑

绝大多数的工业溶剂都是可燃的，其爆炸极限下限的(LEL)范围在体积百分比 1%～2%。有关安全规范要求废气处理设备的进口废气浓度不能超过 LEL 的 25%。这一规范对大多数溶剂废气处理和回收系统来说是不成问题的。一般来说，设计师为了降低处理系统的总投资和运行费用，反而尽可能提高废气中溶剂的浓度，在接近 LEL 的 25%下操作。但是，对一些沸点低、挥发性好的物质而言，还需要在安全方面引起足够的重视。

尽管可能性极微，但也会碰见床层自燃的例子。床层自燃的起因主要可能性是污染物的积累，放热反应使得局部达到自燃温度。为了防止局部自燃产生爆炸，可以在气流出口处安装热电偶以检测温度的变化。若温度超过了预先指定的最大温度，则床层中马上注水或充满惰性气体。充水是一种常见和简单的办法，但也必须注意，在最恶劣的情况下，水与炙热的床层接触后可能会反应产生大量的氢气，因而导致爆炸。

除此之外，静电积累也会产生爆炸。产生静电的形式有因摩擦、撞击、过滤等产生的接触起电，有因物体粉碎、断裂等产生的破断起电，还有感应起电和电荷迁移起电等。影响静电产生的因素有物质种类、杂质、表面状态、接触特征、分离速度、带电历程等。其中表面粗糙和氧化使静电增加，接触面积和压力增大也使静电增加，分离速度越高所产生的静电越强。防止静电危害的基本措施首先是要设法不使静电产生，对已产生的静电，应尽量限制，使其达不到爆炸危险的程度；其次是要使产生的电荷尽快泄露或中和，从而消除大量积累的电荷。

4.2.4　固定床炭吸附系统的设计

活性炭吸附系统的设计和操作涉及到流体力学、传热、传质、工艺过程控制和化学分析等方面。在设计中必须仔细地研究这些基础知识，并与系统可操作性和经济性一起进行考虑。在设计中，尽管最常用的是从基本原理进行设计，但传质数据却往往来自一些中试结果或经验数据。

选择污染控制设备最初应考虑的是从厂商购买成套设备，还是自行设计一套处理装置。一般来说，有一个原则可以供我们参考：若处理系统处理的废气风量小于 $5000m^3/h$，则从信誉好的公司购买成套设备可能更经济；而处理风量大于 $5000m^3/h$的话，则自行设计制作往往更经济。但无论怎样，工艺设计总是应该由环境工程师来完成。在进行设计前，设计者应该掌握如下信息：(1) 处理系统的目的；(2) 溶剂的类型、溶剂的价格、决定溶剂是否要回用；(3) 操作系统的类型、操作方法（连续、间歇或其他）；(4) 气流的组成、温度、压力和湿度；(5) 处理气量；(6) 可供的冷却水水量、压力和温度；(7) 可供的电力容量；(8) 可供的再生蒸气量、压力。

设计者应向购买者提供的内容有：

(1) 系统详细的操作内容；(2) 设备的材料；(3) 循环周期（吸附、再生等）；(4) 设备的操作条件（适宜的气体流量范围、废气浓度范围，以及允许操作压力和温度等）；(5) 吸附器的尺寸；(6) 活性炭的特性（由生产厂商提供）；(7) 溶剂的回收率；(8) 所需的安装位置尺寸（平面布置图）；(9) 系统设备的总重量（操作重量）；(10) 电力配备要求；(11) 蒸气需求；(12) 冷却水需求；(13) 自控仪表所需的压缩空气量；(14) 仪器、仪表的成套性说明；(15) 所需的费用及交货期；(16) 污染控制的保证说明。

4.2.5　固定床吸附系统操作的经济性

固定床吸附系统的经济性包括投资费用及运行费用。投资费用，往往不是非常重要，而设备的运行费用却总是应用者最需考虑的。一般来说，如果废气的温度很高（高于70℃甚至更高），而废气中溶剂浓度不高、价值不大，或废气中有机物是多组分，且这些组分混合物又难以分离，则选用吸附法回收往往是不合适的；若溶剂浓度很高，且废气温度又不高（低于40℃），则用吸附法回收是可行的。特别是溶剂的价格很高，组分少，或即使组分复杂但易于分离的情况，选择回收溶剂是很合理的。对于一些特殊的情况，如废气温度低，溶剂浓度也低，且回收价值不高的场合，也可以选择吸附加燃烧（或催化燃烧）的组合方法。总之，选择何种方法处理废气，应根据具体情况分析，还需要一定的设计经验。

例4-4 设计一套固定床活性炭吸附系统。已知废气的气量为10 000m^3/h，温度为40℃，废气中含4000mg/m^3的苯，要求净化率达到95%。选用某种活性炭的参数如下：堆积密度450kg/m^3，$d_P=5mm$，空隙率$\varepsilon=0.40$。从实验室测得的有关二硫化碳在该活性炭上的吸附等温线方程为

$$a=0.08c_{mv}^{0.237}$$

式中：a——气相浓度为c_{mv}时的平衡吸附量，kg/kgAC；c_{mv}——气相中溶质气体的浓度，g/m^3。

[解] (1) 先用吸附势方程将活性炭吸附二硫化碳的吸附等温线换算成吸附苯的吸附平衡线

由式(4-73) $$\ln p_2=\ln p_{v2}-\frac{\beta_2 T_2}{\beta_1 T_1}\ln\frac{p_{v1}}{p_1}$$

查表4-3可知，$\beta_1(CS_2)=0.70$，β_2(苯)$=1.0$，且$T_1=T_2$，故$\beta_{21}=1.43$

而40℃下二硫化碳和苯的饱和蒸气压分别为：$p_{v1}=62\ 380Pa$，$p_{v2}=24\ 360Pa$

故有 $\ln p_2=\ln 24\ 360-1.43\ln 62\ 380+1.43\ln p_1=1.43\ln p_1-5.688$ (a)

(2) 由图4-12可知，纵坐标为：W=被吸附物质的液体体积/100g吸附剂

因此有 $W_1=W_2$ 即 $(a/\rho)_1=(a/\rho)_2$

因为 40℃下苯的密度 $\rho_1=860kg/m^3$ 二硫化碳的密度 $\rho_2=1240kg/m^3$

所以 $a_2=(1240/860)a_1=1.442\ a_1=0.115\ c_{mv1}^{0.237}$ (b)

(3) 由 $p=c_{mv}RT/M$ 可得

$$p_1=34.19c_{mv1}\qquad p_2=33.33c_{mv2}$$

代入式(a)，有

$$\ln 33.33\ c_{mv2}=1.43\ln 34.19\ c_{mv1}-5.688$$

整理得 $$c_{mv1}=(63.04\ c_{mv2})^{1/1.43}=18.13\ c_{mv2}^{1/1.4}$$

代回式(b)，得 $a_2=0.115c_{mv1}^{0.237}=0.115(18.13c_{mv2}^{1/1.43})^{0.237}=0.229\ c_{mv2}^{0.166}$ (c)

上式即为苯在该种活性炭上的吸附平衡曲线。在此条件下，活性炭吸附苯的静态饱和吸附容量$a_2=0.288$ kg/kg

(4) 选定吸附器中的气速为0.4m/s，此时吸附带长度为0.3 m，吸附带中活性炭的动态吸附容量按静态饱和吸附容量的35%计，则

吸附带中活性炭所吸附的苯为0.101 kg/kg

吸附带外已经动态饱和的活性炭吸附容量按静态饱和吸附容量的90%计，则

吸附饱和后活性炭所吸附的苯为0.260 kg/kg

(5) 固定床吸附器的直径为

$$吸附饱和后\quad D=\sqrt{\frac{(10\ 000/3600)}{(\pi/4)\times 0.4}}=2.97\approx 3(\mathrm{m})$$

吸附带内的活性炭量为　$(\pi/4)\times 3^2\times 0.3\times 450=954(\mathrm{kg})$

吸附带内的活性炭可吸附的苯量为　$0.101\times 954=96.35(\mathrm{kg})$

吸附工作周期按照 8h 计,则每一周期的吸附量为

$$10\ 000\times 4000\times 10^{-6}\times 8=320(\mathrm{kg})$$

吸附带外所需的活性炭用量为　$(320-96.35)/(0.259\times 450)=1.919(\mathrm{m}^3)$

吸附器总高为　$1.919/[(\pi/4)\times 3^2]+0.3=0.571(\mathrm{m})$

(6) 40℃下气体密度为 $\rho_g=1.128\mathrm{kg/m^3}$　黏度为 $\mu=1.913\times 10^{-5}\mathrm{Pa\cdot s}$

而

$$G=[10\ 000/(3600\times\pi\times 9/4)]\times 1.128=0.443(\mathrm{kg/(m^2\cdot s)})$$

利用式(4-74)计算压降

$$\Delta p=\left[\frac{150\times(1-0.4)\times 1.913\times 10^{-5}}{5\times 10^{-3}\times 0.443}+1.75\right]\times\left[\frac{0.571\times(1-0.4)\times 0.443^2}{1.128\times 5\times 10^{-3}\times 0.4^3}\right]=471(\mathrm{Pa})$$

理论功率消耗　$p=Q\Delta p=(10\ 000/3600)\times 471=1308(\mathrm{W})$

风机效率以 0.70 计,则实际功率消耗　$p_f=1308/0.70=1869(\mathrm{W})=1.869(\mathrm{kW})$

4.2.6　流化床吸附器

在固定床吸附器中,需要循环加热、冷却吸附剂,因而导致了大量蒸气的消耗。另外,固定床系统中蒸气和气体分布很不均匀,且还有操作控制复杂等问题。

为了缓解这些问题,一系列的流化床和移动床吸附器开始出现。流化系统最显著的优点是有很好的气固接触以及无需循环加热。现在已有使用活性氧化铝和活性炭的流化床系统出现,其中有一部分是针对吸附 SO_2 而设计的。

碱性氧化铝法是流化床吸附 SO_2 的例子。这一工序不仅吸收了 SO_2,同时把吸收的 SO_2 气体转化成 SO_3,该工序主要用于烧煤的电厂。这些早期流化床吸附器的主要操作缺点是吸附剂的磨损快和随之带来的微尘污染。

一种典型的流化床吸附器(名为 Purasiv HR)结构如图 4-15 所示。在该设备中,吸附和再生在吸附器内的各自区域内连续进行。气体从流化区顶部进入,向上通过流化区,最后从设备顶部出去。而活性炭不断地下降到达解吸区并在那里被氮气间接加热并脱附。脱附气和被脱附的溶质通过冷凝器被冷凝,不能冷凝的气体被重新送到位于吸附和解吸区之间的二级吸附区再次处理。再生后的活性炭经热交换后被冷却,然后被回流空气提升到流化床的顶部。此间有补充氮气进入氮气循环风机。

流化床吸附器的运行对活性炭的硬度要求很高,在流化过程中,碳粒应能耐摩擦。在日本,从熔化的沥青中发展而来的珠状活性炭已应用于流化床吸附器中。

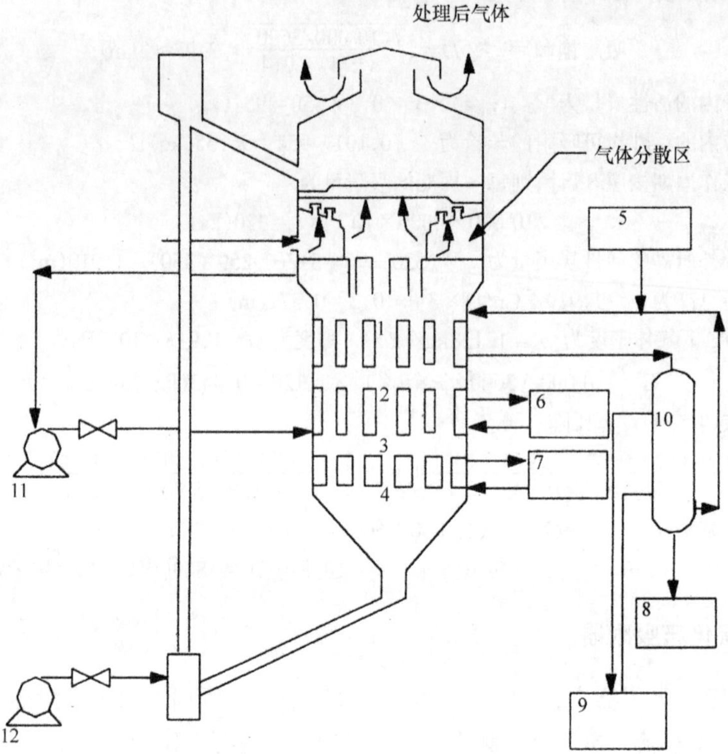

图 4-15 Purasiv HR 流化床吸附器结构图

1-二级吸附器;2-吸附区;3-解吸换热器;4-冷却器;5-补充氮;6-换热系统;
7-冷却水;8-回收溶剂;9-冷却水;10-冷凝器;11-氮气循环风机;12-风机

4.3 燃烧法

燃烧法主要用于治理挥发性有机化合物(VOCs)。本章将集中讨论 VOC 气体的燃烧问题(与重油和固体燃料的燃烧不同)。燃烧可用于控制臭味,破坏有毒、有害物质,或用于减少光化学反应物 VOCs 的量。另外,一些含有易燃固体和液滴微粒的废气有时也可用气体燃烧炉来处理。VOCs 可以是高浓度的气流(如炼油厂排出的尾气),或是低浓度与空气的混合气流(如来自油漆干燥或印刷行业的尾气)。对大体积流量、间歇性、高浓度的 VOCs 气流,通常采用冷凝法或高架火炬来处置;对低浓度的情况,则有两种燃烧处置方法可供选择:热焚烧和催化焚烧。图 4-16 即为燃烧室的结构图。

可替代燃烧的方法是通过压缩、冷凝、活性碳吸附等方法回收有机蒸气,或是

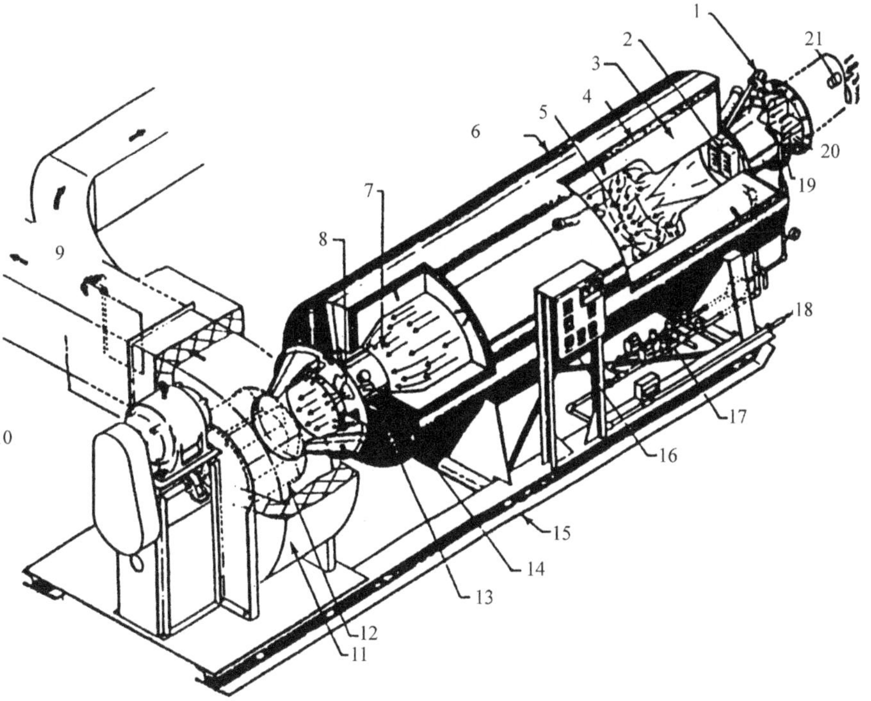

图 4－16　直接燃烧室的结构图

1－火焰传感器；2－燃烧室；3－耐火材料；4－绝缘体；5－湍流扩散区；6－钢壳；7－浓缩区；8－冷却空气感应系统；9－回收热；10－其他输送管；11－绝缘体；12－风机；13－温度传感器；14－进样口；15－衬托纸；16－控制面板；17－气体控制系统；18－进气；19－直叶片；20－压力指示器；21－进样口

伴随回收或化学氧化的液体吸收法。燃烧的主要优点是它有很高的效率，如果能在足够高的温度下保持足够长的时间，有机物可被氧化到任何程度。例如，对于要求将排放气中的有机物从 10 000×10^{-6}降到 5×10^{-6}，只有燃烧法才能达到这样严格的要求（去除率达到 99.95%）。

燃烧法的主要缺点是燃料费用高，而且某些污染物的燃烧产物自身又是污染物。例如，当含氯碳氢化合物燃烧时，会产生 HCl 或 Cl_2，或者两者的混合物。由于副产污染物的不同，可能还需要对燃烧尾气进行处置。

4.3.1　燃烧理论

4.3.1.1　氧化化学

在物理化学中已经学过基础化学反应理论。本节我们要将这一理论具体应用于 VOC 气体在空气中被氧化的具体情况。为简化起见，仅就低浓度的纯碳氢化合物（C_mH_n）在空气中预先混合的情况进行分析。完全燃烧的化学计量式是

$$C_mH_n + bO_2 + 3.76bN_2 \longrightarrow mCO_2 + (n/2)H_2O + 3.76bN_2 \quad (4-75)$$

式中：C_mH_n——碳氢化合物的通用分子式；

$b = m + (n/4)$，氧化每摩尔 C_mH_n 所需氧气的化学计量数；

3.76——相对于每摩尔氧气而言，空气中存在的氮气的物质的量。

式(4－75)中，包含着的氮气是作为空气燃烧发生时的残余气，作为附加气体（氮气）总是存在的。为简化起见，在以后的反应式中将不再写进氮气。式(4－75)中并未计入氧化氮（NO_x）的生成。不过，若 VOC 中存在硫，硫氧化物的生成将是肯定的。

氧化反应动力学和化学计量式一样重要。实际的燃烧机理是复杂的，不仅仅是式(4－75)所涉及的一个简单步骤，连最简单的碳氢化合物甲烷的燃烧反应都涉及到支链反应。支链反应参见有关化学动力学方面的文献。

对于大气污染控制工程设计来说，简化动力学模型很有必要。许多研究者用"综合模型"来描述复杂的动力学模型。该模型将复杂的机理中所需的许多详细步骤忽略，并把动力学与主要的稳定反应物和产物联系在一起。由于一氧化碳是很稳定的中间介质，故最简单的综合模型对于 C_mH_n 的氧化来说，为如下的两步

$$C_mH_n + (m/2 + n/4)O_2 \longrightarrow mCO + (n/2)H_2O \quad (4-76)$$

$$mCO + (m/2)O_2 \longrightarrow mCO_2 \quad (4-77)$$

而实际反应并非像式(4－76)和(4－77)那样简单。

许多研究者已对 O、H、OH、CH_3、CH_2 和 HO_2 等原子或基团在燃烧中的重要性作了阐述。水蒸气的存在将会增强氧化反应。式(4－76)和(4－77)已成功地用于有机蒸气焚烧炉中 VOC 的氧化过程动力学模型。对每一反应均为一阶的动力学综合模型，导出的速率方程为

$$r_{HC} = -k_1[HC][O_2] \quad (4-78)$$

和

$$r_{CO} = mk_1[HC][O_2] - k_2[CO][O_2] \quad (4-79)$$

式中：r_i——化合物 i 的反应速率，kmol/(m^3·s)；

k——速率常数，s^{-1}或 m^3/(kmol·s)；

[HC]——C_mH_n 的摩尔浓度，kmol/m^3。

在氧气过量的情况下，速率方程还原为

$$r_{HC} = -k_1[HC][O_2] \quad (4-80)$$

和

$$r_{CO} = mk_1[HC][O_2] - k_2[CO][O_2] \quad (4-81)$$

在典型的燃烧室中，氧的摩尔分率是 0.1～0.15，而 C_mH_n 的摩尔分率是

0.001。因此，式(4-80)和(4-81)是可用的。CO_2 的生成可从碳的物料平衡计算，其生成速率方程为

$$r_{CO_2} = k_2[CO] \tag{4-82}$$

式(4-80)、(4-81)和(4-82)表示了一系列连续不可逆反应的特殊情况。Levenspiel 分析了下述一阶连串反应

$$A \xrightarrow{k_1} R \xrightarrow{k_2} S \tag{4-83}$$

其中所有组分浓度均作为无因次反应时间(k_1t)和不同 k_2/k_1 的函数，并得出了这些函数的解。图 4-17 便是 Levenspiel 根据式(4-83)按化学计量比 1:1:1 进行连串反应的图解说明。应注意到中间产物 R 浓度的大变化取决于 k_2/k_1 的数值，它们可用来描述 VOC→CO→CO_2 体系。燃烧室中 CO 浓度的高低取决于操作温度和停留时间。甲苯在焚烧炉中生成 CO 的情况见图 4-18，它是选择燃烧炉设计温度的重要因素。

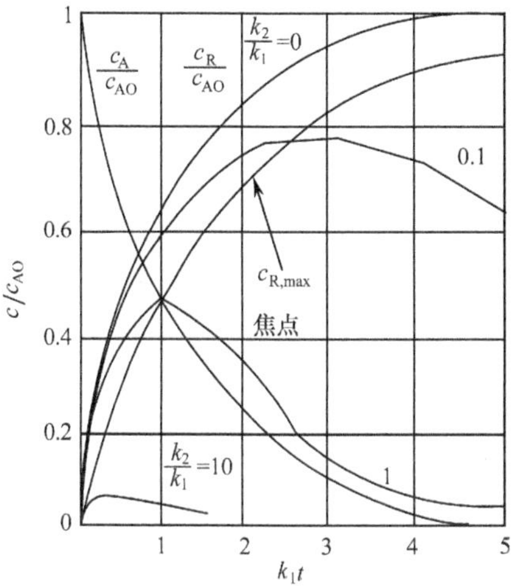

图 4-17　在反应物:中间产物:产物为 1:1:1 的平推流反应器中浓度与停留时间的关系

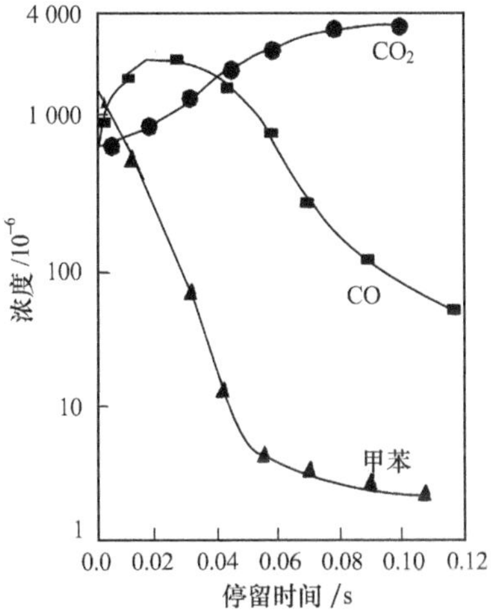

图 4-18　830℃下甲苯、CO、CO_2 在平推流反应器中浓度与停留时间的关系

4.3.1.2　三 T(温度 Temperature，时间 Time，扰动 Turbulence)

许多年前，人们就已经意识到燃烧中三 T：温度(Temperature)、时间(Time)和扰动(Turbulence)的重要性。曾有研究者建议对于易燃物，设计燃烧室的温度为 540～820℃，停留时间为 0.3～0.5s，流速(促进湍动混合)为 6～12m/s。但应注意，这些建议参数仅作为一般参考。

由于式(4-80)和(4-81)随温度呈指数增加，故 VOCs 的燃烧速率对温度很

敏感。此外,由于燃烧室中反应是以一定的速率开始并进行的,因此必须提供足够的时间以允许反应能在设计温度下到达所期望的完全程度。而扰动确保了过程进行中氧和 VOCs 的充分混合。

从数学意义上讲,三 T 是与三个特征时间有关:化学时间、停留时间和混合时间。它们由下述方程得到

$$\tau_c = 1/k \tag{4-84}$$

$$\tau_r = V/Q = L/u \tag{4-85}$$

$$\tau_m = L^2/D_e \tag{4-86}$$

式中:τ_c, τ_r, τ_m——分别为化学、停留和混合时间,s;

V——反应区体积,m^3;

L——反应区长度,m;

Q——气体体积流量(以燃烧室温度计),m^3/s;

u——燃烧室中的气体流速,m/s;

D_e——有效(扰动)扩散系数,m^2/s。

混合时间对停留时间之比称为 Peclet 数 $Pe(Lu/D_e)$,而化学时间对停留时间之比为 Damkohler 数 $Da(Lk/u)$的倒数。如果 Pe 大而 Da 小,燃烧室中的混合是速率控制过程;若 Pe 小而 Da 大,则化学动力学为速率控制过程。在大多数燃烧室温度下,只要保持合理的气速,混合将不会成为限制因素。然而,随着温度的升高,化学时间迅速减少,在一些地方,总速率受到设备中混合过程的限制。

4.3.1.3 VOC 动力学的预测

尽管动力学对燃烧室的正确设计相当重要,但由于数据缺乏,中试研究困难且费用高昂,以往燃烧器或操作温度的设计方法大多是很粗糙的。最简单的方法是将温度设计为高于 VOC 自燃温度的数百度。自燃温度是指空气和 VOC 的可燃混合物在无需外加能量(即无火花和火焰)时,便可以自燃的温度。表 4-6 中列出了部分物质的自燃温度。但应注意,过高的设计温度将会导致 VOC 燃烧器的购置费用和操作费用过高。而且,高于实际所需的预测温度将会忽视对燃烧器进一步应用的考虑。

以下我们介绍定量预测动力学数据和设计温度的方法。一种是 Lee, Hansen 等在对许多的 VOCs 进行了实验的基础上,用纯粹的统计学模型来预测在低温平推流燃烧室中为满足不同程度净化率所需的燃烧温度。这些模型取决于 VOC 的诸多性质,其中最重要的有自燃温度、停留时间和分子中的氢碳原子之比等。这些模型都有着极好的相关系数,其预测温度的标准偏差大约为 10℃。以下列举这些

方程中的两个(由于原公式为华氏温度,故仍使用华氏温度表示,转换关系式为 $T_f=(9/5)\cdot T_c+32$):

表 4-6　各种有机物质在空气中的自燃温度

物质名称	自燃温度/℃	自燃温度/℉	物质名称	自燃温度/℃	自燃温度/℉
丙酮	538	1 000	二氯乙烷	413	775
丙烯醛	234	453	氢	580	1 076
丙烯腈	481	898	氢氰酸	538	1 000
氨	649	1 200	硫化氢	260	500
苯	579	1 075	异丁烷	510	950
异丁烷	480	896	甲烷	537	999
1-丁烯	384	723	甲醇	470	878
异丁醇	367	693	氯甲烷	632	1 170
一氧化碳	652	1 205	丁酮	515	960
氯苯	674	1 245	苯酚	715	1 319
环已胺	268	514	丙烷	466	871
乙烷	530	986	丙烯	455	851
乙醇	426	799	苯乙烯	491	915
乙酸乙酯	486	907	甲苯	552	1 026
乙苯	466	870	氯乙烯	472	882
氯乙烷	518	965	二甲苯	496	924
乙烯	450	842			

$$T_{99.9}=594-12.2W_1+117.0W_2+71.6W_3+80.2W_4+0.592W_5-20.2W_6-420.3W_7+87.1W_8-66.8W_9-62.8W_{10}-75.3W_{11} \tag{4-87}$$

$$T_{99}=577-10.0W_1+110.2W_2+67.1W_3+72.6W_4+0.586W_5-23.4W_6-430.9W_7+85.2W_8-82.9W_9-65.5W_{10}-76.1W_{11} \tag{4-88}$$

式中:$T_{99.9}$——净化率达 99.9%时所需的温度,℉;

T_{99}——净化率达 99%时所需的温度,℉;

W_1——碳原子数;

W_2——芳香族化合物的标志(0=无、1=有);

W_3——碳碳双键的标志(0=无、1=有);

W_4——氮原子数;

W_5——自燃温度,℉;

W_6——氧原子数;

W_7——硫原子数;

W_8——氢/碳比；

W_9——丙烯化合物的标志(0=无,1=有)；

W_{10}——碳碳双键和氯间的相互作用标志(0=无,1=有)；

W_{11}——停留时间(s)的自然对数。

另一种定量预测方法为 Copper 等人使用经验数据结合碰撞理论提出的，预测从 940～1140K 温度范围内碳氢化合物焚烧时的"有效"一级速度常数 k 的方法。该法取决于 C_mH_n 的分子量和种类。一旦 k 确定，便可得到设计温度。从化学动力学可知，速度常数 k 可写成

$$k = A\exp(-E/RT) \tag{4-89}$$

式中：E——活化能，kJ/kmol；

A——频率因子；

R——理想气体定律常量，8.314kJ/(kmol·K)；

T——热力学温度，K。

频率因子可写成

$$A = Z'Sy_{O_2}p/R' \tag{4-90}$$

式中：Z'——碰撞速度因子；

S——位阻因子；

y_{O_2}——燃烧室内氧的摩尔分率；

p——绝对压力，atm；

R'——气体常量，0.082 06l·atm/(mol·K)。

式(4-90)中的位阻因子 S 用来说明因分子几何形状的影响，在反应过程中一些碰撞是无效的。它可由下式计算

$$S = 16/M \tag{4-91}$$

式中，M 为 C_mH_n 的分子量。

图 4-19 可用来估算三种 C_mH_n 类型的碰撞速率因子 Z'。频率因子 A 可通过燃烧室中氧的摩尔分率来估算。活化能 E(kcal/mol)可用分子量来关联，如图 4-20 所示。关联式为

$$E = -0.009\ 66M_w + 46.1 \tag{4-92}$$

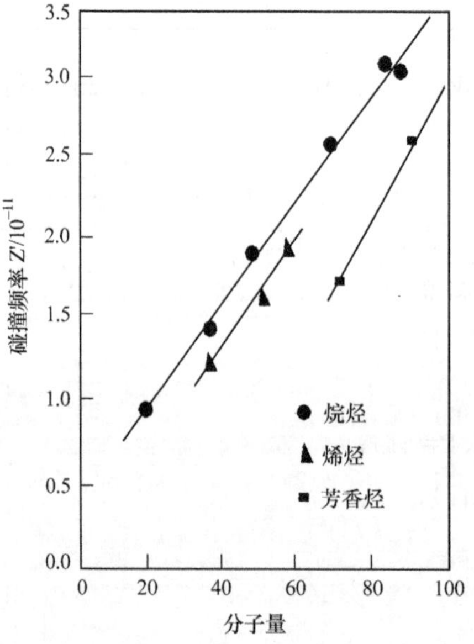

图 4-19　各种碳氢化合物的碰撞速率因子

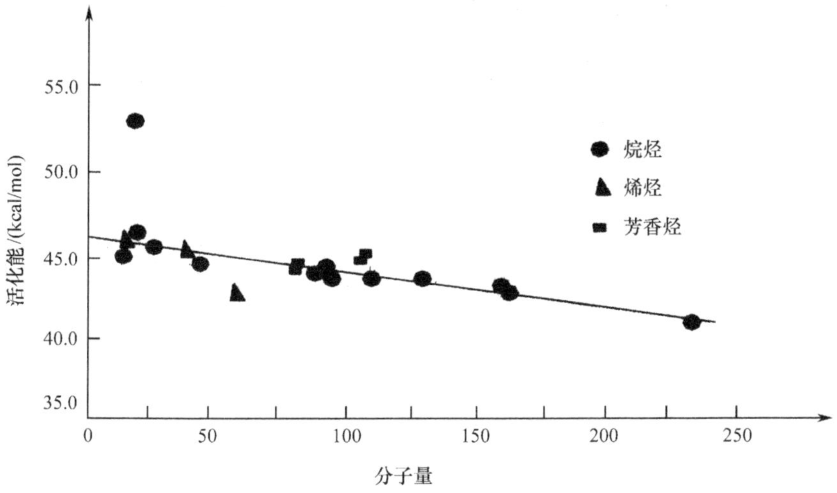

图 4-20　作为分子量函数的碳氢化合物燃烧活化能

一旦通过估算得到 A 和 E，k 便可以在任何设计温度下计算得到。在等温平推流反应器中，碳氢化合物的净化率、速率常数以及停留时间这些独立的参数可被关联成

$$\eta = 1 - c_{\text{out}}/c_{\text{in}} = 1 - \exp(-k\tau_{\text{r}}) \tag{4-93}$$

式中，η 为碳氢化合物的净化率。

尽管这一方法比 Lee 等人的方法更复杂，但它却得出了动力学常数。于是，除了等温平推流反应器的理想情况可以使用外，这一方法还可用于非等温燃烧室的设计，因此也就更具有真实条件下的代表性。

通常，VOC 的燃烧相对于 CO 的燃烧发生得更快，许多情况下，是以 CO 的燃烧为“控制”步骤。已经有许多研究者得出了 CO 的燃烧动力学。

下面的 CO 氧化反应表达式是由 Howard 等人在综合了大量的实验研究后发表的，它可以在很广的温度范围内(840～2360K)适应。

$$\text{CO 的燃烧速率} = 1.3 \times 10^{-14}\text{e} - 30000/RT\{O_2\}1/2\{H_2O\}1/2\{CO\} \tag{4-94}$$

式中，{ }表示了以 mol/cm^3 表示的浓度。

将用于 CO 燃烧的动力学模型(如式 4-94)和 VOC 燃烧的动力学模型(生成 CO)相结合，构成一个发生在燃烧室中的完整的综合模型。若 CO 的燃烧速度比 VOC 的燃烧速率慢得多，则需要比 VOC 燃烧更高的温度以防止过量 CO 的排放。在这种情况下，VOC 燃烧动力学的准确计算便不那么重要了。

4.3.1.4 VOC 氧化的非等温线

在完全燃烧时,尽管空气中 VOC 的浓度很低,也会引起气流温度的显著增加。同时,燃烧室中的热损失也可能很大,并导致气体温度的显著降低。从理论上来说,这两种情况在设计中均应考虑,在 4.3.2 中我们将作详细地描述。

例 4-5 在一等温平推流焚烧炉中,气体停留时间为 0.5s,估算甲苯去除率为 99.5%时所需的温度,用介绍过的三种方法分别计算。

[解] (1) 按所需温度高于自燃温度 150℃ 计,查表 4-6,可知甲苯的自燃温度为 552℃(1026℉),于是所需的燃烧温度为

$$T_{99.5}=552+150=702(℃)\approx 700(℃)$$

(2) 由式(4-87)和(4-88)计算得

$$\begin{aligned}T_{99.9}&=594-12.2(7)+117.0(1)+71.6(0)+80.2(0)+0.592(1026)-20.2(0)\\&\quad-420.3(0)+87.1(1.14)-66.8(0)+62.8(0)-75.3(\ln 0.5)\\&=1\,384(℉)=751(℃)\end{aligned}$$

$$\begin{aligned}T_{99}&=577-10.0(7)+110.2(1)+67.1(0)+72.6(0)+0.586(1026)+23.4(0)-430.9(0)\\&\quad+85.2(1.14)-82.2(0)+65.5(0)-76.1(\ln 0.5)\\&=1369(℉)=743(℃)\end{aligned}$$

$T_{99.5}$的值位于 $T_{99.9}$和 T_{99}之间。由于这种方法本身是近似的,因而可用插值法求得

$$T_{99.5}=1377℉=747℃$$

(3) 重写式(4-93)并计算 k 值

$$k=\frac{-\ln(1-0.995)}{0.5}=10.6(s^{-1})$$

从式(4-92)可算得

$$E=-0.009\,66(92)+46.1=45.2(kcal/mol)$$

从式(4-91)计算 S,从图 4-19 估算得 Z',有

$$S=\frac{16}{92}=0.174,\quad Z'=2.85\times 10^{11}$$

假定废气中氧摩尔分率为 0.15,总压为 1atm,我们可从式(4-90)计算

$$A=\frac{2.85(10)^{11}(0.174)\times 0.15\times 1.0}{0.082\,05}=9.07\times 10^{10}(s^{-1})$$

知道了 k、A 和 E 后我们改写式(4-89),得

$$T=\frac{-E}{R}\frac{1}{\ln(k/A)}=\frac{-45\,200}{1.987}\frac{1}{\ln[10.6/9.07\times 10^{10}]}=995(K)=722(℃)$$

从以上结果可以看出,第一种计算方法是很粗的,而后两种方法的误差仅为 30℃。

4.3.1.5 催化氧化

催化剂是加速反应但其自身性质却不发生永久变化的单质或化合物。典型的

情况就是气体分子扩散并被吸附到催化剂表面上，并在那里发生反应；反应产物从催化剂表面脱附，并扩散进入气相主体中。反应的详细机理大多是未知的，可能是催化剂减弱了 VOC 的键能，也可能是改变了 VOC 分子的几何形状。但无论如何，使用催化剂比起直接热焚烧来说，反应过程进行得更快，并且要求的反应温度可以更低。催化剂理论的深入讨论超出了本书的范围。然而，有关催化燃烧器设计上的一些考虑，将在下节中讨论。

4.3.2　燃烧法设计

4.3.2.1　热焚烧炉

VOC 气体焚烧炉或燃烧室的设计涉及到确定与停留时间有关的操作温度，及设备所需的尺寸，以便能实现在合适气流速度的条件下，得到所希望的停留时间及温度。如何选择合适的设备取决于操作方式（连续或间歇），氧含量，以及 VOC 的浓度因素。正确地选择设备和确定设备的尺寸在减少总燃烧费用上是很重要的，因此，要保持被处理气体的体积尽可能少。大多数的安全规则都限制 VOC 在气流中的最大浓度不能超过 VOC 爆炸下限（LEL）的 25%。但由于工业上所遇见的大多数情况下气流中 VOC 的浓度在 LEL 的 5%，甚至更低，故该限制条件并不重要。如果我们能将气流中 VOC 的浓度从 5% 增加到 25%（例如，减少稀释空气的流量），那么，被燃烧气体的总体积将减少 80%！表 4－7 列出了一些物质的 LEL 值。

表 4－7　不同有机物在空气中的爆炸极限下限值（LEL）

有机物名称	LEL/%	有机物名称	LEL/%
丙酮	2.15	异丁烷	1.8
苯	1.4	异丙基乙醇	2.5
正丁烷	1.9	甲烷	5.0
正丁醇	1.7	甲醇	6.0
环己胺	1.3	醋酸甲酯	4.1
乙烷	3.2	丁酮	1.8
乙醇	3.3	丙烷	2.4
乙酸乙酯	2.2	甲苯	1.3
庚烷	1.0	二甲苯	1.0
己烷	1.3		

在设计时，为了计算在给定流量下的将空气加热到指定温度时所需的燃料用量，必须对装置进行物料和能量衡算。污染物通过化学反应产生的能量效应和通过反应器壁面的热损失应被考虑在内，这些效应很小时，有时也可以忽略。由非理

想的流动和混合所导致浓度和温度的径向分布,理论上可以计算得到。设计计算过程中最后部分的数学处理比较麻烦,且既便花费很大的努力收效也不大。因此,除非需要极高的效率(如去除毒性大的废气时),一般过程中的设计计算都可以简化。

4.3.2.2　物料和能量平衡

图 4-21 为气体焚烧炉的符号流程图。用常规的设计方法无法得到气体焚烧所需的有关时间、温度和燃烧效率之间关系的信息。中试研究、文献中的实验数据及预测技术(如本章前面讨论的)可以帮助我们指定设计温度和停留时间。下面就讨论如何计算所需的燃料量及如何确定燃烧室尺寸,以便满足设计所需的停留时间和温度。

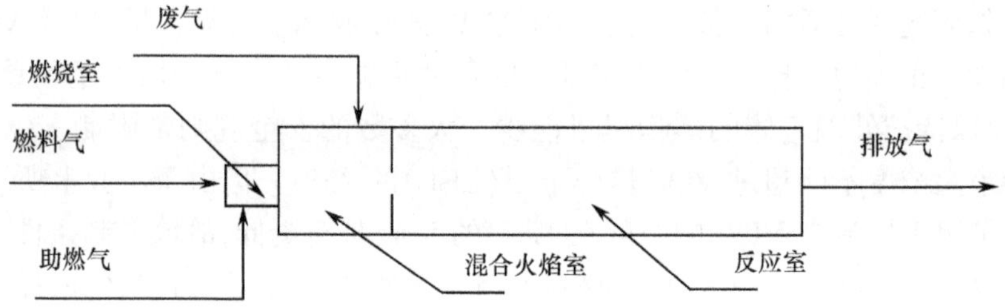

图 4-21　有机废气焚烧炉符号流程图

稳态条件下的总物料平衡方程为

$$0 = M_{\mathrm{G}} + M_{\mathrm{PA}} + M_{\mathrm{BA}} - M_{\mathrm{E}} \tag{4-95}$$

式中,M 表示质量流量,kg/s;下标符号参考图 4-21 中所示的对应流体流。

稳态情况下的焓平衡(其他形式的能量意义不大)如下

$$0 = M_{\mathrm{PA}}h_{\mathrm{PA}} + M_{\mathrm{G}}h_{\mathrm{G}} + M_{\mathrm{BA}}h_{\mathrm{BA}} - M_{\mathrm{E}}h_{\mathrm{E}} + M_{\mathrm{G}}(-\Delta H_{\mathrm{C}})_{\mathrm{G}} + \sum M_{\mathrm{VOC_i}}(-\Delta H_{\mathrm{C}})_{\mathrm{VOC_i}}X_{\mathrm{i}} - q_{\mathrm{L}} \tag{4-96}$$

式中:h——比焓,kJ/kg;

$-\Delta H_{\mathrm{C}}$——净燃烧值(低热值),kJ/kg;

X_{i}——有机废气的净化率,通常可取 1;

q_{L}——焚烧炉的热损失速率,kJ/min。

在作简单分析时,可以忽略 q_{L} 或者将所有的热损失均按照进口热量的百分比来简单表示。我们假定所有的热损失均发生在燃烧室的前段,反应在出口温度恒定条件下进行。VOC 反应的热效应也可以计算,但通常被忽略。在 VOC 的浓度为 10^{-3}时,VOC 氧化所产生的热量约占燃料提供热量的 10%。简单的处理方法假定VOC的氧化反应在反应器前段结束前已经完成，可通过减少燃料气的额定热值估算热损失。

事实上，设备中的温度分布与等温情况时有很大的不同。在开始时由于VOC的氧化反应放热，温度可能沿反应器的方向增加，然后又由于壁上的热损失而减少。具体的变化取决于进口VOC的浓度、进口温度、传热系数，以及设备的表面/体积比等。真实条件与简单模型的温度分布比较见图4-22。

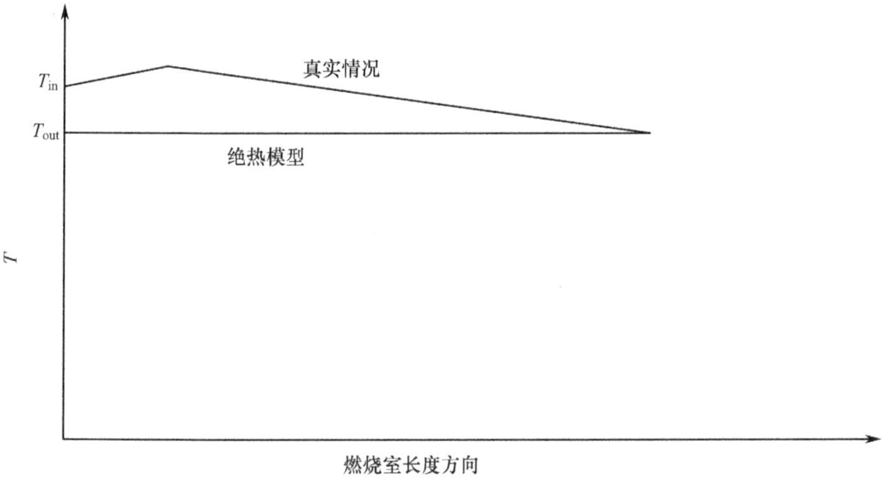

图4-22　燃烧室中绝热模型和真实状况的温度分布曲线比较

如果假定所有气流的焓函数均与空气相似，则可以减少所需要的数据。对许多燃烧室燃烧系统来说，这一假定是可行的。于是，式(4-96)成为

$$0 = M_{PA}h_{T_{PA}} + M_G h_{T_G} + M_{BA}h_{T_{BA}} - M_E h_{T_E} + M_G(-\Delta H_C)_G(1-f_L) + \sum M_{VOC_i}(-\Delta H_C)_{VOC_i}X_i(1-f_L) \tag{4-97}$$

式中：f_L——热损失分率；h_T——空气在温度为T下的焓值，kJ/kg。

将式(4-95)代入(4-97)，并解出所需燃料气的质量流量，可得

$$M_G = \frac{M_{PA}(h_{T_E} - h_{T_{PA}}) + M_{BA}(h_{T_E} - h_{T_{BA}}) - \sum M_{VOC_i}(-\Delta H_C)_{VOC_i}X_i(1-f_L)}{(-\Delta H_C)_G(1-f_L) - (h_{T_E} - h_{T_G})} \tag{4-98}$$

燃料气进燃烧室时按照预先给定的比例R与外界空气混合，该比例由厂家决定。于是，令$M_{BA} = R_{MG}$，并代入式(4-98)；又假定$T_{BA} = T_G$，即可得到与式(4-98)等效的方程

$$M_G = \frac{M_{PA}(h_{T_E} - h_{T_{PA}}) - \sum M_{VOC_i}(-\Delta H_C)_{VOC_i} X_i (1 - f_L)}{(-\Delta H_C)_G (1 - f_L) - (R+1)(h_{T_E} - h_{T_G})} \tag{4-99}$$

我们注意到了，在式(4-98)和(4-99)中，所有的焓值都是用焓差表示的，其数值都是基于一个参考温度(在不同数据表中参考温度也不同)。当两个焓值相减时，参考温度便消掉了。因为出口温度在开始时便已给定，故式(4-98)和(4-99)的右边所有项均为已知，或者可从数据表或图中查出(见附录)。例4-6便是叙述这一解题过程。

例4-6　计算用燃烧室处理3400m³/h废气所需的甲烷用量。已知设计燃烧温度为732℃，估计有340m³/h的助燃空气进入燃烧室。燃料气进入燃烧室的温度为27℃，进入燃烧室的空气温度为28℃，废气的进入温度为93℃。甲烷的低位燃烧热为50 150kJ/kg，假设10%的热损失。

[解]　标准状况空气密度为1.29kg/m³，所以有

$$M_{PA} = 3400 \times 1.29 = 4399 (\text{kg/h})$$

$$M_{BA} = 340 \times 1.29 = 439.9 (\text{kg/h})$$

查有关数据手册可知各物质比焓如下

$$h_{T_E} = 767.6\ \text{kJ/kg} \quad h_{T_{BA}} = 11.6\ \text{kJ/kg} \quad h_{T_{PA}} = 81.4\ \text{kJ/kg} \quad h_{T_G} = 11.6\ \text{kJ/kg}$$

代入式(4-98)，可得

$$M_G = \frac{4399(767.6 - 81.4) + 439.9(767.6 - 11.6)}{50150(1 - 0.1) - (767.6 - 11.6)} = 74.96\ (\text{kg/h})$$

4.3.2.3　设备尺寸的确定

在进行物料及热量平衡计算后，初步设计过程中的其余部分都很简单。燃烧室中的气体流动需要扰动，以确保充分混合并接近平推流条件。一般来说，气速可在6～12m/s。除此之外，还必须保证有足够长的停留时间以使反应进行完全。尽管时间和温度不是独立的，但初步设计阶段的停留时间常常参考早期的经验数据。通常，0.4～0.9s就足够了。若不考虑热回收所需换热器阻力的话，对于燃烧室而言，其压降总是低于500Pa。

用设计温度下排气的质量流量、气速和停留时间等的关系，可得到确定燃烧室尺寸的实用方程。反应室的长度为

$$L = u\tau_r \tag{4-100}$$

式中的所有参数均在前面已经定义。排气的体积流量由下式给出

$$Q_E = M_E R T_E / P(M_w)_E \tag{4-101}$$

反应室的直径

$$D = \sqrt{4Q_E / \pi u} \tag{4-102}$$

在更精确的设计中，可以将燃烧室分为许多微元段来处理，用式(4－95)和(4－96)来计算这些微元段。微元段被作为一个个控制体(CSTR)来看待，每一个控制体里都有部分 VOC 在燃烧。VOC 燃烧的分率取决于控制体中的温度、动力学常数和停留时间。假定一个进口温度，并已知了 VOC 和 CO 的动力学表达式(式(4－80)和(4－81))，因为存在着反应热和热损失，所以进出控制体的气体温度不同，热损失取决于传热系数、壁面面积和气体自身温度。另一方面，得到的热量又取决于 VOC 反应的程度，而这又取决于速度常数和温度。于是，需要用迭代的方法来计算出口温度、VOC 及 CO 的浓度。一旦对一个 CSTR 计算收敛，则继续进行下一个 CSTR 的计算，一直计算到焚烧炉的出口为止。如果出口的 VOC 和 CO 的浓度不符合要求，则再假定新的进口温度重新开始。图 4－23 为这一计算过程的逻辑框图。

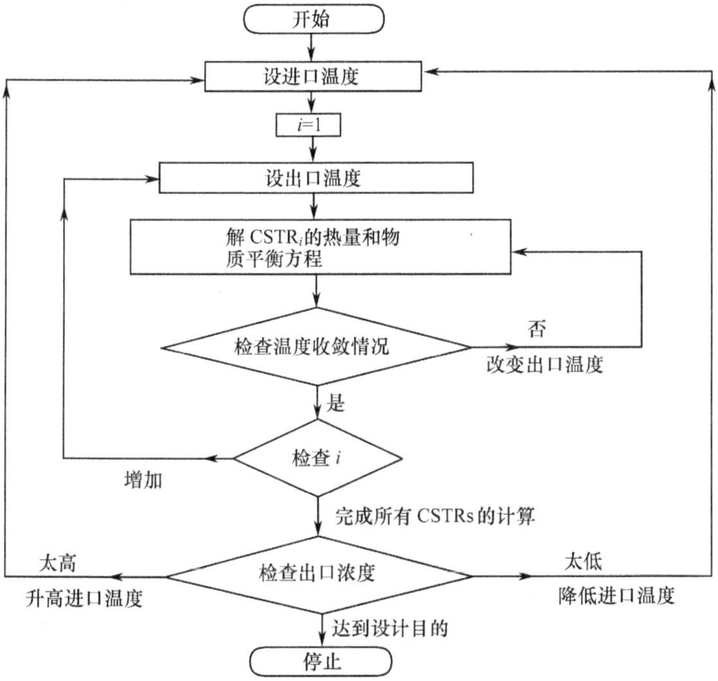

图 4－23　非等温平推流燃烧计算的逻辑框图

催化氧化的总反应速率取决于传质速率(VOC 从气相主体扩散到催化剂表面)和催化剂上的化学氧化反应速率。在低温(低于 250℃)下，通常由活性反应速度控制着过程的速率；而在高温下，传质则成为限制条件。催化剂也可能具有选择性，它们对一些化合物有着更多的活性，而对另一些活性则较低。活性和选择性表现在为达到同样净化百分率时所需的操作温度，操作温度越低，则说明活性和选择性越好。表 4－8 列出了一些不同的商业催化剂在使一些 VOCs 净化率达到 90％时所需的进口温度。图 4－24 表示了铂-铝催化剂的一些典型的温度-操作性能曲线。

表 4－8　一些气体在催化燃烧炉中所需的燃烧温度

物　质	燃烧所需温度/℃	物　质	燃烧所需温度/℃
H_2	20,120	苯	225,250,260,302
CO	150,260,316	甲苯	238,250,302
正戊烷	310	丁酮	282,300,350
正庚烷	250,300,305	甲基异丁基酮	282,300,350
正癸烷	260		

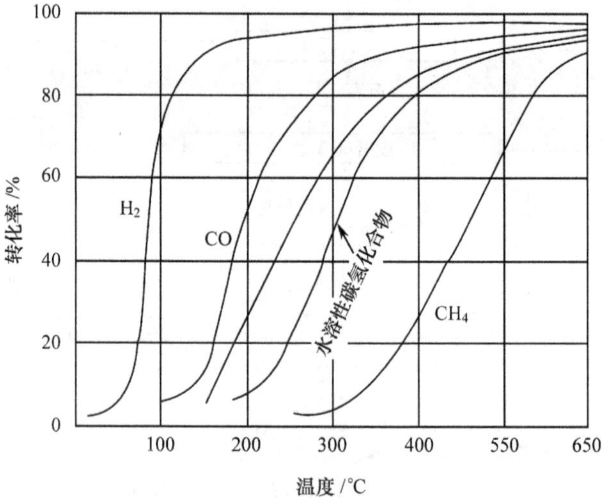

图 4－24　铂-铝催化剂的一些典型物质的温度-操作性能曲线

总催化氧化速率最多的是受到传质而不是反应动力学的限制。于是，催化设备的设计便归纳为如何确定合适的床层长度，以保证有足够的（基于传质速率所需的）停留时间来达到要求的 VOC 净化率。Retallick 用于设计的基本方程是

$$(c_{VOC})_i/(c_{VOC})_o = \exp(-L/L_m) \tag{4-103}$$

式中：$(c_{VOC})_i$——VOC 的出口浓度；

$(c_{VOC})_o$——VOC 的进口浓度；

L——催化剂床层的长度；

L_m——一个传质单元的长度。

Retallick 给出的在湍流和层流条件下计算 L_m 的方程分别见式(4－104)和(4－105)。因为催化剂内孔的通道直径很小,所以尽管在气速达 12m/s 时,以通道直径为基准的雷诺数通常还是低于 1000,故流动多数可认为是层流的。于是

$$L_m = ud^2/17.6D \tag{4-104}$$

式中:u——内孔通道中气流的线速度,m/s;

d——内孔通道的有效直径,m;

D——VOC 在气相中的扩散系数,m^2/s。

对扩散影响显著的湍流的方程为

$$L_m = 2(Sc)^{2/3}/fa \tag{4-105}$$

式中:f——范宁摩擦因子,无因次;

Sc——施米特数($\mu/\rho D$),无因次;

a——单位体积床层的表面积,m^2/m^3。

出于安全考虑以防止催化剂中毒或堵塞引起效率降低,应该将计算长度(对净化率为 99%的催化焚烧炉,其长度通常在 50～250mm 之间)加长。一般来说,计算长度加倍便可以了。

可提供的催化剂总表面积是设计中的决定性因素。典型情况下给出的数值是每单位气体体积流量下的催化剂表面积,或是每单位催化剂体积下的气体体积流量。后者又被称为空间速度,因为它的单位是时间的倒数。若用前者,建议每小时立方米废气流量下催化剂的表面积为 0.02～0.05m^2;而对空间速度,推荐蜂窝骨架型催化剂为 50 000～100 000h^{-1},对球形骨架的催化剂为 30 000h^{-1}。Hawthorn 报导了当 VOCs 的净化率达到 85%～95%时,其空间速度的典型数值为 500～2000min^{-1}。注意,空间速度的倒数为空间时间,与停留时间相似。将常见催化氧化器中的空间时间(0.03～0.1s)与常见的热氧化器中的停留时间(0.3～1.0s)进行比较,可见气体在热氧化器中的停留时间要比催化氧化时大一个数量级。

例 4－7　计算例 4－6 中燃烧室的长度和直径。已知设计气速为 9m/s,设计停留时间为 0.75s。

[解]　燃烧室长度 $L = 9 \times 0.75 = 6.75(m)$

因为
$$M_E = 4399 + 439.9 + 75.0 = 4913.9(kg/h)$$

假设废气的分子量为 28,则利用理想气体状态方程,可得

$$Q = \frac{4913.9 \times 8.314 \times (732 + 273)}{3600 \times 28 \times 1.013 \times 10^2} = 4.02(m^3/s)$$

所以
$$D = \sqrt{\frac{4 \times 4.02}{9\pi}} = 0.74(m)$$

4.3.2.4 热回收

在热焚烧炉的设计中,很重要的一点是应该考虑热回收。很显然,由于燃料的价格较高,故希望从焚烧炉里回收热量。回收焚烧炉排气能量的一个普遍的方法是安装一台热交换器。图 4-25(a)所示的用于预热进口废气的热交换器(初级热回收)被称为烟气预热换热器。在烟气预热换热器中,回收 40%～60%的能量是很普通的,回收 80%通常也能够达到。预热废气可直接减少燃料消耗。但由于空气对空气热交换的传热系数很小,故设备要求很大,因此投资也较大。此外,为了回收更多的能量,需要较多的气体和金属的接触表面,从而导致压降增大。根据经验,当回收燃料能量分别为 0、30%、50%和 70%的焚烧系统,其压降分别为 500、1500、2000 和 2500Pa。

如果有其他的工业过程需要加热,则可以更有效地回收热量。例如,废气可通过废热锅炉预热水,以产生蒸汽,见图 4-25(b);也可以加热低压蒸汽,使其成为高压蒸汽,见图 4-25(c);或者与新鲜空气混合后用作热干燥气流等,见图 4-25(d)。

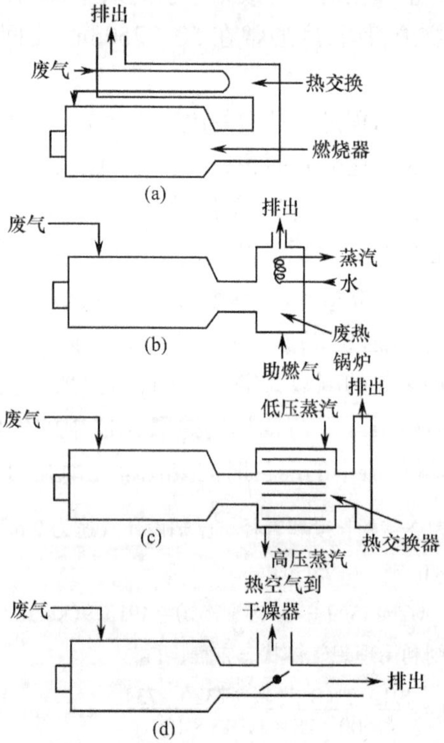

图 4-25 焚烧炉的各种热回收形式

热回收装置的类型及热回收方案有许多,但应记住,热回收方案必须要满足经济性要求,热交换器的费用可通过能量的回收而得以回收(节省的燃料费用要高于风机功率增加的费用)。大部分的燃料回收几乎是没有什么问题的,但最后10%～20%的热量回收费用往往很高。

4.3.2.5　火炬

在本节开始时,已经介绍过了关于大体积流量、高浓度 VOC 的排放问题。这种情况并不常见,通常发生在工艺过程受到干扰或出现紧急情况时。为了解决这类问题设置的安全排气设备系统被称为紧急安全系统。典型的该类系统有许多连接捕集系统的安全阀门,管道往往设计得很大,以便能在低温下处理大量的气体。管道通到水封和及火炬烟道中。火炬必须要在工艺要求允许的安全高度以上才能燃烧有机物。一种典型紧急火炬系统的简单流程见图 4－26,图 4－27 则为火炬顶部的详细构造图。

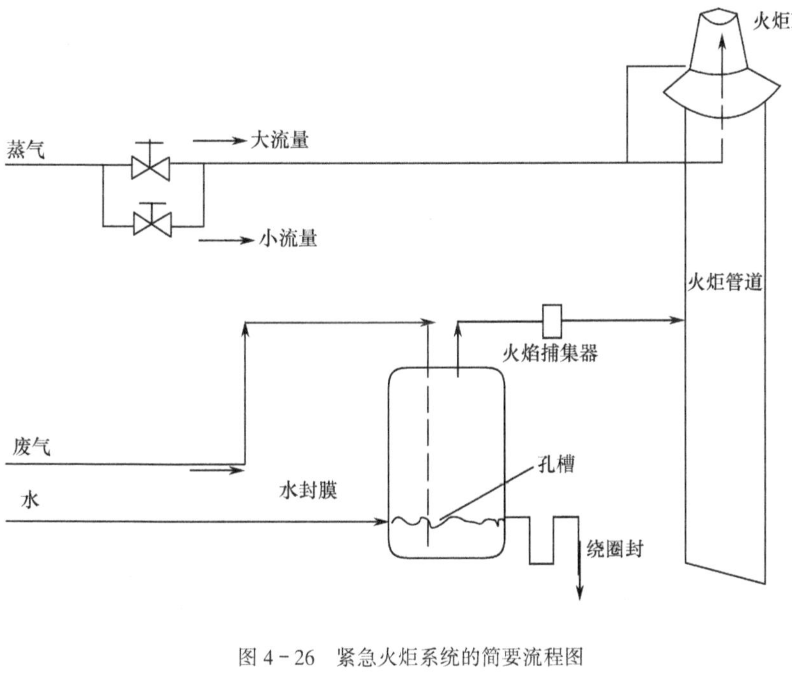

图 4－26　紧急火炬系统的简要流程图

在火炬顶端使用蒸气可以使空气和有机物扰动混合,同时冷却火炬的顶端和烟道。有机物在通过火炬顶端时,使用连续控制器点火。只要控制合适的蒸气流量,几乎在所有的有机物流动条件下都能保证良好的火炬顶端无烟操作。一般情况下,常规的燃烧效率可达 98.5%以上,而无烟燃烧的效率可达 99.5%以上。

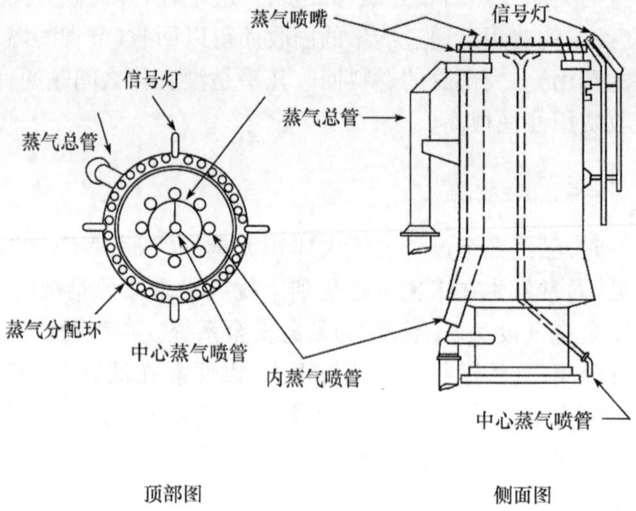

图 4-27 火炬顶端示意图

4.4 冷凝法

冷凝法是治理废气的重要方法之一,多用于有机物蒸气的回收。利用冷凝的方法,能使高浓度的有机物得以回收,但是对高的净化要求,却往往是室温下的冷却水所不能办到的。净化要求越高,所需冷却的温度愈低,必要时还得增大压力,这样就会增加处理的难度和费用。因而,冷凝法往往与吸附、燃烧和其他净化手段联合使用,以提高回收、净化的效果。冷凝法常被用来回收有价值的污染物。例如,水银法氯碱厂副产氢气中的汞蒸气需要先冷凝回收后,再利用其他方法进一步净化;沥青氧化尾气也是先冷凝回收有机油,而后送去燃烧净化的。因此,只有当废气中的有害蒸气浓度较高时,使用冷凝法才比较有效,但往往并非单独使用。但在某些情况下,采用低温冷冻水或制冷剂的冷凝法可单独使用,并可作为一种有效的净化方法。

4.4.1 冷凝设备

从气态污染物与冷却剂的接触方式分,冷凝设备可分为直接接触式冷凝器与间接冷凝器两种。

在直接接触式冷凝器里,冷却剂(冷水或其他冷却液)与废气直接接触,借对流和热传导,将气态污染物的热量(显热与潜热)传递给冷却剂,达到冷却、冷凝的目的。气体吸收操作本身伴有冷却过程,故几乎所有的吸收设备都能作为接触冷凝器。常用的直接冷凝器有喷射器、喷雾塔、填料塔及板式塔等。

冷凝用的填料塔与吸收采用的填料塔结构类似,只是冷凝用的填料宜采用比表面积及空隙率都较大的填料,可显著提高填料塔单位体积处理量。

间接式冷凝器则通过间壁来传递热量,达到冷凝分离的目的。各种形式的换热器,如列管式冷凝器、螺旋板式冷凝器都是间接式冷凝的典型设备,还有喷淋式换热器等。

在卧式冷凝器中,凝液聚集在底层壳层里,冷却水一般从底层管子进入,对凝液进一步冷却,使冷凝下来的污染物不至于重新挥发造成二次污染。

4.4.2　冷凝原理及污染物热力学性质

冷凝法是利用气态污染物在不同温度及压力下具有不同饱和蒸气压的性质,在降低温度或加大压力时,某些污染物便会凝结出来,以达到净化或回收的目的。可以借助于控制不同的冷凝温度,分离出不同的污染物。

由于废气中污染物含量往往很低,大量的是空气或其他不凝性气体,故可认为当气体混合物中污染物的蒸气分压等于它在该温度下的饱和蒸气压时,废气中的污染物就开始凝结出来。这时,污染物在气相达到了饱和,该温度下的饱和蒸气压表现了未冷凝下来、仍残留在气相中的污染物的量的大小。

各种物质在不同温度下的饱和蒸气压 p_v 可以按 Antoin 方程计算

$$\ln p_v = A - \frac{B}{T - C} \tag{4-106}$$

式中:T——液体物质的温度,K;A,B,C——Antoine 常数,无因次;

p_v——物质在 T 时的饱和蒸气压,mmHg。

表 4-9 列出了部分有机溶剂的 A、B 及 C 值。

由于冷凝过程将放出热量,该热量相当于该物质在冷凝温度下的冷凝(或蒸发)潜热,部分物质在沸点下的冷凝潜热见表 4-9。潜热随温度的变化可以用沃森方程式计算

$$\Delta H_v = \Delta H_b \left(\frac{T_c - T}{T_c - T_b} \right)^{0.38} \tag{4-107}$$

式中:ΔH_v——温度 T 下的冷凝潜热,kJ/kg;

ΔH_b——正常沸点下的冷凝潜热,kJ/kg;

T_c——临界温度,K。

4.4.3　冷凝计算

含有气态污染物的废气,其污染物浓度表示方法有几种:摩尔体积浓度 c_V,

$kmol/m^3$；质量体积浓度 c，kg/m^3；体积分数浓度 y。

设一含有污染物的废气由状态 1（T_1，p_1）经过冷凝过程，变成状态 2（T_2，p_2）。污染物气体气相浓度从 c_1 变成 c_2（质量－体积浓度），由理想气体定律可得

$$c_1 = \frac{Mp_1}{RT_1} \quad 及 \quad c_2 = \frac{Mp_2}{RT_2}$$

可推得

$$c_2 = c_1 \frac{p_2 T_1}{p_1 T_2} \tag{4-108}$$

式中：M——污染物分子量；R——气体常数，8314 J/(kmol·K)；

p_1，p_2——污染物在状态 1（初始态）和状态 2（终态）时的分压，Pa。

表 4-9　部分有机溶剂的参数值

物质名称	Antoine 常数			Antoine 方程适用温度范围		沸点	临界温度	潜热
	A	B	C	T_{max}/K	T_{min}/K	/K	/K	/(kJ/kmol)
苯	15.900 8	2 788.51	52.36	377	280	353.3	562.1	30 783
二硫化碳	15.984 4	2 690.85	31.62	342	228	319.4	552	26 784
甲醇	18.587 5	3 626.55	34.29	364	257	337.8	512.6	35 280
乙酸乙酯	16.151 6	2 790.50	57.15	385	260	350.3	523.2	32 240
四氯化碳	15.874 2	2 808.19	45.99	374	253	349.7	556.4	30 021
甲苯	16.013 7	3 096.52	53.67	410	280	383.8	591.7	33 203
乙醚	16.082 8	2 511.29	41.95	340	225	307.7	466.7	26 713
乙醇	18.911 9	3 808.98	41.68	369	270	351.5	516.2	38 772
乙苯	16.019 5	3 279.47	59.95	450	300	409.3	617.1	35 590
甲烷	15.224 3	597.84	7.16	120	93	111.7	190.6	8 186
丙酮	16.598 6	3 150.42	36.65	376	257	352.8	508.1	31 235
正辛烷	15.942 6	3 120.29	63.63	425	292	398.8	568.8	34 438

而用摩尔体积浓度 c_V 表示时，则

$$c_{V2} = c_{V1} \frac{p_2}{p_1} \tag{4-109}$$

某一冷凝过程的捕集效率 η 定义为

$$\eta = 1 - \frac{m_2}{m_1} \tag{4-110}$$

式中，m_1 和 m_2 分别是污染物在冷凝器入口和出口（状态 1 和状态 2）的质量流率，kg/h。

用不同浓度单位 c_1、c_V、y_1 表示时，有

$$\eta = \frac{p}{p - p_2}\left(1 - \frac{Mp_2}{RT_1c_1}\right) \tag{4-111}$$

$$\eta = \frac{p - p_2/c_{V1}}{p - p_2} \tag{4-112}$$

$$\eta = 1 - \frac{1 - y_1}{y_1}\frac{Mp_2}{M_a(p - p_2)} \tag{4-113}$$

式中：p——总压，Pa；M——污染物分子量；

M_a——废气中被捕集污染物以外的其他气体的平均分子量。

当污染物蒸气压 p_1 与 p_2 均很小时，η 的计算可简化为

$$\eta = 1 - \frac{Mp_2}{RT_1c_1} \tag{4-111a}$$

$$\eta = 1 - \frac{p_2}{pc_{V1}} \tag{4-112a}$$

$$\eta = 1 - \frac{Mp_2}{M_apy_1}(1 - y_1) \tag{4-113a}$$

例4-8　某一空气、正辛烷蒸气混合气体的最初浓度为 $c_1=0.5\text{kg/m}^3$，由75℃冷凝到20℃，并以2.5kg/s的速率进入冷凝器。假设辛烷在终态不是过饱和的，并且所有冷凝的辛烷均被捕集，求捕集效率 η，以及需要冷冻水带走的热量。

[解]　(1) 先求20℃时，辛烷的饱和蒸气压 p_2。由表4-9可查得对正辛烷：$A=15.9426$，$B=3\,120.29$，$C=63.63$。于是，由Antoine方程(4-106)可得

$$\ln p_2 = 15.9426 - \frac{3120.29}{293.15 - 63.63} = 2.348$$

$$p_2 = 10.46\text{mmHg} = 0.0137\text{atm} = 1394\text{Pa}$$

由于浓度较高，不能用简化式。利用式(4-111)，可得

$$\eta = \frac{1.013\times10^5}{1.013\times10^5 - 1394}\left(1 - \frac{114.2\times1394}{8314\times348\times0.5}\right)\times100\% = 89.0\%$$

显然，如果 $c_1 \leqslant (114.2\times1394)/(8\,341\times348) = 0.055(\text{kg/m}^3)$，则 $\eta\leqslant0$，即没有正辛烷能在20℃下被冷凝下来。

对于大多数有机废气而言，有机物的浓度多在1000～10 000mg/m^{3}之间，高于10 000mg/m^{3}的废气极少。更何况正辛烷的沸点也较高，高于苯、甲苯等多数有机物，故对多数有机废气来说，选择冷凝法并不适宜。

(2) 单位时间内被冷凝下来的正辛烷有 $2.5\times0.89=2.225(\text{kg/s})$。由表4-9可得：$T_c=568.8\text{K}$，$T_b=398.8\text{K}$，$\Delta H_b=34\,438\text{kJ/kg}$。根据式(4-107)有

$$\Delta H_v = 34\,438[(568.8-293.2)/(568.8-398.8)]^{0.38} = 41\,378(\text{kJ/kg})$$

故需移走的热量为　$$Q = 41\,378\times2.225 = 92\,066(\text{kJ/s})$$

符 号 说 明

A——吸收因子

a——单位质量的吸附剂所吸附的吸附质质量

d_p——吸附剂颗粒直径，m

c_A——被吸收组分在液相主体中的浓度，$kmol/m^3$

c_{Ai}——被吸收组分在气液两相界面的浓度，$kmol/m^3$

c_A^*——与气相溶质分压 p 成平衡的溶解度，$kmol/m^3$

D——固定床吸附器床层深度，吸收塔直径，m

D_G——被吸收组分在气相中的扩散系数，m^2/s

D_L——被吸收组分在液相中的扩散系数，m^2/s

E——亨利系数，kPa，Pa

E_{mv}——气相(摩弗里)单板效率

f——吸附剂表面被气体分子覆盖的分数

G——气体表观质量通量，$kg/(m^2 \cdot s)$

$G_{c,m}$——载气的流量，$kmol/(m^2 \cdot s)$

G_m——总的气相流量(载气加污染物)，$kmol/(m^2 \cdot s)$

H——溶解度系数，$kmol/(m^3 \cdot Pa)$

H_G——气相分传质单元高度，m

H_{OG}——气相总传质单元高度，m

H_L——液相分传质单元高度，m

H_{OL}——液相总传质单元高度，m

K_G——以气相分压差为推动力的总传质系数，$kmol/(m^2 \cdot s \cdot Pa)$

K_L——以液相浓度差为推动力的总传质系数，m/s

K_y——以气相摩尔差为推动力的总传质系数，$kmol/(m^2 \cdot s \cdot \Delta y)$

K_x——以液相摩尔差为推动力的总传质系数，$kmol/(m^2 \cdot s \cdot \Delta x)$

k_G——气膜传质分系数，$kmol/(m^2 \cdot s \cdot atm)$

k_L——液膜传质分系数，$kmol/(m^2 \cdot s \cdot atm)$

k_L'——有化学反应的液膜传质分系数，$kmol/(m^2 \cdot s \cdot atm)$

L_m——吸收液流量通量，$kmol/(m^2 \cdot s)$

$L_{s,m}$——纯溶剂流量通量，$kmol/(m^2 \cdot s)$

M_A——气体吸收速度，kmol/s

M_0——溶剂分子量，kg/kmol

m——不可逆反应的级数

N_A——传质速率，吸收速率，$kmol/(m^3 \cdot s)$

N_A'——伴有化学反应时的吸收速率，$kmol/(m^3 \cdot s)$

N_{OG}——气相总传质单元数

p——气相中吸附质的分压，气相总压，Pa

p_{Ai}——被吸收组分 A 在气液相界面的分压，Pa

p_A——被吸收组分 A(溶质)在气相主体的分压，Pa

p_B——惰性组分 B 在气相主体的分压，Pa

p_{Bi}——惰性组分 B 在气液两相界面的分压，Pa

p_{BM}——惰性组分 B 在气膜层中的对数平均分压，Pa

p_T——气相总压，Pa

p_v——物质的饱和蒸气压，Pa

p_A^*，p^*——与液相主体中污染物(溶质)浓度 c_A 成平衡的分压，Pa

r——扩散系数比

r_a——吸附速率

r_d——吸附质从吸附剂表面的脱附速率

S——解吸因子

T——温度，K

V'——比摩尔体积，$m^3/kmol$，cm^3/mol

V'_{ref}——参考物质的比摩尔体积，$m^3/kmol$，cm^3/mol

X——溶质与溶剂在液相的摩尔比

x——溶质在液相的摩尔分率

Y——污染物(溶质)与惰性气体气相的摩尔比

Y^*——污染物(溶质)在气相与液相浓度成平衡的摩尔比

y——污染物(溶质)在气相的摩尔分率

y^*——与液相浓度成平衡的污染物(溶质)气相摩尔分率

Z_G——气膜厚度，m

Z_L——液膜厚度，m

ΔG_{ads}——吸附自由能的变化值，kJ/kmol，kcal/kmol

Δp——压降，Pa

α——化学吸收的增强因子

β——吸附质与吸附剂之间的亲和力系数

ε——空隙率，m^3 空隙/m^3 吸附床

η—— 吸收率，效率，净化率

ρ_g，ρ_G——气体密度，kg/m^3

ρ_0——溶剂密度，kg/m^3

μ_G——气体黏度，Pa·s

μ_L——液体黏度，Pa·s

习　题

1. 用图 4－4 中吸附平衡曲线，计算在 300K 下，每千克活性炭能吸附环己烷的量。已知液态环己烷的密度为 0.66g/mL，空气中环己烷的浓度为 10^{-3}，空气压力 101.3kPa。
2. 在图 4－2 中二硫化碳吸附等温线中取几个点，并判断它们是适合于 Langmuir 方程还是更适合于 Freundlich 方程。
3. 在温度为 300K、二硫化碳分压为 70Pa 的情况下，用图 4－2 和式(4－14)来计算吸附容量(用 $kgCS_2/kg$ 活性炭表示)。
4. 设计一个双台吸附器，处理风量为 13 600m^3/h、含 7×10^{-4}环己烷的空气。实验表明在 300K、101.3Pa 的操作条件下，每 100kg 活性炭能吸附 8kg 环己烷。如果该系统在 313K、101.3kPa 的条件下操作，要求达到 90％的去除率，计算每个碳床的近似尺寸。气体在活性炭床层中的气速为 0.4m/s，碳床再生和冷却约需 1h。
5. 某固定床吸附系统，两个装有深 1m、6×16 目活性炭的吸附器，在 0.3m/s 的气速下操作。对于风量为 25 000m^3/h，且系统总压降(不包括碳床压降)为 1.25kPa 的情况，确定风机电机的功率。
6. 用一吸收塔从气体中回收 99.5％的 NH_3，温度为 22℃，NH_3 的分压为 1.3kPa，操作气量为 1000m^3/h，压力为 0.1013MPa，吸收液为 22℃的纯水，流率为最小水流率的 1.5 倍，气相传质总单元高度为 0.58m。求：
   (1) 最小水流量；(2) 所需的填料层高度。
7. 气体混合物中溶质摩尔分率为 0.02，要求其在填料塔中被吸收 99％，平衡关系为 $y^*=1.0x$。求下列各情况下所需的气相总传质单元数：
   (1) 入塔液体 $x_a=0$，液气比 $L/G=2.0$；
   (2) 入塔液体 $x_a=0$，液气比 $L/G=1.25$；
   (3) 入塔液体 $x_a=0.0001$，液气比 $L/G=1.25$；
   (4) 入塔液体 $x_a=0$，液气比 $L/G=0.8$，最大吸收率为多少？
8. 含氨 1.5％(体积分数)的气体(余为惰性气体)通过填料塔用清水吸收其中的氨，平衡关系可用 $y=0.8x$ 表示。用水量为最小值的 1.2 倍，气体流率 $G=0.024$kmol/(m^2·s)，液相传质系数为 $k_L=1.5\times10^{-4}$m/s，$k_G=5\times10^{-4}$kmol/(m·s·MPa)，填料层高度 6m(提示：在需重试算时，可先取 $y_b-y_a=y_b$)。求：
   (1) 出塔气体中的含氨量；
   (2) 可以采用那些措施使吸收率 η 达到 99.5％；
   (3) 如果改用 0.5kmol/m^3 浓度的硫酸水溶液吸收，若达到 99.5％的效率，其填料高度需多少。
9. 矿石焙烧炉气中含 $SO_2$5％(体积分数)，余为惰性气体，经冷却后在填料塔内以清水吸收 95％的 SO_2。塔径 0.8m，操作温度 303K，压力 100kPa，入塔炉气流量 1000m^3/h(操作状态)，水量为最小值的 1.2 倍，平衡关系如下表。传质系数：$k_Ga=5\times10^{-4}$kmol/(m^3·s·kPa)，$k_La=5\times10^{-2}$ L/·s。求：

SO_2 与水的平衡关系表

α/($kgSO_2$/100kgH_2O)	0.1	0.2	0.3	0.5	0.7	1	1.5
p/mmHg	4.7	11.8	19.7	36	52	79	125

(1) 用水量和出塔溶液浓度；

(2) 填料高度；

(3) 若改用 2.0kmol/m^3 的氢氧化钠水溶液吸收(反应为瞬时)，计算所需的填料高度。

10. 温度为 295K、流量为 0.035kg/s 的甲烷和温度 365K、流量为 1.75kg/s 的空气绝热燃烧。计算生成废气的温度。如果有 10%的热损失，再计算最终温度。

11. 气体出混合燃烧室和进入高温燃烧炉的反应室需达到的温度为 750℃，废气在 77℃下流量为 30 000m^3/h。燃料气(甲烷)的温度为 20℃，燃烧室以 14kg 空气/kg 燃料气的流量吸入补充空气。计算甲烷的流量，忽略热损失和由污染物燃烧所产生的热量，用 kg/min 和 m^3/min 两种单位来表示结果。

12. 用式(4-87)和(4-88)方法，估算将废气中二甲苯浓度从 10^{-3}降到 10^{-5}时等温平推流燃烧器内的燃烧温度，假设停留时间 0.7s。再用碰撞理论的方法计算一遍。

13. 设计一个用甲烷处理来自油漆烘干炉、风量为 13 600m^3/h 空气的燃烧室尺寸，确定甲烷的流量。废气温度 200℃，需升温到 700℃，设计停留时间为 0.8s。燃烧室需要的质量比(空气/燃料气)为 14:1。

14. 对于上题的燃烧室，如果从出口的废气温度为 750℃，热损失是 12%，且污染物(10^{-3}的甲苯)的 96%在装置中被燃烧掉了，试计算甲烷的流量。

15. 某一含甲苯有机废气中，甲苯的初始浓度 $c_1=0.5$kg/m^3，废气流量为 5000m^3/h，温度为 45℃。将此废气由 45℃冷凝到 10℃后烧掉，要求焚烧炉的净化效率为 99%，停留时间为 0.5s，燃烧采用甲烷做燃料。假设甲苯在终态不是过饱和的，并且所有冷凝的甲苯均被捕集，求捕集效率 η，以及需要冷冻水带走的热量；假设燃烧室热损失 10%，计算燃烧所需的甲烷用量。废气可认为以空气为主。

16. 要除去空气中 99.5%的苯，计算合适的催化剂体积和催化床长度。空气流量 17 000m^3/h，气速为 8m/s，所使用的蜂窝状催化剂的通道孔径为 1.25mm，通道中的气体流速为 30m/s。

第5章 二氧化硫控制技术

含硫化合物在大气中存在的主要形式是SO_2、H_2S、H_2SO_4和硫酸盐(SO_4^{2-}),主要来自矿物燃料的燃烧、有机物的分解和燃烧、海洋上的浪沫及火山等。另外,被排放到大气中的硫化物,在大气中停留一段时间后被最终氧化成SO_3,然后随着雨、雪或雾沉降到陆地或海洋。大气中SO_2的含量占含硫化合物总量的80%以上,因此,SO_2是公认的大气污染物中影响面很广的重要气态污染物。

SO_2是一种极具危害性的气体,当大气中SO_2浓度达5×10^{-7}时,就对人体有潜在危害;浓度为1×10^{-7}时,即可损害农作物。人为源排放约占大气中SO_2总量的2/3,且集中在占地球表面不到1%的城市和工业区上空,是造成大气污染和产生酸雨的主要原因。

SO_2的控制技术可以分为燃烧前脱硫、燃烧中脱硫和燃烧后脱硫(亦称为烟气脱硫)三种。其中烟气脱硫(FGD, Flue Gas Desulfurization)是目前应用最广泛、效率最高的脱硫技术,也是控制二氧化硫排放的主要手段。在今后相当长的时期内,FGD仍将是控制SO_2排放的主要方法。

5.1 脱硫技术基础

5.1.1 SO_2的性质

纯SO_2通常是具有刺鼻窒息气味和强烈涩味的无色气体,能溶于水,易液化,常压下的液化温度为-10.02℃。SO_2是酸性氧化物,与水化合生成不很稳定的亚硫酸(H_2SO_3),与碱反应则生成相当稳定的盐。SO_2能被氧化成六价的化合物,同时在一定程度上起氧化作用而被还原。

(1) 与水和碱的反应

SO_2溶解于水的同时生成H_2SO_3,硫的原子价不变。

$$SO_2 + H_2O \rightleftharpoons H_2SO_3 \tag{5-1}$$

以上反应是可逆的,H_2SO_3只能存在稀释的水溶液中,不能以游离状态分离出来。温度上升时反应平衡向左移动。

SO_2在水溶液中不仅易与可溶性碱及弱酸盐反应,也易与难溶性碱和弱酸盐(如$Ca(OH)_2$、$CaCO_3$、$Mg(OH)_2$)反应。SO_2先溶于水生成亚硫酸,随后亚硫酸被碱中和,在不同的条件下生成不同的盐:碱过剩时生成正盐(亚硫酸盐),SO_2 过剩生成酸式盐。以与 NaOH 的反应为例

$$2NaOH + SO_2 \longrightarrow Na_2SO_3 + H_2O \tag{5-2}$$

$$Na_2SO_3 + SO_2 + H_2O \longrightarrow 2NaHSO_3 \tag{5-3}$$

亚硫酸和亚硫酸盐不稳定,在空气中氧的作用下逐渐被氧化

$$2H_2SO_3 + O_2 \longrightarrow 2H_2SO_4 \tag{5-4}$$

$$2Na_2SO_3 + O_2 \longrightarrow 2Na_2SO_4 \tag{5-5}$$

(2) 与氧化剂反应

SO_2 与氧化剂反应生成六价硫化合物,气态 SO_2 直接与 O_2 反应生成 SO_3 的速度很慢,反应式为

$$SO_2 + \frac{1}{2}O_2 \longrightarrow SO_3 \tag{5-6}$$

利用催化剂可加速反应过程,在水介质中 SO_2 经催化剂的作用很快被氧化,生成 H_2SO_4

$$SO_2 + \frac{1}{2}O_2 + H_2O \longrightarrow H_2SO_4 \tag{5-7}$$

臭氧、过氧化氢、硝酸、氧化氮等均能与 SO_2 迅速反应,生成硫酸。

(3) 与还原剂反应

还原过程随反应条件不同而不同,SO_2 在各种还原剂的作用下可以还原成元素硫或硫化氢(在某些条件下,还原只进行到硫代硫酸盐)。

5.1.2 硫氧化合物的生成机理

硫主要以六种形态存在,见表 5-1。

表 5-1 硫元素的氧化和还原形态

还原态	元素形式	第一种氧化态	第二种氧化态	与水反应	与 NH_4^+ 或其他阳离子反应
H_2S	S	SO_2	SO_3	H_2SO_3	硫酸盐

煤中的硫可以分为四种形式:黄铁矿硫(FeS_2)、硫酸盐硫($CaSO_4 \cdot 2H_2O$、$FeSO_4 \cdot 2H_2O$)、有机硫($C_xH_yS_z$)及元素硫。其中黄铁矿硫、有机硫和元素硫是可燃性硫,占煤中硫分的 90% 以上。一般认为,煤中有机硫的形态是杂环硫,如缩合的噻吩、硫茚、硫芴和硫杂蒽等,且具有不同的结合形态,如—SH、—SR 和—S—S—基。煤在燃烧期间,所有的可燃硫都会在受热过程中从煤中释放出来,如果存在氧化性气氛,所释放出来的硫可被氧化生成 SO_2,尤其在炉膛的高温条件下存在氧原子或在受热面上有催化剂时,一部分 SO_2 会转化成 SO_3。

(1) 黄铁矿硫的氧化

在氧化性气氛中,黄铁矿硫(FeS_2)直接氧化生成 SO_2

$$4FeS_2 + 11O_2 \longrightarrow 2Fe_2O_3 + 8SO_2 \tag{5-8}$$

在还原性气氛中 FeS_2 分解为 FeS

$$FeS_2 \longrightarrow FeS + S \tag{5-9}$$

$$FeS_2 + H_2 \longrightarrow FeS + H_2S \tag{5-10}$$

$$FeS_2 + CO \longrightarrow FeS + COS \tag{5-11}$$

FeS 的进一步分解需要更高的温度

$$FeS \longrightarrow Fe + S \tag{5-12}$$

$$FeS + H_2 \longrightarrow Fe + H_2S \tag{5-13}$$

$$FeS + CO \longrightarrow Fe + COS \tag{5-14}$$

此外,在富燃料燃烧时,除 SO_2 外,还会产生一些其他硫氧化合物,如一氧化硫 SO 及其二聚物$(SO)_2$,还有少量的一氧化二硫 S_2O。由于它们的反应能力极强,因此常在各种氧化反应中以中间体的形式出现。

(2) 有机硫的氧化

高硫煤中主要是无机硫,低硫煤中主要是有机硫。有机硫在煤中均匀分布,主要存在形式是硫茂(噻吩),约占有机硫的 60%,是煤中最普通的含硫有机结构。其他的有机硫是硫醇(R—SH)、二硫化物(R—SS—R)和硫醚(R—S—R)。煤受热热解释放挥发分时,硫侧链(—SH)和环硫链(—S—)结合较弱,因此硫醇、硫化物等在低温(<450℃)下首先分解,产生最早的挥发硫,而硫茂的结构比较稳定,到 930℃时才开始分解析出。在氧化性气氛下,它们可全部氧化成 SO_2。硫醇氧化反应最终生成 SO_2 和烃基 R

$$4RSH + O_2 \longrightarrow 4RS + 2H_2O \tag{5-15}$$

$$RS + O_2 \longrightarrow R + SO_2 \tag{5-16}$$

(3) SO 的氧化

在还原性气氛中所生成的 SO 遇到 O_2 时,会产生下列反应

$$SO + O_2 \longrightarrow SO_2 + O \tag{5-17}$$

$$SO + O \longrightarrow SO_2 \tag{5-18}$$

在各种硫化物的燃烧过程中,式(5-18)是一个重要的反应中间过程,该反应使燃烧产生一种浅蓝色的火焰,是燃料含硫的一种特征。

(4) 元素硫的氧化

元素硫是以聚合形态存在的,其分子式为 S_8,氧化反应具有链锁反应的特点,即

$$S_8 \longrightarrow S_7 + S \tag{5-19}$$

$$S + O_2 \longrightarrow SO + O \tag{5-20}$$

$$S_8 + O \longrightarrow SO + S + S_6 \tag{5-21}$$

烟气有类似快速氧化和有预期氧化剂存在时的氧化作用。在空气过剩系数 $\alpha>1$、完全燃烧的条件下,约有 0.5%~2.0% 的 SO_2 会氧化成 SO_3。

5.1.3 烟气脱硫技术原理

与其他气态污染物一样,从废气中脱除 SO_2 污染物的过程是化工单元操作过程,包括流体输送、热量传递和质量传递。其中质量传递过程主要采用气体吸收、吸附和催化操作。气体扩散、气体吸收和吸附过程的基本原理在第四章已经作了详细阐述,在此只对脱硫过程中的一些问题作些简单介绍。

5.1.3.1 SO_2 的吸收过程

吸收法脱除 SO_2 是目前烟气脱硫的主要方法,因此 SO_2 在气液界面上的平衡以及在液相的溶解度是十分重要的,这是因为:

(1) 当气液反应为可逆反应时,气液平衡代表反应可进行的程度,它在一定浓度下可确定气体的平衡分压或在一定的分压下确定平衡的溶解度,这些数据在进行气液反应和反应器计算时十分重要;

(2) 当气液反应为不可逆反应时,反应的可能程度不是问题,但气体的溶解度通常对反应速率起着重要影响。

表 5-2 列出了 SO_2 气体在水中的平衡溶解度,可见 SO_2 在水中具有中等溶解度。

表 5-2　SO_2 气体在不同温度和压力下的水中平衡溶解度

溶解度 /(kg/100kg)	摩尔分数 /10^{-3}	p/kPa							
		273K	280K	283K	288K	293K	303K	313K	323K
20	53.3	86.105	87.624	—	—	—	—	—	—
15	40.5	63.211	84.889	96.742	—	—	—	—	—
10	27.4	41.027	55.614	63.211	75.570	92.993	—	—	—
7.5	20.7	30.390	40.925	46.497	55.816	68.884	91.667	—	—
5.0	13.9	19.754	26.439	30.086	35.962	44.775	60.274	88.638	—
2.5	6.98	9.198	12.257	13.979	16.917	21.476	28.769	42.951	61.084
1.5	4.20	5.065	6.797	7.861	9.461	12.257	16.715	24.819	35.455
1.0	2.80	3.110	4.133	4.933	5.865	7.861	10.535	16.107	22.894
0.7	1.96	2.026	2.745	3.150	3.728	5.197	6.929	11.650	15.499

续表

溶解度 /(kg/100kg)	摩尔分数 /10^{-3}	p/kPa							
		273K	280K	283K	288K	293K	303K	313K	323K
0.5	1.40	1.317	1.803	2.077	2.573	3.464	4.802	7.598	10.940
0.3	0.843	0.680	0.920	1.054	1.337	1.884	2.624	—	—
0.2	0.562	0.373	0.493	0.613	0.760	1.135	1.570	—	4.133
0.15	0.422	0.253	0.346	0.413	0.507	0.773	1.084	1.722	2.654
0.10	0.281	0.160	0.200	0.233	0.294	0.426	0.626	1.000	1.601
0.05	0.141	0.080	0.093	0.100	0.106	0.160	0.227	0.373	0.626
0.02	0.056 2	0.033 3	0.040 0	0.040 0	0.040 0	0.066 7	0.079 9	0.106 4	0.173 2

吸收过程首先是借助气体扩散过程实现的，由气体的物理化学性质所决定。假设在 SO_2 与吸收液的气-液界面上，存在气体和吸收液之间的局部平衡，以亨利定律表示

$$c_{SO_2,i} = H_{SO_2} \cdot p_{SO_2,i} \tag{5-22}$$

式中：H_{SO_2}——亨利系数，kmol/(m^3·kPa)，可从表 5-3 查得；

$p_{SO_2,i}$——气液界面上 SO_2 的分压，kPa；

$c_{SO_2,i}$——液相 SO_2 在界面处的浓度，kmol/m^3。

表 5-3 不同温度下 SO_2 气体在水中的亨利系数 H(kmol/(m^3·kPa))

气体	温度/℃							
	0	5	10	15	20	25	30	35
SO_2	0.033 3	0.027 4	0.022 7	0.018 9	0.015 6	0.013 5	0.011 5	0.009 81
气体	温度/℃							
	40	45	50	60	70	80	90	100
SO_2	0.008 41	0.007 55	0.006 38	0.005 01	0.004 00	0.002 77	—	

在 SO_2 的物理吸收过程中，气膜阻力和液膜阻力在总阻力中都占有相当的比例，因此都要考虑。

气相中 SO_2 的传质速度表示为 $N = k_g(p_{SO_2} - p_{SO_2,i})$ (5-23)

液相中 SO_2 的传质速度表示为 $N = k_l(c_{SO_2,i} - c_{SO_2})$ (5-24)

式中：N——传质速度，kmol/m^2·s；

k_g——物理吸收气相传质分系数，kmol/(m^2·s·kPa)；

k_l——物理吸收液相传质分系数，m/s；

p——SO_2 在气相中的分压,kPa;

c——液相中 SO_2 的浓度,$kmol/m^3$。

将式(5-22)、(5-23)联立,消去 SO_2 在相界面上的浓度,得到以气相总传质系数表达的传质速度为

$$N = K_g\left(p_{SO_2} - \frac{c_{SO_2}}{H_{SO_2}}\right) \tag{5-25}$$

式中,K_g 为化学吸收气相总传质系数,$kmol/(m^2·s·kPa)$,其表达式为

$$\frac{1}{K_g} = \frac{1}{k_g} + \frac{1}{H_{SO_2}k_1} \tag{5-26}$$

以液相总传质系数表达的传质速度为

$$N = K_1(H_{SO_2}p_{SO_2} - c_{SO_2}) \tag{5-27}$$

式中,K_1 为物理吸收液相总传质系数,m/s,其表达式为

$$\frac{1}{K_1} = \frac{H_{SO_2}}{k_g} + \frac{1}{k_1} \tag{5-28}$$

有人提出了计算 SO_2 体积吸收系数的经验公式

$$k_g a = 9.81 \times 10^{-4} G^{0.7} L^{0.25} \quad kmol/(m^3·h·kPa) \tag{5-29}$$

$$k_1 a = \alpha \times L^{0.82} \quad 1/h \tag{5-30}$$

式(5-29)和(5-30)适用于以下条件:气体的空塔质量速度 G 为 320~4150kg/(m^2.h),液体的空塔质量速度 L 为 4400~5.850×10^4 kg/(m^2.h);环形填料的直径为 25mm。式(5-30)中的 α 为常数,见表 5-4。

表 5-4　不同温度下的 α 值

温度/℃	10	15	20	25	30
α	0.009 3	0.010 2	0.011 6	0.012 8	0.014 3

计算吸收装置主要是决定其操作容量,计算所需的相际接触面积,进而决定塔的尺寸。计算的基本依据是质量传递、物料衡算和相平衡原理。在确定塔的操作条件或进行塔设计时,必须对塔的各种工艺参数有所了解,确定泛点时的空塔气速。将实验结果的空塔气速 v_f 与流体物性、液气流量比、填料塔的充填方式和填料特性等因素关联起来,得到通用关联图(见图 5-1)。

填料吸收塔的填料高度是一个重要的参数,由不同的填料和操作参数设计的填料高度是不同的。填料高度可以采用传质单元高度和传质单元数来计算。一般有四种方法可以计算传质单元数:(1) 图解积分法;(2) 图解法;(3) 数值积分法;(4) 数学解析法。在实际应用中不便于采用数学解析式,而利用数值积分和图解

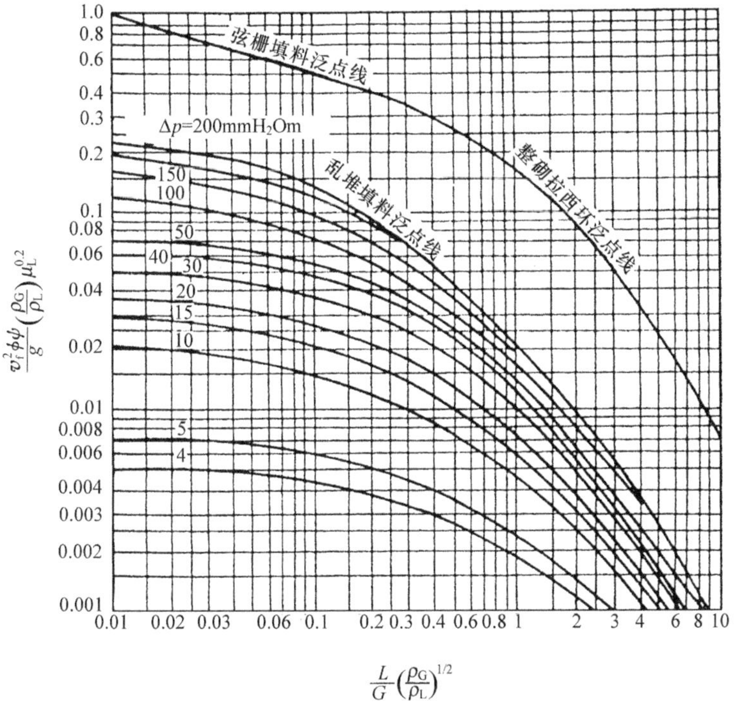

图 5-1　填料塔液泛速度通用关联图

图中：L，G——分别为液体和气体的质量速率，kg/(m^2·h)；ρ_L，ρ_G——分别为液体和气体的密度，kg/m^3；v_f——气体的空塔泛点速度，m/s；φ——水的密度和液体的密度之比；Φ——填料特性值（填料因子，可查手册），m^2/m^3；μ_e—液体的黏度，mPa·s；g——重力加速度，9.8m/s^2。

法来求取传质单元数较为方便，下面以两个例子进行说明。

例 5-1　某矿石焙烧排出炉气冷却至 20℃后，送入填料吸收塔中用水洗涤，去除其中的 SO_2。已知操作压力为 101.325kPa，炉气的体积流量为 2000m^3/h，炉气的混合分子量为 32.16，洗涤水量为 $L = 45\ 200$kg/h。若吸收塔选用填料分别为 25mm × 25mm × 2.5mm 乱堆瓷拉西环和 50mm 瓷矩鞍填料，取空塔流速为液泛流速的 70%，试分别求所需的塔径和每米填料的压强降。

［**解**］（1）分别确定两种填料的液泛速度及塔径

① 求炉气的密度

$$\rho_G = \frac{p \cdot M}{R \cdot T} = \frac{101.325 \times 32.16}{8.314 \times 293} = 1.337(\text{kg/m}^3)$$

② 炉气的质量速率　　$G = Q_V \cdot \rho_G = 2000 \times 1.337 = 2674(\text{kg/h})$

③ 液体的密度　　$\rho_L = 1000\text{kg/m}^3$

④ $$\frac{L}{G}\sqrt{\frac{\rho_G}{\rho_L}}=\frac{45\ 200}{2674}\times\sqrt{\frac{1.337}{1000}}=0.62$$

⑤ 从图 5-1 中查得横坐标为 0.62 时相应的纵坐标为 0.04(乱堆填料的泛点线),即

$$\frac{v_f^2\cdot\varphi\cdot\Phi}{g}\cdot\frac{\rho_G}{\rho_L}\cdot\mu_e^{0.2}=0.04$$

则 $$v_f=\sqrt{0.04\frac{g}{\varphi\Phi}\cdot\frac{\rho_L}{\rho_G}\cdot\frac{1}{\mu_e^{0.2}}}$$

吸收剂为水,故 $\varphi=1$～20℃时,水的黏度为 $\mu_e=1$

⑥ 求泛点气速、操作气速及塔截面

a. 选用 25mm 乱堆瓷拉西环,$\phi=450\text{m}^2/\text{m}^3$

液泛速度 $$v_f=\sqrt{0.04\times\frac{9.81}{450\times 1}\times\frac{1\ 000}{1.337}\cdot\frac{1}{1^{0.2}}}=0.81(\text{m/s})$$

操作气速 $$v=v_f\times 70\%=0.81\times 70\%=0.576(\text{m/s})$$

塔径 $$D_T=\sqrt{\frac{4}{\pi}\times\frac{Q_V}{3600\times v}}=\sqrt{\frac{4}{\pi}\times\frac{2000}{3600\times 0.567}}=1.12(\text{m})$$

塔截面积 $$A=\frac{\pi}{4}D_T^2=\frac{\pi}{4}\times(1.12)^2=0.99(\text{m}^2)$$

b. 选用 50mm 瓷矩鞍,$\phi=130\text{m}^2/\text{m}^3$

液泛速度 $$v_f=\sqrt{0.04\times\frac{9.81}{130\times 1}\times\frac{1000}{1.337}\cdot\frac{1}{1^{0.2}}}=1.503(\text{m/s})$$

操作气速 $$v=v_f\times 70\%=1.503\times 70\%=1.052(\text{m/s})$$

塔径 $$D_T=\sqrt{\frac{4}{\pi}\times\frac{Q_V}{3600\times v}}=\sqrt{\frac{4}{\pi}\times\frac{2000}{3600\times 1.052}}=0.82(\text{m})$$

塔径与填料尺寸之比为 820/50=16.4>10,故选用 50mm 瓷矩鞍是允许的。

塔截面积 $$A=\frac{\pi}{4}D_T^2=\frac{\pi}{4}\times(0.82)^2=0.53(\text{m}^2)$$

(2) 求每米填料的压降 Δp

① 25mm 瓷拉西环的 Δp

纵坐标 $$\frac{v_f^2\cdot\varphi\cdot\Phi}{g}\cdot\frac{\rho_G}{\rho_L}\cdot\mu_e^{0.2}=\frac{(0.567)^2\times 1\times 450\times 1.337}{9.81\times 1000}\times 1^{0.2}=0.02$$

横坐标 $$\frac{L}{G}\cdot\sqrt{\frac{\rho_G}{\rho_L}}=0.62$$

在图 5-1 中根据计算的纵坐标和横坐标定出塔的工作点,其位置在 30～50mm H_2O/m 两条等压线之间,利用插值法求得压降为 40mm H_2O/m。

② 50mm 瓷矩鞍

纵坐标 $$\frac{v_f^2\cdot\varphi\cdot\Phi}{g}\cdot\frac{\rho_G}{\rho_L}\cdot\mu_e^{0.2}=\frac{(1.052)^2\times 1\times 130\times 1.337}{9.81\times 1000}\times 1^{0.2}=0.196$$

横坐标 $$\frac{L}{G}\cdot\sqrt{\frac{\rho_G}{\rho_L}}=0.62$$

在图 5-1 中,根据纵、横坐标定出塔的工作点,位置在 $\Delta p=35$mm H_2O/m 处(1mm H_2O=

9.8Pa)。

例 5-2　在填料塔中用清水吸收空气中的 SO_2，进塔 SO_2 摩尔分数为 10%，要求出塔气体中 SO_2 摩尔分数不大于 0.5%。水的流率为最小流率的 1.5 倍，入塔气体流率（不含 SO_2）为 500kg/(m^2·h)，操作条件为 1atm、303K。求所需的填料塔高度。

已知在 303K 时水吸收 SO_2 的吸收系数方程式为

$$k_{xa} = 0.6634L^{0.82}$$

$$k_{ya} = 0.099\,44L^{0.25}G^{0.7}$$

式中：L，G 为水和气体的质量流率，kg/(m^2·h)；k_{xa}，k_{ya}的单位为 kg/(m^3·h)。

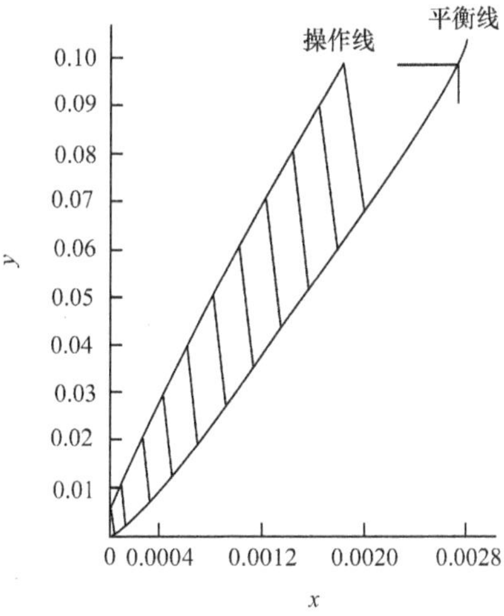

图 5-2　水吸收 SO_2 平衡线和操作线

[解]　303K 时 SO_2 在水中的溶解度数据见表 5-2，利用这些数据可计算平衡曲线，如图 5-2。y 为气相中 SO_2 的摩尔分数，x 则为 SO_2 在水中的摩尔分数。

首先计算水的最小流率，根据逆流吸收塔的操作线方程可以得到下式

$$L\left(\frac{x}{1-x} - \frac{x_1}{1-x_1}\right) = G\left(\frac{y}{1-y} - \frac{y_1}{1-y_1}\right)$$

将 $y_1 = 10\%$，$y_2 = 0.5\%$，$x_2 = 0$，$x_1{}^* = 2.7 \times 10^{-3}$代入方程，得

$$L_{min} = 667\text{kmol/(m}^2 \cdot \text{h)}$$

根据题目所给出的条件，得水的流率为 667×1.5 = 1000 (kmol/(m^2·h))

操作线（见图 5-2）方程为

$$\frac{x}{1-x} = 1.72 \times 10^{-3} \qquad \frac{y}{1-y} = 8.6 \times 10^{-5}$$

SO_2 的进塔流率为 122kg/(m^2·h)，出塔流率为 5.5 kg/(m^2·h)，出塔的总气体流率为 505.5 kg/(m^2·h)，塔顶清水流率为 1.800×10^4 kg/(m^2·h)，离开塔底的富液流率为 1.812×10^4 kg/(m^2·h)。由于 L 接近常数，液相传质系数从塔顶到塔底可以近似认为不变，根据平均质量流率 1.806×10^4 kg/(m^2·h)得

$$k_{xa} = 2.05 \times 10^3$$

但由于总气体流率在塔顶到塔底之间发生变化，k_{ya}随之在塔高范围内发生变化。其在塔顶和塔底的值分别为

$$(k_{ya})_1 = 104.2 \qquad (k_{ya})_2 = 89.48$$

因此，在操作线上任意一点(x，y)可以通过斜率为 $-2.05 \times 10^3/96.82 = -21.2$ 的直线确定 x_2 和 y_2，根据平衡线和操作线的关系可以得到计算填料塔高度的积分式

$$\int_0^{Z_T} dz = \int_{y_2}^{y_1} \frac{G}{k_{ya}} \frac{dy}{(1-y)(y-y_i)}$$

由于吸收前后的气相和液相流率变化不大,所以可以在整个积分范围内进行简化,得

$$\int_0^{Z_T} dz = \left(\frac{\overline{G}}{k_{ya}}\right)\int_{y_2}^{y_1} \frac{dy}{(1-y)(y-y_i)}$$

$\left(\frac{\overline{G}}{k_{ya}}\right)$为积分范围内的平均值。通过上式对操作线方程进行图解积分,结果列于表 5-5。

表 5-5　$1/(1-y)(y-y_i)$值及图解积分值

y	$1-y$	y_i	$y-y_i$	$(1-y)(y-y_i)$	$1/(1-y)(y-y_i)$	ΔI	$\Delta I \cdot \Delta Y$
0.005	0.995	0.000 5	0.004 5	0.004 8	208		
0.01	0.99	0.002	0.008 0	0.007 92	126.3	164	0.82
0.02	0.98	0.007 5	0.012 5	0.012 25	81.7	102	1.02
0.03	0.97	0.014	0.016 0	0.015 52	64.5	72	0.72
0.04	0.96	0.021 5	0.018 5	0.017 75	56.4	60	0.60
0.05	0.95	0.028 5	0.021 5	0.020 4	49	52.5	0.525
0.06	0.94	0.036	0.024 0	0.022 6	44.2	46.5	0.465
0.07	0.93	0.044	0.026 0	0.024 2	41.4	42.8	0.428
0.08	0.92	0.052 0	0.028 0	0.025 8	38.8	40	0.400
0.09	0.91	0.060 5	0.029 5	0.026 8	37.3	38	0.380
0.10	0.90	0.068 5	0.031 5	0.028 3	35.3	36	0.360 5.718

注:ΔY 指第一列相邻值的差,即区间间隔;ΔI 为具前一列相邻值的对数平均值。

最后,在塔两端计算

$$(k_{ya}/G)_1 = 5.448 \qquad (k_{ya}/G)_2 = 5.202$$

取平均值 5.325 估算填料层高度 Z_T

$$Z_T = 5.718/5.325 = 1.074(\text{m})$$

例 5-3　图 5-2 绘制的用水吸收空气中 SO_2 的操作线和平衡线显示,操作线近似于直线,平衡线为曲线。现将吸收设备进出口 SO_2 浓度(y_1-y_2)线段划分成四个区间,数据如下

$x_2=0.000\,073$; $y_2=0.0056$; $y_2^*=0.0030$; $\Delta_2=0.0056-0.0030=0.0026$

$x'''=0.000\,319$; $y'''=0.0320$; $y'''^*=0.0217$; $\Delta'''=0.0320-0.0217=0.0103$

$x''=0.000\,564$; $y''=0.0584$; $y''^*=0.0433$; $\Delta''=0.0584-0.0433=0.0151$

$x'=0.000\,810$; $y'=0.0847$; $y'^*=0.0659$; $\Delta'=0.0847-0.0659=0.0188$

$x_1=0.001\,056$; $y_1=0.1111$; $y_1^*=0.0890$; $\Delta_1=0.1111-0.0890=0.0221$

试用数值积分和图解积分法求取传质单元数和平均推动力。

[解]　(1) 用数值积分求 N_{OG}和 Δ_m

因 $\Delta_{max}/\Delta_{min}=0.0221/0.0026=8.5>6$,所以可将 y_1-y_2 区段划分为四段,利用下式进行计算

$$N_{OG}=\frac{y_1-y_2}{12}\left[\frac{1}{\Delta_1}+4\left(\frac{1}{\Delta'}+\frac{1}{\Delta'''}\right)+\frac{2}{\Delta''}+\frac{1}{\Delta_2}\right]$$

$$=\frac{0.1111-0.0056}{12}\left[\frac{1}{0.022\,1}+4\left(\frac{1}{0.0188}+\frac{1}{0.0103}\right)+\frac{2}{0.0151}+\frac{1}{0.0026}\right]$$

$$=10.3$$

计算平均推动力为

$$\Delta_m=\frac{y_1-y_2}{N_{OG}}=\frac{0.1111-0.0056}{10.3}=0.010\,3$$

(2) 用图解积分法求解 N_{OG}和 Δ_m

根据题义作出图 5－3。由此得到 $N_{OG}=9$,计算平均传质推动力为

$$\Delta_m=\frac{(y_1-y_1^*)-(y_2-y_2^*)}{\ln\frac{(y_1-y_1^*)}{(y_2-y_2^*)}}=\frac{0.0221-0.0026}{2.3\lg\frac{0.0221}{0.0026}}=0.0091$$

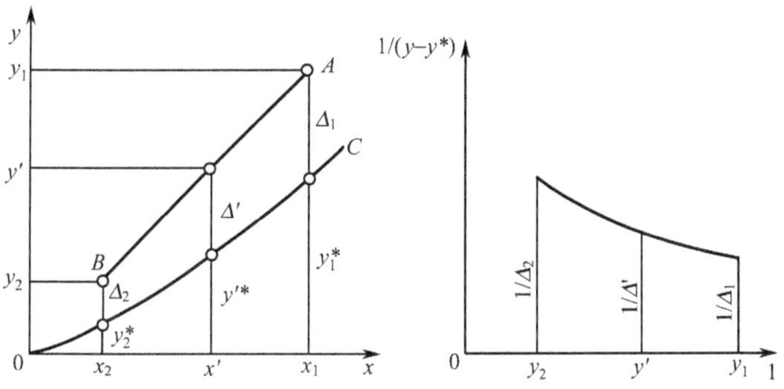

图 5－3　图解积分法求取传质单元数图示

AB 和 *OC* 分别为操作线和平衡线

从计算的结果来看,图解积分求取的传质单元数和平均推动力均比数值积分法要低。

在计算过程中对区间进行分割时,若 $\Delta_{max}/\Delta_{min}<6$,则按三个 Δ 进行计算可以得到满意的计算结果;但是当 $\Delta_{max}/\Delta_{min}$较大时,将区间分割成 4 段更加准确。

一般工业烟气脱硫都采用化学吸收。化学吸收过程不仅存在着气-液相之间的传递过程,在液相还发生化学反应,液相中扩散和反应交织在一起,使化学吸收过程变得复杂。总之,化学反应的结果是液膜和液流主体 SO_2 的浓度减小,增加了 SO_2 吸收的推动力,单位体积中容纳溶质的数量增多。这种吸收加强的效应以增强因子 E 表示。引入增强因子以后,液相传质速率就可以按照物理吸收为基准进行计算。气相中 SO_2 的传质速度表示为

$$N=k_g(p_{SO_2}-p_{SO_2,i})\tag{5-31}$$

液相中 SO_2 的传质速度表示为

$$N=Ek_1(c_{SO_2,i}-c_{SO_2}) \tag{5-32}$$

以气相总传质系数表示化学吸收过程，则

$$N=K_g\left(p_{SO_2}-\frac{c_{SO_2}}{H_{SO_2}}\right) \tag{5-33}$$

式中，K_g 为化学吸收气相总传质系数，kmol/(m²·s·kPa)，其表达式为

$$\frac{1}{K_g}=\frac{1}{k_g}+\frac{1}{EH_{SO_2}k_1} \tag{5-34}$$

以液相总传质系数表达化学吸收过程，有

$$N=K_1(H_{SO_2}p_{SO_2}-c_{SO_2}) \tag{5-35}$$

式中，K_1 为化学吸收气相总传质系数，m/s，其表达式为

$$\frac{1}{K_1}=\frac{H_{SO_2}}{k_g}+\frac{1}{Ek_1} \tag{5-36}$$

在化学吸收过程中计算液相中溶质的总浓度时，必须同时考虑物理吸收和化学吸收，被吸收组分的气液平衡关系既应服从相平衡关系，又应服从化学平衡关系。溶质溶解的质量为气相浓度物理平衡时的溶质量和化学反应消耗量之和，即

$$c_{SO_2}=[SO_2]_{物理平衡}+[SO_2]_{化学消耗}$$

设被吸收组分 A 与溶液中所含的组分 B 发生相互反应生成的组分为 M

$$SO_2(g)\longrightarrow SO_2(l) \tag{5-37}$$

$$SO_2(l)+B\longrightarrow M \tag{5-38}$$

SO_2 的化学吸收是与氢氧化钙、碳酸钠和亚硫酸钠等活性组分相互反应的吸收过程，在吸收液中存在未反应的组分 SO_2、活性组分 B 和惰性溶剂。设溶剂中活性组分 B 的初始浓度为 c_B^0，反应达平衡后活性组分的转化率为 R（R=（活性组分反应了的摩尔数/活性组分的最初摩尔数）×100%），反应后溶液中活性组分 B 的浓度 $[B]=c_B^0(1-R)$，生成物 M 的平衡浓度为 $[M]=R\ c_B^0$。化学平衡常数为

$$K=\frac{[M]}{[A][B]}=\frac{c_B^0R}{[A]c_B^0(1-R)}=\frac{R}{[A](1-R)} \tag{5-39}$$

与亨利定律联立求解得

$$p_{SO_2}=\frac{R}{K(1-R)H_{SO_2}} \tag{5-40}$$

如果物理溶解量忽略不计，可以得到溶液中 SO_2 的总浓度为

$$c_{SO_2}=Rc_B^0=c_B^0\frac{k_1p_{SO_2}}{1+k_1p_{SO_2}} \tag{5-41}$$

式中，$k_1 = KH_A$。

由以上的推导可以知道，溶液的吸收能力 c_{SO_2} 随分压 p_{SO_2} 增大而增大，也随着 K 的增大而增加。另外，溶液的吸收能力还受到活性组分起始浓度 c_B^0 的限制。c_{SO_2} 只能趋近于 c_B^0 而不能超过 c_B^0。另外在化学吸收中提高温度和降低压力可以改善化学吸收过程。

5.1.3.2　SO_2 吸附净化

SO_2 的吸附法控制工艺有百余种，但工业应用的并不多，主要以活性炭吸附净化法为主要代表。

活性炭吸附 SO_2，物理吸附和化学反应同时存在，其过程可以表示如下

$$SO_2 \longrightarrow SO_2^* \quad （物理吸附） \quad (5-42)$$

$$O_2 \longrightarrow O_2^* \quad （物理吸附） \quad (5-43)$$

$$H_2O \longrightarrow H_2O^* \quad （物理吸附） \quad (5-44)$$

$$2SO_2^* + O_2^* \longrightarrow 2SO_3^* \quad （化学反应） \quad (5-45)$$

$$SO_3^* + H_2O^* \longrightarrow H_2SO_4^* \quad （化学反应） \quad (5-46)$$

$$H_2SO_4^* + nH_2O \longrightarrow H_2SO_4 \cdot nH_2O^* \quad （稀释作用） \quad (5-47)$$

* 号表示吸附状态。图 5-4 是活性炭吸附 SO_2 的工艺流程图，该过程利用水洗再

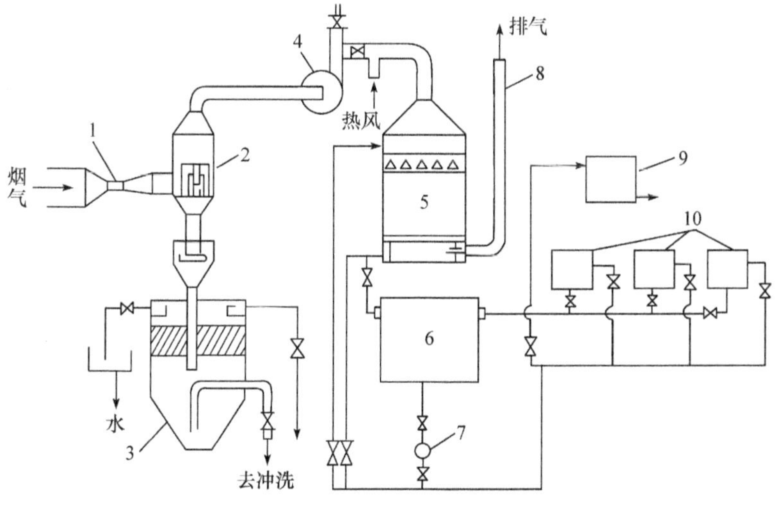

图 5-4　活性炭吸附 SO_2 的工艺流程

1-喷管；2-复挡脱水器；3-澄清池；4-风机；5-吸附塔；6-中间酸箱；7-酸洗泵；8-放空管；9-半成品箱；10-酸槽

生处理烟道气低浓度 SO_2。

5.1.3.3　SO_2 的催化净化

催化净化气态污染物是利用催化剂的催化作用，将废气中的有害物质转变为无害物质或易于去除物质的一种废气治理方法。SO_2 的催化转化有两类：催化还原和催化氧化。从理论上讲，在催化剂的作用下，采用适当的还原剂（如 H_2S 和 CO），可以将 SO_2 还原成单质硫。由于催化剂中毒和二次污染问题较难解决，催化还原法还没有达到实用的阶段。SO_2 催化转化应用较为普遍的是催化氧化法。根据反应组分在催化过程中所处的状态，催化氧化法又分为液相催化氧化和气相催化氧化法两种。烟气催化氧化脱硫系统复杂而且庞大，造价昂贵，产品相对较少，水分和杂质含量大，因此多在高浓度低流量的烟气脱硫过程中制酸。

（1）催化作用与反应速度

催化反应和所有的化学反应本质是一样的。反应进行过程中，反应物分子中的原子或原子团重新组合，在产物分子中形成新键，如式(5-48)和图 5-5 中实线所示。

$$A_2 + B_2 \rightleftharpoons \begin{matrix} A \cdots A \\ \vdots \quad\quad \vdots \\ B \cdots B \end{matrix} \rightleftharpoons 2AB \qquad (5-48)$$

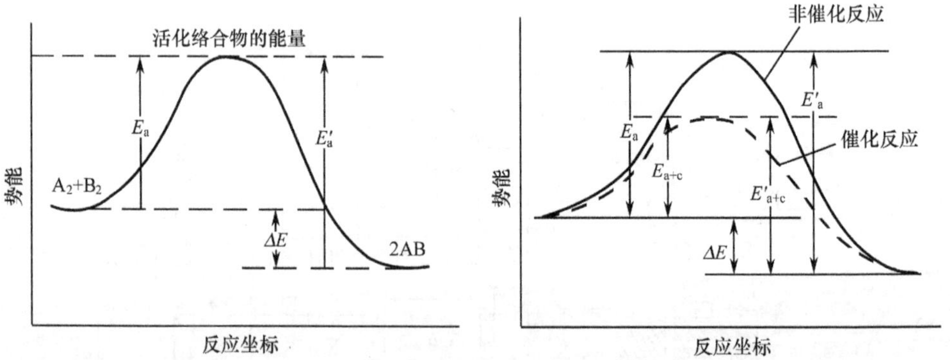

假想反应势能图　　催化反应和非催化反应势能图

图 5-5　催化作用势能图

根据活化分子和活化能理论，在反应物和产物之间存在着一个势能垒，反应物中只有那些具有较高能量的活化分子才能越过反应能垒，重新组合成产物分子。在旧键断裂新键形成之间要经历一种高能态的中间产物，这种高活性的物质可以被看成是一种活化络合体。反应物与活化络合体之间的势能差值称为该反应的活化能,反应的活化能越小,反应越容易进行。化学反应动力学研究表明,反应速度(或反应速度常数)是随着活化能的降低而呈指数上升,催化剂的作用正是通过降低反应的活化能加速化学反应速度,如图5-5中虚线所示。

(2) 液相催化氧化法

日本千代田法烟气脱硫采用的是液相催化氧化法,其工艺流程如图5-6所示。

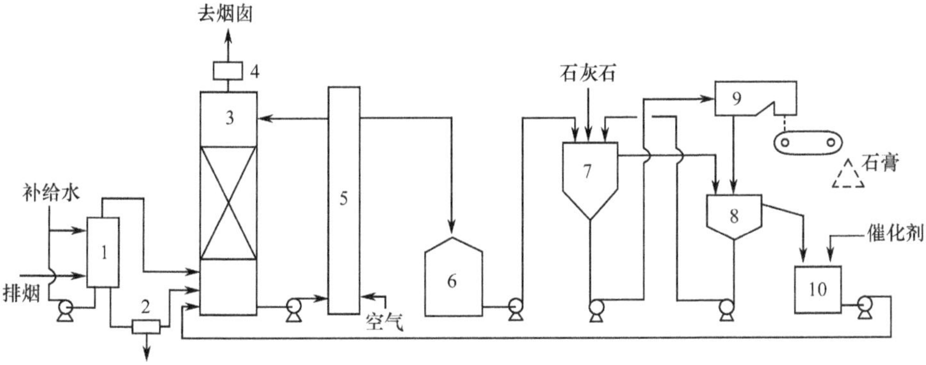

图5-6　千代田法烟气脱硫工艺流程

1-除尘器;2-压滤器;3-吸收塔;4-除雾器;5-氧化塔;6-吸收液槽;7-结晶槽;8-增稠器;9-离心分离器;10-母液槽

液相催化氧化法治理废气中的SO_2是利用溶液中的Fe^{3+}或Mn^{2+}作为催化剂,用水或稀硫酸为吸收剂,将SO_2吸收以后,直接氧化为硫酸。其原理由下式所示

$$2SO_2 + O_2 + 2H_2O \xrightarrow{Fe^{3+}} 2H_2SO_4 \tag{5-49}$$

(3) 气相催化氧化法

气相催化氧化法是在工业接触法制酸的工艺上发展起来的,一般以V_2O_5作为催化剂,将SO_2氧化成SO_3而制成硫酸。该方法用于处理硫酸尾气比较成熟,也成功地应用于有色冶炼烟气制酸。气相催化氧化反应方程式如下

$$V_2O_5 + SO_2 \longrightarrow V_2O_4 + SO_3 \tag{5-50}$$

$$2SO_2 + O_2 + V_2O_4 \longrightarrow 2VOSO_4 \tag{5-51}$$

$$2VOSO_4 \longrightarrow V_2O_5 + SO_3 + SO_2 \tag{5-52}$$

$$2SO_2 + 2H_2O + O_2 \xrightarrow{催化剂} 2H_2SO_4 \tag{5-53}$$

总反应是一个放热反应,其平衡常数随温度的升高而降低,关系如下式

$$\lg K_p = 5134/T - 4.951 \tag{5-54}$$

反应平衡时反应物和产物的浓度及平衡常数之间存在如下关系

$$K_p = \frac{p_{SO_3}}{p_{SO_2} \cdot p_{O_2}^{1/2}} \tag{5-55}$$

这一平衡关系决定了 SO_2 的平衡转化率，对一般的常压操作，有

$$x = \frac{K_p}{K_p + \sqrt{\dfrac{100 - 0.5c_{SO_2,0}x}{c_{O_2,0} - 0.5c_{SO_2,0}x}}} \tag{5-56}$$

式中：$c_{SO_2,0}$——SO_2 的起始浓度，%；$c_{O_2,0}$——O_2 起始浓度，%；

x——SO_2 的平衡转化率。

在上述反应关系中，反应温度越低，平衡常数越大，SO_2 的转化率也越高。但同时，温度越低，反应就越缓慢。因此，使用催化剂促进反应的进行，必须在催化剂的活性温度范围内进行。为了获得较高的转化率，工业上采用变温操作：在反应初期，反应离平衡状态很远，采用较高的温度使反应快速进行；在反应的后期，反应体系已接近平衡状态，这时降低温度使反应向深度发展，以获得高的转化率。温度范围的选择以催化剂的活性温度范围为准。

烟气脱硫的催化氧化工艺有别于传统的工艺流程，见图 5-7。

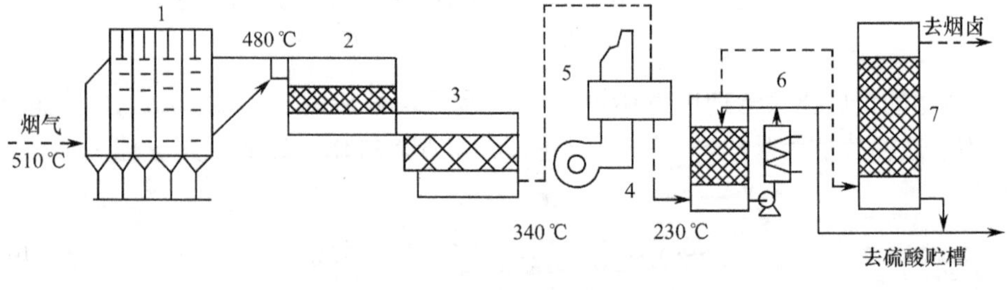

图 5-7　烟气脱硫催化氧化工艺流程

1-除尘器；2-反应器；3-节能器；4-风机；5-空气预热器；6-吸收塔；7-除雾器

5.2　燃烧前脱硫技术

燃烧前脱硫是在燃烧前对燃料脱硫，亦称为燃料脱硫。燃料脱硫的重点是燃煤前脱硫，其主要途径是物理方法如煤的洗选等。其他的如化学浸出法、微波法、细菌脱硫、磁力脱硫等技术也已有实验室和中试规模，可以将煤中的大部分硫去除。化学、生物脱硫方法以及对传统物理洗选工艺的改进，仍然是各国选煤研究的热点。

5.2.1　燃煤脱硫的物理方法

煤的物理脱硫方法只能从煤炭中分离出物理性质不同的物体，它不能分离以化学状态存在于煤中的硫，所以燃煤脱硫工艺及其效率取决于硫在煤中的富存特点。新型的物理洗选技术首先需要把煤粉磨得更细，使更多的杂质从煤炭中分离，其脱硫效率可以达到 90%以上。

燃煤脱硫的物理方法有许多分类。按照矿物的不同密度分选，可以分为重介质、跳汰、摇床、螺旋分选、水介质旋流器等；按矿物的表面特性分选，主要有浮选、选择性絮凝、油聚团电选等；按矿物的磁性差别分选，主要是高梯度磁选。

常规的物理选煤是十分成熟的工艺，也是减少 SO_2 排放的经济实用的途径。其基本原理是，煤中硫化铁（FeS_2）的相对密度为 4.7～5.2，而煤的相对密度仅为 1.25，因此可以将煤破碎后利用两者相对密度的不同，用洗选的方法去除煤中的硫化铁硫和部分其他矿物质。

5.2.1.1　重介质选煤

重介质选煤技术是基于阿基米德原理，严格按照密度分选的方法，因此分选介质密度在煤与矸石之间。在这样的条件下煤颗粒在分选介质中存在三种状态：下沉、上浮和悬浮。颗粒在分选介质中运动时，受到重力、浮力和介质的阻力作用，最初相对悬浮液做加速运动的颗粒，最终将以一恒定的相对速度相对于悬浮液运动。以重介质旋流器选煤为例，选煤过程是在离心力场中完成的，此时重力的作用相对于惯性力可以忽略不计。当煤粒在离心力场中达到平衡时，颗粒所受到的离心力为

$$f_c = V\rho_s v_t^2/r \tag{5-57}$$

颗粒受到的向心力为

$$f_e = V\rho v_t^2/r \tag{5-58}$$

式中：V——颗粒的体积，m^3；v_t——颗粒受到的切向速度，m/s。

当固体的密度 ρ_s 大于液体的密度 ρ 时，颗粒被甩向外螺旋流，沿斜壁集中于底流口排出；当 ρ_s 小于 ρ 时，颗粒将移向内螺旋流，集中在旋流器的中心由溢流口流出。颗粒越大，最终速度越大，分选效率就越大。在重介质分选过程中颗粒粒度和形状只影响分选的速度，这也是重介质选煤之所以成为效率最高的重力选煤法的原因。

重介质选煤的特点是分选效率高、分选密度调节范围宽、适应性强、分选粒度范围宽、生产过程易于实现自动化。缺点是增加了重介质的净化回收工序及设备磨损比较严重。

重介质选煤设备主要有分选大于 6mm 或 13mm 的块煤斜轮重介质分选机、立

轮重介质分选机以及分选末煤的重介质旋流器。重介质选煤适用于分选排矸、难选煤和极难选煤，低密度分选用于脱除黄铁矿、选粗精煤提高精煤的质量。尤其是对大于 0.2 mm 的煤泥，重介质旋流器的分选精度优于跳汰选和浮选；对于 0.1～0.2mm 的煤泥，重介质旋流器与浮选相近。因此，在条件适合时用重介质分选取代浮选，可以解决不宜浮选的氧化煤粉的分选问题。

5.2.1.2 跳汰选煤

跳汰选煤是各种密度、粒度及形状的物料在不断变化的流体作用下使物料床层与水之间发生相对脉动，从而实现轻重物料的分层和分离。跳汰过程的特征表现是异类粒群混合物床层具有的密度差别。跳汰机的种类繁多，用处各不相同。按产生脉动水流动力源的不同，可分为活塞跳汰机、无活塞跳汰机和隔膜跳汰机；按跳汰机在流程中位置的不同，可以分为主选机和再洗机；按产品数目又可以分为一段跳汰机、两段跳汰机和三段跳汰机；按排矸的方式不同可以分为顺排矸和逆排矸跳汰机。其中动筛跳汰是最古老且最典型的跳汰选煤过程。

动态跳汰机一般由盛水的机体、带有筛板的筛箱、驱动机构以及排料轮四大部分组成。筛箱在排料端铰接在固定轴上，另一端与驱动装置（液压缸或曲柄杆）相连接，由后者带动其上下摇动。原料由给料端喂入，在筛板上铺成床层。当筛板向上运动时物料随着筛板上升，当筛板快速下降时，为床层的松散和颗粒的分离创造了空间。高密度颗粒首先落到筛板上，低密度颗粒下降速度较慢，留在上层。由于筛板向排料端倾斜，同时还存在上下振动，使得床层在分离的同时向排料端移动。物料床层经过如此数次跳动后，当其移至排料端时，就完成了轻重颗粒的分离，重物料紧贴筛板，轻物料位于上层。低层的重物料经排料口落入排料轮的前端，上层的轻物料越过溢流堰落入排料轮的后端。排料轮是一个转动的大轮子，中间隔成两部分，每部分都用筛板分割成若干隔室，用于从水中捞取不同轻重物料，再卸入流槽中即成为轻重两种产品。

近几十年来随着采煤机械化的发展和用户对煤质要求的提高，各种煤炭几乎都需要加工，特别是块煤需要排矸。因此需要利用现代技术手段，开发新型跳汰设备。

与重介法相比，跳汰法可以省掉许多工序和大量设备，因此建设投资少、成本低、工作可靠、经济效益显著，所以跳汰选煤在煤炭分选中占据着十分重要的地位。

5.2.1.3 浮选法

浮选法是利用矿物的表面润湿性差别对煤进行分选的选煤方法。随着煤颗粒的减小，物料的表面积迅速增大，表面性质对分离过程的影响迅速增大并起到决定性作用。煤是具有天然疏水性的物质，煤泥水中的固体悬浮物颗粒一般在 0.5mm 以下，属于细筛分的煤，具有极大的表面积。因此利用矿物质不同程度的表面润湿性就可以对细粒煤进行分选，而这时一般重力选煤方法的分选速度和效果都会下降。

浮选过程是向预先用浮选剂处理过的、配制成一定浓度的煤浆中通入气泡，润湿性差(疏水)的煤粒向气泡黏附并浮起，润湿性好(亲水)的矸石颗粒不易与气泡黏附，仍留在煤浆中，这样就达到了煤与矸石颗粒分离的目的。

浮选脱硫通常有三种方法：多段浮选；抑制黄铁矿浮煤；在抑煤的同时浮选黄铁矿。但是浮选脱除黄铁矿硫的效率很差，其原因是：水力夹带、诱发的疏水性和颗粒解离不完善或表面污染，使大多数煤粒直接附着在气泡上被回收到泡沫产物中，从而导致黄铁矿硫的除硫效率下降。提高浮选法的脱硫效率一直是研究者的目标。

5.2.1.4　干法选煤

干法分选设备有风力摇床、风力淘汰机、γ 射线选矸机、空气重介质流化床分选机等。工业上使用的风力选煤设备主要有 CH—6 型和 CH—12 型两种规格的风力摇床。干选法适用于煤在燃烧前需磨碎的情况，磨后的煤用烟道气干燥，还适用于分选氧化煤，因为氧化煤含有膨胀的黏土，用湿法特别难处理。在水资源日益紧张的今天，干法分选越来越受到了人们的重视。

风力选煤的优点是不用进行产品脱水、煤泥回收等工序，可以节省设备和系统投资。但是该方法的弱点是：风选的入料粒度范围非常窄，要求煤和矸石的视密度差不得低于 0.8；对入选原料煤的水分和颗粒形状非常敏感；风选系统中要求设置降尘、集尘设施；分选效率低、成本高。因此风选方法的使用受到了限制。

5.2.2　燃煤脱硫的化学方法

煤的化学脱硫过程一般采用强酸、强碱和强氧化剂，在一定温度和压力下通过化学氧化、还原提取、热解等步骤来脱除煤中的黄铁矿。化学分选特别适用于在物理分选排除了大部分矿物质后的最后一道工序。化学分选需要高活性的化学试剂，工艺过程大多是在高温高压下进行，对煤质有较大的影响，而且大多数化学分选工艺在成本方面缺乏足够的吸引力，因而在一定程度上限制了燃煤化学脱硫方法的使用。

5.2.2.1　碱法脱硫

将烟煤用熔融碱($KOH/NaOH$)在 200～400℃ 下处理，然后用水洗，可以脱除全部黄铁矿硫和一半有机硫。FeS_2 在较低温度下被脱除，而有机硫的脱除程度则随着温度的升高而增加。也有人用熔融的 Na_2CO_3 或 20% Na_2CO_3 水溶液分步处理，可脱除 75%左右的总硫。

美国矿物局和 Battelle Memorial 研究所对热碱法脱硫的研究表明，该方法可以脱除几乎全部的无机硫和 24%～70%的有机硫，总脱硫效率达 50%～84%，适合于气化燃料煤脱硫。热碱浸出法是采用 $Ca(OH)_2$（约 2%）和 NaOH（4%～10%）的混合溶液作为浸出液，在反应温度为 225～275℃、压力为 2.41～17.2MPa 的条件下操作，工艺流程见图 5-8。

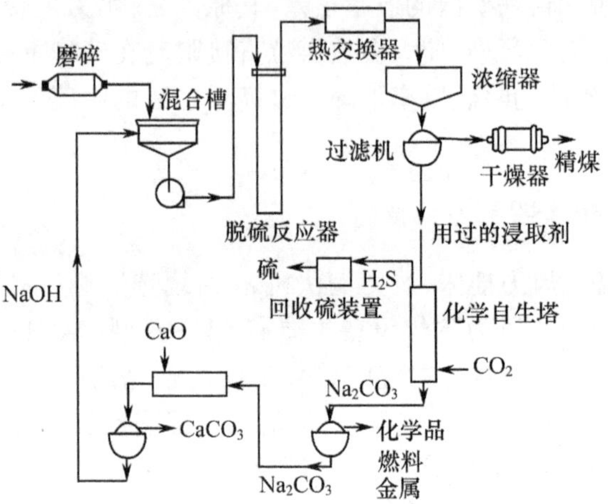

图 5-8　热碱浸出法工艺流程

石灰水与碳酸钠反应，产生氢氧化钠和碳酸钙，过滤得到的氢氧化钠稀溶液经浓缩后回到反应器。碳酸钙经煅烧生成石灰，放出 CO_2 用于再生塔。在过程中大约有 3%的氢氧化钠消耗，主要和煤中的硅酸盐、铝酸盐以及煤的有机质发生反应。主要的再生反应如下

$$Na_2S + 2NaOH + 2CO_2 \longrightarrow 2Na_2CO_3 + H_2S\uparrow \tag{5-59}$$

$$Na_2CO_3 + CaO + H_2O \longrightarrow 2NaOH + CaCO_3\downarrow \tag{5-60}$$

$$CaCO_3 \longrightarrow CaO + CO_2 \tag{5-61}$$

5.2.2.2　气体脱硫

煤中的黄铁矿和有机硫能与某些气体反应，生成挥发性含硫产物而脱硫。在 350～550℃时，用水蒸气和空气可脱除 30%的黄铁矿硫；600℃时，H_2 可使 FeS_2 全部转化为 H_2S 和 Fe，但在高温下，气流中的 H_2S 和脱硫的物种间存在物料平衡会阻碍进一步脱硫；900℃时用 N_2 或 H_2 处理可脱除 80%的硫，但脱硫效果比用空气

处理差，因此脱硫效率可能受氧扩散入煤和二硫化铁所控制。

煤加氢脱硫是指在一定温度条件下进行热分解的工艺。煤加氢热解产品的种类在很大程度上取决于操作条件，有以下几种不同的类型：(1) 加氢气化　目的产品为甲烷；(2) 加氢热解　目标产品为焦油和固体半焦；(3) 快速加氢热解　目的产品为苯、甲苯和二甲苯。煤加氢热解的氢压一般低于 10MPa，温度低于 800℃，反应条件比煤的气化和液化要缓和。

5.2.2.3　氧化脱硫

氧化脱硫法是利用氧化剂从煤中脱硫，特别是脱黄铁矿硫。氧化脱硫采用氧化剂，如稀 HNO_3、氯在水悬浮液中和 3% H_2O_2 溶液处理煤。另外用空气和水在加压下可以脱除煤中几乎所有的黄铁矿硫和 40% 的有机硫。

值得一提的是，Yurovsku 早期尝试用化学反应脱黄铁矿硫是用 $Fe_2(SO_4)_3$ 水溶液氧化 FeS_2，最终得到 $FeSO_4$ 和硫。$FeSO_4$ 经空气氧化再生为 $Fe_2(SO_4)_3$，可循环使用，其化学总反应为

$$FeS_2 + 2\frac{2}{5}O_2 \longrightarrow \frac{3}{5}FeSO_4 + \frac{4}{5}S + \frac{1}{5}Fe_2(SO_4)_3 \qquad (5-62)$$

该方法已经工业化，可脱除 90%～95% 黄铁矿硫，燃烧值损失不大，该方法称为 TRW Meyers 法。

5.2.3　煤的其他脱硫方法

(1) 煤的生物脱硫

煤的生物脱硫原理是：利用某些嗜酸耐热菌在生长过程中消化吸收 Fe^{3+}、S 等的作用，从而促进黄铁矿硫的氧化分解与脱除，硫的脱除率可达 90% 以上。总反应可以用下式描述

$$2FeS_2 + \frac{15}{2}O_2 + H_2O \xrightarrow{\text{细菌}} 2Fe^{3+} + 4SO_4^{2-} + 2H^+ \qquad (5-63)$$

式(5-63)实际上表示了细菌脱硫过程的两种作用形式：直接作用形式和间接作用形式。细菌直接侵袭黄铁矿、白铁矿表面就是直接作用，直接作用的生成物可以加速氧化还原反应的溶解过程，生成物为高价铁离子和硫酸根。直接作用过程生成的三价铁离子可以作为强氧化剂作用于黄铁矿使二价铁再生，然后在细菌的作用下将二价铁氧化为三价铁，另外生成的单质硫在细菌作用下氧化为硫酸，这一系列循环式氧化还原反应称为间接作用。这两个过程同时起作用，促进了黄铁矿硫的氧化溶解。

生物脱硫研究的焦点主要集中在菌种的开发上，用于煤脱硫的细菌涉及到喜

温嗜酸型、嗜热型、自养型及异养型等多种细菌。目前研究的重点放在四组微生物上：硫杆菌属、硫化叶菌、大肠杆菌和假单细胞菌属，但这些菌种的开发研究还存在着一些问题。

煤的微生物脱硫具有反应条件温和、对煤质损害小、能脱除煤中的大部分硫，而且处理量大、不受场地限制等优点。其成本与某些分选技术相当，应用前景十分广阔。但这种方法的脱硫周期长、工艺复杂，不适应工业脱硫的需要。

(2) 煤的微波脱硫

煤的微波脱硫是基于能量同煤样(煤和浸取剂的混合物)之间的相互作用，激发煤中硫化物同浸提剂反应的一种物理化学脱硫过程，其分解反应为

$$FeS_2 \longrightarrow Fe_{1-x}S \longrightarrow FeS \tag{5-64}$$

式中，$Fe_{1-x}S$ 表示酸液可溶的磁黄铁矿，微波辐照会使铁硫原子间的离子键浓度增加。研究表明微波脱硫可以脱除煤中 50% 以上总硫，其中无机硫占 90%。

微波法操作简单，可在室温下进行，其缺点是难以脱除有机硫。微波法与其他脱硫方法结合，可提高脱硫效率。目前微波脱硫尚处在实验室阶段，如能取得突破，直接用于煤的脱硫，必将带来一定的经济与环境效益。

(3) 煤的高梯度磁选脱硫

高梯度磁选(HGMS)脱硫方法属于物理脱硫方法，它利用煤与煤系黄铁矿磁性质的差异，从分离原理上消除了表面性质的影响。高梯度磁选不仅能脱除已单体解离的矿物，还能脱除部分连生体状的黄铁矿，这是浮选法所不能比拟的。

对煤系黄铁矿表面特性的理论分析表明，煤系黄铁矿与矿床黄铁矿最大的区别在于碳谱的不同，煤系黄铁矿含碳量远高于矿床黄铁矿。黄铁矿、煤及煤系大多数矿物质都具有弱磁性，而且煤系黄铁矿与矿床黄铁矿均呈顺磁性，煤呈逆磁性，煤系黄铁矿的平均磁化率是矿床黄铁矿的 13 倍，因此高梯度磁选更适合于煤系黄铁矿脱硫，尤其是砂层状、砂晶细分散状、集合状等其他脱硫法不易脱除的黄铁矿。另外，高梯度磁选不仅可脱除煤中的黄铁矿，而且还能脱除含铁量较高的煤系黏土、菱铁矿等矿物，降低煤的灰分。

(4) 煤的超临界醇萃取脱硫

煤的超临界醇萃取脱硫是化学和物理过程同时存在的工艺过程，它同时利用了具有氢键与偶极吸引力的超临界醇对极性有机化合物较大的溶解力与煤在萃取过程中的热分解，可以同时脱除煤中的有机硫与无机硫，而且在不破坏原固体燃料燃烧性质的前提下，生产出洁净的固体燃料，是一种有研究价值的煤脱硫工艺。

5.2.4 其他燃料脱硫

除了煤的燃烧前脱硫，还应该包括燃油和燃气的燃前脱硫。

燃油在燃烧过程中全部硫分以氧化物的形式转移到排烟中，故使用前必须进行脱硫。石油中所含的硫分以复杂的有机化合物形式存在，实现燃油脱硫是十分困难的。要脱除油中的硫分，必须在高温(950℃)或高温和氧化剂的同时配合作用下，彻底地加工燃料，破坏原来的组织，并产生新固态、液态和气态产物。一般重油脱硫可以采取催化碱洗脱硫和加氢催化精制脱硫。另外，可以将重油催化裂化转化为气体，通过燃气脱硫来实现燃油的脱硫目标。

燃气的脱硫过程包括天然气的脱硫以及燃料转化为气态燃料以后进行脱硫。一般煤气中含硫组分包括硫化氢(H_2S)、羟基硫(CSH)、二硫化碳(CS_2)、噻吩(C_2H_4S)、硫醚($CH_3—S—CH_3$)、硫醇(CH_3HS)等，但以硫化氢、羟基硫和二硫化碳为主，其中硫化氢占煤气总硫的90%以上，所以燃气的脱硫过程主要指硫化氢的脱除。

5.3 燃烧中脱硫

燃烧中脱硫方法主要有型煤固硫、流化床燃烧脱硫和炉内喷钙技术。其脱硫原理如下：

粉状石灰石在高温下分解成CaO和CO_2。该反应是吸热的，热分解温度为880℃，反应式为

$$CaCO_3 \longrightarrow CaO + CO_2 \tag{5-65}$$

在氧化性气氛中CaO与SO_2发生如下的脱硫反应

$$CaO + SO_2 \longrightarrow CaSO_3 \tag{5-66}$$

$$CaSO_3 + \frac{1}{2}O_2 \longrightarrow CaSO_4 \tag{5-67}$$

$$CaO + \frac{1}{2}O_2 + SO_2 \longrightarrow CaSO_4 \tag{5-68}$$

式(5-68)是燃烧中脱硫的主要反应，但受温度限制。其最佳的反应温度是800～850℃，此时脱硫效率最高。

在还原性气氛中，煤中的硫分会生成H_2S，存在反应

$$CaCO_3 + H_2S \longrightarrow CaS + H_2O + CO_2 \tag{5-69}$$

$$CaO + H_2S \longrightarrow CaS + H_2O \tag{5-70}$$

如果CaS再遇到氧气，则根据氧的浓度大小会发生如下的氧化反应

$$CaS + 1\frac{1}{2}O_2 \longrightarrow CaO + SO_2 \tag{5-71}$$

$$CaS + 2O_2 \longrightarrow CaSO_4 \tag{5-72}$$

在炉内温度高于1300℃时，已生成的 $CaSO_4$ 会分解成 SO_2。因而采用石灰石作脱硫剂时，若燃烧温度超过1300℃，脱硫效果很差。由此可见，向炉内加入石灰石脱硫，对于不同燃烧方式的燃煤设备，其使用方法、使用条件及脱硫效果都不同。

为确定为达到一定脱硫效率所消耗的脱硫剂量，常用钙硫比（$r_{Ca/S}$）表示 $CaCO_3$ 脱硫时钙的有效利用率。所需 $r_{Ca/S}$ 越高，则钙利用率越低。如煤中的含硫量为 w_S（%），为达到一定的脱硫效率所需的钙硫比为 $r_{Ca/S}$，则需加入的脱硫剂量 G（kg/h）为

$$G = \frac{100}{32} r_{Ca/s} \frac{w_S}{w_{CaCO_3}} B \quad (kg/h) \tag{5-73}$$

或

$$r_{Ca/s} = \frac{32}{100} \frac{w_{CaCO_3}}{w_S} \frac{G}{B} \tag{5-74}$$

式中：G——需加入的脱硫剂量 kg/h；

$\frac{100}{32}$——100与32分别是 $CaCO_3$ 和S的相对分子质量；

$r_{Ca/S}$——钙硫摩尔比；

w_S——燃料中硫的质量分数，%；

w_{CaCO_3}——脱硫剂中 $CaCO_3$ 的质量分数，%；

B——燃料消耗量，kg/h。

5.3.1　型煤固硫

型煤固硫技术是用沥青、石灰、电石渣、无硫纸浆黑液等作为黏结剂，将粉煤经机械加工成一定形状和体积的煤。型煤燃烧脱硫可减少 SO_2 排放的40%～60%，可提高燃烧热效率20%～30%，节煤率达15%。型煤主要分为民用型煤和工业型煤两种。

5.3.1.1　型煤固硫原理

型煤固硫的基本原理属于钙基脱硫。将煤粉与脱硫剂混合，加上黏结剂和催化剂，然后压制成型，燃烧时产生的 SO_2 气体遇到脱硫剂中的CaO就会发生固硫反应。固硫剂的热分解合成反应除了式（5-65）～（5-68）以外，还发生了以下反应

（1）热分解反应　　$Ca(OH)_2 \longrightarrow CaO + H_2O$　　（5-75）

（2）固硫剂合成反应　　$Ca(OH)_2 + SO_2 \longrightarrow CaSO_3 + H_2O$　　（5-76）

$CaO + SO_2 \longrightarrow CaSO_3$　　（5-77）

(3) 中间产物歧化反应　　$4CaSO_3 \longrightarrow CaS + 3CaSO_4$　　(5-78)

(4) 固硫产物的高温分解　　$CaSO_3 \longrightarrow CaO + SO_2$　　(5-79)

$CaSO_4 \longrightarrow CaO + SO_2 + O$　　(5-80)

型煤燃烧过程中 SO_2 释放规律如图 5-9 所示。

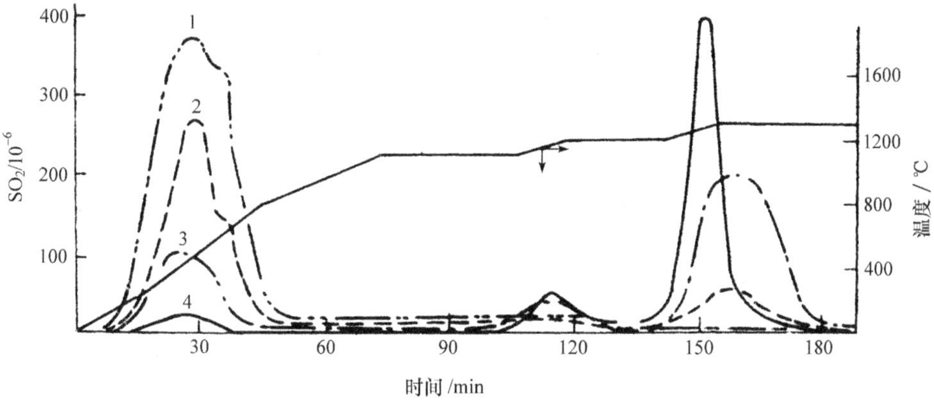

图 5-9　煤燃烧过程中 SO_2 释放规律

1-原煤；2-煤，$CaCO_3$；3-煤，CaO，MgO，V_2O_5；4-煤，$CaCO_3$，$MgCO_3$

然而型煤固硫过程远不止式(5-75)至式(5-80)这些反应，还有如白云石的分解产物 MgO 及其他金属氧化物的固硫合成反应，有效固硫组分与燃烧气氛中少量 SO_3 的合成反应，固硫剂热分解前的固硫合成反应，在不同燃烧温度区段视氧化性或还原性气氛而异的多种变性反应等。同时固硫合成反应也表明，脱硫剂中 CaO 才是有效的脱硫剂，因此煅烧温度仍然至关重要。型煤加入脱硫剂以后，低温燃烧阶段固定下来的硫在高温区可以重新释放。初期减少 SO_2 排放的效果越好，高温下重新分解释放的 SO_2 也越多，所以型煤固硫的关键应该是高的低温反应活性和低的高温分解速率。

5.3.1.2　型煤固硫率及其影响因素

目前型煤固硫率 R_S 主要有以下几种计算方法：

(1) 以固定在灰渣中的硫量占型煤总含硫量的百分率作为固硫率

$$R_S = \frac{[A_g]\cdot[S_A]}{[S_C]} \times 100\% = \frac{m_A \cdot [S_A]}{m_C \cdot [S_C]} \times 100\% \tag{5-81}$$

(2) 以入炉型煤中的硫量与烟气排出硫量的差值占入炉硫量的百分率来表示固硫率

$$R_S = \frac{1}{n}\sum_{i=1}^{n}\left(1 - \frac{10^{-3}cV}{2m_c[S_C]}\right) \times 100\% \tag{5-82}$$

(3) 以型煤燃烧对原煤散烧在相同锅炉出力下 SO_2 排放量下降的百分率表示

$$R_S = \frac{1}{n}\sum_{i=1}^{n}\left(1 - \frac{cV}{c_0 V_0}\right) \times 100\% \tag{5-83}$$

式中：R_S——固硫率，%；

$[A_g]$——型煤灰分，%；

$[S_A]$——灰渣硫分，%；

$[S_C]$——型煤硫分，%；

m_A——灰渣质量，kg/h；

m_C——型煤质量，kg/h；

c——型煤烟气中 SO_2 浓度，g/m^3；

c_0——原煤烟气中 SO_2 浓度，g/m^3；

V——型煤烟气量，m^3/h；

V_0——原煤烟气量，m^3/h；

n——测定次数。

在以上三式中，以第三式最为方便，对大气环境影响而言相对合理。在式中实际扣除的不只是原煤散烧灰渣中的残硫量，还包括两种不同机械漏煤含硫量的差额。型煤节煤的主要原因是机械漏煤量大为减少，漏煤的挥发分损失大，但因未受像炉渣中残碳那样的高温分解，硫分残硫率高，在回炉利用的过程中会再度释放出来。另外，为了反映排烟中 SO_2 浓度波动的影响，从准备工作和采样频率上把握测试质量，可以按下式评价型煤的固硫率

$$R_S = \frac{1}{n}\sum_{i=1}^{n}\left(1 - \frac{cV + m's'}{c_0 V_0 + m's'_0}\right) \tag{5-84}$$

影响型煤脱硫效率的因素主要是钙硫比，$r_{Ca/S}$越大，固硫效果越好，但费用也越高。在满足 SO_2 排放要求的情况下 $r_{Ca/S}$应取低值，以减少固硫费用。$r_{Ca/S}$的最终选择是在一定煤粒径分布下，对固硫剂粒径和添加剂等多种影响因素的试验结果基础上综合决定的。

(1) 原煤含硫量的影响

原煤含硫量对 $r_{Ca/S}$的选择影响较大。随着原煤含硫量的增加，$r_{Ca/S}$的增势减小，如图 5-10 和图 5-11 所示。所以，在一定固硫率要求下含硫较高的煤种，$r_{Ca/S}$可以相应减小。一般情况下，SO_2 排放浓度有一定要求，因此含硫高的原煤其固硫率要求也高。根据实际要求，利用这种量变关系，并借鉴相近的实验结果，可估算 $r_{Ca/S}$。

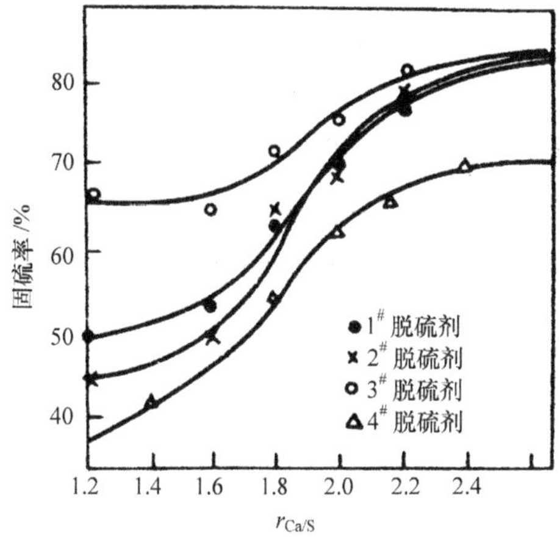

图5-10　钙硫比对固硫率的影响(1000℃)

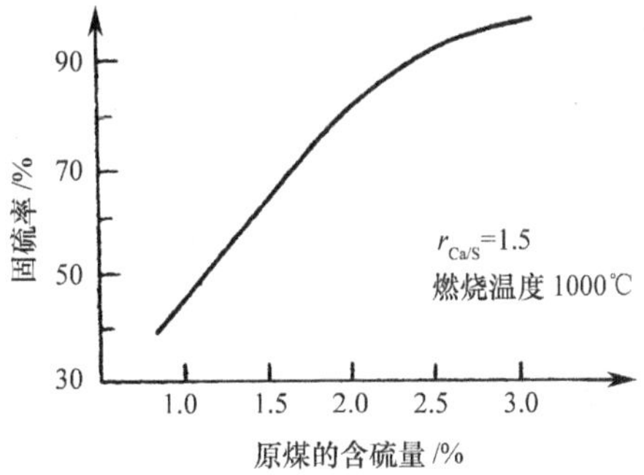

图5-11　原煤含硫量对固硫率的影响

(2) 固硫剂粒径的影响

三条不同固硫剂粒径的固硫试验曲线如图5-12所示。对于型煤而言，硫分布不均匀，过小的固硫剂颗粒对孔结构和反应面产生不利的影响。固硫剂颗粒在0.1～0.2mm范围内对固硫率的影响已不明显，现在型煤的粒径范围一般为0.10～0.15mm。如将高温分解率限制在30%以下，$r_{Ca/S}$可取2。

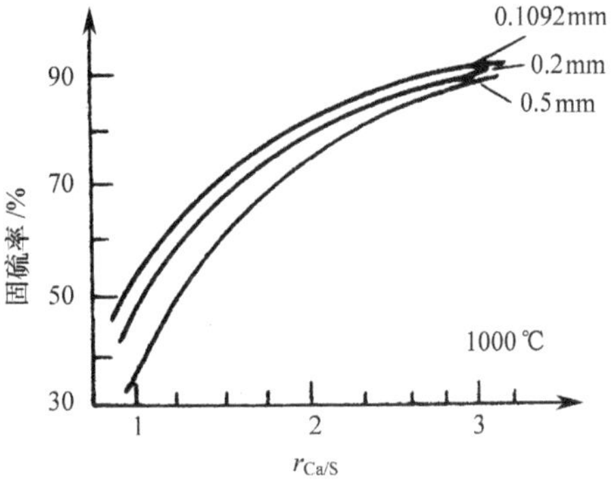

图5-12　不同粒径固硫剂的固硫曲线

(3) 添加剂的影响

添加剂的作用旨在克服钙基固硫剂本身的局限性，可以兼顾固硫和燃烧工况。铁、镁、锰、锌、铜等金属氧化物都能提高钙基固硫的低温反应活性，活化顺序按上述排列依次递增。但出于经济性的考虑，除了天然廉价矿源(如白云石中含有的MgO)和工业废渣(Fe_2O_3)之外，一般难以采用。在高钙硫比条件下，过量的CaO会导致灰分含量升高，从而抑制焦炭燃烧温度，缓解$CaSO_4$的高温分解。通过经济衡算，如果添加剂的费用高于钙基固硫剂节约的费用和高灰分下的能量损失，添加剂就失去了实用的意义。

(4) 其他影响因素

型煤固硫其他的影响因素还包括成型工艺、煤种及燃烧温度等。成型工艺方面，混合的顺序和效果对固硫率有影响。从添加剂的作用机理和用量少的特点来看，固硫剂首先和煤料混合均匀，可以减轻原煤中无机硫局部分布不均匀对钙硫比的影响。型煤表面的富钙化则使单个型煤和整层型煤的钙分布更趋合理，更能有效地消除无机硫分布不均的影响。煤种的影响包括硫分、燃料比和灰分所决定的焦炭燃烧温度，同时煤种还决定了钙硫比和添加剂的使用。燃烧温度的调控主要是为了保证添加剂的固硫效果，调控的直接对象是型煤本身的燃烧温度，特别对于温度调整中燃烧工况的调整。要使型煤及早着火，并发挥型煤火床更为均匀的优势，在不显著影响整体燃烧强度的前提下，须采用必要的手段，扼制燃烧的最高温度。

5.3.2　流化床燃烧脱硫技术

煤的流化床技术是在20世纪60年代开始发展起来的新型煤燃烧技术，30多年来发展很快。流化床燃烧作为更清洁、更高效的煤炭利用技术，正受到世界各国的普遍关注。

5.3.2.1　流化床流态化原理

固体颗粒在流体介质的作用下表现出流体的宏观特性，就是固体的流态化。在一个固体颗粒床层中以空气作为流体介质的流态化过程如图5-13所示。

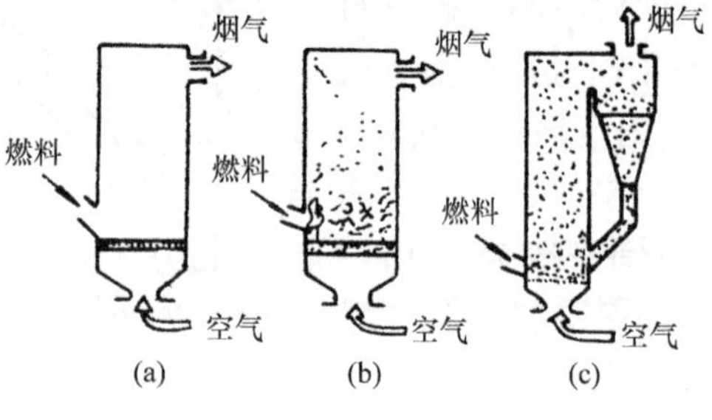

图5-13　气固两相随气体流速变化所呈现的不同流态
(a) 固定床；(b) 沸腾床；(c) 循环床

图5-13表现了在不同气体流速下床层的不同状态。图5-13(a)是固定床，此时气体速度较低，只通过静止的颗粒之间的间隙，空隙率是一个常数 ε_0。图5-13(b)是沸腾床，整个床层从表面上看极像处于沸腾状态的液体。在固定床和沸腾床之间存在着一个临界值，该值对应着颗粒所需要的最低流态化速度 U_{mf}。此时流体特征是颗粒和气体的摩擦力之和与其重力平衡，垂直方向上作用力等于零，通过床层任一截面的压降大致等于在该截面上颗粒的重量。由于超过临界流态化所需的气体大多数以气泡的形式通过床层，所以沸腾床亦称为鼓泡流化床。进一步增加气体速度，使它高到足以超过固体颗粒的终端速度时，床层上界面消失，固体颗粒随气体从床层中带出，发展成气体输送状态。若在床层出口处用一气

固分离器将固体颗粒分离下来，再回送至床层中，就形成颗粒循环，就是图 5－13(c)的循环流化床。在流态化过程中，床层的空隙率和床层颗粒状态及流速的关系如图5－14所示。

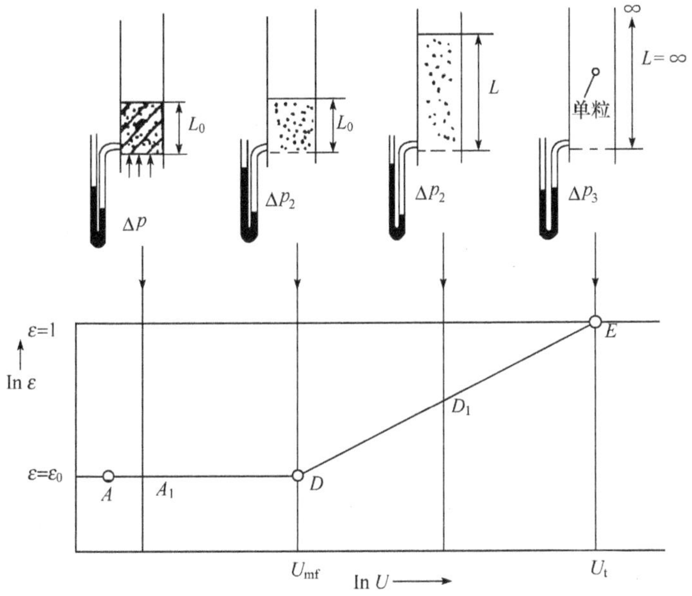

图 5－14　理想流态化床层的空隙率和床层颗粒状态及流速的关系

图 5－14 是对图 5－13 中床层的流态化过程的直观描绘。图 5－14 中的线段 AD 代表了图 5－13(a)的固定床，此时空隙率为一常数。点 D 对应着临界流态化速度 U_{mf}，这是颗粒流态化所需的最低速度。超过 D 点的床层表现出流态化特征，床层膨胀，由原来固定床的床高 L_0 增至 L，颗粒在床层中剧烈浮动，形成了图 5－13(b)中的沸腾床，以线段 DE 表示。其中，某一流态化速度下的沸腾床以点 D_1 表示。如果容器体积有无穷大，当流态化速度达到某一极限值时，颗粒就悬浮在无穷大的空间内，以点 E 表示。此时的空隙率为 1.0，床层高度 $L\to\infty$。但容器不可能具有无穷大体积，所以颗粒将从容器的上部溢出，正如图 5－13(c)所表示的那样。将出口处一部分颗粒分离并送回至床层中，就形成了循环流化床。

根据流态化过程的描述，总结出理想流态化过程有如下几个特征：

(1) 理想流态化过程有一个明显的临界流态化点和临界流态化速度 U_{mf}，当流速达到 U_{mf}时，整个床层开始流态化；

(2) 流态化床层的压降为常数；

(3) 流态化过程具有一个平稳的流态化上界面。

5.3.2.2 流化床脱硫原理

在流化床燃烧过程中脱硫最经济的方法是采用石灰石($CaCO_3$)或白云石($CaCO_3·MgCO_3$)作为脱硫剂。在燃烧过程中石灰石或白云石分解成为石灰(CaO),在氧化性气氛下 CaO 与烟气中的 SO_2 及氧反应生成硫酸钙($CaSO_4$),基本反应如式(5-65)至式(5-68)及图 5-15 所示。

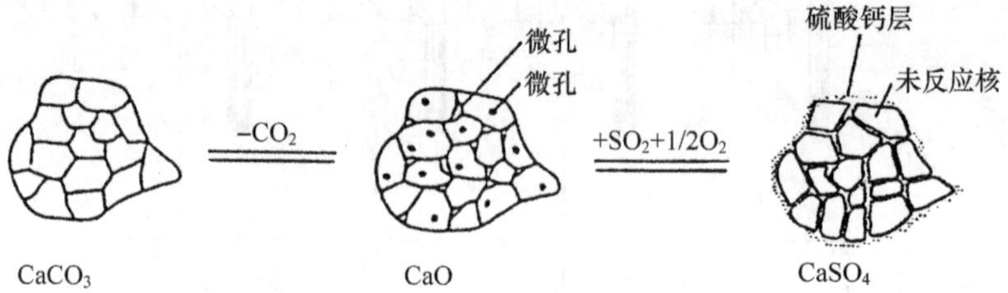

图 5-15 石灰石在燃烧过程中的脱硫原理

在煤的流化床燃烧过程中,石灰石中的钙能否被有效地用来脱硫,取决于石灰石本身的反应活性以及煤燃烧设备的运行条件,如燃烧温度、石灰石的颗粒度、反应物浓度及停留时间等。在反应过程中 $CaCO_3$ 颗粒转变成 CaO 颗粒时,其摩尔体积缩小了 45%,使颗粒内自然孔隙扩大,有利于式(5-68)的脱硫反应而生成 $CaSO_4$。但随着 $CaSO_4$ 的生成其摩尔体积会增大 180%左右。因此反应初期 SO_2 在脱硫剂的表面和大孔隙中进行反应,化学反应速度是主要的控制阻力,随着钙基的消耗,表面容积扩散阻力和内部扩散阻力逐渐成为主要的影响因素。反应初期在 CaO 表面形成约 32μm 厚、致密的 $CaSO_4$ 覆盖层会阻碍 SO_2 进入内部孔隙,如图 5-15 所示。同时随着大孔隙的消耗,小孔隙的阻力作用对脱硫的影响越来越显著,这两种因素使得内部扩散反应越来越困难,此时质量传递的重要性是显而易见的。对高硫煤来说,由于烟气中 SO_2 的浓度较高,表面容积扩散和内部扩散这两者最终控制了第二阶段的反应。而对于低硫煤,由于 SO_2 的容积扩散阻力近乎等于脱硫剂颗粒内部扩散阻力,因而表面容积扩散本身就控制了第二阶段的反应,所以对于低硫煤而言脱硫效率更低。由此可见,提高第二阶段反应速率的关键是提高 SO_2 向脱硫剂颗粒表面及其内部孔隙的扩散能力,所以在燃烧过程中采用石灰石脱硫,其钙利用率通常很低。

由上述 $CaCO_3$ 在燃烧过程中的脱硫原理可知,实际上并不是全部 CaO 都能参与反应,因此在 $r_{Ca/S}=1$ 时,实际的脱硫效率并不高。在最佳的脱硫反应温度 850℃,$r_{Ca/S}=1$ 时,理论上的脱硫效率 $\eta_{SO_2}=60\%$;而在实际的鼓泡床运行条件下,在 $r_{Ca/S}=1$ 时,其脱硫效率不超过 50%。要达到 90%的脱硫效率,$r_{Ca/S}$值需达到 3～5，这就要加入大量的石灰石。这不仅增加运行费用，而且 $CaCO_3$ 的热分解吸热会降低锅炉的热效率，同时灰渣量的增大不仅增加物理热损失和受热面的磨损，还增加了灰渣处理系统的投资。

5.3.2.3　脱硫剂的再生

脱硫剂的再生利用可以降低脱硫剂的消耗并提高脱硫剂的利用率。脱硫剂再生的原理是硫酸钙在 1100℃ 的还原性气氛中进行如下反应

1100℃ 以上　$CaSO_4 + 1/2C \longrightarrow CaO + SO_2 + 1/2CO_2$　(5－85)

$CaSO_4 + H_2 \longrightarrow CaO + SO_2 + H_2O$　(5－86)

$CaSO_4 + CO \longrightarrow CaO + SO_2 + CO_2$　(5－87)

870～930℃　$CaSO_4 + 4CO \longrightarrow CaS + 4CO_2$　(5－88)

$CaSO_4 + 4H_2 \longrightarrow CaS + 4H_2O$　(5－89)

540～700℃　$CaS + H_2O + CO_2 \longrightarrow CaCO_3 + H_2S$　(5－90)

利用反应(5－85)～(5－87)称为一级再生法，而利用反应(5－88)～(5－89)称为二级再生法。在一级再生法条件下使反应物停留 30min 以上时，CaO 的再生率可以超过 90%。

当再生反应生成了 CaS，可以根据反应(5－91)和(5－92)使反应发生分解

$$CaS + 2O_2 \longrightarrow CaSO_4 \quad (5-91)$$

$$CaS + 3/2O_2 \longrightarrow CaO + SO_2 \quad (5-92)$$

从式(5－86)～(5－89)及(5－91)～(5－92)可知，再生反应器内需要还原性和氧化性两种气氛。

5.3.3　炉内喷钙脱硫技术

炉内喷钙脱硫技术主要在电站锅炉中使用。它兴起于 20 世纪 60 年代末 70 年代初，80 年代以后，该工艺再次受到重视，有关开发研究重新活跃起来，并在工业运用上取得了一些经验。该方法工艺简单、投资费用低，已经在欧洲成功地应用于 15～700MWe 的电站煤粉炉，美国和中国也在加紧这方面的工作。

5.3.3.1　喷钙脱硫的反应机理

喷钙脱硫的反应机理仍然是钙基脱硫原理。石灰石首先在高于 750℃ 条件下被快速焙烧形成氧化钙；然后 CaO 在 800～1200℃ 的温度范围内与 SO_2 相遇进行脱硫反应而生成 $CaSO_4$。基本化学反应见式(5－65)～(5－68)。

在采用白云石($CaCO_3 \cdot MgCO_3$)作吸收剂或石灰石中含有 $MgCO_3$ 时，还会发

生下列反应

$$MgCO_3 \longrightarrow MgO + CO_2\uparrow \tag{5-93}$$

$$MgO + SO_2 + \frac{1}{2}O_2 \longrightarrow MgSO_4 \tag{5-94}$$

使用炉内喷钙技术的锅炉具有气固相间滑移速度很小的特点,炉膛内的温度分布基本上在1100～1700℃之间(固态排渣煤粉炉)。根据基本化学反应过程,气固间多相反应也经历了两个阶段和多个环节。表面容积扩散和内部扩散阻力的变化与流化床相似,但在炉内喷钙脱硫过程中脱硫剂的加入方式不同于流化床。

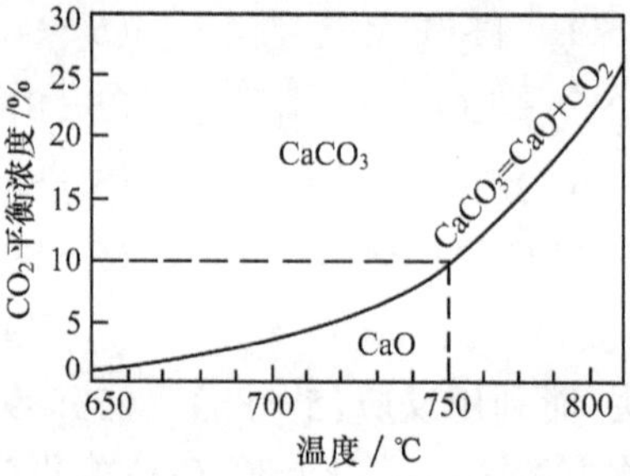

图 5-16 $CaCO_3$ 的分解温度与 CO_2 平衡浓度关系

5.3.3.2 影响炉内喷钙脱硫的因素

(1) 固体吸收剂的分解温度

$CaCO_3$ 的分解温度与平衡浓度关系如图5-16所示。当烟气中 CO_2 浓度高时,$CaCO_3$ 的分解温度也相应提高。一般锅炉烟气中 CO_2 浓度在14%左右,此时 $CaCO_3$ 的分解温度约为765℃。低于此温度,CaO 会吸收 CO_2 生成 $CaCO_3$。

煅烧生成的 CaO 与烟气中 SO_2 和 O_2 按式(5-66)至式(5-67)进行反应,生成 $CaSO_3$ 或变为 $CaSO_4$。但是反应式(5-68)在大约1 038℃时向逆方向进行,且正反应温度必须低于650℃左右,气相中 SO_2 的平衡浓度才能低到满足烟气脱硫的要求。因此,在炉膛温度下烟气脱硫主要按式(5-68)进行,平衡常数 K 可按下式计算

$$K = \frac{[CaSO_4]}{[CaO]} \cdot \frac{1}{X_{SO_2} \cdot X_{O_2}^{1/2} \cdot p^{3/2}} \tag{5-95}$$

式中:$[CaSO_4]$,$[CaO]$——$CaSO_4$,CaO 的浓度,mol/L;

X_{SO_2},X_{O2}——SO_2,O_2 的摩尔百分数,%。

在 $p=1$atm,$[CaSO_4]=[CaO]=1$ 时,上式简化为

$$X_{SO_2} = \frac{1}{K \cdot X_{O_2}^{1/2}} \tag{5-96}$$

利用式(5-96)可求出此状态下 SO_2 的平衡浓度。表5-6列出了CaO、MgO、$Ca(OH)_2$ 与 SO_2 反应时 SO_2 的平衡浓度。

(2) 反应温度

表 5-6 $CaO,MgO,Ca(OH)_2$ 与 SO_2 反应时 SO_2 的平衡浓度

反应式	O_2 浓度/%	温度/℃	平衡常数 $K/atm^{-3/2}$	SO_2 平衡浓度/10^{-6}
$CaO+SO_2+1/2O_2\longrightarrow CaSO_4$	2.7	870	2.61×10^{8}	0.02
		925	2.54×10^{7}	0.24
		980	3.12×10^{6}	2.0
		1 040	4.62×10^{5}	13
		1 090	8.15×10^{4}	75
		1 370	97.05	63 000
	1.0	870		0.04
		980		3.2
		1 090		120
		1 370		100 000
	5.0	870		0.02
		980		1.4
		1 090		55
		1 370		46 000
$MgO+SO_2+1/2O_2\longrightarrow MgSO_4$	2.7	590	1.33×10^{8}	0.05
		650	5.96×10^{6}	1.0
		700	3.81×10^{5}	16
		760	3.34×10^{4}	180
		815	3.78×10^{3}	1 600
		870	5.40×10^{2}	11 000
$Ca(OH)_2+SO_2\longrightarrow CaSO_3+H_2O$ 1)	2.7	150	7.7×10^{-18}	2.4×10^{-10}
		260	1.1×10^{-8}	2.0×10^{-8}
		370	1.0×10^{-4}	1.0×10^{-4}
		425	3.3×10^{-3}	6.9×10^{-4}

1) 指 $Ca(OH)_2$ 与 SO_2 反应时的 SO_2 平衡浓度,系在气相中 H_2O 浓度为 7.1%(体积分数)时的值。

烟气温度愈低,CaO 与 SO_2 反应时 SO_2 平衡浓度愈低,有利于脱硫反应的进行。如在烟气中氧含量为2.7%的条件下,温度在1160℃左右时,CaO 与 SO_2 反应时 SO_2 的平衡浓度增加至 10^{-3},对脱硫不利。但烟气温度低时反应速度慢,故实际反应是在较高温度下进行的。一般 CaO 的有效反应温度为950~1100℃。日本学者得到的固定层 CaO 粒子与 SO_2 反应的实验结果如图5-17所示。图中空心点是由气相计算得到的数据,圆黑点是由吸收剂分析得的数据。

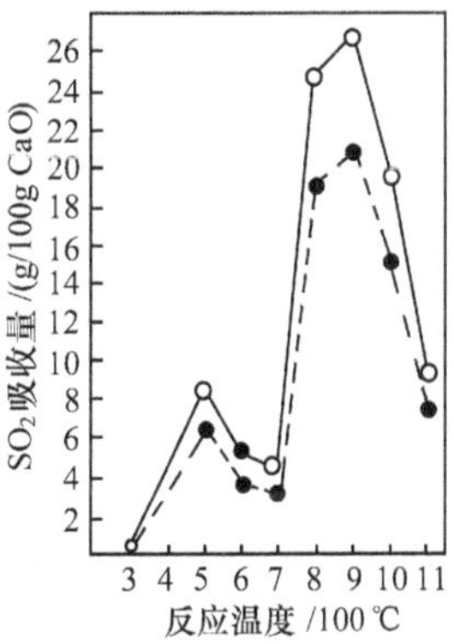

图 5-17 反应温度与 SO_2 吸收量的关系

$Ca(OH)_2$ 与 SO_2 反应的温度范围更低。在烟气中含有7.1% H_2O 的情况下,$Ca(OH)_2$ 在360℃时即分解,超过此温度即转变为 CaO,故高温下 $Ca(OH)_2$

脱硫机理与 CaO 相同。

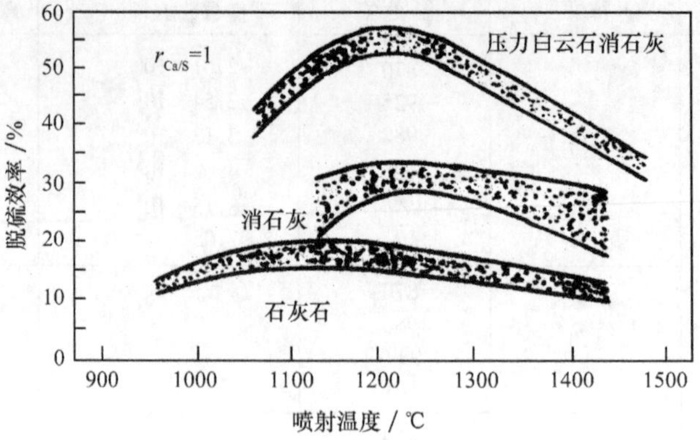

图 5－18　脱硫剂喷射点温度与脱硫效率的关系

(3)“烧僵”与脱硫剂的最佳喷射位置

“烧僵”现象表现为脱硫剂在高温下微孔结构被破坏，产生氧化钙结晶，结果使脱硫剂的孔隙闭塞，降低了 SO_2 的内部扩散渗透，不利于吸收。因此石灰石在炉内喷射位置的选择至关重要。脱硫剂的喷射点选在炉膛温度过高的部位，会造成焙烧温度过高而将 CaO“烧死”，氧化钙的反应活性下降；如果喷射点的温度过低，则会由于焙烧温度过低而得不到大比表面积的脱硫剂。图 5－18 为不同的脱硫剂其喷射点的温度与脱硫效率的关系，由图可见最佳的温度范围大约在 800～1200℃。

(4) 脱硫剂

研究表明，产地不同的石灰石对于“烧僵”的抵抗力变化范围很大。最易得到的石灰石多是在中等温度条件下生成的多孔煅烧产物，较高温度下则生成密实的不易反应的石灰。在各自的最适宜温度下锻烧时，白云石通常比石灰石易得到多孔的锻烧物。但 $MgCO_3$ 的锻烧温度比 $CaCO_3$ 低，容易发生“烧僵”现象。

5.3.3.3　炉内喷钙尾部烟道增湿脱硫

简单的炉内喷钙脱硫不能满足 SO_2 排放达标，因此炉内喷钙尾部烟道增湿脱硫技术应运而生。该技术的特点是：炉膛喷钙作为一级脱硫，在烟气流过反应器时向反应器内喷水将烟气增湿作为二级脱硫。增湿使烟气中 CaO 和 H_2O 反应生成 $Ca(OH)_2$，并与 SO_2 快速反应，提高了钙利用率和脱硫效率。炉内喷钙尾部烟道增湿脱硫工艺主要有三种：

(1) LIFAC 工艺

LIFAC 工艺(Limestone Injection into the Furnace and Activation of Unreacted

Calcium,炉内喷射石灰石及氧化钙的活化)流程如图 5－19 所示。

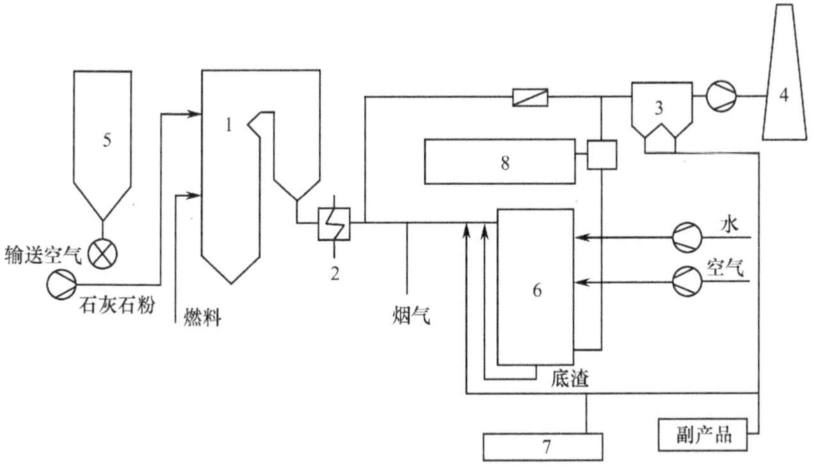

图 5－19 LIFAC 工艺流程示意图

1－锅炉；2－空气预热器；3－静电除尘器；4－烟囱；5－石灰石粉计量仓；6－活化器；7－再循环灰；8－空气加热器

为满足用户对不同阶段的脱硫要求，LIFAC 工艺可以分三步实施：石灰石炉内喷钙⟶烟气增湿及干灰再循环(见图 5－20(a))⟶加湿灰浆再循环(见图 5－20(b))。第一步可以得到大约 25%～35%的脱硫率，投资量一般为整个脱硫系统费用的 10%；后两步是提高 LIFAC 系统脱硫效率的措施，同时也增加了该工艺的灵活性。采用干灰再循环和灰浆再循环以后，总硫脱除效率可以达到 70%～85%。

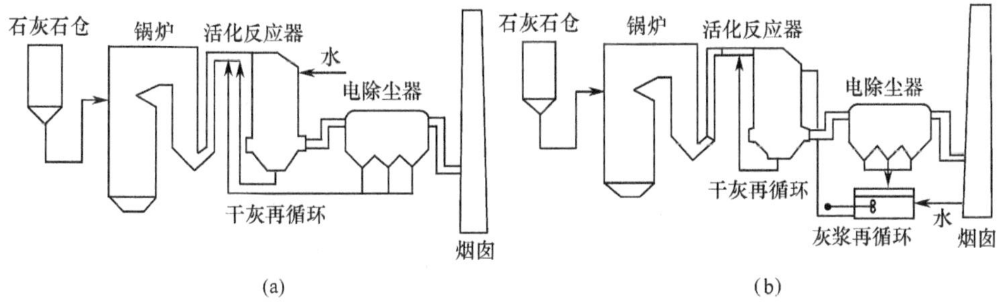

图 5－20 LIFAC 工艺的干灰再循环和灰浆再循环系统

(a) 干灰再循环；(b) 灰浆再循环

(2) LIMB 方法

LIMB(Limestone Injection Multistage Burner，炉内喷射石灰石和多级燃烧器)方法和 LIFAC 工艺原理是一样的，其特点是在工艺中增加多级燃烧器来控制氮氧化合物的排放,同时还避免了钙基脱硫剂在炉内受高温烟气的影响,减少脱硫剂表面的"烧死"现象,提高了脱硫率。图 5-21 为 LIMB 工艺的流程图。

(3) LIDS 方法

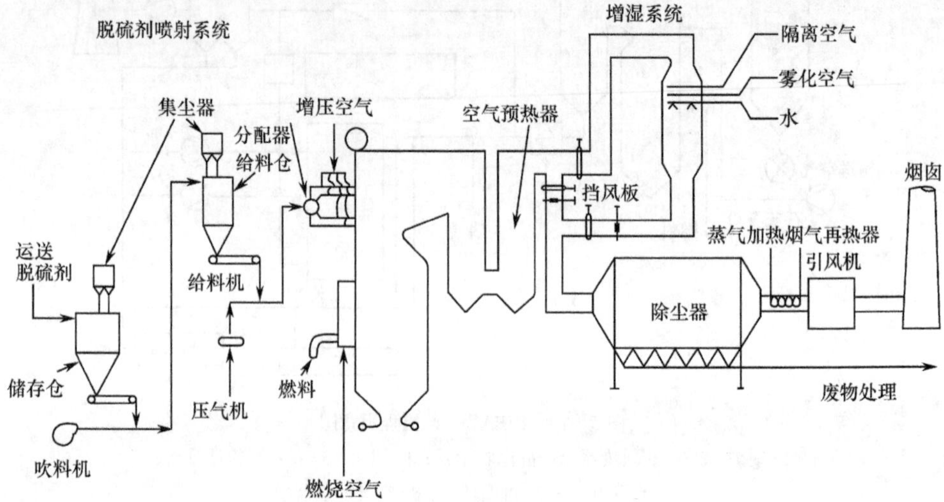

图 5-21　LIMB 方法的工艺流程图

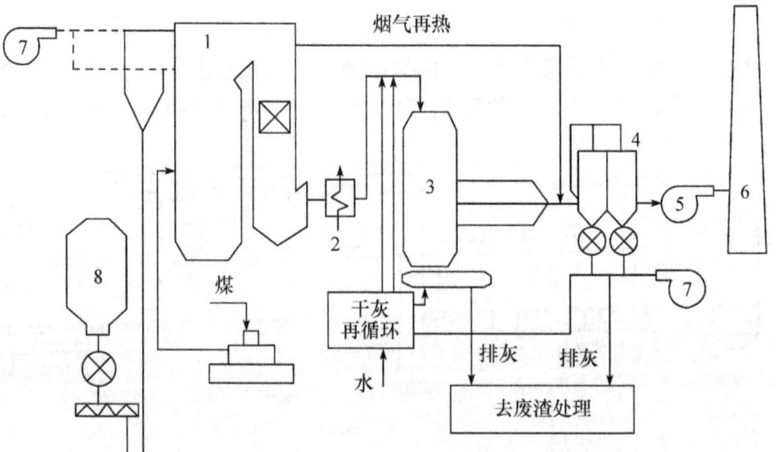

图 5-22　LIDS 方法的工艺流程

1-锅炉；2-空气预热器；3-干法洗涤脱硫反应器；4-除尘器；

5-引风机；6-烟囱；7-压气机；8-石灰石仓

LIDS方法(Limestone Injection with Dry Scrubbing,炉内喷射石灰石和干法洗涤脱硫)与LIFAC方法的灰浆再循环系统很相似。在 $r_{Ca/S}=2,\Delta T=15℃$ 时,LIDS系统总脱硫效率可以达到90%。LIDS适于锅炉容量为50～100MWe的中小型电厂脱硫,典型工艺流程见图5-22。

5.4 烟气脱硫技术及装置

烟气脱硫(FGD)是世界上惟一大规模商业应用的、最有效的脱硫方法,目前研究开发的烟气脱硫技术达100多种,工业化的有十几种。烟气脱硫技术按脱硫剂的形态分,有干法、半干法和湿法脱硫;按反应产物的处理方法分,有抛弃法和回收法;按脱硫剂是否可再生分,有再生法和不可再生法;根据气体净化原理分,有吸收法、吸附法和催化转化法等。

湿法烟气脱硫是在离子条件下的气液反应,系统运行稳定可靠,脱硫速度快,脱硫效率高,吸收剂利用率高。湿法烟气脱硫虽需解决废渣和废水的后处理以及烟气再热等问题,但因其具有以上的优点,故在脱硫市场中占据主导地位,而且在今后相当长的时间内将继续保持下去。

半干法和干法烟气脱硫具有处理后的烟气温度降低少,从烟囱中排出时易于扩散和不产生废水等优点,在脱硫市场上占有一定的份额;缺点是脱硫效率不够高,脱硫剂利用率不高,且需增加除尘负荷等,在某些场合限制了其推广应用。

5.4.1 石灰石/石灰湿法

石灰石/石灰湿法脱硫技术由于吸收剂来源广泛、价廉易得,在湿法FGD领域中得到了广泛应用,且占据着主导地位。

5.4.1.1 *石灰石/石灰湿法概述*

(1) 脱硫原理

以石灰石或石灰浆液作脱硫剂,在吸收塔(或称脱硫塔)内与含有 SO_2 的烟气进行充分接触,浆液中碱性物质与 SO_2 发生化学反应生成亚硫酸钙和硫酸钙,从而去除烟气中的 SO_2。

石灰石或石灰浆液脱硫的反应体系平衡关系如图5-23所示。根据反应体系的平衡关系,吸收过程中发生的主要反应见表5-7。

如果烟道中含有氧或进行强制氧化,还会发生下列反应

$$2CaSO_3\cdot\frac{1}{2}H_2O+O_2+3H_2O\longrightarrow 2CaSO_4\cdot 2H_2O \qquad (5-97)$$

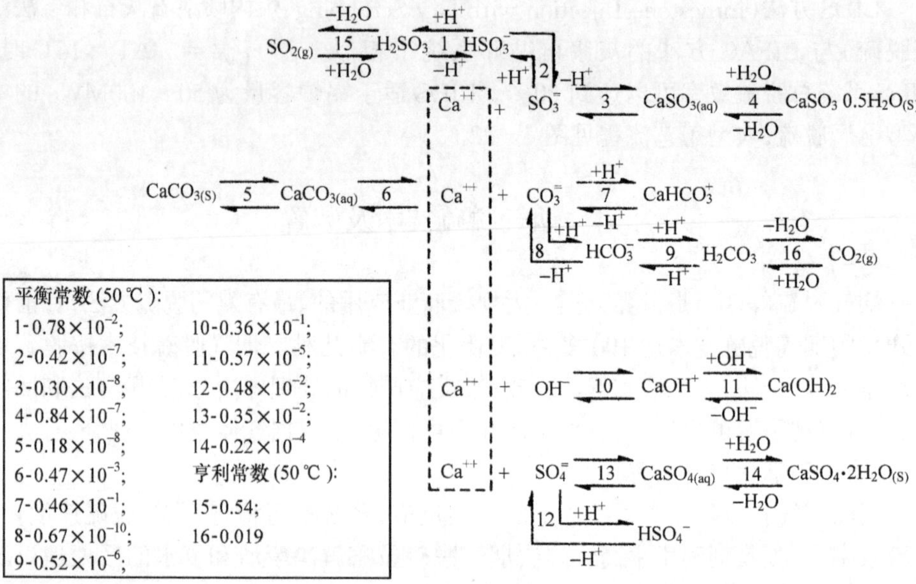

图 5-23　CaO-SO_2-SO_3-CO_2-H_2O 体系的平衡关系

表 5-7　石灰石/石灰湿法烟气脱硫各阶段主要反应

脱硫剂	$CaCO_3$	CaO
反应机理	SO_2(气) + $H_2O \longrightarrow H_2SO_3$ $H_2SO_3 \longrightarrow H+ + HSO_3^-$ $H^+ + CaCO_3 \longrightarrow Ca^{2+} + HCO_3^-$ $Ca^{2+} + HSO_3^- + 1/2H_2O \longrightarrow CaSO_3 \cdot 1/2H_2O + H^+$ $H^+ + HCO_3^- \longrightarrow H_2CO_3$ $H_2CO_3 \longrightarrow H_2O + CO_2$	SO_2(气) + $H_2O \longrightarrow H_2SO_3$ $H_2SO_3 \longrightarrow H^+ + HSO_3^-$ $CaO + H_2O \longrightarrow Ca(OH)_2$ $Ca(OH)_2 \longrightarrow Ca^{2+} + 2OH^-$ $Ca^{2+} + HSO_3^- + 1/2H_2O \longrightarrow CaSO_3 \cdot 1/2H_2O + H^+$ $H^+ + OH^- \longrightarrow H_2O$

石灰石/石灰湿法烟气脱硫过程的研究结果表明:

① 对于典型溶液组成,SO_2 的平衡压力较低,即使 pH 值低到 4.0,仍足以保证 SO_2 的良好吸收;

② 离子强度(所溶解的盐类电离部分的浓度)对于 Ca、Mg 进入溶液的浓度是一个重要的因素,最佳离子强度约为 0.7mol/kg;

③ 亚硫酸盐的氧化程度影响 SO_2 的平衡蒸气压力,对于 SO_2 而言有一个最佳范围;

④ 在某些情况下,洗涤系统中形成的固态含 Mg 物质,大部分是 $Mg(OH)_2$。

(2) 系统设备

整个石灰石/石灰湿法脱硫系统主要由三部分组成:脱硫剂制备系统、吸收塔和脱硫废物处理系统。

① 脱硫剂制备系统　石灰石或石灰是以干料的形式运送到工厂的。石灰石多以块状形态运到储仓，石灰则多用空气输送到储仓中，以防止氧化和潮解。石灰石和石灰吸收浆液的制造设备和制备系统是不同的。石灰本身呈粉状，可以直接送到灰浆液配置罐内与来自工艺流程的循环水一起配置成脱硫浆液；而石灰石在配置成脱硫浆液之前必须首先在球磨机加水研磨，分离去除大块固体以后，送至石灰石浆供料槽。

② 吸收塔　吸收塔是整个工艺系统中最关键的设备，实际的脱硫反应就是在塔内完成的。常用的吸收塔有填料塔、文丘里、湍球塔、喷淋塔和泡罩塔等，新型的吸收塔有 CT121 鼓泡塔和旋流板塔等，它们各有优缺点。在操作中应选择持液量大、气液间相对速度高、具有较大的气液接触面、内部构件少、阻力小等特点的吸收塔。图 5－24 为喷淋式吸收塔的结构示意图。结垢和堵塞是影响吸收塔操作的最大问题，主要有三种形式："湿/干"结垢，是由浆液中水分蒸发而引起的固体沉积现

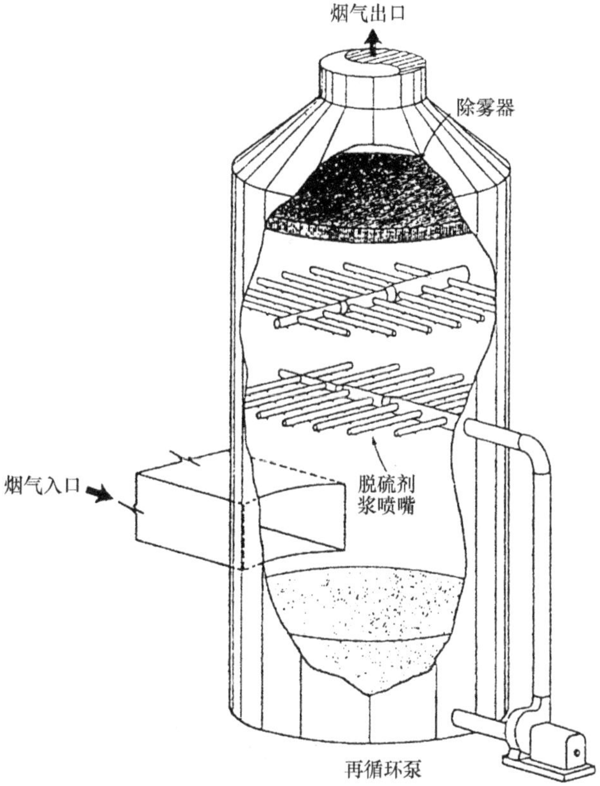

图 5－24　喷淋式吸收塔结构示意图

象;$Ca(OH)_2$ 或 $CaCO_3$ 附着在脱硫塔内壁及塔栅上,并在此生长结晶;反应产物 $CaSO_3$ 或 $CaSO_4$ 从溶液中结晶析出。为了解决结垢和堵塞问题,控制亚硫酸钙的氧化率和洗涤过程中体系的 pH 值是两个关键因素,亚硫酸盐的氧化率必须控制在20%以下,而 pH 值在 5 左右为最佳。

③ 脱硫废物处理系统　脱硫废物处理系统包含废液回收利用和固体废物处理两部分。固体废物处理方法又可分为抛弃法和石膏法,而两种方法的废液回收利用工艺相近。抛弃法对脱硫浆液不做处理,直接作为脱硫废渣抛弃掉。石膏法则通过对脱硫渣的强制氧化生成脱硫石膏二次利用。

5.4.1.2　*石灰石-石膏法*

石灰石-石膏法(或石灰-石膏法)是采用石灰石或石灰的浆液脱除烟道气中的 SO_2 并副产石膏的一种技术。该法工艺成熟,脱硫率可高达 90%以上,是我国目前引进烟气脱硫装置采用的主要方法。其主要缺点是投资大、占地面积大、运行费用高及设备易发生堵塞和磨损等。

(1) 典型工艺流程

石灰石-石膏法的工艺流程有很多,如三菱重工法、三井-开米柯法、日立法等。图 5-25 为日本三菱重工石灰-石膏法的流程示意图。烟气首先进入冷却塔,在冷却塔内经水洗涤、降温(至 60℃左右)、增湿可除去 89%～90%的烟尘,液气比为 $14L/m^3$(标态)。冷却塔一般采用空塔,包括雾沫分离器在内的压力降约为 5065.4Pa。经冷却后的烟气进入二级串联吸收塔经石灰浆液洗涤脱硫和除沫,再经加热器升温至 140℃左右,由烟囱排入大气。为了防止石膏在吸收塔内沉积,采用低密度的栅条填料塔和高液气比,同时在浆液内加入石膏"晶种"。

吸收 SO_2 后的浆液,用硫酸调整 pH 值至 4～4.5 后,在氧化塔内 60～80℃下,被 4.9×10^5Pa 的压缩空气氧化。但是采用在吸收塔后增设氧化塔的工艺流程容易发生结垢和堵塞问题,因此现在的石灰-石膏脱硫设备在吸收塔后设置氧化槽,接受和储存脱硫浆液,进行鼓风氧化,结晶生成石膏。随着工艺的发展,可以将氧化系统组合在吸收塔底的浆池内,利用大容积浆池完成石膏的结晶过程,就地强制氧化。循环的吸收剂在氧化槽内的设计停留时间由石灰的反应活性所决定,一般为 4～8min。石灰的反应活性越差,完全溶解的时间就越长,在设计时应充分考虑。氧化后的浆液首先在水力旋流分离器中稠化到浆液的固体含量约 40%～60%,并按粒度分级。稠化后的石膏浆用真空皮带过滤脱水到所需要残留湿度的10%,如果采用离心机脱水则可使石膏含水量降到 5%,但运行费用高。同时为了使氯离子减少到不影响石膏使用的程度,在过滤皮带上要对其进行洗涤。最后通过稠化和过滤,就可以得到石膏结晶。

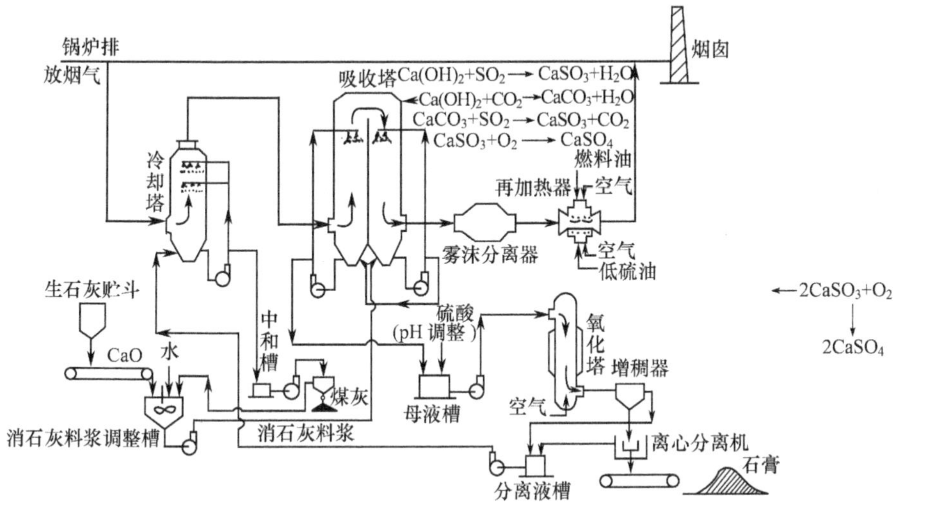

图 5-25　三菱重工石灰-石膏法工艺流程

石灰-石膏法脱硫率在 90%以上,可副产含水 5%～10%的优质石膏。由于用石灰石料浆吸收 SO_2 的原理与石灰基本相同,且石灰石价廉、易处理,因而用得更多。

(2) 主要设备

① 吸收塔　吸收塔是 FGD 装置的核心设备,其性能是决定整个 FGD 装置性能优劣的重大影响因素。常用的吸收塔有:文丘里、喷淋塔、填料塔、湍球塔、板式塔等。在美国,喷淋塔、组合塔、填料塔使用最多;在日本,填料塔使用较为广泛。吸收塔选择的依据为:气液相对速度高;持液量适当;液相表面积大;内部构件少;压降低;操作弹性好;液气分布好。

② 氧化塔　为了加快氧化速度,必须以微细的气泡方法吹入空气。一般采用回转筒式雾化器,见图 5-26。该设备回转筒的转速为 500～1000r/min,空气被导入圆筒内侧形成薄膜,并与液体摩擦被撕裂成微细气泡。其氧化效率约为 40%,比多孔板式高出 2 倍以上,且无料浆堵塞的缺点。

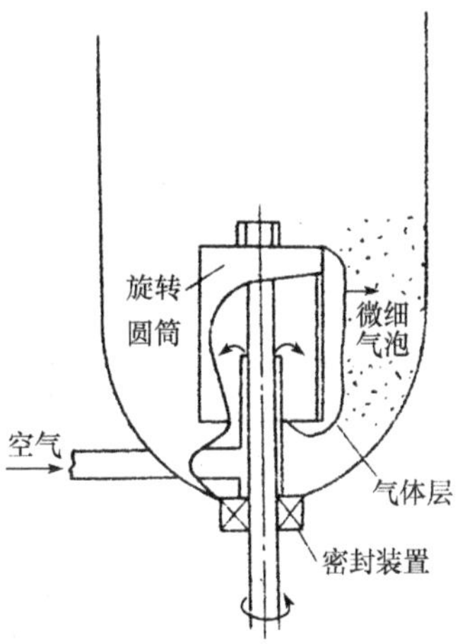

图 5-26　回转式雾化器

(3) 影响脱硫效率的主要因素

① 浆液的 pH 值　浆液的 pH 值是影响脱硫效率的重要因素。一方面,浆液的 pH 值影响吸收

过程:pH 值高,传质系数增加,SO_2 的吸收速度就快,但是系统设备结垢严重;pH 值低,SO_2 的吸收速度就下降,pH 值下降到 4 以下时,则几乎不能吸收 SO_2。另一方面 pH 值影响石灰石/石灰的溶解度,如表 5-8 所示。pH 值较高时,$CaSO_3$ 溶解度很小,而 $CaSO_4$ 溶解度则变化不大。随着 SO_2 的吸收,溶液 pH 值降低,溶液中溶有较多的 $CaSO_3$,并在石灰石粒子表面形成一层液膜。液膜内部石灰石的溶解使 pH 值进一步上升,可导致脱硫剂颗粒表面钝化。因此,应控制适当浆液的 pH 值。一般情况下,石灰石系统操作时最佳 pH 值为 5.8~6.2,石灰系统操作时最佳 pH 值约为 8。

表 5-8　50℃时 pH 值对 $CaSO_3\cdot1/2H_2O$ 和 $CaSO_3\cdot2H_2O$ 溶解度的影响

pH	溶解度/(mg/L)			pH	溶解度/(mg/L)		
	Ca	$CaSO_3\cdot1/2H_2O$	$CaSO_4\cdot2H_2O$		Ca	$CaSO_3\cdot1/2H_2O$	$CaSO_4\cdot2H_2O$
7.0	675	23	1 320	4.0	1 120	1 873	1 072
6.0	680	51	1 340	3.5	1 763	4 198	980
5.0	731	302	1 260	3.0	3 135	9 375	918
4.0	841	785	1 179	2.5	5 873	21 995	873

② 吸收温度　吸收温度降低时,吸收液面上 SO_2 的平衡分压亦降低,有助于气液传质。但温度较低时,H_2SO_3 和 $CaCO_3$ 或 $Ca(OH)_2$ 之间的反应速度慢。因此吸收温度不是一个独立可变的因素,它取决于进气的湿球温度,温度的影响如图 5-27 所示。

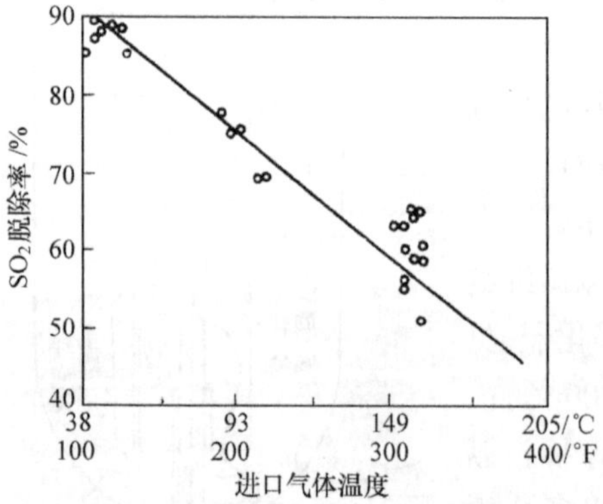

图 5-27　温度对 SO_2 净化效率的影响

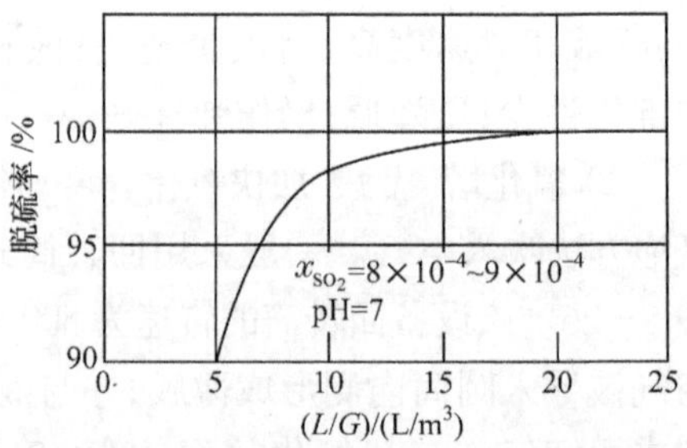

图 5-28　液气比对脱硫率的影响

③ 液气比　液气比主要对吸收推动力和吸收设备的持液量产生影响,对脱硫效率的影响效果见图 5-28。国外广泛使用的喷淋塔内持液量很小,要保证较高的脱硫率,就必须有足够大的液气比。据美国电力研究院的 FGDPRISM 程序的

优化计算，液气比以16.57L/m^{3}为宜。但在实际操作中应根据设备的运行情况决定吸收塔的液气比。大液气比条件下维持操作的运行费用是很大的，因此应寻找降低液气比的途径。

④ 烟气流速　气速对脱硫效率的影响较为复杂。一方面随气速的增大，气液相对运动速度增大，传质系数提高，脱硫效率可能增加，而且还有利于降低设备投资。但气速增加，气液接触时间缩短，脱硫效率可能下降，并受除雾要求的制约。经实测：气速在2.44～3.66m/s之间逐渐增大时，随气速的增大，脱硫效率下降；但当气速在3.66～24.57m/s之间逐渐增大时，脱硫效率几乎与气速的变化无关。逆流喷淋塔内气速一般为2.44～3.66m/s，典型值为3m/s。

⑤ 添加剂　添加剂不仅可以改善吸收过程，还可以减少设备产生结垢的可能，并提高脱硫效率。如添加硫酸镁可改进溶液的化学性质，使SO_2以可溶性盐形式被吸收，并减少系统的能源消耗量。表5-9是三菱重工法脱硫装置的工艺操作条件。

表5-9　三菱重工石灰-石膏法操作数据

项目＼烟气种类		燃油锅炉烟气	烧结厂烟气(钢厂)	铜冶炼烟气
进口SO_2浓度/10^{-4}		5～15	6～12	200～290
脱硫率/%		90～99	90～97	90以上
洗涤塔内吸收剂利用率/%		90～99	95～99	～99
洗涤塔内pH值控制		6.5～7.0(石灰) 4.0～5.8(石灰石)	6.5～7.5	3～3.5(石灰) 9～10.5(石灰石)
洗涤塔内氧化率/%		30～100	70～100	
浆液质量分数/%		10～14	10～14	
冷却塔进口烟气组成/%	O_2	3～6	12～17	6
	CO_2	9～12	4～8	10
	H_2O	9～12	6～12	23
	烟尘/(mg/Nm^3)	20～40	40～90	140
备　　注		采用1台洗涤塔的系统有12套；采用2台洗涤塔的系统有1套	进口烟气含有：2×10^{-5}～5×10^{-5}Cl(按HCl)，～58mg/Nm^{3}油状物，以及Fe，Mn，Si，Pb，K，Na，Ca，Mg，Al，Zn，Cu等	2台洗涤塔系统

5.4.1.3　石灰石/石灰抛弃法

石灰石/石灰抛弃法与石灰-石膏法的区别在于:吸收过程产生的固体废渣(亚硫酸钙和一部分硫酸钙的混合物)不再回收利用。

(1) 工艺流程

典型的石灰石/石灰抛弃法脱硫工艺流程示于图 5-29 和图 5-30。

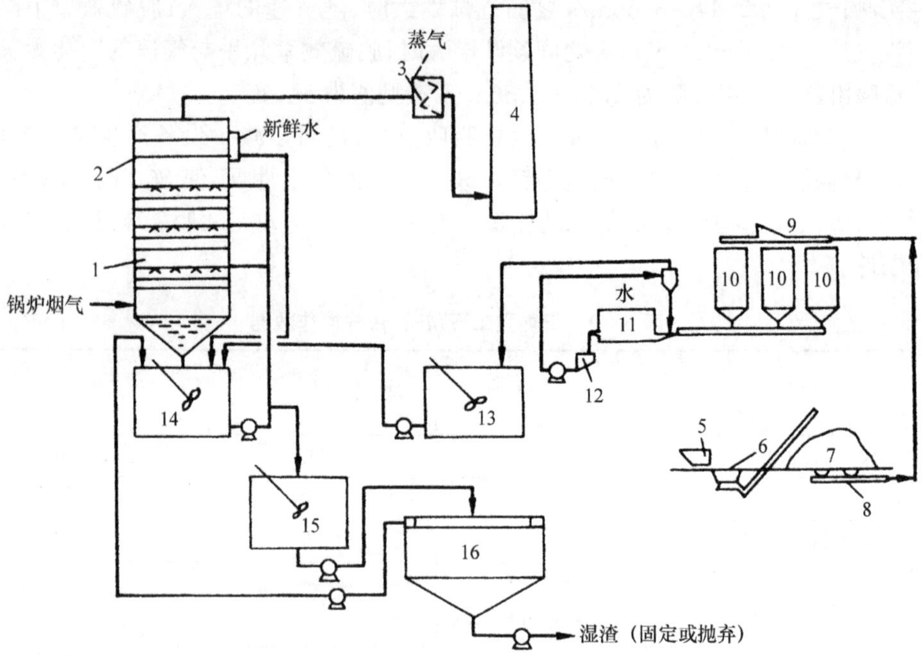

图 5-29　典型的石灰石抛弃法脱硫系统

1-吸收塔;2-除雾器;3-换热器;4-烟囱;5-给料器;6-运输机;7-石灰石料箱;8-进料器;9-自动倾卸运送器;10-储灰仓;11-水箱;12-钢球磨;13-新调制浆供槽;14-循环槽;15-均衡槽;16-沉淀器

石灰石/石灰湿法脱硫技术最早是由英国皇家化学工业公司开发的。石灰石/石灰浆液在吸收塔内吸收、反应后,将其中的固体物质(包括煤的飞灰)连续从浆液中分离出来排放到沉淀池,并不断向清液中加入新鲜石灰石/石灰循环至吸收塔。

(2) 脱硫固体废物的处理

石灰石/石灰洗涤工艺对脱硫固体废物的处理比较简单,对脱硫浆液不作处理,直接作为废料堆放。这种处理和处置方法严重阻碍了这一方法的推广应用。脱硫后的固体废物虽然经过脱水,其含水量仍在 60%左右。表 5-10 给出了典型

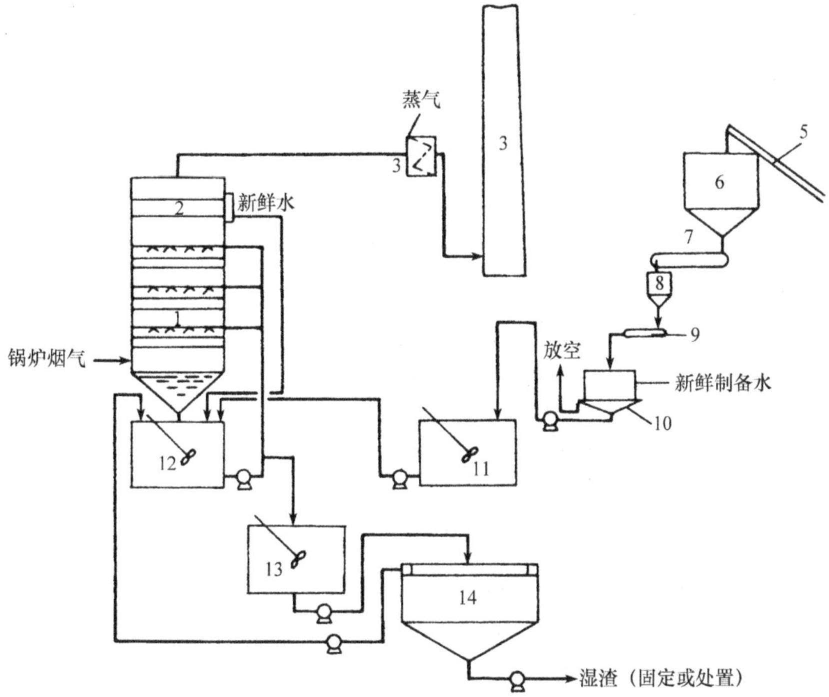

图 5-30 典型的石灰抛弃法脱硫系统

1-吸收塔；2-除雾器；3-换热器；4-烟囱；5-封闭式运送器；6-石灰储槽；7-运送皮带；8-石灰料灰；9-涡轮运送机；10-熟化器；11-新鲜石灰浆供料槽；12-循环槽；13-均衡槽；14-沉淀槽

的石灰石/石灰抛弃法烟气脱硫系统干基固体废物的组成，这些废物的处理有回填法和不渗透的池存储法两种。

表 5-10 典型石灰石/石灰抛弃法烟气脱硫系统固体废料干基组成

成　分	质量分数/%	成　分	质量分数/%
石灰石系统		石灰系统	
$CaCO_3$	33	$CaCO_3$	5
$CaSO_3\cdot 1/2H_2O$	58	$CaSO_3\cdot 1/2H_2O$	73
$CaSO_4\cdot H_2O$	9	$CaSO_3\cdot 2H_2O$	11
		$Ca(OH)_2$	11

5.4.2 双碱法

双碱法是为了克服湿式石灰石/石灰-石膏法中结垢的缺点而发展起来的。它利用烟气在塔中与溶解的碱(亚硫酸钠或氢氧化钠)溶液相接触,吸收其中的 SO_2,因而避免了在塔内结垢。脱硫废液再与第二碱(通常为石灰或石灰石)反应,使溶液得到再生,再生后的吸收液循环使用,同时产生亚硫酸钙(或硫酸钙)不溶性沉淀。根据脱硫过程中所使用不同的第一碱(吸收用)和第二碱(再生用),双碱法有多种组合。这里重点讨论最常用的钠钙双碱法:首先利用钠碱溶液吸收 SO_2,然后将吸收下来的 SO_2 沉淀为不溶性的亚硫酸钙,并使溶液得到再生,循环使用。

(1) 脱硫原理

双碱法与石灰石/石灰法的总效果相同,即从烟气中脱除 SO_2,消耗石灰石或石灰,产生亚硫酸盐或硫酸盐浆液。但中间步骤不一样,双碱法中 SO_2 的吸收和泥浆的沉淀反应完全分开,从而避免了吸收塔的堵塞和结垢问题。在吸收塔内首先发生以下 SO_2 吸收反应

$$2NaOH + SO_2 \longrightarrow Na_2SO_3 + H_2O \tag{5-98}$$

$$Na_2CO_3 + SO_2 \longrightarrow Na_2SO_3 + CO_2\uparrow \tag{5-99}$$

$$Na_2SO_3 + SO_2 + H_2O \longrightarrow 2NaHSO_3 \tag{5-100}$$

然后将吸收液送至石灰反应器进行吸收液再生和固体副产物的析出

$$2NaHSO_3 + Ca(OH)_2 \longrightarrow Na_2SO_3 + CaSO_3\cdot\frac{1}{2}H_2O\downarrow + \frac{3}{2}H_2O \tag{5-101}$$

$$Na_2SO_3 + Ca(OH)_2 + \frac{1}{2}H_2O \longrightarrow 2NaOH + CaSO_3\cdot\frac{1}{2}H_2O\downarrow + \frac{1}{2}H_2O \tag{5-102}$$

理论上,用石灰再生反应完全,而用石灰石再生反应不完全。采用石灰石作再生剂时

$$CaCO_3 + 2NaHSO_3 \longrightarrow Na_2SO_3 + CaSO_3\cdot\frac{1}{2}H_2O\downarrow + \frac{1}{2}H_2O + CO_2\uparrow \tag{5-103}$$

将再生过程生成的亚硫酸钙($CaSO_3\cdot 1/2H_2O$)氧化,可制得脱硫石膏($CaSO_4\cdot 2H_2O$)

$$2CaSO_3\cdot\frac{1}{2}H_2O + O_2 + 3H_2O \longrightarrow 2CaSO_4\cdot 2H_2O \tag{5-104}$$

(2) 典型工艺流程

钠钙双碱法典型工艺流程如图 5-31 所示。将该法所得的亚硫酸钙滤饼(约含 60% H_2O)重新浆化为含 10% 固体的料浆,加入硫酸降低 pH 值后,在氧化器内用空气进行氧化可制得石膏。亚硫酸钙滤饼也可直接抛弃。

(3) 主要技术问题

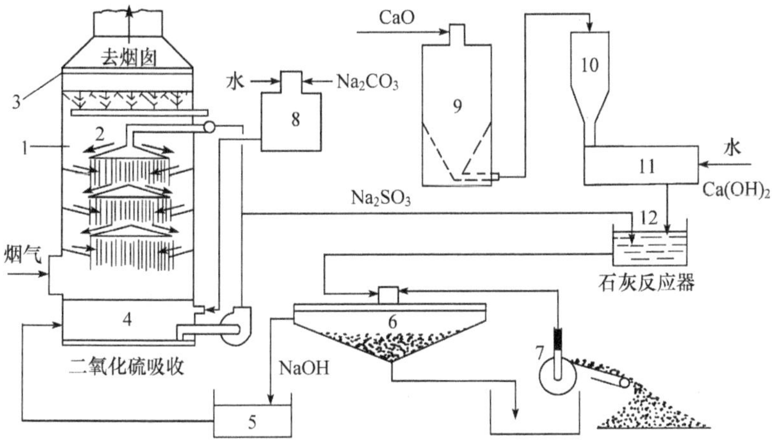

图 5-31　钠钙双碱法工艺流程

1-吸收塔；2-喷淋装置；3-除雾装置；4-瀑布幕；5-缓冲箱；6-浓缩器；7-过滤器；8-Na_2CO_3 吸收液；9-石灰仓；10-中间仓；11-熟化器；12-石灰反应器

① 稀碱法和浓碱法的选用问题　钠钙双碱法依据吸收液中活性钠的浓度，可分为浓碱法与稀碱法两种流程。一般说来，浓碱法适用于希望氧化率相当低的场合，而稀碱法则相反。当使用高硫煤、完全燃烧并且控制过量空气在最低值时，如采用粉煤或油作为锅炉燃料时，宜采用浓碱法；当采用低硫煤或过剩空气量大时，如治理采用自动加煤机的锅炉烟气时，宜采用稀碱法。

② 结垢问题　在双碱法系统中有二种可能会引起结垢：一种是硫酸根离子与溶解的钙离子产生石膏的结垢；另一种为碳酸盐的结垢。在稀碱法系统中采用“碳酸盐软化法”保持低的钙离子浓度，可避免石膏结垢。而在浓碱法系统则不存在这个问题，因为高的亚硫酸盐浓度使钙离子保持在较低的浓度范围内。根据经验，溶液中只要保持石膏浓度在其临界饱和度值 1.3 以下，即可防止它沉淀出来。碳酸盐在洗涤器中的结垢，是由于吸收了烟气中的 CO_2 所致，这种情况只有在洗涤液的 pH 值高于 9 时才会遇到。只要在洗涤器内控制好 pH 值，碳酸盐不会结垢。

③ 生成不易沉淀的固体问题　当溶液中的可溶性硫酸盐浓度过高（>0.5mol/L）和镁离子浓度过高（>120mg/L）时，固体的沉淀性质显著恶化。

④ 钠耗问题　钠耗是双碱法的一个重要指标，这不仅应从经济上而更应从如何去除产生可浸出的废渣来考虑。钠耗只占年操作费用的 2%，单单从运行费用的角度来看，钠耗可能不是一个重要的影响指标，但是如果钠从废渣中可以浸出来的话，则会对环境产生影响。

钠钙双碱法吸收剂采用钠碱，故吸收率较高，而且吸收系统内不生成沉淀物，没有结垢和堵塞问题。但由于氧化副反应生成的 Na_2SO_4 较难再生,使碱的消耗量增加。另 Na_2SO_4 的存在,也将降低石膏质量。

5.4.3 氨法

湿式氨法烟气脱硫采用氨作为 SO_2 的吸收剂,主要优点是脱硫剂利用率和脱硫效率高,且可以生产副产品。但氨易挥发,使吸收剂消耗量增加,产生二次污染。此外还存在成本高、易腐蚀、净化后尾气中含气溶胶等问题。根据吸收液再生方法不同,可分为氨-酸法、氨-亚硫酸铵法和氨-硫铵法等。

5.4.3.1 湿式氨法烟气脱硫概述

(1) 脱硫原理

通常氨法烟气脱硫过程分为 SO_2 的吸收和吸收液处理两部分。首先将氨水通入吸收塔中,使其与含 SO_2 的废气接触,发生吸收反应,其主要反应为

$$NH_3 + H_2O + SO_2 \longrightarrow NH_4HSO_3 \tag{5-105}$$

$$2NH_3 + H_2O + SO_2 \longrightarrow (NH_4)_2SO_3 \tag{5-106}$$

$$(NH_4)_2SO_3 + H_2O + SO_2 \longrightarrow 2NH_4HSO_3 \tag{5-107}$$

随着吸收过程的进行,循环液中 NH_4HSO_3 增多,吸收能力下降,需补充氨使部分 NH_4HSO_3 转变为$(NH_4)_2SO_3$

$$NH_4HSO_3 + NH_3 \longrightarrow (NH_4)_2SO_3 \tag{5-108}$$

$$(NH_4)_2SO_3 + H_2O \longrightarrow (NH_4)_2SO_3 \cdot H_2O(\text{结晶}) \tag{5-109}$$

若烟气中有 O_2 和 SO_3 存在,可能发生如下副反应

$$(NH_4)_2SO_3 + \frac{1}{2}O_2 \longrightarrow (NH_4)_2SO_4 \tag{5-110}$$

$$2(NH_4)_2SO_3 + SO_3 + H_2O \longrightarrow (NH_4)_2SO_4 + 2NH_4HSO_3 \tag{5-111}$$

(2) 影响吸收液组成的因素

① 蒸气压

$(NH_4)_2SO_3$-NH_4HSO_3 水溶液上的平衡分压 p_{SO_2} 及 p_{NH_3} 分别与 SO_2 吸收效率及 NH_3 的消耗有关。pH 值为 4.71～5.96 时,实验得到的蒸气压值按下列关系式计算

$$p_{SO_2} = M\frac{(2c_{SO_2} - c_{NH_3})^2}{c_{NH_3} - c_{SO_2}} \tag{5-112}$$

$$p_{NH_3} = N\frac{c_{NH_3}(c_{NH_3} - c_{SO_2})}{2c_{SO_2} - c_{NH_3}} \tag{5-113}$$

式中：c_{SO_2}——SO_2 的浓度，mol/100mol H_2O；c_{NH_3}——NH_3 的浓度，mol/100mol H_2O；M，N 与吸收液组成有关，工业应用范围内可认为仅与温度有关

$$\log M = 5.865 - \frac{2369}{T} \tag{5-114}$$

$$\log N = 13.680 - \frac{4987}{T} \tag{5-115}$$

而在实际吸收系统中，由于氧的作用，吸收液内存在硫酸盐，分压方程式变成

$$p_{SO_2} = M\frac{(2c_{SO_2} - c_{NH_3} + 2c_{(NH_4)_2SO_4})^2}{c_{NH_3} - c_{SO_2} - 2c_{(NH_3)_2SO_4}} \tag{5-116}$$

$$p_{NH_3} = N\frac{c_{NH_3}(c_{NH_3} - c_{SO_2} - 2c_{(NH_4)_2SO_4})}{2c_{SO_2} - c_{NH_3} + 2c_{(NH_3)_2SO_4}} \tag{5-117}$$

式中，$c_{(NH_4)_2SO_4}$为硫酸铵浓度，mol SO_4^{2+}/100 mol H_2O。

由图 5-32 可见，对于 100mol H_2O 含 22mol NH_3 的溶液（$c_{NH_3}=22$），p_{SO_2}和p_{NH_3}都随温度升高而增加；但 p_{SO_2}随 c_{SO_2}/c_{NH_3}增高而增加，p_{NH_3}则相反。

② pH 值

约翰斯顿（Johnstone H. F.）提出$(NH_4)_2SO_3$-NH_4HSO_3 水溶液 pH 值的计算式

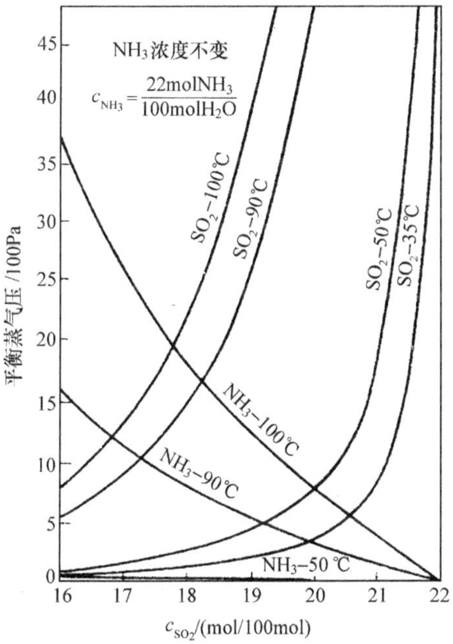

图 5-32　$(NH_4)_2SO_3$-NH_4HSO_3 水溶液的平衡蒸气压

为

$$\mathrm{pH} = -4.62(c_{SO_2}/c_{NH_3}) + 9.2 \tag{5-118}$$

其适用范围是 c_{SO_2}/c_{NH_3} 为 0.7～0.9。当 NH_4HSO_3-$(NH_4)_2SO_3$ 摩尔比为2:1(即 $c_{SO_2}/c_{NH_3}=0.75$)时,pH 值约为 5.7。pH 值是 NH_4HSO_3 水溶液组成的单值函数,工业上采用控制吸收液的 pH 值以获得稳定的吸收组分。

5.4.3.2 氨-酸法

氨-酸法是将吸收 SO_2 后的吸收液用酸分解的方法。酸解用酸多采用硫酸,也可采用硝酸和磷酸。

以处理硫酸尾气为例,氨-酸法的工艺流程如图 5-33 所示。含有 SO_2 的硫酸尾气进入吸收塔的下部,与循环吸收液逆流进行传热和传质。吸收液在循环槽中补充氨和水维持碱度,以保证 $(NH_4)_2SO_3/NH_4HSO_3$ 稳定,继续循环吸收,尾气经除雾器后放空。循环吸收液中 NH_4HSO_3 含量达到一定值($c_{SO_2}/c_{NH_3}=0.9$)时,从系统中引出一部分用硫酸再生。再生后的母液呈酸性,连续地通入氨以中和过量的硫酸制得硫铵溶液。

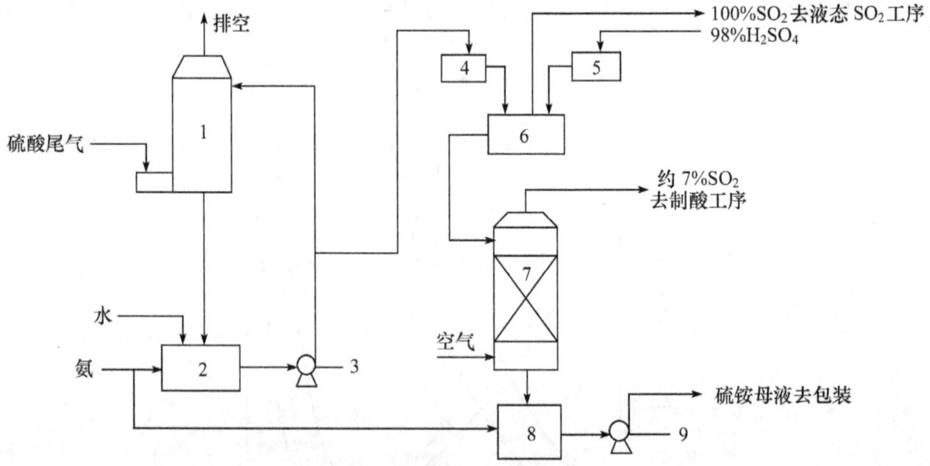

图 5-33 氨-酸法工艺流程

1-吸收塔; 2-循环槽; 3-循环泵; 4-母液高位槽; 5-硫酸高位槽;
6-混合槽; 7-分解塔; 8-中和槽; 9-硫酸母液泵

以上为一段氨吸收法流程,采用单塔吸收、高酸度(分解液酸度为 40～45 滴度),空气解吸分解率达 98%。该流程操作简单,不消耗蒸气,但氨、酸消耗量大,从分解塔放出约 7% 的 SO_2,只能返回制酸系统用于制酸,SO_2 的吸收率也只达到

90%。

一段氨吸收不能达到烟气排放要求，且氨、酸消耗量大，因而发展了两段或多段吸收法。两段氨吸收法流程如图5-34所示，其特点是：第一吸收段的循环吸收液浓度高一些、碱度低一些（c_{SO_2}/c_{NH_3}高），以进气中较高的SO_2分压作为推动力，使引出的吸收液含有较多NH_4HSO_3，可降低分解时的酸耗；第二吸收段的循环吸收液浓度低一些、碱度高一些（c_{SO_2}/c_{NH_3}低），以保证较高的SO_2吸收率。因此第一吸收段可称为浓缩段，第二吸收段可称为吸收段。两段氨吸收法SO_2吸收率达95%～98%，并可引出总亚盐（溶液中NH_4HSO_3与$(NH_4)_2SO_3$之和）大于550g/L的高浓吸收液。

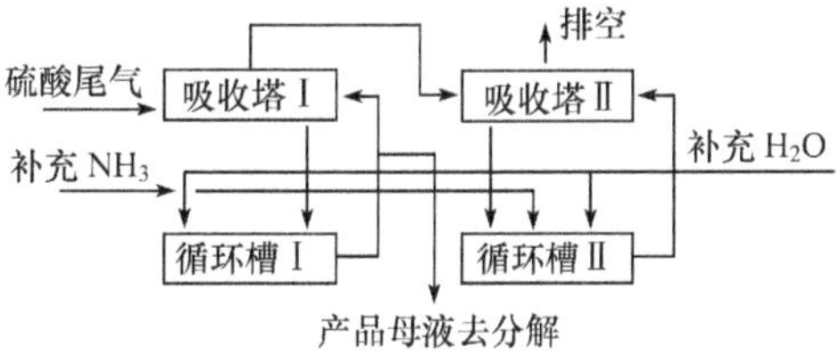

图5-34 两段氨吸收法流程

5.4.3.3 氨-亚硫酸铵法

氨-亚硫酸铵法的特点是吸收富液不用酸分解，直接将吸收富液加工成亚硫酸铵（简称亚铵）作为产品。该法流程简单，可节约硫酸和减少氨耗，且原料来源广泛，气氨、氨水及固体碳酸氢铵均可作为氨源，既可以生产液体亚铵，也可以制取固体亚铵。

这里主要介绍固体碳酸氢铵脱硫制取固体亚铵的基本原理及工艺流程，适用于国内中小硫酸厂的尾气处理。

(1) 反应原理

固体亚铵法脱硫过程主要发生以下的化学反应

$$2NH_4HCO_3 + SO_2 \longrightarrow (NH_4)_2SO_3 + H_2O + 2CO_2\uparrow \qquad (5-119)$$

$$(NH_4)_2SO_3 + SO_2 + H_2O \longrightarrow 2NH_4HSO_3 \qquad (5-120)$$

吸收过程实际上以式(5-120)为主，而NH_4HSO_3在生成过程中的作用只是补入吸收系统使部分NH_4HSO_3再生为$(NH_4)_2SO_3$，以保持循环吸收液碱度基本稳定（即c_{SO_2}/c_{NH_3}不变）。

若烟气中含有氧，还会发生如下副反应，生成硫酸铵

$$(NH_4)_2SO_3 + \frac{1}{2}O_2 \longrightarrow (NH_4)_2SO_4 \qquad (5-121)$$

一般的硫酸尾气中含有少量 SO_3,也会发生副反应生成硫酸铵

$$2(NH_4)_2SO_3 + SO_3 + H_2O \longrightarrow (NH_4)_2SO_4 + 2NH_4HSO_3 \quad (5-122)$$

吸收 SO_2 后的吸收液主要含 NH_4HSO_3,溶液呈酸性,加固体碳酸氢铵中和后,NH_4HSO_3 转变为 $(NH_4)_2SO_3$

$$NH_4HSO_3 + NH_4HCO_3 \longrightarrow (NH_4)_2SO_3 \cdot H_2O + CO_2\uparrow \quad (5-123)$$

反应(5-123)为吸热反应,溶液温度不经冷却即可降到 0℃ 左右。由于 $(NH_4)_2SO_3$ 比 NH_4HSO_3 在水中的溶解度小(见表 5-11),则溶液中有 $(NH_4)_2SO_3 \cdot H_2O$ 过饱和结晶析出,将此悬浮液离心分离可制得固体亚铵。

表 5-11 $(NH_4)_2SO_3$-NH_4HSO_3-H_2O 系统内的溶解度

温度/℃	饱和溶液的成分/%		
	$(NH_4)_2SO_3$	NH_4HSO_3	H_2O
0	10	60	30
20	12	65	23
30	13	67	20

(2) 工艺流程

亚铵法脱硫的工艺过程主要由三部分组成:吸收、中和和分离。为了提高固体亚铵结晶的产率,吸收 SO_2 后引出中和的吸收液半成品必须是高浓 NH_4HSO_3 溶液,同时系统中必须维持较高的碱度,保证 SO_2 吸收完全。故吸收系统宜采用两段吸收。图 5-35 是固体亚铵法典型的工艺流程。

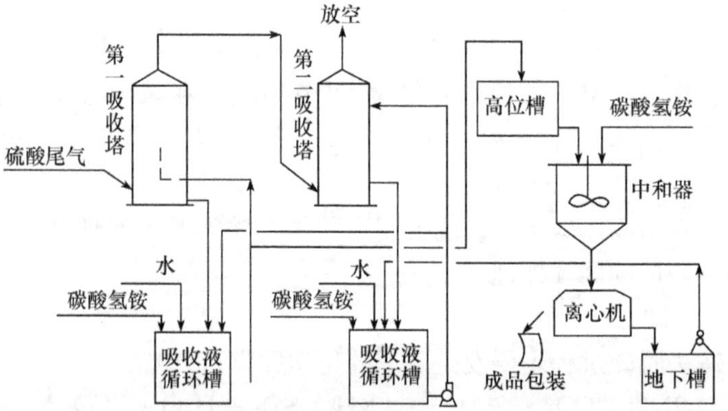

图 5-35 固体亚硫酸铵法工艺流程

该工艺的影响因素主要与吸收液的喷淋密度和温度等有关,SO_2 吸收率的高低主要由二塔吸收液的组成决定,亚铵产率则关键在于一塔吸收液的组成。相关的吸收、中和系统的操作数据见表 5-12 和表 5-13。

表 5-12　吸收液碱度对排放尾气中 SO_2 浓度的影响

吸收液温度/℃	吸收液组成		SO_2 气浓度	
	碱度/滴度	总亚盐/(g/L)	一塔进气/%	二塔出气/%
25	10.3	321.9	0.575	0.052
24.5	14.0	352.7	0.675	0.028
24.5	12.1	355.6	0.695	0.026

表 5-13　吸收液浓度和碱度对结晶产率的影响

中和前吸收液组成			中和后湿晶			结晶产率/%
总亚盐/(g/L)	碱度/滴度	体积/m^3	总质量/kg	$(NH_4)_2SO_3 \cdot H_2O$ 质量分数/%	$(NH_4)_2SO_4$ 质量分数/%	
632.5	8.1	0.55	282	89.23	4.3	56.8
652.3	9.4	0.45	260.7	81.10	10.6	60.6
657.5	7.4	0.55	336.5	87.42	3.4	63

5.4.3.4　氨-硫铵法

氨-硫铵法是将氨吸收 SO_2 后的母液直接用空气氧化，制得副产品 $(NH_4)_2SO_4$。该法和氨-酸法及氨-亚硫酸铵法相比是一种简便的方法，它不消耗酸，且所需设备少。

(1) 工艺原理

氨-硫铵法与前两种方法不同之处在于：氨-酸法和氨-亚硫酸铵法抑制氧化反应，避免生成 $(NH_4)_2SO_4$，保证吸收塔的脱硫效率，而氨-硫铵法促进循环吸收液的氧化，并将氧化产物作为产品。所以，虽然三种方法都是 NH_3 循环洗涤吸收，但在工艺上有很大的差别。氨-硫铵法工艺为保证吸收塔对 SO_2 的吸收能力，在吸收塔后设置专门的氧化塔对吸收液进行氧化。

在吸收液送入氧化塔之前，一般先将吸收液用 NH_3 进行中和，使吸收液中 NH_4HSO_3 全部转变为 $(NH_4)_2SO_3$，以防止 SO_2 从溶液内逸出。反应式为

$$NH_4HSO_3 + NH_3 \longrightarrow (NH_4)_2SO_3 \tag{5-124}$$

氧化塔内，用压缩空气将溶液氧化生成 $(NH_4)_2SO_4$ 溶液

$$(NH_4)_2SO_3 + \frac{1}{2}O_2 \longrightarrow (NH_4)_2SO_4 \tag{5-125}$$

吸收液不用 NH_3 中和也可直接进行氧化，结果不仅得到硫铵溶液，还产生含 SO_2 气体。

(2) 工艺流程

氨-硫铵法的工艺过程主要分为吸收、氧化以及后处理等三部分，工艺流程见图 5－36。

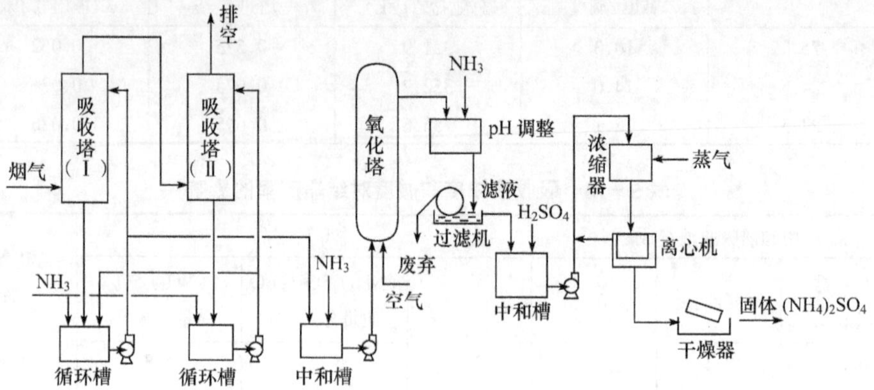

图 5－36　氨-硫铵法工艺流程

燃烧烟气经两级吸收后排空。部分循环吸收液从吸收系统中引出至中和槽，用 NH_3 进行中和。中和液用泵送入氧化塔通入压缩空气进行氧化，氧化后的溶液在 pH 调整槽中加 NH_3 成为碱性，使烟气中含有的钒、镍、铁等重金属变为氢氧化物沉淀而除去；硫铵母液则经过浓缩结晶、分离、干燥后，得到硫酸铵产品。

5.4.4　喷雾干燥法

喷雾干燥法（SDA）烟气脱硫技术是 20 世纪 80 年代发展起来的一种新兴脱硫工艺，由美国 Joy 公司和丹麦的 Niro Atomizer 公司共同开发，国外多称为 Joy-Niro 法。目前世界上配置这种脱硫工艺的发电机组总容量已超过 15 000MW，投入正常运行的超过 6000MW。该方法主要用于燃用低硫煤的电厂烟气脱硫，近年来也进行了高硫煤的旋转喷雾脱硫研究工作。

（1）脱硫原理

该方法利用喷雾干燥的原理，将吸收剂雾化喷入烟气中，吸收剂为分散相，烟气为分散介质，吸收剂和热烟气在吸收塔内发生传质和传热，实现脱硫目标并分离脱硫废渣。具体过程描述如下：

① 质量传递过程

质量传递过程即为脱硫化学反应过程，主要包括以下几个步骤

生石灰制浆　　$CaO + H_2O \longrightarrow Ca(OH)_2 \downarrow$　　(5－126)

SO_2 被灰浆液滴吸收　　$SO_2 + H_2O \longrightarrow H_2SO_3$　　(5－127)

脱硫剂与 SO_2 反应　　$Ca(OH)_2 + H_2SO_3 \longrightarrow CaSO_3 + 2H_2O$　　(5－128)

液滴中 $CaSO_3$ 过饱和沉淀析出　　$CaSO_3 \longrightarrow CaSO_3$　　(5－129)

部分 $CaSO_3$(液)被溶于液滴中的氧气所氧化

$$CaSO_3 + \frac{1}{2}O_2 \longrightarrow CaSO_4 \tag{5-130}$$

$CaSO_4$ 难溶于水，迅速沉淀析出固态 $CaSO_4$。

② 热量传递过程

热量传递过程是液态脱硫渣在吸收塔内的干燥过程，主要由两个阶段组成：

第一阶段为恒速干燥阶段。吸收剂浆液雾滴存在较大的自由液体表面，液滴内部分子处于自由运动状态，水分由液滴内部很容易移动到液滴表面，补充表面气化失去的水分，保持表面水分处于饱和状态。因此，蒸发速度仅受热能传递到液滴表面的速度控制，单位面积的液滴蒸发速度较大且恒定。在这一阶段表面水分的存在，为吸收剂与 SO_2 的反应创造了良好的条件，传质反应过程呈液相反应的特点，反应速率大，约 50% 的吸收反应发生在这一阶段，所需时间仅 1～2s。根据反应(5－127)和(5－128)，SO_2 从气相扩散到液相进行化学吸收，同时反应生成的 $CaSO_3$ 必须从反应区扩散出来，才能使反应继续进行。由于分子在液体内的扩散系数比在气体中的小得多，因此在热量传递过程中的控制因素是液相传质。此阶段的持续时间称为临界干燥时间，与雾粒直径、固含量等因素有关，雾粒直径越小或固含量越高，临界干燥时间就越短。

第二阶段称为降速干燥阶段。该阶段的特点是蒸发速度降低，液滴温度升高，雾滴表面的自由水分减少，内部粒子距离减少，液滴表面出现固体。当接近烟气温度时，水分扩散距离增加，干燥速度继续降低，由于雾滴表面含水量下降，SO_2 的吸收反应逐渐减弱。干法烟气脱硫装置的烟气相对湿度较高，减速干燥阶段可维持较长的时间。

在第一干燥阶段，液滴表面温度迅速达到烟气绝热饱和温度，此温度与塔内瞬时烟气平均温度之差决定着雾粒的蒸发推动力，较高的烟气平均温度驱使液滴快速蒸发。如果吸收塔出口烟气平均温度控制得越接近绝热饱和温度，完成液滴干燥以达到允许的残余水分含量的时间越长，可期望达到更高的脱硫效率。一般采用“近绝热饱和温度”表示吸收塔出口接近绝热饱和的程度，有利于分析塔内工况及与脱硫率的关系。

(2) 工艺流程

喷雾干燥脱硫工艺主要分为五个步骤：① 脱硫浆液的制备；② 脱硫浆液的雾化；③ 雾滴与烟气接触；④ SO_2 吸收和水分的蒸发；⑤ 灰渣再循环与排除。其中

②、③、④三步均在喷雾吸收塔内完成,吸收剂为分散相,烟气为分散介质。典型的旋转喷雾干法烟气脱硫工艺流程见图 5-37。

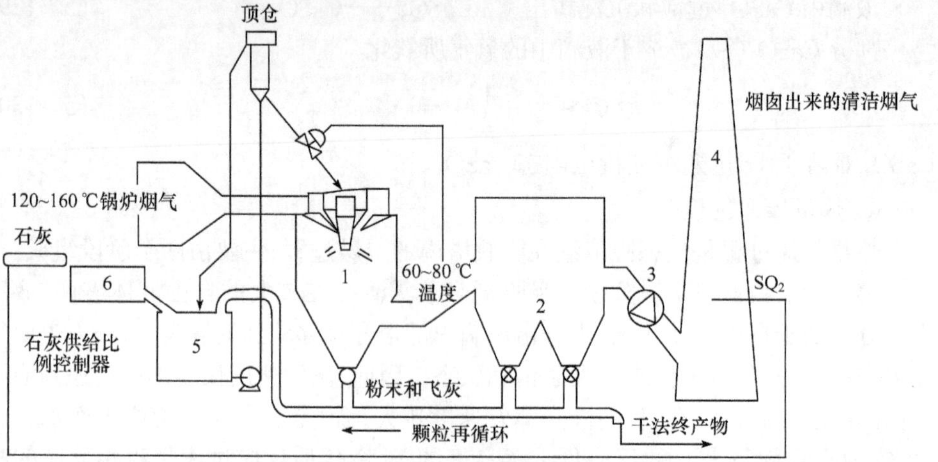

图 5-37 旋转喷雾干法烟气脱硫流程

1-喷雾吸收塔;2-除尘器;3-引风机;4-烟囱;5-供给槽;6-熟化器

喷雾干燥法脱硫率的大小与吸收剂的利用率有关,将二者综合考虑,一般控制吸收剂的用量为理论用量的 1.5~2.0,脱硫效率可达 70%~85%。脱硫生成物为固体灰渣,全游离水分一般在 2%以下,一部分在吸收塔内分离,由锥体出口排出,另一部分随脱硫烟气进入除尘器进行分离。

喷雾干燥法的吸收剂除采用石灰乳外,还可采用碱液或氨水。由于碱液和氨水对 SO_2 的吸收能力较石灰乳高,因此其脱硫率也高,吸收剂的用量也少。

喷雾干燥脱硫与湿式石灰石/石灰法相比具有很多优点:流程简单,省掉了一套浆液处理设备,故投资省;运行可靠,生产过程中不产生结垢和堵塞;由于是干式运行,只要排气温度适宜,不产生腐蚀;能量消耗低,运转费用低;对烟气量和烟气中 SO_2 的浓度波动适应性大。主要缺点有:脱硫率不高;吸收剂利用率不高,吸收剂消耗较大;增加了系统除尘负荷;关键部件雾化器易磨损;对高硫煤不经济。

5.4.5 金属氧化物吸收法

一些金属(如 Mn,Zn,Fe,Cu 等)氧化物可作为 SO_2 的吸收剂。金属氧化物吸收 SO_2 可采用干法或湿法。干法脱硫属传统工艺,脱硫率较低,目前各国致力于研究如何增加其活性、提高效率;湿法脱硫多采用浆液吸收,吸收 SO_2 后的含亚硫酸盐-亚硫酸氢盐的浆液,在较高温度下热分解,可再生出浓 SO_2 气体,便于加工为硫的各种产品。常见的有氧化镁法、氧化锌法、氧化锰法等。

下面以氧化镁法为例介绍金属氧化物吸收法。氧化镁法由美国化学基础公司开发，又叫开米柯-氧化镁(Chemico-MgO)法，它采用氧化镁料浆处理含 SO_2 的烟气，脱硫率可达90%以上，国外应用较多。

(1) 反应原理

开米柯-氧化镁法采用氧化镁浆液作吸收剂，吸收烟气中 SO_2 后，吸收液可再生循环使用，同时副产高浓度 SO_2 气体，用于制硫酸或固体硫磺。氢氧化镁在吸收塔内与烟气中的二氧化硫接触反应生成含结晶水的亚硫酸镁和硫酸镁，随后将这些生成物脱水和干燥，再进行煅烧，使之发生分解。为了还原硫酸镁，还需向煅烧炉内添加少量焦炭，这样煅烧炉内的亚硫酸镁和硫酸镁就分解成高浓度的二氧化硫气体和氧化镁。氧化镁水合后成为氢氧化镁循环使用，高浓度 SO_2 气体作为副产品加以回收利用。主要反应如下：

① 吸收

$$Mg(OH)_2 + SO_2 + 5H_2O \longrightarrow MgSO_3 \cdot 6H_2O \tag{5-131}$$

$$MgSO_3 + SO_2 + H_2O \longrightarrow Mg(HSO_3)_2 \tag{5-132}$$

$$Mg(HSO_3)_2 + Mg(OH)_2 + 10H_2O \longrightarrow 2MgSO_3 \cdot 6H_2O \tag{5-133}$$

② 干燥

$$MgSO_3 \cdot 6H_2O \longrightarrow MgSO_3 + 6H_2O\uparrow \tag{5-134}$$

$$MgSO_4 \cdot 7H_2O \longrightarrow MgSO_4 + 7H_2O \tag{5-135}$$

③ 分解

$$MgSO_3 \longrightarrow MgO + SO_2\uparrow \tag{5-136}$$

$$MgSO_4 + 1/2C \longrightarrow MgO + SO_2\uparrow + 1/2CO_2\uparrow \tag{5-137}$$

④ 吸收剂水合反应

$$MgO + H_2O \longrightarrow Mg(OH)_2 \tag{5-138}$$

(2) 工艺流程

图5-38为MgO浆液脱除烟气中 SO_2 的工艺流程示意图，流程中的洗涤设备采用开米柯式文丘里洗涤器。吸收后的浆液先进行离心脱水，干燥后再经回转窑加热煅烧(煅烧温度800～1 100℃)，可得到氧化镁和 SO_2 气体。煅烧生成的气体组分为10%～13% SO_2，3%～5% O_2，<0.2% CO，<13% CO_2，其余为 N_2 气。回转窑所得MgO进入MgO浆液槽，重新水合后循环使用，系统中所需补充的MgO为5%～20%。

(3) 主要设备

该法主要设备是开米柯式文丘里洗涤器，其构造见图5-39。烟气由洗涤器

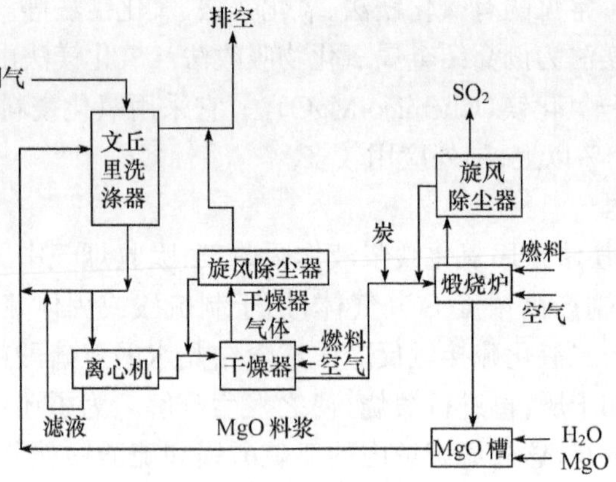

图 5-38　MgO 浆洗再生法工艺流程

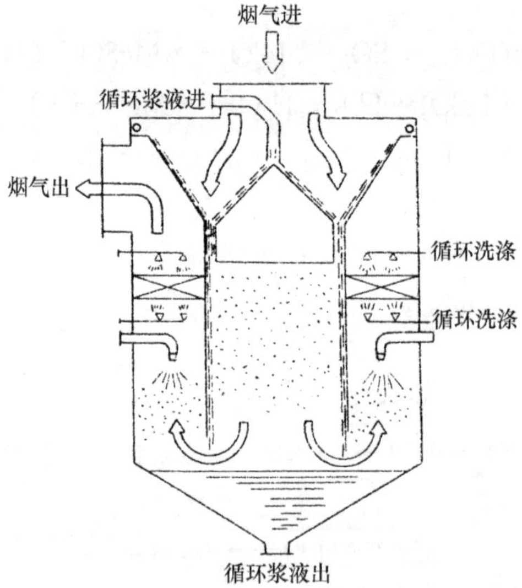

图 5-39　开米柯文氏管洗涤器

顶部引入，在文氏管喉部与发生强烈雾化的循环液作用，达到高效率的气液接触，获得较高的脱硫、除尘效果。排出烟气再与从喷嘴喷出的循环液进一步接触脱硫后，由百叶窗除雾器除去雾沫后经烟囱排空。除雾器能完全捕集烟气夹带的雾滴，因定期清洗，不会堵塞；而洗涤器内壁经常用循环液冲洗，也不会结垢和堵塞，可长期连续运转。

开米柯文丘里洗涤器的特点是：处理气体量大；无结垢故障，可长期连续运转；气液接触效率高，可获得高的脱硫率。

5.5　烟气脱硫工程实例

本节简要介绍常用的烟气脱硫工艺，以石灰石-石膏湿法脱硫工艺为例。重庆珞璜电厂一期工程系引进法国GEC-ALSTHM公司的凝汽式发电机组，规模为2×360MW，单元配套日本三菱重工公司湿式石灰石-石膏法脱硫装置，为我国首次引进的大型火电厂烟气脱硫装置。1990年底1号装置及公用系统完成安装和单机分部试运行。电厂锅炉用重庆松藻矿的无烟煤。煤质及烟气见表5-14至表5-16。

表5-14　重庆珞璜电厂煤质工业分析

项目	挥发分	应用基碳	应用基灰分	应用基水分
设计值/%	9.31	55.94	30.53	4.22

表5-15　重庆珞璜电厂煤质元素分析

项目	碳C	氢H	氧O	氮N	全硫S	（黄铁矿硫）
设计值/%	56.03	2.20	2.14	0.94	4.02	(3.48)
项目	（硫酸盐硫）	（有机硫）	灰分A	水分W	应用基低位发热量	
设计值/%	(0.08)	(0.46)	30.45	4.22	21 604kJ/kg	

表5-16　电厂烟气分析

烟气条件	引风机出口烟气量		引风机出口烟气温度		引风机出口压力		含尘量	
设计值	1 129 680m^3(N)/h		142℃		+170Pa		213mg/m^3(N)	
未脱硫前烟气成分（湿态）	SO_2	SO_3	HF	HCl	N_2	O_2	CO_2	H_2O
设计值/%	0.35	3×10^{-4}	3×10^{-3}	1.2×10^{-3}	75.94	4.94	13.18	5.59

两套脱硫装置全年约需要超细石灰石粉26万吨左右。石灰石成分见表5-17。

表5-17　石灰石成分

石灰石成分	CaO	MgO	SiO_2	Al_2O_3
含量/%	>50.4(相当于$CaCO_3$>90%)	1.28～1.69	2.70～3.65	0.83～1.62
石灰石成分	Fe_2O_3	P	S	烧损
含量/%	0.39～0.49	0.015～0.024	0.36～0.47	40.86～41.60

(1) 工艺流程

重庆珞璜电厂石灰石-石膏法脱硫工艺流程如图5-40所示。

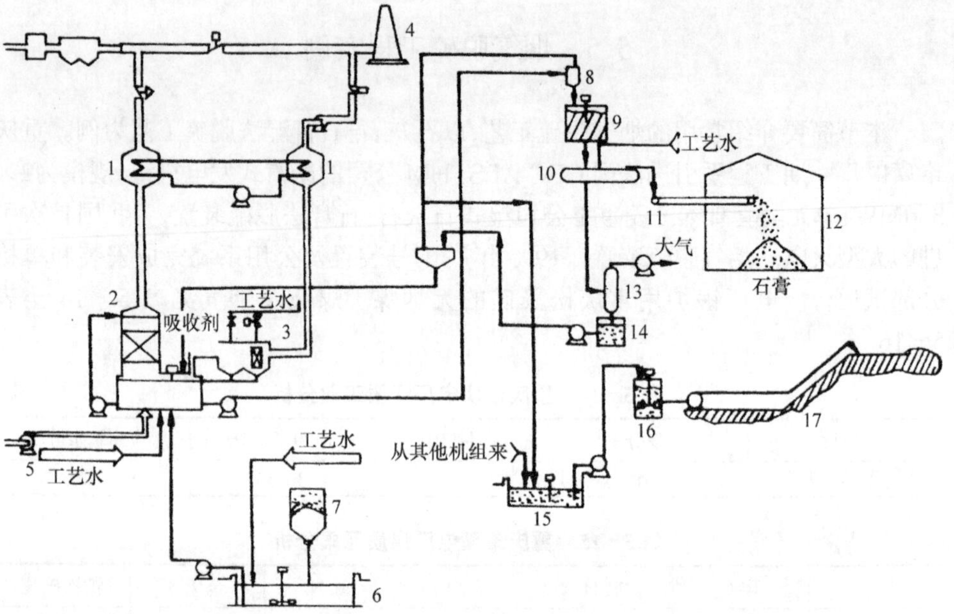

图 5-40 重庆珞璜电厂脱硫工艺

1-气-气加热器;2-吸收塔;3-除雾塔;4-烟囱;5-氧化空气鼓风机;6-石灰石浆液槽;7-石灰石仓;8-石膏水力分离器;9-皮带过滤机给料罐;10-皮带过滤机;11-石膏输送机;12-石膏储仓;13-真空泵罐;14-过滤机接收器;15-废弃处置浆液槽;16-处置泵吸入罐;17-飞灰/灰渣堆放池

(2) 系统设备

该工艺主要由 6 个子系统组成,脱硫工艺的主要设计指标和工程设计值见表 5-18。

① 吸收剂运输系统 两套脱硫系统用粉量约 19.7t/h,由华能石粉厂供应的石灰石粉细度 250 目筛余 5%,采用 15t 自卸封装车运输。运输车自备压缩空气卸入石灰石粉仓,库容可供两套装置 3 天的用量。

② 石灰石浆制备系统 在粉仓中储存的石灰石粉经过给粉机和输粉机送入制浆槽,调节给水量控制浆液浓度为 30%左右。每套脱硫装置有一套制浆系统,在浆液泵出口设有联络管,以增加系统的灵活性。

③ 烟气系统 锅炉烟气经电除尘和引风机后进入脱硫系统,首先经烟气再热器(MGGH)吸热侧降温到 100℃,然后从吸收塔顶部进入塔内脱硫。净化后的烟气经过两极除雾后进入再热器升温侧,烟气升温到近 90℃,经脱硫风机排入烟囱。吸收塔采用顺流格栅填料塔,单塔具有再除尘、吸收和氧化功能。塔高 30.7m,塔身断面 11.2m×7.2m,在标高 21.7m 处安装有 180 个低水头、大口径溢流型喷嘴,

塔内装有两层3m高的聚丙烯格栅填料。底部有容积为1 500m^3的反应槽，布有空气氧化喷管，槽的中央设有搅拌器，四周安装导流板及漩涡起泡器。

表5-18　脱硫系统主要技术指标及工程设计值

项　目	设 计 值	项　目	设 计 值
系统脱硫率	95%	入口SO_2浓度	0.3%
使用年限	30年	入口烟气温度	160℃
可用率	99%	出口烟气温度	62℃
石灰石浆液浓度	28%～32%(质量浓度)	年运行时间	6 000h
吸收塔液气比	26L/m^3(N)	石灰纯度(含CaO)	70%
石膏产量	30t/h(台)	浆液浓度	25%～30%
石膏纯度	90%	消耗石灰	13.12t/h
FGD电力消耗	1.84%(占厂用电率25%)	用电	1 700度/h
脱硫成本	11.98元/(MW·h)	用水	117t/h
单位SO_2脱硫费	408.14元/t	脱硫废渣	21.20t/h
$r_{Ca/S}$	1.5		

④ 石膏制备及处置系统　吸收剂制备系统将所需浓度的石灰石浆液送入吸收塔贮槽，与塔内未反应完的吸收液及部分石膏晶种混合，再用循环泵送到吸收塔上部喷嘴，喷入塔内进行吸收反应。从吸收塔排出的较稀石膏浆，用泵送入水力旋流器浓缩到40%，再送入皮带真空脱水机。脱水后的石膏粉含水量小于10%，石膏纯度大于90%。两套装置可产石膏60t/h，年产石膏330 000t。

⑤ 公共系统　公共系统包括压缩空气供给系统、补充水系统、冷却水系统和蒸汽系统。一般空气压缩系统有两套，正常运行时一套空气压缩机即可满足需要。补充水用于补给水及系统和副产品的清洁水，也用于泵的密封。冷却水用于各类风机轴承、油、空气等设备的冷却。冷却后的冷却水将被供给吸收塔。蒸汽将用于气-气加热辅助加热器。

珞璜电厂不单独设置废水处理系统，两套脱硫系统废水量为20～50t/h，pH=5～7，Cl^-=0.1%，液相中固体悬浮液浓度SS=2%，废水的化学需氧量COD=160mg/L。废水和废弃石膏浆液混合排至灰场进行综合治理。

符 号 说 明

c——摩尔浓度，kmol/m^3

c——型煤烟气中SO_2浓度，g/Nm^3

G——加入的脱硫剂量，kg/h

g——重力加速度，m/s^2

H——亨利系数，kmol/(m^3·kPa)

K——反应平衡常数

K_g——气相总传质系数,kmol/(m²·s·kPa)

K_l——液相总传质系数,m/s

k_g——气相分传质系数,kmol/(m²·s·kPa)

k_l——液相分传质系数,m/s

k_{ya}——气相吸收系数,kg/(m³·h)

k_{xa}——液相吸收系数,kg/(m³·h)

L——吸收液的质量流率,kg/(m²·h)

M——常数(与温度有关)

N——传质速率,kmol/(m²·s)

p——气体分压,kPa

R_S——型煤固硫率,%

r——离心力作用半径,m

V——颗粒的体积,m³

v_t——颗粒的切向速度,m/s

v_f——气体的空塔泛点速度,m/s

x——液相溶质摩尔分数

x——SO_2 的平衡转化率

y——气相溶质摩尔分数

ρ——物质的密度,kg/m³

φ——水的密度和液体的密度之比

Φ——填料特性值(填料因子可查手册),m²/m³

μ_e——液体的黏度,mPa·s

1——吸收塔塔顶

2——吸收塔塔底

习　题

1. 用水吸收空气混合物中的 SO_2。已知吸收条件如下:$k_g = 2.5\times10^{-9}$ kmol/(m²·s·Pa), $k_l = 1.5\times10^{-4}$m/s, 总压 $p = 1.2\times10^5$Pa, 温度为 $T = 300$K。计算 k_y、k_x 各分传质系数的数值是多少?

2. 在 30℃和 101 325Pa 下,用水吸收 SO_2。废气量为 5100m³/h, 废气中 SO_2 浓度为 1.4%,要求脱除 95%的 SO_2,计算最小吸收剂用量。

3. 某矿石焙烧排出的气体中含 9%SO_2, 余为空气。气体流量为 0.28m³/s,用水吸收其中所含 SO_2 的 90%。已知在操作压力为 1atm, 温度为 20℃时, SO_2 在水中的溶解度数据如下:

SO_2 溶液浓度/(gSO_2/100gH_2O)	0.2	0.5	1	1.5	2	3	5	7	10	15
SO_2 的平衡分压/mmHg	0.5	1.2	3.2	5.8	8.5	14.1	26	39	59	92

4. 20℃用水吸收 SO_2, 计算所需吸收塔径和塔高。已知: 操作压力 100kPa; 入口气体组成为: 空气 2700kg/h, SO_2 448kg/h, 总量为 3148kg/h; 净化气体出口组成为: 空气 2700kg/h, SO_2 8.96kg/h, H_2O 34kg/h, 总量为 2743kg/h; 水量 73 000kg/h; 塔底吸收液相组成为: H_2O 72 996kg/h, SO_2 439kg/h, 总量为 73 405kg/h; 气相总传质系数为 $K_g = 1.996$kmol/(m³·h·kPa)。

5. 求在 20℃下, SO_2 在水中的溶解度。已知混合气体中 SO_2 平衡分压为 5kPa, $E_A{}' = 62$kPa·m³/kmol, 离解平衡常数 $K' = c_{HSO_3^-}\cdot c_{H^+}/c_{SO_2} = 1.7\times10^{-2}$kmol/m³。

6. 某工厂废气流量 $G = 1000$m³/h, 含 SO_2 为 9%, 余为空气。在 $t = 20$℃, $p = 1$atm(101 325Pa)下, 用水作吸收剂进行净化。气相传质系数 $k_y = 50.7$kg/m²·h, 要求 SO_2 去除率达到 98%, 试设计一个用 40×40×4.5 拉西环(乱堆)为填料的吸收塔。求水量 L, 出塔吸收液浓度 c, 塔径 D, 压降 Δp 以及填料层高度 Z_T。

7. 用化学吸收法进行废气脱硫, 吸收设备为填料塔。已知气相传质系数 $k_{Ag} = 5.483\times10^{-7}$kmol/(s·kN), 液相传质分系数 $k_{Al} = 2\times10^{-4}$m/s, 填料有效比表面积 $\alpha = 98$m²/m³, 惰性气体流量 $G = 0.899\times10^{-2}$ kmol/(m²·s), 进塔气体二氧化硫浓度为 2.2g/m³, 出塔二氧化硫浓度为 0.04g/m³, 操作压强 $p =$

101.3kPa，全塔平均化学增强系数 $E=48$，二氧化硫溶解度系数 $H_A=8.22\times10^{-4}$kmol/(kN·m)。另外，吸收过程发生的是快速化学反应，且因反应物浓度高，$p_{Ag}^*\approx0$。求填料层高度。

注：快速化学吸收的传质速率用下式求解

$$N_A=\frac{p_A-p_A^*}{\dfrac{1}{K_{Ag}}+\dfrac{1}{EH_AK_{Al}}}$$

8. $y_1=0.2$，$y_2=0.01$，$pH_1=11$，气体摩尔流率在 0.006～0.015kmol/(m^2·s)之间变化，水的体积流率为 20～30m^3/(m^2·s)，利用例 5-1 的吸收系数方程式计算填料层高度 Z_T。图 5-41 和图 5-42 分别表示不同填料层高度随水流率的变化和不同气体流率下填料层高度随浆液初试 pH 值的变化。

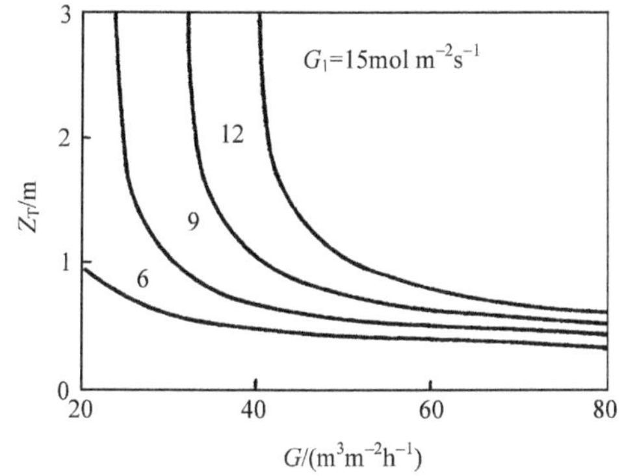

图 5-41　不同气体流率下填料层高度随水流率的变化

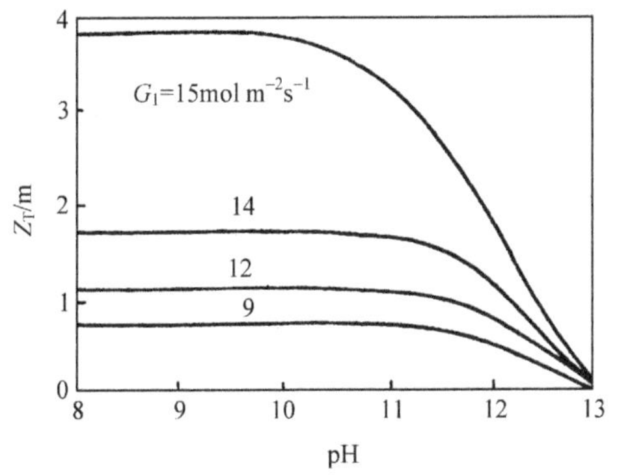

图 5-42　不同气体流率下填料层高度随浆液初始 pH 值的变化

9. 计算石灰石烟气脱硫系统，系统的设计数据如下：

参　数	数　值
气体体积流率/(Nm^3/min)	45 754
气体质量流率/(kg/min)	40 352.6
SO_2 进口负荷/(kg/kJ)	2.84×10^{-6}
烟气中固体颗粒负荷/(kg/kJ)	1.29×10^{-8}
温度/℃	143
进气压力/atm	0.98

烟气组成	质量流量/(kg/min)	摩尔分率/%
固体颗粒	1.04	—
CO_2	7 125	11.76
HCl	3.27	0.01
N_2	28 320	73.45
O_2	2 449	5.57
SO_2	235	0.27
湿含量	2 219	8.94

求:石灰石的进料速率(石灰石中脱硫活性组分为:94% $CaCO_3$,1.5% $MgCO_3$, 4.5% 惰性组分)。假设:

(1) 烟气流率和组分为常数;

(2) 烟气中不含有 SO_3,烟气湿式洗涤以后水分达到饱和但是无水滴被携带出洗涤塔;

(3) 石灰石浆液的实际用量是计算用量的 1.1 倍;

(4) 经湿式洗涤以后的烟气再热升温约 5℃ 以防止在烟囱内发生结露;

(5) SO_2 脱除率为 90%, HCl 脱除率为 100%;

10. 根据题 9, 估算石灰石浆液中水分蒸发量及脱硫烟气的湿度(利用水蒸气的温焓图)。

11. 根据题 9 及 10, 计算脱硫烟气组成。

12. 根据题 9 及 10, 计算脱硫石膏的产率及组成(假设脱硫石膏浆液中含自由水 60%)。

13. 根据题 9~12, 计算以上脱硫系统所需动力。系统数据如下:在脱硫过程中系统的压降为 279mmH_2O, 烟气利用效率为 90% 的换热器回收的热量进行再热, 脱硫浆液的相对密度为 1.09, 浆液循环泵的扬程为 28m, 烟气由鼓风机排出。设其他的泵和风机所消耗的动力是风机和浆液循环泵所消耗动力总量的 20%, 风机和泵的效率为 70%。

14. 有一个规模为 600MW 的发电厂, 使用的燃煤中硫含量为 3.5%, 煤炭发热值为 27 910kJ/kg。采用石灰石烟气脱硫系统, 脱硫效率为 90%, 工厂总的热效率为 35%。所使用的石灰石组成为:$CaCO_3$, 95%, 惰性组分 5%, 石灰石的实际需要量是理论需要量的 1.15 倍。脱硫过程中仅产生 $CaSO_3$, 含水量为 45%。计算每吨煤所需要的石灰石数量。

15. 根据图 5-23 的石灰石/石灰湿式脱硫系统, 硫酸钙可能在哪些步骤产生? 硫酸钙的生成对脱硫系统会产生哪些影响?

第6章　氮氧化物控制技术

6.1　氮氧化物控制技术基础

氮氧化物是造成大气污染的主要污染源之一。通常所说的氮氧化物(NO_x)主要包括 NO、NO_2、N_2O、N_2O_2、N_2O_3、N_2O_4 和 N_2O_5 等几种化合物,其中污染大气的主要是 NO 和 NO_2,此外 N_2O 也是污染大气特别是高层大气的污染物之一。

氮氧化物排放到大气中会对环境造成很大危害。人通过呼吸将 NO_x 吸入体内,会刺激呼吸道和肺部,并对心、肝、肾等造成腐蚀损害,还会引起急性或慢性中毒,并有致癌作用。NO_x 除可造成一次污染外还会造成二次污染。氮氧化物在对流层中的臭氧和碳氢化合物的光化学过程中起着决定性的作用;它与碳氢化合物的化学反应是造成污染大气的臭氧浓度较高的最主要原因;它还是光化学烟雾形成的先驱物。近几年的观测还证明,随着人为活动排放氮氧化物的增加,不仅使城市污染大气中的臭氧浓度升高,也使干净背景大气中的臭氧浓度明显上升。同时,NO_2 还是对流层中臭氧的一个前驱物,全球范围对流层臭氧浓度增加还可能影响地-气系统的辐射平衡而引起气候的变化。总而言之,其主要危害包括:对人体的致毒作用;对植物的损害作用;是形成酸雨和酸雾的主要原因之一;与碳氢化合物形成光化学烟雾、参与臭氧层破坏。所以大气中氮氧化物的含量已逐渐引起了各国的关注,许多国家已制订了非常严格的氮氧化物排放法规。

6.1.1　NO_x 的产生及形成机理

人类活动、燃料燃烧及工业生产等都会产生 NO_x,其中最主要的是燃料燃烧。根据有关统计,大约 50%的 NO_x 来自于汽车和其他移动源的排放,而固定源排放的 NO_x 中 40%是从电厂锅炉里产生的。表 6-1 列出了美国 1997 年 NO_x 排放的统计结果。表中的统计结果显示汽车排放的 NO_x 占 50%;燃料燃烧产生 1/3 的 NO_x;其他排放源一栏主要是非运输的内燃机和居住燃烧产生的 NO_x。可见,如果我们能减少汽车排放和燃料燃烧这两大源头的 NO_x 排放,也就基本控制了大气中 NO_x 的污染。煤燃烧过程中产生的 NO_x 主要是 NO 和 NO_2。在燃烧过程中 NO_x 的生成量和排放量与燃料的燃烧方式,特别是燃烧温度和过量空气系数等燃烧条件有关。了解燃烧过程中 NO_x 的形成机理对于开发新的治理技术是十分必要的,但目前对 NO_x 如何在烟道中形成的热力学机理还不十分清楚,现阶段只有三种已接受的机理可解释这一过程。

表 6－1　1997 年度美国氮氧化物排放估算(以 NO_2 计)

排放源类别		排放量/(10^3t/a)	百分比/%	
燃煤	公用事业	5 588	23.70	
	工业	614	2.60	
	商业	40	0.17	
小计				26.48
燃油	公用事业	131	0.56	
	工业	240	1.02	
	商业	107	0.45	
小计				2.03
燃气	公用事业	286	1.21	
	工业	1 385	5.87	
	商业	241	1.02	
小计				8.11
工业过程	化学、化工	167	0.71	
	金属制造	102	0.43	
	石油及其相关行业	115	0.49	
	其他工业	421	1.79	
小计				3.41
汽车排放	行驶时	7 035	29.84	
	非行驶时	4 555	19.32	
小计				49.16
其他		2 549	10.81	10.81
合计		23 576	100	

(1) 热机理型　认为 NO_x 是空气中的 N_2 和 O_2 在高温下反应生成的

$$N_2 + O_2 \longrightarrow NO, NO_2$$

且 NO_x 的产量和生成速度随着温度的升高呈指数增长。当温度高于 1373K 时，是生成 NO_x 的主要时机；当燃烧区域的温度低于 1273K 时，NO 的生成量很小；而温度在 1573～1773K 时，NO 的浓度大约为 $5\times10^{-4}\sim10^{-3}$。因此，温度对热机理 NO_x 的生成具有决定作用。根据热机理 NO_x 的生成过程，要控制其生成，就需要降低锅炉炉膛中燃烧温度，并避免产生局部高温区，以降低热机理 NO_x 的生成。

(2) 瞬时机理型　认为 NO_x 是 N_2、O_2 和碳氢化合物的自由基之间发生快速反应生成的

$$CH_4 + N_2 + O_2 \longrightarrow NO, NO_2, CO_2 + H_2O$$

该机理是在较低温度下常见且重要的机理。瞬时机理 NO_x 主要是指燃料中的碳氢化合物在燃料浓度较高区域燃烧时所产生的烃与燃烧空气中的 N_2 分子发生反应，形成 CN、HCN，继而氧化生成 NO_x。因此，瞬时机理 NO_x 主要产生于碳氢化合物含量较高、氧浓度较低的富燃料区，多发生在内燃机的燃烧过程。而在燃煤锅炉中，其生成量很小。

(3) 燃料型　认为 NO_x 是由燃料中的含氮有机物直接氧化而成的

$$R_3N + O_2 \longrightarrow NO, NO_2, CO_2 + H_2O$$

与具有三个键的 N_2 相比，燃料中的氮更容易与 O_2 和其他中间物发生反应而生成 NO_x，因此该机理也是较低温度下常见的 NO_x 生成机理。

图 6-1 示出了煤燃烧时上述三种机理对 NO_x 排放的各自贡献。可以看出在 1573K 以下，与其他两种机理相比，热机理型的 NO 可以忽略不计，而它在高温时

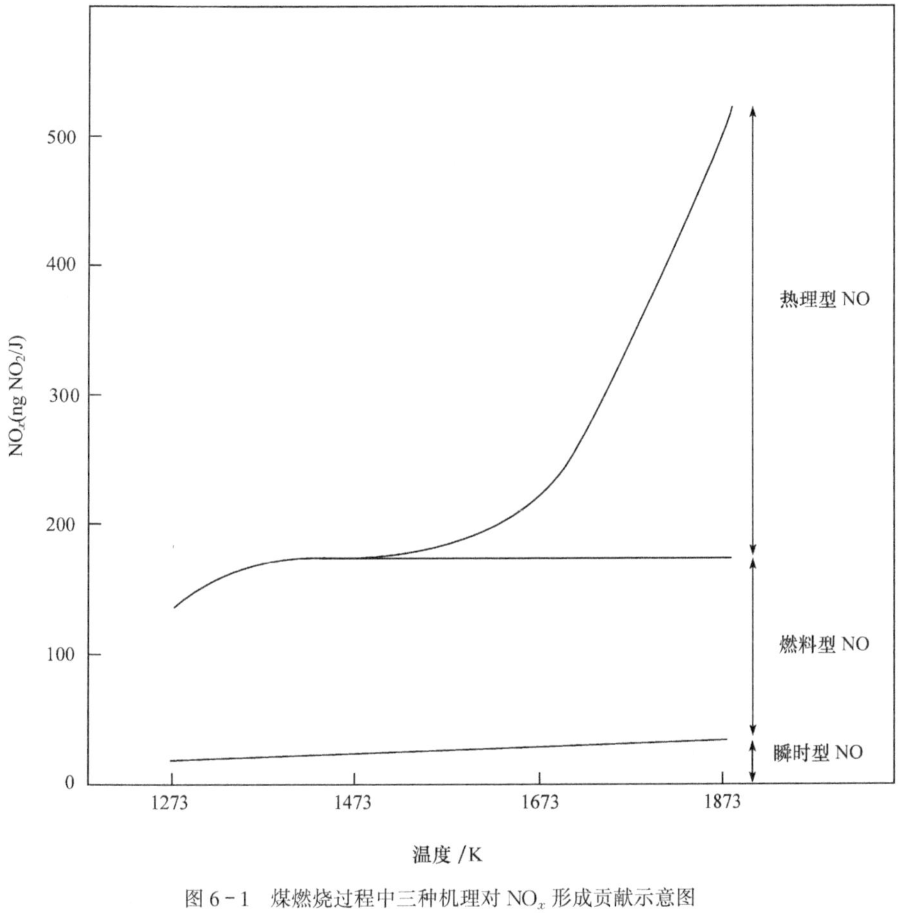

图 6-1　煤燃烧过程中三种机理对 NO_x 形成贡献示意图

却是最主要的。

6.1.2　NO 和 NO_2 的热力学平衡

火焰中产生 NO 和 NO_2 的最主要反应为

$$N_2 + O_2 \rightleftharpoons 2NO \tag{6-1}$$

$$NO + 1/2O_2 \rightleftharpoons NO_2 \tag{6-2}$$

上述两个均为可逆反应。在此,我们考察一下温度和化学组成对这些反应平衡的影响。任何化学反应处于平衡时,其 Gibbs 自由能在该反应温度和压力下总是最小的。反应的平衡常数可以表达为

$$\ln K = -\frac{\Delta G^{\ominus}}{RT} \tag{6-3}$$

式中:$\Delta G^{\ominus}$——标准自由能变化,cal/mol,其数值可以从有关文献获得;

K——平衡常数;

R——气体常量,cal/(mol·K);

T——热力学温度,K。

由此,我们可以计算出任意温度下的平衡常数 K。表 6－2 就是通过相应的 $\Delta G^{\ominus}$ 值计算出的式(6－1)和(6－2)中 NO 和 NO_2 的平衡常数。

表 6－2　生成 NO 和 NO_2 的反应平衡常数

温度/K	平衡常数 K_p	
	NO	NO_2
300	7×10^{-31}	1.4×10^{6}
500	2.7×10^{-18}	1.3×10^{2}
1 000	7.5×10^{-9}	1.1×10^{-1}
1 500	1.07×10^{-5}	1.1×10^{-2}
2 000	0.4×10^{-3}	3.5×10^{-3}
2 500	3.5×10^{-3}	1.8×10^{-3}

表中的平衡常数 K_p 是基于采用理想气体在 1atm 的标准态下获得的数值,气体的浓度用气相分压来表示。当然,如采用其他标准态,可以算出不一样的 K 值。但是,使用时只要注意单位,均可获得相同的平衡浓度。式(6－1)反应前后物质的量没有变化,因此,K_p 是无因次的;而式(6－2)反应后减少了 0.5mol,所以,其 K_p 值的量纲为$(atm)^{-0.5}$。

例 6-1 空气在2000K 温度下保持足够长时间并达到化学平衡，假设只发生我们感兴趣的(6-1)和(6-2)两个反应。试计算 NO 和 NO_2 的平衡浓度。

[解] (6-1)和(6-2)两个反应的平衡常数可定义如下

$$K_{(6-1)}=\frac{[NO]^2}{[O_2][N_2]} \tag{6-4}$$

$$K_{(6-2)}=\frac{[NO_2]}{[NO][O_2]^{1/2}} \tag{6-5}$$

这里[NO]代表 NO 在反应平衡时的活度，对于理想气体活度等同于浓度，并可用不同的单位来表示。在本章中，我们所讨论的气体都是在低压和高温条件下的，真实气体与理想气体的性质非常接近。因此，在以后所涉及的叙述、方程、例题和习题中均用浓度来代替活度。我们知道，对于大多数精确的工作来说，非理想气体的行为必须予以考虑，浓度值必须乘以一个无因次的活度系数才能得到上述方程式的活度值(对理想气体而言，活度系数＝1.00)。

如果我们使用的是 K_p，则气体浓度必须表示成分压，即压强的摩尔分率。假定反应在 1atm 下处于平衡，那么气体的浓度在数值上就等于摩尔分率。

从式(6-4)可知，NO 的平衡浓度为

$$[NO]=(K_{(6-1)}[N_2][O_2])^{1/2}$$

空气中 N_2 和 O_2 的含量分别取 0.78 和 0.21，将表 6-2 中相应的 K_p 值代入上式可得

$$[NO]=(0.0004[0.78][0.21])^{1/2}=0.0081=8.1\times10^{-3}$$

从(6-5)可知，NO_2 的平衡浓度为

$$[NO_2]=K_{(6-2)}[NO][O_2]^{1/2}$$

将表 6-2 中相应的 K_p 值代入上式可得

$$[NO_2]=0.0035[0.0081][0.21]^{1/2}=1.3\times10^{-5}$$

按照例 6-1 的程序，我们可以计算出初始组成分别为 78% N_2、21% O_2 和 78% N_2、4% O_2 的空气在各温度下 NO 和 NO_2 的平衡浓度。结果列于表 6-3。后一种的气体组成更确切地代表了燃烧气体，因为在燃烧中大部分氧气被消耗掉。

表 6-3 计算出的 NO 和 NO_2 在不同温度下的平衡浓度

温度/K	78% N_2, 21% O_2		78% N_2, 4% O_2	
	$[NO]/10^{-6}$	$[NO_2]/10^{-6}$	$[NO]/10^{-6}$	$[NO_2]/10^{-6}$
300	3.4×10^{-10}	2×10^{-4}	1.4×10^{-10}	4×10^{-5}
500	7×10^{-7}	0.04	3×10^{-4}	7.6×10^{-3}
1 000	35	1.9	15	0.35
1 500	1 320	6.8	580	1.3
2 000	8 100	13.2	3 530	2.5
2 500	24 000	20	10 500	4.0

为了更直观地了解 NO 和 NO_2 的平衡浓度随温度的变化，将表 6－3 中的数据绘制成图 6－2 和图 6－3。

由表 6－3，图 6－2 和图 6－3 可以得出以下结论：

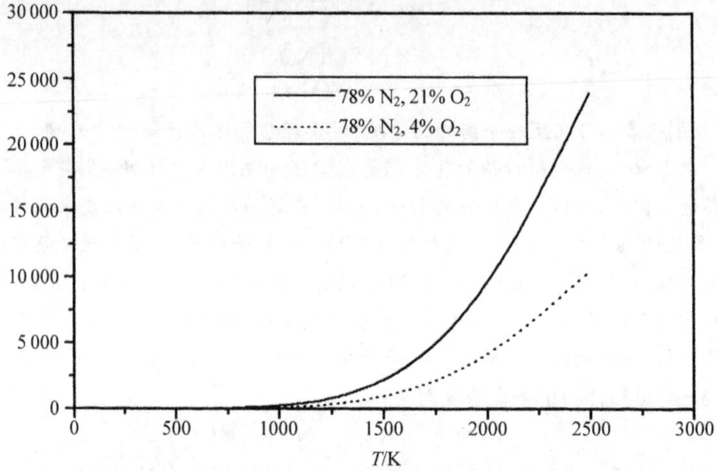

图 6－2　两种氧气含量下计算所得的 NO 平衡浓度

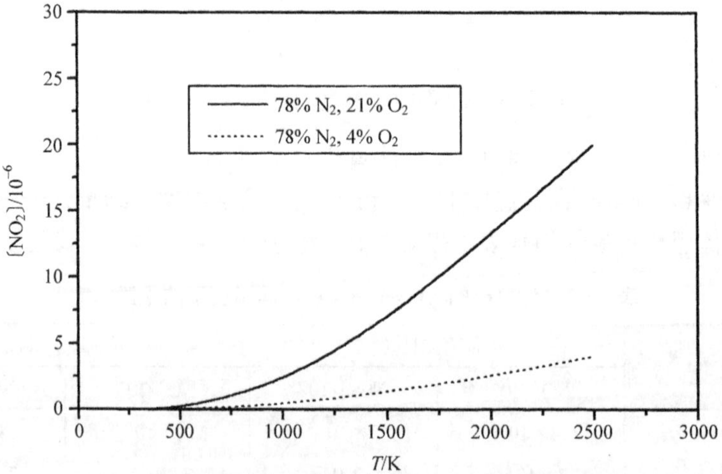

图 6－3　两种氧气含量下计算所得的 NO_2 平衡浓度

（1）假定大气在常温（300K 左右）下达到平衡，则 NO 和 NO_2 的量均小于十亿分之一。但实际上在城市大气中测得的 NO 和 NO_2 浓度值均超过了平衡值。所以仅用单一的平衡并不能满意地解释大气中 NO 和 NO_2 的存在特性。

(2) NO 的平衡浓度随温度升高而明显增加，且当温度高于 1500K 时，其增加的幅度迅猛。

(3) 低温下 NO_2 的平衡浓度远远高于 NO 的平衡浓度；而高温时刚好相反。

(4) 我们计算的是在火焰和闪电雷击中由大气中的 N_2 和 O_2 形成的 NO 和 NO_2 情况。闪电雷击是地球中 NO_x 的主要来源之一，而汽车和工厂的燃烧则是人口密集地区 NO_x 的主要来源。

所有烟气最终都要被冷却。理论上讲，温度降低将改变 NO 和 NO_2 的平衡组成。烟气冷却过程中若有过剩氧存在，NO 向 NO_2 转化是可能的。根据热力学计算，冷却后的燃烧烟气中 NO_x 将主要以 NO_2 形式存在。实际上并非如此，大部分燃烧过程排出的尾气中大约 90%～95% 的 NO_x 仍然以 NO 形式存在。从热力学上讲，尾气温度降低后 NO 是不稳定的，然而 NO 分解为 N_2 和 O_2 的反应，以及 NO 与 O_2 形成 NO_2 的反应，在动力学上都受到限制。当温度降低到 1550K 以下，这些反应的反应速率非常缓慢，尾气中各种 NO_x 的浓度基本上"冻结"在高温下它们形成时的浓度。因此高温下形成的 NO_x 主要以 NO 形式排入大气环境。NO 转化为 NO_2 的氧化反应将主要发生在大气中，所需要的时间由反应动力学决定。由于 NO 分解为 N_2 和 O_2 的反应具有较高反应活化能（约 375kJ/mol），限制了反应速率，因此，高温下形成的 NO 在低温下将被氧化为 NO_2，而不是分解。

6.1.3　热机理型 NO

虽然燃烧过程中生成 NO 的化学反应机理相当复杂，且对一些细节问题至今尚无定论，但对反应过程的理解自 20 世纪 60 年代中期就已取得了显著的进展。在高温时，热机理是三种方式中产生 NO 的最主要途径。

6.1.3.1　热机理 NO 形成的 Zeldovich 动力学

如果将空气加热到 2000K 并保持相当长的时间以达到平衡，则从例 6－1 可知会产生浓度为 8.1×10^{-3}的 NO。这里我们希望进一步了解混合气体在此条件下，需要多久才能达到平衡。

实际上，方程式（6－1）和（6－2）包含着一系列涉及自由基的中间反应。燃烧反应中所涉及的自由基主要是 O·、N·、HO·、H·以及那些失去一个或多个 H 的碳氢类物质（如 $H_3C·$或 $H_2C·$）。这些物质是非常活跃且易反应的，只有在高温下浓度才较显著。根据自由基反应原理，可以形成下列平衡反应

$$N_2 \rightleftharpoons 2N· \tag{6-6}$$

$$O_2 \rightleftharpoons 2O· \tag{6-7}$$

$$H_2O \rightleftharpoons H\cdot + HO\cdot \tag{6-8}$$

通常在反应式的两边加上一个 M,代表另一个不起化学变化的分子,它在反应中会与 N_2 或 O_2 分子发生碰撞以提供或移去能量来促使反应进行。如

$$N_2 + M \rightleftharpoons 2N\cdot + M \tag{6-9}$$

这里的 M 可以是任意的一种其他气体分子(如 O_2,N_2 或 H_2O),并不影响平衡,但对反应速率有影响。

最广泛采用的解释热机理 NO 形成的反应机理就是 Zeldovich 模式。首先 O· 攻击 N_2 产生以下反应

$$O\cdot + N_2 \underset{k_{-10}}{\overset{k_{10}}{\rightleftharpoons}} NO + N\cdot \tag{6-10}$$

产生的 N·进一步与 O_2 发生反应并形成 NO

$$N\cdot + O_2 \underset{k_{-11}}{\overset{k_{11}}{\rightleftharpoons}} NO + O\cdot \tag{6-11}$$

应用化学动力学基本理论,上述反应生成 NO 的速率可表达为

$$\begin{aligned}\frac{d[NO]}{d\tau} = & k_{10}[N_2][O\cdot] + k_{11}[N\cdot][O_2] \\ & - k_{-10}[NO][N\cdot] - k_{-11}[NO][O\cdot]\end{aligned} \tag{6-12}$$

同样有

$$\begin{aligned}\frac{d[N]}{d\tau} = & k_{10}[N_2][O\cdot] - k_{11}[N\cdot][O_2] \\ & - k_{-10}[NO][N\cdot] + k_{-11}[NO][O\cdot]\end{aligned} \tag{6-13}$$

式中:k_{10},k_{-10}和 k_{11},k_{-11}分别为反应(6-10)和(6-11)的正、逆反应速率常数;τ 为反应时间。

假设 N·的浓度与其他物种相比小得多并且不随反应时间变化,即处于稳定状态,所以 $d[N]/d\tau = 0$,则可求得

$$[N]_{稳态} = \frac{k_{10}[N_2][O\cdot] + k_{-11}[NO][O\cdot]}{k_{11}[O_2] + k_{-10}[NO]} \tag{6-14}$$

将上述结果代入式(6-12),经整理后得

$$\frac{d[NO]}{d\tau} = 2[O\cdot]\frac{k_{10}[N_2] - k_{-10}k_{-11}[NO]^2/k_{11}[O_2]}{1 + k_{-10}[NO]/k_{11}[O_2]} \tag{6-15}$$

我们可以对上述反应机理在一定程度上作适当的简化。假定 O·与 O_2 达到热

力学平衡，则

$$[\mathrm{O}\cdot]=(K_{\mathrm{eq},(6\text{-}7)}[\mathrm{O_2}])^{1/2}$$

进一步假设

$$\frac{k_{-10}[\mathrm{NO}]}{k_{11}[\mathrm{O_2}]}\ll 1$$

将上述两式代入式(6－15)，经整理并改写成下式

$$\frac{\mathrm{d}[\mathrm{NO}]}{\mathrm{d}\tau}=k_{\mathrm{f}}[\mathrm{N_2}][\mathrm{O_2}]^{1/2}-k_{\mathrm{b}}\frac{[\mathrm{NO}]^2}{[\mathrm{O_2}]^{1/2}} \tag{6-16}$$

式中，k_{f} 和 k_{b} 分别代表生成 NO 的正向和逆向反应速率常数。反应平衡时的 NO 浓度值$[\mathrm{NO}]_{\mathrm{e}}$ 可从式(6－4)中求得，而平衡常数与两个反应速率常数有以下关系

$$K_{-1}=\frac{k_{\mathrm{f}}}{k_{\mathrm{b}}} \tag{6-17}$$

将这一关系代入式(6－16)并改写成

$$\frac{\mathrm{d}[\mathrm{NO}]}{[\mathrm{NO}]_{\mathrm{e}}^2-[\mathrm{NO}]^2}=\frac{k_{\mathrm{b}}}{[\mathrm{O_2}]^{1/2}}\mathrm{d}\tau \tag{6-18}$$

令反应开始时，NO 的浓度为零，对上式积分并整理得

$$\frac{[\mathrm{NO}]}{[\mathrm{NO}]_{\mathrm{e}}}=\frac{1-\exp(-\alpha\tau)}{1+\exp(-\alpha\tau)} \tag{6-19}$$

其中

$$\alpha=\frac{2[\mathrm{NO}]_{\mathrm{e}}\cdot k_{\mathrm{b}}}{[\mathrm{O_2}]^{1/2}}$$

例 6－2　根据 Zeldovich 反应动力学机理，试估算在 2000K 下，含 78% N_2 和 4% O_2 的气体维持 1s 所形成的 NO 浓度为多少？

[解]　从表 6－3 可知，此条件下 NO 的平衡浓度为 3.53×10^{-3}，k_{b} 可按 Seinfeld 提供的关联式计算，即 $k_{\mathrm{b}}=4.1\times10^{13}\exp(-91\,600/RT)$，其中 T 和 R 的单位分别为 K 和 cal/(mol·K)，τ 的单位为 s，而浓度用 $\mathrm{mol/cm^3}$ 来表示。在 1atm 和 2000K 下，理想气体密度为 $6.1\times10^{-6}\mathrm{mol/cm^3}$。则

$$[\mathrm{NO}]_{\mathrm{e}}=6.1\times10^{-6}\times0.00\,353=2.15\times10^{-8}(\mathrm{mol/cm^3})$$

$$[\mathrm{O_2}]=6.1\times10^{-6}\times0.04=2.44\times10^{-7}(\mathrm{mol/cm^3})$$

$$k_{\mathrm{b}}=4.1\times10^{13}\exp\left(\frac{-91\,600}{1.987\times2000}\right)=4003((\mathrm{mol/cm^3})^{-1/2}\mathrm{s^{-1}})$$

$$\alpha=\frac{2\times2.15\times10^{-8}\times4003}{(2.44\times10^{-7})^{1/2}}=0.349(\mathrm{s^{-1}})$$

所以
$$\frac{[NO]}{[NO]_e}=\frac{1-\exp(-0.349\times 1)}{1+\exp(-0.349\times 1)}=0.173$$

由此可得
$$[NO]=3.53\times 10^{-3}\times 0.173=6.10\times 10^{-4}$$

通过以上的例子，我们可以用这一简化的 Zeldovich 反应动力学模式，计算出热理型 NO 形成的反应动力学曲线。图 6-4 示出了一特定初始气体组成下，不同反应温度的浓度-反应时间曲线。

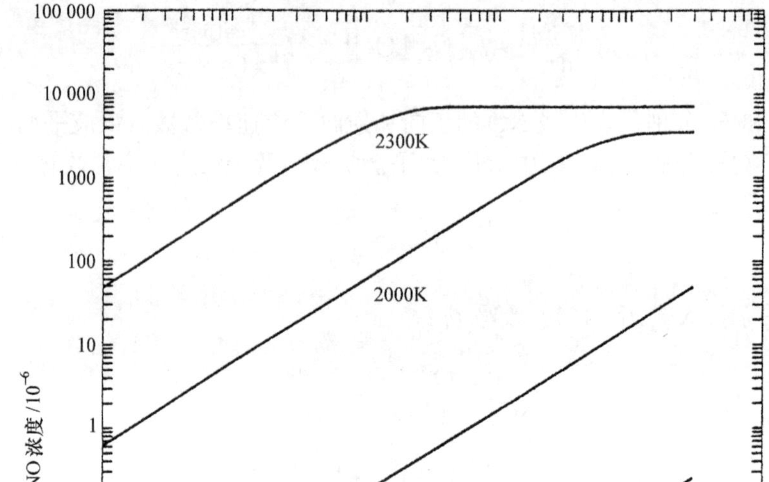

图 6-4　根据 Zeldovich 模型计算出的不同反应温度下的 NO 浓度-反应时间曲线
（气体中含 78% N_2，4% O_2；不包括瞬时和燃料型 NO）

从这一图中可以看出，在 1500K 时，不仅平衡浓度十分低而且反应速率非常慢，即使反应时间超过 30s 以后，混合气体还是远远未达到平衡。相反，在 2300K 时平衡浓度很高，且反应速率非常快，反应大约在 0.3 秒左右就已达到平衡。因此，要正确估算燃烧气体中由热机理形成的 NO 浓度，我们需要知道初始的氮氧比以及温度和反应时间的状况。

更复杂的 Zeldovich 机理应考虑以下这一反应

$$N\cdot + OH \rightleftharpoons NO + H\cdot \tag{6-20}$$

Benitez 推导了包含式(6－20)的反应动力学模型，其数学表达式较为复杂。此处描述的 Zeldovich 机理能准确地预测火焰最高温度处以及其他一些高温情况下，由 N_2 和 O_2 形成 NO 的反应速率。但在低温火焰处，如厨房炉灶，其预测的 NO 浓度要比实际观测到的低得多。

在讨论瞬时和燃料这两种主要适用于低温情况下的机理之前，我们看看各种不同燃烧装置的燃烧火焰温度及时间(表 6－4)，以便更好地了解哪种火焰明显产生热机理型 NO。

表 6－4　不同燃烧装置的估计最高温度和燃烧时间

燃烧炉或火焰的类型	近似温度/K	燃烧时间/s
烛火、野营火、煤气灯	1 313～1 363	0.005～0.01
厨房燃气炉、热水器、熔炉	1 593	0.005
丙烷火炬	1 923	0.001
无预热的中型工业炉	1 923	1～2
带预热大型燃煤炉	2 203	2～4
氧乙炔火炬	3 033	0.001
汽车引擎(2000RPM)	2 473	0.002 5

从该表可以发现在氧化炔火炬、汽车发动机和带预热的大型炉子中的火焰温度下，会有明显的热机理型 NO 产生，而不带预热的大型炉子则不然。尽管氧化炔火炬和汽车发动机中的燃烧时间很短，但其很高的燃烧温度足以产生大量的热机理型 NO。

6.1.3.2　加热和冷却时间对热机理 NO 形成的影响

当气体被加热或冷却时，在火焰中有多少 NO 形成，又有多少 NO 转化为 N_2 和 O_2，与气体的加热和冷却的快慢有很大关系。图 6－5 是几种可能出现的火焰加热和冷却图形。6－5(a)的形式假定冷却是瞬时进行的，所以完全没有 NO 被转

化回 N_2 和 O_2。这一假设是极端简化的，实际情况中并不存在。

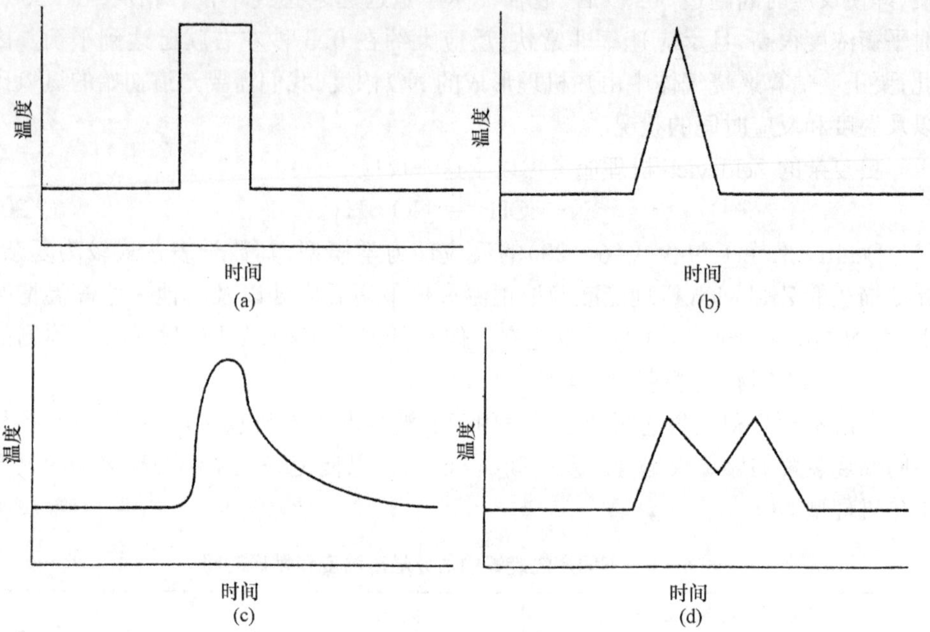

图 6-5　燃烧时火焰可能存在的四种温度-时间形状图

(a) 矩型；(b) 三角型；(c) 真实火焰型状；(d) 阶梯型

例 6-3　试估算一普通燃气炉火焰的加热和冷却速率。

[解]　从表 6-4 可知，燃气炉的最高温度为 1593K，燃烧时间大约为 0.005s。假定其温度-时间的形状是如图 6-5(b)所示的三角形曲线，则可认为其加热和冷却的速率大致相同，有

$$\frac{dT}{d\tau} \approx \frac{\Delta T}{\Delta \tau} = \frac{1593-293}{0.005/2} = 5.2 \times 10^5 (K/s)$$

这一数字大得令人吃惊，不过对于燃气炉的加热速率估算应该是较合理的。而对冷却来说，初始的速率与加热相似，但最后阶段，由于燃烧后的热气混合厨房空气并加热炉灶上的锅，其冷却速率会慢一点。

对称三角形的温度-时间形状相对于直角形的形状更接近实际情况并也可以得出相对简单的计算公式。根据热量守恒原理，有

气体热量累积 = 燃烧加入的热 − 损失到环境的热

即

$$V\rho C_p \frac{dT}{d\tau} = r\Delta H_{燃烧} - UA(T_{火焰} - T_{环境}) \tag{6-21}$$

式中：r——燃烧速率，kg/s；U——总传热系数，W/(m²·K)；

A——有效表面积，m²；V——气体体积，m³；

C_p——比热容,J/(kg·K);ΔH——燃烧前后的焓差,J/kg。

实际观察发现:加热速率开始很慢,随温度升高而上升,当燃料耗尽温度停止上升;在冷却阶段,假如 UA 是常数,温度随时间的下降将成指数关系。图6-5(c)反应了更为真实的火焰 $T-t$ 形状。位于 $T-t$ 曲线的顶部附近(即NO主要形成的地方),$\mathrm{d}T/\mathrm{d}t$ 接近于零,意味着此时式(6-21)右边两项的数值大小基本相当。上式还表明:当到达顶点后,下降曲线要比上升时更陡。这是由于上升速率与式中两项之差成正比,而下降速率只与冷却项成正比。

例6-4 假定(1)气体在0.5s内温度从293K线性加热到2000K,然后又在0.5s内从2000K线性下降到293K;(2)初始NO浓度为零。试计算例6-2条件下的NO浓度变化。

[解] 此处我们仍然利用简化的Zeldovich机理模式。从题中的假设可知

$$T=293+\frac{1707}{0.5}\tau \qquad 0\leqslant\tau\leqslant0.5$$

$$T=2000-\frac{1707}{0.5}(\tau-0.5) \qquad 0.5\leqslant\tau\leqslant1.0$$

对于 $0\leqslant\tau\leqslant0.01$ 的时间段,其初始和终了温度分别为293K和327K,而平均温度则是310K。此时的平衡常数用相关的经验式($k_f=9\times10^{14}\exp(-135\,000/RT)$ 和 $k_b=4.1\times10^{13}\exp(-91\,600/RT)$)可算出

$$K_p=\frac{k_f}{k_b}=21.9\exp\left(-\frac{43\,400}{1.987\times310}\right)=5.5\times10^{-30}$$

为了简化计算,不考虑加热时气体中氧气随时间的变化,而将它当作4%的常数来处理。这样有

$$[NO]_e=5.5\times10^{-30}[0.78][0.04]=4\times10^{-16}$$

此温度下的气体密度 $\rho=(4.46\times10^{-5})(273/310)=3.93\times10^{-5}(\mathrm{mol/cm^3})$,则将上面分压单位换算成浓度单位

$$[NO]_e=4\times10^{-16}(3.93\times10^{-5})=1.6\times10^{-20}(\mathrm{mol/cm^3})$$

此温度下,参照例6-2可求得

$$k_b=4.1\times10^{13}\exp\left(\frac{-91\,600}{1.987\times310}\right)=1.1\times10^{-51}((\mathrm{mol/cm^3})^{-1/2}\mathrm{s^{-1}})$$

将上述结果代入式(6-14),则有

$$\frac{\mathrm{d}[NO]}{\mathrm{d}\tau}=\frac{k_b([NO]_e^2-[NO]^2)}{[O_2]^{1/2}}=\frac{1.1\times10^{-51}([1.6\times10^{-20}]^2-[0]^2)}{[0.04\times3.93\times10^{-5}]^{1/2}}$$

$$=2.2\times10^{-88}((\mathrm{mol/cm^3})\mathrm{s^{-1}})$$

将上面结果乘 $\Delta\tau=0.01$s,则可知,在第一个0.01s时间段里,NO的浓度从零增加到2.2×

10^{-90} mol/cm^3，即 5.6×10^{-86}，这一数值可以忽略不计。按相同的方式，进行 99 次处理，即可得到图 6-6 的结果。计算所得的最终 NO 浓度为 2×10^{-5}。

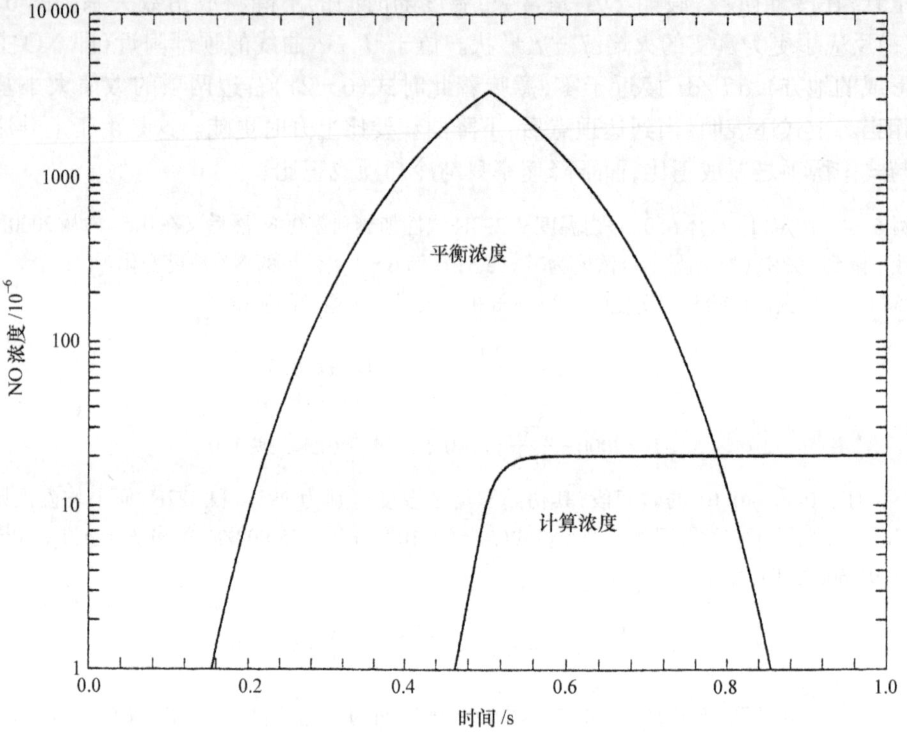

图 6-6　用简化的 Zeldovich 机理模式(例 6-4)得到的 NO 计算浓度

6.1.4　瞬时机理型 NO

在燃烧初始，从燃料中形成的含碳自由基与氮气发生下列反应

$$HC\cdot + N_2 \rightleftharpoons HCN + N\cdot \tag{6-22}$$

同时也涉及 $H_2C\cdot$ 和 $C\cdot$ 的几个类似反应，生成的 $N\cdot$ 通过式(6-11)的形式攻击 O_2，产生 NO，一部分会与 NO 继续反应生成 N_2。关于瞬时机理型的 NO，很难用类似的 Zeldovich 理论模型来解释或计算其在火焰中形成的量。但在低温火焰中的确可以发现有相当量的 NO(如燃气炉)，其数值远远超过了通过 Zeldovich 热机理模型预测得到的量。实际上，此时的 NO 主要是以瞬时机理型存在的。

6.1.5　燃料型 NO

燃料中的氮化合物在燃烧过程中发生氧化反应而生成的 NO_x，称为燃料型

NO_x，其生成和破坏过程不仅和燃料特性、燃料中的氮化合物受热分解后在挥发分和焦炭中的比例、成分和分布有关，而且其反应过程还和燃烧条件（如温度和氧）及各种成分的浓度等密切相关。研究燃料型 NO_x 的生成和破坏机理，对于控制燃烧过程中 NO_x 的生成和排放，具有重要的意义。

燃料进入炉膛被加热后，燃料中的氮有机化合物首先被热分解成氰（HCN）、氨（NH_3）和 CN 等中间产物，它们随挥发分一起从燃料中析出，被称为挥发分 N。挥发分 N 析出后仍残留在燃料中的氮化合物，被称为焦炭 N。随着炉膛温度的升高及煤粉细度的减小（煤粉变细），挥发分 N 的比例增大，焦炭 N 的比例减小。挥发分 N 中的主要氮化合物是 HCN 和 NH_3，它们遇到氧后，HCN 首先氧化成·NCO；·NCO 在氧化性环境中会进一步氧化成 NO，如在还原性环境中，·NCO 则会生成·NH；·NH 在氧化性环境中进一步氧化成 NO，同时又能与生成的 NO 进行还原反应，使 NO 还原成 N_2，成为 NO 的还原剂。主要反应式如下

在氧化性环境中，HCN 氧化成 NO

$$HCN + \cdot O \rightleftharpoons \cdot NCO + H \tag{6-23}$$

$$\cdot NCO + \cdot O \rightleftharpoons NO + CO \tag{6-24}$$

$$\cdot NCO + \cdot OH \rightleftharpoons NO + CO + H \tag{6-25}$$

在还原性环境中，·NCO 生成 NH·

$$\cdot NCO + H \rightleftharpoons \cdot NH + CO \tag{6-26}$$

·NH 在还原性环境中

$$\cdot NH + H \rightleftharpoons \cdot N + H_2 \tag{6-27}$$

$$\cdot NH + NO \rightleftharpoons N_2 + \cdot OH \tag{6-28}$$

·NH 在氧化性环境中

$$\cdot NH + O_2 \rightleftharpoons NO + \cdot OH \tag{6-29}$$

$$\cdot NH + \cdot OH \rightleftharpoons NO + H_2 \tag{6-30}$$

NH_3 氧化生成 NO

$$NH_3 + \cdot OH \rightleftharpoons \cdot NH_2 + H_2O \tag{6-31}$$

$$NH_3 + \cdot O \rightleftharpoons \cdot NH_2 + \cdot OH \tag{6-32}$$

$$\cdot NH_2 + \cdot O \rightleftharpoons NO + H_2 \tag{6-33}$$

以上反应生成的 NO_x 在燃烧过程中如遇到烃（CH_m）或碳（C）时，NO 将会被还原成 N_2，这一过程被称为 NO 的再燃烧或燃料分级燃烧。根据这一原理，将进入锅炉炉膛的煤粉分层分级引入燃烧的技术，可以有效地控制 NO_x 的生成排放。

一般情况下，燃料型 NO_x 的主要来源是挥发分 N，占总量的 60%～80%，其

余为焦炭 N。在氧化性环境中生成的 NO_x 遇到还原性气氛时,会还原成 N_2。因此,锅炉燃烧最初形成的 NO_x,并不等于其排放浓度。随着燃烧条件的改变,生成的 NO_x 可能被还原,或称被破坏。煤中的 N 在燃烧过程中转化为 NO_x 的量与煤的挥发分及燃烧过量空气系数有关。在过量空气系数大于 1 的氧化性气氛中,煤的挥发分越高,NO_x 的生成量越多;若过量空气系数小于 1,高挥发分燃煤的 NO_x 生成量较低,其主要原因是高挥发分燃料迅速燃烧,使燃烧区域氧量降低,不利于 NO_x 的生成。

在电厂锅炉中燃料型 NO_x 是最主要的,占 NO_x 总量的 60%~80%,热理型其次,瞬时型最少。可见,对电厂锅炉,只要控制了燃料型 NO_x 的生成,就可控制总 NO_x 的排放量。根据其形成特点,在燃料燃烧的高温区域建立富燃料区(低氧燃烧)及在形成的 NO 区域喷入燃料破坏 NO_x 的生成,就可降低锅炉 NO_x 的排放量,因此发展了低氧燃烧、分级配风及分级燃烧等低 NO_x 燃烧技术。

6.2 燃烧时氮氧化物减排技术

上面的讨论说明,影响燃烧过程中 NO_x 生成的主要因素是燃烧温度、烟气在高温区的停留时间、烟气中各种组分的浓度以及混合度。从实践的观点看,控制燃烧过程中 NO 形成的因素包括空气/燃料比、燃烧空气的预热温度、燃烧区的冷却程度及燃烧器的形状设计。

6.2.1 影响 NO_x 排放的主要因素

6.2.1.1 过剩空气的影响

实际上,过剩空气的存在不仅影响温度而且影响后燃烧区气体中氧气的浓度。由粉煤炉得到的实验结果(图 6-7)显示:当过剩空气从 25%减少到 1.4%,NO_x 的浓度从 5.5×10^{-4}下降到 1.75×10^{-4}。(应该指出,NO_x 减少 70%也会导致燃烧效率从 99.5%下降为 92%。)同样,用油或天然气作为燃料也有类似的趋向。

6.2.1.2 燃烧空气温度

在工业操作中,经常会利用余热来预热进入燃烧的空气,在大型电厂设置空气预热装置就是一个典型的例子。采用这一过程显然对节能有利,但这一增加的能量也使得火焰温度升高,进而导致 NO_x 排放量增加。锅炉实际检测数据表明:当燃烧空气的预热温度从 25℃升高到 315℃,NO_x 排放量增加了三倍。从动力学方面可知,特别是当温度由 230℃增加到 315℃期间,NO_x 有明显的增加。

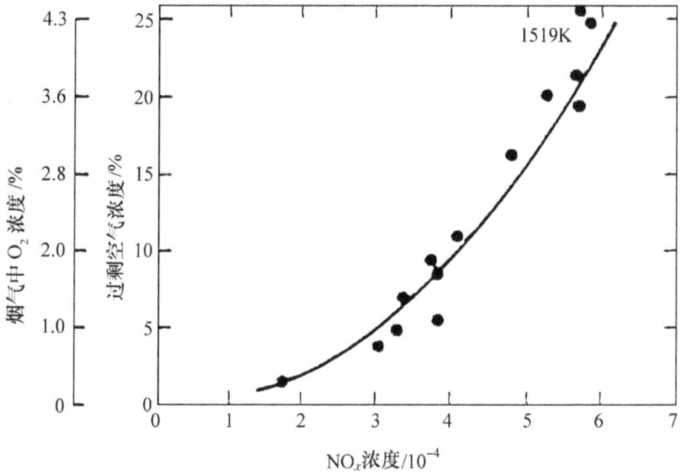

图 6-7　粉煤炉中过剩空气对 NO_x 形成的影响

6.2.1.3　燃烧区冷却的影响

既然温度对 NO_x 生成有如此大的影响，那么，一个有效的控制方法就是通过向环境四周传热来冷却初始燃烧区。可以预计，燃烧室的单位有效面积热释放速率越高，火焰区的温度就越高，NO_x 排放量也就越多。这一点在使用天然气、油和粉煤的前烧锅炉中得到了证实。图 6-8(a)、(b)、(c)分别示出了在不同燃炉燃烧区中 NO_x 的变化情况。鉴于油和煤中固有燃料氮的贡献，使用油和煤设备的数据

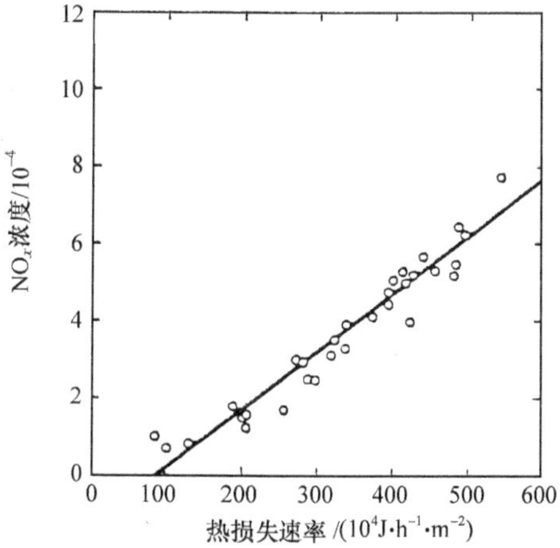

图 6-8(a)　燃气炉单位面积热损失速率对 NO_x 产生的影响

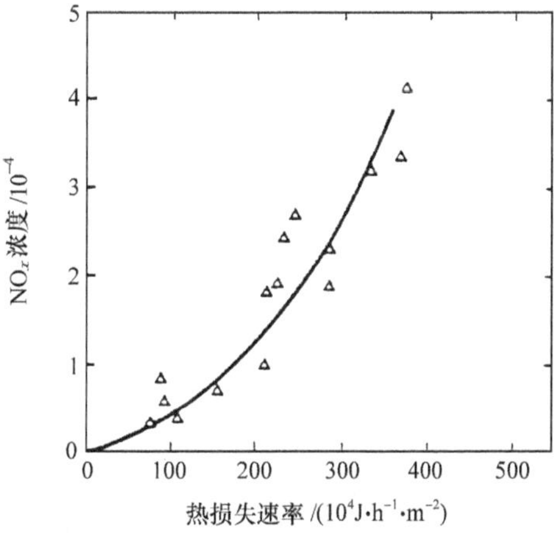

图 6-8(b)　燃油炉单位面积热损失速率对 NO_x 产生的影响

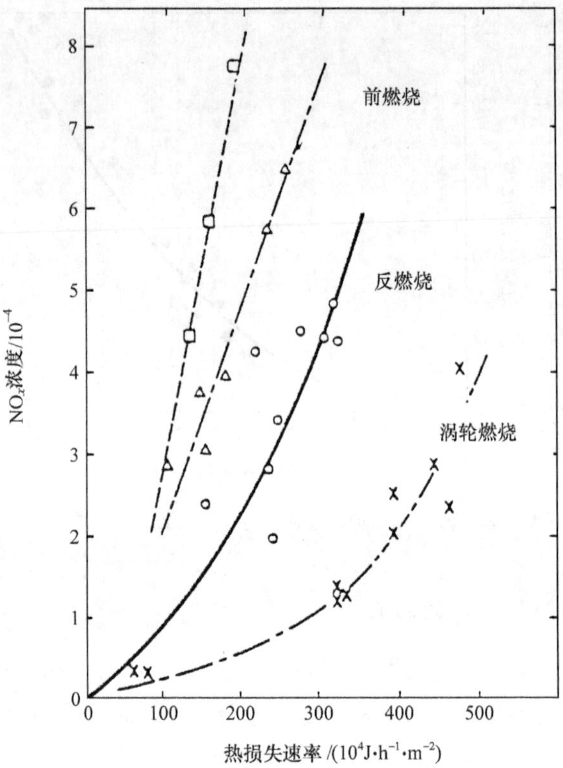

图 6-8(c)　粉煤炉单位面积热损失速率对 NO_x 产生的影响

已作了修正。因此三个图中的关联曲线都是基于大气中氮气所产生的 NO_x 所得的。另外,已考虑到燃煤时的壁沉积形式和程度对热量向炉壁传递的影响。想获得高的散热速率,煤和油要优于天然气。燃煤和燃油的火焰通常较为明亮,因此,热辐射增强而温度可以维持较低。由此似乎可以得出这样的结论:在相同热释放速率的情况下,燃气形成的 NO_x 应高于燃油。不过,实际情况表明燃气设备产生的 NO_x 浓度通常较低,估计是由于煤和油中燃料氮的贡献抵消了其他因数的影响。

6.2.1.4　燃烧炉结构的影响

燃烧炉的构型对 NO_x 控制起着重要的作用。例如强旋风型的燃煤炉通常会导致高 NO_x 的生成,这种设备具有很高的热释放速率,应予以避免。切向燃烧的设备据说可以比传统燃烧技术减少 50%～60%的 NO_x。最近几年,大量的研究都在致力于开发低 NO_x 燃烧器。图 6-8(c)描述了粉煤炉运行时电厂锅炉燃烧器位置的影响。前燃烧型锅炉的燃烧器都置于一面;而涡轮燃烧型锅炉则是一种改进型反向燃烧炉。在天然气和油燃烧运行系统中，燃烧器位置对 NO_x 生成也有类似的影响趋势。燃烧器位置之所以重要是因为它对火焰产生的形式和湍流程度有很大影响。

基于对以上因数的综合考虑，目前用于燃烧时 NO_x 的减排技术主要有以下几种。

6.2.2　燃烧优化

燃烧优化是通过调整锅炉燃烧配风，控制 NO_x 排放的一种实用方法。它采取的措施是通过控制燃烧空气量、保持每只燃烧器的风粉（煤粉）比相对平衡及进行燃烧调整，使燃料型 NO_x 的生成降到最低，从而达到控制 NO_x 排放的目的。煤种不同，燃烧所需的理论空气量亦不同。因此，在运行调整中，必须根据煤种的变化，随时进行燃烧配风调整，控制一次风粉比不超过 1.8:1。调整各燃烧器的配风，保证各燃烧器下粉的均匀性，其偏差不大于 5%～10%。二次风的配给须与各燃烧器的燃料量相匹配，对停运的燃烧器，在不烧火嘴的情况下，尽量关小该燃烧器的各次配风，使燃料处于低氧燃烧状态，以降低 NO_x 的生成量。

6.2.3　空气分级燃烧技术

空气分级燃烧技术是目前应用较为广泛的低 NO_x 燃烧技术，它的主要原理是将燃料的燃烧过程分段进行。该技术将燃烧用风分为一、二次风，通过减少煤粉燃烧区域的空气量（一次风），提高燃烧区域的煤粉浓度，并推迟一、二次风混合时间，使煤粉进入炉膛时就形成了一个富燃料区。燃料在富燃料区进行缺氧燃烧，可以降低燃料型 NO_x 的生成。缺氧燃烧产生的烟气再与二次风混合，使燃料完全燃烧。这项技术主要是通过减少燃烧高温区域的空气量，以降低 NO_x 的生成。它的关键是风的分配，一般情况下，一次风占总风量的 25%～35%。对于部分锅炉，若风量分配不当，会增加锅炉的燃烧损失，同时造成受热面的结渣腐蚀。因此，该技术较多应用于新锅炉的设计及燃烧器的改造中。

6.2.4　两级燃烧技术

两级燃烧装置中，燃料在接近理论空气量下燃烧。通常将空气总需要量（一般为理论空气量的 1.1～1.3 倍）的 85%～95%与燃料一起供到燃烧器中，因为在富燃料条件下燃烧不完全，造成第一级燃烧区的温度降低，同时氧气量不足，导致 NO_x 生成量很小。不完全燃烧的产物（CO 和碳氢类化合物）可在第二次供入空气时燃尽。这时虽然氧过剩，但由于温度低，动力学上限制了 NO 的形成。图 6-9 给出了基于这种原理设计的炉膛设备。图 6-10(a)和(b)对比了普通燃烧系统和两级燃烧系统的温度状况及 NO 的生成量。由图可见,两级燃烧系统使炉膛的最高理论温度由 2070℃降低到 1920℃,使 NO 浓度由 0.1%降到 0.025%,即降低了 75%。应当指出,在低空气过剩系数下,不利的燃料-空气分布可能出现,这将导致 CO 和粉尘排放量增加,对此还须做大量的研究。

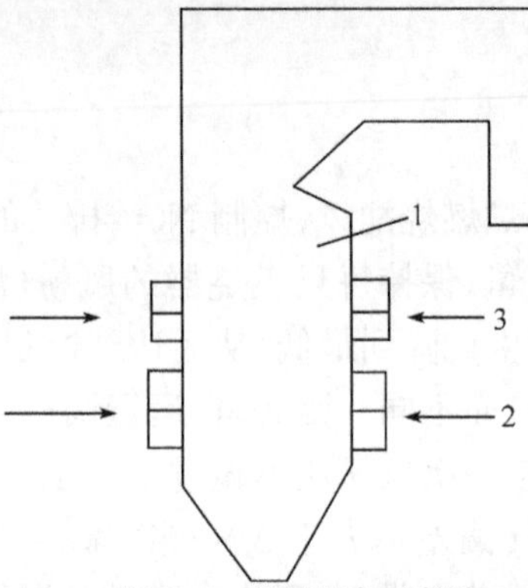

图 6-9　炉膛设备示意图

1-炉膛;2-一次空气和燃料入口;3-二次空气入口

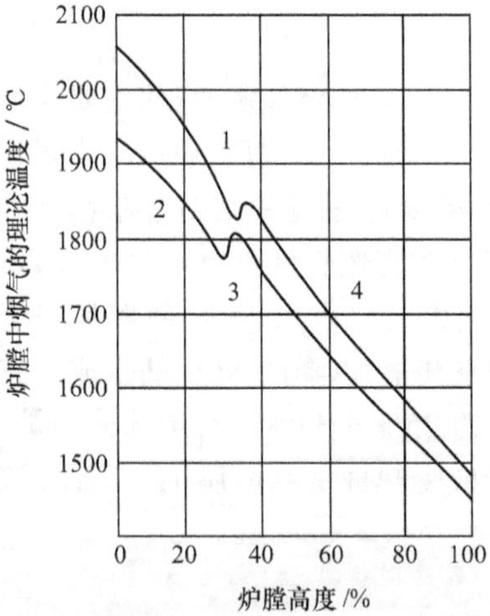

图 6-10(a)　烟气理论温度随炉膛高度变化

1-普通燃烧系统;2-两级燃烧的燃料气化段;3-二次空气入口;4-燃料燃尽段

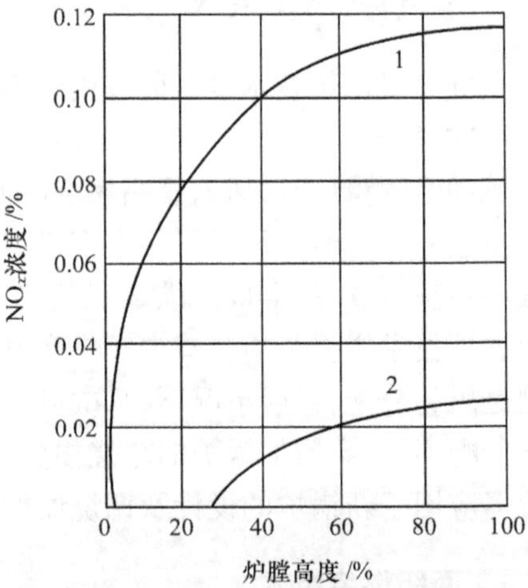

图 6-10(b)　氮氧化物浓度随炉膛高度变化

1-普通燃烧系统;2-两级燃烧系统

6.2.5　烟气再循环技术

烟气再循环是减少 NO_x 生成量的有效方法。部分冷却了的烟气被再次送回燃烧区,起热量吸收体的作用,从而降低了燃烧温度,同时氧浓度也变低了。这两

方面都有助于减少 NO_x 生成。实践证明：烟气循环率在 25% 以下时，循环烟气对火焰发展的影响可以忽略，烟气再循环对减少燃料型 NO_x 的作用甚微。图 6－11 绘出了在民用燃油炉上进行烟气再循环的实验室研究结果，图 6－12 给出了天然气在空气过剩量 7.5% 时，烟气循环量对 NO_x 生成的影响。由以上两图可以看出，当燃料为天然气和燃料油时，烟气循环以相同趋势减少 NO_x 的生成。但对燃用煤粉的研究表明，烟气再循环对减少 NO_x 生成的效果并不显著。前苏联在锅炉生产上广泛应用了烟气再循环技术。图 6－13 是一研究实例，当再循环烟气温度为 1616K 时，烟气中 NO_x 的浓度由 0.048% 减少到 0.024%，即减少了一半。

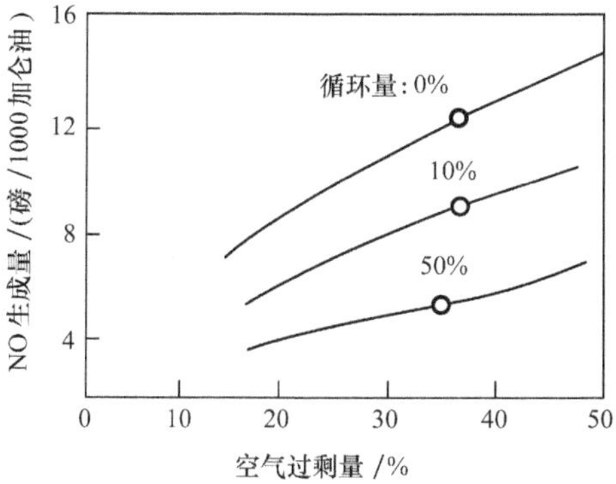

图 6－11　燃油炉烟气循环和空气过剩量对 NO_x 排放的综合影响

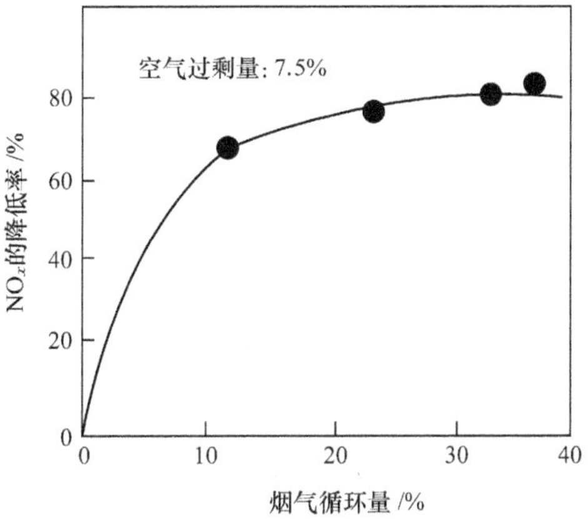

图 6－12　燃气炉烟气循环量对 NO_x 排放的影响

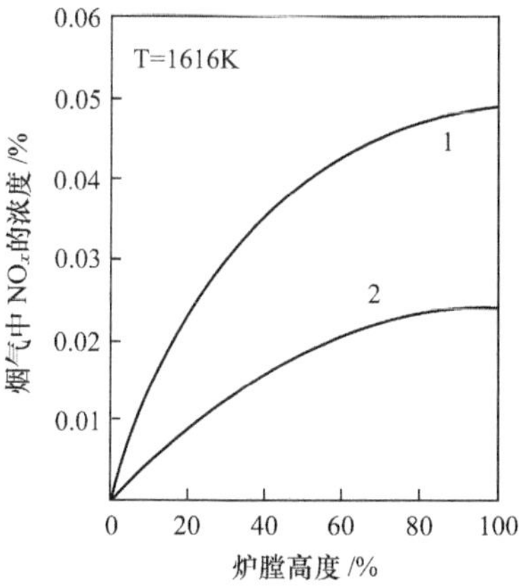

图 6－13(a)　烟气再循环对烟气中 NO_x 浓度的影响
1－无烟气再循环；2－有烟气再循环

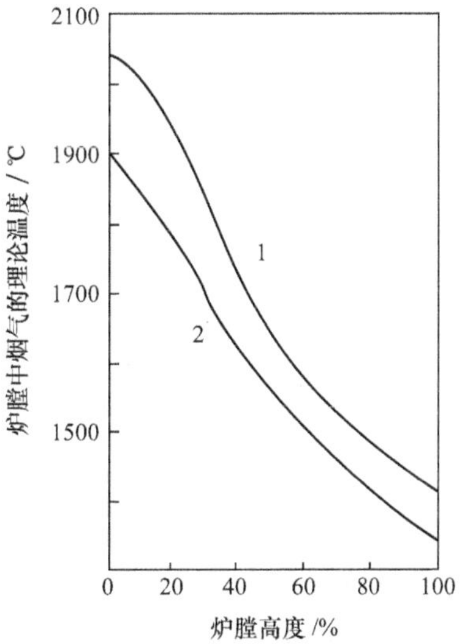

图 6－13(b)　烟气再循环对烟气温度的影响
1－无烟气再循环；2－有烟气再循环

6.3 燃烧后氮氧化物控制技术

在一些燃烧过程中仅用燃烧控制技术并不能得到预想的 NO_x 排放目标。为此,在排入大气之前还须将 NO_x 从冷却的烟气中去除。去除 NO_x 的方法有一些已得到了开发,还有一些正在研究之中。通过处理烟气来控制 NO_x 的排放是一项艰难的任务,主要原因是需要处理的烟气流量非常大。如从一个 1000MW 的热电厂排放出来的烟气量大约为 10^8scf/h,而 NO_x 的浓度相对较低,一般仅为 $2\times10^{-4}\sim10^{-3}$。目前较为成熟且有一定优势的是选择性催化还原(SCR)和选择性非催化还原(SNCR)两种方法。其他方法如吸收法和吸附法等也有一定的应用。

6.3.1 选择性催化还原(SCR)

SCR 过程是利用氨作为还原剂注入含 NO_x 的烟道气中,通常是气体热交换器的上游,NO_x 在以贵金属、碱金属氧化物或沸石等催化剂的作用下被还原为 N_2 分子和水,反应适宜的温度为 285～400℃。催化剂的组成和活性对 SCR 法的处理效率影响很大。NO_x 的选择性催化还原反应可表示为

$$4NO + 4NH_3 + O_2 \longrightarrow 4N_2 + 6H_2O \tag{6-34}$$

$$6NO_2 + 8NH_3 \longrightarrow 7N_2 + 12H_2O \tag{6-35}$$

同时也有可能发生氨的氧化反应

$$4NH_3 + 5O_2 \longrightarrow 4NO + 6H_2O \tag{6-36}$$

$$4NH_3 + 3O_2 \longrightarrow 2N_2 + 6H_2O \tag{6-37}$$

在较低温度时,选择性催化还原反应占主导地位且随温度升高有利于 NO_x 的还原。但进一步提高反应温度,氧化反应变得更为重要,结果使得 NO_x 的产生量增加。

图 6-14 显示了一个典型的催化还原行为,以贵金属 Pt 或 Pd 作催化剂,操作温度在 175～290℃范围;以金属氧化物如以氧化钛为支撑材料的五氧化二矾作催化剂,最佳操作温度为 260～450℃;而以沸石作催化剂时操作温度更高。

典型的 SCR 工艺流程示于图 6-15。在该工艺流程中,传统的热交换器被覆盖了一层催化剂材料作为 SCR 反应器。此外,催化反应器作为分开的元件置于空气预热器的上游(称为热壁反应器)或紧接着置于空气预热器后面(称为冷壁反应器)。催化反应器在整套设备规划中的位置取决于空速和催化剂的几何形状。SCR 系统主要包括氨发生系统(储槽、蒸发器、送风机和阀门等),氨注入设备和 SCR 反应室。同时,一个连续排放检测系统和相关的反馈控制系统也是必需的。

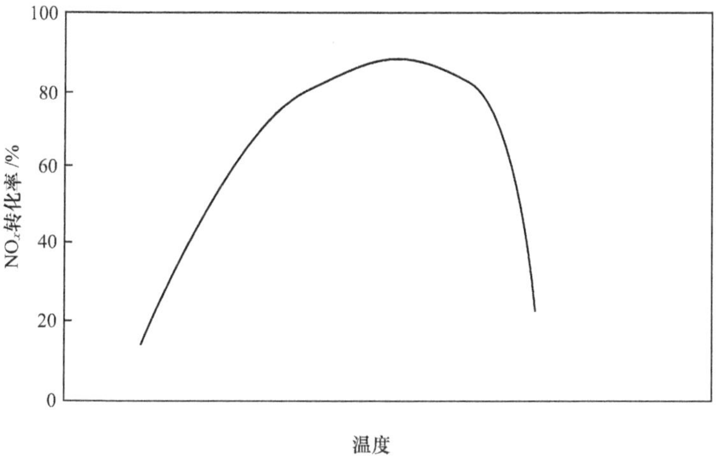

图 6-14 典型 SCR 系统温度对 NO_x 催化还原的影响

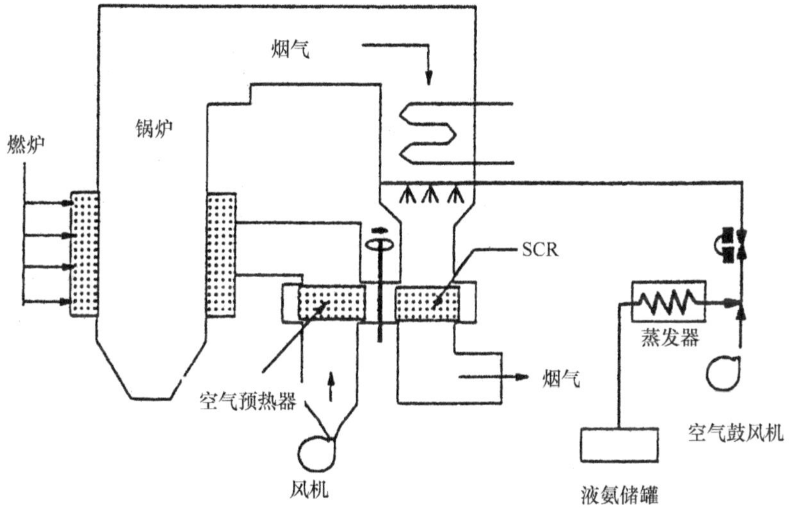

图 6-15 选择性催化还原工艺流程示意图

防止催化剂失效和尾气中 NH_3 残留是 SCR 系统的两大关键操作问题。催化剂由于受到污染,活性将随操作时间增加而下降。因此,若在 SCR 反应器前设置一电除尘器,尽管投资和运行费用会更高,但可以保证一个低尘的 SCR 系统以延长催化剂的寿命。另由于烟气中存在三氧化硫,未催化反应的 NH_3 通过反应器后形成硫酸铵,其反应式如下

$$2NH_3(g) + SO_3(g) + H_2O(g) \longrightarrow (NH_4)_2SO_4(s) \tag{6-38}$$

这些硫酸铵是非常细的颗粒,很容易黏附在催化剂和下游设备(如空气预热器)上。随着催化剂的使用时间增加,活性逐渐降低,残留在尾气中的 NH_3 也慢慢增加。根据日本和欧洲装置的运行经验,剩余在烟气中的 NH_3 浓度不应超过 5×10^{-6}。

据报道,国际工业化 SCR 系统 NO_x 的还原率在 60%～90%的范围。压降和空速是设计 SCR 系统必须考虑的两个重要因素。催化转炉的压降一般在 500～700Pa 之间,并与所用的催化剂几何形状有关。

6.3.2 选择性非催化还原(SNCR)

在选择性非催化还原过程中,脲基或氨基类化合物作为还原剂将 NO_x 转化为 N_2。因反应通常发生在较高的温度下(930～1090℃),能够产生一个很高的活化能,因而不必使用催化剂。还原剂的注入位置通常是位于炉内或紧接在炉子后面(如图 6-16 所示)。主要反应如下

$$4NH_3 + 6NO \longrightarrow 5N_2 + 6H_2O \tag{6-39}$$

同时,也会发生式(6-36)和(6-37)的反应并消耗部分氨。因此,氨必须注入最适宜的温度区内,保证式(6-39)为主要反应。若温度超过 930～1090℃ 的范围,则式(6-36)和(6-37)将成为主要反应,并导致被还原的 NO_x 减少。另一方面,若温度降到期望的范围以下,则过量的氨会流出,正如上节所述的会形成硫酸铵。在以脲基为还原剂的 SNCR 系统中,尿素的水溶液被注入炉顶的一个或多个部位。添加一种专利型化学物可以使发生反应的温度范围增宽,但确切的反应机理并不清楚,其总反应可用下面的方程式来表示

$$CO(NH_2)_2 + 2NO + 1/2O_2 \longrightarrow 2N_2 + CO_2 + 2H_2O \tag{6-40}$$

上面的方程式显示 1mol 的尿素可以与 2mol 的 NO 反应,但实际经验表明二者化学计量比须大于 1.0,过量的尿素则被假定分解为氮气、氨和二氧化碳。图 6-17 摘录了 12 种不同锅炉(煤、油和燃气)的 SNCR 测试结果。这里的 x_N/x_{NO}就相当于前面所指的化学计量比。当化学计量比为 1.0 时,从理论上讲 NO 应被 100% 还原。但实际上当计量比从 0.5 增加到 1.8 时,NO 的还原量只从 30%增加到 60%。因此,尽管化学计量比是一个很重要的因素,其他一些因素也会降低 NO_x 的还原效果。首先是狭窄的反应温度范围,由于锅炉的负荷不同,最适宜温度的位置在锅炉中也有变化。因此需要多个注入部位且各部位的注入量不同,才能获得最优的结果。其次,由于在炉顶的停留时间很短,不可能使物料与烟气完全混合。因此,会有分层现象并使总还原效率下降。

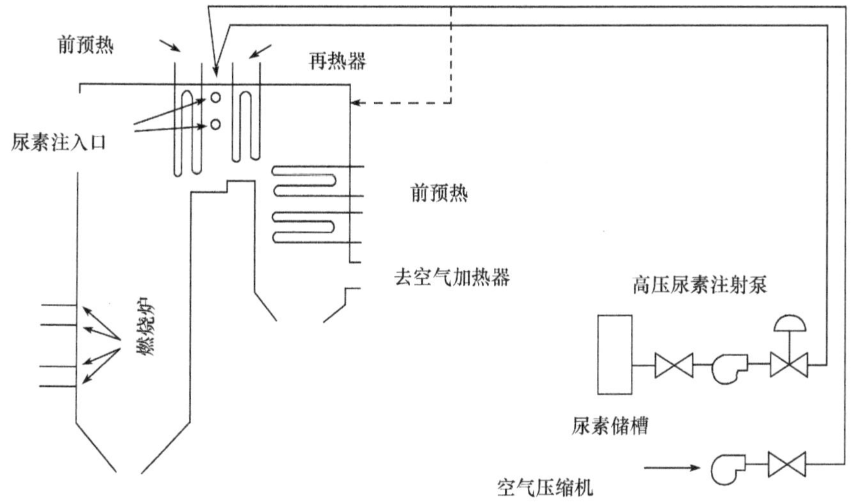

图 6-16　选择性非催化还原工艺流程示意图

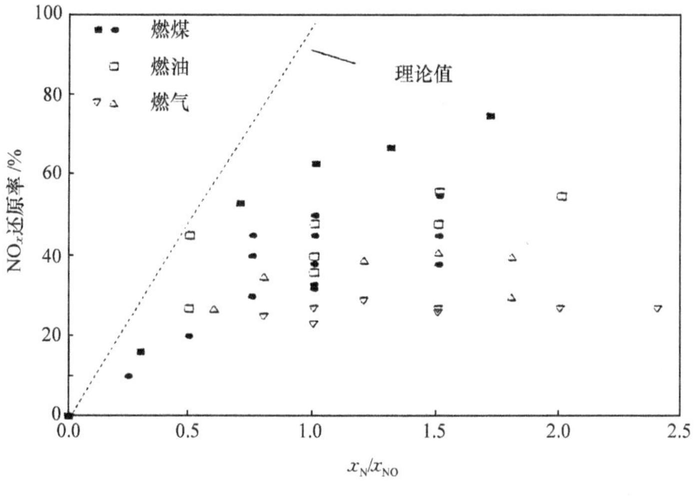

图 6-17　不同锅炉(煤、油和燃气)SNCR 系统 NO_x 还原测试结果

6.4　其他氮氧化物处理技术

6.4.1　吸收法

吸收法净化废气中的 NO_x，按吸收剂的种类可分为水吸收法、酸吸收法、碱吸收法、氧化-还原和络合吸收法等。由于吸收剂种类较多，来源亦广，适应性强，故

可因地制宜，综合利用。吸收法是中小型企业广泛采用的 NO_x 处理技术。

6.4.1.1 酸吸收法

浓硫酸和稀硝酸都可用来吸收含 NO_x 的尾气。用浓硫酸吸收 NO_x 时生成亚硝基硫酸。稀硝酸吸收 NO_x 的原理是利用其在稀硝酸中有较高的溶解度而进行的物理吸收。该方法常用来净化硝酸厂尾气，净化率可达 90%。除温度和压力外，稀硝酸的浓度是影响吸收效率的最重要因素。在 298K，硝酸浓度与 NO 溶解度之间的关系见表 6-5。

表 6-5 NO在不同浓度硝酸中的溶解度

硝酸浓度/%	0	0.5	1	2	4	6	12	65	99
β[1)]/m^3	0.041	0.7	1.0	1.48	2.16	3.19	4.20	9.22	12.5

1) β 表示每立方米水或硝酸溶液溶解 NO 的体积。

由表 6-5 可见，当硝酸浓度大于 12%时，NO 的溶解度比在纯水中大 100 倍，硝酸浓度为 15%～20%时，吸收效率较高，超过这个范围，吸收效率显著下降。硝酸中含 NO_x 较高时，吸收效率也显著下降，所以用作吸收剂的硝酸应事先用空气等将其中溶解的 NO_x 吹出。稀硝酸吸收 NO_x 以物理吸收为主，低温和高压有利于吸收，吸收温度一般维持在 283～293K。吸收 NO_x 后的硝酸，经加热用二次空气吹出 NO_x，吹出的 NO_x 可返回硝酸吸收塔进行吸收，吹除 NO_x 后的硝酸冷却至 293K，送尾气吸收塔循环使用。硝酸吸收 NO_x 的工艺流程示于图 6-18，其主要工艺操作指标见表 6-6。

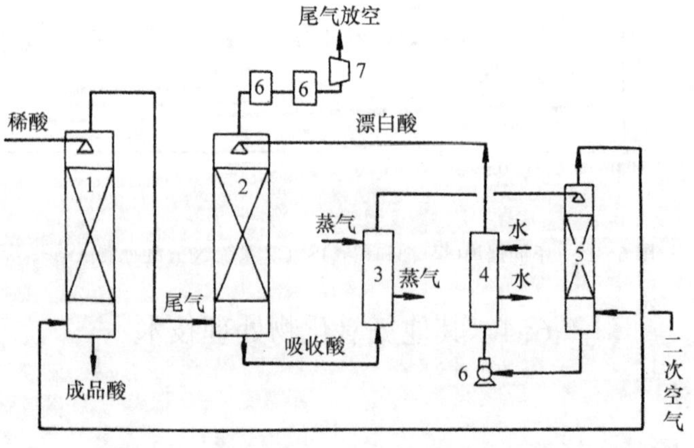

图 6-18 稀硝酸吸收法净化含 NO_x 尾气的工艺流程

1-硝酸吸收塔；2-尾气吸收塔；3-加热器；4-冷却器；5-漂白塔；6-尾气预热器；7-尾气透平

表 6-6　稀硝酸吸收法工艺操作指标

工艺条件				净化效率/%
吸收液浓度/%	N_2O_4 含量/%	空塔速度/(m/s)	温度/℃	
15～30	0.06～0.004	<0.2	20	67～87

影响吸收效率的主要因素有：

(1) 温度　该法主要是物理吸收过程，因此降低温度有利于吸收。温度与净化率的关系见图 6-19。

(2) 吸收液浓度　吸收液浓度一般以 15%～30% 为宜，浓度与 NO_x 吸收率的关系见图 6-20。

(3)硝酸中 N_2O_4 含量　实践证明，当硝酸中 N_2O_4 含量从 0.004% 增加到 0.06% 时，吸收效率从 87% 降到 67%。所以用作吸收剂的硝酸应尽量“漂白”，使其中 N_2O_4 含量尽可能降低。

(4)空塔气速　当吸收温度和液气比相同时，增大空塔气速，吸收效率下降。但空塔气速也不宜太小，否则就不经济。

(5)压力　压力对吸收效率影响很大，在其他条件相同时。压力(表压)从 1.86×10^5Pa 降到 0.098×10^5Pa 时，吸收效率从 77.5% 降到 4.3%。因此提高吸收系统的压力是提高 NO_x 回收率的一个重要途径。

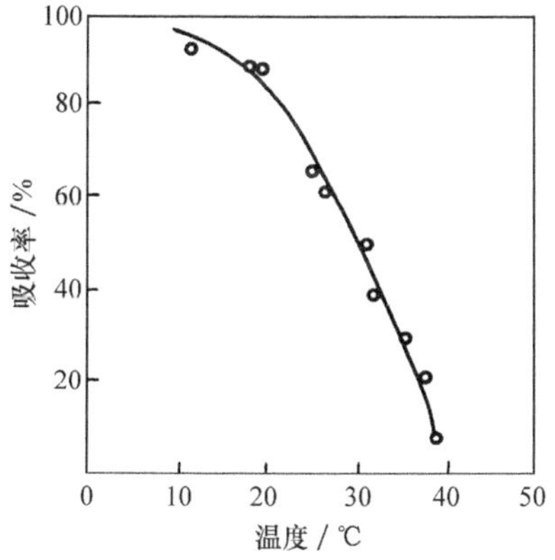

图 6-19　温度对 NO_x 吸收率的影响

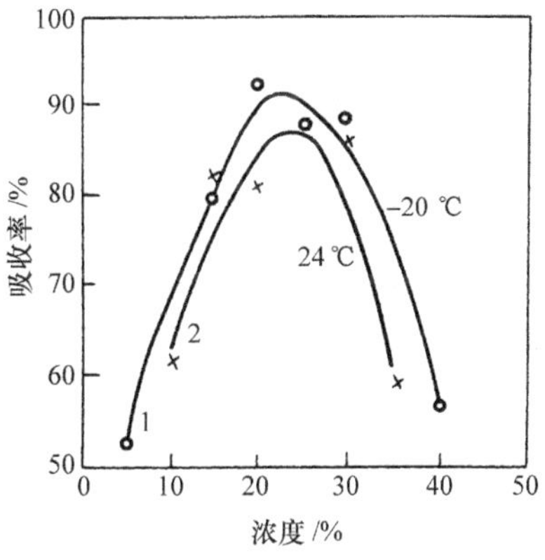

图 6-20　浓度对 NO_x 吸收率的影响

6.4.1.2　碱吸收法

碱吸收法是利用碱性溶液吸收废气中的氮氧化物，常用的吸收剂有：NaOH、

$Ca(OH)_2$、NH_4OH、$Mg(OH)_2$ 等等。为了获得较好的净化效果，可采用氨-碱两级吸收法，首先用氨在气相中与 NO_x 和水蒸气反应，生成白色的 NH_4NO_3 和 NH_4NO_2 雾，然后用碱溶液进一步吸收 NO_x。其反应式为

$$2NH_3 + 2NO_2 + H_2O \longrightarrow NH_4NO_3 + NH_4NO_2 \tag{6-41}$$

$$2NaOH + NO + NO_2 \longrightarrow 2NaNO_2 + H_2O \tag{6-42}$$

氨-碱溶液两级吸收法工艺流程见图 6-21。含 NO_x 尾气与氨气在管道中混合(氨气由钢瓶提供经减压后气化进入管道)，进行第一级还原反应；反应后的混合气体经缓冲器进入碱液吸收塔，进行第二级吸收反应；吸收后的尾气排空，吸收液循环使用。氨-碱溶液两级吸收法工艺操作指标见表 6-7。

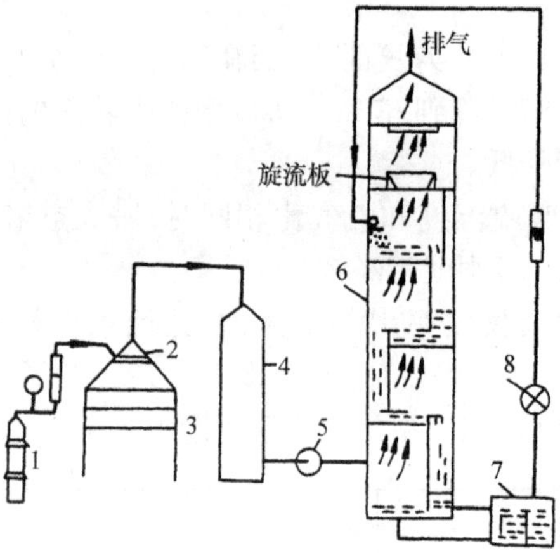

图 6-21　氨-碱溶液两级吸收法工艺流程

1-液氨钢瓶；2-氨分布器；3-通风柜；4-缓冲瓶；5-风机；6-吸收塔；7-碱液循环槽；8-泵

表 6-7　氨-碱溶液两级吸收法工艺操作指标

处理气量 /(m^3/h)	空速 /(m/s)	喷淋密度 /(m^3/(m^2·h))	氨气加入量 /(L/h)	碱液回收量 /(t/h)	溢流强度 /(t/(m·h))	NO_x 浓度		平均效率 /%
						进口 /(mg/m^3)	出口 /(mg/m^3)	
3 059	2.2	8～10	50～200	9～9.5	18	1 000	62～108	90

碱液吸收 NO_x 的速率可用下式表示

$$\ln(1-\eta) = \ln\frac{c_2}{c_1} = -ka\frac{V}{Q} = -ka\tau \tag{6-43}$$

式中：c_1，c_2——尾气中 NO_x 进、出塔浓度，kmol/m³；

η——吸收效率；

k——传质系数，kmol/(m^2·s)；

Q——处理气量，m^3/s；

V——自由空间容积，m^3；

a——填料比表面，m^2/m^3；

τ——接触时间，s。

当吸收设备固定时，吸收效率与下列因素有关：

(1) NO_x 浓度　进口 NO_x 浓度高，吸收效率也高；

(2) 喷淋密度　增大喷淋密度，有利于吸收反应，一般常用 8～10m^3/(m^2·h)；

(3) 空塔气速　空塔气速既不宜太大，亦不可太小，取值要适宜，斜孔板塔一般取 2.2 m/s；

(4) 氧化度　氧化度即 NO_2 和 NO_x 体积之比，氧化度为 50％时，吸收效率最高；

(5) 氨气量　通入的氨气量以 50～200 L/h 为宜。

6.4.1.3　氧化吸收法

氧化法首先将 NO 部分氧化成 NO_2，再用碱液进行吸收，常用的氧化剂有 O_3、ClO_2、Cl_2、H_2O_2、HNO_3、NaClO、$KMnO_4$等。NO 除生成络合物外，无论在水中还是碱液中都几乎不被吸收。为了有效吸收以含 NO 为主的 NO_x，通常要将尾气中的 NO 氧化到 $c_{NO_2}/c_{NO}=1\sim1.3$。但在低浓度下 NO 的氧化速度是非常缓慢的。目前应用较多的是硝酸氧化-碱液吸收法，该法工艺流程如图 6－22 所示。含 NO 尾气进入氧化塔与漂白浓硝酸逆流接触并发生氧化反应，氧化后的 NO_x 经分离器后进入碱吸收塔，进行吸收反应后排入大气。其主要工艺操作指标见表 6－8。

表 6－8　硝酸氧化-碱溶液吸收法工艺操作指标

工艺条件				NO_x 氧化度/%		NO_x 浓度/10^{-6}		净化效率/%
硝酸浓度/%	空速/(m/s)	喷淋密度/(m^3/(m^2·h))	温度/℃	氧化前	氧化后	净化前	净化后	
＞40	0.5	15	～25	30	60～70	2 000～4 000	500～800	80

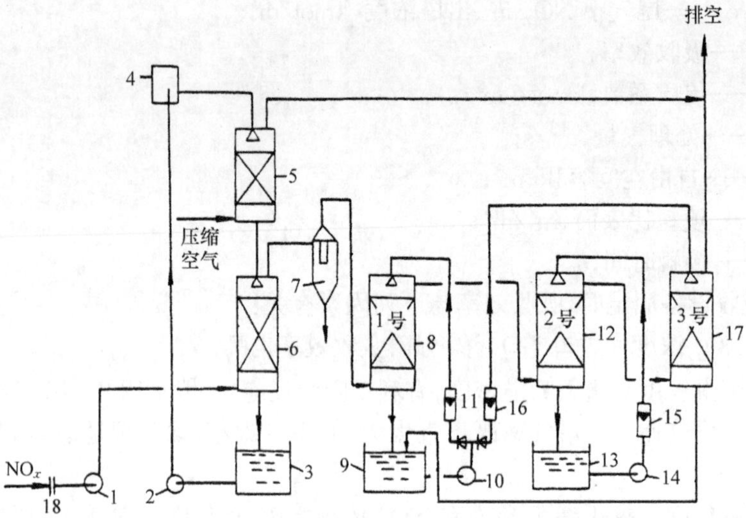

图 6-22 硝酸氧化-碱液吸收法工艺流程

1-风机;2-硝酸循环泵;3-硝酸循环槽;4-硝酸计量槽;5-硝酸漂白塔;6-硝酸氧化塔;7-硝酸分离器;8,12,17-碱吸收塔;9,13-碱循环槽; 10,14-碱循环泵; 11,15,16-转子流量计; 18-孔板流量计

影响氧化效率的主要因素有以下几点:

(1) 硝酸浓度 只有在硝酸浓度超过它与 NO_x 平衡的浓度时,才能使 NO 转化为 NO_2。硝酸浓度越高,氧化效率也就越高,如图 6-23 所示。

(2) 硝酸中 N_2O_4 含量 硝酸中 N_2O_4 含量升高时,NO 的氧化率就下降。通常将 N_2O_4 含量控制在小于 0.2g/L,见图 6-24。

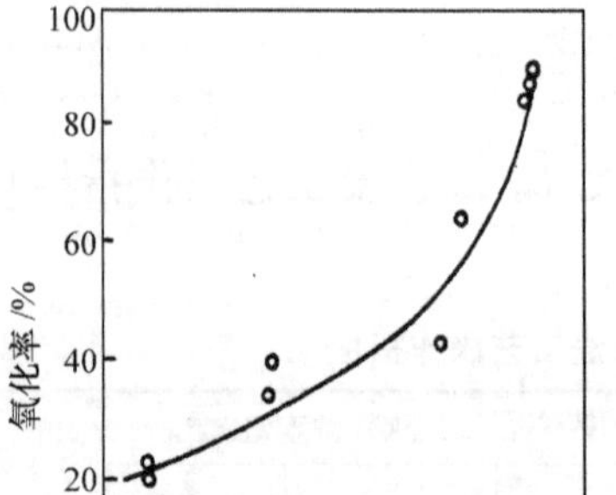

图 6-23 硝酸浓度对 NO 氧化率的影响

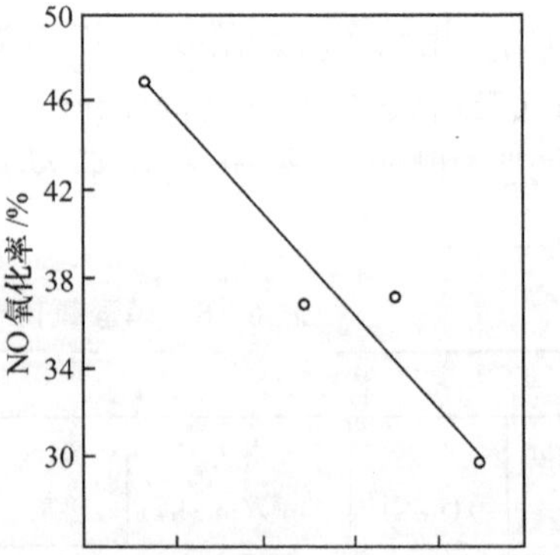

图 6-24 硝酸中 N_2O_4 含量对 NO 氧化率的影响

(3) NO_x 的初始氧化度　图 6－25 是用 48％的硝酸氧化 NO_x 的一组试验数据。可以看出,随着 NO_x 的初始氧化度增大,NO 氧化率下降。

(4) NO_x 的初始浓度　当其他条件不变时,NO 的氧化率随 NO_x 的初始浓度的增高而降低,如图 6－26 所示。

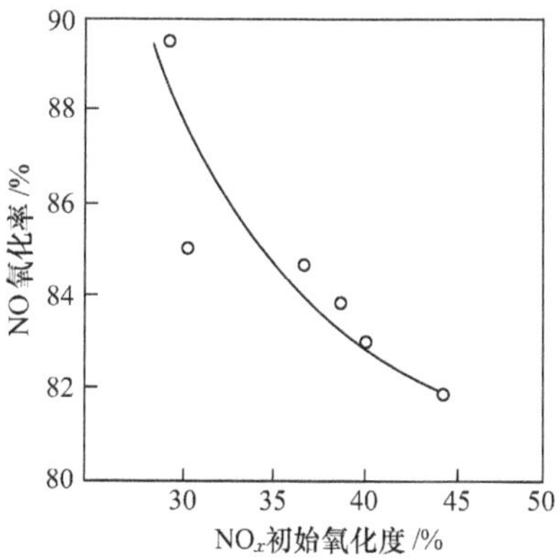

图 6－25　初始氧化度对 NO 氧化率的影响

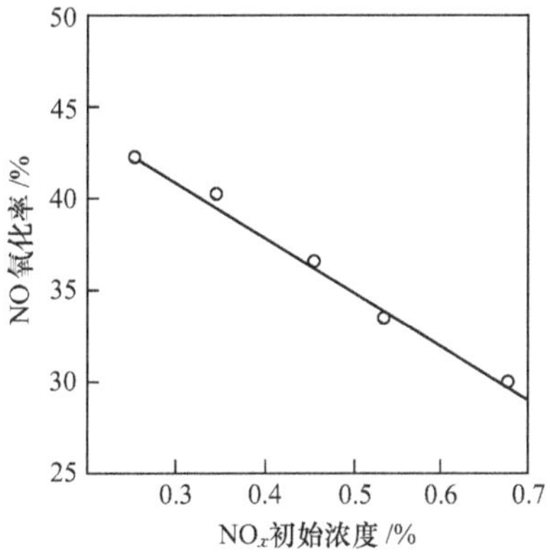

图 6－26　初始浓度对 NO 氧化率的影响

(5) 温度　由于硝酸氧化 NO 的反应为吸热反应,所以升高温度有利于氧化反应的进行,但温度必须低于 40℃,否则 NO_x 的氧化度又会下降。

(6) 空塔速度　氧化塔内空塔速度增大,缩短了接触时间,使氧化反应不完全,则 NO 的氧化率下降。

6.4.1.4　还原吸收法

还原吸收法是应用还原剂将 NO_x 还原成 N_2 的方法。常用的还原剂有亚硫酸铵、亚硫酸氢铵和亚硫酸钠。亚硫酸铵具有较强的还原能力,可将 NO_x 还原为无害的氮气,虽然 NO_x 未得到利用,但该法特别适用于既生产硫酸又生产硝酸的化工厂。亚硫酸铵溶液可来自氨法处理硫酸尾气系统,这样既处理了硫酸尾气又处理了硝酸尾气,还得到了有价值的硫酸铵肥料。亚硫酸铵法的工艺流程如图 6－27 所示,其工艺操作指标见表 6－9。

表 6－9　亚硫酸铵吸收法工艺操作指标

工艺条件				NO_x 浓度/10^{-6}		净化效率/%
气量/(m^3/h)	气速/(m/s)	液气比/(L/m^3)	温度/℃	氧化前	氧化后	
5 400	1.9～2.3	1～1.25	30～35	2 320～3 720	260～960	～93

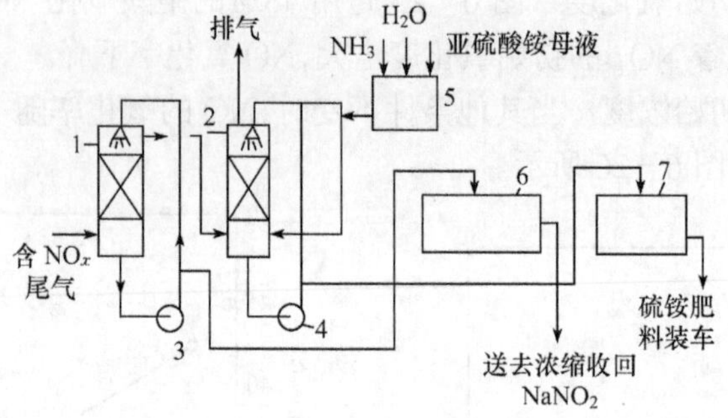

图 6-27 亚硫酸铵法的工艺流程

1-碱液吸收塔;2-亚硫酸铵吸收塔;3-碱泵;4-亚硫酸铵泵;5-亚硫酸铵溶液储槽;6-亚硝酸钠溶液储槽;7-硫铵成品槽

影响该法吸收效率的因素主要有以下几个方面:

(1) 氧化度 氧化度与吸收效率的关系见图 6-28。显然,随着氧化度的增加,吸收效率也增大;但当氧化度超过 50%后,氧化度对吸收效率的影响很小。

(2) 吸收液浓度及成分 吸收液 $(NH_4)_2SO_3$ 的浓度及其中 $(NH_4)HSO_3$ 的含量对吸收效率均有一定的影响。$(NH_4)_2SO_3$ 的浓度太低,吸收效果较差;但浓度太高,又易出现结晶及管道设备的腐蚀。因此,$(NH_4)_2SO_3$ 的浓度应控制在 180~200g/L。$(NH_4)HSO_3$ 虽然会降低吸收效率,但它却可以抑制 NH_4NO_2 的生成。$(NH_4)HSO_3$ 含量的选择要适宜,一般控制 $c_{(NH_4)HSO_3}/c_{(NH_4)_2SO_3} < 0.1$ 或游离 $c_{NH_3} < 4$ g/L。

(3) 液气比及塔板上的液层高度 液气比对吸收效率的影响见图 6-29。塔板上液层高度一般保持在 40~60mm。

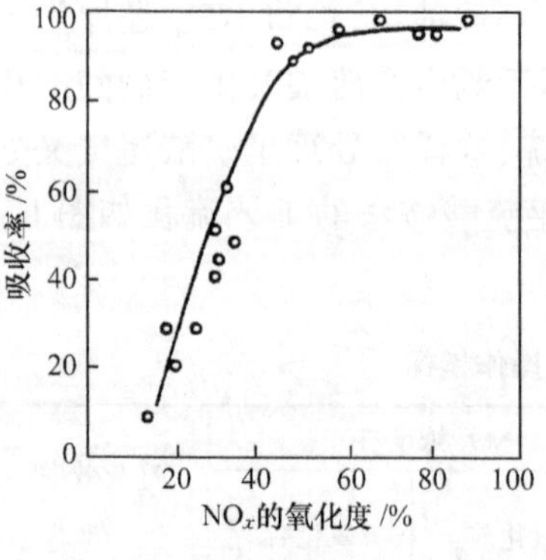

图 6-28 氧化度对 NO_x 吸收效率的影响

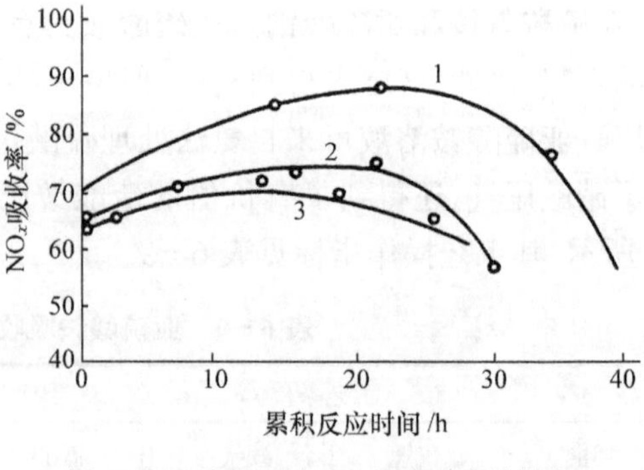

图 6-29 液气比对 NO_x 吸收效率的影响

1-液气比为 1.25; 2-液气比为 1.9; 3-液气比为 1

6.4.1.5　络合吸收法

矿物燃料燃烧产生烟气中的 NO_x，95%以上为 NO，NO_2 为少量，因此，烟气脱氮实质是 NO 的去除。由于 NO 基本不溶于水，即便是国际上最常用的湿法脱硫装置(我国也已经进口了十几套，且正在大力推广中)，在脱硫的同时也无法将 NO 去除。若能在现有的湿法脱硫过程中加入一种化学添加剂，在脱硫的同时将 NO 也脱除，将会是一种非常经济理想的方法。典型的思路是用络合剂 Fe(Ⅱ)EDTA 吸收 NO

$$NO + Fe(\text{Ⅱ})EDTA \longrightarrow Fe(\text{Ⅱ})EDTA\text{-}NO \quad (6-44)$$

Chang S. G. 等发展了采用含巯基(—SH)的亚铁络合物吸收 NO 的方法。该类络合剂的性能，特别是抗氧化性能大大优于传统的 Fe(Ⅱ)EDTA，为开发实用的烟气同时脱硫脱氮技术提出了新的思路。但该工艺的再生过程利用电氧化方法将 NO 转化为 NH_3，故如何处理产生的 NH_3 是一个新问题。

6.4.2　吸附法

该法是利用多孔性固体吸附剂净化含 NO_x 废气的方法，常用的吸附剂有杂多酸，分子筛，活性碳，硅胶等。Dennis Helfritch 等人还发展了采用注入干吸附剂的方法达到同时除硫脱氮的效果。用活性碳纤维可在 NH_3 存在时同时去除烟气中的 SO_2 和 NO_x，日本的 Isao Mochida 等对此研究进行了综述。美国的 Boxia 等对经不同预处理的活性炭吸附和还原 NO_x 的特性进行了研究。西班牙的 Maria Teresa 研究了焦炭的物理化学性质对烟气脱氮的影响。

吸附法净化 NO_x 的优点是：净化效率高，无需消耗化学物质，设备简单且操作方便。缺点是：由于吸附剂吸附容量小，需要的吸附剂量大，设备庞大，需再生处理，而且过程为间歇操作。故吸附法仅用于净化处理含 NO_x 浓度较低的废气。

用作吸附剂的分子筛有氢型丝光沸石、氢型皂沸石、脱铝丝光沸石、BX 型分子筛等。此处简单介绍氢型丝光沸石吸附法。

丝光沸石是一种蕴藏量较多、硅铝比很高(＞10～13)、热稳定性及耐酸性强的天然硅铝酸盐，其化学组成为 $Na_2Al_2Si_{10}O_{24}\cdot 7H_2O$。用 H^+ 代替 Na^+ 可得到氢型丝光沸石，其分子筛为笼型孔洞骨架的晶体，脱水后空间十分丰富，具有很高的比表面积($500\sim1000m^2/g$)。同时，内晶表面高度极化，微孔分布单一均匀并有普通分子般大小。其主孔道系由十二圆环组成的平行椭圆孔道，平均孔径 6.8Å，主孔道间有八圆环孔道互相沟通，但排列很不规则，孔径仅 2.8Å 左右，一般分子通不过，因而吸附主要在主孔道内进行。反应方程式如下

$$3NO_2 + H_2O \longrightarrow 2HNO_3 + NO \quad (6-45)$$

$$2NO + O_2 \longrightarrow 2NO_2 \tag{6-46}$$

由于水分子直径为 2.76Å，极性强，比 NO_x 更容易被沸石吸附，因此使用水蒸气可将沸石表面上吸附的 NO_x 置换解吸出来。脱附后的丝光沸石经干燥后得以再生。

该工艺一般采用两个或三个吸附器交替进行吸附和再生，其流程见图 6－30。含 NO_x 的尾气先进行冷却和除雾，经计量后再进入吸附器。当净化气体中的 NO_x 达到一定浓度时，再生分子筛，将含 NO_x 的尾气通入另一吸附器，吸附后的气体排空。吸附器床层用冷却水间接冷却，以维持吸附温度。再生时，按升温、解吸、干燥、冷却四个步骤进行。其工艺操作指标见表 6－10。

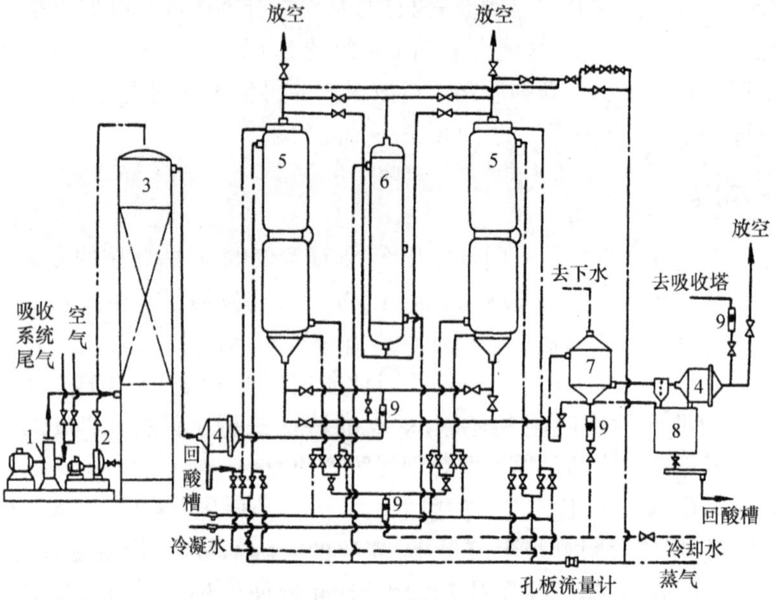

图 6－30　丝光沸石吸附法工艺流程

1－风机；2－酸泵；3－冷却塔；4－丝网过滤器；5－吸附器；6－加热器；7－冷凝冷却器；8－酸计量泵；9－转子流量计

表 6－10　丝光沸石吸附法工艺操作指标

温度值℃						空速 /h^{-1}	解吸时间/min	干燥时间/h	切换时净气 NO_x 含量 /10^{-6}	干燥后气体中 H_2O 含量 /(g/m³)
塔尾气	吸附	再生升温	再生解吸	再生干燥	床层冷却					
10～30	25～35	120	150～190	170～250	＜30	＜1 000	20	1～47	＜20	10

影响丝光沸石吸附的主要因素有：

(1) NO_x 浓度对转效时间的影响　自开始吸附到吸附完成，净化气体中 NO_x 含量超过规定值的时间为转效时间，它随废气中 NO_x 浓度的增大而逐渐缓慢地缩短。

(2) NO_x 浓度对吸附量的影响　单位质量吸附剂在转效时间内吸附 NO_x 的量称为 NO_x 转效吸附量，它随 NO_x 浓度增大而增加。当 $c_{NO_x}>1\%$ 时，其增加的幅度明显减小。

(3) 空速和温度对吸附量的影响　相同温度下吸附量随空速的增大而降低；相同空速下，吸附量随温度上升而下降。

(4) 尾气中的水蒸气对吸附量的影响　水蒸气更易被沸石吸附，而且放出大量的吸附热，使床层温度升高，降低了对 NO_x 的吸附能力，减少了吸附量。

(5) 解吸程度对吸附量的影响　解吸时间越长，温度越高，解吸就越彻底，对吸附就越有利。通常解吸时间为 20～30min，温度为 150～190℃。

(6) 干燥时间对干燥程度和吸附量的影响　干燥时间越长则干燥程度越高，越有利于吸附。但时间过长，效果不明显，却增加了能耗。

6.4.3 等离子体去除法

该法是20世纪80年代发展起来的一种干法脱硫脱氮技术，其特点是在烟气中产生自由电子和活性基团。根据高能电子的来源，该法可分为两大类：电子束法(EBDC)和脉冲电晕等离子法(PPCP)。前者是利用电子加速器获得高能电子束(500～800keV)，后者是利用脉冲电晕放电获得活化电子(5～20eV)。

美国的 Chao 等学者对脉冲等离子体技术用于脱硫脱氮进行了系统研究；俄国的 EAFilimonova 等报道了脉冲等离子体和无声放电处理 NO_x 的模型研究结果；中国台湾也有学者报道了直流高压等离子体的脱氮研究。等离子法脱氮必须有 NH_3 存在才有效，该方法的经济成本较高。

6.4.4 生物法

利用生物方法处理有机废气的研究始于20世纪80年代初期。目前，这一方法已成为世界各国净化工业废气研究的热点课题之一。生物法处理废水早已得到广泛的应用，以生物法净化 NO_x 的思路正是建立在用微生物净化有机废气和用微生物进行废水反消化的基础上。其基本原理是：适宜的脱氮菌在有外加碳源的情况下，以 NO_x 作为氮源，将其还原成无害的 N_2，而脱氮菌本身获得繁殖。其中，易溶于水的 NO_x，先在水中形成 NO_3^- 及 NO_2^-，再被微生物还原为 N_2；而不溶于水的

NO 则吸附在微生物的表面，直接被微生物转化为 N_2。

与一般有机废气处理不同，用生物方法直接处理烟气中的 NO_x，存在着明显的缺点。其主要原因是：由于烟气的气量通常很大，且烟气中的 NO_x 主要以 NO 的形式存在，而 NO 又基本不溶于水，无法进入到液相介质中，难以被微生物转化；另微生物表面的吸附能力较差，使得 NO 的实际净化率很低。研究中报道的较高去除率，要么是以溶于水的 NO_2 为对象来研究，要么是在很小的气体流量下进行的。因此，直接生物法处理 NO_x，在烟气脱氮中很难有实际应用的前景。此外，实际湿法烟气脱硫系统中的温度为 50～55℃，目前尚无人对此温度范围内的生物脱氮进行研究。

6.5 氮氧化物控制技术应用实例

在上一节已介绍过，用于氮氧化物控制的技术有许多种，但可应用的并不多。本节将以目前广泛应用的选择性催化还原(SCR)技术为实例，详细予以介绍。

项目名称　选择性催化还原(SCR)技术控制高硫煤锅炉中排放 NO_x 的示范工程

实施单位　Southern Company Services, Inc.

合 作 者　Electric Power Research Institute; Ontario Hydro

地　　点　Pensacola, Escambia County, FL USA (Gulf Power Company's Plant Crist, Unit No. 4)

设备容量　8.7-MW (三台 2.5-MW 和六台 0.2-MW SCR 反应装置)

项目经费　总费用＄23 229 729，其中能源部＄9 406 673(40%)，实施单位＄13 823 056(60%)

项目目标　在燃烧高硫煤的粉煤炉中应用 SCR 技术去除 NO_x，不同操作条件下 NO_x 的去除率可达 80%。

项目说明　该 SCR 工艺包括注入锅炉烟气的喷氨系统和一个催化剂载床，使通过的 NO_x 和氨反应并最终转化为氮气和水蒸气。此示范工程的 SCR 装置由三台 2.5-MW 和六台 0.2-MW 组成，可为进一步放大应用提供设计数据。催化剂由美国、欧洲和日本各两家供应商提供，共八种不同形状和化学组成的催化剂用于该工程的技术和经济评估。

技术分析　该示范工程的工艺流程如图 6-31 所示，装置运行技术参数见表 6-11。运行结果显示：

(1) 尾气中氨的残留浓度取决于催化剂暴露时间、流速、温度和 NH_3 与 NO_x 物质的量的比。改变二者比率会导致 NO_x 还原行为改变，从而影响尾气中氨的残留浓度。当 60% NO_x 被还原，尾气中氨的残留在 10^{-6} 左右；当 80% NO_x 被还原，尾气中氨的残留浓度也增加；但即使 NO_x 还原率达到 90%，尾气中氨的残留浓度也仍保持在一个合理的范围内；若 NO_x 还原率超过 90%，尾气中氨的残留浓度将迅速增加。

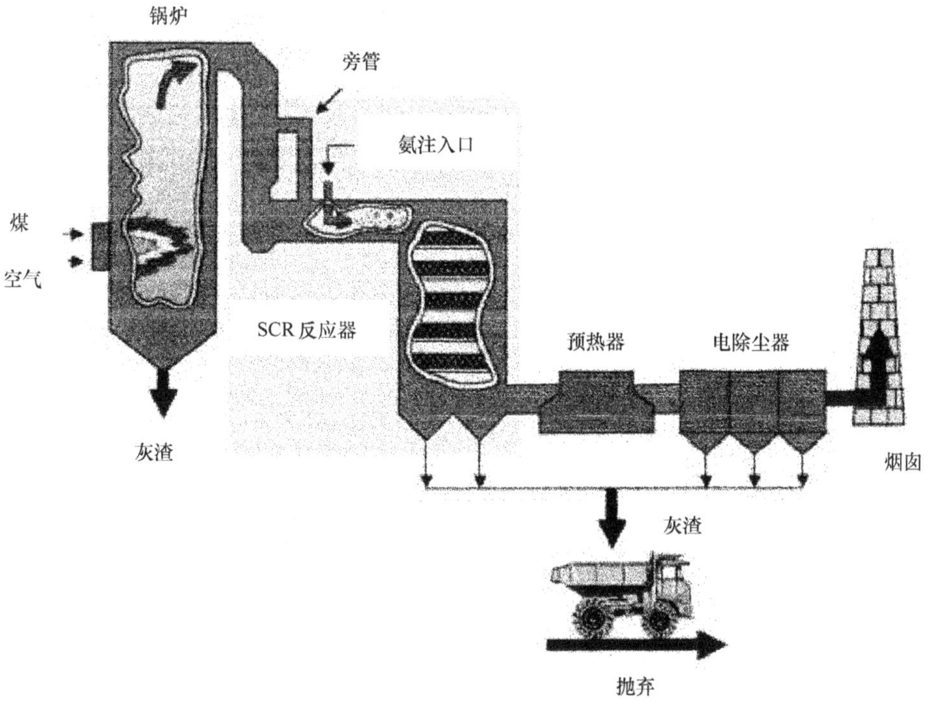

图 6-31 选择性催化还原(SCR)技术控制高硫煤锅炉中排放的 NO_x 工艺流程

(2) 流速和温度对 NO_x 还原的影响测试表明:操作温度从 327℃增加到 371℃,用于测试的所有催化剂性能均有明显改进;进一步提高到 399℃时,催化剂性能的改善并不明显。在 80%还原率和设计温度下,流速增加到设计值的 150%,尾气中氨的残留浓度不会超过 5×10^{-6}。

(3) 经过将近 12 000h 的运行,尾气中氨的残留从小于 10^{-6}增加到大约 3×10^{-6},而催化剂也出现失活迹象。

(4) 采用适当的吹灰程序可以有效地控制催化剂被污染的问题,长期运行实验表明不存在催化剂腐蚀问题。

(5) 尾气的残留氨和副产物的形成会降低空气预热器的性能,但可以采取解决措施。

经济分析 通过上述示范工程项目所得到的数据,对该 SCR 技术在 250-MW 粉煤炉中的应用作经济上的评价。设计要求见表 6-12。

依据上述设计要求,可以核算出下面两种情况的经济指标:

(1) 以 NO_x 处理效率 60%为基准,不同规模装置的投资、运行和维护费用分析见表 6-13。

(2) 对于规模为 250-MW,进口 NO_x 浓度为 0.35lb/10^6Btu 的设施,不同处理效率下其投资、操作和维护费用见表 6－14。

表 6－11 SCR 反应装置的运行技术参数

参数	最小值	标准值	最大值
温度/℃	327	371	399
n_{NH_3}/n_{NO_x} [1)]	0.6	0.8	1.0
流速/(Nm^3/s)			
大反应器	1.42	2.37	3.53
小反应器	0.11	0.19	0.28

1) n 表示物质的量。

表 6－12 SCR 处理装置设计要求

名称	性能指标	名称	性能指标
SCR 类型	热壁型	设计 NO_x 还原率	60%
反应器个数	1	设计氨残留量	5×10^{-6}
反应器结构	三层催化剂	催化剂寿命	16 000 h
初始催化剂负荷	2/3	氨费用	250 $/t
操作范围	35%～100% 锅炉负荷	SCR 设备费用	14 130 $/$m^3$
NO_x 进口浓度	0.35 lb/10^6 Btu		

表 6－13 不同规模装置的投资、运行和维护费

	125-MW	250-MW	700-MW
投资费/($/kW)	61	54	45
运行费/$	580 000	1 045 000	2 667 000
1996 维护费用/($/kWh)	2.89	2.57	2.22
$/t	2 811	2 500	2 165

表 6－14 不同处理效率下设备投资、操作和维护费

项　目	处理效率		
	40%	60%	80%
投资费/($/kW)	52	54	57
运行费/$	926 000	1 045 000	1 181 000
1996 维护费用/($/kWh)	2.39	2.57	2.79
/($/t)	3 502	2 500	2 036

通过上述示范工程的应用和相关的技术和经济分析，结果表明 SCR 技术完全适用于处理各种锅炉烟气中的氮氧化物。

符号说明

A——有效表面积，m^2

a——填料比表面，m^2/m^3

C_p——比热容，J/(kg·K)

c_1, c_2——尾气中 NO_x 进、出塔浓度，$kmol/m^3$

$\Delta G^{\ominus}$——标准自由能变化，cal/mol

K——传质系数，kmol/(m^2·s)

K_p——平衡常数

k——反应速率常数

Q——处理气量，m^3/s

R——气体常量，1.987cal/(mol·K)

r——燃烧速率，kg/s

T——热力学温度，K

U——总传热系数，W/(m^2·K)

V——自由空间容积、气体体积，m^3

ρ——密度，kg/m^3

η——吸收效率，%

τ——接触时间、反应时间，s

习　题

1. 为什么减少氮氧化物是减少空气污染的重要因素之一？
2. 请列出氮氧化物的主要来源。
3. 要控制燃烧过程中 NO 的排放量，应控制哪几个主要因素？
4. 请列出控制氮氧化物排放的主要技术。
5. (1) 根据有关文献报道，在 2000K 下，NO 和 NO_2 的生成自由能变化分别是 15.548 和 38.002 kcal/mol。如按方程 6－1 所示，最终可生成 2mol NO。请计算 2000K 下的平衡常数(K_p)并与表 6－2 对照。

   (2) 总压增加对 K_p 有何影响？

   (3) 若方程 6－1 改写为

$$0.5N_2 + 0.5O_2 \rightleftharpoons NO \tag{A}$$

   则 2000K 时，相应于方程(A)的 K_p 为多少？若用 K_p 重新计算例 6－1 中的 NO 浓度，有何变化？式(6－1)的 K_p 与方程(A)的 K_p 之间有何数学关系？

   (4) 表 6－2 中形成 NO_2 的平衡常数 K_p 是基于式(6－2)得到的。尽管下面的反应不是生成 NO_2 的主要途径，但 NO_2 也可能通过该反应式形成

$$0.5N_2 + O_2 \rightleftharpoons NO_2 \tag{B}$$

   试计算方程(B)的 K_p(2000K)。用此 K_p 值和式(B)计算表 6－3 中 NO_2 的平衡浓度(2000K)，并与表中的值比较。

   (5) 由式(6－1)和(6－2)得到的 $K_{p(6\text{-}1)}$，$K_{p(6\text{-}2)}$与 $K_{p(B)}$之间有何数学关联？
6. 在例 6－1 中忽略了 N_2 和 O_2 浓度变化对 NO 平衡浓度的影响。

   (1) 如果考虑浓度变化，试重新计算其结果。若按[NO]＝$2x$，则有[N_2]＝0.78－x，等等，而后可以导出

一个二次方程式,并可以方便地计算。

(2) 同样的方法,试计算在 4%O_2 情况下,表 6-3 所示各温度下 NO 平衡浓度值。

7. 在上一题中,可以看出忽略了 N_2 和 O_2 的减少对 NO 平衡浓度计算的影响不大。但是,随着 O_2 初始浓度的降低,这一偏差就越来越大。试估计 O_2 浓度为多少时,例 6-1(忽略了 N_2 和 O_2 浓度变化)与习题 6(考虑浓度变化)之间算出的 NO 平衡浓度差达到 10%。

8. 把一般的催化剂暴露在大气中,氮气和氧气就会发生反应而溶解在海水中,从而剩下很少的氧气。这个观点成立吗?

用表 6-3 中 300K 下的平衡常数。稀硝酸溶液上方 NO_2 蒸气压 $p \approx 45$mmHg(HNO_3质量分数)$^{7.8}$,海水中水的质量大约为空气的 100 倍。

9. 方程(6-6)~(6-8)中的各平衡常数示于表 6-15。

(1) 根据表 6-15,试估算有多少 N· 和 O· 可平衡存在于整个大气中?假设大气均处于 300K,整个地球的大气质量约为 5×10^{18}kg(这只是一种虚拟的状况,实际情况并非如此)。

(2) 试计算大气中 N·、O· 和 HO· 在 2000K 下的浓度。

表 6-15 从 N_2,O_2 和 H_2O 形成 N·,O· 和 HO· 的反应平衡常数

温度/K	平衡常数/K_p		
	N·	O·	HO·
300	10^{-158}	10^{-81}	10^{-81}
500	10^{-93}	10^{-45}	10^{-46}
1 000	10^{-43}	10^{-20}	10^{-19}
1 500	10^{-26}	10^{-11}	10^{-11}
2 000	10^{-18}	4×10^{-7}	3×10^{-7}
2 500	10^{-13}	2.1×10^{-4}	1.3×10^{-4}

10. 大量研究显示,表 6-2 中计算的 K_p 值是相当可信的。方程(6-17)表明,可以利用方程(6-11)的正逆反应速率常数来计算 K_p 值,其中正反应速率 $K_f = 9\times10^{14}\exp(-135\ 000/RT)$,逆反应速率常数 $K_b = 4.1\times10^{13}\exp(-91\ 000/RT)$。用这些数值,计算出 K_p 值并算出表 6-3 中不同温度下的 NO 浓度;另外将该处的 K_p 值与表 6-2 中相应的 K_p 值比较,并计算它们的比例。

11. 试从式(6-16)推导出式(6-19)。

12. (1)燃气涡轮发动机的燃烧温度、时间和压强分别为 2250K、0.005s 和 10atm,在该条件下,重新计算例 6-2。此时相应条件下的 $K_p \approx 0.001\ 33$。

(2)Benitez 利用包含了方程(6-20)的 Zeldovich 机理,简单计算出了(1)的结果为 6.08×10^{-4}。将你的计算结果与之比较,并解释两者的偏差。

13. 利用例 6-2 中的相关条件,试估算 2000K 下,NO 浓度要达到 1.5×10^{-3},则停留时间为多少?

14. 若 O_2 含量由 21%变为 4%,重新计算上题。

15. 若 O_2 含量由 21%变为 4%,重新计算例 6-2。

16. 例 6-3 表明,普通燃气火焰的冷却速率大约为 0.9×10^6 K/s。

(1) 在反应停止后,利用式(6-21)估算热损失速率(cal/s)。假定 $V = 1\text{cm}^3$。

(2) 这些热量可以通过热传导移去吗?假定表面积为 3cm^2,此温度下的热传导率是 41.34cal/(h·K·m)。

(3) 这些热量可以通过热辐射移去吗？假定辐射率是 0.1，火焰温度是 1589 K。

(4) 如果火焰温度上升到 1922 K，热传导部分(2)与辐射部分(3)之间的比例是多少？

17. 用程序来写出例 6－4 中剩余的 99 步。

第7章　其他废气处理技术

7.1　有机废气处理技术

7.1.1　有机废气的来源及危害

有机化合物指碳氢化合物及其衍生物。有机化合物按其结构可以分为开链化合物(或脂肪族化合物,分子链是张开的)、脂环化合物(分子链呈环状)、芳香族化合物(单、双键交替连接的六碳原子环状结构)及杂环化合物(环上原子除碳外,还有其他原子参加构成)等四大类。有机化合物有很多种,目前估计在100万种以上,而且还在增加。

煤、石油、天然气是有机化合物的三大重要来源,工业上常见的含有机化合物的废气大多数来自以煤、石油、天然气为燃料或原料的工业,或者与他们有关的化工企业。可将有机废气的来源大致列出如下:

(1) 石油开采与加工、炼焦与煤焦油加工、煤矿、木材干馏、天然气开采与利用;

(2) 化工生产,包括石油化工、染料、涂料、医药、农药、炸药、有机合成、溶剂、试剂、洗涤剂、黏合剂等生产工厂;

(3) 各种内燃机(包括交通运输);

(4) 燃煤、燃油、燃气锅炉与工业锅炉;

(5) 油漆、涂料的喷涂作业,使用有机黏合剂的作业;

(6) 各种有机物的燃烧与加热装置、运输装置及贮存装置;

(7) 食品、油脂、皮革、毛的加工部门;

(8) 粪便池、沼气池、发酵池及垃圾处理站。

很多有机污染物对人体健康是有害的。大多数的中毒症状表现为呼吸道疾病,多为积累性。在高浓度污染物突然作用下,有时可能造成急性中毒,甚至死亡。一些有机物接触皮肤,可引起皮肤病。有些有机污染物具有致癌性,如氯乙烯、聚氯乙烯,尤其是一些稠环化合物,如苯并[a]芘等。

7.1.2　净化方法及选择

含有机污染物废气的治理,可以用吸收、吸附、冷凝、催化燃烧、热力燃烧和直接燃烧等方法,或者上述方法的组合,如冷凝-吸附,吸收-冷凝等。表7-1简要介绍了各种常规治理方法。

表7-1 常见的有机污染物净化方法

方法	废气来源与污染物	净化方法要点
冷凝法	喷涂胶液废气中的苯、二甲苯及醋酸乙酯	用直接冷凝法冷凝废气
冷凝-吸收法	苯酐生产废气中萘二甲酸、萘醌、顺丁烯二酸 癸二腈生产中产生的高温含癸二腈蒸气	用湍球塔以水直接冷凝并进行吸收 用引射式冷凝器冷凝并吸收
吸收法	氯乙烯精馏塔尾气中的氯乙烯 汽油蒸气	用氯苯做吸收剂喷淋吸收 低压压缩后以汽油、重油做吸收剂吸收
吸附法	凹板印刷废气中的苯、甲苯、二甲苯 氯乙烯精馏塔尾气中的氯乙烯 喷漆废气中的有机溶剂	用活性炭在固定床吸附器中吸附 用活性炭在固定床吸附器中吸附 用活性炭在固定床吸附器中吸附
吸附-冷凝法	粗乙烯精制时产生的含乙醚气体	用活性炭吸附乙醚,脱附后将浓集的乙醚冷凝为液体进行回收
直接燃烧法	石油裂解尾气中的低碳烃 烘箱废气中的有机溶剂 油贮槽排气中的低碳烃	用火炬燃烧 在锅炉或燃烧炉内燃烧 至加热炉作为辅助燃料燃烧
催化燃烧法	漆包线烘干时产生的有机废气 环氧乙烷生产尾气中的乙烯 有机溶剂苯酚、甲醛蒸气	用催化燃烧热风循环烘漆机催化燃烧 用铂钯/镍铬带状催化剂进行燃烧 用铜催化剂载在Y型分子筛上催化燃烧

在做方案选择时,必须综合考虑各方面的因素,权衡利弊,最后选择一种经济上较合理、符合生产实际、达到排放标准的最佳方案。考虑的因素大致如下:

(1) 污染物的性质　例如:利用有机污染物易氧化、易燃烧的特点,可采用催化燃烧或直接燃烧的方法;而卤代烃的燃烧处理,则需要考虑燃烧后氢卤酸的吸收净化措施;利用有机污染物易溶于有机溶剂的特点,以及与其他组分在溶解度上的差异,可采用物理吸收或化学吸收的方法来达到净化或提纯的目的;利用有机污染物能被某些吸附剂吸附的原理,可采用吸附方法来净化有机废气。

(2)污染物浓度　含有机化合物的废气,往往由于浓度不同而采用不同的净化方案。例如,污染物浓度高时,可采用火炬直接燃烧(不能回收热值)或引入锅炉、工业炉直接燃烧(可回收能量)。而浓度低时,则需要补充一部分燃料,采用热力燃烧或催化燃烧。污染物浓度较高时,也不宜直接采用吸附法,因为吸附剂的容量往往很有限。

(3)生产的具体情况及净化要求　结合生产的具体情况来考虑净化方法,有时可以简化净化工艺。例如,锦纶生产中,用粗环己酮、环己烷作吸收剂,回收氧化工序排出的尾气中的环己烷,由于粗环己酮、环己烷本身就是生产的中间产品,因而不必再生吸收液,令其返回生产流程即可;用氯乙烯生产过程中的三氯乙烯作吸收剂,吸收含氯乙烯的尾气,也具有同样的优点。另外,不同的净化要求,往往有不同的最佳净化方案。

(4)经济性　经济性是废气治理中最重要的一个方面,它包括设备投资和运转费两个方面。最佳方案应当尽量减少设备费和运转费。方案中,尽可能回收有价值的物质或热量,可以减少运转费,有时还可获得经济效益。

在选择净化方法时,我们应始终贯穿实用性和经济性的原则。例如,若使用中操作很不方便,导致净化设备经常停用或损坏,再好的净化方法也是没意义的;又如,若运行成本很高,导致净化设备无法正常运行,再高的净化效率也变得无意义了。

总之,各种净化方法都有自己的特点,也有其不足之处。要针对具体情况,取长补短,因地制宜选择合适的净化方法。下面简要介绍一些常见的、有代表性的净化方法和工艺流程,以达到一般了解的目的。

7.1.3　常见的净化工艺及流程

7.1.3.1　含烃类废气的直接燃烧

直接燃烧也称直接火焰燃烧,它是把废气中可燃的有害组分当作燃料直接烧掉,因此这种方法只适用于净化可燃有害组分浓度较高的废气,或者是用于净化有害组分燃烧时热值较高的废气,因为只有在燃烧时放出的热量能够补偿散向环境的热量时,才能保持燃烧区的温度,维持燃烧的进行。多种可燃气体或多种溶剂蒸气混合存在于废气中时,也可用直接燃烧。如果可燃组分的浓度低于爆炸下限(LEL),可以加入一定数量的辅助燃料如天然气等,来维持燃烧;如果可燃组分的浓度高于爆炸上限(LEH),则可以混入空气后燃烧;但是,如果可燃组分的浓度处于爆炸上下限的中间,即爆炸极限范围之内,则不宜采用直接燃烧,因为这会造成火焰沿着废气管道向后燃烧,从而导致气体在管道内的爆炸。一般来说,安全的直接燃烧法,废气中有机物的浓度应在爆炸下限的25%以内。图7-1为直接燃烧法净化烘喷漆废气的流程图。

烃,又称碳氢化合物,系指分子结构中除碳和氢外,不含有其他元素的一类化合物。一般来说,随着烃类物质结构中碳原子数的增加,其沸点也增加。常温下,1~4个碳原子的烃类是气态,5~16个碳原子的烃类呈液态,而16个碳原子以上

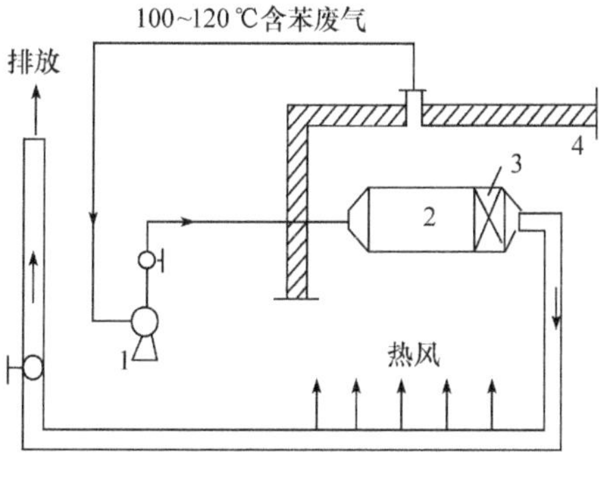

图 7－1　直接燃烧法净化烘喷漆废气流程
1－风机；2－燃烧炉；3－瓷环；4－烘箱壁

呈固态。烃类大都不溶于水或难溶于水。液态烃相对密度一般小于 1。烃类在高温下易氧化燃烧，完全氧化时生成二氧化碳和水。直接燃烧法就是利用烃类的这一性质而采用的方法。

炼油厂和石油化工厂的高浓度低碳排放气的来源主要有：由于原料车间和后加工车间之间缓冲罐容量有限造成原料气供求不平衡，迫使其短期排放；裂解装置运行期间，由于产品不合格而排放；以及由于事故、泄漏、管理不善等原因造成的排放。由于这些可燃气体常汇集到火炬烟囱燃烧处理，因而又称为“火炬气”。火炬燃烧虽是炼油和石油化工生产中的一个安全措施，但同时也造成了能源和资源的巨大浪费。而且，火炬产生的黑烟、噪声以及燃烧不完全时产生的异常气味等对周围环境造成了二次污染。

近年来，国内外大力开展火炬气的综合利用工作。国内许多工厂建立了瓦斯管网，把火炬引入锅炉、加热炉燃烧，节省了大量燃料，消灭了火炬。

7.1.3.2　有机污染物的催化燃烧

催化燃烧实际上为完全的催化氧化，即在催化剂作用下，使废气中的有害可燃组分完全氧化为 CO_2 和 H_2O。由于绝大部分有机物均具有可燃烧性，因此催化燃烧法已成为净化含碳氢化合物废气的有效手段之一。又由于很大一部分有机化合物具有不同程度的恶臭，因此催化燃烧法也是消除恶臭气体的有效手段之一。

目前催化燃烧法已在金属印刷、绝缘材料、漆包线、炼焦、油漆和化工等多种行业中应用净化有机废气。特别是，对于在漆包线、绝缘材料和印刷等生产过程中排出的烘干废气，因废气温度及有机物浓度均较高，有利于燃烧反应及热量平衡，故在不需要回收热量，或回收热量得不到较好利用的场合，催化燃烧法运行费用较直接燃烧法低，因此得到了广泛的应用。

同其他燃烧法相同，催化燃烧的最终产物为 CO_2 和 H_2O，无法回收废气中原有的有机组分。因此，操作过程中热量能否平衡，或补充热量的多少将决定催化燃烧法的应用价值。

(1) 催化燃烧法的特点

与其他种类的燃烧法相比，催化燃烧法具有如下特点：

① 催化燃烧为无火焰燃烧，所以安全性好；

② 燃烧温度要求低，大部分烃类和 CO 在 300～400℃之间即可完成反应，故辅助燃料消耗少；

③ 对可燃组分浓度和热值限制少；

④ 为延长催化剂使用寿命，不允许废气中含有尘粒和雾滴；

⑤ 由于燃烧开始时，气体的温度较低，需要补充热量启动装置，故对于频繁间歇、短期排放有机废气的场合不太合适。

(2) 催化燃烧催化剂

用于催化燃烧的催化剂以贵金属 Pt、Pd 催化剂使用最多，因为这些催化剂活性好，寿命长，使用稳定。由于我国贵金属资源稀少，非金属催化剂的研究和开发受到关注。目前研究较多的为稀土催化剂，并已取得一定的成效。国内已研制使用的催化剂有下列几类：

① 以 Al_2O_3 为载体的催化剂　此类催化剂可做成蜂窝状或粒状等，然后将活性组分负载其上，现已使用的有蜂窝陶瓷钯催化剂、蜂窝陶瓷铂催化剂、蜂窝陶瓷非金属催化剂、γ-Al_2O_3 粒状铂催化剂及 γ-Al_2O_3 稀土催化剂等。

② 以金属作为载体的催化剂　可用镍铬合金、镍铬镍铝合金、不锈钢等金属作为载体，已经应用的有镍铬丝蓬体球钯催化剂、铂钯/镍 60 铬 15 带状催化剂、不锈钢丝钯催化剂以及金属蜂窝体的催化剂等。

各种催化剂的品种与性能见表 7－2。

(3) 催化燃烧法工艺流程

针对排放废气的不同情况，可以采用不同形式的催化燃烧工艺，但不论采用何种工艺形式，其流程的组成具有如下共同特点：

① 进入催化燃烧装置的气体首先要经过预处理，除去粉尘、液滴及有害组分，避免催化床层的堵塞和催化剂中毒。

② 进入催化床层的气体温度必须要达到所用催化剂的起燃温度，催化反应才能进行。因此对于低于起燃温度的进气，必须进行预热使其达到起燃温度，特别是开车时，对冷进气必须进行预热。因此催化燃烧法最适于连续排气的净化，开车时先对进气预热，即可利用燃烧尾气的热量预热进口气体。若废气为间歇排放，每次

表 7-2　催化剂品种与性能

催化剂品种	活性组分含量/%	2 000h^{-1}下 90%转化温度/℃	最高使用温度/℃
Pt-Al_2O_3	0.1～0.5	250～300	650
Pd-Al_2O_3	0.1～0.5	250～300	650
Pd-Ni/Cr 丝或网	0.1～0.5	250～300	650
Pd-蜂窝陶瓷	0.1～0.5	250～300	650
Mn/Cu-Al_2O_3	5～10	350～400	650
Mn/Cu/Cr-Al_2O_3	5～10	350～400	650
Mn/Cu/Co-Al_2O_3	5～10	350～400	650
Mn/Fe-Al_2O_3	5～10	350～400	650
稀土催化剂	5～10	350～400	700
锰矿石颗粒	25～35	300～350	500

开车均需对进口冷气体进行预热，预热器的频繁启动，使能耗大大增加。气体的预热方式可以采用电加热也可采用烟道气加热，目前应用较多的为电加热。

③ 催化燃烧反应放出大量的反应热，因此燃烧尾气温度很高，对这部分热量必须回收。一般是首先通过换热器将高温尾气与进口低温气体进行热交换以减少预热能耗，剩余热量可采用其他方式进行回收。在生产装置排出的有机废气温度较高的场合，如漆包线、绝缘材料等的烘干废气，温度可达 300℃ 以上，可以不设置预热器和换热器，但燃烧尾气的热量仍应回收。

催化燃烧工艺流程有分建式和组合式两种。在分建式流程中，预热器、换热器、反应器均作为独立设备分别设立，其间用相应的管路连接，一般应用于处理气量较大的场合。组合式流程将预热、换热及反应等部分组合安装在同一设备中，即所谓的催化燃烧炉，流程紧凑，一般应用于处理气量较少的场合。我国有这类装置的定型产品，可根据处理气量的大小进行选择。

进行催化燃烧的设备为催化燃烧炉，主要包括预热与燃烧部分。在预热部分，除设置加热装置外，还应保持一定长度的预热区，以使气体温度分布均匀并在使用燃料燃烧加热进口废气时，保证火焰不与催化剂接触。为防止热量损失，对预热段应予以良好保温。在催化燃烧反应部分，为方便催化剂的装卸，常设计成筐状或抽屉状的组装件。几种催化燃烧装置的简单结构见图 7-2 及图 7-3。

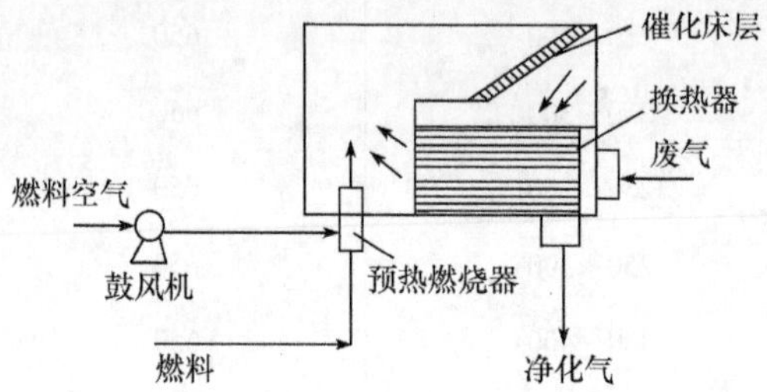

图 7-2　催化燃烧装置

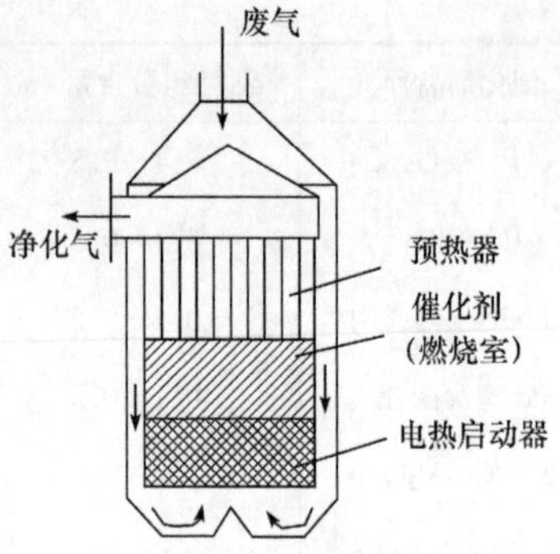

图 7-3　立式催化燃烧炉

7.1.3.3　吸附法

在治理含碳氢化合物废气中,广泛应用了吸附法。吸附法在使用中表现出了如下的特点:可以较彻底地净化废气,即可进行深度净化,特别是对于低浓度废气的净化,比其他方法显现出更大的优势;在不使用深冷、高压等手段下,可以有效地回收有价值的有机物组分。

由于吸附剂对被吸附组分(常称为吸附质)吸附容量的限制,吸附法最适于处理中低浓度废气,对污染浓度太高的废气一般不采用吸附法治理。

(1) 吸附剂

作为工业吸附剂应满足下列要求:具有大的比表面和孔隙率;具有良好的选择性;吸附能力强,吸附容量大;易于再生;机械强度、化学稳定性、热稳定性等性能好,使用寿命长;价廉易得。

可作为净化碳氢化合物废气的吸附剂有活性炭、硅胶、分子筛等,其中应用最广泛、效果最好的吸附剂是活性炭。活性炭可吸附的有机物种类较多,吸附容量较大,并在水蒸气存在下也可对混合气中的有机组分进行选择吸附。通常活性炭对有机物的吸附效率随分子量的增大而提高。

常见活性炭的物性参数见第 4 章表 4-5。

(2) 活性炭吸附及再生流程

在用活性炭吸附法净化含有机化合物废气时,其流程通常包括如下部分:

① 预处理部分　预先除去进气中的固体颗粒物及液滴,并降低进气温度(如有必要的话)。

② 吸附部分　通常采用 2～3 个固定床吸附器并联或串联操作。

③ 吸附剂再生部分　最常用的是水蒸气脱附法使活性炭再生。

④ 溶剂回收部分　不溶于水的溶剂可与水分层,易于回收;水溶性溶剂需采

用精馏法回收，对处理量小的水溶性溶剂也可与水一起掺入煤炭中送锅炉烧掉。

表7-3列出了部分适用再生式吸附回收的溶剂及行业。典型的固定床活性炭吸附/回收流程见第4章图4-9。

表7-3 适用再生式的部分溶剂及行业

丙酮	燃料油	干洗溶剂	氯苯
黏着剂溶剂	汽油	干燥箱	粗汽油
醋酸戊酯	碳卤化合物	醋酸乙酯	油漆制造
苯	庚烷	乙醇	油漆贮藏(通风)
粗苯	己烷	二氯化乙烯	果胶提取
溴氯甲烷	脂肪烃	织物涂料机	全氯乙烯
醋酸丁酯	芳族烃	薄膜净化	药物包囊
丁醇	异丙醇	塑料生产	甲苯
二硫化碳	酮类	人造纤维生产	粗甲苯
二氧化碳(受控气氛)	甲醇	冷冻剂(碳卤化合物)	三氯乙烯
四氯化碳	甲基氯仿	转轮凹版印刷	三氯乙烷
油漆作业	丁酮	无烟火药提取	浸漆槽(排气孔)
脱酯溶剂	二氯甲烷	大豆榨油	二甲苯
二乙醚	矿油精	干洗溶剂汽油	混合二甲苯
蒸馏室	混合溶剂	氟代烃	四氢呋喃

有机废气经冷却、过滤、降温及除去固体颗粒后，经风机进入吸附器，吸附后气体排空。两个并联操作的吸附器，当其中一个达到吸附饱和时将废气通入另一个吸附器进行吸附，饱和的吸附器中通入水蒸气进行再生。脱附气体进入冷凝器冷凝，冷凝液流入静止分离器，分离出溶剂层和水层后再分别进行回收或处理。

通常，吸附在常温下进行，吸附层床层空速为0.2～0.5m/s；脱附选用低压蒸气，约为110℃。脱附周期(含脱附及干燥、冷却)应小于吸附周期，若脱附周期等于或大于吸附周期，则应采用三个吸附器并联操作。

7.1.3.4 吸收法

在治理碳氢化合物废气的方法中，吸收法的应用不如燃烧(催化燃烧)法和吸附法广泛，特别是在处理使用有机溶剂的一些行业，如喷漆、绝缘材料和漆包线等的生产过程，所排放出的废气，还不能完全达到工业应用水平。影响吸收法应用的主要原因是对有机废气的吸收均为物理吸收,吸收剂吸收容量有限。

吸收法净化有机废气,最常见的是用于净化水溶性有机物。目前在石油炼制及石油化工的生产及储运中采用吸收法进行烃类气体回收利用。国内已有一些有机废气吸收的实际应用实例,但净化效率都不高。

7.1.3.5　冷凝法

冷凝法应用于碳氢化合物废气治理时,具有如下特点。

(1) 冷凝净化法适于在下列情况下使用:① 处理高浓度废气,特别是含有害物组分单纯的废气;② 作为燃烧与吸附净化的预处理,特别是有害物含量较高时,可通过冷凝回收的方法减轻后续净化装置的操作负担;③ 处理含有大量水蒸气的高温废气。但在实际溶剂的蒸气压低于冷凝温度下的溶剂饱和蒸气压时,此法不适用。

(2) 冷凝净化法所需设备和操作条件比较简单,回收物质纯度高。

(3) 冷凝净化法对废气的净化程度受冷凝温度的限制,要求净化程度高或处理低浓度废气时,需要将废气冷却到很低的温度,经济上不合算。

(4) 在某些特殊情况下,可以采用直接接触冷凝法,即采用与被冷凝有机物相同的物质作为冷凝液,以回收有机物。但此法须要循环回收冷凝液中的低温能量,故投资较大。此外,采用此法要求废气比较干净,避免污染冷凝液。

冷凝法常与吸附、吸收等过程联合应用,以吸附或吸收手段浓缩污染物,以冷凝法回收有机物,达到既经济、回收率又比较高的目的。

7.1.3.6　其他方法

除了以上介绍的几种常规有机废气处理技术外,近十多年来还有一些新技术开发出来,并逐步从实验室走向工业化应用。此处,我们就有机废气的生物处理技术和高压脉冲电晕脱除有机废气进行简单的介绍。

(1) 有机废气的生物处理技术

有机废气的生物处理技术 20 世纪 70 年代在联邦德国、日本等国家得到了应用。该法利用微生物降解有机废气中溶解到水中的有机物质,使气体得到净化。这种方法能耗低、运转费用省,对处理食品加工厂、动物饲养场、黏胶纤维生产厂及化工厂等排放的低浓度恶臭气体十分有效,并已有研究报告表明它对苯、甲苯等废气的处理也有一定的效果。

由于是微生物处理,故该法采用的生物反应器的处理能力较小,往往需要很大的占地面积,在土地资源紧张的地方,应用受到限制。另外,受微生物品种的限制,并不是所有的有机物都能用生物法处理。事实上,该法对于大多数难以降解的有机物而言，根本无法应用。

用生物反应器处理有机废气，一般认为主要经历如下几个步骤：

① 废气中的有机物同水接触并溶于水中，也就是说，使气相中的分子转移到水中；

② 溶于水中的有机物被微生物吸收，吸收剂被再生复原，继而再用以溶解新的有机物；

③ 被微生物细胞所吸收的有机物，在微生物的代谢过程中被降解、转化成为微生物生长所需的养分或 CO_2 和 H_2O。

废气生物处理所要求的基本条件主要为水分、养分、温度、氧气（有氧或无氧）以及酸碱度等。因此，在确认是否可以应用生物法来处理有机废气之前，首先应了解废气的基本条件。如废气的温度，太低不行，太高也不行；如果气体过于干燥，必须往微生物上加水，以保持一定的水分；废气中富含氧的话，则应采用好氧微生物法处理，反之，则应采取厌氧微生物法处理。

废气的具体处理工艺通常有两种：废气的液态生物处理系统和废气的固态生物处理系统。前者主要是指活性污泥工艺，而后者主要是指土壤处理工艺。

由于研究有机废气的生物处理技术时间不太长，实际应用的历史更短，故尚须对微生物及其作用机理、工艺与工程技术等方面进行深入的研究，以便从自然界发掘更多的微生物资源，并加以有效的控制利用，并使各类工艺及其工程的设计、施工与工艺条件参数的控制达到规范化与定量化的要求，大大提高工业化应用的可靠性。

(2) 有机废气的高压脉冲电晕法处理

20世纪70年代初，人们开始广泛地研究一种使用高能电子束照射，以期从废气中除去无机及有机化合物的技术，且对该过程的了解逐渐深入。通过对烟气脱硫的中试及生产性试验，电子束照射技术显示出在技术和经济上较常规技术的优越性。然而，由于电子加速器价格昂贵，电子束薄窗寿命较短，辐射防护要求高，使之难于工业化。高压脉冲电晕法是随着高功率脉冲技术的发展而产生的另一种发生高能电子的途径，人们开始采用它代替电子束辐射技术发生高能电子。

脉冲电晕放电法去除有机物的基本原理是通过前沿陡峭、脉宽窄（纳秒级）的高压脉冲电晕放电，在常温常压下获得非平衡等离子体，产生大量的高能电子和·O、·OH等活性粒子，与有害物质分子进行氧化、降解反应，使污染物最终转化为无害物。国内外近年来对该技术的初步研究表明它能达到较好的去除效果，并发现，在线-桶式、线-板式和针-板式三种电晕反应器中，线-板式效果最好，线-桶式次之，针-板式最低。由于高压脉冲电晕放电法的功率消耗随着有机物浓度的增加而增加，它直接作用在去除废气中有害组分上，因此，该法的能耗较低，且适用于低浓度有机废气的处理。该法的去除效率也与有机物的种类有关。根据浙江大学的研究结果表明,在对苯、甲苯、乙醇和二氯甲烷四种有机物的实验室实验中,有机物的去除率由高到低分别为甲苯、乙醇、苯和二氯甲烷。实验还表明,在反应器中添加催化剂可大大提高脉冲电晕放电法去除有机物的效率。因为脉冲电晕放电法也能很好地用于除尘,故从理论上说,该法对存在固体杂质的废气也能较好的适应。

该法对于圆桶直径较小的线-桶式或板间距较小的线-板式净化器效果较好,但对直径稍大的净化器效果欠佳。目前该法还仅限于实验室研究,离工业应用还有一定的距离。在解决了设备放大及设备运行的稳定性和可靠性后,该法的应用前景是光明的。

7.2 酸性气体处理技术

7.2.1 硫化氢废气治理

硫化氢(H_2S)是一种无色的易燃气体,它的毒性很大,并具特有的臭鸡蛋味。它是大气天然硫排放物的主要形式。大自然中的生物腐烂过程和火山与地热活动,释放出大量硫化氢。由于它会较快地氧化成二氧化硫,所以硫化氢是二氧化硫的一个主要间接天然源。其人为源包括如下几方面:

(1) 天然气开采时的脱硫尾气

天然气中都含有数量不等的 H_2S 以及硫醇、硫醚、二硫醚、环状硫化物(噻吩及其衍生物)等有机硫化物,有的还含有二硫化碳和硫氧化碳。

含硫天然气不能直接作燃料,否则在燃烧时会产生大量 SO_2,污染大气;含硫天然气更不能作化工原料,因为它会给产品带进大量杂质,同时会使生产中所用的催化剂中毒,使之失去活性,甚至使生产过程不能进行。因此,含硫天然气在应用之前要用适当的方法脱硫,通常是用有机或无机溶剂吸收法脱硫,例如用 K_2CO_3、NaOH、乙醇胺、环丁砜、二异丙醇胺、蒽醌二磺酸钠(A. D. A)溶液、氨水等将 H_2S 和其他某些硫化物脱除到一定程度才能作燃料和化工原料使用。脱硫程度根据使用要求而定,例如,以天然气作造气原料的大型合成氨厂,一般要求含硫量在 5×10^{-5}以下,有的要求在 2×10^{-5}以下。

天然气脱硫一般是先用上述溶剂吸收,得到副产品 H_2S 或初品工业硫磺。单用溶剂吸收不能达到脱硫工艺要求时再配合使用吸附分离(用活性碳、分子筛等作吸附剂)。

天然气脱硫获得高浓度 H_2S,再用克劳斯装置回收硫磺,这是目前世界上除了天然硫以外最重要的硫的来源。

(2) 炼油工业废气

含高硫(4%以上)的原油在进入常减压蒸馏塔之前,要经过脱硫。常用的方法是以 γ-Al_2O_3 为载体,以 Co-Cu 或 Ni-Co 为催化剂,在 150atm、350～300℃温度下将 H_2 气通入原油,使原油中的硫转变为 H_2S 而被脱除。

在原油的深加工过程中,为了得到更多的轻组分油品(汽油和柴油),常常采用催化裂化法,即在高温和催化剂的作用下,原料中含的有机硫化物裂解并与氢发生反应而生成 H_2S。其反应为

$$RSH + H_2 \longrightarrow RH + H_2S \tag{7-1}$$

另外,CS_2 和 COS 在高温下与稀释水蒸气发生水解也会产生 H_2S 和 CO_2

$$CS_2 + 2H_2O \longrightarrow 2H_2S + CO_2 \tag{7-2}$$

$$COS + H_2O \longrightarrow H_2S + CO_2 \tag{7-3}$$

在加氢精制过程中,使用 Co-Ni-Mo 催化剂,能将油品中的有机硫变成 H_2S、有机氮变为 NH_3 而从油品中分出。

炼厂气中的 H_2S 和硫化物可用溶剂吸收,解吸后放出高浓度的 H_2S 气体,可用克劳斯装置回收硫磺。

(3) 煤气中 H_2S 污染

煤气是将煤干馏或气化而造成的。其过程温度为 1000℃左右,在这样高的温度及还原气氛下,煤中的有机硫受热裂解转变为 H_2S,与少量残留的有机硫一道进入煤气。为了保护环境和避免输送煤气的管线受腐蚀,煤气在进管道之前应脱硫。

(4) 化学反应的含硫尾气

染料化工厂生产硫化染料,用硫化钠与有机中间体反应时,在尾气中含有高浓度的 H_2S。有机磷农药生产厂用 P_2S_5 与甲醇合成酸基硫化物、与乙醇合成乙基硫化物作中间体,该过程中也有大量高浓度 H_2S 产生。碱法造纸厂用碱蒸煮木材时,有机物会生成有恶臭的硫醇和 H_2S;蒸煮后的黑液在焚烧回收碱时,有部分芒硝被还原,并与水蒸气反应产生 H_2S。黏胶纤维和玻璃纸厂是以短纤维与碱及二硫化碳合成碱纤维磺酸脂,再在硫酸、硫酸锌溶液中凝固抽丝,CS_2 有三分之一变成 H_2S 并与未转化的 CS_2、多硫化物一起通过排气筒排入大气和无组织逸散到车间空气中。

此外,制革、橡胶、医药和二硫化碳生产等过程也产生一定数量的 H_2S 废气。

(5) 地热水逸散出的 H_2S

我国华南、西南地区有大量的温泉和地热水,它们是重要的能源,温泉可用于沐浴,地热水可用于发电。西藏地区尚未发现大的矿物燃料资源,但地热水资源丰富。地热水大多含有相当浓度的 H_2S,所以温泉和地热发电站附近都有硫化氢臭

味,有的令人难以忍受,需要脱硫。

一般人对硫化氢的敏感度为 10^{-8}。低浓度(5×10^{-6}以下)的 H_2S 对人的黏膜和呼吸道有刺激作用,会引起眼结膜炎,同时极易被肺和胃肠所吸化。H_2S 进入血液后,与血红蛋白结合,生成不可还原的硫化血红蛋白,发生中毒症状。H_2S 还能与组织呼吸酶中的三价铁结合,抑制组织呼吸酶的活性,特别是与谷脱甘酞相结合,影响生物酶过程,组织的氧化、还原能力以致组织缺氧。

长期接触低浓度 H_2S,会出现头痛、疲倦无力、记忆力减退、失眠、胸痛、咳嗽、恶心和腹泻等症状,还会出现点状角膜炎。

H_2S 浓度大于 2×10^{-5}时已属危险值;达 2×10^{-4}时,能使嗅觉神经完全麻痹;浓度大于 $7\times10^{-4}\sim10^{-3}$时,人会立即发生昏迷或因呼吸麻痹而迅速死亡。硫化氢是大气污染物中毒性很大的污染物之一,必须严格控制。

7.2.1.1 干法治理方法

(1) 氧化铁法

脱硫剂为氢氧化铁,并添加石灰石、木屑、水等。反应机理如下

吸收 $$2Fe(OH)_3 + 3H_2S \longrightarrow Fe_2S_3 + 6H_2O \qquad (7-4)$$

再生 $$2Fe_2S_3 + 3O_2 + 6H_2O \longrightarrow 4Fe(OH)_3 + 6S\downarrow \qquad (7-5)$$

氧化铁法分箱式和塔式两种,箱式脱硫剂的厚度可取 600mm,空速可取 20~$40h^{-1}$;塔式占地面积小,脱硫剂处理简单。脱硫吸附器往往是若干个并联使用,脱硫操作和再生操作可交替使用。

图 7-4 为塔式流程图,脱硫是在脱硫塔中进行的,使用后的脱硫剂在抽提器中用全氯乙烯抽提,得到再生后的脱硫剂循环使用。含硫全氯乙烯在分解塔中遇热分解出硫,并成熔融硫排出塔外,全氯乙烯冷却后循环使用。

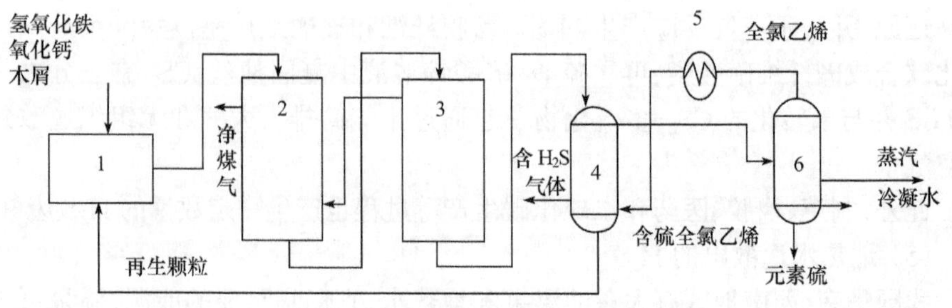

图 7-4 塔式氧化铁脱硫流程

1-造粒装置; 2-1#脱硫塔; 3-2#脱硫塔; 4-抽提器; 5-冷却器; 6-分解器

氧化铁法适合于处理焦炉煤气和其他含 H_2S 气体，净化硫化氢效果好，效率可达 99%；但该方法占地面积较大，阻力大，脱硫剂须定期再生或更换，总体上不是很经济。

(2) 活性炭法

在吸附器中用活性炭吸附 H_2S，然后通氧气将吸附的 H_2S 转化成元素硫和水，活性炭可继续使用，再用 15% 硫化铵水溶液洗去硫磺，生成多硫化铵，多硫化铵溶液用蒸汽加热便重新分解为硫化铵和硫磺。流程如图 7-5，两个吸附器用于轮换吸附和再生。反应机理如下

吸附　$$2H_2S + O_2 \longrightarrow 2S + 2H_2O \qquad (7-6)$$

再生　$$(NH_4)_2S + nS \longrightarrow (NH_4)_2S_{n+1}\text{(多硫化铵)} \qquad (7-7)$$

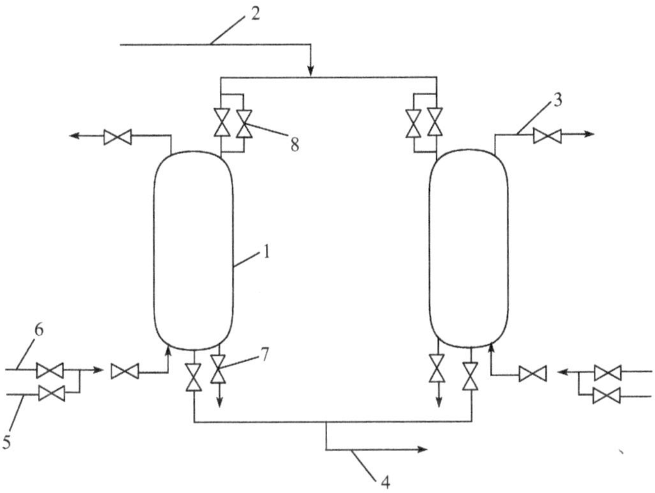

图 7-5　活性炭脱硫流程

1-活性炭吸附器；2-废气进口；3-放空管；4-进气出口管；5-氮气管；6-再生蒸汽管；7-排污管；8-冲压旁路

活性炭法适用于 H_2S 含量小于 0.3% 的气体、天然气和其他不含焦油物质的含 H_2S 废气、粪便臭气等，脱硫率可达 99% 以上，净化后气体中的 H_2S 含量小于 10^{-5}。其优点在于用简单的操作可以得到很纯的硫，如果选择合适的炭，还可以除去有机硫化物。另外，H_2S 与活性炭的反应快(活性炭吸附 H_2S 的速度比氢氧化铁快)、接触时间短、处理气量大。为完全除去 H_2S 废气，床温应保持低于 60℃。因为 H_2S 与活性炭的反应热效应大，所以该方法不宜处理 H_2S 浓度高于 900g/m^3 的气体。

(3) 氧化锌法

氧化锌作脱硫剂，效率高，吸附 H_2S 的速度快，脱硫后的气体含硫量在 10^{-7}以下。硫化氢与氧化锌的反应为

$$H_2S + ZnO \longrightarrow ZnS + H_2O \tag{7-8}$$

氧化锌也可脱除某些有机硫，但要在高温下进行。例如与硫醇反应

$$ZnO + C_2H_5SH \longrightarrow ZnS + C_2H_4 + H_2O \tag{7-9}$$

氧化锌脱硫能力随温度增加而增加，脱除 H_2S 在较低的温度下（200℃）即可进行。该方法适合于处理 H_2S 浓度较低的气体，脱硫效率高，可达 99%，但脱硫后一般不能用简单的办法来恢复脱硫能力。国外几种型号氧化锌性能列于下表 7－4。

表 7－4　国外几种型号的氧化锌性能

型号	G72-A	G72-B	G72-C	C72
主要成分	氧化锌	氧化锌	氧化锌	氧化锌
形状	挤条	挤条	挤条	挤条
尺寸/mm	4.76	4.76	3.18～4.76	4.76
堆密度/(g/cm^3)	1.76	1.76	1.2	1.05
使用温度/℃	250～350	250～350	250～400	350～400
除去硫的种类	硫化氢、硫醇、碳氧硫（COS）	硫化氢、硫醇、碳氧硫（COS）	硫化氢、硫醇、碳氧硫（COS）	硫化氢
入口气中硫浓度/10^{-4}	<2	<2	<2	
出口气中硫浓度/10^{-6}	<1	<1	<1	
硫容量/%	7	10～15	15～20	3～18

（4）铁、锰、锌混合氧化物脱硫

我国在 1982 年开发了一种新型催化剂——MF—1 型脱硫剂，用于大型氨厂和甲醇厂的原料气脱硫。这种催化剂是以含铁、锰、锌等氧化物为主要活性组分，另添加少量助催化剂及润滑剂等而加工成型的。

这种铁锰脱硫剂的脱硫原理化学反应如下：

脱硫剂还原

$$MnO_2 + H_2 \longrightarrow MnO + H_2O \tag{7-10}$$

$$3Fe_2O_3 + H_2 \longrightarrow 2Fe_3O_4 + H_2O \tag{7-11}$$

$$3Fe_2O_3 + CO \longrightarrow 2Fe_3O_4 + CO_2 \tag{7-12}$$

有机硫热解

$$2CH_3SH \longrightarrow 2H_2S + C_2H_2 \tag{7-13}$$

$$CH_3SCH_3 \longrightarrow H_2S + C_2H_4 \tag{7-14}$$

硫化物吸收

$$H_2S + MnO \longrightarrow MnS + H_2O \tag{7-15}$$

$$3H_2S + Fe_3O_4 + H_2 \longrightarrow 3FeS + 4H_2O \tag{7-16}$$

MF—1 型铁锰脱硫法的优点有：

① 脱硫费用省，它的操作费用比通用的氨洗-活性炭法、碱洗-活性炭法、钴钼-氧化锌法都省；

② 脱硫效果好、精度高，可将天然气中总硫脱至 5×10^{-7}以下；

③ 设备简单，运转稳定，操作弹性大；

④ 压力降小，即使进口天然气的总压低至 1kg/cm^2(表压)，也不致引起减产停车；

⑤ 脱硫原理为热化学反应，在脱硫过程中，气体中的活性组分反应生成稳定的金属硫化物，对环境无二次污染。

本法的缺点是脱硫须加热设备。

7.2.1.2　湿法处理方法

(1) 有机溶剂吸收法(物理吸收法)

① 醇胺吸收法

醇胺吸收法经常使用的吸收剂是一乙醇胺(MEA)、二乙醇胺(DEA)，有时也用三乙醇胺(TEA)，它们可以同时除去气体中的 H_2S 和 CO_2。常用的工艺流程如图 7-6 所示。

新鲜或再生后的胺进入吸收塔上部，与从塔底上升的气流逆流相遇，随后吸收了酸气的饱和胺溶液由液面控制器从塔下部排出，在换热器内再生后的热胺溶液换热而被加热到 80～90℃后，进入再生塔上部，经过蒸馏气提，胺被再生。再生塔下部有重沸器，塔上部与冷凝器和回流贮罐相连，在此酸性气体排出系统，进入克劳斯装置回收硫磺，冷凝液则全部作为回流液返回再生塔。再生塔底出来的胺液进入贮槽，由循环泵送入换热器与吸收有酸性气体的富胺溶液换热，胺液被冷却后，返回吸收塔循环使用。

胺与 H_2S 和 CO_2 的反应是很复杂的，主要反应有

$$2RNH_2 + H_2S \rightleftharpoons (RNH_2)_2H_2S \tag{7-17}$$

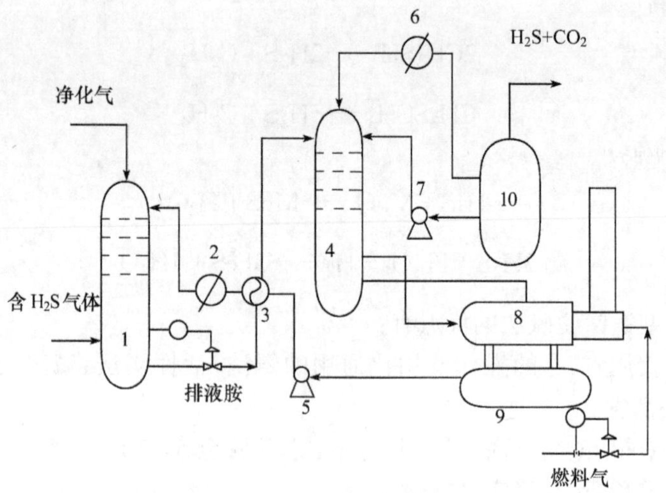

图 7-6　醇胺吸收法脱除硫化氢工艺流程图
1-吸收塔；2-冷却器；3-换热器；4-再生塔；5-循环泵；6-回流冷凝器；7-回流泵；8-再沸器；9-贮槽；10-回流贮罐

$$2RNH_2 + CO_2 + H_2O \rightleftharpoons (RNH_2)_2H_2CO_3 \tag{7-18}$$

$$(RNH_3)_2S + H_2S \rightleftharpoons 2RNH_3HS \tag{7-19}$$

$$(RNH_3)_2CO_3 + CO_2 + H_2O \rightleftharpoons 2RNH_3HCO_3 \tag{7-20}$$

这些反应是可逆的，低温时酸性气体被吸收，高温时被解吸。

醇胺吸收的工艺条件如下：

醇胺吸收剂的浓度　一乙醇胺（MEA）不超过 25%（质量分数），二乙醇胺（DEA）不超过 35%；富胺液中酸气浓度对 MEA 不应超过 0.4kmol/kmol 胺，对 DEA 不应超过 0.65 kmol/kmol 胺。

温度　入吸收塔的胺液温度比气体高 1～5℃ 以防止烃类凝缩；出吸收塔的胺液温度不超过 50℃。

胺类的选用　二乙醇胺（DEA）硫容量高，蒸气压低，对温度的稳定性好，比一乙醇胺的损失少 1/6～1/2。而且，一乙醇胺（MEA）同有机硫化物 COS、CS_2 以及硫醇等起反应，并生成可降解化合物。所以二乙醇胺普遍被选用。

二乙二醇胺（DGA）对硫化氢具有很高的吸收容量，因而溶液的循环比率小，热动力消耗低，所以二乙二醇胺也常被采用，其缺点是黏度较高。

② 环丁砜法和改良甲醇法

环丁砜对 CO_2 和 H_2S 都有很好的吸收能力。该法所用溶剂的配比，依天然气

中 H_2S 与 CO_2 比值的不同而异，范围为二异丙醇胺 15%～65%，水 1%～25%，其余为环丁砜。一般来说，H_2S 含量高时，二异丙醇胺为 30%～40%；H_2S 与 CO_2 比值小时，应采用较高的含水量。若水量太少，溶剂难于再生，腐蚀问题也较严重。例如，对于含 1.0%～1.1% H_2S、5%～6% CO_2 的天然气，采用配比为：环丁砜/一丁醇胺/水 =50/20/30（质量比）的吸收剂比较合适。如果 CO_2 较多，则采用二异丙醇胺为吸收剂较好。

上述配比溶液的优点是：吸收容量大，一体积的环丁砜溶液溶解酸性气体的能力约 4 倍于一乙醇胺，溶解 H_2S 能力约 8 倍于水，所以特别适合处理 H_2S 含量高的气体；溶液的稳定性好，对 COS 和 CS_2 的化学降解低；比热小，溶液加热、再生时能耗低；净化度高，净化后的气体中 H_2S 含量很容易低于 5～6mg/Nm^3，可脱除有机硫，可除去 90%以上的硫醇；发泡趋势小，腐蚀性低。

改良甲醇法为改良的冷甲醇法，又称常温甲醇法，吸收剂由甲醇、醇胺和水组成。该法既能脱除 H_2S、CO_2、HCN，又能脱有机硫，气体净化度高，且甲醇价廉易得，是一种有前途的方法。

(2) 碱液吸收法(化学吸收法)

① 回收硫磺的方法

a. 碳酸钠吸收/加热再生法

含 H_2S 的气体与碳酸钠溶液在吸收塔内逆流接触，一般用 2%～6% 的 Na_2CO_3 溶液从塔顶喷淋而下，与从塔底上升的 H_2S 反应，生成 $NaHCO_3$ 和 NaHS。吸收 H_2S 后的溶液送入再生塔，在减压条件下用蒸汽加热再生。脱硫反应与再生反应互为逆反应

$$Na_2CO_3 + H_2S \rightleftharpoons NaHCO_3 + NaHS \tag{7-21}$$

从再生塔流出的溶液回吸收塔循环使用；从再生塔顶放出的气体中 H_2S 浓度可达 80%以上，可用于制造硫磺或硫酸。

碳酸钠吸收法流程简单，药剂便宜，适用于处理 H_2S 含量高的气体。缺点是脱硫效率不高，一般为 80%～90%，且由于再生困难，蒸汽及动力消耗较大。

b. 液相催化法

液相催化法是利用碱性溶液吸收 H_2S，为了避免空气将 H_2S 直接氧化为硫代硫酸盐或亚硫酸盐，再利用有机催化剂（氧化态）将水溶液中的 HS^- 氧化为硫磺，催化剂自身转化为还原态，然后用空气氧化催化剂，使之转化为氧化态。该法避免了化学吸收法再生困难的缺陷。

常用的有机催化剂有蒽醌二磺酸钠法（简称改良 A.D.A. 法或 A.D.A. 法）及栲胶法等数十种。下面以氨水液相催化法为例介绍其原理（用碳酸钠或氢氧化钠

水溶液原理相同)。

首先,含 H_2S 的气体与含催化剂的氨水在吸收塔逆流接触,氨水和 H_2S 反应生成硫化铵或硫氢化铵

$$2NH_4OH + H_2S \longrightarrow (NH_4)_2S + 2H_2O \tag{7-22}$$

$$(NH_4)_2S + H_2S \longrightarrow 2NH_4HS \tag{7-23}$$

可用的催化剂有对苯二酚、萘醌、苦味酸等,目前广泛应用的是对苯二酚。吸收液在反应槽中发生如下反应

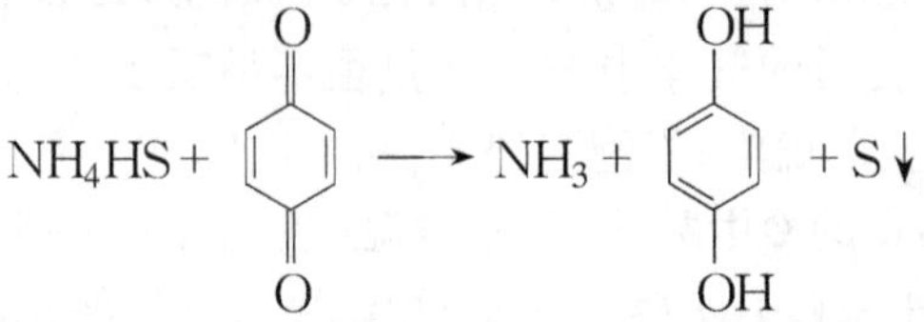

(7-24)

将此溶液送入再生塔,同时通入压缩空气,对苯二酚得到再生

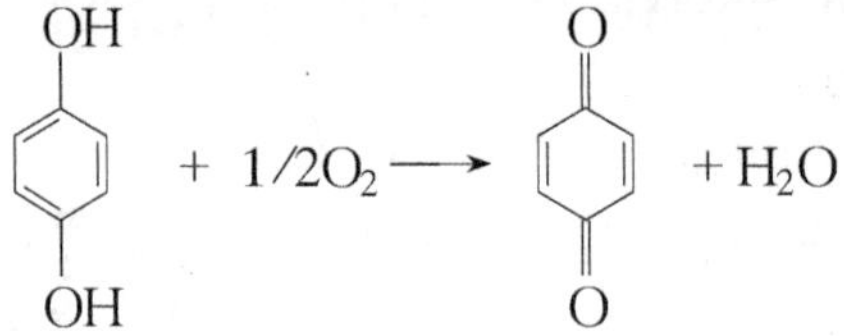

(7-25)

以上总反应式为

$$H_2S + 1/2O_2 \longrightarrow S + H_2O \tag{7-26}$$

再生的同时,也有副反应发生,一部分硫氢化铵被进一步氧化成硫代硫酸铵

$$2NH_4HS + 2O_2 \longrightarrow (NH_4)_2S_2O_3 + H_2O \tag{7-27}$$

由于副反应的发生,降低了硫的回收率,一般以硫磺形式回收的硫仅有75%~80%。为了降低副反应发生,吸收液须在反应槽中停留足够的时间,以保证溶液到达再生塔时几乎无残余 NH_4HS。同时,还必须提高吸收液的硫容量(即单位体积吸收液能够转换 HS^- 为硫磺的能力),硫容量越高,系统的动力消耗、副产物的生成量就越少。不断地有新的催化剂或助催化剂研制出来用于提高吸收液的硫容量,如金属酞菁化合物等。

硫在再生装置中随空气泡浮起,形成泡沫硫。它脱去一部分水可得到含水40%~80%的硫膏,将硫膏装入熔硫釜,用蒸汽加热至120~130℃,使硫膏熔融,可得到纯度较高的硫磺。

氨水液相催化法十多年前在我国小合成氨厂广泛用于半水煤气脱硫,也可用

于 H_2S 废气的处理，脱硫效率可达 90%～99%。小合成氨厂所用的脱硫吸收设备，一般是喷射器和旋流板塔串联。再生设备有再生塔、喷射再生槽等。

② 生产其他产品的方法

a. 石灰乳吸收法(制硫脲)

该法利用石灰吸收废气中的 H_2S 而生成硫氢化钙($Ca(SH)_2$)，再用石灰氮与之反应生成硫脲。硫脲是有用的工业原料，可以用来制造磺胺类药物，用于冶金、印染和照相行业。石灰乳吸收法的缺点是脱除效率不高，且吸收后的废气还须进一步净化后才能排放。此法的简单原理如下

吸收　$$Ca(OH)_2 + 2H_2S \longrightarrow Ca(SH)_2 + 2H_2O \tag{7-28}$$

合成　$$Ca(SH)_2 + 2Ca(CN)_2 + 6H_2O \longrightarrow 2(NH_2)_2C_2S + 3Ca(OH)_2 \tag{7-29}$$

b. 氢氧化钠吸收法

氢氧化钠吸收法主要用于 H_2S 废气量不大的情况，如某些染料厂或农药厂 H_2S 废气的处理，可以得到副产品硫化钠或硫氢化钠。其反应如下

$$2NaOH + H_2S \longrightarrow Na_2S + 2H_2O \tag{7-30}$$

当 H_2S 过量时，则

$$Na_2S + H_2S \longrightarrow 2NaHS \tag{7-31}$$

上面的反应可根据所需要的副产品加以控制。例如，某染化厂用 30% NaOH 在吸收塔内不断循环吸收，使 Na_2S 浓度提高到 25%左右时，即作为原料直接用于原料生产过程(溶液中的 NaHS 可以加碱变为 Na_2S)。而一些化工厂、农药厂等则用 30%的 NaOH 溶液吸收 H_2S 废气制取 NaHS 产品。

7.2.1.3　净化尾气回收硫磺的克劳斯法

克劳斯法又称干式氧化法，它利用 H_2S 为原料，在克劳斯燃烧炉内使其部分氧化生成 SO_2 并与进气中的 H_2S 作用生成硫磺。操作时应控制 H_2S 和 SO_2 气体物质的量之比为 2∶1，然后再进入转化炉，在炉内经催化剂铝矾土作用，生成元素硫，所需的 SO_2 是通过燃烧三分之一的 H_2S 获得的。

克劳斯法的主要反应是

$$H_2S + 3/2O_2 \longrightarrow SO_2 + H_2O + 124\text{kcal} \tag{7-32}$$

$$2H_2S + SO_2 \rightleftharpoons 2H_2O + 3/2S_2 + 35\text{kcal} \tag{7-33}$$

克劳斯法流程有单流法、分流法和催化氧化法三种。单流法，又称“部分燃烧法”，是使全部酸性气体通过燃烧炉，但严格控制炉的空气量，只让 1/3 的 H_2S 燃

烧生成 SO_2，这些 SO_2 再与 H_2S 反应生成硫。分流法是将三分之一的原料投入燃烧炉，使其中的 H_2S 完全燃烧成 SO_2，再与另外三分之二的原料气混合进入催化转化器发生克劳斯反应生成硫磺。该法容易控制混合气中 H_2S 和 SO_2 的比例，但不宜处理含烃类气体较高的原料气，因为三分之二的原料气中烃类气体没有经过高温炉的氧化燃烧会导致硫磺纯度不高，颜色变深，臭味很大，而且对催化剂的毒害作用较大。单流法和分流法都适用于处理 H_2S 浓度较高的酸性气体，对于浓度为 2%～15%的酸性气体一般采用液相催化法。

7.2.2 氯化氢废气治理

HCl 无色，有刺激性气味，在潮湿空气中易发烟，极易溶于水，故在治理中以湿法为主。氯化氢形成的酸雾刺激性和腐蚀性都很强，因而能损坏大多数物品。氯化氢气体对人类健康的危害也是很大的。体外接触到的氯化氢气体有极强的刺激性，能腐蚀皮肤和黏膜（特别是鼻黏膜），致使声音嘶哑、眼角膜混浊，严重者出现肺水肿甚至死亡。慢性中毒会引起呼吸道发炎、牙齿酸腐蚀，甚至鼻中隔穿孔和胃肠炎等疾病。氯化氢对植物的危害也极大。其主要来源于生产和使用盐酸的化工、造纸、电镀及油脂等行业。

7.2.2.1 冷凝法

(1) 原理

对于高浓度的 HCl 废气，可采用石墨冷凝器进行回收利用。废气走管内，冷却介质走管间，当废气温度降到露点以下时，HCl 冷凝下来，同时废气中的水蒸气也冷凝下来。冷却介质通常为自来水。

(2) 工艺流程

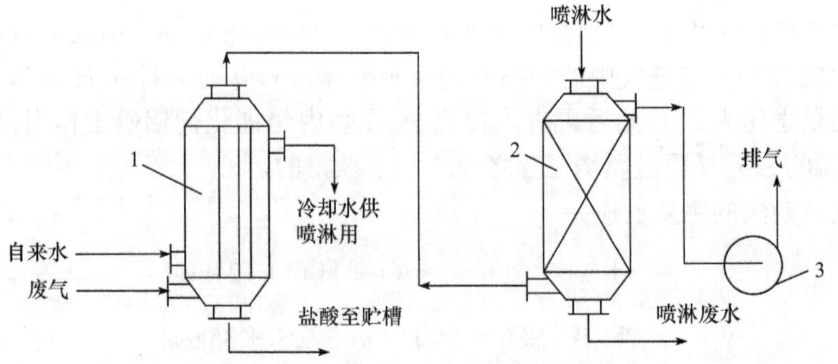

图 7-7 冷凝法工艺流程

1-石墨冷凝器；2-填料塔；3-风机

图7-7为冷凝法工艺流程。HCl首先在冷凝器中被冷凝下来，和冷凝水混合，部分HCl也可被管壁液吸收，得到的盐酸浓度可达10%～20%，供生产中调配使用。从冷凝器中排出的废气在喷淋塔进一步用水喷淋吸收，然后排至大气中，总效率达90%以上。

在石墨冷凝器中，既发生传热过程，又发生传质过程，其冷凝吸收效率与操作温度、气速及HCl浓度的关系见表7-5至表7-7。

表7-5 操作温度对冷凝吸收效率的影响

冷却水温度/℃	12	24	29
冷却废气温度/℃	17	29	34
冷凝吸收效率/%	80	75	67
得到的盐酸浓度/%	10～20	10～20	10～20

注：入口废气温度为60℃，HCl浓度10g/m^3，水蒸气80g/m^3，废气量114m^3/h。

表7-6 气速对冷凝吸收效率的影响

管中气速/(m/s)	3	6.3	8	10	12
冷凝吸收效率/%	78	75	65	50	25
得到的盐酸浓度/%	10～20	10～20	10～20	10～20	10～20

注：入口废气温度为60℃，废气出口温度32℃，HCl浓度10g/m^3，水蒸气80g/m^3。

表7-7 废气中HCl浓度对冷凝吸收效率的影响

废气中HCl浓度/(g/m^3)	73	26.3	4.4	2.19
冷凝吸收效率/%	78	77	52	20
得到的盐酸浓度/%	10～20	10～20	10～20	10～20

注：入口废气温度为60℃，废气出口温度32℃，水蒸气80g/m^3，废气处理量110m^3/h。

7.2.2.2 水吸收法

(1) 原理

氯化氢在水中的溶解度相当大，1个体积的水能溶解450个体积的氯化氢。对于浓度较高的氯化氢废气，用水吸收后氯化氢浓度可降至0.1%～0.3%。含氯化氢3.15mg/m^{3}的废气，水吸收后降低到0.0025mg/m^3，吸收率99.9%。水吸收氯化氢是一个放热反应

$$HCl(g) \longrightarrow HCl(aq) + 18kcal$$

因此，吸收过程中盐酸的温度将升高。溶液上方氯化氢的分压随温度升高而

增大，因此，当用水吸收浓度较高的氯化氢废气时，需用冷却方式移去溶解热，以提高吸收效率。

(2) 工艺流程

水吸收法的工艺流程见图 7-8。含 HCl 废气进入塔内，与喷洒的水逆流接触并被吸收，净化后废气排至大气，水回流至循环槽，由泵打循环。吸收塔可采用填料或板式塔等各种塔型。由于水溶液吸收氯化氢是气膜控制系统，故应选择气相连续型的吸收设备为好，如湍球塔、旋流板塔等。吸收液也可用废碱液来代替。

有的含氯化氢废气中含有光气，由于光气与水作用生成盐酸和二氧化碳，因而用水洗涤氯化氢时，光气也被除去。该过程的反应式为

$$COCl_2 + H_2O \longrightarrow 2HCl(aq) + CO_2 \tag{7-34}$$

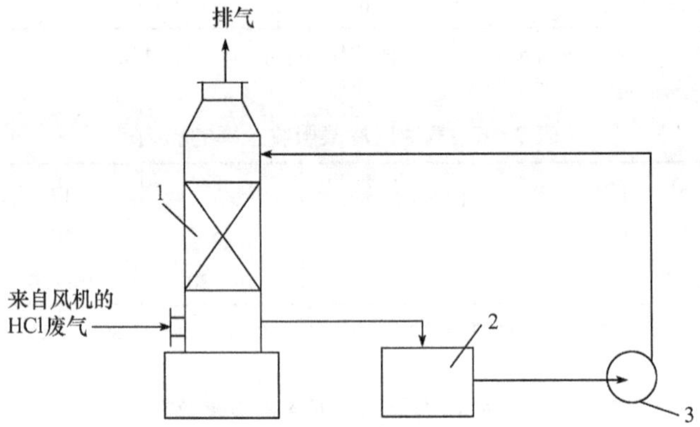

图 7-8　低浓度 HCl 废气处理工艺流程

1-波纹填料塔；2-循环槽；3-塑料泵

水吸收含氯化氢废气有制取盐酸和废水排放两种作用。前者适用于含氯化氢浓度较高的情况，这时所用吸收设备有喷淋塔、填料塔、板式塔等；而后者适用于含氯化氢浓度较低的情况，这时多采用水流喷射泵作吸收设备，它同时起到抽吸和洗涤吸收两种作用。但是，国内有些有机氯化工厂(例如氯乙烯工厂)，由于氯化氢气体含有某些杂质经水洗后而不予使用，或者稀盐酸销路不好，排放又很方便，即使他们含氯化氢气体的浓度不太低，也用水吸收中和达标后排放。

将含氯化氢废气用水吸收转为酸水排放，只应该在氯化氢浓度较低且污水排放便利时方可使用。而把较高浓度的氯化氢、光气和部分氯气转换成酸水排放掉，不仅在经济上是不合理的，而且也污染了水体。在必须使用这一方法或有效地回收氯化氢的措施还未实现而暂时采用此法时，为了减轻水体的污染，应该用废碱液、电石渣浆等对酸水进行中和处理后再排放。

由于水价廉无毒，且水吸收设备和工艺流程都很简单，操作方便，水对氯化氢的溶解能力又很大，还能溶解废气中部分光气，因此，不论是水吸收制取盐酸还是吸收后转化为废水排放，工业应用都很广，是目前处理含氯化氢废气的主要方法。

7.2.2.3　氯化氢废气的综合利用

工业氯化氢废气的综合利用主要包括三种形式。

(1) 利用副产物盐酸

与工业盐酸完全不一样，在很多情况下，由水洗废气副产的盐酸是较稀的。在吸收得到的稀盐酸中通入氨气，可得到氯化铵溶液，蒸发得结晶氯化铵。用副产盐酸处理明矾石，进行综合利用，可同时生产钾氮肥、药用氢氧化铝、氯化铝或碱式氯化铝等产品。

在国外，副产盐酸的用量越来越大。近十多年来，国外副产盐酸在金属洗净(盐酸洗净渐渐代替硫酸洗净法)、矿石处理(如处理铁矿石生产铁粉等)和磷酸生产方面有很大发展。

另外，还可利用副产盐酸与金属或其氧化物生产相应的金属氯化物，也可用副产盐酸来水解一些有机化合物。

(2) 直接利用废氯化氢气体

某些有机氯化过程或其他过程产生的废气中含有较高浓度的 HCl，这种废气可以与其他化工原料直接加工成相应的产品。例如国内用甘油吸收氯化氢废气制取二氯丙醇，并可在催化剂作用下制取环氧氯丙烷、二氯异丙醇等。此外，废 HCl 气体还可以用来制取氯磺酸、染料、二氯化碳等化工产品。

在国外，由于乙炔成本较高，氯乙烯的生产原料大多改用乙烯。若用乙烯氯化法生产氯乙烯，氯的利用率只有一半，因为此氯化过程要放出 HCl

$$C_2H_4 + Cl_2 \longrightarrow C_2H_4Cl_2 \qquad (7-35)$$

$$C_2H_4Cl_2 \longrightarrow C_2H_3Cl + HCl \qquad (7-36)$$

如果副产的大量氯化氢不能有效利用将导致成本升高。氧氯化法可有效利用工业上产生的氯化氢废气，所谓氧氯化的概念是用氧与含 HCl 的烃类混合物起氯化反应。例如，在一定温度下，C_2H_4、HCl 和空气中的氧在氯化铜等金属氯化物的催化下生成二氯乙烷

$$C_2H_4 + 1/2O_2 + 2HCl \longrightarrow C_2H_4Cl_2 + H_2O$$

$C_2H_4Cl_2$ 热解脱掉一个 HCl 而得氯乙烯。

据介绍，在 288℃ 时乙烯的转化率可达 95%，触媒的寿命也高。

目前,国外的许多厂家都转用乙烯氯化法和乙烯氧氯化法的联合法生产氯乙烯,例如美国信用化学公司。联合法将乙烯氯化法副产的 HCl 供氧氯化法使用,从而提高了氯的有效利用率。

可供氧氯化法的烃类化合物有甲烷、乙烷、乙烯、丙烯和苯等。

采用氧氯化法由烃类化合物制三氯乙烯、过氯乙烯、氯烷和氯苯等的工艺,在国外已有许多公司实现了工业化。如日本东洋高压公司、东洋曹达公司、关东电缆化学公司等都应用自己的研究成果,进行氯乙烯生产。

(3) 利用废 HCl 生产氯气

近年来,国外由于有机化合物氯化技术的迅速发展,引起氯气的短缺,盐水电解法生产的氯气早已满足不了日益增长的需要。这就促使各国寻找新的氯源,开发生产氯的新方法。考虑到在有机氯化过程中约有一半的氯转化为氯化氢,数量极大,许多国家广泛开展了由废 HCl 生产氯气的研究工作。这些研究工作开发了许多由废 HCl 生产氯气的方法,其中典型的有催化氧化法、电解法、硝酸氧化法等。

7.2.3 含氟废气治理

氟化物是大气中的主要污染物之一,主要是指氟化氢(HF)和四氟化硅(SiF_4)。HF 是无色,有强刺激性气味和强腐蚀性的有毒气体,极易溶于水形成氢氟酸。氢氟酸具有很强的腐蚀性,可以腐蚀玻璃。SiF_4 是无色窒息性气体,极易溶于水,遇水分解为氟硅酸。

氟化物污染主要来源于建材行业的水泥、砖瓦、玻璃、陶瓷、化工行业的磷肥、冶金行业的铝厂、玻璃纤维生产、火力发电等企业排放的含氟气体。

7.2.3.1 湿法

由于 HF 和 SiF_4 都极易溶于水,故多数情况下,含氟废气的净化采用水吸收法。

采用水吸收净化含氟废气,HF 溶于水生成氢氟酸,SiF_4 溶于水则生成氟硅酸。后者的反应过程可以认为分两步进行,首先 SiF_4 和水反应生成 HF

$$SiF_4 + 2H_2O \longrightarrow 4HF + SiO_2 \qquad (7-37)$$

生成的 HF 溶液和 SiF_4 进一步反应生成氟硅酸

$$2HF + SiF_4 \longrightarrow H_2SiF_6 \qquad (7-38)$$

吸收过程中,气膜阻力是控制因素,低温有利于吸收。在一定的 pH 范围内,通常在 pH≥4.5 时,采用碱液、氨水和石灰乳吸收对吸收效率影响不是很显著。

但为了不使设备很快腐蚀、或为了保证废水合格排放,吸收液中经常加一些石灰,以使氟化物生成难溶于水的氟化钙沉淀而除去。

由于是气膜控制,故选用设备应该是气相连续型的吸收设备,如填料塔、旋流板塔等。但由于废气生成 SiO_2 或氟化钙容易沉淀出来,致使设备堵塞,故在选用含氟废气的吸收设备时,应注意设备的防堵性能要好。下面简要介绍几种含氟废气净化设备。

(1) 旋流板塔除氟装置

旋流板吸收塔的工作原理是:含氟废气通过风机进入旋流板塔底部,沿塔壁螺旋上升;吸收液从塔板中央的受液板流到各叶片上形成薄叶层,同时被穿过两叶片间隙的气流所喷洒;液滴随气流运动和离心力作用到达塔壁,形成沿壁旋转的液环;然后由于重力作用沿壁下流,再通过溢流装置到下一块塔板的受液板上。吸收液的处理有经石灰中和后循环使用及直接采用河水,出塔污水经石灰乳中和、沉淀后连续排放两种方式。

据对使用该除氟装置的某不锈钢钢管厂及一些砖瓦厂的除氟效率测定结果,该装置除氟效率达85%～99%。当使用空塔气速达到2～4m/s,液气比1.5L/m^3时,3块塔板的脱氟效率可达85%,而6块板的脱氟效率可达98%～99%。由于强烈的湍动作用,设备的防堵性能也较好。曾对某磷肥厂的含氟废气进行治理,采用三塔串联,共9块板,净化效率达到99%,吸收得到的氟硅酸浓度达到17%,可以作为化工原料出售。

(2) 空塔喷淋除氟装置

由于除氟装置易于堵塞,故出现了空塔喷淋的设备,该吸收设备采用空塔,内装3～5层喷嘴,清水从喷嘴中喷出,与废气逆流接触,以达到净化的目的。

由于氟化物易于净化,故在液气比2.0L/m^3,空塔气速1.5m/s,5层喷淋的条件下,空塔喷淋也能达到80%以上的效率。但由于采用了较多的喷嘴,若使用石灰水作为吸收液,极易堵塞喷嘴,此外,喷嘴也易磨损。

该除氟装置简单,故阻力低,效率却不低。但要注意在喷淋塔顶部安装旋流除雾板,以避免雾沫夹带而影响吸收效率,严重时还会腐蚀出口烟道等设备。

(3) 泼水轮除氟装置

由于磷肥厂的废气中含有浓度极高的HF和 SiF_4,吸收剂水一旦和气体接触,很快就会在水溶液中产生大量的 SiO_2,致使设备堵塞。因此,许多磷肥厂均采用泼水轮除氟装置净化高浓度的含氟废气。该装置采用隔墙将整个吸收室分成几个小室,每室有一组泼水轮,将水泼起形成水帘。含氟废气通过水帘时,气液两相接触而将氟吸收,然后气体经旋流板除雾后由烟囱排放。该装置主体用砖及水泥砌成,结构简单,投资较省,但由于气液接触状况不好,除氟效率不可能太高,一般在

70%～80%左右,与小室的数量有关。

泼水轮除氟装置在运行过程中存在密封、腐蚀、磨损等问题,占地面积也较大,但绝对不会发生设备的堵塞。

(4) 卧式喷淋装置

该装置主要有废气处理室、喷淋装置、水泵和风机四部分组成。来自砖瓦窑的含氟废气由风机引入废气处理室,室内的气流断面上设有三段填料层,每段填料层后均有一个与气流方向相反的喷淋装置,以使气液两相充分接触。前两段填料均为木栅结构,以除去粒度较大的尘埃,最后段为斜波纹板填料层以除去粒度较小的尘埃。除氟后的气体经挡水段除去部分水雾后,由风机引入烟囱排放。该装置结构简单,其主体工程用砖砌成,投资较省,但除氟效率不高,约 70%～80%。由于防堵性能差,此装置仅适用于低浓度废气。

(5) 冲击式吸收装置

该装置原理与冲击式除尘器相同。含氟废气由风机引入水吸收室,中间筑一隔墙,以使气液充分接触,废气中氟化物及尘埃可被水吸收,除氟后的气体由风机进入烟囱排放。该设备结构简单,投资省,主体全部用砖砌成,但除氟效率低,约60%～70%。

在上述所有的 5 种除氟装置中,泼水轮适用面不广,且存在密封、腐蚀、磨损等问题;卧式喷淋装置和冲击式吸收装置除氟效率低不能有效减轻大气氟污染;旋流板塔除氟装置技术上较完善,除氟效率较高,能够达到控制氟污染的目的,具有一定的推广价值,但由于其投资、能耗相对较高,若处理高温烟气,选择塔板防腐蚀材质稍难(低温可用塑料);选择空塔喷淋效率、防堵性能都不错,但对喷嘴的要求较高。因此,除氟装置的选择应该综合考虑各类因素。

7.2.3.2 干法

干法系指用金属氧化物(如 Al_2O_3)、石灰石、石灰等吸附 HF 的方法。在净化砖瓦厂烟气中最早采用的干法脱氟是直接往砖窑内喷石灰,但因喷入的石灰和砖直接接触,烧制过程中黏附在砖表面,影响砖的外观和质量,同时石灰利用率低,此法 20 世纪 70 年代后已被淘汰。而后改用往烟道喷石灰,该法采用一星型轮喂料器,用气力输送方式,由喷射器自烟道不同部位喷入石灰,同时为满足粉尘气量不能超过 150mg/Nm^3 的排放标准,下游安排除尘装置。

为提高除氟效率,提出了一些改进措施,如改变原烟道流程,设置一段垂直管道,在垂直管道上升段设置与废气流向垂直的折向挡板,以强化烟气和吸收介质的混合,增加吸收介质在烟气流中的停留时间。在上述改进的装置上对 CaO、$CaCO_3$ 及 $Ca(OH)_2$ 的反应吸收能力进行试验的结果表明,用 $CaCl_2$ 活化的 $Ca(OH)_2$ 效果最佳，除氟率可达 95% 以上。但该法仍存在石灰利用率低、粉尘难以达到排放标准要求及投资大等问题。

7.3　恶臭处理技术

7.3.1　臭气的来源

具有臭气的物质很多，来源有多方面，如石油、化工、冶金、动物腐败、动物产品加工等过程及公共卫生设施，详见表 7－8。

表 7－8　某些恶臭物质的主要来源

物　质	主　要　来　源
硫化氢	牛皮纸浆、炼油、炼焦、天然气、石油化工、炼焦化工、煤气、粪便处理、二硫化碳生产等
硫醇类	牛皮纸浆、炼油、煤气、制药、农药、合成树脂、合成橡胶、合成纤维、橡胶加工等
硫醚类	牛皮纸浆、炼油、农药、垃圾处理、生活下水道等
氨	氮肥、硝酸、炼焦、粪便处理、肉类加工、禽畜饲养等
胺类	水产加工、畜产加工、皮革、骨胶、油脂化工、饲料等
吲哚类	粪便处理、生活污水处理、炼焦、屠宰牲畜、粪便堆积发酵、肉类和其他蛋白质腐烂等
烃类	炼油、炼焦、石油化工、电石、化肥、内燃机排气、油漆、溶剂、油墨、印刷等
醛类	炼油、石油化工、医药、内燃机排气、垃圾处理、铸造等
脂肪酸类	石油化工、油脂化工、皮革制造、肥皂、合成洗涤剂、酿造、制药、香料、食物腐烂、粪便处理等
醇类	石油化工、林产化工、合成材料、酿造、制药、合成洗涤剂等
酚类	钢铁厂、焦化厂、染料、制药、合成材料、合成香料等
酮类	溶剂、涂料、油脂工业、石油化工、合成材料、炼油等
醚类	溶剂、医药、合成纤维、合成橡胶、炸药、照相软片等
酯类	合成纤维、合成树脂、涂料、黏合剂等
有机卤素衍生物	合成树脂、合成橡胶、溶剂、灭火器材、制冷剂等

7.3.2　恶臭的治理方法

对恶臭气体的控制有物理法和化学法两大类。物理法不改变恶臭物质的化学性质，只是用另一种物质将其臭味掩蔽或稀释，即降低臭味浓度达到人的嗅觉能接受的地步；化学法则是使用另外一种物质与恶臭物质起化学变化，使恶臭物质转变成无臭物质或减轻臭味。下面分别介绍之。

7.3.2.1 控制臭气的物理方法

(1) 掩蔽法(中和法)

实验表明,当两种不同气味的物质以一定浓度、一定比例混合后,气味比它们单独存在时小,这种现象叫做气味的缓和作用。当因不能肯定恶臭气味的化学组成而不能以适当的脱臭装置去除时,可根据气味缓合作用原理,采用掩蔽法(中和法),即采用更强烈的芳香气味或其他令人愉快的气味与臭气混和,以掩蔽臭气或改变臭气的性质,使气味变得能够为人们所接受;或采用一种能抵消或部分中和恶臭的添加剂,以减轻恶臭。例如,粪便中的粪臭素(3-甲基吲哚)是强烈恶臭的来源,但它也是植物茉莉的重要成分,不含蚓哚的茉莉配剂便是粪臭素的良好抵消剂。常见的恶臭配对抵消剂见表 7-9。

表 7-9 常用的恶臭物质配对抵消剂

恶 臭 物 质	配对掩蔽物质	恶 臭 物 质	配对掩蔽物质
丁酸(肉类久存时生成的腐臭味)	桧油	樟脑	科隆香水
氯	香草醛	粪臭素(3-甲基吲哚)	茉莉

掩蔽法因每人的感受程度各异而效果不同,它与其他方法比较,仅在价格便宜时才可考虑使用。

(2) 稀释扩散法

稀释扩散法是将有臭味的气体由烟囱排向高空扩散,或者以无臭的空气将其稀释,以保证在烟囱下风向和臭气发生源附近工作和生活的人们不受恶臭的袭扰,不妨碍人们的正常生活。通过烟囱排放臭味气体,必须根据当地的气象条件,正确设计烟囱的高度,其目的是保证有人工作和生活的地点恶臭物质的浓度不超过它的阈值浓度。

利用稀释扩散法,我们可以确立一些规则,用这些规则来控制用化学方法可识别的恶臭物质的允许排放浓度。费尔兹添(Feldstein)等人使用对数正态分布和数据,获得了一个适合于具有代表性的烟囱高度的允许排放浓度,这个浓度是臭气阈值浓度的 100 倍。例如,苯酚的阈值浓度是 4.7×10^{-8},则烟囱的允许排放浓度应为 4.7×10^{-6}或 5.0×10^{-6}。这是一个近似规则,因为烟囱高度对下风向地面污染物浓度影响很大。因此,只能用它十分粗略地估计烟囱的排放浓度。

当烟囱排放的含恶臭的废气不能保证下风向地面最大浓度低于阈值浓度时,可考虑用干净空气适当稀释后排放。

7.3.2.2 控制恶臭的化学方法

恶臭气体的化学净化方法有很多,如空气氧化法(燃烧法)、吸收法、吸附法或化学吸收法及吸收-吸附法等等。下面就几种主要的方法简单叙述之。

(1) 空气氧化(燃烧)法

由于一般情况下恶臭物质都是还原性物质,如有机硫和有机胺类,因此可以采用氧化的方法来处理。氧化的方法有热力氧化法和催化燃烧法。前者是将燃料气与臭气充分混合在高温下实现完全燃烧,使最终产物均为 CO_2 和水蒸气。使用本法时要保证完全燃烧,部分氧化有可能会增加臭味,例如,醇的不完全氧化可能转变为羧酸。催化氧化法是将臭味气体与燃料气的混合气体一起通过装有催化剂的燃烧床层。和热力燃烧相比,由于使用了催化剂,燃烧的温度可以大大降低,停留时间可以缩短,因此设备的投资和运行费用都可以减少。一般来说,热力氧化所需的温度在760℃以上,停留时间在0.3～0.5s左右;而催化氧化的温度仅为300～500℃,停留时间低于0.1s。理论上说,催化氧化要优于热力氧化法,但由于催化剂中毒、堵塞等问题及热力焚烧可以回收热量等诸多原因,目前国内外热力氧化法已越来越多地取代了催化氧化法。

该法的优点是净化效率高,可达99.5%(催化氧化法)或99.9%(热力氧化法)以上。但是,投资和运行费用相对较高,若不回收热量,就其经济性而言显然是行不通的。因此,此法比较适用于具有一定规模的生产厂家。这些厂家的生产相对比较正常,通过氧化装置可以回收燃烧的热量,产生蒸汽或作为干燥机的热源。

(2) 水吸收法

由于恶臭气体多数不是有机硫、有机胺就是烯烃类物质,在水中有一定的溶解度,可以采用清水吸收的方法来处理。但是由于这些物质在水中的溶解度都是有限的,不可能无限大,一旦该物质在水中达到一定的浓度,吸收效果将会急剧下降,甚至于完全无作用。因此,应经常更换新鲜水,这样一来,吸收产生的废水量太大。由于吸收液必须经过处理后才能排放,故太多的废液造成废水处理的负担加重。此外,此法对一些高分子恶臭物质去除效果不好。

水吸收法的经济性较好,投资和运行成本均较低。但净化效果不好,平均净化率一般不会超过85%。

(3) 化学吸收法

采用化学吸收来净化恶臭气体的方法,称为化学吸收法。由于恶臭气体多数不是有机硫就是有机胺类物质,溶解度较高,故可以采用酸或碱来吸收。又因为恶臭气体中一些硫醇、胺类溶解度较低,可以采用氧化的方法将其氧化成臭味较轻和(或)溶解度较高的化合物。据有关文献介绍,采用氯气、酸和碱三级处理的工艺净化鱼粉生产的废气，获得了除臭的最高效率，达到99.99%以上。用于处理鱼粉加工厂的典型废气三级处理流程见图7－9。该法产生的废水很少（循环使用），少量必要的废水经水处理后排放。

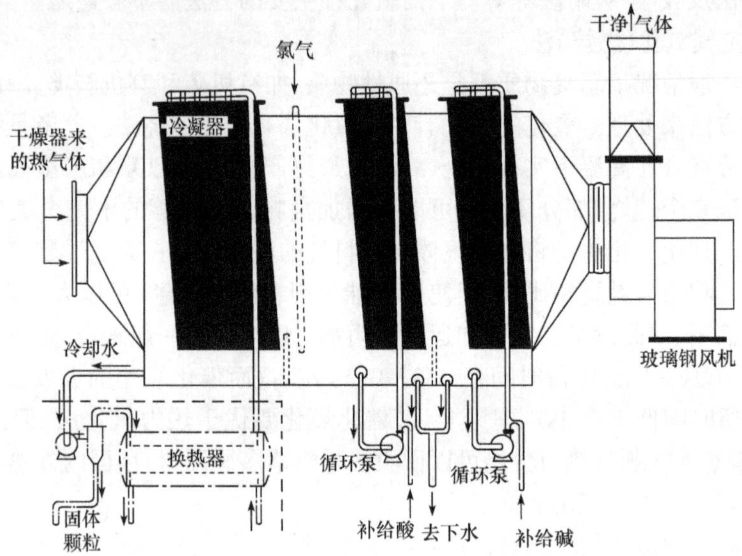

图7－9　用于鱼粉加工厂的典型除臭装置

对于一些小型企业而言，添加氯气较为困难，且不安全，可以采用添加次氯酸钠代替氯气作为氧化剂。将次氯酸钠加入酸槽中，逐步放出的氯气可以起到氧化作用，另溶液中的次氯酸盐也可以将溶解于水中的恶臭物质氧化。

（4）吸附法

吸附法是一种动力消耗较小的脱臭方法，且脱臭效率高。吸附剂有活性炭、两性离子交换树脂、硅胶及活性白土等。由于吸附剂的吸附容量较小，故吸附法主要适用于臭气浓度低的废气。另由于含颗粒物浓度较高的废气易堵塞吸附剂，该法也不适用。

鱼粉生产的恶臭废气不宜采用吸附法处理。

（5）联合法

当除臭要求高、被处理的含恶臭气体难以用单一的洗涤法或吸附法满足要求时，或虽能满足要求、但运行费用很高时，则要采用联合脱臭法。用得最多的是"洗涤-吸附"联合法脱臭。

前已述及，用水洗法脱臭效率较低，但投资省、运行费用低；而吸附法的吸附容量低，只能适用于低浓度的恶臭气体。为此，选择"吸收-吸附"串联的净化方法，既可以做到运行费用不太高，又能达到较高的净化效率。吸收可以采用清水，但因净化率太低，吸附段负荷较高(即吸附剂寿命短)，也可以采用酸、碱(加氧化剂)两级吸收加吸附，以达到脱臭的高效率。

7.4 含铅废气处理技术

7.4.1 铅污染的来源与危害

铅烟及铅尘是大气铅污染的主要形式。铅污染主要来自于铅矿的采掘、冶炼，含铅汽油的燃烧，含铅燃煤的燃烧，以及含铅产品生产及使用中的高温作业过程。例如，以汽油为动力燃料的燃烧过程，熔制铅板、铅锭、铅字以及蓄电池、含铅油漆、涂料、彩釉陶瓷及含铅玻璃的生产过程等。铅的氧化物有一氧化铅、二氧化铅、三氧化二铅及四氧化三铅等几种。铅及其氧化物在常温下呈固态，且不易氧化。铅在高温(400～500℃)下，可逸出大量铅蒸气，在空气中生成铅的氧化物微粒，以铅尘的形式散发到大气之中。含铅蒸气及细小铅氧化物微粒的废气，一般称为铅烟。在熔化的铅液和空气界面处，由于铅不断氧化，形成较厚的海绵状铅氧化物，称作铅渣。铅烟气溶胶凝聚或铅渣飞扬形成铅尘。

据国外资料，空气中的铅污染98%来自含铅汽油的燃烧，因为汽油中常加入一种抗爆剂——四乙基铅，每升汽车汽油中含有1g左右的四乙基铅，航空汽油中铅含量更高。四乙基铅有很高的挥发性，甚至在0℃时就已经开始挥发，挥发出来的铅以粉尘、蒸气及烟的形式存在于空气中。对城市的街道灰尘及空气中含铅量的测定结果表明，铅污染的程度与交通密度(每小时通过的车辆数)及汽油中铅含量有密切关系。

为了控制铅污染，世界各国都对汽油中含铅量作了规定，并逐步推广采用无铅汽油。目前，我国的大中城市基本上都开始禁止使用含铅汽油。

除了汽车之外，某些工厂区的局部铅污染也相当严重。例如，某一蓄电池厂每年向大气排放的铅尘就为13～18t，相当于7.5～10.8t铅。该厂车间内铅浓度超标4.15倍，最高达51倍，治理后，还超标1～12倍。一些铅玻璃熔炉烟气含铅浓度通常为30～120mg/m^3，最高可达200mg/m^3。

铅是一种蓄积性毒物。它除了可以在铅烟或铅尘控制不良的工厂里，造成操作人员急性中毒外，目前主要的危害是大量存在的症状不明显的慢性损害。它通过人的呼吸、饮水、食物等途径进入人体。人呼吸了含有铅蒸气或铅粉尘的空气，饮用了溶解有铅化合物的水，食用了吸收铅的动植物或者被铅尘污染的食物后，铅由十二指肠吸收或肺泡吸附，并随血液循环流至全身，很快与体内的血浆铅和红细胞铅平衡，并分布或贮存于人体内的骨骼等硬组织及脑、肾等软组织中。经由粪便及尿可排出一部分铅。前苏联《医学文摘》介绍,在城市居民中,成年人的血铅浓度为10~20μg/100ml,其中45%~90%的血铅来源于食物,0%~45%来源于饮水,10%~20%来源于吸入的空气。我国对上海市部分居民的调查结果表明,正常成年人体内血铅平均浓度为30μg/100mL。人体中血铅及尿铅值能反映铅吸收的情况,但从研究结果看,从事熔铅作业1~2年的工人,往往血铅值不会超出正常范围,但尺、桡、腓神经生理已发生改变。

铅对人体的毒害作用主要是侵犯造血系统、神经系统及肾脏,其他诸如对血管系统、生殖功能以及致癌、致畸等毒害作用也可能发生。贫血是急性或慢性铅中毒的一个早期表现。铅中毒引起的贫血是由于红细胞寿命缩短,从而影响与血红素的合成所致。美国的研究资料表明,城市居住区的降尘率与该地区2~7岁儿童的血铅浓度之间有密切的关系。

铅可以引起神经系统(包括大脑、小脑、脊髓、运动和感觉神经)结构与功能上的改变,铅对中枢神经系统的作用是引起脑病,其病理特点是肿胀或水肿。最近,美国环境保护心理学家David Otto教授指出,铅可以使儿童的脑电波发生明显的变化,即使量很少也是如此。

7.4.2 含铅烟气的净化

控制铅污染的途径,一是减少汽车用油中四乙基铅的含量或寻找四乙基铅的代用品,如我国目前绝大多数的大中城市已经禁止含铅汽油的使用;二是控制工业上铅的排放量。后者又可从两方面入手,一方面是改革工艺,减少铅烟和铅尘的排放,另一方面是对排放尾气进行净化,使其达到或低于国家允许的排放标准。

处于高温熔融状态的铅液挥发出来的铅蒸气,进入空气后易被空气中氧氧化为铅的氧化物微粒;如果铅蒸气被迅速冷却,来不及氧化,部分铅蒸气还会冷却为金属铅的微粒,这些微粒的粒径一般较细。由铅蒸气产生的铅氧化物微粒,金属铅微粒以及随气流飞扬的铅渣和其他含铅粉尘是被治理的含铅废气中铅的主要存在形态。因此,含铅烟气治理的主要机理之一是微粒的捕集。只有当高温铅源产生的铅烟很快进入净化设备时,被处理的废气中才可能有较多的铅蒸气。

除了微粒捕集以外,对铅尘(特别是小于0.1μm左右的难于捕集的含铅微粒)和铅蒸气也利用化学吸收的机理进行净化,常用的化学吸收试剂为酸或碱溶液。含铅烟气的治理方法可分为干法与湿法两大类。干法包括布袋除尘、电力除尘等,湿法有水洗法、酸性溶液吸收法、碱性溶液吸收法以及其他方法等等。

布袋除尘及电力除尘都是高效的除尘方法,但对于粒径在0.1μm以下的气溶胶状铅烟,其脱除效率是有限的,而用化学吸收的方法却具有较好的效果。为提高净化效率,铅烟的净化常常采用两级净化的方法,即先用干法除去较大颗粒铅尘,然后以酸或碱性溶液吸收。

下面简单介绍常用的净化方法。

7.4.2.1 气脉冲布袋除尘器净化

气脉冲布袋除尘器是一种新型高效的过滤式除尘器，过滤负荷较高，滤布磨损较轻，使用寿命较长，运行安全可靠，自20世纪70年代国内开始使用以来，得到了普遍的应用。但它需要高压气源作清灰动力，对高浓度及含湿量大的含尘气体净化效果不佳。

某蓄电池厂的铅粉机，产生大量铅尘，原采用反吹抖动式绸袋过滤除尘器，由于绸袋易破，效率较低，改用脉冲袋式除尘器，并改变滤料后，除尘效率达99.9%。该厂采用两级净化，即经脉冲袋滤后的含有微小粉尘的气体，再经水洗除尘，含尘浓度可从7000mg/m^{3}降至0.1～0.2mg/m^3。脉冲袋式除尘器的操作数据为：气体流量4000m^3/h，过滤风速1.7m/min，喷吹压力600kPa，脉冲宽度0.12s，脉冲周期120s，过滤效率99.9%。

7.4.2.2 湿式电除尘器净化

电除尘器是利用电力实现粒子与气流分离沉降的一种除尘装置。它的特点是压力损失小，一般为0.2～0.5kPa，除尘效率高，最高可达99.99%，且能捕集1μm左右的粒子。其缺点是设备庞大，耗钢多，初投资高，制造、安装和管理的技术水平较高。

湿法管式电除尘器由于采用湿式清灰，因而具有除尘效率高、无二次扬尘、运行稳定的优点，但存在腐蚀、污水及污泥处理问题。

该法用于净化熔制铅玻璃池炉烟气，除尘效率可达95%。烟气中铅的形式为硫酸铅微粒，粒径范围为0.1～0.6μm，最大频数分布粒径为0.3～0.4μm。电除尘器直流高压32～40kV，工作电流18～45mA。铅尘净化效果列于表7-10。

表7-10 铅烟电除尘效果

处理气量 /(Nm^3/h)	过滤气速 /(m/s)	进口浓度 /(mg/Nm^3)	出口浓度 /(mg/Nm^3)	除尘效率 /%	阻力/Pa
1 710～2 890	0.99～1.67	60～200	0.5～5	～95	147.1

7.4.2.3 水洗净化

水价廉易得，且不带入其他污染物，因而受到人们的欢迎。水洗设备具有结构简单、造价低等特点。但它存在一般湿法除尘具有的缺点，如设备及管道腐蚀，污水、污泥处理问题等。

由于铅及其氧化物不溶于水，水洗净化铅烟的原理是一般湿式除尘的机理——惯性碰撞、拦截作用、重力沉降和扩散作用等。水洗法对含铅烟尘量大的烟气，有较明显的效果。

水洗净化的净化率与净化设备的型式与操作有密切关系。常用的净化设备型式有多种，可以采用填料塔、喷雾洗涤器、旋流板塔、泡沫塔和文丘里洗涤器等，其中以文丘里洗涤器效率最高。

7.4.2.4 酸性溶液吸收净化

前已述及，由于布袋除尘、电除尘和水洗等对 0.1μm 左右的铅尘净化效率有限，因而可采用化学吸收的方法来进一步提高净化效率。其中，酸性溶液吸收得到迅速的推广和应用。

吸收液可采用醋酸、硝酸或草酸，化学吸收的结果生成相应的铅盐——醋酸铅、硝酸铅或草酸铅。酸性溶液吸收具有设备简单、操作方便、除铅效率高、不堵塞等特点，但仍存在污水、污泥处理和腐蚀问题。

硝酸的氧化性和腐蚀性强，用它作吸收液时，设备材质要求高，所以常用 0.1%～0.3%的稀铬酸或 3%的草酸溶液作吸收液。

由于醋酸铅的毒性比铅及其氧化物更大，因而更换吸收液时必须对醋酸铅进行化学沉淀过滤处理。其方法是，将须更换的吸收液过滤排入处理池，加入三氯化铁或碱式氯化铝，再加入酚酞酒精指示剂及 40%的氢氧化钠或碳酸钠，直至出现稳定的红色后，静置过滤，化验达指标后排放。若 Pb^{2+} 浓度仍超标，可再在滤液中加入硫化钠，生成溶解度更小的硫化铅沉淀，静置过滤后排放。反应如下

$$Pb^{2+} + 2NaOH \longrightarrow Pb(OH)_2 \downarrow + 2Na^+ \tag{7-39}$$

$$Pb^{2+} + Na_2CO_3 \longrightarrow PbCO_3 \downarrow + 2Na^+ \tag{7-40}$$

$$Pb^{2+} + Na_2S \longrightarrow PbS \downarrow + 2Na^+ \tag{7-41}$$

也可以在废酸性吸收液中直接加入硫化钠，生成硫化铅沉淀，达标后过滤排放。反应如下

$$Na_2S + 2H^+ \longrightarrow 2Na^+ + H_2S \uparrow \tag{7-42}$$

$$Pb^{2+} + H_2S \longrightarrow PbS \downarrow + 2H^+ \tag{7-43}$$

过滤后的废渣可用铁粉、碳粉在高温下熔炼，回收纯度较高的铅。

使用草酸作吸收液时，由于生成的草酸铅溶解度小，一般无须处理，只须过滤出草酸铅沉淀即可。用草酸作吸收液的缺点是吸收液浓度高、药品费用较大。

酸性溶液吸收的设备型式也有多种，类型同水洗法类似，可有斜孔板塔及旋流板塔等。

某研究所研究的稀醋酸净化含铅废气的方法，已在蓄电池厂、粉末冶金厂、黄丹厂等工厂用于含铅废气的净化，净化率约为90%以上，净化后排气中含铅浓度可下降到0.02～0.05mg/m^3，低于国家排放标准。

稀醋酸吸收过程的主要反应为

$$2Pb + O_2 \longrightarrow 2PbO \tag{7-44}$$

$$Pb + 2CH_3COOH \longrightarrow Pb(CH_3COO)_2\downarrow + H_2\uparrow \tag{7-45}$$

$$PbO + 2CH_3COOH \longrightarrow Pb(CH_3COO)_2\downarrow + H_2O \tag{7-46}$$

铅烟尘中的较大颗粒和二氧化铅可在吸收液形成的水膜包裹下沉降。

整个净化过程分为脉冲布袋除尘和稀醋酸吸收净化两步，如图7-10所示。稀醋酸吸收的主体设备可用斜孔板塔，当处理风量为4000m^3/h时，取空塔速度为2m/s，塔径为850mm。塔内共有6层塔板，5块为斜孔塔板，最顶上一块为除雾旋流板，旋流板直径750mm，旋流叶片12片，旋流板仰角28°。

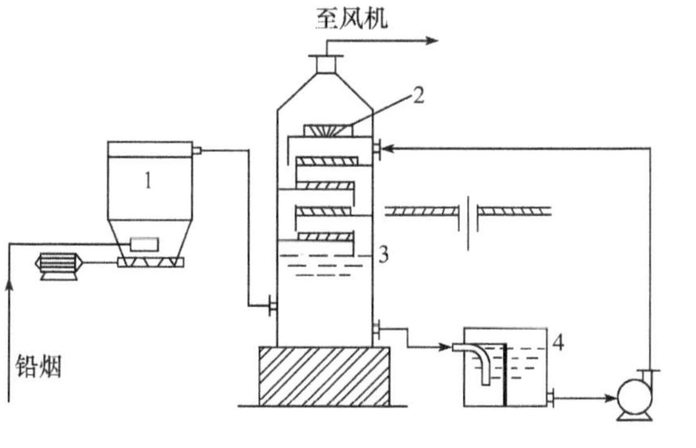

图7-10　稀醋酸吸收法工艺流程

1-袋滤器；2-除雾器；3-吸收塔；4-贮液槽

斜孔板塔塔板开孔呈斜孔状，并按一定规格排列。铅烟从斜孔板塔下部进入塔内向上流动，0.25%～0.30%的稀醋酸溶液从塔顶逆流而下。烟气与吸收液在塔板上相遇时，烟气穿过斜孔从水平方向喷出，气相推动液相作激烈湍动，呈蜂窝状态。由于界面不断更新，使气液有较大接触面，并有较大的传质系数，吸收效果较好。又由于塔板结构避免了气流的垂直上冲，因而减少了雾沫夹带。塔顶的旋流板有进一步捕沫的作用。

净化后的烟气经风机抽至排风筒排空，吸收产物醋酸铅回收作颜料。

实践证明，该法的净化效率随入口铅烟浓度的增加而增加。入口铅烟浓度在 0.1mg/m^3 以上时，净化效率约在 90% 以上；当入口铅浓度降到 0.037mg/m^3 时，净化效率仅为 45% 左右。

当被治理的铅烟浓度为 0.2mg/m^3，气体空塔速度为 1.5m/s，液气比为 2.88L/m^3 时，净化效率为 90%。这种铅烟浓度接近工业上实际排放的浓度。

7.4.2.5　碱性溶液吸收净化

当铅烟温度在 330～500℃时，生成的三氧化二铅和四氧化三铅中都有二氧化铅的成分。二氧化铅可与碱溶液反应生成铅酸钠，最后与水加合，生成 $Na_2[Pb(OH)_6]$沉淀

$$PbO_2 + 2NaOH \longrightarrow Na_2PbO_3 + H_2O \tag{7-47}$$

$$2Na_2PbO_3 + 6H_2O \longrightarrow 2Na_2[Pb(OH)_6]\downarrow \tag{7-48}$$

铅烟尘较大颗粒和氧化铅在吸收液包裹下增重沉降。

前些年，我国一些印刷厂采用此法净化熔铅锅产生的铅烟，取得了满意的效果，其净化效率为 89%～99%。

由于铅字上带有油墨，因而熔铅锅铅烟中带有油烟，油垢吸附在粉尘上会造成严重堵塞，因而不宜采用过滤、电除尘等干法处理，湿法的水洗及酸洗对除油效果也不理想。采用碱液吸收，除铅烟中的铅及其氧化物能与 NaOH 溶液发生反应以外，油烟与 NaOH 溶液在高速气流搅拌下能生成乳浊液及大量泡沫，这些泡沫能把烟流中夹带的杂质与大粒径铅吸附下来，增加净化效率。

一般熔铅锅铅烟含铅在 0.2～0.4mg/m^3 之间，最高可达 14.9mg/m^3。采用碱洗法净化后，排出的净化气中含铅最高为 0.39mg/m^3，最低为 0.001mg/m^3，均达到国家排放标准。

该法流程简单，操作方便，在同一设备内进行除尘和脱铅，净化效率高。但在进口铅烟浓度较低时，净化效率较低，且吸收液须经处理，否则会造成二次污染。

吸收液更换时，可先将澄清液过滤排入处理池，用酸中和并酸化，加入还原剂硫酸亚铁，将四价铅离子还原为二价铅离子，再用碱将废液调至微碱性，使二价铅离子生成 $Pb(OH)_2$ 沉淀，然后过滤排放。

铅烟铅尘的净化除了上述用得较多的一些方法外，还有一些其他方法。例如，某冶炼厂用湿式收尘法净化炼铅鼓风炉尾气，得到含水 50% 的烟尘，然后用盐酸食盐饱和溶液浸出，获得二氯化铅制取黄丹等等，这里不一一介绍了。

7.5 酸雾处理技术

酸雾主要有硫酸雾、磷酸雾、铬酸雾等。硫酸雾产生于湿法制酸及稀硫酸浓缩过程;磷酸雾产生于磷酸及磷肥生产过程;铬酸雾主要产生于电镀镀铬过程。此外,去除吸收过程净化后废气夹带着的水雾也属于除雾的范围。治理酸雾一般采用除雾器。常用设备有文丘里洗涤器、过滤除雾器、折流式除雾器及离心式除雾器,电除雾器及压力式除雾器也有使用,但使用不多。各类除雾器及其性能比较见表7-11。一般来说,选择除雾器是依据酸雾的特性、除雾要求及投资费用等条件。

表7-11 几种主要除雾器性能比较

除雾器名称	除雾粒径/μm	除雾效率/%	除雾器压降/Pa	主要优缺点
文丘里洗涤器	>3	98~99	6 000~10 000	粒径3μm以上净化率高,结构简单,占地少,造价较电除雾器低,对3μm以下酸雾净化率低,运行费高,维修麻烦
电除雾器	<1	>99	较小	效率高,阻力小,运行费用低,设备复杂,特殊材料繁多,施工要求高,建设期长,投资最高
丝网除沫器	>3	>99	200~350	比表面大,重量轻,占地少,投资省,使用方便,网垫可清洗复用,对3μm以下雾粒净化率低
高效型纤维除雾器	>3 <3	100 94~99	2 000~2 500	除雾率高,结构简单,加工容易,投资省,操作方便,设备较大,压降较大
旋流板除雾器	>5	98~99	100~200	结构简单,加工容易,投资省,操作方便,压降中等,除雾效率较高
折流式除雾器	>50	>90	50~100	结构简单,加工容易,投资省,操作方便,压降低,但除雾效率较低

7.5.1 丝网除雾器

丝网除雾器是靠细丝编织的网垫起过滤除沫作用,丝网材质是金属或玻璃纤维。它是一种最简单、最有效的雾沫分离设备。丝网层很轻,每立方米重100~200kg,可制成任意大小、形状和高度,通过丝网的压降也极低。对于大多数情况,通过这种雾沫分离器的压降范围在 25～250Pa 之间,其大小取决于蒸气和液体负荷,以及雾沫分离器的大小。雾沫分离器的效率很高,一般在 90%以上,并且丝网层分离器的结构极为简单。较轻的蒸气能容易地穿过多孔丝网层的细孔。液沫在通过细孔时,不能改变方向和路线,当这些夹带的液沫穿行时,直接冲撞在丝网上。由于存在着表面张力,所以液沫附着在丝网的交织线上,并聚集成较大的液滴,然后在重力作用下下落并收集在分离器的底部。离开丝网的气体是不带液沫的。

丝网除雾器的主要缺点在于它不适用于处理含固体量较大的废气,以及含有或溶有固体物质的情况(如碱液、碳酸氢铵溶液等),以免发生固体杂质堵塞或液相蒸发后固体产生堵塞现象,从而破坏了正常的操作运行。

垂直通过丝网除雾器的气速由下式决定

$$w = K\sqrt{\frac{\gamma_L - \gamma_G}{\gamma_G}} \tag{7-49}$$

式中:w——气速,m/s;

γ_L, γ_G——酸雾的气相及液相的密度,kg/m^3;

K——系数,见表 7-12。

由上式计算得到的气速,可决定所需的除雾器直径。

(1) 纤维除雾器

纤维除雾器是根据惯性碰撞、截留、扩散吸附等过滤机制,在纤维上捕集雾粒的高效能气雾分离装置。它分为高速型、捕沫型和高效型三种,前两者以惯性碰撞,截留效应为主;后者以扩散吸附效应为主。高效型纤维除雾器对 3μm 以上雾粒,除雾效率为 100%;对 3μm 以下雾粒,除雾效率为 94%～99%。纤维元件由内筒和纤维层组成,纤维层采用玻璃纤维和合成纤维等滤料绕制或卷制或两者相结合的方法装填。

(2) 文丘里丝网除雾器

根据丝网除雾器的理论,除雾器中有一个最佳通过气速,该气速与气体和液体的密度有关。因此,在设计丝网除雾器时,其最佳的截面积是与气体的流量和气体、液体的密度相关的。如果被处理的酸雾气体的流量或酸雾密度大幅度变化的场合,则用设定的丝网除雾器是不合适的。在这种情况下,可采用文丘里丝网除雾器,如图 7-11 所示。它是一个上细下粗的锥体,故酸雾气体总会在某个部位上达到最佳速度范围,从而使雾沫分离。

表 7-12　丝网除雾器最佳气速公式的 *K* 值

K	情况	*K*	情况
0.35	大部分油和气流	0.20	真空下的大部分蒸气
0.25	气体压力大于等于 1atm	0.15～0.20	盐和氢氧化物等

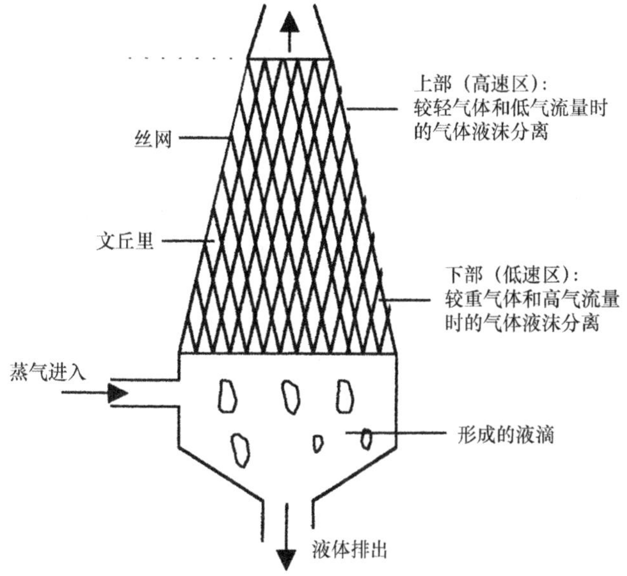

图 7-11　文丘里雾沫分离器

7.5.2　折流式除雾器

图 7-12 说明了折流式分离器中液滴分离的原理。它表示折流板的一段,包括两块折流板,它们是构成一个通道的壁。在通道的每个拐弯处装有一个贮器,收集并排出液体。液滴与气体在拐弯处分离。当气流经过拐弯处,离心力阻止液滴随气体流动,一部分液滴碰撞到对面的壁上,聚积形成液膜,并被气流带走聚集在第二拐弯处的贮器里。这部分在第一个拐弯处从气体中分离出来的液滴,包括大的液滴和部分靠近第一个拐弯处外壁运动的细滴。剩余的细滴,经过通道截面重新分配后能够靠近第二个拐弯处。同样,部分靠近第二拐弯处外壁的液滴,经过碰撞外壁,聚积成液膜并聚集在第三个拐弯处的贮器里。最后,经过除雾的气流离开折流分离器。

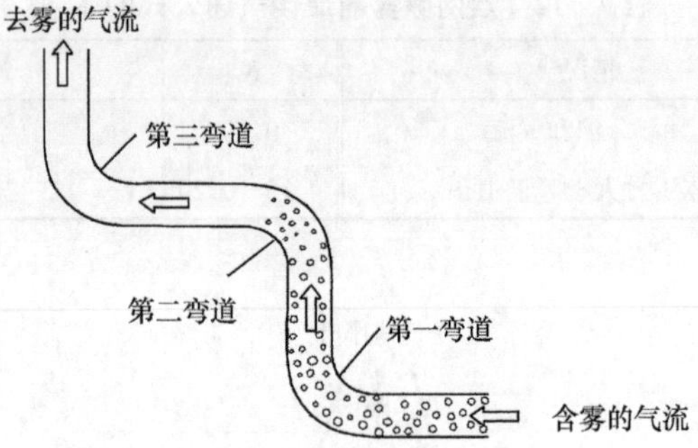

图 7-12　折流式分离器中收集液体的示意图

通常,通道的宽度范围为 20～30mm,折流通道内的气流平均速度在竖直流向系统中为 2～3m/s,在水平流向系统中为 6～10m/s,最大速度可达 20m/s。

垂直通过折流板除雾器的气速计算与丝网除雾器的计算方法相同,其系数 K 下限为 0.085,上限为 0.1。

7.5.3　离心式除雾器

为了可靠地分离直径在 0.05～0.4μm 范围内的极微细的液滴,Hugo Petersen 研制出了一种离心式分离器。

含雾的气体以约 20m/s 的速度进入螺旋管道,且流向分离器的中心。当气体流向中心时,气体的旋转速度逐渐加大,离心力也逐渐加强。由于这个离心力场的作用,液滴从气流中分离并被带出。

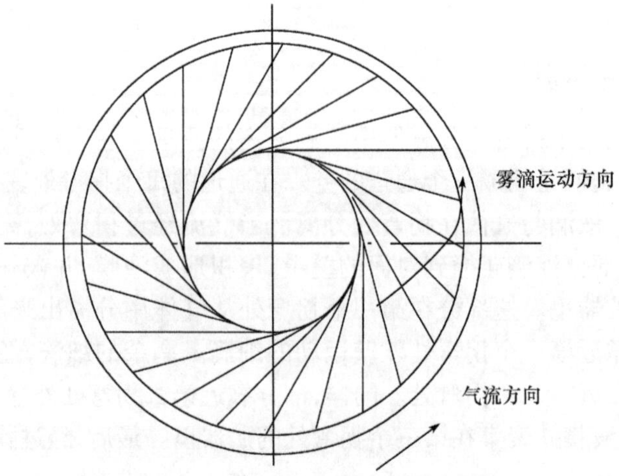

图 7-13　旋流除雾板原理

在设备的中心，向含雾气体中喷射水，可帮助液滴分离。喷出的较大水滴会黏着在旋转气流中的非常微细的液滴上。聚集后的液滴积聚在壳体壁上由气流把这些液体带至排出口。

为了分离吸收塔顶部的雾沫夹带，谭天恩教授发明了旋流板除雾器。其作用是使气体通过塔板产生旋转运动，利用离心力的作用将雾沫除去，除下的雾滴从塔板的周边流下。该塔板的除雾效率可达98%～99%，且结构比较简单，阻力介于折流板与丝网除雾器之间。除雾见图7－13。

因为离心式除雾器的结构比较简单，故其优点为设备的防堵性能较好，尤其适用那些酸雾中带固体或带盐分的废气除雾。

除了以上介绍的除雾器之外，静电除雾器也是除雾器的一种，但由于投资较大，使用场合不多。其工作原理和静电除尘器相似，本章不再详细介绍。

第 8 章　大气污染控制工程的配套辅助设备设计

配套辅助设备在设计过程中往往不被人们所重视，然而，它们对整个系统的正常运行却是很重要的。废气是通过密闭的管道从工艺过程的产生地输送到处理装置的。管道中的气体必须要以一个合适的流速通过，输送气体所需的动力来自风机，另从发生源收集废气必须设计一个合适的集气罩。这些辅助设备的正确设计和选择往往可在满足废气排放标准的前提下，获得较好的操作经济性；而不正确的设计往往导致费用很高，同时，也可能为用户所不能接受。

工业过程通风系统的设计必须要考虑的几个主要问题是：集气罩的设计，管道系统的设计，风机和泵的选择，以及与此相关的配套设计。

8.1　集气罩设计

集气罩也称通风柜，用来从工作场所的气体中收集气体或颗粒污染物。在收集污染物的同时，它也收集到了周围环境中相当体积的空气。随着污染源和集气罩之间距离的加大，为抽取相同污染物所需的气体量也要加大。由于绝大多数的污染控制设施的投资和运行费用是与进入处理系统的总气量成正比的，故在保证将污染物尽可能抽尽的同时，减少处理气量就显得尤为重要。因此，好的集气罩设计应能保护操作工人的呼吸基本不受污染物的影响，又能使他们靠近操作区域工作，同时还要尽可能减少所抽的气体体积流量。

三种主要类型的集气罩是密闭式集气罩、伞型集气罩和侧吸（吸气）罩，如图8－1

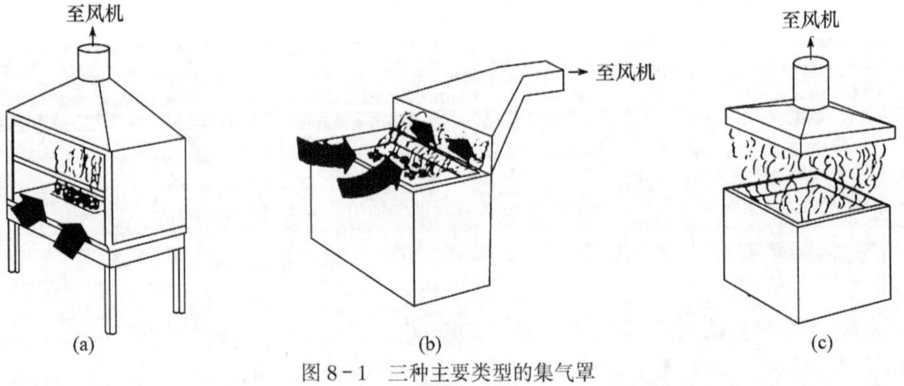

图 8－1　三种主要类型的集气罩

(a) 密闭式集气罩；(b) 侧吸（吸气）罩；(c) 伞型集气罩

所示。

8.1.1　伞型集气罩

自然抽风的伞型罩常用于收集顶部敞开的热气流，主要用于将热的和潮湿的气体的排出。它的作用有限，不可能将大量的污染烟气排出。典型的自然抽风伞型罩中的空气流速要比侧吸罩中的低得多，因此它不能用于冷气流的抽风，也不能用于有毒有害物质的排气。自然抽风的伞型罩的优点是无须外加动力，便可以直接将气流抽出，不妨碍工人操作。因其结构简单、制作方便得到了较为广泛的应用，但所需的抽气量较大。

在设计伞形罩时，其罩口的截面和形状应尽可能与尘源的水平投影相似。为了使罩口风速较均匀，吸尘罩的开口角度不要大于 60°。开口愈大，边缘风速愈小，而中心则愈大。当尘源平面尺寸较大时，为了减小吸尘罩的高度，对于边较长的矩形风罩，可将长边分段设置。为了减小周围空气混入排风系统，以减少排风量，伞形罩口宜留一定的直边。且在条件允许时，罩口均应有边，有边侧吸罩较无边侧吸罩可减少 25% 排风量，并减少入口阻力损失。

对于"低"罩（低于 1m 或槽的直径），其设计公式如下

圆形伞型罩　$$Q_h = 4.77(D_h)^{2.33}(\Delta T)^{0.437} \tag{8-1}$$

矩形伞型罩　$$Q_h = 6.2L(W)^{1.33}(\Delta T)^{0.417} \tag{8-2}$$

式中：Q_h——伞型罩的排气量，m^3/h；

D_h——伞型罩的直径（一般比气体发生槽的直径大 300～600 mm），m；

L——伞型罩的长度（一般比气体发生槽的长边长 300～600 mm），m；

W——伞型罩的宽度（一般比气体发生槽的短边长 300～600 mm），m；

ΔT——热气源和环境间的温差，℃。

对于"高"罩，随烟气抽入罩内的空气量是较大的，设计会更复杂，本章不作专门介绍。

现在有些研究提出了几种伞形罩的结构改进。伞形罩的吸气气流易受室内横向气流的影响，为了防止粉尘被横向气流带入室内，伞形罩最好靠墙布置。在工艺条件许可时，可在伞形罩四周设活动挡板。而为了在不增加风量的条件下增加罩面风速，可在罩内加挡板，提高吸尘效果。

8.1.2　侧吸罩

侧吸罩是为了将污染气流从工作台附近以足够高的气速抽出而安装的，往往在某些工艺或操作的要求下不能设置各种形式的密闭罩时才被采用。侧吸罩应用

的原理为吸捕速度原理，主要依靠罩口的吸气在尘源处造成一定的流速，从而在其大于该尘源的吸捕速度时将粉尘吸入罩内。侧吸罩的效果要比伞形罩差，同时要求的吸气量也较伞形罩大，但在许多特殊场合是必不可少的。

侧吸罩采用引风机强制抽风，为在吸气时不妨碍工人的操作，设计成不同形式。此处所讨论的侧吸罩包括侧面和下部的抽风罩。

侧吸罩的设计应遵循以下原则：

(1) 侧吸罩应尽可能接近废气发生源，在不影响工艺操作的条件下，凡是能够密闭的地方，都应密闭起来；

(2) 吸气气流应直接流经废气发生源，将废气吸入罩内；

(3) 尽量减少横向气流的干扰；

(4) 操作工人的位置不应处于废气发生源与侧吸罩之间，以避免废气经过操作工人的呼吸带。

设计侧吸罩，主要的考虑是控制速度，即吸气气流经过控制面时的速度。这是因为从捕捉的观点来看，进入侧吸罩的流速并不重要，但进入控制面的风速却很重要，它是影响捕尘效果和系统经济性的重要指标。速度选得过小，粉尘不能吸入罩内而污染周围环境；选取过大，则必然增大吸气量，随之而来使系统负荷及设备均要增加。对于室温下的情况，不同毒性及不同操作场合的推荐控制速度见表8-1。

表 8-1 推荐的控制速度(m/s)

条件	毒性较小的污染物	毒性较大的污染物
车间不通风或有挡板隔离	0.2～0.3	0.25～0.35
中等通风	0.25～0.35	0.3～0.4
无挡板强力通风	0.35～0.45	0.4～0.6

由于室外空气流入、工人的行走、机器的运转等等因素使车间内产生一股干扰气流，从而会影响对粉尘的吸捕作用。为此，在有干扰气流时，选用的控制速度应相应增加。

8.1.3 密闭式集气罩

用密闭罩将尘源点或整个设备密闭，是控制尘源的有效方法，在实际生产中应用得非常普遍。

对密闭罩设计一般提出下列要求：

(1) 尽可能将尘源点或产尘设备完全密闭。为了便于操作和维修，在其上可设置一些观察窗和检修孔，但数量和面积都应尽量小，接缝应严密，并要躲开正压较高的部位。在有些情况下工人需要进入罩内检修，这时要设检修门，同时罩内要有足够大的空间。

(2) 密闭罩的形式及结构不应妨碍工人操作。这点很重要，往往由于这方面考虑不周使刚装上的密闭罩不得不被拆除。

(3) 为了便于检修，密闭罩尽可能作成装配式的，例如凹槽盖板密闭罩。

(4) 抽气口的设置必须保证排气罩内各点的气流都能与抽气口连通，从而在一定抽气量下保证各点均为负压。为了避免物料过多地被抽出，抽气口不宜设在物料处在搅动状态的区域附近，如流槽入口。

密闭罩的形式很多，大致可分为三类：

(1) 局部密闭罩 只将产尘点局部予以密闭，而产尘设备及传动装置在罩外，以便于观察和检修。这种密闭罩的特点是罩容积较小，因而抽气量少。但是对于携尘气流速度较大和产尘设备内由于机械运动造成较大的诱导气流时，罩内不易造成负压，致使粉尘外逸。因此局部密闭罩一般适用于携尘气流速度不大，且为连续扬尘的地点。

(2) 整体密闭罩 将产尘设备大部分或全部密闭起来，只把设备的传动部分留在罩外。它的特点是密闭罩本身基本上成为独立整体，容易做到严密。通过罩上的观察窗监视设备运转情况。检修设备可通过检修门进行，必要时可拆除部分罩子。这种形式适用于携尘气流速度较大和阵发性散发粉尘的地方。

(3) 大容积密闭罩 将产尘设备(包括传动机构)全部密闭起来，形成独立的小室。它的特点是罩容积大，可利用罩内循环气流消除或减少局部正压，设备检修可直接在罩内进行。这种形式适用于产尘量大，而设备不宜采用局部密闭或整体密闭的情况，特别是设备需要频繁检修的场合。

密闭罩的选择要根据工艺操作条件、设备的维修、以及车间的布置等条件来进行。一般应优先考虑采用局部密闭罩，因为它的抽气量及材料消耗都是较经济的。

决定密闭罩抽气量的原则，是要保证罩内各点都处于负压。(各种设备所需负压大小可参考有关设备方面的资料。)换句话说，就是要保证罩子的不严密处气流均往内吸入(吸入气流速度应不小于0.4m/s)。当物料下落时(如料仓和皮带运输机头部等敞开部位)，还必须考虑物料下落时的诱导气流量，这与物料的大小、数量及降落高度等因素有关。若满足了这些条件，抽气量应该是适当的。认为抽气量愈大愈好的观点是不正确的。当抽气量足以防止粉尘外逸，再增大的话，就可能造成更多的物料被抽气系统排走，这不仅使物料损失增加，同时也增加了随后的除尘设备、风机等的负荷和能量消耗。一般来说，排气罩内风速小于0.25～0.37m/s的气流，不会使静止的物料散发到空气中，而风速大至2.5～5.0m/s时，物料就可能被气流带走。

当物料流落到底部时还会产生飞溅现象，单纯以增加抽气量来防止飞溅往往是不经济的。将抽气口设在飞溅点，对防止粉尘外逸是有效的，但这样可能将过多的物料抽走。为防止飞溅而不使粉尘外逸，根据飞溅的特点，可将排气罩往外扩大，使飞溅气流的速度在到达罩壁前就衰减掉。如果扩大排气罩不可能，可以在飞溅气流的方向加挡板，以消耗它的能量，这样就产生了双层密闭罩的形式。物料流在内层罩内降落，由于诱导和飞溅的作用将少量的含尘气流挤入内外层罩的中间，这时只要将这部分含尘气流抽走(两层罩之间各点保持负压)，即可以使粉尘不外逸，此时的抽气量较单层密闭罩要减少很多。

从理论上分析，当确定除尘抽气量时，必须满足密闭罩内进、排气量的总平衡。即

$$Q = Q_1 + Q_2 + Q_3 + Q_4 + Q_5 - Q_6 \tag{8-3}$$

式中：Q——除尘抽气量，m^3/h；

Q_1——被运送物料携入密闭罩的空气量，m^3/h；

Q_2——通过密闭罩不严密处吸入的空气量，m^3/h；

Q_3——由于设备运转鼓入密闭罩的空气量，m^3/h；

Q_4——因物料和机械加工散热而使空气热膨胀和水分蒸发增加的空气量，m^3/h；

Q_5——被压实的物料容积排挤出的空气量，m^3/h；

Q_6——从该设备排出的物料所带走的空气量，m^3/h。

上述六项因素中，Q_3 依工艺类型及其配置而定，并且只有锤式破碎机等这样一些个别设备产生 Q_3；Q_4 只在热料和物料含水率高时，才值得予以注意；Q_5、Q_6 的值一般很小，而且可以部分抵消，因此对于大多数情况，除尘吸风量的主要组成为

$$Q = Q_1 + Q_2$$

8.2 管道设计

污染气体通过集气罩经过管道进入废气处理装置，再从处理装置进入风机(也可以先经过风机，后到处理装置)。有五种常用的基本类型管道：水冷却管，内衬耐火材料管，不锈钢管、碳钢管及塑料管。水冷管和内衬耐火材料管常常用于气温高于800℃的情况；当气温在600～800℃时，用不锈钢管道比较经济；而碳钢管

道则适用于那些温度低于600℃，且废气又是非腐蚀性气体的情况；若气体是腐蚀性的，则低于600℃时也需用不锈钢；塑料管适用于常温下腐蚀性的气体。选择管道的材料并不是惟一的，根据具体情况的不同来选择合适材料的管道是设计中很重要的一环。管道有时也可以作为冷却热气体的热交换器使用，如当高温烟气在通过一段金属管道时的温度降要比通过非金属管道时大得多。

8.2.1　流体流动理论

由于空气在管道中流动会产生压力损失，因此，有必要对气体在管道中流动的基本原理做一些简单的叙述。

8.2.1.1　机械能平衡方程

当流体通过管道时，流体与管壁之间的摩擦产生了压力损失。对空气来说，位差是不重要的。于是，根据伯努利(Bernoulli)方程，低压下不可压缩流体的机械能平衡可写成如下的方程式

$$\frac{p_1}{\rho}+\frac{u_1^2}{2}+\eta W=\frac{p_2}{\rho}+\frac{u_2^2}{2}+h_{\mathrm{f}} \tag{8-4}$$

式中：p——静压，Pa；

ρ——气体的密度，$\mathrm{kg/m^3}$；

u——气体在管道中的平均流速，m/s；

h_{f}——摩擦压力损失，J/kg；

W——风机对单位质量流体所提供的能量，J/kg；

η——风机效率。

考虑到上式可用于管道中任意两点(不包括风机)，则可以将式(8－4)改写成如下的用流体液柱表示的形式

$$\frac{p_1}{\rho g}+\frac{u_1^2}{2g}=\frac{p_2}{\rho g}+\frac{u_2^2}{2g}+H_{\mathrm{f}} \tag{8-5}$$

式中，H_{f} 为以流体表示的摩擦压力损失，m。

式(8－5)中每一项都具有流体的单位——米(m)。由此可知，空气在管道里流动会有一个速度头，用下式表示

$$H_{\mathrm{v}}=\frac{u^2}{2g} \tag{8-6}$$

式中，H_{v} 为流体的速度头，m 空气柱。

动压头和速度头可以相互转换。对于标准状态下的空气(0℃,1atm,1.293 kg/m^3 下),式(8-6)可以写成如下的形式

$$u = 15\,174\sqrt{VP} \tag{8-7}$$

式中:VP——流体的动压头,m 水柱;

u——空气流速,m/s。

管道中某一点气体的总压(TP)等于静压(SP)和动压(VP)之和。静压既可以是正、也可以是负的(相对于大气压力),取决于管道中这一点是风机的进风口还是出风口。在流体流动过程中,管道形状的变化可以将静压转变成为动压,反之亦然。但只要流体不经过风机,总压力在管道中的流动方向上总是减少的。

8.2.1.2 摩擦阻力损失

气体在管道内流动时的摩擦压力损失与管道内的流速及管壁的粗糙度有关,通常用下式计算

$$\Delta p_{\mathrm{m}} = \frac{\lambda}{4R_{\mathrm{s}}}\ \frac{u^2\rho}{2} \tag{8-8}$$

式中:Δp_{m}——单位管道长度上的压力损失,Pa/m;

λ——摩擦系数,查图 8.2 或下一节的经验公式;

u——管道内气流速度,m/s;

ρ——气体的密度,kg/m^3;

R_{s}——管道的水力半径,m。

在工程计算中还有许多公式是用来计算摩擦阻力损失的,这里不再多说了。

8.2.1.3 摩擦因数

常用的摩擦因数计算公式为范宁公式

$$\lambda = 2\left(\frac{-\Delta p}{\rho u^2}\right)\left(\frac{d}{l}\right) \tag{8-9}$$

λ 与雷诺数 Re 有关($Re = du\rho/\mu$)

$$\lambda = f(Re) \tag{8-10}$$

对于层流,可导出函数关系的具体形式为

$$\lambda = 64/Re \tag{8-11}$$

而对湍流,按式(8-11)导出的函数关系在粗糙程度不同的管子内得到的结果并不理想,因湍流时管壁状况亦为一重要因素,不能忽略。现介绍有关常用的经验

公式如下：

(1) 光滑管

柏拉修斯式
$$\lambda=\frac{0.316}{Re^{0.25}} \tag{8-12}$$

(2) 粗糙管

顾毓珍等公式
$$\lambda=0.01227+\frac{0.7543}{Re^{0.38}} \tag{8-13}$$

上式的适用范围为 $Re=3000\sim3\ 000\ 000$，其他范围所用公式请参考有关书籍。

8.2.1.4　局部阻力损失

气流在管道内的方向发生改变或流速发生改变都会或多或少产生涡流，形成局部损失。试验表明，这些局部阻力与其中流速的平方成正比，也即与管道的动压成正比，即

$$\Delta p_{\mathrm{m}}=\zeta\frac{u^2\rho}{2} \tag{8-14}$$

式中：Δp_{m}——局部阻力，Pa；

ζ——局部阻力系数。

局部阻力系数通常都是通过试验确定的。在选用时，要注意实验时所选用的构件形状及实验条件。常见的管件和阀门的局部阻力系数见表 8-2。

8.2.2　风道计算方法

风道计算方法很多，在通风工程中用得最多的是流速控制法，也称比摩擦阻力法。该方法以管道内空气流速作为控制因素，据此计算管径和压损。

空气流速是风道设计中的重要数据之一，在流速控制法中更是控制因素。因为风道内空气流速的大小，对于通风系统的经济性和有效性影响很大，所以设计中确定管内风速，要考虑各种技术经济因素。

通风系统中，风道内空气流速高，风道断面小，风道耗用材料少，建造费用少，但是系统的压损大，运转费用高，对除尘或气力输送系统设备和管道磨损大；风道内的空气流速低，风道断面大，风道耗用的材料多，建造费用大，但是系统的压损小，运转费用低。在除尘系统中，风道内流速过低，粉尘容易沉积滞留，造成风道堵塞。所以对风道内风速的下限有一定要求。因此，必须确定一个适当的流速，在这个流速下，通风系统的造价和运转费用的总和是最经济的。根据生产实践的总结，风道内的空气流速可参考表 8-3 来选定。

表 8-2　管件和阀门的局部阻力系数

管件和阀门名称	局部阻力系数 ζ 值											
标准弯头	45°, $\zeta=0.35$						90°, $\zeta=0.75$					
90°方形弯头	1.3											
180°回弯头	1.5											
活管接	0.4											
弯管 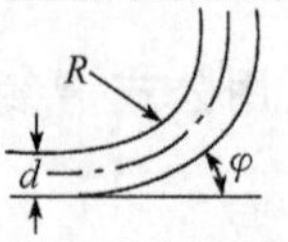	ϕ		30°	45°	60°	75°	90°	105°	120°			
	R/d	1.5	0.08	0.11	0.14	0.16	0.175	0.19	0.20			
		2.0	0.07	0.10	0.12	0.14	0.15	0.16	0.17			
突然增大 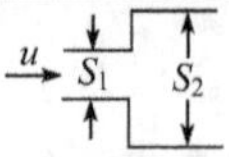	S_1/S_2	0	0.1	0.2	0.3	0.4	0.5	0.6	0.7	0.8	0.9	1
	ζ	1	0.81	0.64	0.49	0.36	0.25	0.16	0.09	0.04	0.01	0
突然缩小 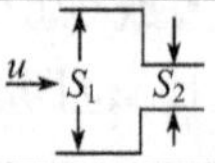	S_1/S_2	0	0.1	0.2	0.3	0.4	0.5	0.6	0.7	0.8	0.9	1
	ζ	0.5	0.47	0.45	0.38	0.34	0.30	0.25	0.20	0.15	0.09	0
出管口（管→容器） 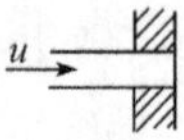	$\zeta=1$（相当于突然扩大 $S_1/S_2=0$ 的情况）											
入管口（容器→管）	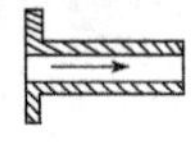 $\zeta=0.5$				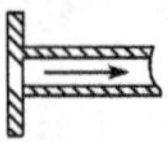 $\zeta=0.25$				 $\zeta=0.04$			
	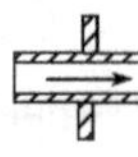 $\zeta=0.56$				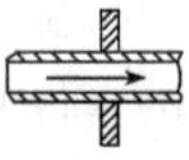 $\zeta=1.3\sim3$				 $\zeta=0.5+0.5\cos\theta+0.2\cos^2\theta$			
标准三通管	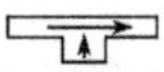 $\zeta=0.4$			 $\zeta=1.5$ 当弯头用				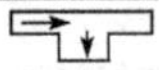 $\zeta=1.3$ 当弯头用			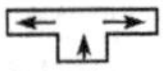 $\zeta=1$	
闸阀	全开			3/4 开			1/2 开			1/4 开		
	0.17			0.9			4.5			24		
标准截止阀（球心阀）	全开 $\zeta=6.4$						1/2 开 $\zeta=9.5$					
蝶阀 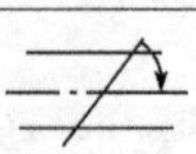	α	5°	10°	20°	30°	40°	45°	50°	60°	70°		
	ζ	0.24	0.52	1.54	3.91	10.8	18.7	30.6	118	751		
旋塞	θ	5°	10°	20°	40°	60°						
	ζ	0.05	0.29	1.56	17.3	206						
角阀（90°）	5											
单向阀（止逆阀）	摇板式 $\zeta=2$						球形式 $\zeta=70$					
底阀	1.5											
滤水器（滤水网）	2											
水表（盘形）	7											

表 8-3　除尘风道内最低空气流速(m/s)

粉尘种类	垂直管	水平管	粉尘种类	垂直管	水平管
粉状的黏土和沙	11	13	铁和钢(屑)	19	23
耐火泥	14	17	灰土,沙尘	16	18
重矿物灰尘	14	16	锯屑,刨屑	12	14
轻矿物灰尘	12	14	大块干木屑	14	16
干型砂	11	13	干微尘	8	10
煤炭	10	12	染料灰尘	14～16	16～18
湿土(2%以下)	15	18	大块湿木屑	18	20
铁和钢	13	15	谷物灰尘	10	12
棉絮	8	10	麻	8	12
水泥灰尘	8～12	18～22			

用流速控制法计算通风管道具体步骤如下:

(1) 布置风道,绘制风道的轴侧投影图。合理布置风道是搞好风道设计计算的基础。为此,设计人员必须在事先深入现场,做好调查研究,与工艺、土建等有关部门密切配合。

(2) 进行管段编号,注上管段的长度和风量。

(3) 根据通风工程的技术经济要求,确定风道内的风速。

(4) 根据系统各部分的风量和确定的管内风速,计算各管段断面尺寸。

(5) 计算各管段的压损。

(6) 计算最不利管路总压损(系统中压损最大的环路中所有串联管段、部件及设备的压损总和)。

(7) 如需要,系统可先进行压损平衡计算,再分别调整各支路管道断面尺寸,达到压损平衡。

(8) 根据系统的总风量、总阻力选择风机。

对于单一抽风点的系统而言,风机的抽气量应保证该尘源点所必需的风量。而风机的压头要保证能克服系统中各种阻力的总和,其中包括管道的摩擦阻力、各种构件的局部阻力以及除尘器的阻力等。对于高温气体和含湿量较高的气体,计算中还要考虑气体状态的修正。

在工业通风系统中,往往一个系统带有多个抽风点,各抽风点的含尘空气被抽到除尘器中净化后通过统一的风机经排气筒(烟囱)排出室外。对于这类多抽风点的通风系统而言,每一个抽风点都形成一个支管段,各支管段汇合于一总管中。在多支管段的通风系统中,重要的是要求在各支管与总管的交点上静压都达到平衡

(各支管的阻力接近相同),否则实际运行中各抽风点预定的抽气量得不到保证,因为气流经常是按阻力最小的管路流过的,各管路抽气量将自动根据其阻力大小重新进行分配。

通风管网的平衡通常可以采取两个方法:静压平衡法和阀板调节法。这里只简单介绍一下阀板调节法。采用这种方法时,首先根据风量确定各管道的直径,然后在每条主管上都安装阀板。系统安装好以后,调节各阀板的位置,从而也改变了各支管中的阻力,使各尘源点的抽气量达到设计风量。需要指出,改变某一支点上的阀板位置,会影响到整个系统内的压力分配,因而要多次反复地调整阀板位置才能达到设计要求。由此可以看出,虽然设计时工作量可以减少,但带来的是大量的现场调试工作,系统中的抽风点愈多,工作量也愈大。为了减轻现场工作,可以在设计阶段预先确定阀板位置,使系统内各抽风点的抽气量满足工艺提出的风量要求,操作步骤如下:

(1) 选择阻力最大的支管。如果所选的管路不是阻力最大,则对于阻力较其高的管路,即使阀板全开,也达不到所需的风量。

(2) 计算阻力最大的支管上(由排气罩一直到风机)的阻力 Δp_s。以这一阻力为控制阻力,调节各支管的阀板位置,使各支管的阻力都相当于阻力最高的支管中的阻力。

(3) 根据各支管中的流速和最大阻力求出造成这一最大阻力 Δp_s 所必需的管道通流截面积与管道整个截面积之比。

(4) 根据管道通流截面积与整个管道截面积的比值查得阀板的插入深度。

(5) 系统安装好后进行调试。当各抽风点达到设计要求时,将各点的阀板位置固定。

采用这种方法,若安装准确,实际风量与设计风量的相对偏差不超过 2% ~ 5%。即使在安装不准确的情况下,其相对偏差也不大于 10% ~ 15%,经过 1 ~ 2 次调试后就可获得满意的结果。

8.2.3　通风管道的设计与运转管理

通风除尘系统的排气罩、除尘器、风机等主要设备之间是用通风管道联系起来的。通风管网的设计就在于确定各设备的位置以及通风管道的大小和布置。

除尘设备的布置与工艺设备及车间的布置有关。通常希望将除尘器与工艺设备尽量靠近,这不仅使设备布置紧凑,而且可以缩短管道长度并节约能源。但是在有些情况下,特别是当处理风量很大时,除尘器及风机要设在远离尘源点的地方,甚至设在室外。这就要求精心地进行管道的布置和计算,否则将会给以后的运行和维护带来许多不利。管道设计不合理,不仅会浪费材料和能源,而且可能会使粉尘沉积于管道中，造成管道堵塞。清理被堵塞的管道是件很麻烦的工作。

在多个尘源点的情况下，可以采取多个单独除尘系统的分散布置，也可以将各尘源点联合起来，形成一集中的除尘系统。采用分散系统还是集中系统要经过技术经济比较，结合当地条件确定。例如，车床的除尘多采用分散的设于车床附近的小除尘器，含尘气体经过净化后，直接排入车间。对于原料车间则趋向于采用集中系统。例如，对于多尘源点的多层厂房，甚至可将最上层楼层全部用作除尘室，将各楼层的尘源点都接到顶部除尘器室内，净化后排入大气。

为了保证管道内不积尘，一方面要使管道内的气流速度不小于一定的数值，另一方面要尽量避免水平布置管道。在厂房高度允许的情况下，可以布置成人字形，管道与水平的夹角最好不小于55°。当必须布置水平管道时，为了防止积灰，可在管道上设置吹灰装置或清灰孔，有时也可在大直径管道下面设灰斗。此时这种大管道就起着沉降室的作用，大颗粒粉尘在管道内直接沉积到灰斗内。

管道的布置要尽量减少弯头的数目，这不仅使管道布置简化，而且可以减少气流阻力，节约能源。弯头要求一定的曲率半径，除了空间受局限外，曲率半径一般应取管道直径的2～2.5倍。

设计中还应注意以下一些问题：

(1) 在划分通风系统时，必须考虑系统排出气体的性质。例如排除水蒸气的排气和除尘的排气不能合并成一个系统，排除油蒸气的排气不能和热炉的排气合并成一个系统。

(2) 在通风系统中，可燃物的浓度应不在爆炸范围之内。有爆炸危险的通风系统应远离火源，系统本身应避免火花的产生。

(3) 管道应便于安装和维修。

(4) 对于设在容易发生火灾地方的风道，特别是穿过若干房间或楼层的风道，或者输送含有可燃性、爆炸性、腐蚀性物质的风道，应采取防火、防爆、防腐措施。

(5) 一般制作风道的材料有砖、混凝土、炉渣石膏板、钢板、木板(胶合板或纤维板)、石棉板及硬聚氯乙烯板等，其中最常用的材料是钢板。联接需要移动的风口的风管，要用各种软管，如金属软管、塑料软管、橡胶管、帆布管等。总之风道材料应该根据使用要求和就地取材的原则选用。由薄钢板制作的风道具有坚固、耐用、造价低、易于制作安装等一系列优点。对于不同的通风系统，因其输送的气体性质不同，并考虑到适应强度的要求，必须选用不同厚度的钢板制作。一般的进排风系统所需的钢板最小厚度都是有规定的。考虑到灰尘对管壁的磨损，除尘系统采用的钢板厚度应不小于1.5～2.0mm。如果风道敷设在易受撞击等机械磨损的地方，制造风道用钢板的厚度还要加厚。对于输送腐蚀性气体的通风系统，如果采用涂刷防腐油漆的钢板风道仍不能满足要求，可采用塑料风道(硬聚氯乙烯板风道),例如电镀车间的排气系统一般均采用塑料制作。塑料风道质量轻、内表面光滑,便于制成各种形状,有良好的防腐性能。它的缺点是造价高、不耐高温、输送气体温度不得大于 60℃。

对通风系统必须加强运转管理和维修,才能保证通风效果。在运转中要注意以下一些问题:

(1) 系统调整好后,不要随意变动调节装置;

(2) 经常保持风道和设备(特别是除尘器的锁气器)严密,防止漏风;

(3) 定期检查风道和设备,防止积尘或被杂物堵塞,定期清扫除尘器内的积尘;

(4) 排除潮湿空气或含液体雾滴的空气,要经常排除风道和设备里的积液;

(5) 及时修理或调换已磨损或锈蚀的风道和设备;

(6) 不断分析和总结运转中的问题,以便改进。

例 8-1 计算 20℃的硫酸(相对密度为 1.83, 黏度为 23cP),流过直径为 50mm、长为 100m 的铅管,流速 0.4m/s,求压力降、每千克流体的能量损耗与压头损失。

[**解**] 20℃时硫酸的性质如下

$$\rho = 1.83 \times 1000 = 1830(\mathrm{kg/m^3}) \qquad \mu = 23\mathrm{cP} = 23 \times 0.001 = 0.023(\mathrm{kg/(m \cdot s)})$$

因为 $d = 0.05\mathrm{m} \qquad l = 100\mathrm{m} \qquad u = 0.4\mathrm{m/s}$

所以 $$Re = \frac{du\rho}{\mu} = \frac{0.05 \times 0.4 \times 1830}{0.023} = 1591$$

流动为层流,可用式(8-10)计算

$$\lambda = \frac{64}{Re} = \frac{64\mu}{du\rho} = \frac{64}{1591} = 0.0402$$

压力降 $$-\Delta p = \lambda \frac{l}{d} \frac{\rho u^2}{2} = (0.04)\left(\frac{100}{0.05}\right) \frac{(1830)(0.4)^2}{2} = 11\ 700(\mathrm{N/m^2})$$

每千克流体的能量损耗 $$\omega_{\mathrm{f}} = -\frac{\Delta p}{\rho} = \frac{11\ 700}{1830} = 6.4(\mathrm{J/kg})$$

压头损失 $$-\frac{\Delta p}{\rho g} = \frac{11\ 700}{1830 \times 9.81} = 0.652(\mathrm{m})$$

8.3 风机的设计与选择

风机是为废气(或空气)提供通过集气罩、管道、污染控制以及其他必要设备(如废气冷却器等)所需的能量。多数风机的生产厂家所提供的说明书中都附有风机性能的特征表,少数厂家还提供一些主要产品的风机特性曲线。

通常用风机的全压表示风机的特征。风机的全压为风机出口气流的全压与进口气流的全压之差,单位为 Pa。风机的静压为全压减去风机出口处的动压。于

是,风机静压与管道系统的压力关系如下

$$SP = H_{out} - H_{in} - VP_{out} \tag{8-15}$$

上式也可以写成如下常用的形式

$$SP = (SP_{out} + VP_{out}) - (SP_{in} + VP_{in}) - VP_{out} \tag{8-16}$$

或

$$SP = SP_{out} - SP_{in} - VP_{in} \tag{8-17}$$

式中:SP——风机的静压,Pa;

H_{in}——风机进口处气流的全压,Pa;

H_{out}——风机出口处气流的全压,Pa;

VP_{in}——风机进口处气流的动压,Pa;

VP_{out}——风机出口处气流的动压,Pa;

SP_{in}——风机进口处气流的静压,Pa;

SP_{out}——风机出口处气流的静压,Pa。

如果用管道系统中的压力损失来表示,可以写成

$$SP = \Delta p_{suction} + \Delta p_{discharg} - VP_{in} \tag{8-18}$$

式中:$\Delta p_{suction}$——风机进口前管道的压力损失,Pa;

$\Delta p_{discharg}$——风机出口后管道的压力损失,Pa。

式(8-18)是选择合适风机的基本方程式。

风机的两种基本形式为离心式(或径向流式)和螺旋桨式(或轴向式)。在离心风机中,空气在螺旋孔中心进入,垂直转弯,被离心力加速和压缩后排出;在轴流风机中,空气直接沿旋转轴通过,叶片将空气从前面推进,并从后面排出,离心力通过叶片转换成压力。表 8-4 中列出了一些常见的风机。

表 8-4　常见的风机类型

<table>
<tr><th colspan="3">风机形式</th><th>用处及特点</th></tr>
<tr><td rowspan="3">离心式风机</td><td colspan="2">前弯叶片式</td><td>常用于干净气体的净化系统,常见于高压离心风机
不适用于含尘气流,风机效率低</td></tr>
<tr><td colspan="2">径向叶片式</td><td>常用于排尘系统中,结构简单,风机效率低</td></tr>
<tr><td colspan="2">后弯叶片式</td><td>常用于干净气体的净化系统,常见于中压离心风机,仅限于含尘浓度低的气流,风机效率高</td></tr>
<tr><td rowspan="4">轴流式风机</td><td rowspan="3">螺旋桨式</td><td>圆盘式</td><td>用于清洁空气,不接管道,风压低</td></tr>
<tr><td>窄叶片式</td><td>用于低压系统,如槽边排气,风量对阻力变化敏感</td></tr>
<tr><td>圆桶式</td><td>形式与窄叶片式相同,设于圆桶短风道内</td></tr>
<tr><td colspan="2">导叶片式</td><td>功率消耗少,占空间少,压力高,仅用于输送清洁空气</td></tr>
</table>

对给定的情况,选择合适风机的三个主要因素是:气体的体积流量、所需风机的全压以及经过风机的气体密度。而其他的重要因素是:气流中主要污染物的种类(粉尘、液体或易燃气体)和浓度,安装所允许的空间以及允许的噪声指标等。

8.3.1　风机特性曲线

风机的性能可以用"风机特性曲线"来概括。风机特性曲线用于定量地描述空气流量、静压、功率和机械效率之间的关系。一般来说,后弯叶片风机运行比较稳定,但却不能在含尘浓度高的情况下使用。对含尘气流,使用轴向或垂直叶片的风机更合适。图 8－2 是典型的4-72型后弯叶片风机的特性曲线。

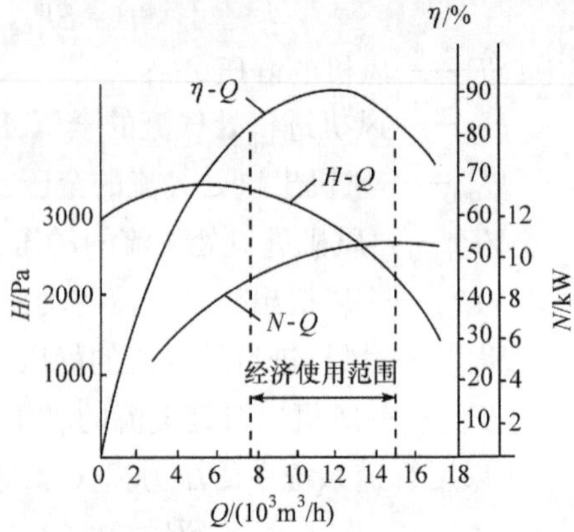

图 8－2　后弯叶片风机特性曲线

8.3.2　风机定律

对一台给定的风机,随着旋转速度的增加,气体流量和静压也增加。与此类似,对两台几何相似的风机,在转速不变时,大风机产生的静压更大、气体流量也更大。但是,高的静压和流量意味着将消耗更多的能量。这种转速、气量、静压和功率消耗之间的关系被称为风机定律

$$\frac{Q_1}{N_1D_1^3}=\frac{Q_2}{N_2D_2^3}=\text{const.} \tag{8-19a}$$

$$\frac{SP_1}{\rho_1N_1^2D_1^2}=\frac{SP_2}{\rho_2N_2^2D_2^2}=\text{const.} \tag{8-19b}$$

$$\frac{P_1}{\rho_1N_1^3D_1^5}=\frac{P_2}{\rho_2N_2^3D_2^5}=\text{const.} \tag{8-19c}$$

式中:Q——气体流量,m^3/h;

N——风机转速,r/min;

D——风机叶轮的直径,m;

ρ——气体的密度,kg/m^3;

P——风机的功率消耗,W;

1,2——不同操作点的下标。

应注意,风机定律只能应用于相同的风机或几何相似的风机,且具有相同的操

作条件(在相同的特性点或效率保持不变)。表 8－5 列出了风机定律中各项之间的关系。

表 8－5　风机定律关系

独立变量	不变参数	风机定律	独立变量	不变参数	风机定律
N	D,ρ	$Q\propto N$ $SP\propto N^2$ $P\propto N^3$	ρ	N,D	$Q\propto$常数 $SP\propto\rho$ $P\propto\rho$
D	N,ρ	$Q\propto D^3$ $SP\propto N^2$ $P\propto N^5$	D	SP,ρ	$Q\propto D^2$ $N\propto 1/D$ $P\propto D^2$

几何相似性意味着两台风机所有的尺寸互相之间具有相同的比例。为进一步说明操作相似性，风机的效率可定义为对流体所作的功率除以对风机的实际功率消耗。即

$$\eta=\frac{k\cdot\Delta p\cdot Q}{P}\tag{8-20}$$

式中：η——风机效率；

k——单位换算系数。

可见，式(8－19a)和(8－19b)的乘积除以(8－19c)便可以得到风机效率表达式(8－20)。因此，对于符合风机定律的情况，效率必须为常数。我们将式(8－19b)除以(8－19a)的平方，并使 D 为常数(即同一台风机)，得到

$$SP=\rho Q^2\eta\tag{8-21}$$

于是，将 SP 对 Q 作图，在气体密度为常数时，效率曲线为一条抛物线，如图 8－3 所示。在应用风机定律时，可沿着点 A 到点 B 或点 C 到点 D(图 8－3)作运动，但不能从点 A 到 D 或点 B 到 C，以及点 A 到 C 或点 B 到 C 移动。

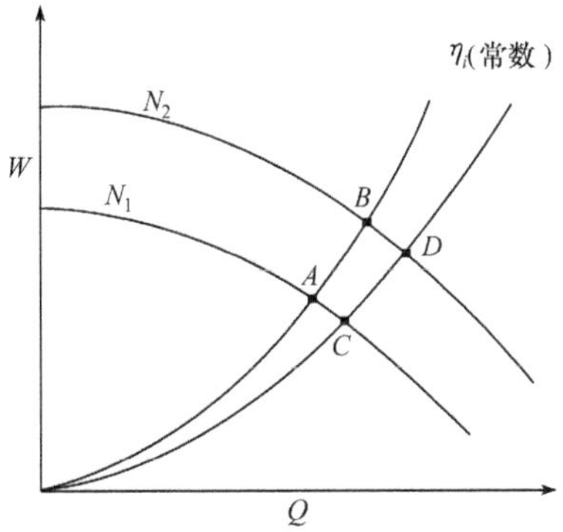

图 8－3　风机定律应用曲线

8.3.3　风机性能表

每一台风机在每一确定的转速之下都有各自的风机曲线。对每台风机，风机生产厂家都会提供风机特性表。风机性能表将确定型号风机的每一种转速按流量、风压等分为若干个性能点。表 8－6 即为4-72 No. 10C 离心通风机的性能表。

表 8-6　4-72 No.10C 离心通风机性能表

转速/(r/min)	序号	流量 /(m^3/h)	全压 /Pa	内效率 /%	内功率 /kW	所需功率 /kW	电机	
							型号	功率/kW
1 200	1	34 863	2 373	86.7	26.27	31.80	Y225S-4	37
	2	37 953	2 341	88.7	27.59	33.40		
	3	41 044	2 247	89.0	28.57	34.58		
	4	43 690	2 138	88.2	29.20	35.35		
	5	46 262	2 018	86.6	29.73	35.99		
	6	48 797	1 887	84.2	30.02	36.34		
1 000	1	27 890	1 514	86.7	13.45	16.28	Y180M-4	18.5
	2	30 363	1 494	88.7	14.13	17.10		
	3	32 835	1 434	89.0	14.63	17.70		
	4	34 952	1 364	88.2	14.95	18.10		
	5	37 010	1 288	86.6	15.22	18.43		
	6	39 038	1 199	84.2	15.37	18.60		
800	1	22 312	967	86.7	6.89	8.34	Y160M-4	11
	2	24 290	954	88.7	7.23	8.76		
	3	26 268	916	89.0	7.49	9.07		
	4	27 961	872	88.2	7.65	9.27		
	5	29 608	823	86.6	7.79	9.43		
	6	31 230	766	84.2	7.87	9.53		
630	1	17 571	599	86.7	3.36	4.25	Y132S-4	4
	2	19 128	591	88.7	3.53	4.46		
	3	20 686	568	89.0	3.66	4.62		
	4	22 019	540	88.2	3.74	4.72		
	5	23 316	510	86.6	3.81	4.81		
	6	24 594	475	84.2	3.84	4.85		
500	1	13 945	377	86.7	1.68	2.30	$Y100L_2-4$	4
	2	15 181	372	88.7	1.77	2.42		
	3	16 417	357	89.0	1.83	2.50		
	4	17 476	340	88.2	1.87	2.56		
	5	18 505	321	86.6	1.90	2.40		
	6	19 519	299	84.2	1.92	2.43		

我们可以选择任何转速(包括表中没有的转速),通过表 8－6 中的数据及表 8－5的风机定律关系来计算所需的风压、流量及功率等。但不能选择超过 1250 r/min的转速,若超过转速上限,风机生产厂家就无法保证该风机的使用安全性及寿命。

8.3.4　风机的选择

风机基本类型的选择是由被处理气体的特性所决定的,而风机的规格则由性能表来决定。一般说来,位于性能表中部性能点的风机效率最高(这可以从表8－6看出)。若设计操作点位于性能表的上部或下部,甚至于性能表之外,则该风机的效率较低,应该考虑选择其他型号的风机。当然,若选不到其他合适的风机,则尽管效率不高,也只能使用所选的风机。

一般情况下,风机性能表中的数据是指标准状态下输送空气的性能。如果输送气体是在其他条件而非标准状态,则必须对气体的密度进行修正。由式(8－19)或表 8－5 可见,被输送气体的密度与风机的静压、功率消耗有关,但与流量无关。

在选择风机时,还应根据现场的情况确定风机的旋转方向以及风机出口的方向。从电动机一侧正视,叶轮顺时针转称为“顺”转,而叶轮逆时针转称为“逆”转。风机的出口方向以机壳的出风口角度表示,从 0°～225°变化,间隔为 22.5°、45°或 90°(参考风机说明书)。风机的传动方式有 A、B、C、D、E、F 六种,其中 A 为直连,B、C、E 为皮带轮连接,D、F 为连轴器直连传动,如图 8－4 所示。

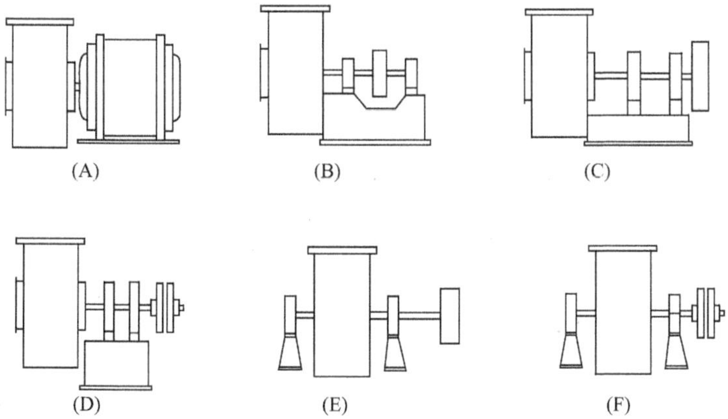

图 8－4　风机的传动方式

(A) 直连；(B),(C),(E) 皮带轮连接；(D),(F) 连轴器直连

8.3.5 风机的噪声

风机噪声有时会成为主要问题。一般来说，引起风机噪声的主要原因是机械震动，如轴承、电机、传动皮带或风机内的空气扰动等。可以采用在管道中安装消声器，弯管处安装导向叶片，安装避震弹簧，以及将风机或电机隔离来削减机械噪声。空气扰动噪声与空气在管道中的流速成正比，在同样的流速下，大管道有助于减轻噪声，并减少压力损失。

例 8－2 要向一流化床设备底部输送空气。空气进风机时的温度按40℃计，所需风量为38 000 m^3/h。已估计出：

风机入口压力	1.013×10^5 Pa；
流化床底部压力	9.0 kPa；
风机出口至流化床底部的输气管压力降	1.5 kPa；
气体在风机出口处的动压	1.0 kPa。

选用合适的风机，计算所需功率，并核验所估计的动压。

［解］ 先列出选用的参数。风量按通过进风口的体积流率计：$Q=38\ 000m^3/h$

风压是指全风压，计算如下：

风机出口处的静压	$SP_{out}=9.0+1.5=10.5$ (kPa)
风机出口处的动压	$VP_{out}=1.0$ (kPa)
风机出口处的全风压	$H_{out}=10.5+1.0=11.5$ (kPa)

因风机入口处的速度规定为零，风机入口以外为大气压(表压等于零)，故入口全风压 H_{in}为零。故得风机的全风压

$$H=11.50-0=11.50\ (\text{kPa})$$

此一全风压要校正为“标准状况”下的数值，即

$$\frac{\rho_0}{\rho}=\frac{T}{T_0}=\frac{273+40}{273+20}=1.068$$

$$H_0=H(\rho_0/\rho)=11.5\times1.068=12.28(\text{kPa})$$

应根据流量为18 000m^3/h，风压为 12.28kPa 来选用风机。因所需的全压在 3.0kPa 以上、15.0kPa 以下，可采用高压离心通风机。于《风机产品样本》中查得，型号为9-19No.16 的通风机符合要求，其性能如下：

转数 1450r.p.m.；全压 15.563kPa；风量 38 686m^3/h；所需功率 228.7kW

查此风机的特性曲线，知在所要求的操作点(Q＝38 000m^3/h)处的全压效率为：$\eta=81.5\%$

核算所需功率 $W=\dfrac{Q(TP)}{\eta}=\dfrac{(38\ 000/3600)\times15.563}{0.815}=201.6(\text{kW})$

此轴功率数值比产品样本上所列的略低，其原因是此值是按操作点风量算出的，而不是按产品样本上所列的风量计算的。

又在《风机产品样本》中查得，风机出口为长方形，边长 512mm×372mm。由此可算出：

风机出口截面积　　$A=0.2128\text{m}^2$

出口气体速度　　$u=\dfrac{Q}{A}=\dfrac{38\,000/3600}{0.2128}=49.6(\text{m/s})$

出口气体密度　　$\rho=1.2/1.068=1.12(\text{kg/m}^3)$

风机出口动压　$VP_{\text{out}}=\dfrac{\rho u^2}{2}=\dfrac{1.12(49.6)^2}{2}=1378(\text{N/m}^2)=1.378(\text{kPa})$

算出的动压值比题中所估计的值(1.0kPa)略大。

8.4　泵的设计与选用

8.4.1　离心泵的理论压头

设想一理想情况来分析一个离心泵可能达到的最大压头,即导出其理论压头的表达式。所谓理想情况,是指:(1) 叶轮内叶片的数目无限多(当然叶片的厚度为无限小),液体完全沿着叶片的弯曲表面流动,而无任何倒流现象;(2) 液体为黏度等于零的理想液体,即没有阻力损失。

液体从叶轮中央入口沿着叶片流到叶轮周边的流动情况如图 8-5 所示。液体沿垂直于纸面的方向从泵入口进入叶轮中央。考虑到达某一叶片根部点 1 的一液体微团,此后该微团的运动方向变为与纸面平行,其运动速度是由两个分速度合成的。其一是沿着叶片而运动的相对速度 w_1,在点 1 处与叶片相切;其二是液体沿叶片运动的同时还被叶片带着旋转,故又有一圆周速度 u_1,在点 1 处与旋转圆周相切,二者的合速度 c_1 即为流体在点 1 处的绝对速度。同理,达到叶片尖端点 2 处液体微团相对速度为 w_2,圆周速度 u_2,二者的合速度 c_2 为流体在点 2 处的绝

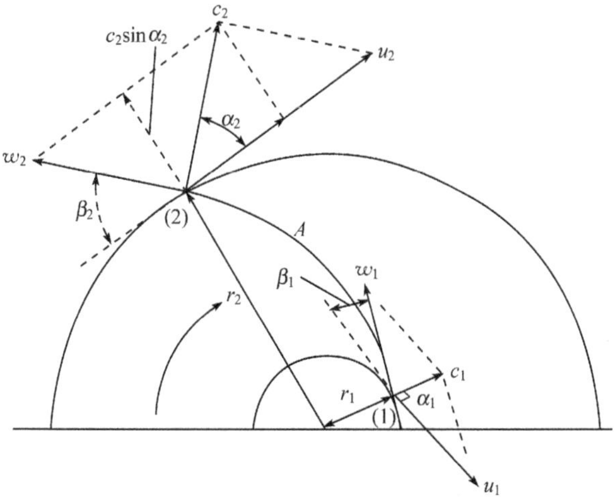

图 8-5　液体进入与离开水泵叶轮时的速度

对速度。

为了推导泵理论压头的表达式,在叶轮进口与出口之间列机械能恒算式,有

$$\frac{p_1}{\rho g}+\frac{c_1^2}{2g}+H_\infty=\frac{p_2}{\rho g}+\frac{c_2^2}{2g} \tag{8-22}$$

即

$$H_\infty=\frac{p_2-p_1}{\rho g}+\frac{c_2^2-c_1^2}{2g} \tag{8-23}$$

式中:H_∞——叶轮对液体所加的压头,m;

p_1,p_2——液体在1,2两点处的压力,Pa;

c_1,c_2——液体在1,2两点处的绝对速度,m/s;

ρ——液体的密度,kg/m^3;

g——重力加速度,9.81 m/s^2。

上式没有考虑两点高度不同,因叶轮每转一周,1、2两点的高低互换两次,按时均计此高差可视为零。

液体从点1运动到点2,静压头之所以增加$(p_2-p_1)/\rho g$之值,其原因有以下两种:

(1) 液体在叶轮内受到离心力作用,接受了外功。质量为m的液体微团在旋转时受到的离心力为

$$F_c=mr\omega^2 \tag{8-24}$$

式中:F_c——液体所受离心力,N;

m——液体的质量,kg;

r——旋转的半径,m;

ω——旋转的角速度,rad/s。

总质量$m=1$kg的液体微团从点1运动到点2时,因受离心力作用而接受的外功为

$$\int_{r_1}^{r_2}F_c\mathrm{d}r=\int_{r_1}^{r_2}1\cdot r\omega^2\mathrm{d}r=\frac{\omega^2}{2}(r_2^2-r_1^2)=\frac{u_2^2-u_1^2}{2} \tag{8-25}$$

(2) 相邻两叶片所构成的通道的截面积自内而外逐渐扩大,液体通过时的速度逐渐减小,一部分功能转变为静压能。每千克液体静压能增加的量等于其功能减小的量,即为

$$(\omega_1^2-\omega_2^2)/2 \tag{8-26}$$

质量为1kg的液体通过叶轮后其静压能的增量应为上述两项之和,即

$$\frac{p_2-p_1}{\rho}=\frac{u_2^2-u_1^2}{2}+\frac{\omega_1^2-\omega_2^2}{2} \tag{8-27}$$

将式(8-27)中各项除以 g 后,代入式(8-23)中,得

$$H_\infty=\frac{u_2^2-u_1^2}{2g}+\frac{\omega_1^2-\omega_2^2}{2g}+\frac{c_2^2-c_1^2}{2g} \tag{8-28}$$

根据余弦定律,以上速度之间有如下关系

$$\omega_1^2=c_1^2+u_1^2-2c_1u_1\cos\alpha_1 \tag{8-29a}$$

$$\omega_2^2=c_2^2+u_2^2-2c_2u_2\cos\alpha_2 \tag{8-29b}$$

将式(8-29)代入式(8-28),化简后得

$$H_\infty=(u_2c_2\cos\alpha_2-u_1c_1\cos\alpha_1)/g \tag{8-30}$$

离心泵设计中,一般都是设计流量下的 $\alpha_1=\pi/2$,而 $\cos\alpha_1=0$。上式成为

$$H_\infty=u_2c_2\cos\alpha_2/g=u_2c_{2u}/g \tag{8-31}$$

式(8-31)即为离心泵理论压头的表达式,成为离心泵基本方程。为了将其改写成理论压头 H_∞与流量 Q 的关系,先将流量用液体在叶轮出口处的径向速度与周边面积之积表示

$$Q=2\pi r_2b_2c_2\sin\alpha_2=\pi D_2b_2c_{2r} \tag{8-32}$$

式中:Q——泵的流量,m^3/s;

r_2,D_2——叶轮的半径、直径,m;

b_2——叶轮周边的宽度,m;

c_{2r}——绝对速度在径向的分速度,m/s,$c_{2r}=c_2\sin\alpha_2$;

c_{2u}—— 绝对速度 c_2 在周边切线方向上的分速度,m/s,$c_{2u}=c_2\cos\alpha_2$。

由式(8-31),有

$$H_\infty=u_2c_2\cos\alpha_2/g=u_2(u_2-c_{2r}\cot\beta_2)/g \tag{8-33}$$

式中,β_2 为叶片的装置角。

将式(8-32)代入式(8-33),得

$$H_\infty=\frac{1}{g}\left(u_2^2-\frac{u_2Q\cot\beta_2}{2\pi r_2b_2}\right) \tag{8-34}$$

因为 ω 为叶轮旋转的角速度,故 $u_2=r_2\omega$,代入上式后,化简得

$$H_\infty = \frac{1}{g}(r_2\omega)^2 - \frac{Q\omega}{2\pi b_2 g}\cot\beta_2 \tag{8-35}$$

式(8－35)表明了离心泵理论压头 H_∞ 与流量 Q、转速 ω，叶轮构造及尺寸(β_2, r_2, b_2)之间的关系。

根据装置角 β_2 的大小，叶片形状可分为三种：后弯($\beta_2 < 90°$)、径向($\beta_2 = 90°$)和前弯($\beta_2 > 90°$)；对 $\beta_2 < 90°$的后弯叶片，$\cot\beta_2 > 0$，由式(8－35)可知，泵的理论压头 H_∞ 随流量 Q 的增大而减小；对 $\beta_2 > 90°$的前弯叶片，$\cot\beta_2 > 0$，H_∞ 随 Q 的增大而增高；对 $\beta_2 = 90°$的径向叶片，$\cot\beta_2 = 0$，H_∞ 不随 Q 而变化。

单从式(8－35)考虑问题，似乎设计时应取叶片的装置角 $\beta_2 > 90°$，因其 H_∞ 最高。但由式(8－27)和式(8－28)看出，H_∞ 中包括静压头的增加 $\left(\frac{u_2^2 - u_1^2}{2g} + \frac{\omega_1^2 - \omega_2^2}{2g}\right)$ 和动压头的增加 $\left(\frac{c_2^2 - c_1^2}{2g}\right)$ 两部分。对于前弯叶片，其中动能占的比例颇大，在转化为静压能的实际过程中，会有大量机械能损失，使泵的效率降低。因而，一般都采用后弯叶片($\beta_2 \approx 25° \sim 30°$)。

8.4.2　离心泵的主要性能参数

每个离心泵的铭牌上都列出了该泵的主要性能参数，包括：转速 n、流量 Q、压头(或称为扬程)H、输入功率 N、效率 η，有些还包括允许吸上真空度或气蚀余量。泵一般在一定的转速下操作，其流量 Q 可以调节，而 H、N、η 等则随 Q 改变。铭牌上所列的数字是指泵在最高效率下的性能。

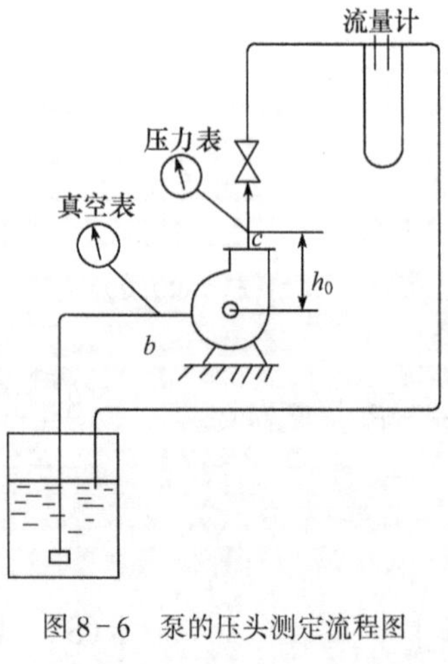

图 8－6　泵的压头测定流程图

(1) 压头和流量

离心泵在出厂前，要测定其主要性能。为了直接测出离心泵的压头、功率及流量的关系，要在泵入口管线上(b 点)装真空表，出口管线上(c 点)装压力表(如图8－6所示)。两点之间的垂直距离为 h_0，在某个固定的转速 n 下进行测定。先在出口阀关闭时启动泵，测的流量为零时的压头——封闭的压头；然后开启出口阀，维持某一流量 Q，测定其相应的压头 H，同时可以测得输入泵的轴功率 N。改变流量进行多次测定即可得到转速 n 下一系列 Q、H 与 N 值。

H 的计算可根据 b、c 两截面的柏努利方程

$$\frac{p_b}{\rho g}+\frac{u_b^2}{2g}+H=h_0+\frac{p_c}{\rho g}+\frac{u_c^2}{2g}+(h_f)_{bc} \tag{8-36}$$

即

$$H=h_0+\frac{p_c-p_b}{\rho g}+\frac{u_c^2-u_b^2}{2g}+(h_f)_{bc} \tag{8-37}$$

由于两截面间的管长很短，其阻力损失$(h_f)_{bc}$通常可以忽略，两截面的动压头之差也可略去。于是式(8-37)可简化成

$$H=h_0+(p_c-p_b)/\rho g \tag{8-38}$$

(2) 有效功率、轴功率和效率

根据泵的压头H和流量Q算出的功率是泵所输出的有效功率，以N_e表示($N_e=HQ\rho g$)。实际测得的轴功率N大于有效功率N_e，这是由于通过泵轴所输入的功率有一部分在泵内被损耗。泵的效率η即反映泵对外加能量的利用程度。泵内的机械能损耗可分为以下三种：

① 容积损失　泵壳与叶轮之间有缝隙，从叶轮四周送出的压力较高的液体会有小量漏回叶轮的中央入口，这部分液体所取得的能量形同无用，造成了容积损失。采用闭式叶轮的泵的渗漏量一般都很少，但在磨损后渗漏更严重。

② 水力损失　即为理论压头与实际压头之差。

③ 机械损失　轴承、密封圈(填料函)等机械部件的摩擦，叶轮盖板外表面与液体之间的摩擦造成机械损失，直接增大带动泵所需的功率。

以上三项损失的总和，用泵的效率来反映。小型水泵的效率一般为50%～70%，大型泵可达90%。油泵、耐腐蚀泵的效率比水泵低，杂质泵的效率更低。

离心泵的轴功率可直接利用效率η计算

$$N=HQ\rho g/\eta \tag{8-39}$$

式中：N——泵的轴功率，W；

H——泵的压头，m；

Q——泵的流量，m^3/s；

ρ——液体的密度，kg/m^3；

η——效率。

出产的新泵一般都配备电动机，若已有一台泵需配电动机，可按使用时的最大流量用式(8-39)算出轴功率，然后根据传动效率计算选配电动机的功率。

例 8-3　用水对一离心泵的性能进行测定，在某一次实验中测得：流量为$10m^3/h$，泵出口的压力表读数0.17MPa，泵入口的真空表读数160mmHg，轴功率1.07kW，真空表与压力表两侧压截面的垂直距离0.5m。试计算泵的压头及效率。

[解]　略去两截面之间的管路阻力与动压头之差，应用式(8-38)有

压头 $$H = h_0 + (p_c - p_b)/\rho g$$

真空度 $$p_b = -160 \times 133.3 = -2.13 \times 10^4 (\text{Pa})$$

$$H = 0.5 + (17 + 2.13) \times 10^4 / 9810 = 20.0(\text{m})$$

由式(8-34) $$\eta = HQ\rho g / N = 20.0(10/3600)(9810)/1070$$

$$= 545/1070 = 0.509 \text{ 或 } 50.9\%$$

8.4.3 离心泵的特性曲线及其应用

8.4.3.1 离心泵特性曲线

离心泵的生产部门将其产品的基本性能参数间的关系用曲线表示出来,称为离心泵特性曲线,以便设计、使用部门选择和操作时参考。

图 8-7 为一典型的离心泵特性曲线,它由三条曲线组成:(1) *H-Q* 曲线,表示压头与流量的关系;(2) *N-Q* 曲线,表示轴功率与流量关系;(3) *η-Q* 曲线,表示功率与流量的关系。

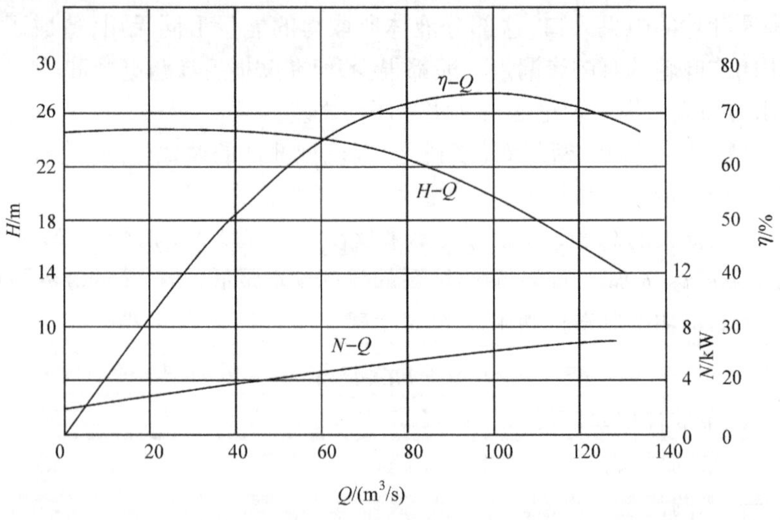

图 8-7 离心泵特性曲线图

离心泵特性曲线是用前述方法在固定的转速下测出的,只适用于该转速,故特性曲线图上一定要注明转速的数值。

各种型号的离心泵各有其特性曲线,形状基本上相似,其共同特点为:

(1) 压头随流量的增大而下降(流量很小时可能有例外),这是一个重要特性。

(2) 功率随流量增大而上升,故离心泵在启动前应关闭出口阀,使在所需功率最小的条件下启动,以减小电动机的启动电流,同时也避免出口管线的水力冲击。

(3) 功率先随流量的增大而上升，达到一最大值后便下降。根据生产任务选用离心泵时，应使泵在最高效率点附近操作。

(1) 液体性质对离心泵特性的影响

泵生产部门所提供的特性曲线一般都是用清水作实验求得的，若使用时所输送液体的性质与水差异较大，则要考虑密度与黏度的影响。

① 密度的影响

离心泵的流量，如式(8－32)所示，等于叶轮周边的截面积 $2\pi r_2 b_2$ 与液体在周边上的径向速度 $c_2\sin\alpha_2$ 之积。这些因素都不受液体密度的影响，故输送不同密度的液体，泵的流量应不随密度改变。

离心泵的压头如式(8－31)所示，仅取决于 u_2 和 c_{2u}，故与所输送液体的密度亦无关，即 H-Q 曲线也不因输送的液体密度不同而改变。但是，由于离心力及其所作的功与密度成正比，故从 N-Q 曲线上读出的功率数值，应乘以液体密度与水密度的比值。

② 黏度的影响

输送黏度较大的液体时，需对该特性曲线进行修正，然后再选用泵。黏度对离心泵性能影响甚复杂，难以用理论方法推算，但有算图(有关水泵的专著及化工工艺手册中均有此图)可用以计算最高效率点及其附近处 Q、H、η 的修正系数。

若液体的运动黏度小于 $2\times10^{-5}\text{m}^2/\text{s}$，如汽油、煤油、轻柴油等，则对黏度的影响可不进行修正。

(2) 转速与叶轮尺寸对离心泵特性的影响

前已指出，某一型号泵(叶轮直径一定)的特性曲线是在一定转速下测得的。如离心泵的转速可以调节，则其流量与压头也相应改变若将泵的叶轮略加切削使直径变小，可以降低流量与压头，最高效率点也随着移动，从而扩大其适用范围。下面分别将转速与叶轮直径对离心泵特性的影响作简单的分析。

① 转速的影响

根据前已得出的理论压头及流量的表达式

$$H_\infty=\frac{1}{g}u_2c_2\cos\alpha_2 \tag{8-31}$$

$$Q=\pi D_2b_2c_2\sin\alpha_2 \tag{8-32}$$

可作如下分析：若转速由 n 改为 n' 的变化幅度不大，可以认为液体离开叶轮的速度三角形相似，即 α_2 和 c_2/u_2 可视为不变，故 Q 与 n 成正比，而 H 与 n^2 成正比。于是，N 与 n^3 成正比。综合得

$$\frac{Q'}{Q}=\frac{n'}{n}\quad,\quad \frac{H'}{H}=\left(\frac{n'}{n}\right)^2\quad,\quad \frac{N'}{N}=\left(\frac{n'}{n}\right)^3 \tag{8-40}$$

② 叶轮尺寸的影响

叶轮直径的改变,有两种情况:一是同一系列而尺寸不同的泵,其几何形状完全相似,即 b_2/D_2 保持不变;二是某一尺寸的叶轮外周边经过切削而使 D_2 变小,则 b_2/D_2 变大。下面对这两种情况分别作简单的分析。

对于几何形状相似的泵,因 $b_2 \propto D_2$,出口截面 $\pi D_2 b_2$ 将与 D_2^2 成正比,又因式(8-32)中的 c_2 与 D_2 成正比,故 Q 与 D_2^3 成正比。分析式(8-31),其中的 u_2 及 c_2 均与 D_2 成正比,故 H 与 D_2^2 成正比。于是在转速不变时,N 与 D_2^5 成正比。

对第二种情况,如叶轮的切削使直径 D 减小,但变化的幅度不大,则影响到 α_2 的变化很小,效率可视为不变;且切削前、后叶轮出口的截面积亦可认为大致相等,即 $D_2 b_2 \approx D'_2 b'_2$。故由式(8-32)可知,$Q$ 与 D_2^3 成正比。在固定转速下,u_2 及 c_2 均与 D_2 成正比,故有 H 与 D_2^2 成正比。于是,N 与 D_2^5 成正比。

综合以上两种情况,得

$$\frac{Q'}{Q}=\left(\frac{D'_2}{D_2}\right)^3,\qquad \frac{H'}{H}=\left(\frac{D'_2}{D_2}\right)^2,\qquad \frac{N'}{N}=\left(\frac{D'_2}{D_2}\right)^5 \tag{8-40a}$$

应当强调,式(8-40a)只是在切削量不大的情况下才适用。

8.4.3.2 离心泵的工作点与流量调节

一个固定转速下运转的离心泵,在具体操作条件下提供的压头 H 和输送的流量 Q 可用其特性曲线上的某一点表示。至于这一点的确定,则还要看泵前后所连接的管路情况。也就是说,装在某特定管路上的泵,其实际输送量要由泵的特性与管路的特性共同决定。

管路内的流体流量愈大,阻力损失愈大,将流体送过管路所需的压头亦愈大。通过某一特定管路的流量与所需压头之间的关系,称为该管路的特性。取图 8-6 所示的管路来考虑,驱使流体通过它所需的压头为

$$h_e=\Delta z+\frac{\Delta p}{\rho g}+\frac{\Delta u_2}{2g}+h_f \tag{8-41}$$

上式中的压头损失为

$$h_f=\lambda\left(\frac{l+\sum l_e}{d}\right)\left(\frac{u_2}{2g}\right)=\lambda\left(\frac{l+\sum l_e}{d}\right)\left(\frac{Q}{\pi d^2/4}\right)^2\left(\frac{1}{2g}\right)$$

$$=\left(\frac{8}{\pi^2 g}\right)\left(\frac{l+\sum l_e}{d^5}\right)Q^2\lambda \tag{8-42}$$

对于某一特定管路，式(8-42)中的各量除 λ 与 Q 外，其他都是固定的。λ 是 Re，即 $du\rho/\mu$ 的函数，对已定的输送液体，Re 中包括的各量除 u 外也都是固定的。因此 λ 也只是 Q 的函数，可将 $\Delta u^2/2g+\sum h_f$ 用 Q 的函数关系式表示为

$$\Delta u^2/2g+\sum h_f=f(Q) \tag{8-43}$$

将式(8-43)代入式(8-42)，得

$$h_e=\Delta z+\Delta p/\rho g+f(Q) \tag{8-44}$$

此式就是表达管路特性的方程，式中的 Δz 与 $\Delta p/\rho g$ 都不随流量而变。按此式绘出的曲线成为管路特性曲线，如图 8-8 的曲线Ⅰ所示。$Q=0$ 时，$f(Q)=0$，$h_e=\Delta z+\Delta p/\rho g$，这就是曲线Ⅰ在纵轴上的截距。

图 8-8 上还绘出了离心泵的特性曲线，即曲线Ⅱ。曲线Ⅰ与曲线Ⅱ的交点 A 所代表的流量，就是将液体送过管路所需的压头与泵对液体所提供的压头正好相等时的流量。点 A 称为泵在管路上的工作点，它表示一个特定的泵安装在一条特定的管路上时，泵实际输送的流量 Q_1 实际提供的压头 H_1（也就是把液体按此流量送过该管路所需的压头）。

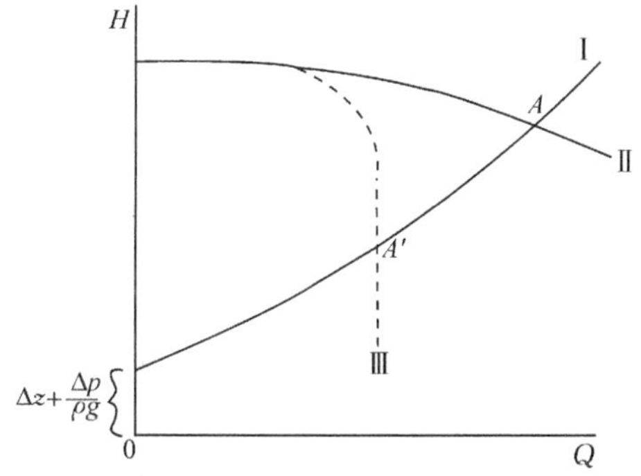

图 8-8　离心泵的工作曲线

为改变流量，最简单的措施是利用阀门调节。管路在离心泵出口处都安装有调节流量用的阀门。管路特性曲线所表示的就是阀门在某一开启程度（例如全开）下的 H-Q 关系，这是因为 h_f 的表达式(8-42)中的 $\sum l_e$ 与阀门的开启程度有关。阀门开大或关小，h_f 和液体通过管路所需的压头随之变化，因而管路特性曲线的位置也就随着改变。设图 8-9 上的曲线Ⅰ为管路在调节阀全开时的特性曲线。将调节阀门关小到某一程度，新的管路特性曲线应移到线Ⅰ上方，如图中的线Ⅲ所示。于是工作点便由 A_1 移至 A_2，表明流量由 Q_1 降到 Q_2。这是由于管路阻力增大了，所需的压头由 H_1 增至 H_2，和泵提供的能量正好相等。

关小阀门来调节流量,实质上是人为地增大管路阻力来适应离心泵的特性,以减小流量,其结果是比实际需要多消耗动力,并可能使泵在低效率区工作。该法的优点是迅速、方便,并可在某一最大流量与零之间随意变动,且适合化工生产,因而被广泛采用。

改变离心泵的转速以改变泵的特性曲线,也是调节流量的一种方法。如图 8-10,Ⅰ为管路特性曲线,Ⅱ为离心泵的转速等于 n_1 时的特性曲线,两线的交点 A_1 为工作点。若将泵的转速降低到 n_2,则此泵的特性曲线便变为曲线Ⅳ,它与管路特性曲线Ⅰ的交点 A_2 成为新的工作点。此时流量由 Q_1 降到 Q_2,压头由 H_1 降到 H_2。显然,所耗动力也相应下降。此种调节方法从经济上看比较合理,但用电动机直接带动时转速调节不便,故目前使用不多,常用于大型水泵站。

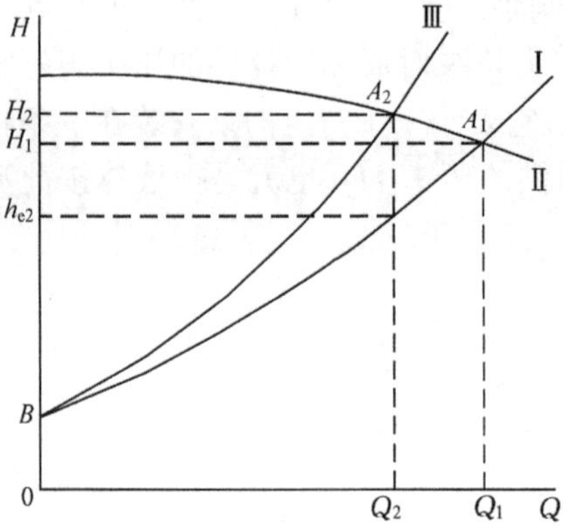

图 8-9　调节阀门时工作点的变化

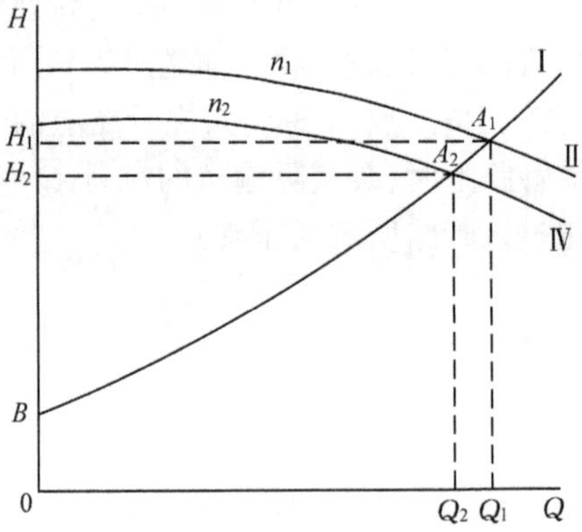

图 8-10　调节泵转速时工作点的变化

8.4.4　离心泵的选用、安装与操作

(1) 离心泵的选用

选择离心泵时,先根据所输送液体的操作条件确定所用的类型(水泵、油泵……),然后根据所要求的流量与压头确定所需的泵的型号。为此,应查阅泵产品目录或样本,从附有的各种型号泵的性能表或特性曲线中找出一个流量、压头均与要求相适应的型号。

若生产中流量 Q 会有变动,则一般应以最大流量为准,压头应以输送系统在此最大流量下的压头为准;若是没有一个型号的 H 和 Q 与所要求的刚好相符,则在临近型号中选用 H 和 Q 都稍大的一个;若是有几个型号都能满足要求,则除了考虑哪一个型号的 H 和 Q 比较接近所需的数值外,还应考虑哪一个型号的效率 η 在此条件下比较大。为了保证操作条件得到满足并备有一定潜力,所选的泵可以稍大一些。但若选得过大,它的工作点离最高效率点较远,部分压头损耗于调节阀,在设备费与操作费两方面都造成不必要的浪费。

(2) 离心泵的安装与运转

各种类型的泵,都有生产部门提供的安装与使用说明书供参考。此处仅就一些应注意事项加以说明。

泵的安装高度必须低于允许值,以免出现"气蚀"现象或吸不上液体。为了尽量降低吸入管的阻力,吸入管路应短且直,其直径不应小于泵入口的直径。采用大于入口的管径对降低阻力有利,但要注意不能因泵入口处变径引起气体存积而形成气囊,否则大量气体一旦吸入泵内,便导致吸不上液体,即"气缚"现象。

离心泵启动前,必须在泵内灌注液体至泵壳顶部的小排气旋塞开启时有液体冒出为止,以保证泵内吸入管内无空气存积。离心泵应在出口阀关闭即流量为零的条件下启动,此点对大型的泵尤为重要。电机运转正常后,再逐渐开启调节阀,至所需流量。停泵前亦应先关闭调节阀,以免压出管路内的液体倒流入泵内使叶轮受冲击而损坏。

运转过程中要定时检查轴承发热情况,注意润滑。若采用填料函密封,应注意其泄露和发热情况,填料的松紧程度要适当。

离心泵在运转中的故障,形式多样,原因各异,不同类型的泵容易发生的故障也不尽相同。比较常遇到的故障之一是吸不上液,如在启动时发生,可能是由于注入的液体量不足或液体从底阀泄漏,亦可能是吸入管或底阀、叶轮堵塞。在运转过程中停止吸液,常是由于泵内吸入空气,造成"气缚"现象,应检查吸入管路的连接处及填料函等处的漏气情况。至于具体问题如何具体解决,则可参阅各类型泵的使用说明书。

符 号 说 明

D——风机叶轮直径,m

D_h——伞型罩的直径,m

F_c——离心泵中液体所受离心力,N

H——压头,m

H_f——以流体表示的摩擦压力损失,m

H_{in}——风机进口处气流的全压,Pa

H_{out}——风机出口处气流的全压,Pa

H_v——流体的速度头,m

H_{∞}——离心泵的理论压头,m

h_f——摩擦压力损失,J/kg

L——伞型罩长度,m

m——液体的质量,kg

N——转速,r/min

p——静压,Pa

Q——气体流量,m^3/h

Q_h——伞型罩的排气量,m^3/h

SP——风机的静压,Pa

SP_{in}——风机进口处气流的静压,Pa

SP_{out}——风机出口处气流的静压,Pa

u——气体在管道中的流速,m/s

VP_{in}——风机进口处气流的动压,Pa

VP_{out}——风机出口处气流的动压,Pa

P——风机的功率消耗,W

W——伞型罩的宽度,m

R_s——管道的水力半径,m

r——离心泵叶轮的半径,m

ρ——气体的密度,kg/m^3

η——风机、水泵的效率,%

λ——摩擦系数

ζ——局部阻力系数

ω——叶轮旋转角速度,rad/s;

Δp_m——单位长度管道上的压力损失,Pa/m

$\Delta p_{suction}$——风机进口前管道的压力损失,Pa

$\Delta p_{discharg}$——风机出口后管道的压力损失,Pa

ΔT——热气源和环境间的温差,℃

习　题

1. 某热源水平表面直径为 0.7m,热源表面与周围空气温度差为 130K,拟在其上部 0.5m 处装设接受罩,试求热射流上部 $H=0.5$m 处的流量。
2. 输送风量为 50 000m^3/h(标准状况)的空气通过一个长度为 76m、直径为 0.8m 的圆形管道,且圆管分别有三个 90°和两个 45°的弯头,计算管路压降。
3. 确定正方形管道和 3∶1 的矩形管道的当量直径,假定它们与上题中的圆形管道有相同的流量。
4. 拟对某个设备的流程进行改进,通过整个系统的空气流量从 24 000m^3/h 增加到 36 000m^3/h。已知风机转速是 800rpm,产生 960Pa 的静压,估算改进后风机所需的转速和产生的静压。
5. 设计一个包括 2∶1 矩形管道的系统,并选择风机,使它能输送风量为 60 000m^3/h 的空气,且此空气中含有中等密度的烟尘,要通过压降为 1.5kPa 的末端处理装置。假设管道长度为 37m,且有四个 90°的弯头。
6. 在上题中,风机使用 37kW 的电机,如果风机附加的动力损失大约为 25%,问是否需要一个新的电机?
7. 如果在某个流程中将空气流量增加一倍,计算新风机的尺寸大小(相对于旧风机的大小)。假设都在相同转速下运转(考虑到电机的动力因素)。
8. 用离心泵将 30℃的水由水池送到吸收塔内。已知塔内操作压力为 500kPa(表压);要求流量为 65m^3/h;输送管是 $\phi 108\times 4$mm 钢管,总长 40m,其中吸入管路长 6m;局部阻力系数总和 $\sum\zeta_1=5$,压出管路的局部阻力系数总和 $\sum\zeta_2=5$。

   (1) 试通过计算选用合适的离心泵;

   (2) 泵的安装高度是否合适?大气压为 101.3kPa。
9. 用内径 150mm,长 180m 的管路输送液体,升举 20m。管路上全部管件的当量长度为 65m,摩擦因数可取平均值 0.03,作用于上、下游液面的压力都相同(参考图 8-6)。试列出管路特性方程。

第 9 章　大气污染物排放与扩散

大气是人类赖以生存的氧的来源,又是人类活动过程中排放各种废气的场所。然而,大气并非无限,其质量的 3/4 集中在距地面表面十几千米(对流层)的范围内,地面越高,大气越稀薄。当人为和自然因素改变了大气的组成,造成大气污染,会引起人类或生态系统出现不良反应。随着人口的增长和国民经济的发展,排入大气中的污染物也随着增加,大气污染已成为严重的环境问题。大气污染与气象要素密切相关。从污染源排出的大气污染物,其迁移、扩散、稀释及降解受到风向、风速、温度的垂直变化及大气的湍流运动、大气的稳定度等气象要素的影响。本章在扼要地介绍主要气象要素及大气基本物理性质的基础上,着重讨论了污染物在大气中的扩散规律、扩散模式及污染物浓度的估算,并利用气象要素及扩散规律进行烟囱高度设计及厂址的合理选择。

9.1　气象基础知识

9.1.1　主要气象要素

大气性状及其现象可用气温、气压、湿度、风、云况、能见度、降水情况、辐射、日照等基本气象要素来进行描述。气象要素随时间、空间而变化。本节主要介绍气温、气压、湿度、风、云况和能见度。

9.1.1.1　气温

用于表示空气的冷热程度,气温越高,空气分子运动的平均动能越大,分子不规则运动的速度也就越快。地面温度是指离地面 1.5m 高处百叶箱中观测到的空气温度,一般用摄氏温度 t 表示,理论计算常用热力学温度 T 表示。

9.1.1.2　气压

气压是指大气作用在单位面积上的作用力。常用的气压单位有二种:

一种为国际单位(帕斯卡 Pa),1Pa 等于 $1m^2$ 面积上受到的压力,即

$$1Pa = 1N \cdot m^{-2}$$

气象学采用百帕(hPa)表示,1hPa = 100Pa。

另一单位为毫米汞柱(mmHg)高度。气象学上规定,温度为 0℃,纬度为 45°

的海平面气压为 1 个标准大气压(atm),即

$$1\text{atm} = 760\text{mmHg} = 1013.25\text{hPa}$$

过去的气象资料中也有采用毫巴(mbar)作为气压单位,它与 hPa 及 mmHg 的关系为

$$1\text{mbar} = 1\text{hPa} = \frac{3}{4}\text{mmHg}$$

9.1.1.3 气湿

空气湿度简称为气湿,用以表示大气中水汽含量及大气潮湿程度,与大气中云、雾、降水的形成密切相关,是一个重要的气象要素。常用的湿度参量有相对湿度与露点。

(1) 相对湿度

相对湿度 f 是空气的实际水汽压力与饱和水蒸气压的比,以百分比表示

$$f = \frac{e}{E} \times 100\% \tag{9-1}$$

式中: f——相对湿度,%;

e——空气中所含水汽分压,hPa;

E——饱和水蒸气压力,hPa。

相对湿度是气象工作中最常用的表示气块潮湿程度的湿度参量。$f<1$ 时,空气处于未饱和状态;$f>1$ 时处于过饱和状态;$f=1$ 时空气处于饱和状态。

(2) 露点温度

湿空气在水汽含量不变的条件下,等压降温至对水气而言达到饱和状态时的温度称为露点,以 t_d 表示。露点的单位为温度单位,以 K 或℃表示,其数值只与湿空气中水汽的含量有关,与温度无关,因而将其作为一个湿度参量。

在气象工作中,常用露点温度差$(t-t_d)$来判断空气的饱和程度:$(t-t_d)>0$ 表示空气未饱和;$(t-t_d)<0$ 为过饱和状态;$(t-t_d)=0$ 时空气达到了饱和状态。

9.1.1.4 风

风是指空气相对于地面的水平运动,是一个水平矢量,具有风向和风速。风向为风的来向,一般用 16 个方位或度数表示,如图 9-1 所示。以度数表示时,由北起顺时针方向度量,如北风为 0°,东风为 90°,南风为 180°,西风为 270°。

风速为空气相对于地面的运动速度,单位为 m/s、km/h 或 mile(海里)/h。三者的关系为

$$1\text{m/s} = 3.6\text{km/h} \qquad 1\text{mile/h} = 1.85\text{km/h}$$

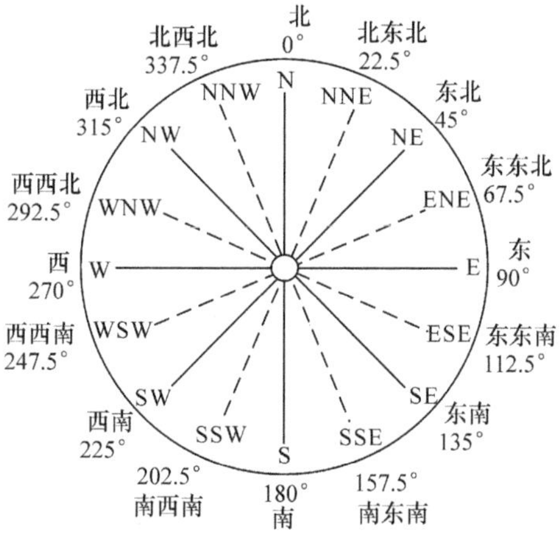

图 9-1　风向的 16 个方位

9.1.1.5　云

云是大气中的水汽凝结现象，由漂浮在空气中的大量小水滴或小冰晶或二者的混合物构成。云的生成、外形特征、云量的多少、分布及演变不仅反映了当时的大气运动状态，而且预示着大气的演变趋势。

云量是指云遮蔽天空的成数。我国将云量分为 10 等分，云遮蔽了几分，云量就是几，例如碧空无云时云量为 0，阴天时云量为 10。国外将云量分为 8 等分，二者间的换算关系为

$$国外云量 \times 1.25 = 我国云量$$

9.1.1.6　能见度

能见度是指某天气条件下，视力正常的人能从天空背景中分辨出目标的最大水平距离，以 m 或 km 表示。能见度反映了大气的混浊程度。

9.1.2　大气边界层的温度场

气温的垂直分布与大气污染密切相关。气温的垂直分布决定了大气的稳定度，而大气的稳定度影响空气的运动，进而影响污染物在大气中的扩散。

9.1.2.1　大气边界层

受下垫面影响的低层大气，厚度约为 1～2km，称为大气边界层或行星边界层。下垫面以上 100m 左右的一层大气称为近地层或摩擦边界层。近地层到大气边界

顶的一层称为过渡区,大部分大气扩散都发生在这一层。因此了解大气边界层的温度场、风场及湍流特征,对于研究大气扩散问题十分重要。

9.1.2.2 干绝热递减率

气温的垂直分布决定大气的稳定度,而大气的稳定度影响空气的运动。气温沿铅垂高度变化可以用气温垂直递减率 γ 表示

$$\gamma = -\frac{\mathrm{d}T}{\mathrm{d}z} \tag{9-2}$$

上式的物理意义为单位高度差气温变化的负值。如气温随高度增加而降低,γ 为正值;如果气温随高度增加而升高,γ 为负值。

在自由大气中,当空气块作快速垂直运动时,由于气压随高度变化很快,气块的温度随外界气压的变化在很短的时间内就发生很大的变化。在短时间内,气块与周围空气的热交换对气块状态变化的影响远比气压变化的影响小,因此可以忽略与周围环境的热交换,将气块的铅垂运动作为绝热运动。干空气(或未饱和湿空气)在绝热上升或下降过程中,由于外界气压变化引起体积膨胀(或压缩),其温度随高度的变化率称为干绝热递减率,以 γ_d 表示。据计算,$\gamma_d \approx 0.98℃/100m$,表明干空气绝热上升时,每升高 100m,其温度下降为 0.98℃;每下降 100m,其温度升高 0.98℃。

对于饱和湿空气,空气块在上升或下降过程中都维持饱和状态,此时,温度随高度的变化称为空气湿绝热变化,每上升或下降单位距离产生的温度变化称为湿绝热递减率,以 γ_m 表示,γ_m 约为 0.5℃/100m。

9.1.2.3 气温的垂直分布

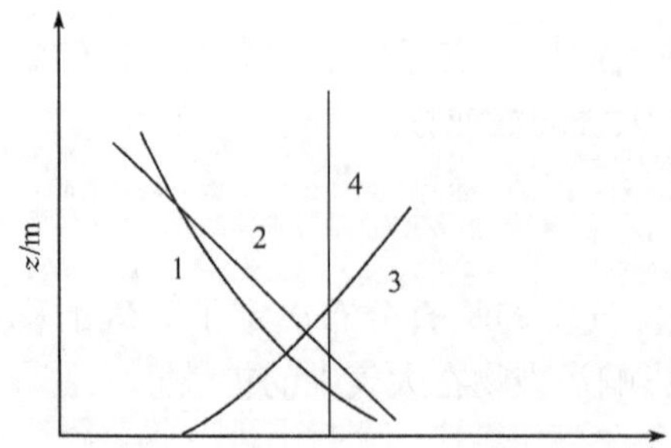

图 9-2 四种典型的气温层结曲线

气温沿铅直高度的变化可用图 9-2 所示气温沿高度变化的曲线表示,称气温沿高度变化曲线或气温层结曲线,简称温度层结。温度层结有四种类型:(1)气温随高度的增加而递减,即 $\gamma>0$,称为正常分布层结或递减层结;(2)气温直减率等于或接近于干绝热递减率,即 $\gamma=\gamma_d$,称为中性层结;(3)气温不随高度变化,即 $\gamma=0$,称为等温层结;(4)气温随高度增加而增加,即 $\gamma<0$,称为气温逆转,简称逆温。

9.1.2.4　逆温

辐射到地球表面的太阳辐射主要为短波辐射，地面一方面接受太阳的辐射，同时也向空中辐射能量，且主要为长波辐射。大气吸收短波的能力很弱，但吸收长波的能力却很强。因此，在大气边界层内，空气温度的变化主要是受到长波辐射的影响。近地层空气温度与地面温度变化趋势一致。一般情况下，气温随地面高度的增加而降低，即温度层结 $\gamma>0$。但在特定条件下也会发生 $\gamma=0$ 或 $\gamma<0$ 的现象，即气温不随高度变化或随高度增加而升高，通常气温随高度增加而增加的大气层被称为逆温层。发生逆温时的大气是稳定的，所以逆温层的存在，大大阻碍了气流的垂直运动，故逆温层也称阻挡层。若逆温层存在于空中某高度，由于上升的污染物不能穿过逆温层而积聚在它的下面，会造成严重的大气污染，因此必须对逆温现象加以足够重视。

根据逆温的形成过程，可分为辐射逆温、下沉逆温、平流逆温、锋面逆温及湍流逆温等五种。

(1) 辐射逆温

在晴空无云或少云的夜晚，当风速较小(小于 3m/s)时，地面因强烈的有效辐射而很快冷却，近地面气层的冷却最为强烈，较高的气层冷却较慢，从而形成了自地面开始逐渐向上发展的逆温层，称为辐射逆温。

(2) 下沉逆温

由于空气下沉压缩增温而形成的逆温层称为下沉逆温。下沉逆温可用图 9－3 表示。某高度有一气层 $ABCD$，其厚度为 h，当它绝热下沉时，周围大气对它的压力逐渐增大，同时由于水平扩散，使该气层变成 $A'B'C'D'$，厚度减少为 h'。由于顶部 CD 下沉到 $C'D'$ 的距离比底部下沉到 $A'B'$ 的距离大，使气层顶部的绝热增温比底部增温高，如果气层下沉的距离很大，就可能出现顶部气温比底部气温高，从而形成逆温层。

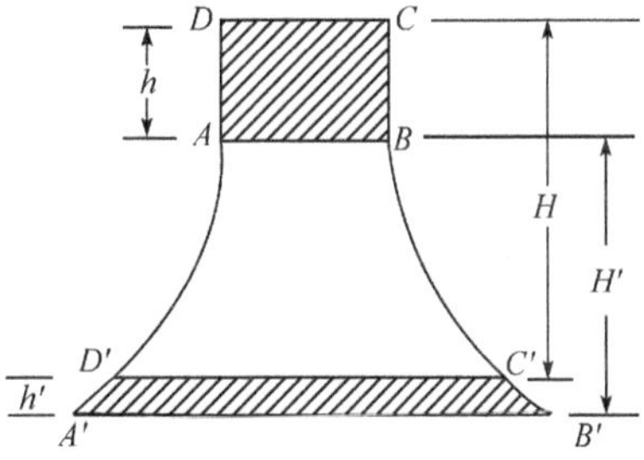

图 9－3　下沉逆温形成示意图

下沉逆温多出现在高压控制区，范围很广，厚度也很大，一般可达数百米。下沉气流达到某一高度就会停止，所以下沉逆温多发生在高空大气中。

(3) 平流逆温

暖空气平流到冷地面上而形成的逆温称为平流逆温，由于低层空气受地表面的影响较大，降温多，上层空气降温少而形成。暖空气与地表面的温差越大，逆温越强。如冬季中纬度地区海上暖空气流到大陆上，及暖空气流到低地、盆地内积聚的冷空气上面时，均可形成平流逆温。

(4) 湍流逆温

低层空气因湍流混合而形成的逆温称湍流逆温。其形成过程如图 9－4 所示。图中 AB 为气层在湍流混合前的气温分布，气温直减率 $\gamma < \gamma_d$，低层空气经湍流混合后，气层的气温直减率逐渐趋于 γ_d，如图中 CD。于是，在湍流混合层与未发生湍流的上层空气间的过度层 DE 就形成了逆温层，这种逆温层的厚度不大，一般只有几十米。

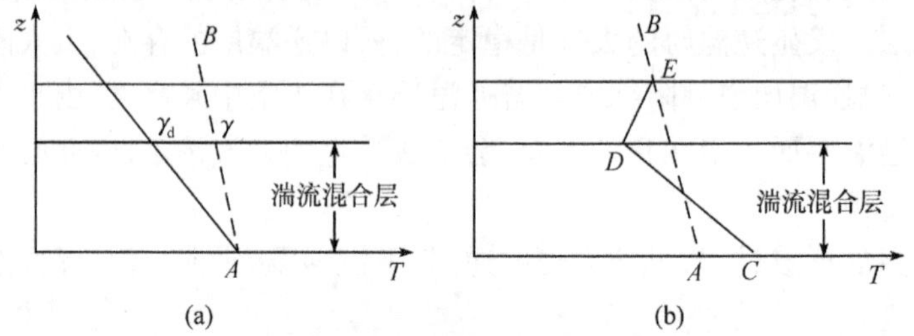

图 9－4　湍流逆温形成示意图

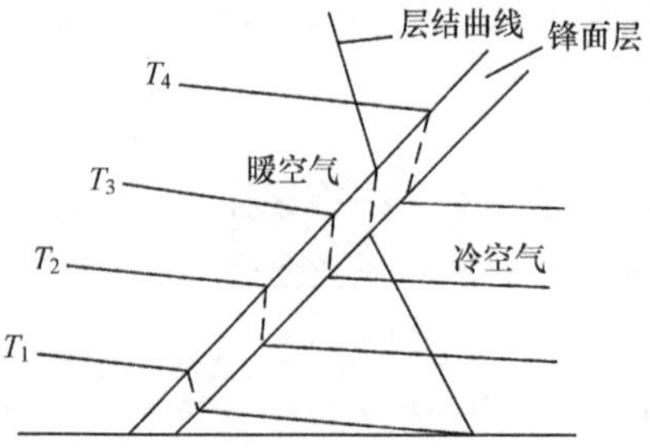

图 9－5　锋面逆温示意图

(5) 锋面逆温

对流层中的冷空气团与暖空气团相遇时，由于暖空气的密度小，会爬升到冷空气的上面去，形成一个倾斜的过渡区，称为锋面。在锋面上，如果冷空气的温差较大，就会出现逆温，称锋面逆温。图 9－5 所示为锋面逆温示意图。锋面逆温仅在冷空气一侧会看到。

9.1.2.5　大气的静力稳定度与大气污染

(1) 大气静力稳定度

在处于静力平衡状态的大气中，空气团块一旦受到外力（动力或热力）因子的扰动，就离开原来位置，产生垂直运动。当除去外力后，空气能保持它的原位、或上升或下降的这种趋势，称为大气静力稳定度。假如有一空气团块受外力作用，产生垂直运动。当外力除去后，可能出现三种情况：① 若气块逐渐减速，趋于回到原位，这时气块所在气层对于该气块来说是稳定的；② 若气块仍按原方向加速运动，则大气是不稳定的；③ 若气块既没有回到原位，又无继续向前运动的趋势，则称大气为中性气层。

应当指出,大气静力稳定度并不表示气层中已经存在的铅垂运动,而是用于描述大气层结对气块在受外力扰动而产生铅垂运动时会起什么样的影响,这种影响只有受到外界扰动时才会显现出来。因此,大气静力稳定度是表示大气层结对气块能否产生对流的一种潜在能力的度量。

(2) 大气稳定度的判别

大气稳定度可用气块法进行判别。

假设气块在垂直运动时满足以下条件:

① 气块在垂直运动时,周围的大气环境仍保持静力平衡状态;

② 气块与周围环境间无混合,不发生物质与能量的交换;

③ 气块的气压 p 与同高度环境大气气压 p_e 相同,即符合静力稳定条件。

图 9-6 所示为处于静力平衡的未饱和湿空气气层中一气块,其高度为 z_0,温度为 T_0,气压为 p_0,密度为 ρ_0。当气块受到外力的作用产生垂直位移 dz,到达高度 z,温度为 T,压力为 p,密度为 ρ_0。z_0 高度处环境的空气的温度为 T_{e0},气压为 p_{e0},密度为 ρ_{e0};z 高度处环境的空气的温度为 T_e,气压为 p_e,密度为 ρ_e。气块在垂直方向受到两个力的作用:一个是重力 ρg,垂直向下;另一个是浮力 $\rho_e g$,垂直向上。因此,气块在垂直方向上受到的净作用力为 $f=(\rho_e-\rho)g$,气块在垂直方向

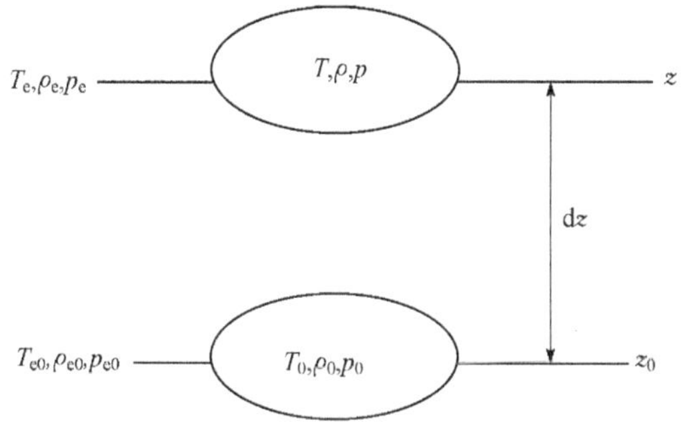

图 9-6　气块绝热上升示意图

上的加速度为

$$\frac{\mathrm{d}v}{\mathrm{d}t}=\frac{f}{g}=\left(\frac{\rho_e-\rho}{\rho}\right)g \tag{9-3}$$

由理想气体状态方程$\left(\rho=\dfrac{p}{R_d T},\rho_e=\dfrac{p_e}{R_d T}\right)$及准静止条件($p=p_e$),上式可改写成

$$\frac{\mathrm{d}v}{\mathrm{d}t}=\left(\frac{T-T_e}{T_e}\right)g \tag{9-4}$$

由式(9-4)可知,当气块温度高于环境温度时,气块将加速向上运动;反之,当

气块温度低于环境温度时,气块的加速度与其运动方向相反,原先向上的速度减慢;当气块内外无水平温差时,则垂直方向的加速度为零。

在进行大气稳定度判别时,利用干绝热递减率 $T=T_0-\gamma_d dz$ 和气温直减率 $T_e=T_0-\gamma dz$,代入式(9-4)得

$$\frac{dv}{dt}=\left(\frac{\gamma-\gamma_d}{T_e}\right)g dz \tag{9-5}$$

由式(9-5)可得到未饱和湿空气的稳定度的判据:

当 $\gamma>\gamma_d$ 时,大气不稳定

当 $\gamma=\gamma_d$ 时,大气中性

当 $\gamma<\gamma_d$ 时,大气稳定

此外,大气静力稳定度也可用图 9-7 所示层结曲线和状态曲线的分布来进行判别。图 9-7(a)中,层结曲线位于状态曲线的右边,同一高度上气块的温度低于周围大气的温度,大气处于稳定状态;图 9-7(b)中,层结曲线处于状态曲线的左边,则同一高度上,气块的温度高于周围大气的温度,大气处于不稳定状态;图 9-7(c)中层结曲线和状态曲线重合,此时,同一高度上气块的温度等于周围大气的温度,大气处于中性状态。因此,如能用探空仪测出某地气温的垂直分布,已知气块的初始高度和温度,则可在 z-t 坐标上标出层结曲线和状态曲线,通过对二曲线的比较,判别大气的稳定度。

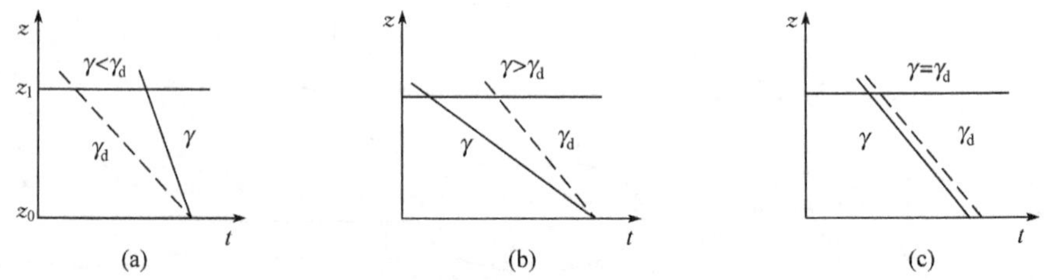

图 9-7 三种不同的大气稳定度

(a) 稳定; (b) 不稳定; (c) 中性

(3) 气温层结与烟羽形状

气温层结与污染物的扩散密切相关。当大气处于不稳定状态时,易发生大气的对流与湍流运动,污染物在强湍流作用下迅速扩散,不易发生大气污染。相反,当大气处于稳定状态时,对流与湍流受到抑制,污染物不易扩散与稀释,容易发生大气污染。同时,大气的稳定度有着明显的日变化规律,所以污染物浓度也发生相应的日变化。

大气稳定度也影响烟羽的形状,因此可以通过烟羽形状来估计大气的稳定度。

图 9－8 所示为六种典型的烟羽形状。

① 波浪型　烟羽呈波浪状，污染物扩散良好，常发生在不稳定大气中，即 $\gamma>0$，$\gamma-\gamma_d>0$ 时。该烟羽多发生在晴朗的白天，地面最大浓度落点距烟囱最近，但大气对污染物的扩散能力很强。

② 锥型　烟羽呈圆锥形，污染物的扩散比波浪型差，主要发生在中性大气中，即 $\gamma-\gamma_d\approx 0$ 时，地面最大落地浓度值、落地距离和高度范围比波浪形大，比平展形小。

③ 平展型　烟羽在垂直方向的扩散很小，如一条带子飘向远方。从上部看，烟羽呈扇形展开。当烟囱出口处于逆温层，即烟囱出口处的一层大气的 $\gamma-\gamma_d<-1$ 时，污染情况随烟囱有效高度的不同而不同。当烟囱较高时，近距离污染物的浓度很小或接近于零，地面最大浓度、落地点距烟囱距离及污染物高浓度的范围比平展形及锥形的大，因此不会造成近距离污染。但当有效源高较低时，近距离地面也会造成严重污染。

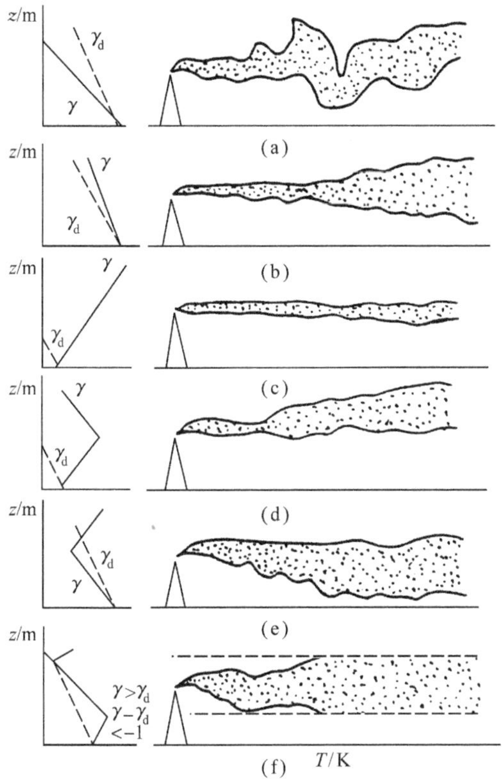

图 9－8　气温层结与六种典型的烟羽形状
(a) 波浪型；(b) 锥型；(c) 平展型；(d) 爬升型；(e) 漫烟型；(f) 受限型

④ 爬升型(屋脊型)　烟羽的下部大气层稳定，而上部大气则处于不稳定状态，一般在日落后出现。当地面由于有效辐射而失热，低层大气形成辐射逆温时，高空仍保持递减状态。当辐射逆温层发展到烟囱出口处时，就发生爬升型，其特点是持续时间短，污染的程度小。

⑤ 漫烟型(重熏烟型)　烟羽的下部位于不稳定的大气中，而上部则位于逆温层中。日出以后，由于地面温度升高，低层空气被加热，使逆温层从地面向上受热破坏，不稳定大气从地面逐渐向上发展，当不稳定大气发展到烟羽下边缘或更高一点时，发生烟羽向下的强烈扩散，把污染物带向地面，而烟羽上边缘仍于逆温层中。此时，在烟羽的下部，$\gamma-\gamma_d>0$，而上部 $\gamma-\gamma_d<-1$。

⑥ 受限型　发生在烟囱出口上方和下方的一定距离内大气不稳定区域,在此范围以上或以下的大气是稳定的。多出现于易形成上部逆温地区的日落前后,污染物只在一定的空间范围内扩散,而不达到地面,所以地面几乎不受污染。当贴地逆温被破坏时,便发生熏烟型污染,地面浓度很大。

对于以上六种典型的烟羽形状,这里只是从温度层结和大气静力稳定度的角度作粗略的分析,实际的烟羽要复杂得多,影响因素也很多。这六种烟型也可以作为判断大气稳定度的一种依据。

9.1.3 大气边界层的风场

9.1.3.1 引起大气运动的作用力

大气的水平运动是作用在大气上的各种力的总效应。作用在大气上的水平力有四种:水平气压梯度力、地转偏向力、惯性离心力和摩擦力。

(1) 水平气压梯度力　单位质量的空气在气压场中受到的作用力称为气压梯度力。水平气压梯度力可以分解为垂直和水平方向两个分量。垂直气压梯度力虽然大,但有空气重量与其平衡,使空气实际在垂直方向所受到的作用并不大。水平气压梯度力虽然小,却是大气运动的主要作用力,只要在水平方向存在气压差,就有水平气压梯度力作用在大气上,使大气由高压侧向低压侧作加速运动。

(2) 地转偏向力　又称科里奥里力,由于地球转动而产生的使大气运动偏离气压梯度方向的力,只有大气相对于地面运动时,才产生地转偏向力。此力只能改变大气运动的方向,而不能改变运动的速度。

(3) 惯性离心力　当大气作曲线运动时,受到惯性离心力的作用,其作用方向与大气运动方向垂直,方向由曲线路径的曲率中心向外,大小与大气运动的线速度的平方成正比,与曲率半径成反比。由于大气运动的曲率半径一般很大,故惯性离心力很小。

(4) 摩擦力　运动速度不同的相邻两层大气间以及贴近地面运动的大气和地表面之间,均会产生阻碍大气运动的摩擦力,其方向与大气的运动方向相反,大小随大气高度的不同而不同,高度越高,作用力越小,在近地层中最为显著。在1～2km的高度,摩擦力还存在,一般把1～2km以下的大气层称为摩擦层,此高度以上的大气则称自由大气层。

以上四个力中,水平气压梯度力是使空气运动的直接动力,其他三个力只有在空气开始运动后才起作用。

9.1.3.2　风速

(1) 风速随高度的变化

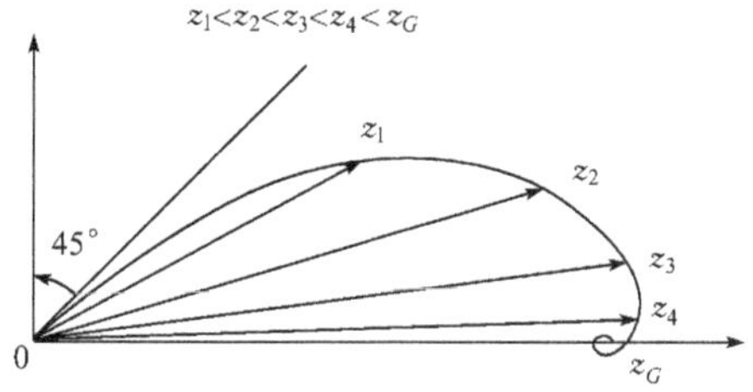

图 9－9　爱克曼螺旋线

大气边界层中，由于摩擦力随高度增加而减小，当气压梯度力不随高度变化时，风速将随高度的增加而增大，风向与等压线的交角随高度的增加而减小。在北半球，如果把边界层中不同高度的风矢量用矢量图表示，就得到一条风矢量迹线，称爱克曼螺旋线，如图 9－9 所示。从地面向上看，风向是顺时针变化的，当达到大气层顶时，风速和风向完全接近地转风。

(2) 平均风速

平均风速的大小随高度变化，风速随高度变化的曲线称为风速廓线。其数学表达式称为风速廓线模式。

在与大气扩散有关的计算中，需要知道烟囱出口及烟囱有效高度处的平均风速，而气象站只观测地面风速 u_{10}(距地面 10m 高处的风速)，不同烟囱高度处的风速可利用风速廓线模式由地面风速推算得到。

我国常用幂函数风速廓线模式，《制定地方大气污染物排放标准的技术原则与方法》(GB/T13201-91)给出如下计算公式

$$当\ z_2 \leqslant 200\text{m},\ \bar{u} = u_{10}\left(\frac{z_2}{z_1}\right)^p \tag{9-6}$$

$$当\ z_2 \geqslant 200\text{m},\ \bar{u} = u_{10}\left(\frac{200}{z_1}\right)^p \tag{9-7}$$

式中：$\bar{u}$——烟囱出口处环境平均风速，m/s；

z_1——气象站测风仪所在高度，m(常为 10m)；

z_2——烟囱出口高度，m；

u_{10}——气象站离地 10m 高处 5 年平均风速，m/s；

p——风速廓线的幂指数，见表 9－1。

表 9－1　各种稳定度下的风速廓线幂指数[1)]

参数		稳定度类型					
		F	A	B	C	D	E
p	城市	0.10	0.15	0.20	0.25	0.30	0.30
	乡间	0.07	0.07	0.10	0.15	0.25	0.25

1) 引自 GB/T3201-91。

9.1.3.3　地方性风场

(1) 海陆风

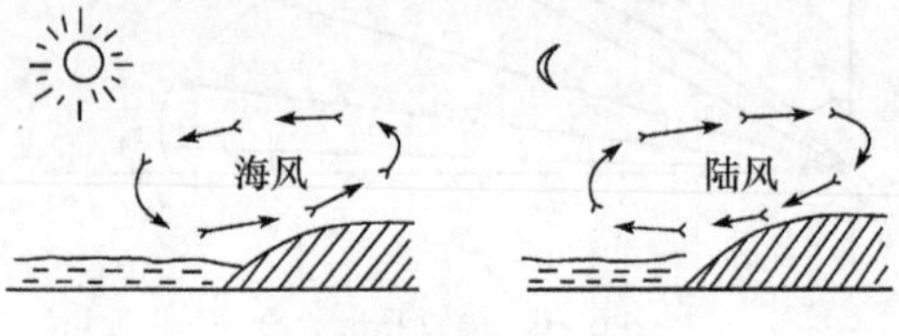

图 9－10　海陆风环流图

海陆风是海风和陆风的总称，发生在海陆交界地带，是以 24h 为周期的一种大气局地环流，如图 9－10。日出以后，陆地温度升高很快，空气很快被加热；而海面水温升高慢，空气被加热的速度也较慢。由于陆地气温较高、密度小、气压较低，而海面气温低、密度大、气压也较高，故造成海陆气压差。在低空，空气从海洋流向陆地，形成海风；在高空，空气从陆地流向海洋，形成反海风。陆地上的上升气流与海洋上的下降气流共同形成了海陆局地环流。日落以后，陆地上空气温度较低、密度变大、气压升高；海洋上气温较高、密度较小、气压降低。低层空气从陆地流向海洋形成陆风，高层空气从海洋流向陆地形成反陆风。因此，在海陆之间，白天存在海风，夜间存在陆风。

在大的湖泊、江河的水陆交界地带也会发生类似的局地环流，称为水陆风，但活动范围比海陆风小。

在没有较强的天气系统影响，或者背景风较弱时，海陆风有明显的变化周期；当背景风较强，或存在其他复杂影响时，海陆风也会失去其原有的规律而很难预测。

(2) 坡风

坡风发生在山地与平原交界的地带，是一种以 24h 为周期的局地环流。坡风的形成原因是：白天，山坡上温度较高，产生上升气流，平原地区的空气较冷，空气沿山坡上溯补充，形成了上坡风；夜间，山坡上空气温度比同高度平原地区空气温度低，冷而重的空气顺山坡下沉到平原地区，形成下坡风。

下坡风的厚度视山的相对高度及太阳辐射状况而定。对于相对高度为 100m 左右的山脉，下坡风的厚度一般不超过 60m。阴天情况下，下坡风不明显。在背景风很强时，坡风会被掩盖，只有在背景风较弱时，坡风才会显现出来。

(3) 山谷风

山谷风是山风与谷风的总称，发生在山区，是以 24h 为周期的局地环流，如图9－11所示。山谷风是由于山坡与谷地受热不均匀而产生。日出以后，太阳

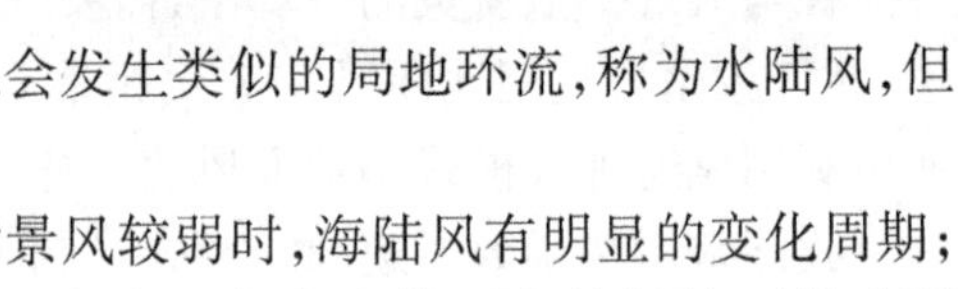

图 9－11　山谷风环流图

辐照先照射到山坡上,山坡上的空气比谷地上同一高度的空气温度高,密度小,产生了向上的运动,由谷底补充来的冷空气形成了由山谷吹向山坡的风,称为谷风。山坡上的上升气流上升到一定高度就向山谷流动,在高空形成反谷风,并在山谷间形成了谷风局地环流。日落以后,山坡和山顶冷却得很快,温度很快降低,空气冷却比同高度谷上的空气要快,使谷上的空气产生上升运动,山坡和山顶的冷却空气顺坡下滑形成了山风,而在上空存在一个自山谷向山顶吹的反山风,它们和升降气流一起构成了山风局地环流。

山谷风的厚度主要由山谷的走向、大小、深浅、上部自由大气风速的大小和太阳辐照等因素决定。

(4) 城市热岛环流

城市人口密集,工业集中,消耗大量的能源。同时,城市的建筑、路面的热容量很大,白天大量吸收太阳辐射热,夜间放热缓慢,低层空气冷却变慢。地面上空经常笼罩着一层烟雾和 CO_2,它们吸收地面长波辐射,本身也放射出长波辐射,使地面有效辐射减弱。因此城市吸收的热量比乡村多,平均气温比乡村高,形成了所谓的城市热岛。热岛效应使城市上空的大气处于不稳定状态,增大了热力湍流,而粗糙的下垫面又增加了机械湍流,因此城市湍流强度比乡村高约 30%~40%。根据资料,城乡间平均温差一般为 0.4~1.5℃,最高时可达 6~8℃。由于城市的温度经常比乡村高,气压比乡村低,形成一种从乡村吹向城市的特殊局地风,即城市热岛环流或城市风,如图 9-12 所示。城市风在市区汇合产生上升气流,周围地区的风向城市中心汇合,使城市周围工业区的污染物在夜间向市中心输送,造成严重污染。

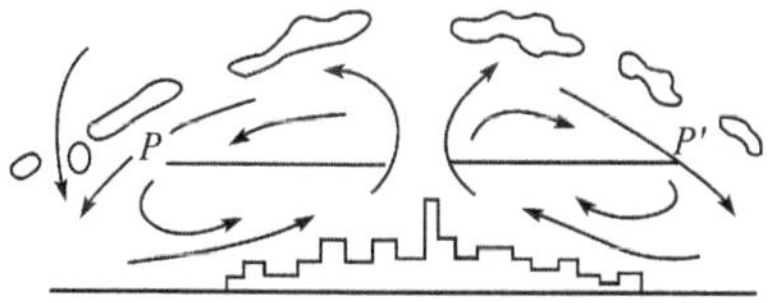

(a) 地区性静风时的城市风

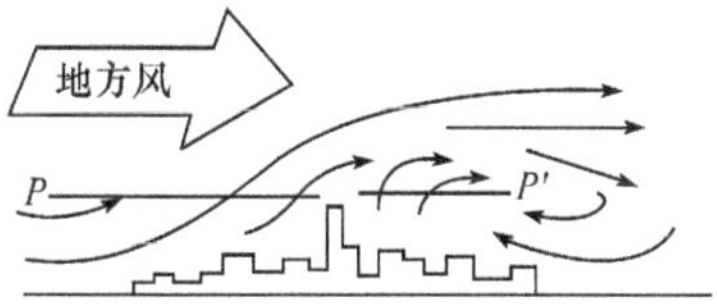

(b) 和风时的城市风

图 9-12 城乡间的空气环流

9.1.3.4 风对大气污染物扩散的影响

风从风向和风速两个方面对大气污染物扩散产生影响。风向影响污染物的水平扩散方向,将污染物向下风向输送,污染区分布在下风方向,高污染浓度一般出现在污染源的下风向。但在边界层,风向随着高度的增加而向右偏转,因此,边界层上方污染物输送的方向与近地面污染物输送的方向有所不同。这种影响只对高烟囱比较明显,对一般不大的排放源则影响不大。

风速的大小决定大气扩散稀释作用的强弱。风速越大,单位时间内混入烟流的清洁空气越多,大气扩散的稀释作用也就越强。此外,风影响污染物输送距离,风速越大,污染物输送的距离越长,浓度也就变得越小。相反,在弱风时,由于污染物的水平输送距离和湍流扩散能力都受到了削弱,污染物会积累,浓度上升。所以,最大的污染情况通常在风力微弱的气象条件下出现。

风向和风速对污染物扩散的影响可以用风向频率和污染系数来表征。风向频率是指一定时间内(年或月),某风向出现的次数占各风向出现总次数的百分率,即

$$风向频率=\frac{某风向出现次数}{各风向的总次数}\times 100\%$$

风向频率常用风玫瑰图表示,如图 9-13 所示。某一频率越大,下风向受污染的机会也就越多,反之,下风向受污染的机会越少。

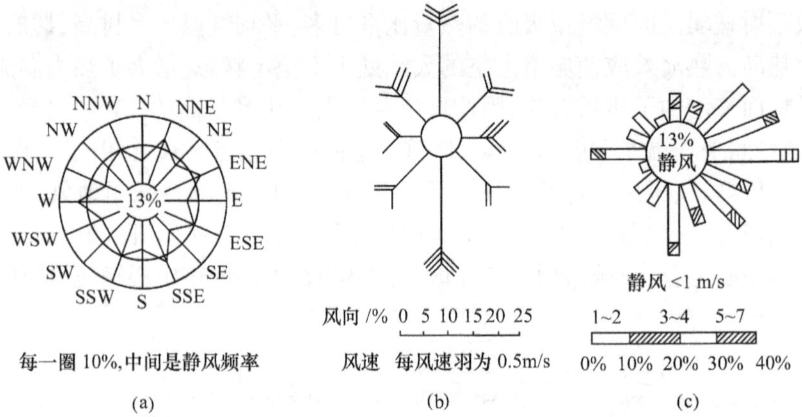

(a)　(b)　(c)

图 9-13　风玫瑰图

污染系数表示风向、风速综合作用对污染物扩散的影响程度,可用下式表示

$$污染系数=\frac{风向频率}{该风向的平均风速}$$

污染系数可绘制成污染系数玫瑰图,污染系数越大,下风方向的污染越严重,因此在进行工业区规划时,应将其安排在污染系数最小方位的上风向,以减轻对下风方向的污染。

9.2　大气扩散基本理论

9.2.1　大气扩散

污染物进入大气后，随着大气的运动发生迁移、扩散稀释及降解转化。

9.2.1.1　推流迁移

推流迁移是污染物在随着大气在 x、y、z 三个方向上平移运动所产生的迁移作用，也称为平流迁移。推流迁移只改变污染物所处的位置，并不改变污染物的浓度。

9.2.1.2　分散稀释

污染物在大气中分散稀释的主要作用机理有：分子扩散、湍流扩散与弥散作用。

（1）分子扩散

分子扩散是由于分子的随机运动而引起的质点分散现象。气体分子都处于不停的运动状态，气体分子相互碰撞，发生能量与动量传递，形成无规则运动，分子在各个方向上运动的概率相等。如果气态污染物存在浓度梯度，则由于分子运动，使气体分子从高浓度区向低浓度区扩散，直至混合均匀，这种由于分子的运动而引起的扩散称为分子扩散。

（2）湍流扩散

大气的无规则运动称为大气湍流，其形成原因主要有二个。一个是由于机械或动力因素而形成的机械湍流。近地面空气与地面相对运动产生的机械湍流，是低层湍流的主要形式。此外空气流经地表面障碍物时引起风向与风速的突然改变，也产生指向地面的机械湍流。另一个是热力湍流，主要是由于地表面受热不均匀，或大气层结不稳定，使空气发生垂直运动并进一步发展而形成湍流。大气湍流是这二种因素共同作用的结果。

污染物进入大气后，形成浓度梯度，除随风作整体飘移外，湍流混合作用还会不断地将周围的新鲜空气卷入到烟流中，同时将烟气中的污染物扩散到周围的空气中，使污染物从高浓度区向低浓度区扩散、稀释，即进行湍流扩散。湍流具有极强的扩散能力，比分子扩散快 $10^5 \sim 10^6$ 倍，但是在大气运动的主风方向上，由于水平风速比湍流脉动风速大得多，所以在主风方向上风的平流输送作用是主要的。一般情况下，风速越大，湍流越强，污染物的扩散速度也就越快。风和湍流是决定污染物在大气中扩散稀释的最根本的原因，其他气象因素都是通过风和湍流的作用来影响扩散稀释的。

(3) 弥散作用

弥散作用是指由于横断面上实际的流速分布不均匀,用断面平均流速表示实际运动时,就必须考虑一个附加的、由于流速不均匀引起的分散作用——弥散。

常温下,空气的分子扩散系数约$(1.4\sim1.8)\times10^{-5}m^2/s$,湍流扩散系数约$10^{-3}\sim10m^2/s$。

9.2.1.3 降解和转化

环境中的污染物可分为持久性污染物和非持久性污染物两大类。持久性污染物进入大气后,随着大气的推流迁移和分散稀释作用不断改变空间的位置,并降低浓度,但其总量一般不发生变化。非持久性污染物进入环境后,除了随着大气的运动改变位置和降低浓度外,还由于降解与转化作用进一步降低浓度,这些行为有物理的,化学的以及生物的,从而使污染物在大气环境中的浓度、性质发生变化。

(1) 重力沉降

大气中的颗粒状污染物如烟尘、粉尘等具有一定大小的粒径分布,在重力作用下产生重力沉降。重力沉降的速度与颗粒物的粒径大小及密度有关,粒径及密度越大,则重力沉降速度越快。如颗粒物的沉降速度较小时(如小于1cm/s),颗粒在大气中的运动主要受大气湍流运动的影响,这时可不考虑重力沉降对颗粒物浓度分布的影响。

(2) 降水及云雾对污染物的清洗作用

雨、雪及云雾对大气中的污染物具有净化作用。降水对颗粒状污染物具有清洗作用,在同样的降水量下,由于雪的下降速度较慢,能捕集更多的污染物。云雾是悬浮于大气中由水汽凝结成的很小的云雾滴,大气中的污染物可附着在这些雾滴上,当雾滴因蒸发而消散时,污染物仍将进入大气,由于雾一般产生在贴近地面的一层,这种情况反而会产生严重的后果。

(3) 地表面对大气污染物的清除作用

地表面对粒径较小的粒状污染物及气态污染物具有一定的清除作用,这些清除作用的机理包括碰撞、吸附、静电吸引、化学反应及植物吸收。地表面对大气污染物的清除作用一般较慢,小于大气的扩散速度。虽然地面对污染物的清除作用较慢,但由于清除作用时间较长,仍是污染物由大气中清除出去的重要作用机制。如二氧化硫通过地面的清除量约占总排放量的60%~70%。

(4) 大气中污染物的化学反应

污染物在大气中要发生化学反应,使污染物在大环境中的质与量均发生了变化,有的污染物通过化学反应产生新的二次污染物,有的则通过化学反应转化为非污染物。

9.2.2 大气扩散模式

大气扩散所研究的是湍流与烟流传输过程中污染物浓度衰减的变化关系。为了预测与计算各种条件下污染物浓度在传输过程中的时空分布规律,要将污染源在当时气象要素以及下垫面条件下的污染物扩散过程模式化,并确定模式计算中所需的参数。预测的方法大体可分为经验方法和数学方法二大类:经验方法主要是在统计、分析历史资料的基础上,结合未来的发展规划来进行预测;数学方法是利用数学模式进行计算或模拟。近二十年来,随着计算机技术的发展,数学方法得到了广泛的应用。

9.2.2.1 点源扩散的高斯(Gauss)模式

大气扩散模式的种类很多,其中最常用的模式为连续点源小尺度扩散正态模式,即高斯模式。采用正态扩散模式时假定污染物在空间的概率分布呈正态分布,概率密度的标准差即扩散参数由“统计理论”方法或其他经验方法确定。正态扩散模式有以下的优点:物理上比较直观,其最基本的数学表达式可以从常用的数学手册中查到;模式直接以初等数学的形式表达,便于分析各物理量间的关系和数学推演,易于计算与掌握;对于平原地区、下风距离在10km以内的低架点源,预测结果与实际较为接近;对于其他复杂问题,经对模式的适当修正,仍可以应用。

(1) 瞬时单烟团正态扩散模式

瞬时单个烟团正态扩散模式是一切正态扩散模式的基础。该模式假定单位容积粒子比较 $c/Q(\mathrm{m}^{-3})$ 在空间的概率密度为正态分布,则污染物浓度在某一时刻的空间分布为

$$c(x,y,z,t)=\frac{Q(x_0,y_0,z_0,t_0)}{\sqrt{8\pi^3}\,\sigma_x\sigma_y\sigma_z}\exp\left\{-0.5\left[\frac{(x-x_0-x')}{\sigma_x^2}+\frac{(y-y_0-y')}{\sigma_y^2}+\frac{(z-z_0-z')}{\sigma_z^2}\right]\right\} \tag{9-8}$$

式中: x,y,z,t——预测点的空间坐标与预测时的时间;

x_0,y_0,z_0,t_0——烟团的初始空间坐标与初始时间;

x',y',z'——烟团中心在 $t\text{-}t_0$ 时间的迁移距离, $x'=\int u\mathrm{d}t,y'=\int v\mathrm{d}t,z'=\int w\mathrm{d}t$;

u,v,w——烟团中心在 x,y,z 方向上的速度分量,m/s;

c——预测点的烟团瞬时浓度,$\mathrm{mg/m^3}$;

Q——烟团的瞬时排放量,mg/s;

$\sigma_x, \sigma_y, \sigma_z$——$x, y, z$ 方向上的扩散参数,m。

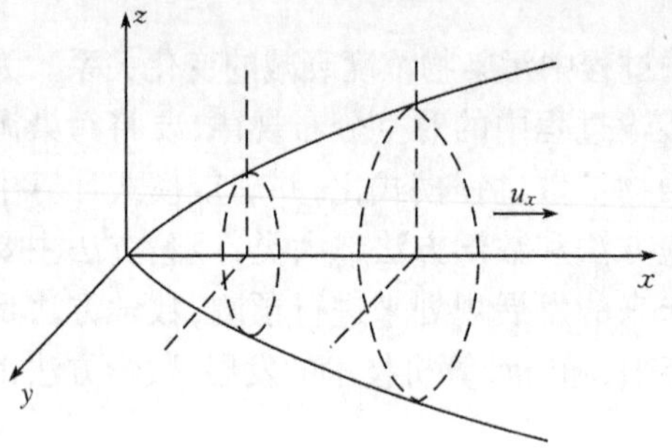

图 9-14 均匀流场中的三维扩散

(2) 无边界大气中点源扩散高斯模式

连续排放点源在均匀流场中的三维扩散如图 9-14 所示。

若源强 Q_A 为恒定,风速 $\bar{u}$ 为常数(且 $u_{10} \geqslant 1.5\text{m/s}$),下风向为 x 轴,且烟羽轴线与 x 轴一直保持重合,在 y 和 z 方向上的变化尺度不是很大,即 $\sigma_x, \sigma_y, \sigma_z$ 可以作为 x 的函数,此时,连续稳定排放点源在无界条件下的扩散模式为

$$c(x, y, z) = \frac{Q_A}{2\pi \bar{u} \sigma_y \sigma_z} \exp\left[-\frac{1}{2}\left(\frac{y^2}{\sigma_y^2} + \frac{z^2}{\sigma_z^2}\right)\right] \quad (9-9)$$

式中:$\bar{u}$——风速,m/s;

Q_A——污染源强,即点源的排放速率,mg/s。

式(9-9)即为点源高斯扩散模型的基本形式。应用此模型的前提条件是:① 污染物在烟羽或烟团各断面上呈正态分布(高斯分布);② 整个空间中风速稳定、均匀;③ 源强连续均匀;④ 在扩散过程中污染物是恒定的。

(3) 高架连续排放点源高斯模式

实际烟气是由一定空间位置的点源排出,如图 9-15。

烟囱的有效高度由几何高度 H_1 和烟气抬升高度 ΔH 组成。即

$$H_e = H_1 + \Delta H \quad (9-10)$$

式中:H_e——烟囱的有效高度,m;

H_1——烟囱的几何高度,m;

ΔH——烟气抬升高度,m。

烟气抬升高度是烟气从烟囱排出以后由于动力抬升和热力浮升作用而继续上升的高度,这一高度有时可达数十米甚至上百米,可有效地减轻地面的大气污染。此外,烟气离开排出口向下风向扩散时地面对烟气有反射作用,见图 9-16。

设大气流场均匀稳定,忽略横向、竖向流速及纵向的弥散作用,对于一个有效排放高度为 H_e 的连续稳定的排放源,则污染物浓度的空间分布为

$$c(x, y, z, H_e) = \frac{Q_A}{2\pi \bar{u} \sigma_y \sigma_z} \times \left\{ \exp\left[-\frac{1}{2}\left(\frac{y^2}{\sigma_y^2} + \frac{(z - H_e)^2}{\sigma_z^2}\right)\right]\right.$$

$$+\exp\left[-\frac{1}{2}\left(\frac{y^2}{\sigma_y^2}+\frac{(z+H_e)^2}{\sigma_z^2}\right)\right]\Bigg\}\tag{9-11}$$

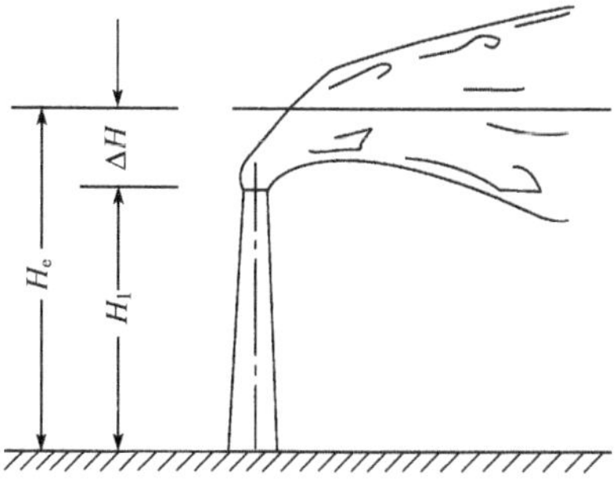

图9-15　烟囱的有效高度

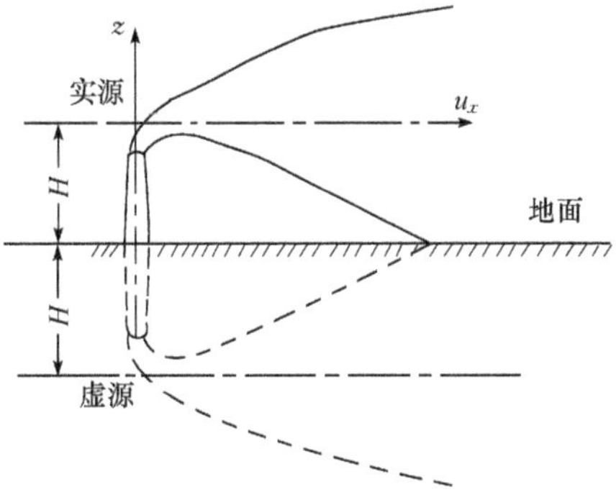

图9-16　地面对烟羽的反射

① 地面任一点浓度

令 $z=0$,由式(9-11)可计算地面任一点的污染物浓度

$$c(x,y,0,H_e)=\frac{Q_A}{\pi\bar{u}\sigma_y\sigma_z}\exp\left(-\frac{y^2}{2\sigma_y^2}-\frac{H_e^2}{2\sigma_z^2}\right)\tag{9-12}$$

② 地面轴线浓度

令 $y=0$,由式(9-12)可计算自点源沿下风向方向任一点的地面轴线浓度为

$$c(x,0,0,H_e)=\frac{Q_A}{\pi\bar{u}\sigma_y\sigma_z}\exp\left(-\frac{H_e^2}{2\sigma_z^2}\right)\tag{9-13}$$

③ 最大落地浓度和落地点距离

假设 σ_z/σ_y 的值不随下风向距离 x 变化,则高架点源地面最大浓度及最大落地浓度处距源的距离分别为

$$c_{\max}=\frac{2Q_A\sigma_z}{\pi e\bar{u}H_e^2\sigma_y}=\frac{0.117Q_A}{\bar{u}_x\sigma_y\sigma_z}\tag{9-14}$$

$$x_{\max}=\left(\frac{H_e}{\sqrt{2}\gamma_2}\right)^{\alpha_2}\tag{9-15}$$

$$\sigma_y=\gamma_1x^{\alpha_1}\tag{9-16}$$

$$\sigma_z=\gamma_2x^{\alpha_2}\tag{9-17}$$

式中：$c_{\max}$——最大落地浓度,mg/m^3;

$x_{\max}$——最大浓度处距源的距离,m;

γ_1,α_1——横向扩散参数回归系数和回归指数,其数值可查表9-8求得(9.3.2.2);

γ_2, α_2——铅垂扩散参数回归系数和回归指数，其数值可查表 9－9 求得(9.3.2.2)；

x——距高架源下风向的水平距离，m；

其他符号意义同前。

④ 地面绝对最大浓度

式(9－14)是在风速不变条件下导出的地面最大浓度计算式，而实际风速是经常变化的。当风速增大时，地面最大浓度减小。另外，风速增大时，烟气抬升高度减小，使地面最大浓度增大，这二种作用共同作用，使在某一风速下，存在一个地面最大落地浓度的极大值，即地面绝对最大落地浓度 $c_{\rm absm}$。

如将烟羽抬升公式写成 $\Delta H = B/u$ 的形式，则地面绝对最大浓度可表示为

$$c_{\rm absm} = \frac{Q_{\rm A}\sigma_z}{2BH_1 {\rm e}\pi\sigma_y} \tag{9-18}$$

地面最大浓度随风速的变化呈单峰形，在每一风速下都有一个地面最大浓度，由式(9－18)得到的地面浓度是所有地面浓度的极大值，即地面绝对最大浓度，出现绝对最大浓度的风速($u_{\rm absm} = B/H_1$)称危险风速。在危险风速下，烟气抬升高度与几何高度相等，有效烟囱高度是烟囱几何高度的二倍。

(4) 连续排放点源模式

当有效源高 $H_{\rm e}=0$ 时，空间任一点污染物浓度为

$$c(x,y,z,0) = \frac{Q_{\rm A}}{\pi {\rm e}\bar{u}\sigma_z\sigma_y}\exp\left[-\frac{1}{2}\left(\frac{y^2}{\sigma_z^2}+\frac{z^2}{\sigma_z^2}\right)\right] \tag{9-19}$$

由上可知，地面连续点源的地面浓度为无限空间连续点源地面浓度的一倍。地面连续点源在地面上任一点浓度为

$$c(x,y,0,0) = \frac{Q_{\rm A}}{\pi\bar{u}\sigma_y\sigma_z}\exp\left[-\frac{y^2}{2\sigma_y^2}\right] \tag{9-20}$$

地面轴线上任一点的浓度为

$$c(x,0,0,0) = \frac{Q_{\rm A}}{\pi\bar{u}\sigma_y\sigma_z} \tag{9-21}$$

9.2.2.2　线源扩散模式

(1) 无限长线源扩散模式

在平坦地面上，一条平直、繁忙的公路可以看作一无限长线源。一条线源是由无限多个点源组成，线源的源强可以用单位时间、单位长度线源污染物排放速率表示。线源在某一空间点产生的浓度相当于所有点源在这空间点产生的浓度对 y 轴的积分，因此，把点源扩散的高斯模式对变量 y 积分，可获得线源扩散模

型。

对于连续排放的无限长的线源，当风向与线源垂直时，下风向地面浓度计算公式为

$$c(x,y,0)=\left(\frac{2}{\pi}\right)^{1/2}\frac{Q_L}{\bar{u}\sigma_z}\exp\left(\frac{-H_e^2}{2\sigma_z^2}\right) \tag{9-22}$$

式中，Q_L 为线源源强，mg/(m·s)。

上式中，由于假定一段线源的横向扩散为相邻的一段线源的反方向扩散所补偿，故式中不出现 σ_y；同时浓度在给定的 x 处，y 方向的分布是相同的，式中没有 y 项。

当风向与线源不垂直时，如果风向与线源的交角 $\psi>45°$，则下风向地面浓度计算公式为

$$c(x,y,0)=\left(\frac{2}{\pi}\right)^{1/2}\frac{Q_L}{\sin\psi\bar{u}\sigma_z}\exp\left(\frac{-H_e^2}{2\sigma_z^2}\right) \tag{9-23}$$

在 $\psi<45°$时不能应用这一模式。

（2）有限长线源扩散模式

对于有限长线源的地面浓度计算，必须考虑线源端点所引起的“边缘效应”。离源的距离增加，这些效应将使横向距离拉大。通常规定 x 轴为通过预测点的平均风向，并把有限长线源的范围规定为由 y_1 延伸到 y_2，且 $y_1<y_2$，则地面污染物的浓度为

$$c(x,y,0)=\left(\frac{2}{\pi}\right)^{1/2}\frac{Q_L}{\bar{u}\sigma_z}\exp\left(\frac{-H_e^2}{2\sigma_z^2}\right)\int_{P_1}^{P_2}\frac{1}{\sqrt{2\pi}}\exp\left(\frac{-P^2}{2}\right)\mathrm{d}P \tag{9-24}$$

式中：P 为风向与线源间的夹角，$P_1=y_1/\sigma_y$，$P_2=y_2/\sigma_y$；$\int_{P_1}^{P_2}\exp\left(\frac{-P^2}{2}\right)\mathrm{d}p$ 的值可由标准正态分布面积表查得；其他符号意义同前。

9.2.2.3　面源扩散模式

城市的家庭炉灶和低矮烟囱的数量很大，单源的排放量却很小，可以将整个城市作为面源处理。平原地区排气筒高度不高于 30m 或排放量小于 0.04t/h 的多个排放源也可作为面源处理。

为了计算某一面源污染物对某预测点的影响，可以把整个面源划分为若干个面单元，计算每个面单元对某预测点的影响，方格边长可取 0.5km 或 1.0km 两种，每个小方格的源强为方格内所有小点源和线源源强的和。

（1）点源积分法

此模式将评价区在选定的坐标系内网格化，网格单元的大小一般可取 1km×

1km 评价区较小时，可取 500m×500m，HJ/T2.2-93 给出了面源或无组织排放源的地面浓度 c_s 的计算公式

$$c_s = \frac{1}{\sqrt{2\pi}} \sum Q_j \beta_j \qquad (9-25)$$

$$\beta_j = \frac{2^\eta}{u_j \overline{H}_j^{2\eta} \gamma^{1/\alpha} \alpha} (\Gamma_j(\eta, \tau_j) - \Gamma_{j-1}(\eta, \tau_{j-1})) \qquad (9-26)$$

式中：$Q_j, \overline{H}_j, u_j$——预测点上风方第 j 个网格的单位面积单位时间排放量、平均排放高度和 $\overline{H}_j$ 处的平均风速；单位分别为 mg/(m^2·s)，m，m/s；

α, γ——垂直扩散参数 σ_z 的回归指数与回归系数，$\sigma_z = \gamma x^\alpha$，$\alpha, \gamma$ 即式(9-17)中的 α_2, γ_2，x 轴指向上风向，坐标原点为接受点(见图 9-17(a))。

$$\eta = (\alpha - 1)/2\alpha \qquad (9-27)$$

$$\tau_j = \overline{H}_j^2/(2\gamma^2 x_j^{2\alpha}) \qquad (9-28)$$

$$\tau_{j-1} = \overline{H}_{j-1}^2/(2\gamma^2 x_{j-1}^{2\alpha}) \qquad (9-29)$$

$\Gamma(\eta, \tau)$——为不完全伽全函数，有

$$\Gamma(\eta, \tau) = \frac{a}{\tau(b + 1/\tau)^c} \qquad (9-30)$$

$$a = 2.32\alpha + 0.28 \qquad (9-31)$$

$$b = 10.00 - 5.00\eta \qquad (9-32)$$

$$c = 0.88 + 0.82\eta \qquad (9-33)$$

如面源范围较大，且分布均匀，则当风速小于 1.5m/s 时也可按(9-25)～(9-33)各式计算，当平均风速 u<1m/s 时，一律取 u=1m/s。

计算时应注意坐标变换，将坐标变换到以接受点为原点，上风向为正 x 轴后，再应用(9-25)～(9-33)各式。有风时 16 个风方位的风向路径如图 9-17 所示。风速小于 1.5m/s 时，因风向脉动角较大，影响接受点的上风向网格数应适当增加。在确定 Q_j 时，可根据图 9-18，沿上风向按步长取粗实线内各网格 Q_j 的面积的加权平均值。图 9-17 和图 9-18 均按预测区坐标系给出的，图中只给出 3 个风方位，其余 13 个方位可利用其对 x 或 y 轴的对称关系导出。

如果面源分布较密且排放量较大，当其高度差较大时，可酌情按不同平均高度将面源分为 2～3 类，此时 c_s 可按下式计算

$$c_s = \frac{1}{\sqrt{2\pi}} \sum_m \sum_j Q_{mj} \beta_{mj} \qquad (9-34)$$

式中，m 为面源类别序号。

如果只计算任一孤立面源内的平均浓度，c_s 可按下式计算

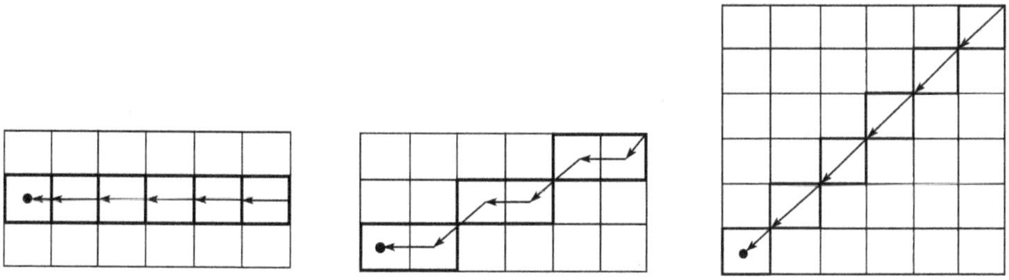

(a)
(• 为接受点，风方位为 E)

(b)
(• 为接受点，风方位为 ENE)

(c)
(• 为接受点，风方位为 NE)

图 9－17　面源模式风向路径

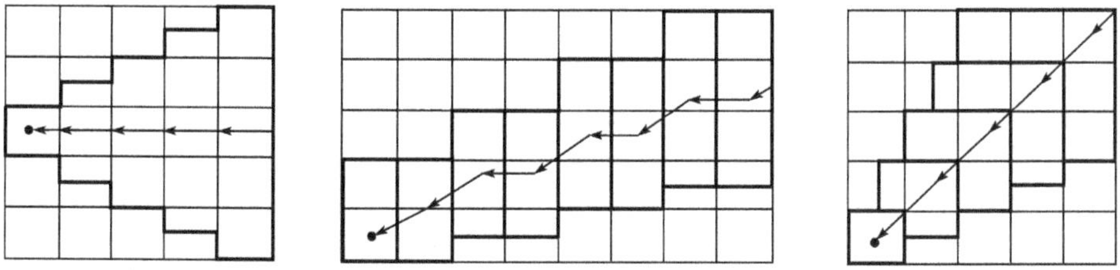

(a)
(u_{10}<1.5m/s;• 为接受点，风方位为 E)

(b)
(u_{10}<1.5m/s;• 为接受点，风方位为 ENE)

(c)
(u_{10}<1.5m/s;• 为接受点，风方位为 NE)

图 9－18　面源模式风向路径(风方位参见图 9－1)

$$c_s = \frac{Q}{\sqrt{2\pi}}\beta_j(\eta,\tau) \tag{9-35}$$

$$\tau = \overline{H}^2/(2\gamma^2 x^{2\alpha})$$

式中：x 为沿平均风向面源边长的 1/2，也可取 $x=(S/\pi)^{1/2}$（S 为面源面积），m；其他符号意义同前。

当 $S \leqslant 1\text{km}^2$ 时，网格外的 c_s 可按点源修正法计算。

(2) 点源修正法

① 直接修正法

当面源面积较小（$S \leqslant 1\text{km}^2$）时，面源外的 c_s 可按点源扩散模式计算，但需对扩散参数 σ_y 和 σ_z 进行修正，修正后的 σ_y 和 σ_z 按下式计算

$$\sigma_y = \gamma_1 x^{\alpha 1} + \frac{L_y}{4.3} \tag{9-36}$$

$$\sigma_z = \gamma_2 x^{\alpha 2} + \frac{\overline{H}}{2.15} \tag{9-37}$$

式中：x——自接受点至面源中心点的距离，m；

L_y——面源在 y 方向的长度，m；

$\overline{H}$——面源的平均排放高度，m。

② 虚拟点源法

虚拟点源法也称点源后退法。先假定面源排放的污染物都集中于面源中心，然后向上风向倒退一个 x_0 的距离，变成一个虚拟点源。该点源排放的污染物经 x_0 距离扩散到面源中心时，烟羽的宽度与高度分别为 $L_y/4.3$ 和 $H/2.15$。此时，$\sigma_y(x_0)=L_y/4.3$，$\sigma_z(x_0)=H/2.15$。根据 $\sigma_y(x)$，$\sigma_z(x)$的关系式，很容易反推出 x_0。具体计算时只要将 $\sigma_y(x)$，$\sigma_z(x)$的自变量 x 代以 $x+x_0$，即

$$c_s(x,0,0)=\frac{Q_A}{\pi\bar{u}\sigma_y(x+x_0)\sigma_z(x+x_0)} \tag{9-38}$$

(3) 箱式模式

箱式模式假定污染物的浓度在混合层内处处相等。实际上，城市面源源强往往是不相等的，应划分为更小的面源单元。若在横风向几公里范围内面源强度的变化不超过 10 倍，横向散布的不均匀性可以忽略，只需考虑沿 x 方向的源强变化即可，此时可将城市划分为若干与风向垂直的条形面源，污染物浓度的计算公式为

$$\bar{c}=\frac{\overline{Q}B}{\bar{u}L} \tag{9-39}$$

式中：$\bar{c}$——箱内(混合层内)平均浓度，mg/m^3；

$\overline{Q}$——箱内单位面积平均源强，$mg/(m^2\cdot s)$；

B——沿风向的边界长度，m；

L——混合层高度，m。

(4) 窄烟羽模式

当面源强度的变化不大，相邻两个面单元源强很少相差两倍以上。同时，一个连续点源形成的烟流相当狭窄，因此某点的浓度主要决定于所在面源的源强及上风向各个面单元的源强。因上风向两侧的各面单元对其的影响很小，故只要计算预测点所在面单元及上风向各面单元污染物对预测点的影响即可。进一步研究发现，预测点所在面源对该点浓度的贡献比其上风向相邻 5 个面单元贡献的总和还要大，预测点的浓度主要由所在面单元的源强决定，从而得到简化的窄烟羽模式

$$c=A\frac{Q_0}{\bar{u}} \tag{9-40}$$

$$A=\left(\frac{2}{\pi}\right)^{1/2}\frac{x}{(1-\alpha_2)\gamma_\alpha x^{\alpha_1}}=\frac{0.8x}{(1-\alpha_2)\sigma_z(x)} \tag{9-41}$$

式中：$\sigma_z = \gamma_\alpha x^{\alpha_2}$；

Q_0——预测点所在面单元的源强，mg/(m^2·s)；

x——计算点至上风向城市边缘的距离，m。

采用上述简化模式计算时，对于每个风速，只要将每个面单元的源强乘以一个相应的系数 A 即可得出该面单元的浓度。吉福德(Gifford)给出了不稳定、中性和稳定时 A 的典型值分别为 50、200 和 600，长期平均值为 225。

9.2.2.4　丘陵、山区扩散模式

丘陵、山区地形复杂，由于动力或热力的原因，使流场呈不均匀状态，在这个区域内，平均风速、风向及湍流扩散的函数关系不再到处一样，前面讨论的正态烟羽模式的适用条件已不再成立。对于某些特定的情况，如狭长山谷、高度变化不大的丘陵地区，可以通过对正态烟羽模式修正的办法处理。

(1) 狭长山谷扩散模式

在狭长山谷中，当烟羽边缘接近两侧山坡时，侧向扩散受到两边谷壁的限制及反射。因此可以认为烟羽经一定距离后，经过侧壁的多次反射，横向浓度接近均匀分布，而铅直方向仍为正态分布(无上部逆温)，则可得出下述地面浓度计算公式

$$c(x,y,0) = \left[\frac{Q_A}{\pi \bar{u}\sigma_y\sigma_z}\right]\exp\left[\frac{-H_e^2}{2\sigma_z^2}\right]$$
$$\sum_m\left\{\exp\left[\frac{-(y-B+2mW)^2}{2\sigma_y^2}\right]+\exp\left[\frac{-(y+B+2mW)^2}{2\sigma_y^2}\right]\right\} \quad (9-42)$$

式中：W——山谷平均宽度，m；

B——污染源至一侧谷壁的距离，m；

m——烟羽在两侧谷壁之间反射次数的序号，一般 m 从 -4 到 $+4$ 已足够；

其他符号意义同前。

经一定距离，污染物横向浓度趋向均匀分布时的浓度为

$$c(x,y,0) = \left(\frac{2}{\pi}\right)^{1/2}\frac{Q_A}{\bar{u}W\sigma_z}\exp\left(-\frac{H_e^2}{2\sigma_z^2}\right) \quad (9-43)$$

烟羽自排出口至接触到谷壁时的距离 x_w 可由下式反算

$$\sigma_y(x_w) = W/4.3 \quad (9-44)$$

(2) PSDM 模式

为了修正地形对烟羽模式的影响，美国国家海洋局和大气局提出了 NOAA 模式，ERT 提出了 PSDM 模式。这二个模式均来源于 Egan 模式。Egan 认为：假定烟羽的路径始终与起伏的地形保持平行或烟羽轴线保持固定的海拔高度，并与高于烟羽的地形

相交都是不正确的,实际情况应介于两者之间。地面轴线浓度的修正方法如下:

① 中性和不稳定天气条件　假定烟羽中心和地形高度差始终保持初始的有效源高,即烟流轨迹始终与起伏的下垫面保持平行,随地形起伏,此时地面轴线浓度可用下式计算

$$c(x,0,h_t,H_e)=\frac{Q_A}{\pi\bar{u}W\sigma_z\sigma_z}\exp\left(-\frac{H_e^2}{2\sigma_z^2}\right) \tag{9-45}$$

② 稳定天气条件　假定烟流中心保持其初始的海拔高度不变,地面轴线浓度用下式计算

$$c(x,0,h_t,H_e)=\frac{Q_A}{\pi\bar{u}W\sigma_z\sigma_z}\exp\left[-\frac{(H_e-h_t)^2}{2\sigma_z^2}\right] \tag{9-46}$$

式中,h_t 为计算点相对于烟囱底面的高度,m。当 $h_t>H_e$ 时,取 $H_e=h_t$,此时计算的地面浓度,比实际情况偏高。模式的计算结果相当于 10min～1h 的平均浓度。

9.2.2.5　其他特殊情况下的扩散模式

(1) 封闭型扩散模式

当离地面几百米至 1～2km 高度上存在一个明显的逆温层,逆温层下为中性或不稳定大气时,污染物在垂直方向的扩散会受到上部稳定层结的抑制,扩散只能在地面至逆温层底之间进行,致使低层大气污染物浓度明显增高,这种存在上部逆温的扩散称“封闭型扩散”,此时的空气层称为混合层。上部稳定层底部的高度称为混合层高度。

若将扩散至逆温层中的污染物浓度忽略不计,把逆温层底作为和地面一样对污染物能起全反射作用的镜面,则污染物在地面与逆温层底间的扩散模式如图 9-19 所示。设混合层的厚度为 D_h,则地面轴线污染物的浓度为

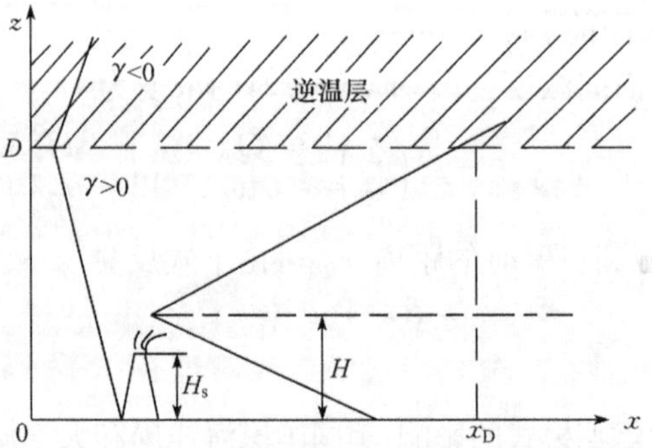

图 9-19　封闭型扩散示意图

$$c(x,0,0,H_e)=\frac{Q_A}{\pi\bar{u}\sigma_y\sigma_z}\sum_{-\infty}^{\infty}\exp\left[-\frac{(H_e-2nD_h)^2}{2\sigma_z^2}\right] \tag{9-47}$$

式中：D_h——逆温层底高度，即混合层高度，m；

n——烟流在两界面间的反射次数，一般情况下 n 取 3～4 次即可。

① 当 $x\leqslant x_D$ 时，x_D 为烟流上界刚好达到逆温层底时的交点与源的水平距离。实际使用中可以用烟流的宽度($2y_0$)和高度($2z_0$)表示水平与垂直扩散范围，此处，$2y_0$ 为沿 y 轴浓度下降到中心轴线浓度 1/10 处两点的距离；$2z_0$ 可用同样方法来定义。若污染物的扩散呈正态分布，则

$$2y_0=4.3\sigma_y \tag{9-48}$$

$$2z_0=4.3\sigma_z \tag{9-49}$$

令烟流中心线到逆温层底的距离为 z_0，$z_0=D_h-H_e$，则有

$$\sigma_z(x_D)=\frac{D_h-H_e}{2.15} \tag{9-50}$$

取 $\sigma_z=\gamma_\alpha x^{\alpha_2}$，则

$$x_D=0.465\left(\frac{D_h-H_e}{\gamma_\alpha}\right)^{1/\alpha_2} \tag{9-51}$$

因此，在 $x\leqslant x_D$ 时，烟流扩散还未受到逆温层底部的影响，其浓度分布仍可用一般高斯模式计算。

② $x\geqslant 2x_D$ 时，上下界面对烟流经多次反射到达某一距离 x 后，混合层内污染物浓度在垂直方向的分布将趋于均匀，不再因垂直方向的扩散而稀释，但横向浓度仍符合正态分布及扩散的连续性条件，此时地面轴线污染物浓度为

$$c(x,y)=\frac{Q_A}{\sqrt{2\pi}\,\bar{u}D_h\sigma_y}\exp\left(-\frac{y^2}{2\sigma_y^2}\right) \tag{9-52}$$

③ $x_D<x<2x_D$ 时，污染的浓度在前两种情况中间变化，此时污染物浓度可在 $x=x_D$ 与 $x=2x_D$ 两点浓度内进行插值求得。

(2) 熏烟型扩散

当夜间产生贴地逆温，日出以后，将逐渐自下而上消失，形成一个不断增厚的混合层。原来在逆温层中处于稳定状态的烟羽进入混合层后，由于其本身的下沉和垂直方向的强烈扩散作用，污染物浓度在这一方向将接近于均匀分布，出现所谓熏烟现象，如图 9-20 所示。熏烟属于常见的不利气象条件之一，其持续的时间约 30～60min，但其最大浓度可达到一般地面浓度的几倍。

熏烟条件下的地面浓度 c_f 可分以下几种情况进行计算：

① 当逆温层消失到烟流顶高(L_f)时，$z_f=H+2\sigma_z$，认为烟流受上部逆温的阻挡而全部向下混合，地面熏烟浓度达到极大值。此时

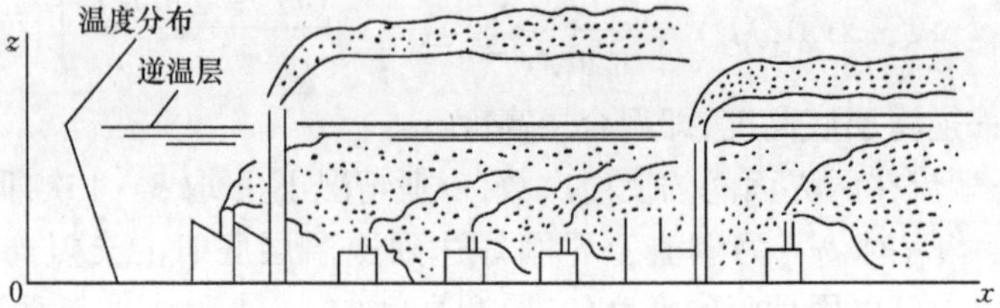

图 9-20　熏烟型污染示意图

$$c_f(x,0,0,H_e) = \frac{Q_A}{\sqrt{2\pi}\,\bar{u}L_f\sigma_{yf}}\exp\left(-\frac{y^2}{2\sigma_{yf}^2}\right) \tag{9-53}$$

$$c_f(x,0,0,H_e) = \frac{Q_A}{\sqrt{2\pi}\,\bar{u}L_f\sigma_{yf}} \tag{9-54}$$

$$\sigma_{yf} = \sigma_y + \frac{H_e}{8} \tag{9-55}$$

式中，σ_{yf}为熏烟条件下 y 向扩散参数，m。

② 当逆温消退到高度 z_f，且 $H<z_f<L_f$ 时，只有 z_f 以下的烟气向下扩散，源强 Q_A 只包括在 z_f 以下的部分，此时有

$$c_f(x,y,0,H_e) = \frac{Q_A}{\sqrt{2\pi}\,\bar{u}z_f\sigma_{yf}}\exp\left(-\frac{y^2}{2\sigma_{yf}^2}\right)\int_{-\infty}^{p}\frac{1}{\sqrt{2\pi}}\exp\left(-\frac{p^2}{2}\right)\mathrm{d}p \tag{9-56}$$

式中，$p=(z_f-H_e)/\sigma_z$。

③ 当逆温消退到有效源高 H_e 时，$z_f=H_e$，$p=0$，则地面熏烟浓度为

$$c_f(x,y,0,H_e) = \frac{Q_A}{2\sqrt{2\pi}\,\bar{u}H_e\sigma_{yf}}\exp\left(-\frac{y^2}{2\sigma_{yf}^2}\right) \tag{9-57}$$

地面轴线熏烟浓度为

$$c_f(x,0,0,H_e) = \frac{Q_A}{2\sqrt{2\pi}\,\bar{u}H_e\sigma_{yf}} \tag{9-58}$$

9.3　大气扩散理论应用

9.3.1　烟气抬升高度计算

确定烟羽抬升高度的方法很多，有数值计算、风洞模拟、现场观测等方法。常用的有霍兰德公式、布时吉斯(Bviggs)公式及我国《环境评价技术导则——大气环境》(HJ/T2.2-93)推荐的计算方法。

9.3.1.1　HJ/T2.2-93计算方法

(1) 有风时,中性和不稳定条件下烟气抬升高度的计算

① 当烟气热释放率 $Q_h \geqslant 2100 kJ/s$,且烟气温度与环境温度的差 $\Delta T \geqslant 35K$ 时

$$\Delta H = n_0 Q_h^{n_1} H_1^{n_2} / \bar{u} \tag{9-59}$$

$$Q_h = 3.5 p_a Q_v (T_s - T_a) / T_s \tag{9-60}$$

式中: Q_h——烟气的热释放率,kJ/s;

Q_v——实际情况下的烟气体积流量,m^3/s;

p_a——大气压力,取气象台(站)所在地大气压力,Pa;

T_s——烟气出口温度,K;

T_a——环境大气平均温度,K;

$\bar{u}$——烟气出口处平均风速,m/s;

n_0——烟气热状况及地表状况系数;

n_1——烟气热释放率指数;

n_2——烟囱高度系数;

n_0, n_1, n_2 按表9-2选取。

表9-2　n_0, n_1, n_2 取值

Q_h/(kJ/s)	地表状况(平原)	n_0	n_1	n_2
$Q_h \geqslant 21\,000$	农村或城市远郊区	1.427	1/3	2/3
	城区及近效区	1.303	1/3	2/3
$2\,100 \leqslant Q_h < 21\,000$ 且 $\Delta T \geqslant 35K$	农村或城市远郊区	0.332	3/5	2/5
	城区及近效区	0.292	3/5	2/5

② 当烟气热释放率 $Q_h < 2100 kJ/s$, $\Delta T \leqslant 35K$ 时

$$\Delta H = 2(1.5 u_s D + 0.01 Q_h) / u \tag{9-61}$$

式中: u_s——烟囱出口烟气速度,m/s;

D——烟囱出口内径,m。

(2) 有风、稳定条件下烟气抬升高度

$$\Delta H = Q_h^{1/3} \left(\frac{dT_a}{dZ} + 0.0098 \right)^{-\frac{1}{3}} \bar{u}^{-\frac{1}{3}} \tag{9-62}$$

式中,$\frac{dT_a}{dZ}$为排气筒几何高度以上的大气温度梯度,K/m。

(3) 静风和小风($0.5m/s \leqslant u_{10} < 1.5m/s$)时烟气抬升高度

$$\Delta H = 5.5 Q_{\mathrm{h}}^{1/4}\left(\frac{\mathrm{d}T_{\mathrm{a}}}{\mathrm{d}Z} + 0.0098\right)^{-3/8} \tag{9-63}$$

此时，$\frac{\mathrm{d}T_{\mathrm{a}}}{\mathrm{d}Z}$取值不宜小于 0.01K/m。

9.3.1.2　霍兰德(Holland)公式

$$\Delta H = \frac{u_{\mathrm{s}}D}{\bar{u}}\left(1.5 + 2.7\frac{T_{\mathrm{s}} - T_{\mathrm{a}}}{T_{\mathrm{a}}}D\right) = (1.5u_{\mathrm{s}}D + 9.79 \times 10^{-6}Q_{\mathrm{h}})/\bar{u} \tag{9-64}$$

此式早期应用于中小型烟源，计算结果偏于保守，现较少使用。考虑大气稳定度影响，霍兰德建议在不稳定时增加 10%～20%，稳定时减少 10%～20%。美国 ASME 规定的校正数取值如表 9-3。

表 9-3　不同稳定度下的校正系数

稳定度级别	A,B	C	D	E,F
ΔH 校正系数	1.15	1.10	1.0	0.85

我国国标(GB3840-83)中规定：在 Q_{h}<5000×4.8kJ/s 或 ΔT<35K 时，如用霍兰德公式，取其计算值的 2 倍作为 ΔH。

9.3.1.3　布时吉斯(Bviggs)公式

(1) 当 Q_{h}<20 920kJ/s 时

$$\Delta H = 0.362 Q_{\mathrm{h}}^{1/3} \cdot x^{2/3}/\bar{u} \qquad x < 10H_{\mathrm{s}} \tag{9-65}$$

$$\Delta H = 1.55 Q_{\mathrm{h}}^{1/3} \cdot H_{\mathrm{s}}^{2/3}/\bar{u} \qquad x > 10H_{\mathrm{s}} \tag{9-66}$$

(2) 当 Q_{h}>20 920kJ/s 时

$$\Delta H = 0.362 Q_{\mathrm{h}}^{1/3} \cdot x^{1/3}/\bar{u} \qquad x < 3x^{*} \tag{9-67}$$

$$\Delta H = 0.332 Q_{\mathrm{h}}^{3/5} \cdot H_{\mathrm{s}}^{2/5}/\bar{u} \qquad x > 3x^{*} \tag{9-68}$$

$$x^{*} = 0.33 Q_{\mathrm{h}}^{2/5} \cdot H_{\mathrm{s}}^{2/5}/\bar{u}^{6/5} \tag{9-69}$$

该式是用因次方法导出，用实测资料推导出常数项，适用于不稳定与中性状态的大气。

9.3.2　大气稳定度分级及扩散参数确定

扩散参数 σ_y、σ_z 是下风向距离、大气稳定度、地面粗糙度等的函数，目前广泛应用的确定扩散参数的方法是根据大量扩散试验得到的经验公式。

9.3.2.1　帕斯奎尔分级方法

帕斯奎尔(Pasquill)在大量观测的基础上，根据云量、云状、太阳辐射状况和地面风速等大量常规气象资料把大气对污染物的扩散能力划分 A、B、C、D、E、F 六个稳定度级别，见表 9－4。使用此表时应注意以下几点：

表 9－4　帕斯奎尔大气稳定度分级表

地面风速/(m/s)（距地面 10m 高处）	白天			阴天（白天或夜晚）	夜晚	
	太阳辐射状况				薄云遮天或低云≥5/10	云量≤4/10
	强	中等	弱			
<2	A	A～B	B	D		
2～3	A～B	B	C	D	E	F
3～5	B	B～C	C	D	D	E
5～6	C	C～D	D	D	D	D
>6	C	D	D	D	D	D

注：稳定度级别中，A 为极不稳定；B 为不稳定；C 为微不稳定；D 为中性；E 为微稳定；F 为稳定。从 A～F 表示大气扩散能力逐渐减弱。

（1）稳定度级别 A～B 表示按 A 和 B 级别数据内插；

（2）夜间定义为日落前 1h 至日出后 1h 的时段；

（3）不论何种天气状况，夜间前后各 1h 作为中性，即 D 级稳定度；

（4）强太阳辐射对应于碧空下太阳高度角大于 60°的条件，弱太阳辐射相当于碧空下太阳高度角从 15°到 35°的条件。

由表 9－4 确定了稳定度级别后，利用图 9－21、图 9－22 可查出该稳定度级别下各个距离上的 σ_y 和 σ_z 值。该图是帕斯奎尔根据大量试验资料总结出的 σ_y、σ_z 随距离变化的曲线。但由于复制误差，很难得到较为精确的 σ_y 和 σ_z 值。为此英国伦敦气象局列出了表 9－5，该表列出了 6 个稳定度级别下，在一些距离上的 σ_y 和 σ_z 的具体数值，用内插法可求出在 20km 距离内的 σ_y 和 σ_z 值。

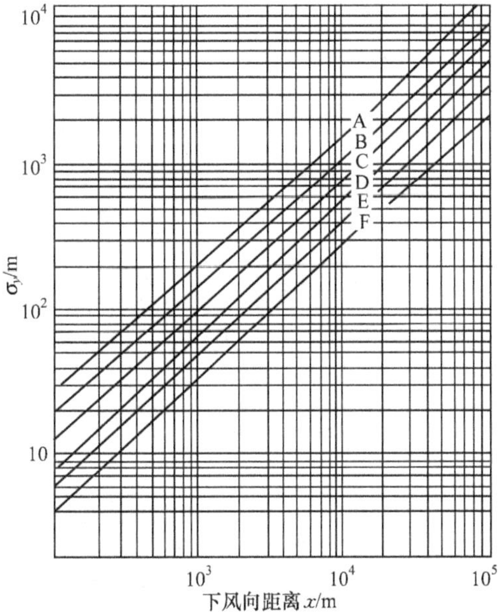

图 9－21　下风距离和水平扩散参数关系图

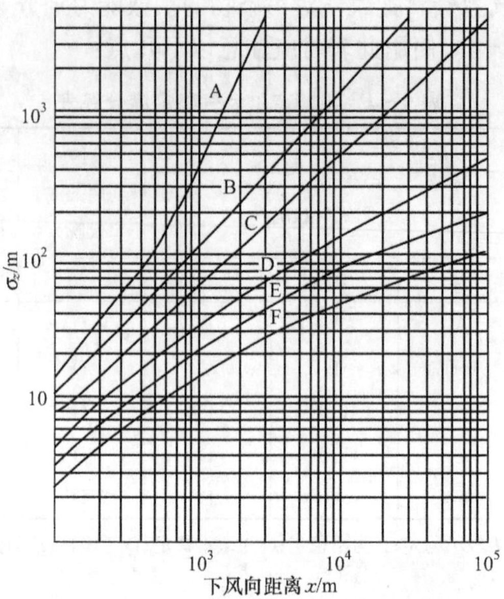

图 9－22　下风距离和铅垂扩散参数关系

表 9－5　不同稳定度及距离时的扩散系数

稳定度		A		B		C		D		E		F	
标准差		σ_y	σ_z	σ_y	σ_z	σ_y	σ_z	σ_y	σ_z	σ_y	σ_z	σ_y	σ_z
距离/km	0.1	27.0	14.0	19.1	10.7	12.6	7.44	8.37	4.65	6.05	3.72	4.19	2.33
	0.2	49.8	29.3	35.8	20.5	23.3	14.0	15.3	8.37	11.6	6.05	7.91	4.19
	0.3	71.6	47.4	51.6	30.2	33.5	20.5	21.9	12.1	16.7	8.84	10.7	5.58
	0.4	92.1	72.1	67.0	40.5	43.3	26.5	28.8	15.3	21.4	10.7	14.4	6.98
	0.5	112	105	81.4	51.2	53.5	32.6	35.3	18.1	26.5	13.0	17.7	8.37
	0.6	132	153	95.8	62.8	62.8	38.6	40.9	20.9	31.2	14.9	20.5	9.77
	0.8	170	279	123	84.6	80.9	50.7	53.5	27.0	40.0	18.6	26.5	12.1
	1.0	207	456	178	109	99.1	61.4	65.6	32.1	48.8	21.4	32.6	14.0
	1.2	243	674	203	133	116	73.0	76.7	37.2	57.7	24.7	38.1	15.8
	1.4	278	930	228	157	133	83.7	87.9	41.9	65.6	27.0	43.3	17.2
	1.6	313	1 230	253	181	149	95.3	98.6	47.0	73.5	29.3	48.8	19.1
	1.8			278	207	166	107	109	52.1	82.3	31.6	54.5	20.5
	2.0			395	233	182	116	121	56.7	85.6	33.5	60.5	21.9
	3.0			508	363	269	167	173	79.1	129	41.9	86.5	27.0
	4.0			723	493	335	219	221	100	166	48.6	102	31.2
	6.0				777	474	316	315	140	237	60.9	156	37.7
	8.0					603	409	405	177	306	70.7	207	42.8
	10					735	498	488	212	366	79.1	242	46.5
	12							569	244	427	87.4	285	50.2
	16							729	307	544	100	365	55.8
	20							884	372	659	111	437	60.5

确定了 σ_y 和 σ_z 值后，代入前述介绍的一系列模式中，即可估算出各种情况下的浓度值。

当估算地面最大浓度 c_{max} 及它出现的距离 $x_{c_{max}}$ 时，可先按 $\sigma_z = H/\sqrt{2}$ 计算出 $\sigma_z|x = x_{c_{max}}$，从图 9－22 上查出对应的 x 值，此值即为该稳定度下的 $x_{c_{max}}$，然后可从图 9－21 上查出与 $x_{c_{max}}$ 对应的 σ_y 值。该方法在 D、C 稳定度下计算时误差较小，在 E、F 级时误差较大。H 越大，误差越小。

计算非最大地面浓度时，可利用下风距离 x 由 P-G 曲线直接查得 σ_y 和 σ_z。

该方法对于开阔的乡村地区能给出较可靠的稳定度，但不适用于城市地区。其原因是城市地区较大的地面粗糙度及热岛效应影响了稳定度。特别在静风晴夜，乡村地区大气状况是稳定的，但在城市，在高度相当于建筑物的平均高度几倍内是稍不稳定或近中性的，它上面有一个稳定层。

9.3.2.2　修订的帕斯奎尔分类法

帕斯奎尔方法的缺点是稳定度的划分比较粗糙，难以准确地确定稳定度级别，为此，特纳尔（Turner D.B.）在 1946 年提出了改进方法，我国现有法规也推荐该修订的帕斯奎尔分类法。该方法首先根据太阳高度角、云高和云量确定辐射等级，再根据辐射等级和地面风速来划分稳定度级别。具体步骤如下：

（1）太阳高度角计算

$$h_0 = \arcsin[\sin\phi\sin\sigma + \cos\phi\cos\sigma\cos(15t + \lambda - 300)] \qquad (9-70)$$

式中：h_0——太阳高度角（°）；

ϕ——当地纬度（°）；

λ——当地经度（°）；

t——气象观测时的北京时间，h；

σ——太阳倾角（°），其值为

$$\begin{aligned}\sigma = [&0.006\,918 - 0.399\,12\cos\theta_0 + 0.070\,257\sin\theta_0 \\ &- 0.006\,758\cos2\theta_0 + 0.000\,907\sin2\theta_0 \\ &- 0.002\,697\cos3\theta_0 + 0.001\,480\sin3\theta_0] \times \frac{180}{\pi}\end{aligned} \qquad (9-71)$$

式中：θ_0——$360d_n/365$（°）；

d_n——一年中日期序数，0，1，2，3，…，364。

（2）太阳辐射等级数及大气稳定度分级

由云量和太阳高度角按表 9－6 确定太阳辐射等级数值。

表 9-6 太阳辐射等级数

云量/(1/10)		太阳高度角 h_0			
总云量/低云量	夜间	$h_0 \leqslant 15°$	$15° < h_0 \leqslant 35°$	$35° < h_0 \leqslant 65°$	$h_0 > 65°$
≤4/≤4	-2	-1	+1	+2	+3
5~7/≤4	-1	0	+1	+2	+3
≥8/≤4	0	0	0	+1	+1
≥5/5~7	0	0	0	0	+1
≥8/≥8	0	0	0	0	0

注:云量观测规则与中央气象局编制的《地面气象观测规范》相同。

由太阳辐射等级数和地面风速可按表 9-7 确定大气稳定度等级。

表 9-7 大气稳定度等级

地面风速	太阳辐射等级					
/(m/s)	+3	+2	+1	0	-1	-2
≤1.9	A	A~B	B	D	E	F
2~2.9	A~B	B	C	D	E	F
3~4.9	B	B~C	C	D	D	E
5~5.9	C	C~D	D	D	D	D
≥6	C	D	D	D	D	D

注:地面风速(m/s)系指距地面 10m 高度处 10min 内的平均风速,其观测规则与中央气象局编制的《地面气象观测规范》相同。

(3) 扩散参数的确定

扩散参数 σ_y、σ_z 由式(9-16)、(9-17)计算,系数可查表 9-8、9-9。

表 9-8 横向扩散参数幂函数表达式数据(取样时间 0.5h)

扩散参数	稳定度等级(P.S)	α_1	γ_1	下风向距离/m
$\sigma_y = \gamma_1 x^{\alpha_1}$	A	0.901 074	0.425 809	0~1 000
		0.850 934	0.602 052	>1 000
	B	0.914 370	0.281 846	0~1 000
		0.865 014	0.396 353	>1 000
	B~C	0.919 325	0.229 500	0~1 000
		0.875 086	0.314 238	>1 000
	C	0.924 279	0.177 154	0~1 000
		0.885 157	0.232 123	>1 000
	C~D	0.926 849	0.143 940	0~1 000
		0.886 940	0.189 396	>1 000
	D	0.929 418	0.110 726	0~1 000
		0.888 723	0.146 669	>1 000
	D~E	0.925 118	0.098 563 1	0~1 000
		0.892 794	0.124 308	>1 000
	E	0.920 818	0.086 400 1	0~1 000
		0.896 864	0.101 947	>1 000
	F	0.929 418	0.055 363 4	0~1 000
		0.888 723	0.073 334 8	>1 000

表 9-9　垂直扩散参数幂函数表达式数据(取样时间 0.5h)

扩散参数	稳定度等级(P.S)	α_2	γ_2	下风向距离/m
$\sigma_z=\gamma_2 x^{\alpha_2}$	A	1.121 54 1.523 60 2.108 81	0.079 990 4 0.008 547 71 0.000 211 545	0～300 300～500 >500
	B	0.964 435 1.093 56	0.127 190 0.057 025 1	0～500 >500
	B～C	0.941 015 1.007 70	0.114 682 0.075 718 2	0～500 >500
	C	0.917 595	0.106 803	0～500 >500
	C～D	0.838 628 0.756 410 0.815 575	0.126 152 0.235 667 0.136 659	0～2 000 2 000～10 000 >10 000
	D	0.862 621 2 0.632 023	0.104 634 0.400 167 0.810 763	0～1 000 1 000～10 000 >10 000
	D～E	0.776 864 0.572 347 0.499 149	0.111 771 0.528 992 1.038 10	0～2 000 2 000～10 000 >10 000
	E	0.788 370 0.565 188 0.414 743	0.092 752 9 0.433 384 1.732 41	0～1 000 1 000～10 000 >10 000
	F	0.784 400 0.525 969 0.322 659	0.062 765 0.370 015 2.406 91	0～1 000 1 000～10 000 >10 000

污染物在大气中的扩散与浓度分布是在湍流作用下形成的,而湍流统计量与采样时间的长短有关。在短时间内风向变化的角度较小,烟云散布范围窄,σ 值小;相反,在较长的采样时间内,风向可能在相当大的范围内偏转与摆动,烟云散布范围相应增大,σ 值也变大。这样,在短时间内采样取得的浓度偏大,随时间的延长,采样取得的浓度变小。我国《大气环境质量标准》(GB3095-1996)中的"一次最大允许浓度"对应的采样时间为 30min。通常采样时间取 30min,以便与标准比较。

扩散参数的选取方法如下

① 0.5h 取样时间

平原地区农村及城市远郊区:A、B、C 级稳定度可直接查表 9-8 和表 9-9;D、E、F 级稳定度则需向不稳定方向提半级后再由表 9-8 和表 9-9 查算。

工业区或城区:A、B 级不提级;C 级提到 B 级;D、E、F 级向不稳定方向提一级,再按表 9-8 和表 9-9 查算。

丘林山区的农村与城市:其扩散参数的选取方法同工业区。

② 大于 0.5h 取样时间

此时要对式(9-16)和式(9-17)的扩散系数进行修正。

铅垂方向的扩散参数不变,横向扩散参数及稀释系数满足下式

$$\sigma_{y\tau_2} = \sigma_{y\tau_1}\left(\frac{\tau_2}{\tau_1}\right)^q \tag{9-72}$$

或 σ_y 的回归指数 α_1 不变,回归系数 γ_1 满足下式

$$\gamma_{1\tau_2} = \gamma_{2\tau_2}\left(\frac{\tau_2}{\tau_1}\right)^q \tag{9-73}$$

式中: $\sigma_{y\tau_1}$, $\sigma_{y\tau_2}$——对应取样时间为 τ_1, τ_2 时的横向扩散系数;

q——时间稀释指数,查表 9-10;

$\gamma_{1\tau_1}$, $\gamma_{2\tau_2}$——对应时间为 τ_1, τ_2 时的横向扩散参数回归系数。

表 9-10 时间稀释系数 q

适用时间范围/h	q
$1 \leqslant \tau < 100$	0.3
$0.5 \leqslant \tau < 1$	0.2

用表 9-9 计算大于 0.5h 的 $\sigma_{y\tau_2}$, $\gamma_{1\tau_2}$ 时,先根据 0.5h 取样时间计算 σ_y 或 γ_1,再以其作为 $\sigma_{y\tau_1}$ 或 $\gamma_{1\tau_1}$,计算 $\sigma_{y\tau_2}$ 或 $\gamma_{1\tau_2}$。

③ 小风与静风

小风和静风是指离地面 10m 处风速为 $u_{10} <$ 1.5m/s的场合。在采样时间为 0.5h 时,建议按表 9-11 选取,大于 0.5h 时可参照式(9-72)和式(9-73)进行换算。

表 9-11 小风($0.5\text{m/s} \leqslant u_{10} < 1.5\text{m/s}$)和静风($u_{10} < 0.5\text{m/s}$)时的扩散参数系数 γ_{01}, γ_{02}

($\sigma_x = \sigma_y = \gamma_{01} T$, $\sigma_z = \gamma_{02} T$)

稳定度(P.S)	γ_{01}		γ_{02}	
	$u_{10} < 0.5$m/s	$0.5\text{m/s} \leqslant u_{10} < 1.5$m/s	$u_{10} < 0.5$m/s	$0.5\text{m/s} \leqslant u_{10} < 1.5$m/s
A	0.93	0.76	1.57	1.57
B	0.76	0.56	0.47	0.47
C	0.55	0.35	0.21	0.21
D	0.47	0.27	0.12	0.12
E	0.44	0.24	0.07	0.07
F	0.44	0.24	0.05	0.05

例 9-1 某化工厂投产后,烟气中 SO_2 的排放量 8×10^4mg/s,排气筒高度为 50m,平均烟气抬升高度为 10m,试预测在距地面 10m 高处、风速为 4m/s,大气稳定度为 D 级时,该排气筒下风向 500m、距排气筒的平均风向轴线水平垂直距离 50m 处一个点所增加的 SO_2 浓度及对下风向 500m 计算点的浓度贡献。

［解］　计算排气筒距地面几何高度 50m 处的风速

$$H_e=50+10=60(\mathrm{m})$$

查表 9-1 得 $p=0.25$，则

$$\bar{u}=\overline{u_{10}}\left(\frac{H_e}{10}\right)^p=4\times\left(\frac{50}{10}\right)^{0.25}=5.98(\mathrm{m/s})$$

由下风方向距离 500m 及 D 级大气稳定度，计算求得 $\sigma_y=35.7\mathrm{m}$，$\sigma_z=17.8\mathrm{m}$，则

$$c=\frac{Q}{\pi\times\bar{u}\times\bar{\sigma}_y\times\bar{\sigma}_z}\times \mathrm{e}^{-\left(\frac{y^2}{2\sigma_y^2}+\frac{H^2}{2\sigma_z^2}\right)}$$

$$=\frac{80\,000}{3.1416\times5.98\times35.7\times17.8}\times2.7183^{-\left(\frac{50^2}{2\times35.7^2}+\frac{60^2}{2\times17.8^2}\right)}$$

$$=8.569\times10^{-3}(\mathrm{mg/m^3})$$

对下风向 500m 处计算点的浓度贡献为

$$c=\frac{80\,000}{3.1416\times5.98\times35.7\times17.8}\times2.7183^{-\left(\frac{60^2}{2\times17.8^2}\right)}$$

$$=0.023(\mathrm{mg/m^3})$$

例 9-2　在 C 级大气稳定度条件下，求高架点源下风向 800m 处的扩散参数。

［解］　由表 9-8、9-9，查 C 级稳定度、下风距离 0～1000m 栏，可得

$$\alpha_1=0.924\,279,\qquad \gamma_1=0.177\,154$$

$$\alpha_2=0.917\,595,\qquad \gamma_2=0.106\,803$$

由 $x=800$ 及查得的 α_1,γ_1 和 α_2,γ_2 值计算得

$$\sigma_y=\gamma_1\times x^{\alpha_1}=0.177\,154\times800^{0.924\,279}=85.43(\mathrm{m})$$

$$\sigma_z=\gamma_2\times x^{\alpha_2}=0.106\,803\times800^{0.917\,595}=49.25(\mathrm{m})$$

例 9-3　某新建热电厂，设计锅炉烟囱高度为 120m，上出口内径为 6m，烟气排放速率为 $54.15\mathrm{m^3/s}$，排气筒出口烟气温度为 130℃，当地近五年的统计气象资料为：平均气温 9.2℃，平均风速为 3.9m/s。假定气象台与电厂地面海拔高度相同，计算 D 级稳定度条件下的烟气抬升高度。

［解］　计算烟气的热释放率 Q_h 及烟气温度与环境大气温度的差 ΔT

$$\Delta T=T_s-T_a=(130+273)-(9.2+273)=120.8(\mathrm{K})$$

$$\Delta T>35\mathrm{K}$$

将标准状态下的排烟率换算成实际排烟率

$$\frac{Q_1}{T_1}=\frac{Q_v}{T_2}$$

即

$$\frac{54.15}{273}=\frac{Q_v}{130+273}$$

得 $Q_v=79.94\mathrm{m^3/s}$，则

$$Q_h = 3.5 \times 101 \times \frac{\Delta T}{T_s} \times Q_v = 354.5 \times \frac{120.8}{130+273} \times 79.94$$

$$= 8494(\mathrm{kJ/s})$$

$$> 2100\mathrm{kJ/s}。$$

查表 9-1 得 $p=0.25$,则烟囱出口处的风速 u

$$u = u_{10}\left(\frac{z_2}{z_1}\right)^p = 3.9\left(\frac{120}{10}\right)^{0.25} = 7.3(\mathrm{m/s})$$

根据 Q_h 及 ΔT 值和地表状况,查表 9-2 得 $n_0=0.292$, $n_1=3/5$, $n_2=2/5$, 则

$$\Delta H = n_0 \cdot Q_h^{n_1} \cdot H^{n_2} \cdot u^{-1} = 0.292 \times 8494^{\frac{3}{5}} \times 120^{\frac{2}{5}} \times 7.3^{-1} = 61.8(\mathrm{m})$$

9.4 烟囱高度设计与厂址选择

9.4.1 烟囱高度设计计算

烟囱高度设计的最终目标是要保证造成的地面污染浓度不超过某一规定标准,因此首先需要知道不同气象条件下排烟高度与地面浓度之间的关系。目前应用最广泛的是正态模式,以地面最大浓度为标准,寻求地面最大浓度与有效源高的关系。

9.4.1.1 根据地面最大浓度公式计算

当水平向扩散参数 σ_y 与垂直向扩散参数 σ_z 的比值为常数时,从地面最大浓度公式解出烟囱高度为

$$H_1 = \left(\frac{2Q_A}{\pi e \bar{u} c_{max}} \cdot \frac{\sigma_z}{\sigma_y}\right)^{1/2} - \Delta H \tag{9-74}$$

式中:ΔH——烟云抬升高度,m; c_{max}——地面最大浓度,mg/m^3。

按照浓度控制法确定烟囱高度,就是要保证地面最大浓度 c_{max}不超过某个规定的最大允许浓度 c_0。若本底浓度为 c_b,则应使 c_{max}不超过 c_0 和 c_b 之差,即 $c_{max} \leqslant c_0 - c_b$,此时,最低烟囱高度为

$$H_1 = \left[\frac{2Q_A}{\pi e \bar{u}(c_0 - c_b)} \cdot \frac{\sigma_z}{\sigma_y}\right]^{1/2} - \Delta H \tag{9-75}$$

上式中,$\bar{u}$ 取烟云垂直向活动范围内的平均风速,差别不大时,可取烟囱高度上的平均风速;σ_z/σ_y 一般取 0.5～1.0,相当于中性至中等不稳定时的情形,此项比值越大,计算的烟囱高度越高。

9.4.1.2 按地面绝对最大浓度公式计算

按地面绝对最大浓度公式计算烟囱高度,就是要求地面绝对最大浓度不超过

规定值，此时烟囱高度应为

$$H_e = \sqrt{\frac{Q_A}{2\pi e B(c_0 - c_b)}\cdot\frac{\sigma_z}{\sigma_y}} = \sqrt{\frac{Q_A}{2\pi e \bar{u} c(c_0 - c_b)}\cdot\frac{\sigma_z}{\sigma_y}} \tag{9-76}$$

用地面最大浓度公式计算烟囱高度，意味着在某个给定风速条件下的地面最大浓度不会超过规定值，但是不能保证在其他风速时也不超过标准。地面绝对最大浓度是危险风速时的地面最大浓度，它比其他风速时的值都高，因此用它作为计算标准最严格，定出的烟囱高度也最高，可以保证任何风速时的地面浓度都不超过规定标准。

9.4.1.3　根据一定保证率计算烟囱高度

由上述两种方法可见，若按保证 c_{max}规定值进行设计，烟囱的高度较矮，当风速小于平均风速时，地面浓度会超标。若按 c_{absm}设计，则烟囱的高度较高，不论风速多大，地面浓度都不会超标，但烟囱的造价较高，因此可在确定保证率后，对上述公式中的 $\bar{u}$ 和稳定度取一定值，再代入公式计算，即可得到某一保证率的气象条件下的烟囱高度。

9.4.1.4　根据点源烟尘允许排放率设计

《制定大气污染物排放标准的技术方法》(GB/T13201-91)中规定的点源烟尘允许排放率计算式为

$$Q_e = P_e \times H_e^2 \times 10^{-6} \tag{9-77}$$

式中：Q_e——烟尘允许排放速率，t/h；

P_e——烟尘排放控制系数，t/(h·m^2)。

经换算即得烟囱高度的计算公式

$$H_1 = \sqrt{\frac{Q_e \times 10^6}{P_e}} - \Delta H \tag{9-78}$$

9.4.1.5　烟囱高度设计中应注意的几个问题

(1) 上部逆温出现频率较高的地区，按上述公式计算后，还应按封闭型扩散模式进行校核。在辐射逆温较强的地区，应采用熏烟模式进行校核。

(2) 烟气抬升高度对烟囱高度的计算结果有较大的影响，一般情况下，应优先选用 GB/T13201-91 中推荐的公式。

(3) 烟囱出口的气流速度会影响到烟囱高度的设计。首先，出口流速不能太低，一般要求 u_s(烟气流速)/$\bar{u}$(平均风速)>1.5；其次，要考虑烟气流速对周围空气抬升的影响,要求烟气出口流不能过低,一般取 20～30m/s,排烟温度在 100℃以上。一般情况下,提高流速能增加烟气的动力抬升作用,但对于火力发电厂,由于热力抬升作用大于动力抬升作用,过高的流速反而会因强烈的挟裹作用,在烟气出口的背面产生负压区,使一部分空气被卷进烟气中,降低了抬升高度。这种情况下提高流速是不可取的。为了防止这种情况的出现,可在烟囱的出口处安装帽沿状水平园板,园板向外沿伸的尺寸至少等于烟囱出口的直径。

(4) 为防止烟流受附近建筑的影响而产生下洗或下沉现象,要求烟囱高度不得低于邻近建筑物或障碍物高度的 2.5 倍。

(5) 从减少地面污染的角度,采用单座烟囱排放比较有利,即采用集合式烟囱,以提高烟气抬升高度。

9.4.2 厂址选择

厂址选择要考虑许多方面的因素,比如原料供应、交通运输、供水、供电、土地利用、市场等许多方面的问题。同时,还必须考虑对环境的保护,根据污染气候资料,利用污染物在大气中运动的规律,选择适宜的厂址,力求在发展经济的同时,尽量减轻对周围环境的影响。

一个地区对污染物的扩散稀释能力由当地气象条件决定。因此,工厂的选址、发展的规模要考虑当地的大气稀释能力。大气的扩散稀释能力由平均风速、大气稳定度、混合层高度等气象要素决定。平原地区风速较大,混合层较高,大气对污染物的扩散稀释能力较强;山区或盆地经常出现静风状态,大气停滞不动,且逆温一般较强,大气比较稳定,大气扩散稀释能力差,因此,这些地区建厂一般不宜规模太大,以避免严重污染事件的发生。在静止或准静止反气旋活动频率较大的地区,也会出现气流停滞现象并伴有上部下沉逆温,大气对污染物的扩散稀释能力较差,也不宜建大型工厂。

厂址选择时首先要进行本底污染浓度的调查,如本底污染浓度已接近或超过环境质量标准的地区不宜再建新厂。同时,新厂址还要考虑所在地区环境中污染物总量,新厂建成投产后,不应使该地区污染物总量突破规定值。

(1) 风的影响

考虑风的影响时,一般应遵循以下原则:

① 排放源相对于居民区等主要污染受体来说,应设在最小频率风向的上风侧,使居民区受污染的机率最小。

② 排放量大或废气毒性大的工厂应尽量设在最小频率风向的最上风侧。

③ 尽量减少各工厂的重复污染,不宜把它们配置在与最大频率风向一致的直线上。

④ 排放源应尽可能设在农作物生长期间的主导风向下侧，以减少对农作物的危害。

⑤ 大风对烟气抬升不利，使地面浓度增高，但多数烟源的危险风速只有1～2m/s。超过这个数值以后，风速越大，地面浓度越小。对某些烟源（如火电厂），危险风速很高。在危险风速值以下，风速越大，地面浓度反而增高。此时，应根据烟源参数和气象资料具体地分析。

⑥ 无风时，污染物在烟源附近的空气中逐渐累积，可形成高浓度。同时，污染浓度和静风的持续时间有密切关系，持续时间越长，维持高浓度污染的时间也越长。因此要搜集风频率的资料，统计静风持续时间，避免在长时间静风次数多的地方建厂。

⑦ 山区厂址选择时，由于地形的阻挡和局地热力环流的影响，近地面静风和微风的出现频率较高，许多地方都不宜建厂。但山区近地面是静风时，在某高度以上仍保持一定的风速，只要烟源的有效高度超出地形高度的影响，达到恒定风速层内，仍不致形成静风型污染。

以上只是对风考虑的一般原则，因具体情况的复杂性，所以对具体情况应做具体的分析。

(2) 大气温度层结的影响

近地几百米以内的大气温度层结对污染物的扩散稀释有重要影响，在选择厂址时应注意搜集或实测当地的温度层结资料。最不利于烟气扩散的气象条件是贴地逆温和上部逆温，因为这类天气是发生严重污染的危险天气。因此，要搜集逆温的强度、厚度、出现频率、持续时间以及上部逆温的高度等项资料，特别要注意逆温并伴有小风或静风的天气条件，以及这类天气的出现频率和持续时间，

逆温层对高架源的影响。逆温层有抑制垂直湍流的作用，当源高于逆温层时，污染物在逆温层之上，逆温层的保护使地面污染浓度很低，故一般应尽量使源高于逆温层。中小型工厂的源比较低，污染物在逆温层内混合，可造成较大的污染。因此在贴地逆温频率大、持续时间长的地区不宜建中小型工厂。

对于大型工厂，烟囱高度较高，上部逆温的存在限制了烟云的向上扩散，这时进一步增加烟囱高度可能不会明显降低地面浓度。因此，上部逆温频率大、持续时间长的地区不宜建大型工厂。

(3) 地形的影响

厂址的选择要尽量避免由于地形因素引起局地空气污染。只要能把烟气“送出”局地地形限制的范围，山区上空的扩散稀释条件甚至要比平原地区好得多；相反，如果烟气排不出去，就会在小范围内引起高浓度污染。

考虑地形因素时，一般应遵循以下原则：

① 山谷较深，且走向与盛行风交角大于45°时，谷风风速一般很小，不利于扩散稀释，若排烟高度不可能超过经常出现静风及微风的高度，则不宜建厂。

② 排烟高度不可能超过背风坡下倾气流厚度及背风坡强湍流区时，烟流会被气流下压导向地面，或者因强烈的铅直混合扩散到地面，在背风坡引起地面高浓度，在这种地方不宜建厂。

③ 四周山坡上有村庄及农田，排烟高度又不可能超过其高度时，烟气将直接吹向坡地，造成高浓度，在这样的谷地中不宜建厂。

④ 山谷凹地中经常出现由地形引起的强而深厚的逆温，四周地形又较高时，不宜建厂。

⑤ 在山谷中建厂时，即使气流经常沿谷道吹，也应当考虑两旁山坡会限制进一步的侧向扩散，所以远距离的地面浓度比平原高得多，若源强很大，仍能引起污染。

⑥ 烟流虽能过山，仍可能形成背风面的污染，不应当将居民点设在背风面的污染区。

地形对空气污染的影响十分复杂，各地都有各自的特点，必须根据具体情况做具体分析。因此，在地形复杂的地区建厂，一般应进行专门的气象观测和现场示踪扩散试验，并对扩散稀释规律做一定的评价，为环境保护部门和工程设计部门提供依据，确定合理的厂址。

符 号 说 明

c——预测点污染物的浓度，mg/m^3

c_{max}——最大落地浓度，mg/m^3

$\bar{c}$——箱内(混合层内)平均浓度，mg/m^3

c_s——面源或无组织排放源的地面浓度，mg/m^3

D_h——逆温层底高度，即混合层高度，m

D——烟囱出口内径，m

E——饱和水蒸气压力，hPa

e——空气中所含水汽分压，hPa

f——相对湿度，%

H_e——烟囱的有效高度，m

H_1——烟囱的几何高度，m

ΔH——烟气抬升高度，m

$\bar{H}$——面源的平均排放高度，m

$\bar{H}_j$——预测点上风方第 j 个网格平均排放高度，m

L_y——面源在 y 方向的长度，m

n——烟流在两界面间的反射次数

n_0——烟气热状况及地表状况系数

n_1——烟气热释放率指数

n_2——烟囱高度系数

P——风向与线源间的夹角

p——风速廓线的幂指数

p_a——大气压力，取气象台(站)所在地大气压力，Pa

Q_A——污染源强，kg/h

Q_L——线源源强，$kg/(m\cdot s)$

Q_h——烟气的热释放率，kJ/s

Q_v——实际情况下的烟气体积流量，m^3/s

$\bar{Q}$——箱内单位面积平均源强，$mg/(m^2\cdot s)$

$\bar{Q}_j$——预测点上风方第 j 个网格的单位面积、单位时间排放量 $mg/(m^2\cdot s)$

T_s——烟气出口温度，K

T_a——环境大气平均温度,K

$\bar{u}$——烟囱出口平均风速,m/s

u_j——预测点上风方第 j 个网格 $\overline{H}_j$ 处的平均风速,m/s

W——山谷平均宽度,m

x_{max}——最大浓度处距源的距离,m

x——距高架源下风向的水平距离,m

z_1——气象站测风仪所在高度,m

z_2——烟囱出口高度,m

$\sigma_x,\sigma_y,\sigma_z$——$x,y,z$ 方向上的扩散参数,m

$\sigma_x,\sigma_y,\sigma_z$——$x,y,z$ 方向上的扩散参数,m

$\sigma_x,\sigma_y,\sigma_z$——$x,y,z$ 方向上的扩散参数,m

σ_{yf}——熏烟条件下 y 向扩散参数,m

γ_1,α_1——横向扩散参数回归系数和回归指数

γ_2,α_2——铅垂扩散参数回归系数和回归指数

ψ——风向与线源的交角

Γ——不完全伽全函数

习　题

1. 在高塔下测得下列气象资料,试计算各层大气的气温直减率:$\gamma_{1.5\sim10}$、$\gamma_{10\sim10}$、$\gamma_{1.5\sim30}$、$\gamma_{30\sim50}$、$\gamma_{1.5\sim30}$、$\gamma_{1.5\sim50}$,并判断各层大气的稳定度。

高度 z/m	1.5	10	30	50
气温 T/K	298	297.8	297.5	297.3

2. 某电厂有效源高为 150m,SO_2 的排放量为 151g/s。夜间和上午地面风速为 4m/s,夜间云量为 3/10。若清晨烟流全部发生熏烟现象,试估算下风向 16km 处的地面轴线浓度。
3. 某城市火电厂的烟囱高 100m,出口内径 5m,出口烟气流速 12.7m/s,温度 100℃,流量 250m^3/s,烟囱出口处的平均风速为 4m/s,大气温度 20℃,试确定烟囱抬升高度及有效源高。
4. 某石油精炼厂自平均有效源高 60m 处排放的 SO_2 质量为 80g/s,有效源高处的平均风速为 6m/s,试估算冬季阴天正下风方向距烟囱 500m 处地面上的 SO_2 浓度。
5. 一座工厂建在平原郊区,其所在地坐标为 31°N、104°E。该厂生产中产生的 SO_2 废气都通过高度为 110m、出口内径为 2m 的烟囱排放。废气量为 4×10^5m^3/h(烟气出口状态),烟气出口温度为 150℃,SO_2 排放量为 400kg/h,在 1993 年 7 月 11 日北京时间 13 时,当地气象状况是:气温 35℃、云量 2/2、地面风速3m/s。试求此时距烟囱 3000m 的轴线浓度和由该厂造成的 SO_2 最大地面浓度及产生距离。
6. 某污染源排出 SO_2 量为 80g/s,有效源高为 60m,烟囱出口处平均风速为 6m/s。在当时的气象条件下,正下风向 500m 处的 $\sigma_y=35.3$m,$\sigma_z=18.1$m,试求正下风向 500m 处 SO_2 的地面浓度。
7. 据估计,某燃烧着的垃圾堆以 3g/s 的速率排放氮氧化物,在风速为 7m/s 的阴天夜里,源的正下风方向 3km 处的平均浓度是多少? 设这个垃圾堆是无有效源高的地面点源。
8. 在阴天情况下,风向与公路垂直,平均风速为 4m/s,最大交通流量为 8000 辆/h,车辆平均速度为 63km/h,每辆车排放 CO 的量为 2×10^{-2}g/s,试求距公路下风向 300m 处 CO 的浓度。
9. 某电厂有效源高为 150m,SO_2 的排放量为 151g/s,在夏季晴朗的下午,地面风速为 4m/s。由于上部锋面逆温将垂直混合控制在 1.5km 以内,1.2km 高度的平均风速为 5m/s。试估算正下风向 3km 和 11km 处的 SO_2 浓度。
10. 某城市在环境质量评价中,划分面源单元为 1000m×1000m,其中一个单元的 SO_2 排放量为 10g/s,当时的风速为 3m/s,风向正南风。平均有效源高为 15m。试用虚拟点源的面源模式计算这一单元北面的邻

近单元中心处 SO_2 的地面浓度。

11. 某污染源排出 SO_2 量为 80g/s，烟气流量为 265m^3/s，烟气温度为 418K，大气温度为 293K。该地区 SO_2 背景浓度为 0.05mg/m^3，设 $\sigma_z/\sigma_y=0.5$，$u_{10}=3$m/s，$m=1/4$，试按"大气环境质量标准"的二级标准来设计烟囱高度和出口直径。

参 考 文 献

埃利奥特 M A. 1991. 煤利用化学. 北京:化学工业出版社
北京市环境保护科学研究所编. 1987. 大气污染防治手册. 上海:上海科学技术出版社
布拉沃尔 H, 瓦尔玛 Y B G 著. 1985. 空气污染控制设备. 北京:机械工业出版社
陈学俊,陈听宽. 1991. 锅炉原理(上册). 北京:机械工业出版社
常弘哲, 张永康, 沈际群. 1993. 燃料与燃烧. 上海:上海交通大学出版社
德利克,艾尔森. 1999. 烟雾警报. 北京:科学出版社
冯俊凯, 沈幼庭. 1995. 锅炉原理与计算(第二版). 北京:科学出版社
国家环境保护局法规司编. 1992. 环境保护法汇编. 北京:中国环境科学出版社
顾恒祥. 1993. 燃料与燃烧. 西安:西北工业大学出版社
郭静,阮宜纶. 2001. 大气污染控制工程. 北京:化学工业出版社
郝吉明,马广大等编著. 1998. 大气污染控制工程. 北京:高等教育出版社
郝吉明,王书肖,陆永琪. 2001. 燃煤二氧化硫污染控制技术手册. 北京:化学工业出版社
《化学工程手册》编辑委员会. 1985. 化学工程手册. 北京:化学工业出版社
还博文. 1999. 锅炉燃烧理论及应用. 上海:上海交通大学出版社
胡国新,骆仲泱等. 1997. 洁净煤技术的烟气净化系统最新概况及其工艺选择. 热能动力工程, 12(4):7
季学李编著. 1992. 大气污染控制工程. 上海:同济大学出版社
蒋展鹏. 1992. 环境工程学. 北京:高等教育出版社
姜信真. 1990. 气液反应理论与应用基础. 北京:烃加工出版社
卡尔弗特 S,英格伦 H M 主编. 1987. 大气污染控制技术工程. 北京:海洋出版社
林肇信. 1991. 大气污染控制工程. 北京:高等教育出版社
林明清等编. 1985. 通风除尘. 北京:化学工业出版社
里森费尔德 F C. 科耳 A L. 1982. 气体净化. 北京:中国建筑工业出版社
陆雍森. 1999. 环境评价. 上海:同济大学出版社
马广大等. 1985. 大气污染及防治工程. 北京:中国环境科学出版社
马文斗主编. 1994. 空气污染控制工程. 北京:冶金工业出版社
马丁·克劳福德著, 梁宁元等译. 1985. 空气污染控制理论. 北京:冶金工业出版社
毛健雄,毛健全,赵树民. 1998. 煤的清洁燃烧. 北京: 科学出版社
南京化学工业公司研究院《硫酸工业》编辑部. 1981. 低浓度二氧化硫烟气脱硫. 上海:上海科学工业技术出版社
蒲恩奇主编. 1999. 大气污染治理工程. 北京:高等教育出版社
切雷米西诺夫 P N, 扬格 R A 主编. 1984. 大气污染控制设计手册. 北京:化学工业出版社
孙一坚主编. 1997. 简明通风设计手册. 北京:中国建筑工业出版社
谭天恩,麦本熙,丁惠华编著. 2000. 化工原理(上、下). 北京:化学工业出版社
谭天恩,金一中,骆有寿编著. 1990. 传质-反应过程. 杭州:浙江大学出版社

谭天佑,梁凤珍主编. 1988. 工业通风除尘技术. 北京:中国建筑工业出版社
童景山,李敬编著. 1982 流体热物理性质的计算. 北京:清华大学出版社
童志权. 2001. 工业废气净化与利用. 北京:化学工业出版社
吴忠标,陈劲. 2001. 环境管理与可持续发展. 北京:中国环境科学出版社
吴忠标主编. 2001. 实用环境工程手册——大气污染控制工程. 北京:化学工业出版社
吴忠标,刘越,谭天恩. 2001. 双碱法烟气脱硫工艺的研究. 环境科学学报, 21(5):534~537
汪劲. 2000. 中国环境法原理. 北京:北京大学出版社
王绍文,杨景玲. 2000. 环保设备材料手册(第二版). 北京:冶金工业出版社
徐新华,吴忠标,陈红. 2000. 环境保护与可持续发展. 北京:化学工业出版社
徐志毅. 1999. 环境保护技术和设备. 上海:上海交通大学出版社
庄永茂,施惠邦. 1998. 燃烧与污染控制. 上海:同济大学出版社
郑楚光. 1996. 洁净煤技术. 武汉:华中理工大学出版社
郑平,冯孝善主编. 1997. 废物生物处理理论和技术. 杭州:浙江教育出版社
张成芳. 1982. 气液反应与反应器. 北京:化学工业出版社
中国环境影响评价培训教材. 2000. 北京:化学工业出版社
Cooper C D, Alley F C. 1990. Air Pollution Control: A Design Approach. 2nd ed: Waveland Press Inc
Cheremisinoff N, Young R A. 1977. Air Pollution Control and Design Handbook. Marcel Dekker Inc
Calvert, Englund. 1984. Handbook of Air Pollution Technology. NewYork: John Wiley & Sons Inc
Charlotte Brogren, Karlson Hans T. 1997. Modeling the Absorption of SO_2 in a Spray Scrubber Using the Penetration Theory. Che. Eng. Sci., 52(18):3085~3099
Cate Johns. 1997. Reburn Technology Comes of Age. Power, 141(6):57,60,62
Frank Ruhland, Ruholf Kind, Siegfried Weiss. 1991. The Kinetic of the Absorption of Sulfur Dioxide in Calcium Hydroxide Suspensions. Che. Eng. Sci., 46(46):939~947
Jirat J, Stepanek F, Marek M, et al. 2001. Comparison of design and operation strategies for temperature control during selective catalytic reduction of NO_x. Chemical Engineering & Technology, 24(1):35~40
Lide D R. 1990. CRC Handbook of Chemistry and Physics. 71st ed. CRC Press, Boca Raton, FL, 14~17
Noel de Nevers. 2000. Air Pollution Control Engineering. 2nd ed. 北京:清华大学出版社

附　　录

附录Ⅰ　单位换算表

说明：下列表格中，各单位名称上标注的数字代表不同的单位制：① SI 制，② cgs 制，③ 工程制。没有标注数字的是制外单位，标有 * 号的是英制单位。

1．长度

①③ m 米	② cm 厘米	* ft 英尺	* in 英寸
1	100	3.281	39.37
10^{-2}	1	0.032 81	0.393 7
0.304 8	30.48	1	12
0.025 4	2.54	0.083 33	1

2．面积

①③ m^2 米^2	② cm^2 厘米^2	* ft^2 英尺^2	* in^2 英寸^2
1	10^4	10.76	1 550
10^{-4}	1	0.001 076	0.155 0
0.092 9	929.0	1	144.0
0.000 645 2	6.452	0.006 944	1

3．体积

①③ m^3 米^3	② cm^3 厘米^3	L 升	* ft^3 英尺^3	* 加仑（英）	* 加仑（美）
1	10^6	10^3	35.314 7	219.975	264.171
10^{-6}	1	10^{-3}	3.531×10^{-5}	0.000 220 0	0.000 264 2
10^{-3}	10^3	1	0.035 31	0.219 98	0.264 17
0.028 32	28 320	28.32	1	6.228 8	7.480 48
0.004 546	4 545.9	4.545 9	0.160 54	1	1.200 95
0.003 785	3 785.3	3.785 3	0.133 68	0.832 7	1

4．质量

① kg 千克	② g 克	③ $kgf\cdot s^2/m$ 千克（力）·秒^2/米	吨	* lb 磅
1	1 000	0.1020	10^{-3}	2.204 62
10^{-3}	1	1.020×10^{-4}	10^{-6}	0.002 205
9.807	9 807	1	9.807×10^{-3}	21.620 71
0.453 6	453.6	4.625×10^{-2}	4.536×10^{-4}	1

5. 重量或力

① N 牛顿	② dyn 达因	③ kgf 千克(力)	* lbf 磅(力)
1	10^5	0.102 0	0.224 8
10^{-5}	1	1.020×10^{-6}	2.248×10^{-6}
9.807	9.807×10^5	1	2.204 6
4.448	4.448×10^5	0.453 6	1

6. 密度

① kg/m^3 千克/米³	② g/cm^3 克/厘米³	* lb/ft^3 磅/英尺³
1	10^{-3}	0.062 43
1 000	1	62.43
16.02	0.016 02	1

7. 压力

① $Pa=N/m^2$ 帕斯卡=牛顿/米²	② bar 巴	③ $kgf/m^2=mmH_2O$ 毫米水柱	atm 物理大气压	kgf/cm^2 工程大气压	mmHg 毫米汞柱	* lbf/in^2 磅/英寸²
1	10^{-5}	0.102 0	9.869×10^{-6}	1.02×10^{-5}	0.007 50	1.45×10^{-4}
10^5	1	10 200	0.986 9	1.02	750.0	14.5
9.807	9.807×10^{-5}	1	9.678×10^{-5}	10^{-4}	0.073 55	0.001 422
1.013×10^5	1.013	10 330	1	1.033	760.0	14.70
9.807×10^4	0.980 7	10^4	0.967 8	1	735.5	14.22
133.32	0.001 333	0.001 360	0.001 316	0.001 360	1	0.019 3
6 895	0.068 95	703.1	0.068 04	0.070 31	51.72	1

8. 黏度

① $Pa\cdot s=kg/m\cdot s$ 帕斯卡·秒	② $P=g/cm\cdot s$ 泊	③ $kgf\cdot s/m^2$ 千克(力)·秒/米²	cP 厘 泊	* $lb/ft\cdot s$ 磅/英尺·秒
1	10	0.102 0	1 000	0.671 9
10^{-1}	1	0.010 20	100	0.067 19
9.807	98.07	1	9 807	6.589
10^{-3}	10^{-2}	1.020×10^4	1	6.719×10^{-4}
1.488	14.88	0.151 7	1 488	1

9. 运动黏度,扩散系数

①③ m^2/s 米^2/秒	② cm^2/s 厘米^2/秒	* ft^2/h 英尺^2/时
1	10^4	38 750
10^{-4}	1	3.875
2.581×10^{-5}	0.258 1	1

10. 表面张力

① N/m 牛顿/米	② dyn/cm 达因/厘米	③ kgf/m 千克(力)/米	* lbf/ft 磅(力)/英尺
1	1 000	0.102 0	0.068 52
0.001	1	1.020×10^{-4}	6.854×10^{-5}
9.807	9 807	1	0.672
14.59	14 590	1.488	1

11. 能量,功,热

① J=N·m 焦尔	② erg=dyn·cm 尔格	③ kgf·m 千克(力)·米	③ kcal=1000cal 千卡	kW·h 千瓦时	* lbf·ft 磅(力)·英尺	* B.t.u 英热单位
10^{-7}	1					
1	10^7	0.102 0	2.39×10^{-4}	2.778×10^{-7}	0.737 7	9.486×10^{-4}
9.807		1	2.342×10^{-3}	2.724×10^{-6}	7.233	9.296×10^{-3}
4 186.8		426.9	1	1.162×10^{-3}	3 087	3.968
3.6×10^6		3.671×10^5	860.0	1	2.655×10^6	3 413
1.355 8		0.138 3	3.239×10^{-4}	3.766×10^{-7}	1	1.285×10^{-3}
1 055		107.58	0.252 0	2.928×10^{-4}	778.1	1

12. 功率,传热速率

① kW=1 000J/s 千瓦	② erg/s 尔格/秒	③ kgf·m/s 千克(力)·米/秒	③ kcal/s=1000cal/s 千卡/秒	* lbf·ft/s 磅(力)·英尺/秒	* B.t.u./s 英热单位/秒
1	10^{10}	101.97	0.238 9	735.56	0.948 6
10^{-10}	1				
0.009 807		1	0.002 342	7.233	0.009 293
4.186 8		426.85	1	3 087.44	3.968 3
0.001 356		0.138 25	$3.238\ 8\times10^{-4}$	1	0.001 285
1.055		107.58	0.252 056	778.168	1

13. 导热系数

① W/(m·K) 瓦/(米·开)	② cal/(cm·s·℃) 卡/(厘米·秒·℃)	③ kcal/(m·s·℃) 千米/(米·秒·℃)	kcal/(m·h·℃) 千卡/(米·时·℃)	* B.t.u./(ft·h·°F) 英热单位/(英尺·时·°F)
1	2.389×10^{-3}	2.389×10^{-4}	0.859 8	0.578
418.68	1	10^{-1}	360	241.9
4 186.8	10	1	3 600	2 419
1.163	2.778×10^{-3}	2.778×10^{-4}	1	0.672 0
1.731	4.134×10^{-3}	4.134×10^{-4}	1.488	1

14. 焓,潜热

① J/kg 焦尔/千克	③ kcal/kg 千卡/千克	* B.t.u./lb 英热单位/磅
1	2.389×10^{-4}	4.299×10^{-4}
4 187	1	1.8
2 326	0.555 6	1

15. 比热容,熵

① J/(kg·K) 焦尔/(千克·开)	③ kcal/(kg·℃) 千卡/(千克·℃)	* B.t.u./(lb·°F) 英热单位/(磅·°F)
1	2.389×10^{-4}	2.389×10^{-4}
4 187	1	1

16. 传热系数

① W/(m²·K) 瓦/(米²·开)	② cal/(cm²·s·℃) 卡/(厘米²·秒·℃)	③ kcal/(m²·s·℃) 千卡/(米²·秒·℃)	* B.t.u./(ft²·h·°F) 英热单位/(英尺²·时·°F)
1	2.389×10^{-5}	2.389×10^{-4}	0.176 1
4.187×10^{4}	1	10	7 374
4 187	0.1	1	737.4
5.678	1.356×10^{-4}	1.356×10^{-3}	1

17. 标准重力加速度

g = 980.7 cm/s²

= 9.807 m/s²

= 32.17 ft/s²

18. 通用气体常数

R = 1.987 cal/(mol·K) = 8.314 kJ/(kmol·K)

= 82.06 atm·cm³/(mol·K)

= 0.082 06 atm·m³/(kmol·K)

= 1.987 B.t.u./(1bmol·°R)

附录Ⅱ　空气的重要物性

温度 /℃	密度 /(kg/m³)	比热容 /(kJ/(kg·K))	比热容 /(kcal/(kg·℃))	导热系数 /(W/(m·K))	导热系数 /(kcal/(m·h·℃))	黏度 /(10^{-5}Pa·s)	运动黏度 /(10^{-6}m²/s)	普兰特数 Pr
−50	1.584	1.013	0.242	0.020 4	0.017 5	1.46	9.23	0.728
−40	1.515	1.013	0.242	0.021 2	0.018 2	1.52	10.04	0.728
−30	1.453	1.013	0.242	0.022 0	0.018 9	1.57	10.80	0.723
−20	1.395	1.009	0.241	0.022 8	0.019 6	1.62	11.60	0.716
−10	1.342	1.009	0.241	0.023 6	0.020 3	1.67	12.43	0.712
0	1.293	1.005	0.240	0.024 4	0.021 0	1.72	13.28	0.707
10	1.247	1.005	0.240	0.025 1	0.021 6	1.77	14.16	0.705
20	1.205	1.005	0.240	0.025 9	0.022 3	1.81	15.06	0.703
30	1.165	1.005	0.240	0.026 7	0.023 0	1.86	16.00	0.701
40	1.128	1.005	0.240	0.027 6	0.023 7	1.91	16.96	0.699
50	1.093	1.005	0.240	0.028 3	0.024 3	1.96	17.95	0.698
60	1.060	1.005	0.240	0.029 0	0.024 9	2.01	18.97	0.696
70	1.029	1.009	0.241	0.029 7	0.025 5	2.06	20.02	0.694
80	1.000	1.009	0.241	0.030 5	0.026 2	2.11	21.09	0.692
90	0.972	1.009	0.241	0.031 3	0.026 9	2.15	22.10	0.690
100	0.946	1.009	0.241	0.032 1	0.027 6	2.19	23.13	0.688
120	0.898	1.009	0.241	0.033 4	0.028 7	2.29	25.45	0.686
140	0.854	1.013	0.242	0.034 9	0.030 0	2.37	27.80	0.684
160	0.815	1.017	0.243	0.036 4	0.031 3	2.45	30.09	0.682
180	0.779	1.022	0.244	0.037 8	0.032 5	2.53	32.49	0.681
200	0.746	1.026	0.245	0.039 3	0.033 8	2.60	34.85	0.680
250	0.674	1.038	0.248	0.042 9	0.036 7	2.74	40.61	0.677
300	0.615	1.048	0.250	0.046 1	0.039 6	2.97	48.33	0.674
350	0.566	1.059	0.253	0.049 1	0.042 2	3.14	55.46	0.676
400	0.524	1.068	0.255	0.052 1	0.044 8	3.31	63.09	0.678
500	0.456	1.093	0.261	0.057 5	0.049 4	3.62	79.38	0.687
600	0.404	1.114	0.266	0.062 2	0.053 5	3.91	96.89	0.699
700	0.362	1.135	0.271	0.067 1	0.057 7	4.18	115.4	0.706
800	0.329	1.156	0.276	0.071 8	0.061 7	4.43	134.8	0.713
900	0.301	1.172	0.280	0.076 3	0.065 6	4.67	155.1	0.717
1 000	0.277	1.185	0.283	0.080 4	0.069 4	4.90	177.1	0.719
1 100	0.257	1.197	0.286	0.085 0	0.073 1	5.12	199.3	0.722
1 200	0.239	1.206	0.288	0.091 5	0.078 7	5.35	233.7	0.724

附录Ⅲ 水的重要物性

温度 t /℃	压力 p /atm	密度 ρ /(kg/m^3)	热焓 H /(kJ/kg)	比热 C_p /(kJ·kg^{-1}·℃$^{-1}$)	导热系数 λ /(W·m^{-1}·℃$^{-1}$)	导温系数 α /(10^{-4}m/h)	黏滞系数 μ /(10^{-5}Pa·s)	运动黏滞系数 ν /(10^{-6}m^2/s)
0	0.968	999.8	0	4.208	0.558	4.8	182.5	1.790
10	0.968	999.7	42.04	4.191	0.563	4.9	133.0	1.300
20	0.968	998.2	83.87	4.183	0.593	5.1	102.0	1.000
30	0.968	995.7	125.61	4.179	0.611	5.3	81.7	0.805
40	0.968	992.2	167.40	4.179	0.627	5.4	66.6	0.659
50	0.968	988.1	209.14	4.183	0.642	5.6	56.0	0.556
60	0.968	983.2	250.97	4.183	0.657	5.7	48.0	0.479
70	0.968	977.8	292.80	4.191	0.668	5.9	41.4	0.415
80	0.968	971.8	334.75	4.195	0.676	6.0	36.3	0.366
90	0.968	965.3	376.75	4.208	0.680	6.1	32.1	0.326
100	0.997	958.4	418.87	4.216	0.683	6.1	28.8	0.295
110	1.41	951.0	461.07	4.229	0.685	6.1	26.0	0.268
120	1.96	943.1	503.70	4.246	0.686	6.2	23.5	0.244
130	2.66	934.8	545.98	4.267	0.686	6.2	21.6	0.226
140	3.56	926.1	587.85	4.292	0.685	6.2	20.0	0.212
150	4.69	916.9	631.82	4.321	0.684	6.2	18.9	0.202
160	6.10	907.4	657.36	4.354	0.683	6.2	17.5	0.190
170	7.82	897.3	718.91	4.388	0.679	6.2	16.6	0.181
180	9.90	886.9	762.87	4.426	0.675	6.2	15.6	0.173
190	12.39	876.0	807.25	4.463	0.670	6.2	14.8	0.166
200	15.35	864.7	852.05	4.514	0.663	6.1	14.1	0.160
210	18.83	852.8	897.27	4.606	0.655	6.0	13.4	0.154
220	23.00	840.3	943.33	4.648	0.645	6.0	12.8	0.149
230	27.61	827.3	989.81	4.689	0.637	6.0	12.2	0.145
240	33.04	813.6	1 037.12	4.731	0.628	5.9	11.7	0.141

附录Ⅳ　某些气体的重要物性(101.3kPa)

名称	分子式	摩尔质量/(kg/kmol)	密度(0℃)/(kg/m³)	沸点/℃	气化潜热/(kJ/kg)	定压比热容(20℃)/(kJ/(kg·℃))	$K=\frac{c_p}{c_v}$	黏度(0℃)/(10⁻⁵Pa·s)	导热系数(0℃)/(W/(m·℃))	临界点	
										温度/℃	绝对压强/kPa
空气		28.95	1.293	−195	197	1.009	1.40	1.73	0.024 4	−140.7	3 768.4
氧	O_2	32	1.429	−132.98	213	0.653	1.40	2.03	0.024 0	−118.82	5 036.6
氮	N_2	28.02	1.251	−195.78	199.2	0.745	1.40	1.70	0.022 8	−147.13	3 392.5
氢	H_2	2.016	0.089 9	−252.75	454.2	10.13	1.407	0.842	0.163	−239.9	1 296.6
氦	He	4.00	0.178 5	−268.95	19.5	3.18	1.66	1.88	0.144	−267.96	228.94
氩	Ar	39.94	1.782 0	−185.87	163	0.322	1.66	2.09	0.017 3	−122.44	4 862.4
氯	Cl_2	70.91	3.217	−33.8	305	0.355	1.36	1.29(16℃)	0.007 2	+144.0	7 708.9
氨	NH_3	17.03	0.771	−33.4	1 373	0.67	1.29	0.918	0.021 5	+132.4	11 295
一氧化碳	CO	28.01	1.250	−191.48	211	0.754	1.40	1.66	0.022 6	−140.2	3 497.9
二氧化碳	CO_2	44.01	1.976	−78.2	574	0.653	1.30	1.37	0.013 7	+31.1	7 384.8
二氧化硫	SO_2	64.07	2.927	−10.8	394	0.502	1.25	1.17	0.007 7	+157.5	7 879.1
二氧化氮	NO_2	46.01	—	21.2	712	0.615	1.31	—	0.040 0	+158.2	10 130
硫化氢	H_2S	34.08	1.539	−60.2	548	0.804	1.30	1.166	0.013 1	+100.4	19 136
甲烷	CH_4	16.04	0.717	−161.58	511	1.70	1.31	1.03	0.030 0	−82.15	4 619.3
乙烷	C_2H_6	30.07	1.357	−88.50	486	1.44	1.20	0.850	0.018 0	+32.1	4 948.5
丙烷	C_3H_8	44.1	2.020	−42.1	427	1.65	1.13	0.795(18℃)	0.014 8	+95.6	4 355.9
正丁烷	C_4H_{10}	58.12	2.673	−0.5	386	1.73	1.108	0.810	0.013 5	+152	3 798.8
正戊烷	C_5H_{12}	72.15	—	−36.08	151	1.57	1.09	0.874	0.012 8	+197.1	3 342.9
乙烯	C_2H_4	28.05	1.261	103.7	481	1.222	1.25	0.985	0.016 4	+9.7	5 135.9
丙烯	C_3H_6	42.08	1.914	−47.7	440	1.436	1.17	0.835(20℃)	—	+91.4	4 599.0
乙炔	C_2H_2	26.04	1.171	−83.66(升华)	829	1.352	1.24	0.935	0.018 4	+35.7	6 240.0
氯甲烷	CH_3Cl	50.49	2.308	−24.1	406	0.582	1.28	0.989	0.008 5	+148	6 685.8
苯	C_6H_6	78.11	—	80.2	394	1.139	1.1	0.72	0.008 8	+288.5	4 832.0

附录Ⅴ 几种气体或蒸气的爆炸特性

气体		最低着火温度/℃		爆炸极限/%(体积分数)			
				与氧混合		与空气混合	
名 称	分子式	与空气混合	与氧混合	下限	上限	下限	上限
一氧化碳	CO	610	590	13	96	12.5	75
氢	H_2	530	450	4.5	95	4.15	75
甲 烷	CH_4	645	645	5	60	4.9	15.4
乙 烷	C_2H_6	530	500	3.9	50.5	2.5	15.0
丙 烷	C_3H_8	510	490			2.2	7.3
乙 炔	C_2H_2	335	295	2.8	93	1.5	80.5
乙 烯	C_2H_4	540	485	3.0	80	3.2	34.0
丙 烯	C_3H_6	420	455			2.2	9.7
硫化氢	H_2S	290	220			4.3	46.0
氰	HCN					6.6	42.6

附录Ⅵ 几种粉尘的爆炸特性

粉尘种类	浮游粉尘的发火点/℃	最小点火能/mJ	爆炸下限/(g/m³)	最大爆炸压力/atm	压力上升速度/(atm/s)		临界氧气浓度/%	容许最大氧气浓度/%
					平均	最大		
镁	520	20	20	4.8	298	322	a[1)]	—
铝	645	20	35	6.0	146	386	a	—
硅	775	900	160	4.2	31	81	15	—
铁	316	<100	120	2.4	15	29	10	—
聚乙烯	450	80	25	5.6	28	84	15	8
乙 烯	550	160	40	3.3	15	33	—	11
尿 素	450	80	75	4.3	48	122	17	9
棉 绒	470	25	50	4.5	59	202	—	—
玉米粉	470	40	45	4.8	72	146	—	—
大 豆	560	100	40	4.5	54	166	17	—
小 麦	470	160	60	4.0	—	—	—	—
砂 糖	410	—	19	3.8	—	—	—	—
硬质橡胶	350	50	25	3.9	58	227	15	
肥 皂	430	60	45	4.1	45	88	—	—
硫 磺	190	15	35	2.8	47	133	11	—
沥青煤	610	40	35	3.1	24	54	16	
焦油沥青	—	80	80	3.3	24	44	15	—

1) a 表示在纯二氧化碳中能发火。

附录Ⅶ　局部阻力系数

序号	名称	图形和断面	局部阻力系数ζ(ζ值以图内所示的速度 v 计算)

1　带有倒锥体的伞形风帽

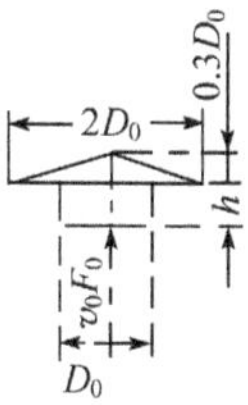

	h/D_0										
	0.1	0.2	0.3	0.4	0.5	0.6	0.7	0.8	0.9	1.0	∞
进风	2.9	1.9	1.59	1.41	1.33	1.25	1.15	1.10	1.07	1.06	1.06
排风	—	2.9	1.9	1.50	1.30	1.20	—	1.10	—	1.00	—

2　伞形罩

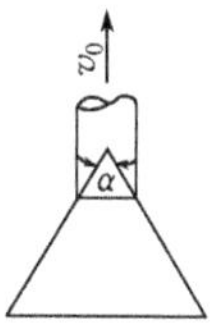

α	10	20	30	40	90	120	150
圆形	0.14	0.07	0.04	0.05	0.11	0.20	0.30
矩形	0.25	0.13	0.10	0.12	0.19	0.27	0.37

3　渐扩管

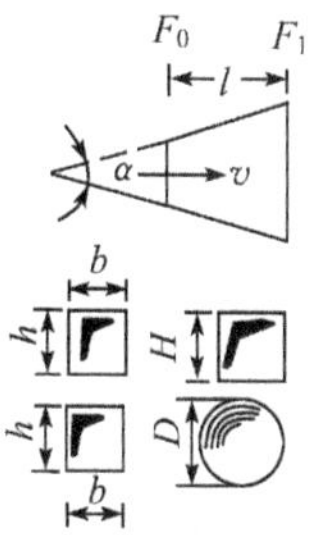

$\frac{F_1}{F_0}$	α				
	10	15	20	25	30
1.25	0.02	0.03	0.05	0.06	0.07
1.50	0.03	0.06	0.10	0.12	0.13
1.75	0.05	0.09	0.14	0.17	0.19
2.00	0.06	0.13	0.20	0.23	0.26
2.25	0.08	0.16	0.26	0.38	0.33
3.50	0.09	0.19	0.30	0.36	0.39

4　渐缩管

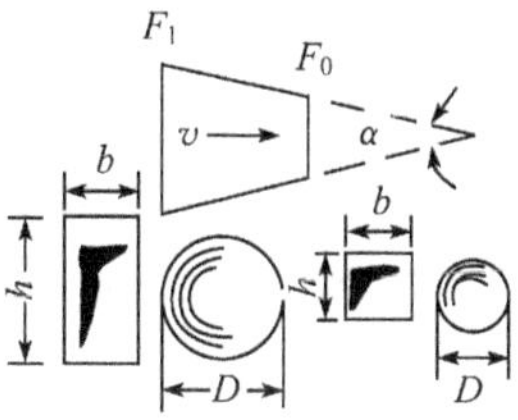

当 $\alpha \leqslant 45°$ 时　　$\zeta = 0.10$

续表

序号	名称	图形和断面	局部阻力系数 ζ(ζ 值以图内所示的速度 v 计算)
5	90°圆形弯头（及非90°弯头）	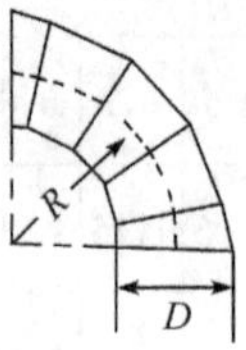	见下表
6	90°矩形弯头	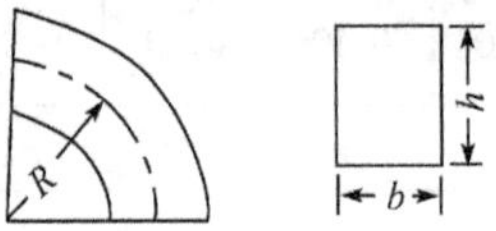	见下表
7	圆形弯头	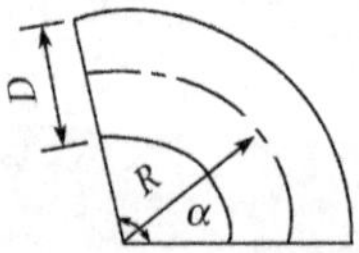	见下表

5 — $\alpha = 90°$

R/D	二中节二端节	三中节二端节	五中节二端节	八中节二端节
1.0	0.29	0.28	0.24	0.24
1.5	0.25	0.23	0.21	0.21

非 90°弯头的阻力系数修正值

$\zeta_\alpha = C_\alpha \zeta 90°$

α	60°	45°	30°
C_α	0.8	0.6	0.4

6 — $\alpha = 90°(R/b = 1.0)$

h/b	0.32	0.40	0.50	0.63	0.80	1.00	1.20	1.60	2.00	2.50	3.20
ζ	0.34	0.32	0.31	0.30	0.29	0.28	0.28	0.27	0.26	0.24	0.20

7

α \ R	D	$1.5D$	$2.0D$	$2.5D$	$3D$	$6D$	$10D$
7.5	0.028	0.021	0.018	0.016	0.014	0.010	0.008
15	0.058	0.044	0.037	0.033	0.029	0.021	0.016
30	0.11	0.081	0.069	0.061	0.054	0.038	0.030
60	0.18	0.41	0.12	0.10	0.091	0.064	0.051
90	0.23	0.18	0.15	0.13	0.12	0.083	0.066
120	0.27	0.20	0.17	0.15	0.13	0.10	0.076
150	0.30	0.22	0.19	0.17	0.15	0.11	0.084
180	0.33	0.25	0.21	0.18	0.16	0.12	0.092

$\zeta = 0.008 \dfrac{\alpha^{0.75}}{n^{0.6}}$

式中 $n = \dfrac{R}{D}$

续表

序号	名称	图形和断面	局部阻力系数 ζ（ζ 值以图内所示的速度 v 计算）

8　合流三通

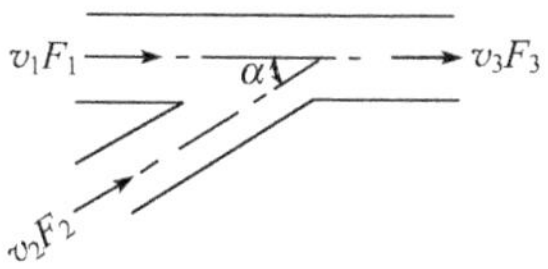

$F_1+F_2=F_3$
$\alpha=30°$

$\frac{F_2}{F_3}$ \ L_2/L_3	0	0.03	0.05	0.1	0.2	0.3	0.4	0.5	0.6	0.7	0.8	1.0
ζ_2												
0.06	−1.13	−0.07	−0.30	+1.82	10.1	23.3	41.5	65.2	—	—	—	—
0.10	−1.22	−1.00	−0.76	+0.02	2.88	7.34	13.4	21.1	29.4	—	—	—
0.20	−1.50	−1.35	−1.22	−0.84	+0.05	+1.4	2.70	4.46	6.48	8.70	11.4	17.3
0.33	−2.00	−1.80	−1.70	−1.40	−0.72	−0.12	+0.52	1.20	1.89	2.56	3.30	4.80
0.50	−3.00	−2.80	−2.60	−2.24	−1.44	−0.91	−0.36	0.14	0.56	0.84	1.18	1.53
ζ_1												
0.01	0	0.06	+0.04	−0.10	−0.81	−2.10	−4.07	−6.60	—	—	—	—
0.10	0.01	0.10	0.08	+0.04	−0.33	−1.05	−2.14	−3.60	5.40	—	—	—
0.20	0.06	0.10	0.13	0.16	+0.06	−0.24	−0.73	−1.40	−2.30	−3.34	−3.59	−8.64
0.33	0.42	0.45	0.48	0.51	0.52	+0.32	+0.07	−0.32	−0.83	−1.47	−2.19	−4.00
0.50	1.40	1.40	1.40	1.36	1.26	1.09	+0.86	+0.53	+0.15	−0.52	−0.82	−2.07

9　合流三通（分支管）

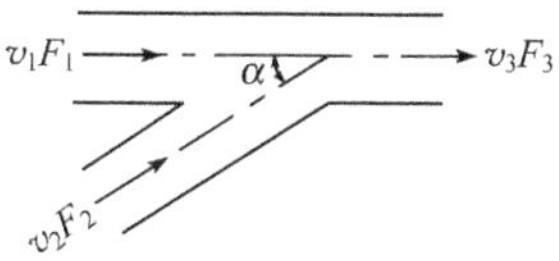

$F_1+F_2>F_3$
$F_1=F_2$
$\alpha=30°$

$\frac{L_2}{L_3}$ \ F_2/F_3	0.1	0.2	0.3	0.4	0.6	0.8	1.0
ζ_2							
0	−1.00	−1.00	−1.00	−1.00	−1.00	−1.00	−1.00
0.1	+0.21	−0.46	−0.57	−0.60	−0.62	−0.63	−0.63
0.2	3.1	+0.37	−0.06	−0.20	−0.28	−0.30	−0.35
0.3	7.6	1.5	+0.50	+0.20	+0.05	−0.08	−0.10
0.4	13.50	2.95	1.15	0.59	0.26	+0.18	+0.16
0.5	21.2	4.58	1.78	0.97	0.44	0.35	0.27
0.6	30.4	6.42	2.60	1.37	0.64	0.46	0.31
0.7	41.3	8.5	3.40	1.77	0.76	0.56	0.40
0.8	53.8	11.5	4.22	2.14	0.85	0.53	0.45
0.9	58.0	14.2	5.30	2.58	0.89	0.52	0.40
1.0	83.7	17.3	6.33	2.92	0.89	0.39	0.27

10　合流三通（直管）

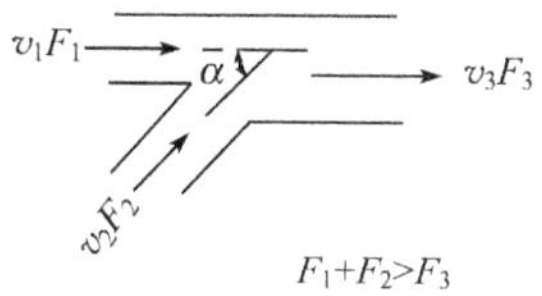

$F_1+F_2>F_3$
$F_1=F_2$
$\alpha=30°$

$\frac{L_2}{L_3}$ \ F_2/F_3	0.1	0.2	0.3	0.4	0.6	0.8	1.0
ζ_1							
0	0.00	0	0	0	0	0	0
0.1	0.02	0.11	0.13	0.15	0.16	0.17	0.17
0.2	−0.33	0.01	0.13	0.18	0.20	0.24	0.29
0.3	−1.10	−0.25	−0.01	+0.10	0.22	0.30	0.35
0.4	−2.15	−0.75	−0.30	−0.05	0.17	0.26	0.36
0.5	−3.60	−1.43	−0.70	−0.35	0.00	0.21	0.32
0.6	−5.40	−2.35	−1.25	−0.70	−0.20	+0.06	0.25
0.7	−7.60	−3.40	−1.95	−1.2	−0.50	−0.15	+0.10
0.8	−10.1	−4.61	−2.74	−1.82	−0.90	−0.43	−0.15
0.9	−13.0	−6.02	−3.70	−2.55	−1.40	−0.80	−0.45
1.0	−16.30	−7.70	−4.75	−3.35	−1.90	−1.17	−0.75

附录Ⅷ　中华人民共和国大气污染防治法

（2000 年 4 月 29 日第九届全国人民代表大会常务委员会第十五次会议通过）

第一章　总　　则

第一条　为防治大气污染，保护和改善生活环境和生态环境，保障人体健康，促进经济和社会的可持续发展，制定本法。

第二条　国务院和地方各级人民政府，必须将大气环境保护工作纳入国民经济和社会发展计划，合理规划工业布局，加强防治大气污染的科学研究，采取防治大气污染措施，保护和改善大气环境。

第三条　国家采取措施，有计划地控制或者逐步削减各地方主要大气污染物的排放总量。地方各级人民政府对本辖区的大气环境质量负责，制定规划，采取措施，使本辖区的大气环境质量达到规定的标准。

第四条　县级以上人民政府环境保护行政主管部门对大气污染防治实施统一监督管理。各级公安、交通、铁道、渔业管理部门根据各自的职责，对机动车船污染大气实施监督管理。县级以上人民政府其他有关主管部门在各自职责范围内对大气污染防治实施监督管理。

第五条　任何单位和个人都有保护大气环境的义务，并有权对污染大气环境的单位和个人进行检举和控告。

第六条　国务院环境保护行政主管部门制定国家大气环境质量标准。省、自治区、直辖市人民政府对国家大气环境质量标准中未作规定的项目，可以制定地方标准，并报国务院环境保护行政主管部门备案。

第七条　国务院环境保护行政主管部门根据国家大气环境质量标准和国家经济、技术条件制定国家大气污染物排放标准。

省、自治区、直辖市人民政府对国家大气污染物排放标准中未作规定的项目，可以制定地方排放标准；对国家大气污染物排放标准中已作规定的项目，可以制定严于国家排放标准的地方排放标准。地方排放标准须报国务院环境保护行政主管部门备案。

省、自治区、直辖市人民政府制定机动车船大气污染物地方排放标准严于国家排放标准的，须报经国务院批准。

凡是向已有地方排放标准的区域排放大气污染物的，应当执行地方排放标准。

第八条　国家采取有利于大气污染防治以及相关的综合利用活动的经济、技术政策和措施。在防治大气污染、保护和改善大气环境方面成绩显著的单位和个人，由各级人民政府给予奖励。

第九条　国家鼓励和支持大气污染防治的科学技术研究，推广先进适用的大气污染防治技术；鼓励和支持开发、利用太阳能、风能、水能等清洁能源。国家鼓励和支持环境保护产业的发展。

第十条　各级人民政府应当加强植树种草、城乡绿化工作，因地制宜地采取有效措施做好防沙治沙工作，改善大气环境质量。

第二章　大气污染防治的监督管理

第十一条　新建、扩建、改建向大气排放污染物的项目，必须遵守国家有关建设项目环境保护管理的规定。建设项目的环境影响报告书，必须对建设项目可能产生的大气污染和对生态环境的影响作出评价，规定防治措施，并按照规定的程序报环境保护行政主管部门审查批准。建设项目投入生产或者使用之前，其大气污染防治设施必须经过环境保护行政主管部门验收，达不到国家有关建设项目环境保护管理规定的要求的建设项目，不得投入生产或者使用。

第十二条　向大气排放污染物的单位，必须按照国务院环境保护行政主管部门的规定向所在地的环境保护行政主管部门申报拥有的污染物排放设施、处理设施和在正常作业条件下排放污染物的种类、数量、浓度，并提供防治气污染方面的有关技术资料。前款规定的排污单位排放大气污染物的种类、数量、浓度有重大改变的，应当及时申报；其大气污染物处理设施必须保持正常使用，拆除或者闲置大气污染物处理设施的，必须事先报经所在地的县级以上地方人民政府环境保护行政主管部门批准。

第十三条　向大气排放污染物的，其污染物排放浓度不得超过国家和地方规定的排放标准。

第十四条　国家实行按照向大气排放污染物的种类和数量征收排污费的制度，根据加强大气污染防治的要求和国家的经济、技术条件合理制定排污费的征收标准。征收排污费必须遵守国家规定的标准，具体办法和实施步骤由国务院规定。征收的排污费一律上缴财政，按照国务院的规定用于大气污染防治，不得挪作他用，并由审计机关依法实施审计监督。

第十五条　国务院和省、自治区、直辖市人民政府对尚未达到规定的大气环境质量标准的区域和国务院批准划定的酸雨控制区、二氧化硫污染控制区，可以划定为主要大气污染物排放总量控制区。主要大气污染物排放总量控制的具体办法由国务院规定。大气污染物总量控制区内有关地方人民政府依照国务院规定的条件和程序，按照公开、公平、公正的原则，核定企业事业单位的主要大气污染物排放总量，核发主要大气污染物排放许可证。有大气污染物总量控制任务的企业事业单位，必须按照核定的主要大气污染物排放总量和许可证规定的排放条件排放污染物。

第十六条　在国务院和省、自治区、直辖市人民政府划定的风景名胜区、自然保护区、文物保护单位附近地区和其他需要特别保护的区域内，不得建设污染环境的工业生产设施；建设其他设施，其污染物排放不得超过规定的排放标准。在本法施行前企业事业单位已经建成的设施，其污染物排放超过规定的排放标准的，依照本法第四十八条的规定限期治理。

第十七条　国务院按照城市总体规划、环境保护规划目标和城市大气环境质量状况，划定大气污染防治重点城市。直辖市、省会城市、沿海开放城市和重点旅游城市应当列入大气污染防治重点城市。未达到大气环境质量标准的大气污染防治重点城市，应当按照国务院或者国务院环境保护行政主管部门规定的期限，达到大气环境质量标准。该城市人民政府应当制定限期达标规划，并可以根据国务院的授权或者规定，采取更加严格的措施，按期实现达标规划。

第十八条　国务院环境保护行政主管部门会同国务院有关部门，根据气象、地形、土壤等自然条件，可以对已经产生、可能产生酸雨的地区或者其他二氧化硫污染严重的地区，经国务院批准后，划定为酸雨控制区或者二氧化硫污染控制区。

第十九条　企业应当优先采用能源利用效率高、污染物排放量少的清洁生产工艺，减少大气污染物的产生。国家对严重污染大气环境的落后生产工艺和严重污染大气环境的落后设备实行淘汰制度。国务院经济综合主管部门会同国务院有关部门公布限期禁止采用的严重污染大气环境的工艺名录和限期禁止生产、禁止销售、禁止进口、禁止使用的严重污染大气环境的设备名录。生产者、销售者、进口者或者使用者必须在国务院经济综合主管部门会同国务院有关部门规定的期限内分别停止生产、销售、进口或者使用列入前款规定的名录中的设备。生产工艺的采用者必须在国务院经济综合主管部门会同国务院有关部门规定的期限内停止采用列入前款规定的名录中的工艺。依照前两款规定被淘汰的设备,不得转让给他人使用。

第二十条　单位因发生事故或者其他突然性事件,排放和泄漏有毒有害气体和放射性物质,造成或者可能造成大气污染事故、危害人体健康的,必须立即采取防治大气污染危害的应急措施,通报可能受到大气污染危害的单位和居民,并报告当地环境保护行政主管部门,接受调查处理。在大气受到严重污染,危害人体健康和安全的紧急情况下,当地人民政府应当及时向当地居民公告,采取强制性应急措施,包括责令有关排污单位停止排放污染物。

第二十一条　环境保护行政主管部门和其他监督管理部门有权对管辖范围内的排污单位进行现场检查,被检查单位必须如实反映情况,提供必要的资料。检查部门有义务为被检查单位保守技术秘密和业务秘密。

第二十二条　国务院环境保护行政主管部门建立大气污染监测制度,组织监测网络,制定统一的监测方法。

第二十三条　大、中城市人民政府环境保护行政主管部门应当定期发布大气环境质量状况公报,并逐步开展大气环境质量预报工作。大气环境质量状况公报应当包括城市大气环境污染特征、主要污染物的种类及污染危害程度等内容。

第三章　防治燃煤产生的大气污染

第二十四条　国家推行煤炭洗选加工,降低煤的硫份和灰份,限制高硫份、高灰份煤炭的开采。新建的所采煤炭属于高硫份、高灰份的煤矿,必须建设配套的煤炭洗选设施,使煤炭中的含硫份、含灰份达到规定的标准。对已建成的所采煤炭属于高硫份、高灰份的煤矿,应当按照国务院批准的规划,限期建成配套的煤炭洗选设施。禁止开采含放射性和砷等有毒有害物质超过规定标准的煤炭。

第二十五条　国务院有关部门和地方各级人民政府应当采取措施,改进城市能源结构,推广清洁能源的生产和使用。大气污染防治重点城市人民政府可以在本辖区内划定禁止销售、使用国务院环境保护行政主管部门规定的高污染燃料的区域。该区域内的单位和个人应当在当地人民政府规定的期限内停止燃用高污染燃料，改用天然气、液化石油气、电或者其他清洁能源。

第二十六条　国家采取有利于煤炭清洁利用的经济、技术政策和措施，鼓励和支持使用低硫份、低灰份的优质煤炭，鼓励和支持洁净煤技术的开发和推广。

第二十七条　国务院有关主管部门应当根据国家规定的锅炉大气污染物排放标准，在锅炉产品质量标准中规定相应的要求；达不到规定要求的锅炉，不得制造、销售或者进口。

第二十八条　城市建设应当统筹规划，在燃煤供热地区，统一解决热源，发展集中供热。在集中供热管网覆盖的地区，不得新建燃煤供热锅炉。

第二十九条　大、中城市人民政府应当制定规划，对饮食服务企业限期使用天然气、液化石油气、电或者其他清洁能源。对未划定为禁止使用高污染燃料区域的大、中城市市区内的其他民用炉灶，限期改用固硫型煤或者使用其他清洁能源。

第三十条　新建、扩建排放二氧化硫的火电厂和其他大中型企业，超过规定的污染物排放标准或者总量控制指标的，必须建设配套脱硫、除尘装置或者采取其他控制二氧化硫排放、除尘的措施。在酸雨控制区和二氧化硫污染控制区内，属于已建企业超过规定的污染物排放标准排放大气污染物的，依照本法第四十八条的规定限期治理。国家鼓励企业采用先进的脱硫、除尘技术。企业应当对燃料燃烧过程中产生的氮氧化物采取控制措施。

第三十一条　在人口集中地区存放煤炭、煤矸石、煤渣、煤灰、砂石、灰土等物料，必须采取防燃、防尘措施，防止污染大气。

第四章　防治机动车船排放污染

第三十二条　机动车船向大气排放污染物不得超过规定的排放标准。任何单位和个人不得制造、销售或者进口污染物排放超过规定排放标准的机动车船。

第三十三条　在用机动车不符合制造当时的在用机动车污染物排放标准的，不得上路行驶。省、自治区、直辖市人民政府规定对在用机动车实行新的污染物排放标准并对其进行改造的，须报经国务院批准。机动车维修单位，应当按照防治大气污染的要求和国家有关技术规范进行维修,使在用机动车达到规定的污染物排放标准。

第三十四条　国家鼓励生产和消费使用清洁能源的机动车船。国家鼓励和支持生产、使用优质燃料油,采取措施减少燃料油中有害物质对大气环境的污染。单位和个人应当按照国务院规定的期限,停止生产、进口、销售含铅汽油。

第三十五条　省、自治区、直辖市人民政府环境保护行政主管部门可以委托已取得公安机关资质认定的承担机动车年检的单位,按照规范对机动车排气污染进行年度检测。交通、渔政等有监督管理权的部门可以委托已取得有关主管部门资质认定的承担机动船舶年检的单位,按照规范对机动船舶排气污染进行年度检测。县级以上地方人民政府环境保护行政主管部门可以在机动车停放地对在用机动车的污染物排放状况进行监督抽测。

第五章　防治废气、尘和恶臭污染

第三十六条　向大气排放粉尘的排污单位,必须采取除尘措施。严格限制向大气排放含有毒物质的废气和粉尘;确需排放的,必须经过净化处理,不超过规定的排放标准。

第三十七条　工业生产中产生的可燃性气体应当回收利用,不具备回收利用条件而向大气排放的,应当进行防治污染处理。向大气排放转炉气、电石气、电炉法黄磷尾气、有机烃类尾气的,须报经当地环境保护行政主管部门批准。可燃性气体回收利用装置不能正常作业的,应当及时修复或者更新。在回收利用装置不能正常作业期间确需排放可燃性气体的,应当将排放的可燃性气体充分燃烧或者采取其他减轻大气污染的措施。

第三十八条　炼制石油、生产合成氨、煤气和燃煤焦化、有色金属冶炼过程中排放含有硫化物气体的,应当配备脱硫装置或者采取其他脱硫措施。

第三十九条　向大气排放含放射性物质的气体和气溶胶,必须符合国家有关放射性防护的规定,不得超过规定的排放标准。

第四十条　向大气排放恶臭气体的排污单位,必须采取措施防止周围居民区受到污染。

第四十一条　在人口集中地区和其他依法需要特殊保护的区域内,禁止焚烧沥青、油毡、橡胶、塑料、皮革、垃圾以及其他产生有毒有害烟尘和恶臭气体的物质。禁止在人口集中地区、机场周围、交通干线附近以及当地人民政府划定的区域露天焚烧秸秆、落叶等产生烟尘污染的物质。除前两款外,城市人民政府还可以根据实际情况,采取防治烟尘污染的其他措施。

第四十二条　运输、装卸、贮存能够散发有毒有害气体或者粉尘物质的,必须采取密闭措施或者其他防护措施。

第四十三条　城市人民政府应当采取绿化责任制、加强建设施工管理、扩大地面铺装面积、控制渣土堆放和清洁运输等措施,提高人均占有绿地面积,减少市区裸露地面和地面尘土,防治城市扬尘污染。在城市市区进行建设施工或者从事其他产生扬尘污染活动的单位,必须按照当地环境保护的规定,采取防治扬尘污染的措施。国务院有关行政主管部门应当将城市扬尘污染的控制状况作为城市环境综合整治考核的依据之一。

第四十四条　城市饮食服务业的经营者,必须采取措施,防治油烟对附近居民的居住环境造成污染。

第四十五条　国家鼓励、支持消耗臭氧层物质替代品的生产和使用,逐步减少消耗臭氧层物质的产量,直至停止消耗臭氧层物质的生产和使用。在国家规定的期限内,生产、进口消耗臭氧层物质的单位必须按照国务院有关行政主管部门核定的配额进行生产、进口。

第六章　法律责任

第四十六条　违反本法规定,有下列行为之一的,环境保护行政主管部门或者本法第四条第二款规定的监督管理部门可以根据不同情节,责令停止违法行为,限期改正,给予警告或者处以五万元以下罚款:

(一)拒报或者谎报国务院环境保护行政主管部门规定的有关污染物排放申报事项的;

(二)拒绝环境保护行政主管部门或者其他监督管理部门现场检查或者在被检查时弄虚作假的;

(三)排污单位不正常使用大气污染物处理设施,或者未经环境保护行政主管部门批准，擅自拆除、闲置大气污染物处理设施的；

（四）未采取防燃、防尘措施，在人口集中地区存放煤炭、煤矸石、煤渣、煤灰、砂石、灰土等物料的。

第四十七条　违反本法第十一条规定，建设项目的大气污染防治设施没有建成或者没有达到国家有关建设项目环境保护管理的规定的要求，投入生产或者使用的，由审批该建设项目的环境影响报告书的环境保护行政主管部门责令停止生产或者使用，可以并处一万元以上十万元以下罚款。

第四十八条　违反本法规定，向大气排放污染物超过国家和地方规定排放标准的，应当限期治理，并由所在地县级以上地方人民政府环境保护行政主管部门处一万元以上十万元以下罚款。限期治理的决定权限和违反限期治理要求的行政处罚由国务院规定。

第四十九条　违反本法第十九条规定，生产、销售、进口或者使用禁止生产、销售、进口、使用的设备，或者采用禁止采用的工艺的，由县级以上人民政府经济综合主管部门责令改正；情节严重的，由县级以上人民政府经济综合主管部门提出意见，报请同级人民政府按照国务院规定的权限责令停业、关闭。将淘汰的设备转让给他人使用的，由转让者所在地县级以上地方人民政府环境保护行政主管部门或者其他依法行使监督管理权的部门没收转让者的违法所得，并处违法所得两倍以下罚款。

第五十条　违反本法第二十四条第三款规定，开采含放射性和砷等有毒有害物质超过规定标准的煤炭的，由县级以上人民政府按照国务院规定的权限责令关闭。

第五十一条　违反本法第二十五条第二款或者第二十九条第一款的规定，在当地人民政府规定的期限届满后继续燃用高污染燃料的，由所在地县级以上地方人民政府环境保护行政主管部门责令拆除或者没收燃用高污染燃料的设施。

第五十二条　违反本法第二十八条规定，在城市集中供热管网覆盖地区新建燃煤供热锅炉的，由县级以上地方人民政府环境保护行政主管部门责令停止违法行为或者限期改正，可以处五万元以下罚款。

第五十三条　违反本法第三十二条规定，制造、销售或者进口超过污染物排放标准的机动车船的，由依法行使监督管理权的部门责令停止违法行为，没收违法所得，可以并处违法所得一倍以下的罚款；对无法达到规定的污染物排放标准的机动车船，没收销毁。

第五十四条　违反本法第三十四条第二款规定，未按照国务院规定的期限停止生产、进口或者销售含铅汽油的，由所在地县级以上地方人民政府环境保护行政主管部门或者其他依法行使监督管理权的部门责令停止违法行为，没收所生产、进口、销售的含铅汽油和违法所得。

第五十五条　违反本法第三十五条第一款或者第二款规定，未取得所在地省、自治区、直辖市人民政府环境保护行政主管部门或者交通、渔政等依法行使监督管理权的部门的委托进行机动车船排气污染检测的，或者在检测中弄虚作假的，由县级以上人民政府环境保护行政主管部门或者交通、渔政等依法行使监督管理权的部门责令停止违法行为，限期改正，可以处五万元以下罚款；情节严重的，由负责资质认定的部门取消承担机动车船年检的资格。

第五十六条　违反本法规定，有下列行为之一的，由县级以上地方人民政府环境保护行政主管部门或者其他依法行使监督管理权的部门责令停止违法行为，限期改正，可以处五万元以下罚款：

(一)未采取有效污染防治措施，向大气排放粉尘、恶臭气体或者其他含有有毒物质气体的；

(二)未经当地环境保护行政主管部门批准，向大气排放转炉气、电石气、电炉法黄磷尾气、有机烃类尾气的；

(三)未采取密闭措施或者其他防护措施，运输、装卸或者贮存能够散发有毒有害气体或者粉尘物质的；

(四)城市饮食服务业的经营者未采取有效污染防治措施，致使排放的油烟对附近居民的居住环境造成污染的。

第五十七条　违反本法第四十一条第一款规定，在人口集中地区和其他依法需要特殊保护的区域内，焚烧沥青、油毡、橡胶、塑料、皮革、垃圾以及其他产生有毒有害烟尘和恶臭气体的物质的，由所在地县级以上地方人民政府环境保护行政主管部门责令停止违法行为，处二万元以下罚款。违反本法第四十一条第二款规定，在人口集中地区、机场周围、交通干线附近以及当地人民政府划定的区域内露天焚烧秸秆、落叶等产生烟尘污染的物质的，由所在地县级以上地方人民政府环境保护行政主管部门责令停止违法行为;情节严重的,可以处二百元以下罚款。

第五十八条　违反本法第四十三条第二款规定,在城市市区进行建设施工或者从事其他产生扬尘污染的活动,未采取有效扬尘防治措施,致使大气环境受到污染的,限期改正,处二万元以下罚款;对逾期仍未达到当地环境保护规定要求的,可以责令其停工整顿。前款规定的对因建设施工造成扬尘污染的处罚,由县级以上地方人民政府建设行政主管部门决定;对其他造成扬尘污染的处罚,由县级以上地方人民政府指定的有关主管部门决定。

第五十九条　违反本法第四十五条第二款规定,在国家规定的期限内,生产或者进口消耗臭氧层物质超过国务院有关行政主管部门核定配额的,由所在地省、自治区、直辖市人民政府有关行政主管部门处二万元以上二十万元以下罚款;情节严重的,由国务院有关行政主管部门取消生产、进口配额。

第六十条　违反本法规定,有下列行为之一的,由县级以上人民政府环境保护行政主管部门责令限期建设配套设施,可以处二万元以上二十万元以下罚款:

(一)新建的所采煤炭属于高硫份、高灰份的煤矿,不按照国家有关规定建设配套的煤炭洗选设施的;

(二)排放含有硫化物气体的石油炼制、合成氨生产、煤气和燃煤焦化以及有色金属冶炼的企业,不按照国家有关规定建设配套脱硫装置或者未采取其他脱硫措施的。

第六十一条　对违反本法规定,造成大气污染事故的企业事业单位,由所在地县级以上地方人民政府环境保护行政主管部门根据所造成的危害后果处直接经济损失百分之五十以下罚款,但最高不超过五十万元;情节较重的,对直接负责的主管人员和其他直接责任人员,由所在单位或者上级主管机关依法给予行政处分或者纪律处分;造成重大大气污染事故,导致公私财产重大损失或者人身伤亡的严重后果,构成犯罪的,依法追究刑事责任。

第六十二条　造成大气污染危害的单位,有责任排除危害,并对直接遭受损失的单位或者个人赔偿损失。赔偿责任和赔偿金额的纠纷,可以根据当事人的请求,由环境保护行政主管部门调解处理;调解不成的,当事人可以向人民法院起诉。当事人也可以直接向人民法院起诉。

第六十三条　完全由于不可抗拒的自然灾害,并经及时采取合理措施,仍然不能避免造成大气污染损失的,免于承担责任。

第六十四条　环境保护行政主管部门或者其他有关部门违反本法第十四条第三款的规定,将征收的排污费挪作他用的,由审计机关或者监察机关责令退回挪用款项或者采取其他措施予以追回,对直接负责的主管人员和其他直接责任人员依法给予行政处分。

第六十五条　环境保护监督管理人员滥用职权、玩忽职守的,给予行政处分;构成犯罪的,依法追究刑事责任。

第七章　附　　则

第六十六条　本法自 2000 年 9 月 1 日起施行。